Vorsatz in der Fahrlässigkeit

Europäische Hochschulschriften Recht

European University Studies in Law

Publications Universitaires Européennes de Droit

Band/Volume 6704

Köroglu Kaya

Vorsatz in der Fahrlässigkeit

Eine Widerlegung der bewussten Fahrlässigkeit

PETER LANG

Bibliografische Information der Deutschen Nationalbibliothek
Die Deutsche Nationalbibliothek verzeichnet diese Publikation in der Deutschen Nationalbibliografie; detaillierte bibliografische Daten sind im Internet über http://dnb.d-nb.de abrufbar.

Zugl.: Köln Univ., Diss., 2022

Das Avicenna Studienwerk

D 38
ISSN 0531-7312
ISBN 978-3-631-89081-3 (Print)
E-ISBN 978-3-631-89087-5 (E-PDF)
E-ISBN 978-3-631-89088-2 (EPUB)
DOI 10.3726/b20235

Peter Lang – Berlin · Bern · Bruxelles · New York · Oxford · Warszawa · Wien

Diese Publikation wurde begutachtet.

www.peterlang.com

Danksagung

Die vorliegende Arbeit wurde im Sommersemester 2021/2022 von der Rechtswissenschaftlichen Fakultät der Universität zu Köln als Dissertation angenommen.

Vorab gilt mein besonderer Dank Herrn Prof. Dr. Dr. h.c. Michael Kubiciel, der die Aufnahme in das Promotionsstudium an der Universität zu Köln ermöglicht und die Arbeit hervorragend betreut sowie das Erstgutachten erstellt hat. Professor Kubiciel hat mich als Doktorand stets unterstützt. Es war eine sehr lehrreiche Zeit, die mich in meiner wissenschaftlichen Entwicklung nachhaltig beeinflusst hat. Herzlich danke ich auch Herr Prof. Dr. Dr. h.c. Martin Waßmer für die zügige Erstellung des Zweitgutachtens.

Weiterhin möchte ich mich herzlich bei Herrn Prof. Dr. Thomas Weigend für die gewährten Forschungsaufenthalte im Institut für ausländisches und internationales Strafrecht der Universität zu Köln und für akademische Begleitung bedanken.

Danken möchte ich darüber hinaus meinen Kollegen am Institut für Strafrecht und Strafprozessrecht und am Institut für ausländisches und internationales Strafrecht der Universität zu Köln für die freundschaftliche und professionelle Zusammenarbeit.

Dem Herausgeber Peter Lang - International Academic Publishers danke ich für die Aufnahme meiner Dissertation in die Reihe „Europäische Hochschulschriften Recht". Der Verwertungsgesellschaft Wort gebührt mein Dank für den gewährten Druckkostenzuschuss. Für seine finanzielle Unterstützung bzw. mein Stipendium bedanke ich mich beim Avicenna Studienwerk.

Die Arbeit wäre nicht möglich gewesen ohne die vielfältigen Ratschläge, Hinweise und Hilfestellungen aus meinem privaten wie beruflichen Umfeld. Jedem, dessen Unterstützung ich erfahren habe, sei an dieser Stelle herzlich gedankt. Einen besonderen Dank möchte ich daher an Numan Özer, Mimoun Berrissoun, der Leiter und Mitgründer der Initiative „180 Grad Wende", Dr. rer. nat. Dipl.-Psych. Ümran Sema Seven, Dr. Ismail Öztürk, LL.M. - LL.M., Fatih Selçuk Hazan, richten, der in fachlicher Diskussion zum Gelingen der Arbeit beigetragen hat. Dafür bedanke ich mich bei allen hier genannten Kolleginnen und Kollegen, die mich unterstützt haben und immer für Diskussionen offen waren. Sie sind mir bei der Erteilung der Arbeit eine große Hilfe gewesen. Unsere Zusammenarbeit hat mich sowohl wissenschaftlich als auch privat geprägt, sodass ich immer wehmütig auf diese Zeit zurückblicken werde. Mein Dank gilt auch meiner Gastfamilie bzw. Sevgi und Ali Özer in Köln, die mir während der Arbeit stets Rückhalt gegeben haben.

Die vorliegende Arbeit entstand vollständig während meiner beruflichen Tätigkeit bei der Universität Ankara Yıldırım Beyazıt. Für die Freiheiten und Flexibilität bedanke ich mich bei allen Mitarbeiterinnen und Mitarbeitern dieser Universität. Insoweit geht eine besonderer Dank an Herrn Prof. Dr. M. Fatih Uşan, der damals der Dekan der Fakultät für Rechtswissenschaft war und der mich immer unterstützt hat.

Im Übrigen bin ich Herrn Prof. Dr. İbrahim AYDINLI, der gegenwärtige Rektor der Universität Ankara Yıldırım Beyazıt ist, mit großem Dank verbunden, die mich von Anfang an sowohl akademisch als auch persönlich mit ihrem Rückhalt und ihrer Unterstützung in meinem Vorhaben bestärkt hat.

Meiner Familie bin ich auch sehr dankbar, die mich bereits während des Studiums und während der Promotion auf vielerlei Arten unterstützt hat. Ich konnte mich immer auf sie verlassen, was mir großen Rückhalt und Selbstsicherheit vermittelt hat. Ihnen gilt daher mein ganz besonderer Dank.

Der größte Dank gebührt meiner Frau Dr. Ümmühan Kaya und meinem winzigen Engel Ayşe Vera, die meinen Weg zur Promotion mit großem Interesse und Zuspruch begleitet. Ihnen danke ich von ganzem Herzen für ihre Liebe, ihre Geduld und Hingebung sowie ihre die anspornende Unterstützung beim Abschluss des Promotionsvorbabens. Ihnen ist diese Arbeit gewidmet.

Köln, im September 2022
Köroğlu KAYA

Vorwort

Haben Sie jemals in Ihrem Leben „schwarze Milch" getrunken? Waren Sie jemals in einer „sonnigen sowie hellen Nacht" auf einem Bummel? Oder etwa auf einem Spaziergang an einem „dunkeln Tag"? NEIN?

NEIN! „Schwarze Milch" finden Sie allenfalls in der surrealen Dichtung des Lyrikers *Paul Celan.* So heißt es in einem Gedicht von Celan:

„Schwarze Milch der Frühe wir trinken sie abends
Wir trinken sie mittags und morgens wir trinken sie nachts"

Ebenso ist es wider die Naturgesetze, an einer „sonnigen sowie hellen Nacht zu bummeln oder einen Spaziergang an einem „dunkeln Tag" im Mondschein zu unternehmen, falls Sie ausnahmsweise nicht ein Protagonist in dem Roman des französischen Autors *André Dahl* mit dem Titel *„Le soleil ne se leva pas" bzw.* „Wenn die Sonne nicht aufgegangen ist" sind.

So lehren uns die Lebenserfahrung und die Naturgesetze, dass die Milch weiß, die Nacht dunkel und der Tag hell ist.

Aufgabe der Rechtswissenschaften sollte es sein, aufkommende bzw. entstehende oder bestehende Rechtsfragen zu beantworten, ohne sich dabei surrealer und lebensfremder Konstruktionen zu bedienen. Ein Jurist sollte nicht von erfundenen Begriffen wie bewusster Fahrlässigkeit ausgehen, sondern von den gefundenen Gegebenheiten des täglichen Lebens.

Hieraus dürfte sich ergeben, dass Juristen sich davon fernhalten sollten, künstliche und lebensfremde Begriffe wie die bewusste Fahrlässigkeit zu verwenden, um konkrete Rechtsfragen zu beantworten, d. h. durch eine gekünstelte und lebensfremde Begriffsbildung eine Lösung für ein lebensnahes und natürliches Problem des täglichen Lebens zu suchen. Vielmehr bedarf es einer Betrachtung, die konform zur Natur der Sachen ist und der allgemeinen Lebenserfahrung entspricht.

Andernfalls werden Juristen unweigerlich in eine sich theoretisch immer wiederholende, fruchtlose und praktisch vergebliche Diskussion geraten, wie es heute der Fall ist. Insoweit reiten wir mal auf dem Pferd Rosinante wie Don Quijote in Begleitung seines Stallmeisters Sancho Panza auf dem Weg in den Kampf gegen die Windmühlen; mal suchen wir eine Nadel lieber im beleuchteten und übersichtlichen Vorgarten, die wir eigentlich im Heuhaufen verloren haben, wie es in einem Witz vom Nasreddin Hodscha geschieht; mal beschreiben wir einen Elefanten in völliger Dunkelheit ausgehend von einem beliebigen Körperteil, den wir ergreifen konnten, wie es in der Geschichte aus dem Masnawi des Sufi-Gelehrten al-Rūmī passiert.

Wie?

Blättern Sie bitte um.

Köroglu Kaya

Inhaltsverzeichnis

Abkürzungsverzeichnis

Abs.	Absatz
AcP	Archiv für die civilistische Praxis
AfcP	Archiv für die civilistische Praxis
AfRW	Archiv für Rechts- und Wirtschaftsphilosophie
AJCL	The American Journal of Comparative Law
Angekl.	Angeklagte
Anm.	Anmerkung
ARSP	Archiv für Rechts- und Sozialphilosophie
ARWP	Archiv für Rechts- und Wirtschaftsphilosophie
bearb.	bearbeitet
Bd.	Band
BGH	Bundesgerichtshof
bspw.	beispielsweise
bzw.	beziehungsweise
CLF	Criminal Law Forum
Diss.	Dissertation
DLJ	Duke Bar Journal
dStGB	deutsches Strafgesetzbuch
estStGB	estnisches Strafgesetzbuch
EvGF	Ersatz von Gegenfaktoren
f.	auf der nächsten Seite
ff.	auf den nächsten Seiten
Fn.	Fußnote
gem.	gemäß
hrsg.	herausgegeben
HRRS	Onlinezeitschrift für Höchstrichterliche Rechtsprechung zum Strafrecht
Informal Log.	Informal Logic
Iss.	Issue
insb.	insbesondere

GA	Goltdammer`s Archiv für Strafrecht
GG	Grundgesetz (der Bundesrepublik Deutschland)
JA	Juristische Arbeitsblätter
JAACAP	Journal of the American Academy of Child Psychiatry
Jhg.	Jahrgang
JCLC	Journal of Criminal Law and Criminology
JRE	Jahrbuch für Recht und Ethik
JURA	Juristische Ausbildung
JuS	Juristische Schulung
JZ	Juristen Zeitung
KJ	Kriminologisches Journal
KriPoZ	Kriminalpolitische Zeitschrift
LK	Leipziger Kommentar
m. a. W.	mit anderen Worten
MüKo	Münchener Kommentar
NJW	Neue Juristische Wochenschrift
Nr.	Nummer
NStZ	Neue Zeitschrift für Strafrecht
OLG	Oberlandesgericht
Oxf. J. Leg. Stud.	Oxford Journal of Legal Studies,
öStGB	österreichisches Strafgesetzbuch
PA	Psychotherapy in Australia
Phenom Cogn Sci	Phenomenology and the Cognitive Sciences
Philos Stud	Philosophical Studies
PM	Psychologische Medizin
RabelsZ	Zeitschrift für ausländisches und internationales Privatrecht
RDP	Revista de Derecho Puertorriqueño
RECPC	Revista Electrónica de Ciencia Penal y Criminología
Rn.	Randnummer
Rspr.	Rechtsprechung
S.	Seite
SALJ	South African Law Journal

SCJN	Suprema Corte de Justicia de la Naciòn
SLR	Slovenian Law Review
StGB	Strafgesetzbuch
StPO	Strafprozessordnung
StR	Revisionen in Strafsachen
STS	spanisches Tribunal Supremo
sog.	sogenannt
tStGB	türkisches Strafgesetzbuch
Univ.	Universität
Univ PA Law Rev	University of Pennsylvania Law Review
usw.	und so weiter
V.	Volume
v.	von
Vorb.	Vorbemerkungen
z. B.	zum Beispiel
ZIS	Zeitschrift für Internationale Strafrechtsdogmatik
ZRP	Zeitschrift für Rechtspolitik
ZJS	Zeitschrift für das Juristische Studium
ZStW	Zeitschrift für die gesamte Strafrechtswissenschaft
z. T.	zum Teil

Einleitung

A. Einführung in die Problematik

Es ist heute nahezu unumstritten, dass Vorsatz und Fahrlässigkeit die zwei subjektiven Haupterscheinungsformen des persönlichen Vorwurfs bilden.[1] Insoweit stellen Vorsatz und Fahrlässigkeit zwei wesentliche, unerlässliche und zentrale Begriffe des Strafrechts dar. Über viele Jahre hinweg wurden aber die Fahrlässigkeit und das Fahrlässigkeitsdelikt als ein Stiefkind des Strafrechts und der rechtswissenschaftlichen Forschung angesehen. Obwohl heutzutage die Fahrlässigkeit die zweitgrößte Deliktsgruppe im Strafrecht bildet und gleichzeitig auch ein wesentliches Verantwortlichkeitsprinzip erörtert, erfährt die Fahrlässigkeit und insb. die sog. bewusste Fahrlässigkeit nicht die Aufmerksamkeit, die ihr eigentlich zukommen sollte. Denn bis zum heutigen Zeitpunkt wird die Fahrlässigkeit ausgehend vom bzw. in Abgrenzung zum Vorsatz – bspw. im Hinblick auf die bewusste Fahrlässigkeit und den bedingten Vorsatz – beschrieben.

Im Schrifttum sowie in der Rechtsprechung gibt es verschiedene Auseinandersetzungen über den Begriff, das Wesen, die Art und die Merkmale der Fahrlässigkeit. Seit langem ist es aber auch allgemein anerkannt, dass die Abgrenzung zwischen bewusster Fahrlässigkeit und bedingtem Vorsatz wegen der Vorgehensweise der heute vorherrschenden Lehre zu den schwierigsten und umstrittensten Fragen in der Strafrechtsdogmatik gehört[2]. In diesem Zusammenhang erscheint die Abgrenzung der bewussten Fahrlässigkeit vom bedingten Vorsatz als eine sowohl geschichtliche als auch durchweg aktuelle und umstrittene Frage. Zum einen stellt sich die Frage, ob eine Kategorie wie die bewusste Fahrlässigkeit tatsächlich begründet werden kann; zum anderen stellt sich die grundlegende Frage, ob die Kategorie „bewusste Fahrlässigkeit" ein gefundener bzw. konstruierter oder bloß ein erfundener bzw. gekünstelter Begriff ist. Ferner tauchen im Hinblick auf die Begriffsbestimmung des Vorsatzes und der Fahrlässigkeit sowohl aus theoretischen als auch aus praktischen Bemühungen erhebliche Schwierigkeiten auf,[3] weil die gängige Beschreibung des Vorsatzes eine durchaus problematische Besonderheit aufweist.[4] Eine alternative Herangehensweise wäre, im Wesen sowohl des Vorsatzes als auch der [bewussten] Fahrlässigkeit *de novo* umzudenken und diese Begriffe umzuformulieren. Um den sich daraus ergebenden Problemen zu begegnen und sie sachgerecht lösen zu können, muss man unbedingt den Begriff „Vorsatz" umschreiben. Dies erfordert, dass man das Wesen, die Merkmale und Formen

---

1 Silving, JCLC 1960, V.51, 19 ff. (24,32).

2 Haft, ZStW 1976, 365 ff. (372).

3 Hemmen, Über den Begriff, S. 1.

4 Maier, Die Objektivierung, S. 36.

des Vorsatzes erneut in die Diskussion einbringen muss, weil ausgehend von der herrschenden Ansicht die derzeit andauernden Diskussionen offensichtlich kein Ende finden werden.

Zweifellos befindet sich die heute herrschende Lehre in einer Krise. Die Krise der traditionellen Ansätze und der heute herrschenden Lehre zur Grenzbestimmung zwischen Vorsatz und Fahrlässigkeit[5] bzw. die Abgrenzungsfrage zwischen bewusster Fahrlässigkeit und bedingtem Vorsatz gehören auch im 21. Jahrhundert weiterhin zu den schwierigsten Fragen in der Strafrechtsdogmatik.[6] Die materiellrechtliche Definition des bedingten Vorsatzes und die Unterscheidung zwischen Dolus eventualis und bewusster Fahrlässigkeit bildet in jüngster Zeit das wesentliche Thema der wissenschaftlichen Auseinandersetzungen[7] und ist eines der theoretisch umstrittensten und praktisch bedeutsamsten Probleme sowohl der deutschen[8] als auch vieler anderen Strafrechtsordnungen.[9] Hingegen könnte man das Schrifttum sowie die Rechtsprechung bereichern und Lösungen konkreter Rechtsfragen deduzieren, indem man einen Perspektivenwechsel vornehmen und die bewusste Fahrlässigkeit nicht mehr als ontologisches bzw. vorgegebenes, sondern als ein fiktives, d. h. *post factum* erfundenes Faktum betrachten würde.

Aus diesem Grund möchte diese Arbeit auf den historischen, rechtsphilosophischen und etymologischen Hintergrund des Vorsatzes und der [bewussten] Fahrlässigkeit eingehen und alternative Lösungswege untersuchen. Im Lichte der aus dieser historischen, rechtsphilosophischen und etymologischen Untersuchung gewonnenen Angaben wird der Vorsatz und die [bewusste] Fahrlässigkeit abweichend von der bisherigen allgemein akzeptierten Meinung durch eine neue Herangehensweise ersetzt. Auf diese Weise können alternative Lösungen zu den Grundproblemen der Begriffsbildung von Vorsatz und Fahrlässigkeit gefunden werden.

Zweifellos zielt jede akademische Arbeit darauf ab, einen Beitrag zum wissenschaftlichen Fortschritt zu leisten. In dieser Arbeit hat der Verfasser ein Hauptziel und einige sekundäre Ziele, die nach dem Abschluss der Arbeit erreicht werden sollen. Das Problem des Vorsatzes und der [bewussten] Fahrlässigkeit weist eine geschichtliche und komplizierte Materie auf. Zur Herausarbeitung eines neuen und originellen Lösungsansatzes entsprechend der modernen und lebensnahen Vorsatz- und Fahrlässigkeitsdogmatik ist es daher unerlässlich, den historischen,

---

5 Canestrari, GA 2004, 210 ff. (214).

6 Bauer, NStZ 2015, 241 ff. (241); Kölz-Ott, Eventualvorsatz, S. 8; Papageorgiou-Gonatas, ZStW 2006, 262 ff. (265), Fn. 6.

7 Binavince, Die vier Momente, S. 157-158; Frisch, Vorsatz und Risiko, S. 4; Scheffler, JURA 1995, 349 ff. (352); Baumanns, Untersuchungen, S. 1.

8 Müller, Der dolus eventualis, S. 10.

9 Vogel/Bülte, in: LK § 15 StGB, Rn. 97; Canestrari, GA 2004, 210 ff. GA 2004, 210 ff. (210).

rechtsphilosophischen und etymologischen Hintergrund dieser beiden wesentlichen Begriffe zu erforschen.

Vor diesem Hintergrund hat zunächst eine zutreffende Begriffsbildung zu erfolgen. Es versteht sich von selbst, dass dies nicht allein durch die Negation eines Gegenbegriffs geschehen darf. Beispielsweise kann der Bedeutung des Begriffes „Fahrlässigkeit" überhaupt nicht durch seine Umschreibung als „Nicht-Vorsatz"[10] oder „Un-Vorsatz" Rechnung getragen werden,[11] weil ein Begriff nicht aus der negativen Beschreibung anderer Begriffe entwickelt werden soll.[12] Denn wie *Al-Ghazali* zutreffend meint: Irgendeinen Begriff zu beschreiben, heißt nicht darzustellen, was dieser nicht ist.[13] Deswegen sollten in dieser Arbeit die beiden Seiten sowohl des Vorsatzes als auch der Fahrlässigkeit klargestellt werden: zum einen das, was Vorsatz oder [bewusste] Fahrlässigkeit ausmachen, zum anderen das, was Vorsatz und Fahrlässigkeit nicht sind. Demzufolge ist der Hauptzweck dieser Arbeit, eine zutreffende und sachgerechte Begriffsbestimmung bezüglich des Vorsatz- und Fahrlässigkeitsbegriffs herauszuarbeiten und kriminalpolitisch die Zweckmäßigkeit der Bestrafung in einschlägiger Weise zu erforschen und schließlich durch die daraus gewonnenen Erkenntnisse einen neuen Beitrag zur Vorsatz- und Fahrlässigkeitsdogmatik zu leisten.

Dieser Beitrag wird darin bestehen, dass die Kategorie„ bewusste Fahrlässigkeit" in Wahrheit abzulehnen ist, weil sie weder theoretisch konstruierbar noch praktisch durchführbar scheint. Insoweit stellt der Ausdruck „bewusste Fahrlässigkeit" eine *Contradictio in Adjecto*[14] dar. Die hier erwähnte Auffassung ist insb. wegen ihres widersprüchlichen Wortlauts her nicht tragfähig. „Bewusstsein" enthält bereits begrifflich das Erfordernis des vorsätzlichen Verhaltens, während Fahrlässigkeit eine unbewusste Tat darstellt. Dementsprechend ist diese Konstruktion semantisch nicht denkbar.[15] Daraus folgt, dass die bewusste Fahrlässigkeit bereits vom Wortlaut her ein Widerspruch in sich darstellt. Hiernach stehen „bewusst" und „fahrlässig" in einem kontradiktorischen Verhältnis zueinander.[16]

---

10 Dazu Köhler, Die bewusste Fahrlässigkeit, S. 22, 252, 261-262, 283, 356.

11 Engisch, Untersuchungen, S. 59, 64; anders Binavince, Die vier Momente, S. 132-133; Kretschmer, JURA 2000, 267 ff. (267); dazu siehe auch Brinkmann, Der Vertrauensgrundsatz, S. 62; Duttge, Zur Bestimmtheit des Handlungsunwerts, S. 28; Murmann, Die Selbstverantwortung, S. 446.

12 Radbruch, Der Handlungsbegriff, S. 9.

13 Gazali, El- Mustasfâ I, S. 13 ff.

14 Die „Contradictio in Adjecto" ist eine Sonderform des Oxymorons, da sie zwei widersprüchliche Begriffe miteinander vereint und allerdings immer einen Widerspruch zwischen Substantiv und beigefügtem Adjektiv meint.

15 Im Gegensatz dazu hält Köhler die Verwendung „bewusste" Fahrlässigkeit für richtig. Hierzu Köhler, Die bewusste Fahrlässigkeit, S. 13.

16 Hierzu siehe auch Arzt, ZStW 1979, 857 ff. (857-887, 873 ff.)

Vor dem Hintergrund der Vorsatz- und Fahrlässigkeitsdogmatik und der damit einhergehenden ewigen Diskussionen ist diese Arbeit insofern relevant, als sie diesen dogmatischen Auseinandersetzungen eine alternative Lösung bieten kann. Es ist dabei jedoch nicht zu vergessen, dass die auf der Hand liegende Arbeit auch nur ein Versuch ist, der darauf abzielt, eine sog. alternative Lösung in einer ewigen Diskussion zu finden und dadurch einen dritten Weg eröffnen zu können. Deswegen soll und darf dieser Beitrag auf keinen Fall als ein Anspruch auf die letzte Wahrheit verstanden werden.[17]

B. Umfang und Begrenzung des Themas

Es ist eingangs hervorzuheben, dass es hier jedoch nicht darum geht, eine ausführliche dogmatische Untersuchung bezüglich der Begriffe „Vorsatz und Fahrlässigkeit" durchzuführen und dabei auf alle einschlägigen Theorien einzugehen. Mit anderen Worten, Ziel dieser Arbeit ist nicht, auf den entbrannten Streit über die unterschiedlichen Theorien bezüglich des Vorsatzes und der Fahrlässigkeit ausführlich einzugehen und den ganzen Themenkreis noch einmal aufzurollen. Aus diesem Grund hat der Verfasser bewusst auf jeden einzelnen dogmatischen Ballast verzichtet und versucht, nur betreffende Gesichtspunkte der im Schrifttum vertretenen Lehren bezüglich der Bestimmung und Abgrenzung von Vorsatz und Fahrlässigkeit heranzuziehen.

Ziel und Sinn dieser Arbeit ist es daher nicht eine umfangreiche dogmatische Untersuchung durchzuführen, weil die Lehren bereits ausreichend behandelt worden sind. Es geht hier vielmehr um die Diskussion der Grenzen der theoretischen Systematik im Strafrecht oder um individuelle und eigene Lösungsvorschläge bezüglich des Wesens des Vorsatz- und Fahrlässigkeitsbegriffes und um die Abgrenzungsprobleme zwischen Vorsatz [Dolus eventualis] und [bewusster] Fahrlässigkeit selbst. Die Arbeit muss sich somit auf eine Erörterung der aktueller Fragen bzw. Probleme und die Entwicklung sowie Begründung einer neuen Vorgehensweise bzw. einer alternativen Lehre beschränken.[18]

Aus diesem Grund sollen im Folgenden nur die wesentlichen Standpunkte der Theorien aufgezeigt und kritisch beleuchtet werden. Es wäre weder notwendig noch ergiebig, auf alle Einzelheiten der teils nur in Details abweichenden, d. h. sich häufig ähnelnden[19], Meinungen einzugehen.[20] Ferner soll nur auf die

---

17 Ähnlich Baumanns, Untersuchungen, S. 157-158.

18 Für die vom BGH entwickelte und zu Grunde gelegte „Hemmschwellentheorie" siehe Prömper, Hemmschwellentheorie, S. 23 ff.; Scheffler, JURA 1995, 349 ff. (354).

19 Denn "*the different theories propounded by academic commentators and the courts, at the end of the day, hardly ever lead to different results.*" Bohlander, Principles, S. 65.

20 Hantschel, Untreuevorsatz, S. 166.

bedeutendsten literarischen Werke zu diesem wesentlichen Streit hingewiesen werden,[21] um eine eigene und alternative Theorie entwickeln und begründen zu können. Zudem ist der Verfasser auch davon überzeugt, dass die herrschende Lehre und ihre herkömmliche Grenzziehung zwischen Vorsatz und Fahrlässigkeit hinter den Anforderungen einer modernen Strafrechtswissenschaft zurückgeblieben ist[22] und es daher zusätzlicher, neuer Formulierungen bedarf.[23] Es ist daher die Aufgabe der Strafrechtsdogmatik, Kriterien aufzufinden und neue Lösungen zu bieten, die eine sachgerechte Abgrenzung von Vorsatz und Fahrlässigkeit ermöglichen und diese in einen systematischen, rational überprüfbaren Zusammenhang zu stellen.[24]

Insoweit soll es außerdem Hauptzweck dieser Doktorarbeit sein, zu einer theoretisch vertretbaren und praktisch durchführbaren Fassung bezüglich des Begriffes des Vorsatzes [Dolus eventualis] und der [bewussten] Fahrlässigkeit zu gelangen und auf diese Weise dem heutigen und zukünftigen Strafrecht beizutragen.[25] Denn nur vor diesem Hintergrund aus lassen sich Zweck und Standort der eigenen neuen Lösungsvorschläge sinnvoll darlegen. Um die Diskussion zu vereinfachen und sich auf das Wesentliche zu konzentrieren, um dadurch neue Lösungssätze bereichern und begründen zu können, sollen im Folgenden die Lehre und ihre Diskussionen nur kurz skizziert werden.

C. Vorgehensweise und Methode

Das Thema dieser Doktorarbeit ist nicht neu und mit dieser Arbeit soll sicherlich nicht das Rad neu erfunden werden. Tatsächlich kann eigentlich etwas gänzlich Neues auch kaum erfunden werden.[26] Vielmehr soll die Debatte eine weitere Perspektive erhalten. Es gibt eine Vielzahl wissenschaftlicher Untersuchungen zu diesem Thema, die hervorragend herausgearbeitet sind und auf reichen Quellen beruhen. Der Verfasser beabsichtigt, unter Zuhilfenahme dieser vorbezeichneten Werke zu forschen und einen neuen, alternativen Weg zu beschreiten[27] sowie die aufgestellten Hypothesen zu begründen und dabei die Prinzipien der wissenschaftlichen Forschung nie außer Acht zu lassen.

Denn wie *Hubert S. Markl* [1938] einst sagte: Forschung ist „ [...] das Weiterforschen, wo andere aufgehört haben, das Weiterbauen auf Grundsteinen und Gerüsten, die andere vorbereitet haben."[28] Eine neue Forschungsidee ergibt sich

---

21 Zustimmend Gössel, Wertungsprobleme des Begriffs, S. 114; Dazu siehe auch Jakobs, Kritik des Vorsatzbegriffs, S. 2.

22 Dazu siehe Hassemer, ZRP 1992, 378 ff. (379 ff.)

23 Baumanns, Untersuchungen, S. 24.

24 Zustimmend Kröger, Der Aufbau, S. 21.

25 Vgl. Müller, Der dolus eventualis, S. 10.

26 Ruppenthal, Der bedingte Tötungsvorsatz, S. 286.

27 Ähnlich Küper, Überlegungen, S. 288.

28 Pohlmann, Gut beraten, S. 10.

folglich immer auf der Basis dessen, was schon andere erforscht haben. Sie knüpft an bereits bestehende Forschungsergebnisse an; deswegen ist es Anliegen des Verfassers, unter Berücksichtigung des schmalen Grats zwischen dem respektvollen Umgang der vorangegangenen Forschungen und des eigenen Selbstbewusstseins, eine neue und originelle Meinung zu erarbeiten.[29] Insoweit hat der Verfasser nur das gemacht, [wie auch der große Gelehrte *Al-Bîrûnî* zu Recht gemeint hatte], was jeder in seiner Arbeit machen soll: Ergebnisse der Vorgänger mit Dankbarkeit zu begrüßen, deren Fehler selbstbewusst zu korrigieren und den zukünftigen Generationen das zu überlassen, was ihm als Wahrheit erscheint.[30]

Dementsprechend soll jedermann, ausgehend von dieser Grundlage, neue Theorien aufstellen, die ihm als Wahrheit erscheinen. Auf diese Wiese könnte die dauernde Bereitschaft, neuen Einsichten Raum zu geben,[31] seien es eigene oder fremde,[32] ermöglicht und gesichert werden. Die Arbeit verwendet deduktive, induktive und hermeneutische Methoden. Hier wird das Wesen der bewussten Fahrlässigkeit diskutiert und die These aufgestellt, dass die bewusste Fahrlässigkeit eigentlich als eine Form des bedingten Vorsatzes zu qualifizieren ist, die durch einen schuldauswirkenden Irrtum begründet werden kann.

D. Gang der Untersuchung

Im ersten Kapitel werden die Grundzüge der vom Verfasser der Arbeit entwickelten und vertretenen Ansichten erörtert und Grundkonzepte der strafrechtlichen Verantwortung aufgearbeitet, die hinsichtlich der auf der Hand liegenden Doktorarbeit wesentlich und wichtig sind. Dabei werden die Grundphänomene der Strafrechtsdogmatik, insbesondere der Vorsatz und die Fahrlässigkeit, in den Blick genommen. In diesem Zusammenhang befasst sich der Verfasser im zweiten Kapitel mit den Grundproblemen der Fahrlässigkeit – insbesondere hinsichtlich der bewussten Fahrlässigkeit – ausgehend vom Vorsatz, d. h. in Verbindung mit der fragwürdigen Beschreibung des Vorsatzes. Denn das wesentlichste und größte Problem der Fahrlässigkeit liegt eigentlich im Vorsatz, nämlich in der unzutreffenden Beschreibung des Vorsatzes.

Im Anschluss daran wird im dritten Kapitel das Wesen der angeblichen bewussten Fahrlässigkeit zur Diskussion gebracht und darauf eingegangen, ob wirklich eine Kategorie oder Erscheinungsform wie „bewusste Fahrlässigkeit" anzunehmen ist; ob und in[wie]weit die „bewusste Fahrlässigkeit" sowohl begrifflich als auch sachlich begründet ist und durchgeführt werden kann. Zudem wird hier eine eigene Vorgehensweise erarbeitet, die besagt, dass die bewusste Fahrlässigkeit

29 Zustimmend Herzberg, JZ 1988, 635 ff. (638).

30 Dazu Sezgin, Bilim Tarihi, S. 7.

31 Dazu Baumanns, Untersuchungen, S. 3.

32 Kaufmann, Hans Welzel, S. 282.

in der Tat nichts anderes als die Subkategorie des Dolus eventualis ist, die einen schuldauswirkenden Irrtum darstellt, der im Schuldbereich hinsichtlich der Strafzumessung in Betracht gezogen werden soll.

Schließlich wird im vierten Kapitel der Ansatzpunkt der eigenen Ansicht des Verfassers bezüglich der Vorsatzbestimmung erörtert. Insoweit sollen die Kriterien bzw. Vorsatzindizien dieser neuen Theorie ausführlich und im Vergleich zu den vergangenen und gegenwärtigen Ansichten erklärt werden. Im Übrigen lässt sich die Vorsatzbestimmung der heute herrschenden Lehre aus den kriminologischen und kriminalpolitischen Perspektiven, nämlich hinsichtlich der präventiven Aufgabe des Strafrechts, kritisch diskutieren.

Das Erste Kapitel Die Hemdknöpfe und die gewollte Tätigkeit

Abstract
Vorsatz und Fahrlässigkeit stellen zwei wesentliche, unerlässliche und zentrale Begriffe des Strafrechts dar. In der Literatur liegen zwei theoretische Ansätze bezüglich des Vorsatzbegriffes vor. Seit langem ist es aber auch allgemein anerkannt, dass die Abgrenzung zwischen bewusster Fahrlässigkeit und bedingtem Vorsatz wegen der Vorgehensweise der heute herrschenden Lehre zu den schwierigsten und umstrittensten Fragen in der Strafrechtsdogmatik gehört. Eine alternative Herangehensweise wäre es, das Wesen sowohl des Vorsatzes als auch der [bewussten] Fahrlässigkeit *de novo* umzudenken und diese Begriffe umzuformulieren.

Klar ist es, dass, wenn man das Hemd mit der falschen Öse zuzuknöpfen beginnt, notwendigerweise jeder anschließende Knopf falsch angeknöpft und dadurch am Schluss ein groteskes Bild entsteht, gerade wie es heute sowohl im Schrifttum als auch in der Rechtsprechung der Fall ist. Demnach bildet die Kurzformel [Wissen und Wollen der Tatbestandsverwirklichung] der herrschenden Lehre bezüglich des Wesens des Vorsatzbegriffes den ersten falsch geknöpften Knopf, während die sog. Kategorie oder Begriffserfindung „bewusste Fahrlässigkeit" dem oben erwähnten grotesken Bild entspricht. Die anschließenden falsch geknöpften Knöpfe stellen die Abgrenzungsprobleme zwischen dolus eventualis und der sog. bewusste Fahrlässigkeit und anderen juristisch- und strafrechtsdogmatischen Auseinandersetzungen oder Schwierigkeiten bezüglich das Wesen und der Formen der Vorsatz- und Fahrlässigkeitsbegriffen dar.

Der hier vertretenen Ansicht zufolge besteht ein strafbares Verhalten aus zwei Komponenten. Die erste von diesen ist der objektive Teil, die äußerlich erkennbare Handlung oder Unterlassung, die überhaupt als „*gewollte Tätigkeit*" bzw. „actus reus" bezeichnet wird. Die zweite Komponente ist die durch die gewollte Tätigkeit ausgedrückte subjektive und innere Einstellung, psychische Haltung und der seelische Zustand des Täters zu seiner Tat und zum Erfolgseintritt, nämlich die schuldhafte Sinnesrichtung und die durch die bewusst vorgenommene Tat geäußerte „*tadelnswerte Gesinnung*" des Täters, die in der Tat dem „*mens rea*" gleichzusetzen ist.

Keywords: Hemdknöpfe, Handlung, gewollte Tätigkeit, groteskes Bild.

§ Die in den Weg zu legenden Steine

A. Ausgangspunkt

Die Geisteswissenschaft arbeitet mit Wörtern und Begriffen. Ferner hat jeder Jurist in jedem Augenblick seines Berufslebens mit Wörtern, Begriffen, Sätzen und Texten zu tun, weil sie zentraler Gegenstand seiner Arbeit sind.[1] Insoweit stellen die Wörter nicht nur Begriffe dar, die den Gedanken und Wissensinhalt umfassen, sondern auch die Vorstellungen und Gegenstände, die mit diesen Wörtern zum Ausdruck gebracht werden sollen. Jeder Begriff bezieht einen Gegenstand ein. Die Merkmale und Beschaffenheit dieses Gegenstandes konstituieren den Begriffsinhalt. In diesem Sinne ist jedes menschliche Verhalten, das eine willensgetragene Handlung [gewollte Tätigkeit] erschließt, der Gegenstand der Strafrechtswissenschaft.[2] Hiernach bildet der menschliche Wille das bewegende Prinzip der Handlung.[3] Daher setzt jede strafrechtliche Zurechnung zumindest ein „gewillkürtes Körperverhalten“ oder Unterlassen voraus.[4]

Insoweit ist zunächst festzulegen, dass Begrifflichkeiten sowohl generell in der Wissenschaft als auch speziell in der Strafrechtswissenschaft subjektiv definiert und interpretiert werden können, weil Wissenschaft von Subjekten bzw. Wissenschaftlern getragen wird. Wissenschaftler sind subjektive Individuen und gerade deshalb sind unterschiedliche Bestimmungen, Interpretationen oder Deutungen unvermeidlich. Jede von Subjekten ausgeübte Begriffsbestimmung bringt daher zwangsläufig Subjektivität, Diversität oder Relativität mit sich.[5] Hieraus ergibt sich, dass verschiedene Subjekte den gleichen Gegenstand anders bezeichnen. Dies führt ebenso dazu, dass jeder Wissenschaftler und Theoretiker den gleichen Begriffen durchaus verschiedene Merkmale, Gegenstände oder Elemente – wie das Wissen, Wollen, oder Voraussehen – zuordnet[6] oder zu den gleichen strafrechtlichen Problemen, wie z. B. der Abgrenzung zwischen Dolus eventualis und bewusster Fahrlässigkeit, verschiedene Lösungsvorschläge erarbeitet[7].

---

1 Kaufmann/Hassemer, Einführung in Rechtsphilosophie, S. 233.

2 Gössel, Wertungsprobleme des Begriffs, S. 13.

3 Hall, Fahrlässigkeit im Vorsatz, S. 53.

4 Kargl, Handlung und Ordnung, S. 2.

5 Über die Relativität von Begriffen, siehe Ryu/Silving/Piedras/Rico, ARSP 1973, 57 ff. (57 ff., 76 ff.)

6 Gössel, Wertungsprobleme des Begriffs, S. 13.

7 Hall, Fahrlässigkeit im Vorsatz, S. 63

Aus diesem Grund steht es den Juristen zu, auf die Vieldeutigkeit der Begriffe und die Unwirklichkeit der Erscheinungsformen dieser Begriffe zu achten.[8] Relative und subjektive Begriffsbestimmungen geben uns allerdings keinen festen Anhaltspunkt, wodurch man den jeweiligen Begriff für alle erkennbar bezeichnen muss, um deren Erscheinungsformen voneinander einfach unterscheiden zu können. Zwar geben uns diese unterschiedlich formulierten Begriffe inhaltlich bestimmbare Weisungen, sagen aber nichts darüber, wie beispielsweise Vorsatz und Fahrlässigkeit definiert und voneinander abgegrenzt werden sollen. Wegen der hier genannten Vieldeutigkeit der Begriffe sind Juristen auf diesem formalen Felde zu jedem Abenteuer des Intellekts befugt,[9] vorausgesetzt aber diese hier genannten neuen originalen Einordnungen sowie intellektuellen Abenteuer sind richtig ausgewählt,[10] logisch und begründbar. Es macht keinen Sinn, nur auf die Probleme, Schwierigkeiten oder Schwächen der anderen in der Literatur bestehenden Theorien hinzuweisen. Ferner führt höchstwahrscheinlich eine solche Vorgehensweise selbst weitere neue Schwächen herbei.[11] Deswegen darf sich eine neue alternative Theorie nicht damit begnügen, nur darauf hinzudeuten, dass die gegenwärtigen Ansichten aus irgendeiner Perspektive problematisch oder schwach sind, sondern soll diese als neue Lehre zu den alternativen Theorien vorschlagen und die Konstruktion der neuen, abweichenden, wissenschaftlichen Ansicht begründen.[12] Hieraus dürfte sich ergeben, dass einer Theorie grundsätzlich eine wissenschaftliche Begründung zugrunde liegen muss.[13] Zudem lehrt uns die Geschichte der Wissenschaft, dass gerade die Abänderung der fehlerfrei und vertretbar aussehenden Sätze [gerade wie die heute gängige Kurzformel] oder die Ablehnung der weit verbreiteten Lehre oft der entscheidende Schritt sein kann.[14]

Die oben genannte Diversität und Relativität der Dinge und Begriffe führen bisweilen in eine Sackgasse, wie bei der Begriffsbestimmung des Vorsatzes oder dem Abgrenzungsproblem zwischen Vorsatz und Fahrlässigkeit der Fall ist.[15] Das bedeutet, dass die Wissenschaft oder die Lehre selbst das Problem ist, obwohl sie normalerweise die Lösung anbieten sollten. Insoweit ist die Aufgabe der Wissenschaft und der Wissenschaftler, die Kardinalfrage des Strafrechts zu beantworten und einen Ausweg zu bieten.[16] Denn die Aufgabe des wissenschaftlichen

8 Meyer, Die Gleichstellung, S. 69; vgl. Hall, Fahrlässigkeit im Vorsatz, S. 64; vgl. Hirsch, ZStW 1981, 831 ff. (837).

9 Hall, Fahrlässigkeit im Vorsatz, S. 63-64; Meyer, Die Gleichstellung, S. 69.

10 Gössel, Wertungsprobleme des Begriffs, S. 13.

11 Geppert, JURA 1986, 610 ff. (611).

12 Martins, Versuch, S. 19.

13 Prömper, Hemmschwellentheorie, S. 15.

14 Popper, Logik der Forschung, S. 18, Fn. 2.

15 Dazu siehe auch Ryu/Silving/Piedras/Rico, ARSP 1973, 57 ff. (64 ff.)

16 Exner, Das Wesen der Fahrlässigkeit, S. 8.

Systems[17] ist nicht, neue Probleme oder Schwierigkeiten zu schaffen, sondern die gegenwärtigen Probleme der Lehre und Rechtsprechung zu lösen. In diesem Sinne soll die Wissenschaft das Unanschauliche dem denkenden Geiste anschaulich machen.[18] Heutzutage scheint dagegen die Situation ganz anders. Die Ansichten, die normalerweise das Unanschauliche anschaulich machen sollen, machen das Anschauliche dem denkenden Geiste unanschaulich. Dies gilt auch für die heute in der Literatur vertretenen Theorien bezüglich der Bestimmung des Vorsatzes wie auch der Abgrenzung von Dolus eventualis und der sog. bewussten Fahrlässigkeit.[19]

Insoweit ist die Tragweite der Rechtsbegriffe zunächst und wesentlich an der praktischen Anwendung und den Rechtstatsachen zu bewähren. Erklärt oder definiert man diese Begriffe ohne Rücksicht auf Rechtstatsachen oder die Natur der Sache, werden diese Begriffe sowohl theoretisch als auch praktisch wieder neue Probleme aufwerfen, deren Lösung nicht möglich oder durchaus schwierig erreichbar wäre,[20] wie heute bei der Abgrenzungsproblematik zwischen Dolus eventualis und der bewussten Fahrlässigkeit der Fall ist. In dieser Hinsicht sind die Bemühungen bezüglich der Begriffsbestimmungen eigentlich nichts anderes als die Erstellung „eines Bildnisses". Ferner stellt jede Theorie somit ein Bild auf.[21] Zudem bleiben allgemein die Ordnung der Dinge und die Natur der Sache selbst unanschaulich. Daraus folgt die Relativität. Insoweit muss man der Relativität der einschlägigen Ansichten bewusst bleiben. Es ist daher nicht vorzugswürdig, „das Gesetz des Bildes mit dem Gesetz des Seins zu verwechseln."[22] Wichtig und ausschlaggebend ist hier, auf einem logisch begründbaren und sachlich vertretbaren Boden zu bleiben. Aus diesem Grund gilt, wie *Almendigen* sagt: „ [...] was nach den Gesetzen der menschlichen Natur nicht möglich ist, kann kein Gesetz [auch keine Theorie oder Rechtsprechung][23] möglich machen."[24]

Zum Beispiel ist es normalerweise der menschlichen oder sachlichen Natur nach unmöglich, gleichzeitig „bewusst" und „fahrlässig" zu handeln. Deswegen kann zwar eine Begriffsbestimmung wie „bewusste Fahrlässigkeit" gesetzlich möglich sein, sachlich wäre sie aber widersprüchlich, weil sie weder theoretisch vertretbar noch praktisch durchführbar sein kann. Hieraus dürfte man somit zur

---

17 Insoweit „*hat jedes wissenschaftliche System seine geistige Struktur, seine ihm innenwohnende Konsequenz und geht von einer bestimmten Grundvorstellung des Menschen aus.*" Dazu siehe Hall, Fahrlässigkeit im Vorsatz, S. 13.

18 Hall, Fahrlässigkeit im Vorsatz, S. 12.

19 Gottwald, Grenze zwischen Vorsatz und Fahrlässigkeit, S. 76.

20 Müller, Der dolus eventualis, S. 43

21 Hall, Fahrlässigkeit im Vorsatz, S. 12.

22 Hall, Fahrlässigkeit im Vorsatz, S. 12-13.

23 Anmerkung des Verfassers.

24 Almendigen, Untersuchungen, S. 76.

Evidenz gelangen, dass der Deliktsaufbau eben kein Turm von Schubladen ist,[25] in denen man die Gegenstände, Begriffe und Institutionen ohne Blick auf den Inhalt der jeweils anderen Laden, d. h. ohne Rücksicht auf die sachliche Natur oder das richtige Wesen dieser strafrechtlichen Begriffe oder Institutionen, ausrichten kann oder darf. Um die Begriffe und Institutionen richtig systematisieren zu können, sollte man daher die Natur des einzugliedernden Objektes oder das Wesen der einzuordnenden Begriffe erkannt und sachlich richtig bezeichnet haben.[26] Wenn diese einfache, aber wesentliche Bedingung erfüllt ist, kann jeder eine beliebig abweichende, verschiedene Ansicht vertreten. Denn, wie *Sokrates* schon betont hatte: „Die richtigen Vorstellungen sind eine schöne Sache, [...] so dass sie doch nicht viel wert sind, bis man sie bindet durch begründendes Denken."[27]

Das Prinzip, dass man sich der erwähnten Relativität all seiner Überlegungen und der Natur der Sache bewusst bleiben sollte, ist tatsächlich von großer Bedeutung. Insoweit darf und soll auch die hier vertretene Ansicht nicht von diesem wichtigen Prinzip befreit angesehen werden. In dieser Hinsicht könnten hierdurch alternative Lösungsvorschläge insbesondere hinsichtlich des überholten Abgrenzungsproblems zwischen dem bedingten Vorsatz und der angeblichen bewussten Fahrlässigkeit formuliert und gefunden werden. Die rechtswissenschaftliche Dogmatik bietet eine Argumentation.[28] Strafrechtliche Probleme, z. B. das Abgrenzungsproblem zwischen Vorsatz und Fahrlässigkeit, können aus verschiedenen Perspektiven betrachtet und argumentiert werden. Derjenige, der über die Themen bzw. Probleme der Strafrechtsdogmatik räsoniert, hat zwei Möglichkeiten, d. h. er kann zwei mögliche Wege gehen. Diese alternativen Wege setzen unterschiedliche logische Gründe und wissenschaftliche Ansprüche voraus. Der erste von diesen ist, die vorhandenen Auseinandersetzungen zu sammeln,[29] sie zu analysieren und ihre Vor- oder Nachteile herauszustellen.[30] Hier begnügt man sich meistens mit den gegenwärtigen Theorien,[31] d. h. mit den in der Literatur überwiegend vertretenen

---

25 Küpper, ZStW 1988, 758 ff. (785).

26 Ambrosius, Untersuchungen zur Vorsatzabgrenzung, S. 144.

27 Ackeren, Das Wissen vom Guten, S. 93; hierzu siehe auch Platon, Menon 97d, 98a; gekürzt. (in: Hardtung, Versuch und Rücktritt, S. VI.)

28 Martins, Versuch, S. 16.

29 Ähnlich Martins, Versuch, S. 16.

30 Martins, Versuch, S. 15.

31 Laut Duden besitzt der Begriff „Theorie" viele Bedeutungen. Hiernach stellt der Begriff Theorie ein „*System wissenschaftlich begründeter Aussagen zur Erklärung bestimmter Tatsachen oder Erscheinungen und der ihnen zugrunde liegenden Gesetzlichkeiten*" oder die „*rein begriffliche, abstrakte [nicht praxisorientierte oder -bezogene] Betrachtung[sweise], Erfassung von etwas*" dar. Darüber hinaus ist damit die „*Lehre über die allgemeinen Begriffe, Gesetze, Prinzipien eines bestimmten Bereichs der Wissenschaft, Kunst, Technik*" oder die „*wirklichkeitsfremde Vorstellung; bloße Vermutung*" gemeint. Dazu www.duden.de Abruf: 29.11.2019.

alten und generell wiederholten Ansichten. Der zweite Weg besteht dagegen darin, eine neue, alternative und originale Lösung der Probleme herauszuarbeiten, die zwangsläufig mit originalen, konstruktiven und produktiven Argumentationsbeiträgen und neuen, sowohl methodologischen als auch sachlichen, Ansatzpunkten verbunden ist.[32] Im zweiten Modell kann man als Leitbilder immer produktiv bleiben, während man im ersten Modell zwangsläufig nicht mehr machen kann, als Nachbilder des schon gegenwärtig Gesagten zu wiederholen.[33]

Um produktiv zu bleiben, wird hier versucht, eine neue Perspektive zu eröffnen, um zu erfahren sowie zu zeigen, „dass man die Steine in dem Mosaik auch anders setzen kann."[34] Denn wie *Goethe* zu Recht sagt, „lässt das Gleiche uns in Ruhe, aber der Widerspruch ist es, der uns produktiv macht."[35] Eine neue Lösung ist immer möglich, vorausgesetzt aber, dass die neue Perspektive und dementsprechend die vorgeschlagene Lösung aus der wissenschaftlichen und rechtlichen Sicht begründbar ist.[36] Es dürfte daher nie vergessen werden, dass die Durchsetzung einer Ansicht nicht allein von ihrer Erklärungskraft und Richtigkeit, sondern auch von ihrer Durchführbarkeit abhängt.[37]

Daraus erfolgt, dass die theoretische Tauglich- und Vertretbarkeit sowie ihre praktische Anwendbar- oder Durchführbarkeit eigentlich das Kennzeichen ihrer Lebensfähigkeit ist, den Prüfstein ihrer abstrakten Richtigkeit bildet.[38] Denn jede praktisch undurchführbare Theorie ist in der Tat nichts anderes als eine Geistesfrucht ohne Lebenskraft.[39] Ferner liegt hierbei ein wesentlicher Berührungspunkt von Strafrecht und Psychologie vor, da der Vorsatzbegriff und die psychischen Prozesse untrennbar verbunden sind.[40] In diesem Sinne liegt das entscheidende Maß der „Richtigkeit" einer Theorie vielmehr darin, ob und inwieweit die Theorie den Angaben der modernen Psychologie[41] und Neurowissenschaft[42], dem herrschenden psychologisch-sozialen Verständnis des Begriffes oder der Lebenswirklichkeit und der allgemeinen Lebenserfahrung entspricht.[43]

---

32 Martins, Versuch, S. 15.

33 Anders Martins, Versuch, S. 15.

34 Hall, Fahrlässigkeit im Vorsatz, S. 45.

35 Eckermann, Gespräche mit Goethe, S. 582, Rn. 15; Siehe auch Morkel, NStZ 1981, 176 (179).

36 Kröger, Der Aufbau, S. 17.

37 Herzberg, JZ 1988, 635 ff. (642-643).

38 Hierzu siehe auch Miricka, Die Formen, S. 4.

39 Miricka, Die Formen, S. 4.

40 Pikamäe, Juridica Int'l 2003, 80 ff. (81).

41 Zustimmend Duttge, Zur Bestimmtheit des Handlungsunwerts, S. 371.

42 In diesem Sinne *„nehmen auch die – nicht unumstrittenen – Neurowissenschaften den Täter und die innere Tatseite in den Fokus, v. a. die Dichotomie zwischen Vorsatz- und Fahrlässigkeitsbestrafung."* Höffler, ZStW 2019, 1036 ff. (1060).

43 Steinberg, JZ 2010, 712 ff. (718).

B. Die Kurzformel: Ein groteskes Bild

Es ist offensichtlich, dass wenn man das Hemd mit der falschen Öse zuzuknöpfen beginnt, notwendigerweise jeder anschließende Knopf falsch zugeknöpft wird. Insoweit hat auch *Goethe* zutreffend gesagt: „Wer das erste Knopfloch verfehlt, kommt mit dem Zuknöpfen nicht zu Rande."[44] Ebenfalls verzerrt sich auch die Definition der Fahrlässigkeit bei einer unzutreffenden Beschreibung des Vorsatzes, d. h. bei der unangemessenen Einordnung des voluntativen Elements [des Wollens] in die Bezeichnung des Vorsatzbegriffes. Mit anderen Worten, die Grundprobleme der Fahrlässigkeitsdogmatik und insbesondere das Abgrenzungsproblem zwischen Dolus eventualis und bewusster Fahrlässigkeit entstehen im Wesentlichen als Folge eines fehlerhaften „Zuknöpfens des ersten Knopfs", nämlich durch die unzutreffende Beschreibung des Vorsatzes als „Wissen und Willen der Tatbestandsverwirklichung". Hierbei kommt man zu dem Ergebnis, dass durch eine Beschreibung des Begriffs Vorsatz als solchen die Gleise von vornherein irreführend gestellt sind.[45] Wie auch *Ragués Vallès* zu Recht gemeint hat, kann die Bestimmtheit oder Voraussehbarkeit kaum oder ganz schwer erreicht werden, wenn man von der bloßen richterlichen Überzeugung oder allein von der inneren Einstellung oder psychischen Befindlichkeiten des Täters als Richtschnur und Kriterien ausgeht.[46]

Die heute sowohl in der Literatur als auch in der Rechtsprechung herrschende Lehre bezeichnet den Vorsatz „als Wissen und Wollen der Tatbestandsverwirklichung". Diese Kurzformel findet sich in vielen strafrechtlichen Lehrbüchern.[47] Dem Ausgangspunkt der herrschenden Lehre liegt die innere subjektive Einstellung oder der psychische Zustand des Täters zur Tatzeit zugrunde. Deren fundamentale Kurzformel und die sich daraus ergebende Schlussfolgerung, dass der rechtsgutverletzende Erfolg nur dann vorsätzlich herbeigeführt ist, wenn dessen Eintritt vom Täter gewollt ist, bildet den Schwerpunkt der heute gängigen Lehre.[48] Auf diesem unbewiesenen Satz und ohne festen Boden bauen die Verfechter der herrschenden Lehre ihre Argumentationen auf. Es ist aber in der Tat nichts anderes, als das System in der Luft aufzubauen.[49] Denn wenn der Bau der Ansichten auf dem untragbaren Boden einer Hypothese errichtet wird, bringt der nächste Tag deren trügerische Beschaffenheit ans Licht.[50] Aus diesem Grund ist es gleich

44 Goethe, Maximen und Reflexionen, S. 194, Rn. 900.

45 In einem, zwar anderen, aber doch ähnlichen Sinne Welzel, Das Deutsche Strafrecht, S. 129; hierzu siehe auch Binavince, Die vier Momente, S. 18.

46 Hierzu siehe Raguès Vallès, GA 2004, 257 ff. (271).

47 Köhler, GA 1981, 285 ff. (285); dazu siehe auch Schewe, Bewusstsein und Vorsatz, S. 64 ff.; Bung, Wissen und Wollen, S. 155.

48 Welzel, Das Deutsche Strafrecht, S. 64; für die Kritik dieser Kurzformel siehe Bung, Wissen und Wollen, S. 155.

49 Danner, Dolus eventualis, S. 28.

50 Löffler, Die Schuldformen, S. 3.

am Anfang zu betonen, dass man keineswegs einfach auf die innere Einstellung oder die psychische Beziehung des Täters zur Tat oder zum Erfolg verweisen darf. Das verbietet sich schon von den praktischen Ergebnissen her, da die innere subjektive Einstellung des Täters erfahrungsgemäß zur Subjektivität und daher zur Unbestimmtheit und somit zu ungerechten Ergebnissen tendiert und in vielen bestimmten Fällen sogar ausgesprochen bedenklich sein kann. Es darf daher nicht vergessen werden, dass jeder theoretische Vorteil der allgemeinen Kriterien und subjektiven Maßstäbe, wie heute bei der Kurzformel der herrschenden Lehre der Fall ist, praktische Nachteile in Kauf nehmen muss[51]. Zum Beispiel kann die oben erwähnte Kurzformel auf den ersten Blick theoretisch oder materiellrechtlich ganz anziehend und vorteilhaft erscheinen. Die Wahrheit ist aber ganz anders. Denn diese Formulierung bringt sehr viele prozessuale Nachteile mit sich und bereitet praktische Schwierigkeiten insbesondere hinsichtlich der Feststellung des voluntativen Elements des Vorsatzes und der Lösung der daraus folgenden Abgrenzungsprobleme zwischen dem Dolus eventualis und der sog. bewussten Fahrlässigkeit. Im Vergleich zu den Kriterien der hier vertretenen Ansicht, die für die Lösung der Grundprobleme bezüglich der Beschreibung und Abgrenzung von Vorsatz und Fahrlässigkeit vorgeschlagen sind, erscheinen die Kriterien der herrschenden Lehre, die die innere Einstellung oder psychische Haltung des Täters gegenüber dem Erfolg zugrunde legt, problematisch.

Die Vagheit der hier genannten und heute allgemein verwendeten Begriffe erschwert auch eine objektive Anwendung der Beweisführung. Der Ausgangspunkt der herrschenden Lehre und die sich daraus ergebende Schlussfolgerung, dass nur das Gewollte als vorsätzlich anzunehmen sei, soll deshalb als unbewiesen abgelehnt werden.[52] Ferner ist eine Theorie normalerweise nicht auf ganzer Linie irreführend oder unzutreffend. Die Kritik, dass eine Theorie irreführend formuliert ist, erweist sich in der Tat darin, dass man ihr widersprechen kann,[53] nicht aber darin, dass sie vollkommen gescheitert oder abgetan ist. Aus diesem Grund kann die herrschende Lehre selbstverständlich darin kritisiert werden, dass die Relativität, Subjektivität und Unbestimmtheit ihrer Maßstäbe eine zweifelsfreie objektive Anwendung im konkreten Fall erschwert.[54] Es ist allerdings nicht zu vergessen, dass dieselben, ähnlichen Einwände oder auch zahlreiche anderen Einwände auf andere Theorien oder auch auf die hier vertretene Ansicht aus verschiedenen Perspektiven zutreffen können. Mit anderen Worten, diese Einwände können gegen jede Theorie eingebracht werden, ohne dass derartige Lehren nur deshalb als gescheitert abgetan werden.[55]

---

51 Namias, Die Zurechnung, S. 157.

52 Danner, Dolus eventualis, S. 28.

53 Bung, Wissen und Wollen, S. 155.

54 Baumann/Weber/Mitsch, AT, § 20, S. 493; Hierzu siehe auch Raguès Vallès, GA 2004, 257 ff. (270).

55 Raguès Vallès, GA 2004, 257 ff. (270).

Denn es ist unmöglich, eine widerspruchslose und völlig eindeutige Klärung der Rechtsnatur der Rechtsbegriffe zu bewirken. Tatsächlich gibt es keine theoretische Sicht, die problemfrei und auch völlig von Kritik befreit ist,[56] weil auch keine der vergangenen oder gegenwärtigen Theorien materiell vollständig richtig sein kann.[57] Deswegen darf man sich von den Autoren keine Theorie erhoffen, die alle Probleme der Strafrechtswissenschaft erledigt. Aus jeder Theorie ergeben sich daher entweder materielle oder prozessuale Probleme bzw. erhebliche Beweisschwierigkeiten. Eine Theorie könnte hiermit einerseits materiellrechtlich begründbar sein, während dieselbe Theorie andererseits prozessrechtlich in keinem Fall durchführbar ist. Daher ist eine alternative Theorie zu finden, die den Vorsatz treffend definiert und somit die Grenze zwischen Vorsatz und Fahrlässigkeit präzise zieht. Was mit der hier erwähnten, neuen und alternativen Ansicht eigentlich gemeint ist, ist das Legen des Fingers in die Wunde der herrschenden Lehre. Diese originelle und kühne These sollte auf breiter Front die herkömmliche und herrschende Lehre bezüglich des Vorsatzes bestreiten.[58] Auf diese Weise sollte diese alternative Lehre im Vergleich zu den heute bestehenden Theorien möglichst auf wenige Einwände stoßen.[59] Die folgende Arbeit soll daher Gedanken umfassen, die zur Lösung der in Frage stehenden Probleme, wie das Wesen des Vorsatzes und seine Abgrenzung von der bewussten Fahrlässigkeit, beitragen können.[60] Dabei muss wiederum darauf geachtet und betont werden, dass der Zweck dieser Untersuchung nicht der Aufbau der Strafrechtsdogmatik *de novo*, sondern allein ihr Umbau ist.[61]

C. Der Grund der strafrechtlichen Verantwortlichkeit: Die gewollte Tätigkeit

I. Grundlagen

In der heute herrschenden Strafrechtsdogmatik setzt jede deliktische Tatbestandsverwirklichung das Vorliegen eines objektiven[62] und eines subjektiven Tatbestands voraus.[63] Das menschliche Verhalten kann auf der Ebene des Strafrechts erst dann als Unrecht in Erscheinung treten, wenn subjektive Voraussetzungen bzw.

56 Gleiches gilt auch für die Rechtsordnung. Dazu siehe Kaufmann, Probleme rechtswissenschaftlichen Erkennens, S. 9; dazu siehe auch Singer, Über den Einfluss, S. 8.f
57 Ähnlich Meyer, Die Gleichstellung, S. 68.
58 Insoweit siehe auch Verrel, NStZ 2004, 309 ff. (310).
59 Gottwald, Grenze zwischen Vorsatz und Fahrlässigkeit, S. 76.
60 Dazu siehe auch Zielinski, Die fahrlässige Verbrechensbegehung, S. 7.
61 Martins, Versuch, S. 19.
62 Bohlander, Principles, S. 29.
63 Wessels/Beulke/Satzger, Strafrecht AT, § 7, Rn. 310.

Tatbestandsmerkmale erfüllt sind.[64] Ohne die oben angeführten subjektiven Tatbestandsmerkmale handelt es sich daher um keine strafrechtliche Verantwortung. Die objektiven Tatbestandsmerkmale beschreiben die Handlung, das Handlungsobjekt, gegebenenfalls den Erfolg, die Kausalität und die objektive Zurechnung.[65] Die Kausalität, die insbesondere bei den Erfolgsdelikten auf jeden Fall zu prüfen ist,[66] ist gesetzlich nicht vorgeschrieben, während der Erfolg, der das eigene Werk des Täters bildet, als objektive Zurechnung erscheint.[67] Die objektive Zurechnung stellt die Zugehörigkeit der Tat zu dem Täter als sein persönliches Werk dar, d. h. dass die Tat objektiv als das eigene Werk des Täters angesehen werden kann.[68] Ferner bildet die Zurechnung die Anerkennung, dass der äußerlich eintretende Erfolg auf die Wirkung der vom Täter vorgenommenen Handlung zurückgeht.[69]

Mit dem „objektiven Tatbestand" bildet der sog. „subjektive Tatbestand" die Tatbestandsmäßigkeit der strafbaren Handlung.[70] Der Tatbestand stellt die Summe der Elemente dar, deren Vorliegen erforderlich ist, damit die Handlung den in den Strafgesetzen beschriebenen strafbaren Unwertverwirklichungen entsprechen kann. Der Tatbestand legt somit fest, wann eine Handlung tatbestandsmäßig ist. Hiernach liegt die tatbestandsmäßige Handlung dann vor, wenn sie die Merkmale eines „gesetzlichen Tatbestandes" besitzt.[71] Die Erfüllung des Tatbestandes deutet deshalb auf die strafrechtliche Eigenschaft bzw. die Tatbestandsmäßigkeit und daraufhin die Rechtswidrigkeit der Handlung hin.[72] Der subjektive Tatbestand enthält hiernach die subjektiven Elemente dieser Eigenschaft, welche die subjektiven Merkmale einer tatbestandsmäßigen Handlung erfüllen.[73] Erst wenn die objektiven Merkmale ausgeschöpft sind, dürfen die subjektiven Elemente auf ihre Bedeutung hin geprüft werden.[74]

In diesem Sinne gibt es im Bereich des Strafrechts zwei hauptsächliche subjektive Merkmale der Tatbestandsmäßigkeit,[75] die die Kennzeichen der geistigen

---

64 Heinrich, Strafrecht AT, § 256.

65 Jescheck/Weigend, Lehrbuch, § 27, S. 274-275.

66 Kindhäuser/Zimmermann, Strafrecht AT, § 13, S. 134, Rn. 10; Jescheck/Weigend, Lehrbuch, § 28, S. 277-278.

67 Puppe, Strafrecht AT, § 7, S. 98, Rn. 1; dazu siehe auch Jescheck/Weigend, Lehrbuch, §§ 27-28, S. 275 ff.

68 Heinrich, Strafrecht AT, § 257.

69 Abegg, Lehrbuch, § 79, S. 124.

70 Hiernach *„nennt man die für die Strafbarkeit notwendige [Art. 103 II GG] Übereinstimmung eines Verhaltens mit den Merkmalen eines gesetzlichen Straftatbestandes Tatbestandsmäßigkeit."* Jescheck/Weigend, Lehrbuch, § 27, S. 272.

71 Engisch, Untersuchungen, S. 5.

72 Becker, Das Bewusstsein der Rechtswidrigkeit, S. 2.

73 Gropp, Subjektiver Tatbestand, S. 17.

74 Oehler, Das objektive Zweckmoment, S. 11.

75 Puppe, Strafrecht AT, § 8, S. 103-104, Rn. 9.

Haltung des Täters in Bezug auf die objektive Tatbestandsverwirklichung widerspiegeln[76] und somit zu einer persönlichen strafrechtlichen Verantwortlichkeit führen. Eines von ihnen ist der Vorsatz, während das andere als Fahrlässigkeit zu bezeichnen ist.[77] Die hier in Frage kommenden subjektiven Tatbestände sind zwei verschiedene, aber gleichzeitig miteinander verknüpfte Merkmale. Der aus dem Vorsatz und der Fahrlässigkeit rekrutierte subjektive Tatbestand muss zum Zeitpunkt der Handlung vorliegen.[78]

Hieraus folgt, dass der Vorsatz und die Fahrlässigkeit zwei wesentliche, unerlässliche und zentrale Begriffe des Strafrechts bilden.[79] In jedem konkreten Fall spielen diese Rechtsbegriffe eine entscheidende Rolle, weil ohne Vorsatz oder Fahrlässigkeit keine Strafbarkeit, Versuchsbarkeit und Teilnahmestrafbarkeit möglich sein kann.[80] Durchaus wichtiger ist jedoch die Bedeutung und Beschreibung, die diesen wesentlichen Begriffen zuzuordnen ist. Anders ausgedrückt: Was man in der Tat unter diesen beiden zentralen und gleichzeitig komplexen sowie schwierigen Begriffen des Strafrechts verstehen sollte und was heutzutage darunter zu verstehen ist, stellt die wichtigste Frage der Strafrechtslehre dar. Problematisch und höchst umstritten ist die Abgrenzung der bewussten Fahrlässigkeit zum Eventualvorsatz. Gerade an diesem Punkt soll gleich im Vorhinein betont werden, dass der Verfasser auf keinen Fall vorhat, die Entwicklungsgeschichte der beiden Grundformen von Anfang bis zur Gegenwart zu schildern und die betreffenden zahlreichen Metamorphosen[81] ausführlich zu erörtern, die der Vorsatz- und Fahrlässigkeitsbegriff oder der Handlungsbegriff sowohl in der Literatur als auch in der Rechtsprechung allmählich durchgemacht haben.[82]

So beschränkt sich die nachfolgende Darstellung darauf, jeweils kurz den Inhalt einzelner Vorsatztheorien vorzustellen und hiermit die in dieser Arbeit bisher gefundenen Ergebnisse bezüglich des Vorsatzes und der Fahrlässigkeit, insbesondere hinsichtlich der Abgrenzung des Dolus eventualis und bewusster Fahrlässigkeit, zu vergleichen und daraus Schlüsse ziehen zu können. Das Hauptziel dieser Doktorarbeit besteht darin, die Grenzsteine richtig zu legen, die somit eine haltbare Abgrenzung zwischen Dolus eventualis und bewusster Fahrlässigkeit ermöglichen und im Anschluss daran die eigene Ansicht des Verfassers aufzustellen. Es wird damit auch bezweckt, aufzuzeigen, dass bewusste Fahrlässigkeit und

---

76 Gropp, Strafrecht, § 4, S. 150, Rn. 110.

77 Hierzu siehe auch Müller, Der dolus eventualis, S. 10-11; vgl. auch Zoller, Die Abgrenzung 1946, S. 25.

78 Jakobs, Strafrecht AT, S. 256, Rn. 1.

79 Mitsch, JuS 2001, 105 ff. (105); Maurach, Schuld, S. 28.

80 Gatzweiler, Rechtsvergleichende Untersuchung, S. 1, 8.

81 Miricka, Die Formen, S. 3.

82 Für den Handlungsbegriff im Strafrecht siehe auch Herzberg, Die Unterlassung, S. 157 ff.

Eventualvorsatz so nahe beieinander liegen, dass eine Abgrenzung bereits theoretisch kaum möglich ist und praktisch zu einer willkürlichen und unvorhersehbaren Rechtsanwendung führt oder höchstwahrscheinlich führen kann,[83] die die Anerkennung bei Rechtsgemeinschaft und Gesellschaft keineswegs finden vermag.[84]

II. Wieso beginnen wir mit dem Begriff „Handlung"?

Die Rechtssätze, die dem Täter die Richtschnur seines Verhaltens vorschreiben, sind die Normen, in denen sich der Rechtswille verkörpert.[85] Insoweit ist das Recht der erklärte Rechtswille.[86] In einem Rechtssystem ist jedes Rechtssubjekt verpflichtet, seine Handlung[87] nach den Rechtsnormen, die von vornherein vorgeschrieben sind und die Rechtsgüter schützen[88], einzurichten[89], weil im Rechtsbereich jede dieser Verpflichtungen durch Rechtssätze begründet ist.[90] Dementsprechend soll jedermann, der sich der Pflichten gegenüber der Mitwelt bewusst ist,[91] das Verbot, ein rechtlich geschütztes Interesse nicht anzugreifen, einhalten.[92] Auf diese Weise bleiben Rechtssubjekte mit den Anforderungen des Rechts im Einklang.[93] Andernfalls tritt eine strafrechtliche Verantwortung ein.[94] Denn wie das folgende grundlegende Prinzip des Rechts- und Strafrechtssystems treffend darstellt: Derjenige, der eine Straftat begeht, hat sich dafür zu verantworten.[95] Hiernach soll beispielsweise der Täter, der mit dem Dolus handelt, das Kausalgeschehen bzw. den rechtsgutverletzenden Prozess voraussehen. Hiermit billigt er bewusst das, was in der Rechtsordnung untolerierbar ist, also missbilligt wird.[96] Somit befinde sich der Täter beim Vorsatz in einem psychisch aktiven Gegensatz zu den Rechtsgeboten,[97] nämlich in einer die Rechtsgüter verletzenden, gewollten und bewussten

83 Birnbaum, Die Leichtfertigkeit, S. 214.

84 Kubiciel/Wachter, HRRS 2018, 338 ff. (335).

85 Bubnoff, Die Entwicklung, S. 111.

86 Binding, Die Normen I, S. 68-69, 70; dazu siehe auch Bubnoff, Die Entwicklung, S. 111.

87 Nach der kausalen Theorie stellt die Handlung ein willensgetragenes, die Rechtsgutverletzung [= den Erfolgseintritt] verursachendes Verhalten. Binavince, Die vier Momente, S. 14.

88 Maurach, Grundriß, S. 53-54.

89 Gessner, Die bewusste Fahrlässigkeit, S. 107.

90 Ambrosius, Untersuchungen zur Vorsatzabgrenzung, S. 113; Jakobs, Studien, S. 2-3.

91 Burgstaller, Das Fahrlässigkeitsdelikt, S. 56.

92 Stratenwerth/Kuhlen, Strafrecht AT, § 8 Rn. 96.

93 Niese, Finalität, S. 49.

94 Binding, Die Schuld, S. 7-8; Weezel, Beteiligung bei Fahrlässigkeit, S. 107.

95 Müller-Dietz, Strafe und Staat, S. 5.

96 Papageorgiou-Gonatas, ZStW 2006, 262 ff. (267).

97 Hierzu siehe auch Ambrosius, Untersuchungen zur Vorsatzabgrenzung, S. 129.

Tätigkeit.[98] Hiernach ist der Handelnde den Rechtsregeln und dem Rechtsgut des Dritten ungehorsam.[99]

Die schädliche Tatbestandsverwirklichung kann entweder durch Unterlassung[100] oder mittels der Begehung einer Handlung [Tun] herbeigeführt werden.[101] Ferner ergibt sich der tatbestandsmäßige Erfolg einmal aus der Unterlassung der gefahrabwehrenden und die Tatbestandsverwirklichung verhütenden Handlungen, das andere Mal aus der Vornahme einer gefährlichen und den Erfolg herbeizuführenden Handlung.[102] Die Norm tritt entweder als Verbot oder als Gebot in Erscheinung, deren Verletzung bald Tun, bald Unterlassen ist.[103] Die Straftat, die einen Angriff auf ein konkretes Rechtsgut[104] darstellt, liegt erst dann vor, wenn der Täter die mit Strafe bedrohte Tat begeht.[105] Der Täter soll für seine Tat bestraft werden,[106] weil er durch diese Tat zeigt, dass die Verhaltensnormen für ihn nicht mehr geltend sind.[107] Mit anderen Worten, der Täter zeigt durch die vorgenommene Straftat, dass er die Rechtsnormen [= Verhaltensnormen] nicht für wichtig erachtet.[108]

Die Tat stellt somit die Leugnung der Geltung des Rechts dar[109] und birgt daher im Vollzug des Verbrechens einen Widerspruch gegen die Normgeltung in sich, der die Ordnung der Gesellschaft stört.[110] Die Bestrafung dieser Tat ist mithin eine symbolische Antwort auf dieses rechtswidrige Verhalten des Täters. Das bedeutet, dass der Täter den Preis seiner Tat zahlen muss.[111] Die hier genannte Straftat stellt ein tatbestandsmäßig rechtswidriges, schuldhaftes[112] und gesetzlich mit Strafe bedrohtes Verhalten dar.[113] Hiernach ist ein Verhalten erst dann rechtswidrig,

---

98 Jakobs, S. 15-16.

99 Für den Streit und unterschiedliche Ansichten bezüglich des „Rechtsgutbegriffes" siehe Roxin/Greco, Strafrecht AT, § 2, S. 24-26, Rn. 2-8; vgl. Papageorgiou-Gonatas, ZStW 2006, 262 ff. (267).

100 Jescheck/Weigend, Lehrbuch, § 58, S. 598.

101 Herzberg, Die Unterlassung, S. 109 ff.

102 Schmitt-Schönenberg, Der Fahrlässigkeitsbegriff, S. 124-125, 126 ff.

103 Binavince, Die vier Momente, S. 124.

104 Fieseler, Direkter und bedingter Rechtswidrigkeitsvorsatz, S. 36.

105 Niese, Finalität, S. 49; Kindhäuser/Zimmerman, AT, § 5, S. 54, Rn. 3.

106 Lekschas, Über die Strafwürdigkeit, S. 11.

107 Maier, Die Objektivierung, S. 209; Kindhäuser/Zimmerman, AT, § 5, S. 54, Rn. 3; Lekschas, Über die Strafwürdigkeit, S. 38.

108 Ähnlich Weigend, Subjective Elements, S. 509.

109 Jakobs, Kritik des Vorsatzbegriffs, S. 3.

110 Jakobs, Kritik des Vorsatzbegriffs, S. 5.

111 Kindhäuser/Zimmerman, AT, § 5, S. 54-55, Rn. 3.

112 Niese, Finalität, S. 15; Wolff, Der Handlungsbegriff, S. 9; Kaufmann, Die Funktion, S. 26.

113 Maurach, Grundriß, S. 40; Schewe, Bewusstsein und Vorsatz, S. 18.

wenn es ein einem Rechtssubjekt gehörendes Rechtsgut gefährdet oder verletzt.[114] Um die Rechtsgüter richtigerweise schützen zu können,[115] sollte es die Aufgabe der Strafrechtsdogmatik sein, für angemessene und effektive Reaktionen auf menschliches rechtsgüterverletzendes Verhalten zu sorgen.[116]

Das Strafrecht ist nicht das einzige, aber doch das effektivste[117] Mittel zum wirksamen Schutz von Rechtsgütern.[118] Das Recht des Staates soll, wie das Bundesverfassungsgericht zu Recht formuliert hat, mit dessen Pflicht zu einem effizienten Rechtsgüterschutz begründet werden.[119] Die strafrechtliche Verantwortung kann erst dann in Rede stehen, wenn eine strafbare,[120] tatbestandsmäßige und rechtswidrige Unrechtshandlung vorliegt.[121] Ausgeschlossen ist daher jegliche strafrechtliche Dogmatik ohne den Begriff „Handlung."[122] Die „Handlung" ist hiernach die Vorbedingung einer strafrechtlichen Verantwortung,[123] ohne die eine weitere Prüfung in strafrechtlicher Hinsicht nicht möglich wäre.[124] Damit bildet der Handlungsbegriff den Ansatzpunkt des Strafrechts.[125]

Insoweit bezeichnet *Hegel* den Begriff „Handlung" als strafrechtlichen Grund- und Oberbegriff[126] und ist daher als Vater des strafrechtlichen Handlungsbegriffes anzunehmen.[127] Alle Prädikate und Attribute müssen sich auf diesen gemeinsamen Grundbegriff bzw. auf den Begriff „Handlung" zurückbeziehen.[128] Grundelement des Strafrechts ist somit der Handlungsbegriff.[129] Damit steht die Handlung im

---

114 Fieseler, Direkter und bedingter Rechtswidrigkeitsvorsatz, S. 37.

115 Gallas (1955), S. 43; dazu siehe auch Kaufmann, Probleme rechtswissenschaftlichen Erkennens, S. 9.

116 Schlüchter, Grenzen, S. 4; Jakulin, SLR 2007, 107 ff. (108).

117 Müller-Dietz, Strafe und Staat, S. 57.

118 Müller-Dietz, Strafe und Staat, S. 33.

119 Schlüchter, Grenzen, S. 25; Kargl, Handlung und Ordnung, S. 497.

120 Schröder, JZ 1989, 776 ff. (779).

121 Dazu siehe Erenius, Criminal Negligence, S. 55 ff.; Bohlander, Principles, S. 36.

122 Maier, Die Objektivierung, S. 211; vgl. Wallau, Der finale Handlungsbegriff, S. 1.

123 Maier, Die Objektivierung, S. 154; Macior, ZStW 1981, 1053 ff. (1053).

124 Vgl. Wallau, Der finale Handlungsbegriff, S. 4.

125 Jescheck/Weigend, Lehrbuch, § 23, S. 218-219; zustimmend Barbero, RDP 1975, 533 ff. (552-553).

126 Bubnoff, Die Entwicklung, S. 35-36; dazu siehe auch Kaufmann, Die Funktion, S. 24-25, 28; ähnlich Wolff, Der Handlungsbegriff, S. 9-10; anders Hirsch, ZStW 1982, 239 ff. (239-240); dazu siehe auch Radbruch, Der Handlungsbegriff, S. 71.

127 Radbruch, Der Handlungsbegriff, S. 106; Roxin/Greco, Strafrecht AT, § 8, S. 339, Rn. 7; für den Handlungsbegriff im italienischen Strafrecht siehe Maiwald, Einführung, S. 56-57.

128 Maihofer, Der Handlungsbegriff, S. 7; dazu siehe auch Nastansky, Systematische Untersuchungen, S. 16 ff.

129 Roxin/Greco, Strafrecht AT, § 8, S. 337, Rn. 1.

Zentrum[130] des Verbrechensbegriffs,[131] weil die erste und grundlegende Voraussetzung jeder strafrechtlichen Verantwortung ein bestimmtes menschliches sowie willensgetragenes Verhalten ist,[132] d. h. die Willensrichtung, die sich in einer Rechtsverletzung manifestiert.[133] Aus diesem Grund lässt sich zunächst festhalten, dass die Handlung gleichsam Holz ist, aus dem die Unrechtstypen geschnitzt werden[134], oder das feste Knochengerüst, welches die Gliederung der Lehre vom Verbrechen bestimmt.[135] In diesem Sinne spielt die Handlung eine so zentrale Rolle hinsichtlich der Unrechtstatbestandsmerkmale, dass ohne sie nicht festgestellt werden kann, was den objektiven und subjektiven Tatbestand zusammenhält.[136] Deswegen ist der Begriff „Handlung" nicht nur ein „Eckstein", sondern der „Grundstein" des Verbrechenssystems.[137]

Bei der Beschreibung und Qualifizierung sowohl des Vorsatzes als auch der Fahrlässigkeit kommt es durchaus darauf an, wie man den Begriff „Handlung" bestimmt.[138] Denn erst wenn der Begriff „Handlung" richtig verstanden wird, kann man den Vorsatz und die Fahrlässigkeit erfassen und im Deliktsaufbau sachgemäß einordnen. Die Beschreibung des Wesens bzw. die Feststellung des Umfangs des Handlungsbegriffs bezieht sich nicht nur auf den Begriff „Handlung" selbst, sondern ist auch im Hinblick auf den gesamten Deliktsaufbau von großer Bedeutung. In diesem Sinne hebt auch *Maihofer* hervor, dass die Form des Handlungsbegriffs die Grundlage des gesamten auf diesem Begriff aufgebauten Systems legt.[139] Das ist der Grund, warum der Verfasser im ersten Kapitel mit dem Begriff „Handlung" begonnen hat. Es gibt viele Theorien, die herauszufinden versuchen, was man unter dem Begriff der Handlung im Rahmen des Strafrechts versteht oder verstehen soll. Der Umfang, der der Handlung zugeordnet ist, ist maßgeblich sowohl hinsichtlich der Feststellung der strafrechtlichen Verantwortlichkeit als auch in Bezug auf die Bestimmung der subjektiven Merkmale der Tatbestandsmäßigkeit [= Vorsatz und Fahrlässigkeit]. Jede Handlungslehre zielt darauf ab, einen Handlungsbegriff zu bestimmen, der für alle Erscheinungsformen des Verbrechens vertretbar und

---

130 Binavince, Die vier Momente, S. 6.

131 Niese, Finalität, S. 16.

132 Burgstaller, Das Fahrlässigkeitsdelikt, S. 31; Kargl, Handlung und Ordnung, S. 1; dazu siehe auch Kaufmann, Die Funktion, S. 22 ff. und Otter, Funktionen des Handlungsbegriffs, S. 27.

133 Bubnoff, Die Entwicklung, S. 29.

134 Kaufmann, Strafrechtsdogmatik, S. 2.

135 Maiwald, ZStW 1974, 626 ff. (627).

136 Bung, Wissen und Wollen, S. 68; Hirsch, ZStW 1981, 831 ff. (846); Planas, ZIS 2010, 357 ff. (360).

137 Maihofer, Der Handlungsbegriff, S. 10.

138 Im anderen Sinne Hall, Fahrlässigkeit im Vorsatz, S. 18.

139 Maihofer, Der Handlungsbegriff, S. 9-10.

brauchbar scheint und alle Deliktsarten in sich aufnehmen kann.[140] Der Streit geht hauptsächlich darum, wie die Struktur und Merkmale einer Handlung begründet werden können sowie sollen. In diesem Zusammenhang gibt es viele Handlungslehren, wie die kausale, finale, personale und soziale Handlungslehre. Jede einzelne Handlungslehre qualifiziert den Begriff „Handlung" aus unterschiedlichen Blickwinkeln. Aus sowohl theoretischer als auch praktischer Hinsicht ergibt sich somit eine breite Verschiedenheit und Auseinandersetzung, die uns in unauflösbare Diskussionen einbringen und letzten Endes keine überzeugende Lösung bieten.[141]

Wegen der oben angeführten Gründe bleiben die Handlungslehren „heftig umstritten"[142] und gerade deshalb hat der Verfasser nicht vor, auf alle Aspekte dieser Kontroverse einzugehen.[143] Stattdessen ist auf die Struktur und die Merkmale der Handlung einzugehen, soweit es hinsichtlich der Doktorarbeit notwendig und nützlich scheint. Aus diesem Grund steht die Struktur des Begriffs der „Handlung", mit anderen Worten die „Willensbezogenheit" oder „Willensgetragenheit" der Handlung, d. h. „die gewollte oder zweckbezogene Tätigkeit des Täters", im Vordergrund und ist im Hinblick auf diese Doktorarbeit ganz wichtig, ungeachtet dessen, wer welche Handlungslehre vertritt.[144]

III. Die gewollte Tätigkeit

Nachdem die zentrale Stellung und Bedeutung des Begriffes „Handlung" im Strafrecht dahingehend festgestellt ist, dass die Basis der strafrechtlichen Zurechnung[145] jede strafrechtliche Verantwortlichkeit an Handlung anknüpfen soll,[146] wird im Folgenden zuerst eine grundlegende und im Rahmen dieser Arbeit Sinn ergebende Besonderheit [Eigenschaft] des Begriffes „Handlung" bzw. „gewollte Tätigkeit" erörtert: die „Willensbezogenheit" oder „Willensgetragenheit". Die Willensgetragenheit bildet die ausschlaggebende Besonderheit der Handlung,[147] weil der Wille das bewegende Prinzip der Handlung ist[148] und weil zumindest ein gewillkürtes Körperverhalten einschließlich des Unterlassens gegeben sein muss, um strafrechtliche Zurechnung bestimmen zu können.[149] Im Übrigen steht es fest,

---

140 Binavince, Die vier Momente, S. 1.

141 Hierzu Herzberg, JZ 1988, 635 ff. (643).

142 Binavince, Die vier Momente, S. 1, Fn. 1; Macior, ZStW 1981, 1053 ff. (1054).

143 Binavince, Die vier Momente, S. 1, Fn. 1.

144 Bubnoff, Die Entwicklung, S. 50. Nach Hegel stellt der Zweck die Seele der Handlung dar. Dazu siehe Hegel, Grundlinien, § 118.

145 Kargl, Handlung und Ordnung, S. 2.

146 Siesel, Das Strafrecht, die Neurophysiologie und die Willensfreiheit, S. 185.

147 Insoweit *„ist Handlung die gesamte Willensverwirklichung.", „... soweit es vom Willen beherrscht." Bubnoff, Die Entwicklung,* S. 47.

148 Hall, Fahrlässigkeit im Vorsatz, S. 53.

149 Kargl, Handlung und Ordnung, S. 2.

dass der Mensch ein denkendes[150] und handelndes Wesen ist.[151] Als ein denkendes Wesen kann der Mensch seine Handlungen willensmäßig und rational lenken. Die Handlung lässt sich in diesem Sinne als die wesentliche selbstständige Form des menschlichen und von einem zielgerichteten Willen beherrschbaren Verhaltens definieren.[152] Hiervon ausgehend stellt die Handlung als willens- und verstandesmäßig gelenkte menschliche Verhaltensweise,[153] die im Zentrum jeder Strafrechtsdogmatik steht, den Angelpunkt des heutigen Strafrechtssystems dar.[154]

Als Objekt der strafrechtlichen Bewertung bildet die Handlung mit dem steuernden Willen eine willensbezogene Tätigkeit.[155] Einer rechtlichen oder strafrechtlichen Bewertung kann somit ein Geschehen oder ein in die Welt getragenes Ereignis nur dann untergezogen werden,[156] wenn es sich als Willensverwirklichung bzw. als die Handlung eines Subjekts in Erscheinung tritt.[157] Der Wille ist daher der Inbegriff aller Bewusstseinsvorgänge, durch welche man sich frei in Tätigkeit setzt.[158] Insoweit ist Freiheit wesentlich an Bewusstsein gebunden.[159] Das ist der Grund, warum nur der freie Wille Träger der Verantwortlichkeit sein kann.[160] Der hier genannte menschliche Wille umfasst die bewusst begangene Handlung als Körperbetätigung einschließlich der Folgen.[161] Das führt uns zum Schluss, dass eine willentlich und wissentlich vorgenommene Handlung als eine sehende und lenkende Kraft erscheint.[162]

Die gewollte Tätigkeit besteht hiermit aus der Einheit von Willen und Tat.[163] Insoweit ist unter dem Begriff „gewollte Tätigkeit“ bzw. die „bewusste psychische Tätigkeit“ das Wollen zu verstehen. Hiernach sind die bewusste psychische Tätigkeit und Wollen gewissermaßen identisch.[164] Gewollt ist hiernach entweder eine psychische Veränderung, die nur auf die Bewusstseinsvorgänge beschränkt

---

150 In erster Linie denkt der Mensch. Weil er aber denkt und denken kann, kann er sein Verhalten lenken. Wallau, Der finale Handlungsbegriff, S. 9.

151 Vgl. Hall, Fahrlässigkeit im Vorsatz, S. 18-19.

152 Hall, Fahrlässigkeit im Vorsatz, S. 21-22.

153 Wallau, Der finale Handlungsbegriff, S. 4; Wolff, Der Handlungsbegriff, S. 12.

154 Roxin, ZStW 1962, 515 ff. (529); Wallau, Der finale Handlungsbegriff, S. 7.

155 Hirsch, ZStW 1981, 831 ff. (846); Bubnoff, Die Entwicklung, S. 148-149.

156 Suter, Fahrlässige Verletzung, S. 4.

157 Bubnoff, Die Entwicklung, S. 43.

158 Mayer, Die schuldhafte Handlung, S. 34; Jäger, Rechtsbrücke 2015, 41 ff. (45-46).

159 Hillenkamp, ZStW 2015, 10 ff. (61).

160 Jäger, Rechtsbrücke 2015, 41 ff. (45); Mayer, Die schuldhafte Handlung, S. 37; Hübner, Die Entwicklung, S. 30.

161 Bühring, Über die Grenze, S. 46-47.

162 Bubnoff, Die Entwicklung, S. 149.

163 Holl, Entwicklungen der Fahrlässigkeitsdogmatik, S. 82-83.

164 Mayer, Die schuldhafte Handlung, S. 27.

bleibt[165] oder aber eine physische Veränderung, die eine Körperbewegung bildet. Die erste von ihnen ist der innere, die zweite der äußere Willensakt. Durch das Mittel der Körperbewegung tritt man in den Verursachungsprozess der Außenwelt ein.[166] Neben den Ansichten, die die Handlung als willensgetragenes Verhalten oder willkürliche Außenweltveränderung bestimmen, indem sie dadurch auf die willkürliche Seite der Handlung hinweisen,[167] qualifiziert eine andere Ansicht [finale Handlungslehre] die Handlung als „ein vom steuernden Willen beherrschtes und auf einen bestimmten Erfolg gerichtetes menschliches Verhalten,"[168] oder „als bewusste, von einem perfekten Informations- und Regulationssystem gesteuerte Aktion."[169] Hierdurch betont diese Ansicht den bewussten Aspekt des Begriffes der Handlung.

Der Wille weist hiernach eine charakteristische Eigenschaft der Handlung auf. Als „*Kern der Handlung*" bestimmt der Wille das Wesen und Charakteristikum der Handlung.[170] Eine Handlung setzt körperliche oder geistige Tätigkeit voraus. Was aber diese körperliche oder geistige Tätigkeit bewirkt und in Gang setzt, ist der Wille bzw. das Wollen.[171] Aus den bisherigen Ausführungen ergibt sich, dass körperliche oder geistige Tätigkeit und der als ihre Vorbedingung erkennbare und diese Tätigkeit hervorrufende Wille und als letztes „ein dieses Wollen bewirkender Entschluss"[172] als wesentliche Merkmale des Begriffs „Handlung" genannt werden können.[173] Insoweit, um von einem vollständigen Verbrechen der Gerichtsbarkeit reden zu können, soll sowohl ein Wille als auch eine Handlung vorliegen[174], die zusammen eine „gewollte Tätigkeit" darstellen.[175] Der Täter führt durch die gewollte Tätigkeit einen rechtswidrigen Erfolg durch Vorsatz oder Fahrlässigkeit herbei. Das hängt davon ab, ob der Täter den Erfolg vorausgesehen hat, d. h. schon vorausgesehen haben sollte [Vorsatz] oder hätte voraussehen könnte [Fahrlässigkeit], oder nicht.[176]

---

165 Hierzu siehe auch Binavince, Die vier Momente, S. 182.

166 Finger, Das gesamte deutsche Recht, S. 444-445; Mayer, Die schuldhafte Handlung, S. 29.

167 Kutalia, Handlungslehre, S. 12, 23.

168 Gössel, Wertungsprobleme des Begriffs, S. 104-105; Macior, ZStW 1981, 1053 ff. (1056).

169 Macior, ZStW 1981, 1053 ff. (1060).

170 Wallau, Der finale Handlungsbegriff, S. 90.

171 Wolf, AfcP 1970, 181 ff. (211).

172 Ambrosius, Untersuchungen zur Vorsatzabgrenzung, S. 26-27.

173 Wolf, AfcP 1970, 181 ff. (214-215).

174 Webel, Strafbarkeit leicht fahrlässigen Verhaltens?, S. 25.

175 Um den Kern der Sache noch mehr klarzustellen, kann man sagen, dass das Verbrechen Stübels Meinung nach ein Widerspruch der Gesinnung ist, die in den das Strafgesetz wissentlich übertretenden Taten des Täters verkörpert wird. Dazu Stübel, System, §§ 237-238.

176 Feuerbach, Revision der Grundsätze und Grundbegriffe II, S. 66.

Hieraus folgt, dass die Handlung und das Bewirken einer Tätigkeit durch Wollen entsprechend der gewollten Tätigkeit oder dem Entschluss erfolgen kann.[177] Liegt hiernach eine Handlung vor, besteht dann *a fortiori* ein die Tätigkeit bewirkendes und lenkendes Wollen.[178] Es bleibt dann nur noch das Voraussehen. Anders formuliert, könnte dem Täter ein Erfolg nur dann als schuldhaft vorgeworfen werden, wenn der genannte schädliche Erfolg mindestens vorhersehbar [Fahrlässigkeit] war oder schon vorausgesehen worden [Vorsatz] ist.[179] Sieht der Täter einen Erfolg als notwendig, erforderlich oder gewöhnlich voraus und handelt trotzdem weiter, ist es ohne Zweifel festzustellen, dass er diesen Erfolg gewollt hat. Denn eine Handlung impliziert ein diese Tätigkeit bewirkendes Wollen und ein dieses Wollen bewirkenden Entschluss in sich.[180] Aus diesem Grund scheint eine eigenständige Durchsuchung des Wollens neben dem Wissen überflüssig.

Zu klären bleibt nur, welche Art des Voraussehens im konkreten Fall gegeben sein muss, so dass der Handlung und den sich daraus ergebenden Folgen Vorsatz oder Fahrlässigkeit zugerechnet werden kann. Die Antwort auf diese Frage [im Hinblick auf die erforderlichen Vorstellungs- oder Voraussehensdichten] kann hier nur dann angedeutet werden, wenn das Wissen oder ein konkretes Voraussehen des Täters festzustellen ist. Das Schuldprinzip setzt Wissen oder Voraussehen des Täters voraus. Die Vorhersehbarkeit des rechtswidrigen Erfolgseintritts oder der notwendigen, erforderlichen oder möglichen Rechtsgutsverletzung ist die Mindestvoraussetzung strafrechtlicher Haftung.[181] Hiernach darf niemand bestraft werden, ohne dass die oben erwähnte notwendige Voraussetzung erfüllt ist.[182] Eine vom Wissen oder Voraussehen isolierte Vorwerfbarkeit ist nicht denkbar. Ferner verletzt jegliche von den beiden Mindestvoraussetzungen gelöste Schuldauffassung oder Vorwerfbarkeit rechtsstaatliche Postulate und entwertet die Garantiefunktion des Schuldprinzips[183] und des Strafrechts.[184]

Die Tatbestandsverwirklichung kann aber nicht nur als objektive und durch eine gewollte Tätigkeit[185] erfolgte Veränderung verstanden werden.[186] Vielmehr konstituiert die Nichthinderung einer Veränderung der Außenwelt oder eine bewusste

177 Vgl. Wolf, AfcP 1970, 181 ff. (215).

178 Suter, Fahrlässige Verletzung, S. 6-7.

179 Hierzu siehe auch Stoll, Die Veräußerbarkeit, S. 39.

180 Bühring, Über die Grenze, S. 51.

181 Kargl, Handlung und Ordnung, S. 539.

182 Lang-Hinrichsen, ZStW 1961, 210 ff. (219).

183 Lang-Hinrichsen, ZStW 1961, 210 ff. (220); vgl. Deutsch, AcP 2002, 889 ff. (892); Kutalia, Die Schuld, S. 851.

184 Zustimmend Jakobs, ZStW 1995, 843 ff. (843-844); Duttge, Zur Bestimmtheit des Handlungsunwerts, S. 155-157; Zipf, Kriminalpolitik, S. 47-48.

185 Vgl. Niese, Finalität, S. 16.

186 Binavince, Die vier Momente, S. 4-5; dazu siehe auch Webel, Strafbarkeit leicht fahrlässigen Verhaltens?, S. 25.

Untätigkeit die Tatbestandsmäßigkeit[187] und damit ebenfalls Schuld.[188] Denn die Tatbestandsverwirklichung kann entweder in einem aktiven Tun oder ebenso im Unterlassen eines aktiven Tuns bzw. in der Nichthinderung des Erfolgseintritts liegen.[189] Kurz gesagt: Die tatbestandsmäßige Handlung stellt eine willkürliche Verursachung oder Nichthinderung einer Veränderung in der Außenwelt dar.[190] Der Täter bzw. der Handelnde, als Urheber einer Veränderung in der Welt,[191] nimmt hiernach eine willkürliche Tat bzw. ein willensgetragenes Verhalten vor.[192] Handlungen sind daher als „willkürliches Bewirken"[193] bzw. vom Willen beherrschte Außenweltveränderung[194] oder als das Ändern eines Seienden zu beschreiben.[195]

IV. Nicht eine bloße Steuerung, sondern bewusste Ingangsetzung des kausalen Prozesses

Der Handlungsbegriff umfasst sowohl den Willen als auch das Tun. Einesder beiden setzt das andere voraus. Die hier erwähnte gewollte Tätigkeit, die einem vortatbestandlichen Handlungsbegriff zuzuweisen ist,[196] stellt einen seelischen Vorgang dar, in dem der Täter sich Ziele setzt und aus dem er tätig wird, um seine Ziele zu erreichen.[197] In diesem Sinne stellt die Tat eine Körperbewegung in kausaler Verbindung mit dem Erfolg dar.[198] Erwähnung verdient also in diesem Zusammenhang, dass der Mensch anhand seines Kausalwissens dazu fähig ist, die notwendigen, erforderlichen oder nur möglichen Folgen der von ihm vorgenommenen finalen Handlung bzw. seines bewussten und gewollten Tätigwerdens im gewissen Maße vorauszusehen. In dieser Hinsicht erstrebt der Täter durch die Handlung

187 Liszt, Lehrbuch, S. 110-111, 116.

188 Hubbertz, Schuld und Verantwortung, S. 40; Silving, JCLC 1960, V.51, 19 ff. (32).

189 Forster, Alkohol und Schuldfähigkeit, S. 1; Sootak, Juridica Int'l 2003, 73 ff. (76).

190 Miricka, Die Formen, S. 27.

191 Kindhäuser, ZStW 1984, 1 ff. (16); Binding, Die Schuld, S. 42.

192 Hübner, Die Entwicklung, S. 84.

193 Wolff, Der Handlungsbegriff, S. 9-10; Kaufmann, Die Funktion, S. 27-28; Hardwig, ZStW 1962, 27 ff. (36); Hübner, Die Entwicklung, S. 41; Maihofer, Der Handlungsbegriff, S. 1.

194 Wolf, AfcP 1970, 181 ff. (183); Kargl, Handlung und Ordnung, S. 1; Roxin/Greco, Strafrecht AT, § 8, S. 344, Rn. 22; Ida, Inhalt und Funktion, S. 226; vgl. Hempel, Der Schuldgehalt, S. 3.

195 Binding, Die Schuld, S. 41-42; Welzel, Das Deutsche Strafrecht, S. 72; Roxin/Greco, Strafrecht AT, § 7, S. 290, Rn. 5; Wolf, AfcP 1970, 181 ff. (208); Bung, Wissen und Wollen, S. 73; Herzberg, JZ 1988, 573 ff. (576); Schmidhäuser, JuS 1987, 374 ff. (375).

196 Brammsen, JZ 1989, 71 ff. (81).

197 Schmidhäuser, JuS 1987, 374 ff. (375).

198 Radbruch, Der Handlungsbegriff, S. 75.

das Erreichen verschiedenartiger Ziele und lenkt daher planvoll bzw. bewusst sein Tätigwerden, obwohl er Kenntnis von den schädlichen Nebenfolgen hat.[199]

Hier ist dagegen festzustellen, dass die menschliche Handlung überhaupt nicht ein bloßes kausales Geschehen bzw. nicht ein von sich selbst auswirkender Prozess ist, sondern die Ausübung einer gewollten Tätigkeit darstellt, weil die Handlung der verwirklichte freie Wille eines zurechnungsfähigen Subjekts ist.[200] Der Täter soll hiernach zur Tatzeit zurechnungsfähig gewesen sein.[201] Es darf allerdings nicht vergessen werden, dass die menschliche Handlung und gewollte körperliche Tätigkeit nicht nur als Steuerung des kausalen Geschehens durch den inneren Willen,[202] sondern als bewusste sowie gewollte Ingangsetzung der kausalen Prozesse anzunehmen ist. Als der ausschlaggebende Faktor der Steuerung des kausalen Geschehens[203] bzw. als das kausale Geschehen lenkende Element[204] spielt der Wille des Täters hier eine große Rolle.[205] Ferner kann man im eigentlichen Sinne einen Erfolg bzw. die Tatbestandsverwirklichung oder Rechtsverletzung direkt nicht wollen. Was in diesem Sinne gewollt oder nicht gewollt ist, ist somit die Handlung bzw. immer nur ein reales Verhalten.[206] Das hier erwähnte Wollen, die Handlung vorzunehmen, kann vom Wissen oder Voraussehen bezüglich des rechtswidrigen Erfolges begleitet sein oder nicht.[207] Das ist, was den Vorsatz und die Fahrlässigkeit voneinander unterscheidet. Wird demnach die gewollte Tätigkeit von der Kenntnis bzw. vom Wissen [Absicht oder Dolus directus] oder Voraussehen [Dolus eventualis] der Tatbestandsverwirklichung begleitet, liegt Vorsatz vor[208]. Andernfalls könne nur von Fahrlässigkeit die Rede sein.[209]

In dieser Hinsicht stellt der bewusste Willensakt bzw. die gewollte Tätigkeit in der Tat einen vom Wissen und Wollen begleiteten Willensakt dar.[210] Hiernach ist das Wollen die Ursache dieser Tätigkeit. Anders gewandt: Das Wollen stellt den Grund und die Tätigkeit die Wirkung dieser Ursache.[211] Hieraus ergibt sich, dass

199 Otter, Funktionen des Handlungsbegriffs, S. 39.
200 Hübner, Die Entwicklung, S. 23.
201 Ross, Über den Vorsatz, S. 13-14.
202 Otter, Funktionen des Handlungsbegriffs, S. 39.
203 Hierzu siehe auch Pfeiffer, JURA 2004, 519 ff. (523).
204 Binavince, Die vier Momente, S. 24-25; Ambrosius, Untersuchungen zur Vorsatzabgrenzung, S. 116-117; Dazu siehe auch Jescheck/Weigend, Lehrbuch, § 23, S. 220-222 und Barbero, RDP 1975, 533 ff. (552-553).
205 Binavince, Die vier Momente, S. 7, 16.
206 Hardwig, ZStW 1962, 27 ff. (38); dazu siehe auch Hippel, S. 16.
207 Hardwig, ZStW 1962, 27 ff. (38).
208 Schröder, Aufbau und Grenzen, S. 223-224.
209 Ähnlich Kölz-Ott, Eventualvorsatz, S. 3.
210 Mayer, Die schuldhafte Handlung, S. 31.
211 Wolf, AfcP 1970, 181 ff. (210).

die bewusste psychische und physische Tätigkeit eigentlich die Formen der Willensakte bildet, die die Vorgänge des Bewusstseins enthält, durch die man sich in Tätigkeit setzt.[212] In einem bewussten Willensakt ist daher eine gewollte Tätigkeit festzustellen, in der das Bewusstsein des Willensaktes existiert,[213] der das Wollen der schädlichen Folgen mit sich bringt. Deswegen besteht zwischen dem Wollen des Erfolges und dem Wollen der bewussten Tätigkeit, die den Erfolg konsequenterweise mit sich bringt, kein Unterschied vor. Bewusste psychische/physische Tätigkeit und Wollen sind hiermit identisch.[214]

Ferner sollte der Finalnexus bzw. die gewollte Tätigkeit, nicht nur die Zweckerreichung selbst, sondern den ganzen, durch die Steuerungsaktion bewusst und gewollt in Gang gesetzten Kausalablauf und die daraus notwendig oder erforderlich ergebenden Folgen,[215] soweit diese Folgen vom steuernden Willen sind, umfassen.[216] Insoweit umfasst der finale Sinn der Handlung bzw. die bewusste sowie gewollte gefahrenträchtige Tätigkeit nicht nur den erstrebten oder beabsichtigten Erfolg, sondern auch andere Folgen oder Handlungsmodalitäten, die mit der gewollten Tätigkeit oder dem bezweckten Erfolg als notwendig, erforderlich oder gewöhnlich verbunden sind.[217] Die mit dem erstrebten Erfolg oder der gewollten Handlung als notwendig, erforderlich oder gewöhnlich verbundenen Konsequenzen sind also dem finalen Gehalt der Handlung bzw. der gewollten Tätigkeit des Täters zuzuordnen, weil der finale Sinn bzw. die bewusste Tätigkeit sich auf das gesamte Tatbild erstreckt.[218]

Die gesamte Tat einschließlich der damit erforderlich verbundenen Erfolge wird notwendig als Einheit betrachtet.[219] Umfasst dieses Bild neben dem erstrebten Erfolg noch weitere damit verbundene erforderliche Konsequenzen, führt dies zum Schluss, dass die gewollte Tätigkeit, worunter die bewusste und gewollte Begehung eines konkreten Verhaltens zu verstehen ist, nicht nur den absichtlich oder mit Dolus directus verursachten Erfolg, sondern auch den mit Dolus eventualis und den durch bewusste Fahrlässigkeit herbeigeführten Erfolg umfasst. Hieraus dürfte sich ergeben, dass der Vorsatz nicht nur auf die Absicht, das erstrebte Ziel oder gar das „Habenwollen“ beschränkt werden sollte,[220] sondern auch die Mittel und die

---

212 Mayer, Die schuldhafte Handlung, S. 27-28.

213 Ross, Über den Vorsatz, S. 12; Mayer, Die schuldhafte Handlung, S. 31.

214 Mayer, Die schuldhafte Handlung, S. 27.

215 Kamm, Die fahrlässige Mittäterschaft, S. 75; Ruppenthal, Der bedingte Tötungsvorsatz, S. 225.

216 Kaufmann, ZStW 1958, 64 ff. (59).

217 Anders Wolter, Objektive und personale Zurechnung, S. 109.

218 Ambrosius, Untersuchungen zur Vorsatzabgrenzung, S. 5. Deswegen „*erscheint es richtig, die Finalität als bewusstes Willensverhalten im weitesten Sinne zu verstehen.*“ Jescheck/Weigend, Lehrbuch, § 29, S. 305; ähnlich Barbero, RDP 1975, 533 ff. (552).

219 Schröder, Aufbau und Grenzen, S. 211.

220 Oehler, NJW 1966, 1633 ff. (1633-1634).

damit verbundenen Nebenfolgen umspannen muss.[221] Hieraus dürfte man somit die Evidenz ableiten, dass bedingter Vorsatz und bewusste Fahrlässigkeit auf der finalen Ebene, d. h. im Unrechtsbereich, in der Tat gar nicht unterschieden werden können oder sollten.[222] Denn die vorangegangenen Ausführungen haben deutlich gemacht, dass Dolus eventualis und bewusste Fahrlässigkeit in der Handlungsstruktur bzw. im Unrechtsbereich vollkommen übereinstimmen und deshalb nur im Schuldbereich als Schuldstufen, d. h. hinsichtlich der Strafzumessung, auseinandertreten können.[223] Dies wird ausführlich in den folgenden Kapiteln dargelegt.

D. Der Mittelpukt der Problematik

I. Die Sackgasse

Die Lehre bezüglich des Vorsatzes, die heute als gängige Ansicht anzunehmen ist, ist sowohl eine der umstrittensten Materien der deutschen strafrechtlichen Literatur[224] als auch ein zentrales Problem der juristischen Ausbildung.[225] Die Begriffsbestimmung und Behandlung des Vorsatzes bergen erhebliche Schwierigkeiten,[226] zumal die traditionell gängige Beschreibung des Vorsatzes problematisch ist.[227] Der Grundfehler liegt darin, dass die „unpräzise Kurzformel"[228] der gängigen Lehre den Vorsatz als Wissen und Wollen aller Umstände des gesetzlichen Tatbestandes kennzeichnet.[229] Die Annahme, dass der Vorsatz als Wissen und Wollen der Tatbestandsverwirklichung verstanden werden soll, bildet den gemeinsamen Ausgangspunkt[230] der gestrigen, heutigen und höchstwahrscheinlich künftigen Diskussionen.[231] Die Abgrenzung zwischen dem Dolus eventualis und bewusster Fahrlässigkeit ist sowohl in alter als auch in jüngster Zeit immer Gegenstand einer lebhaften wissenschaftlichen Diskussion.[232]

Es sollte daher gleich im Vorhinein klargestellt werden, dass die Aporie einer Abgrenzung von bedingtem Vorsatz und bewusster Fahrlässigkeit seit langem

221 Kaufmann, Der dolus eventualis, S. 59.
222 Ambrosius, Untersuchungen zur Vorsatzabgrenzung, S. 121-122.
223 Stratenwerth, ZStW 1959, 51 ff. (58).
224 Pfefferkorn, Grenzen strafbarer Fahrlässigkeit, S. 74.
225 Herrmanns, JA 2002, 140 ff. (140).
226 Hemmen, Über den Begriff, S. 1.
227 Maier, Die Objektivierung, S. 36.
228 Hantschel, Untreuevorsatz, S. 165.
229 Fuchs, GA 1964, 65 ff. (69); Singer, Über den Einfluss, S. 54.
230 Hierzu siehe auch Niese, Finalität, S. 41.
231 Morkel, NStZ 1981, 176 (177).
232 Runck, Dolus eventualis, S. 9.

existiert.[233] Die Trennung von Vorsatz und Fahrlässigkeit stellt den umstrittenen Gegenstand der Strafrechtsdogmatik seit Hunderten von Jahren dar.[234] Die Abgrenzung zwischen Vorsatz und Fahrlässigkeit [culpa] war schon in der römischen Zeit problematisch.[235] Von den Römern bis heute beschäftigten sich die Juristen der jeweiligen Zeit mit dieser stets entscheidenden Frage.[236] Der Streit um den Begriff des Eventualvorsatzes und sein Abgrenzungsproblem mit der bewussten Fahrlässigkeit ist[237] aus einer jahrhundertelangen begrifflichen Entwicklung heraus entstanden.[238]

Die Dogmengeschichte der Begriffe „Vorsatz und Fahrlässigkeit" lässt sich als Geschichte der Irrungen und Wirrungen bezeichnen.[239] Sowohl in der deutschen Strafrechtslehre wie auch Rechtsprechung wird seit zwei Jahrhunderten über das Wesen des Vorsatzes und die Abgrenzung zwischen Dolus eventualis und bewusster Fahrlässigkeit diskutiert.[240] Die Abgrenzung zwischen bedingtem Vorsatz und bewusster Fahrlässigkeit ist daher einer der heikelsten Punkte der Vorsatzdogmatik.[241] Die Probleme und Schwierigkeiten ergeben sich aus der Grauzone bzw. aus dem umstrittenen Grenzgebiet zwischen sicherem Tatbewusstsein[242] und fehlendem Tatbewusstsein.[243] Es ist das Gebiet des Zweifels.[244] Um diese Grauzone aufzuhellen und die Abgrenzungsprobleme bzw. Schwierigkeiten zu beseitigen, wurden verschiedene Modelle entwickelt.[245]

---

233 Prömper, Hemmschwellentheorie, S. 18; Ambrosius, Untersuchungen zur Vorsatzabgrenzung, S. 143.

234 Nau, Die Bewusstseinsform, S. 57; Schroth, JuS 1992, 1 ff. (1).

235 Für die Begriffe Vorsatz und Fahrlässigkeit im römischen Strafrecht siehe Märker, Vorsatz und Fahrlässigkeit, S. 75 ff., 96 ff.

236 Nau, Die Bewusstseinsform, S. 57; dazu siehe auch Märker, Vorsatz und Fahrlässigkeit, S. 77-78.

237 Fuchs, GA 1964, 65 ff. (69).

238 Frauendorfer, Die Willensrichtung, S. 59; näher Hupfauer, Eventualvorsatz, S. 6.

239 Hardwig, ZStW 1966, 1 ff. (28).

240 Papageorgiou-Gonatas, ZStW 2006, 262 ff. (265), Fn. 6.

241 Roxin/Greco, Strafrecht AT, § 12, S. 547, Rn. 21; Haft, ZStW 1976, 365 ff. (372); Sözüer, ZStW 2007, 718 ff. (721); Jakobs, Studien, S. 104; Philipps, ZStW 1973 27 ff. (27); Jahn, JuS 2017, 700 ff. (701).

242 Schmidhäuser, Strafrecht AT, S. 204, Rn. 45; Morkel, NStZ 1981, 176 (177).

243 Morkel, NStZ 1981, 176 (177).

244 Herzberg, JuS 1986, 249 ff. (255); Geppert, JURA 2001, 55 ff. (55); Geppert, JURA 1986, 610 ff. (610).

245 Morkel, NStZ 1981, 176 (177); Canestrari, GA 2004, 210 ff. (210); Gössel, Wertungsprobleme des Begriffs, S. 114; Engisch, Untersuchungen, S. 126 ff; Schröder, Aufbau und Grenzen, S. 207.

II. Intensive Bestrebung, aber keine eindeutige Lösung

In der Dogmengeschichte sowie in der heutigen Literatur findet man daher immer noch Bestrebungen, die Begrifflichkeiten des Vorsatzes und der Fahrlässigkeit so zu bestimmen, dass dadurch das Abgrenzungsproblem gelöst wird. Bisher konnte man aber weder den Vorsatz richtig erfassen noch die Schwierigkeiten einer Unterscheidung von Vorsatz und Fahrlässigkeit beseitigen.[246] Der Blick ins Gesetz, in die Lehre oder Rechtsprechung bringt immer noch kein Licht ins Dunkel.[247] Ferner weist heute die Abgrenzung zwischen dem Dolus eventualis[248] und der Fahrlässigkeit die größten Schwierigkeiten auf[249] und aufgrund dieser ist die Abgrenzung des Dolus eventualis von der bewussten Fahrlässigkeit immer noch eine seit langem umstrittene Frage der Lehre und Rechtsprechung. Sie ist weiterhin ein ungelöstes Problem der strafrechtlichen Dogmatik,[250] bei dem sich kein Ende der Kontroverse abzeichnet.[251] Übrigens ist hier zu betonen, dass bislang außer des bedingten Vorsatzes nur wenige Themen des Strafrechts über einen jahrzehntelangen Zeitraum eine noch immer steigende Aufmerksamkeit in der Dogmatik und zugleich in der Rechtsprechung geweckt haben.[252] Der Begriff, das Wesen und das Problem des Dolus eventualis haben um die Wende des 19. und 20. Jahrhunderts und auch im 21. Jahrhundert die juristische Welt, d. h. die Literatur und die Rechtsprechung, in einer bemerkenswerten Weise beschäftigt.[253] Daraus ergibt sich, dass ein Durchbruch offenbar noch nicht gelungen ist.[254] Die *Krux*[255] liegt darin, dass die Kurzformel der herrschenden Lehre bezüglich des Vorsatzbegriffes problematisch ist.[256]

Die hier erwähnten Bemühungen, die schwerlich als befriedigend zu bezeichnen sind,[257] bieten daher keine haltbaren

---

246 Fletcher, Univ PA Law Rev 1971, 401 ff. (435).

247 Ruppenthal, Der bedingte Tötungsvorsatz, S. 18; Arnim, Die Grenzlinie, S. 3; Hemmen, Über den Begriff, S. 1; vgl. Forster/Joachim, S. 4.

248 Zimmerman, Dolus Eventualis, 1913, S. 21; hierzu siehe auch Maurach, Grundriß, S. 64-65.

249 Hardwig, ZStW 1966, 1 ff. (28); Ruppenthal, Der bedingte Tötungsvorsatz, S. 15; Brammsen, JZ 1989, 71 ff. (71).

250 Jescheck/Weigend, Lehrbuch, § 29, S. 302; Pikamäe, Juridica Int'l 2003, 80 ff. (81); Schröder, Aufbau und Grenzen, S. 214.

251 Bauer, NStZ 2015, 241 ff. (241); Herzberg, JuS 1986, 249 ff. (257); dazu siehe auch Kölz-Ott, Eventualvorsatz, S. 9.

252 Brammsen, JZ 1989, 71 ff. (71).

253 Runck, Dolus eventualis, S. 9.

254 Verrel, NStZ 2004, 309 ff. (309).

255 Bauer, NStZ 2015, 241 ff. (241); vgl. auch Dehne-Niemann, GA 2012, 89 ff. (99).

256 Bar, ZStW 1898, 534 ff. (534). Gleiches gilt auch im italienischen Strafrecht. Dazu siehe Maiwald (2009), S. 72-73.

257 Canestrari, GA 2004, 210 ff. (210).

„sauberen“[258] Lösungssätze an. Es wäre daher nicht unangemessen, zu behaupten, dass die unterschiedlichen Theorien zur Lösung des Problems „in einer ewigen Wiederkehr des Gleichen abwechselnd zur Problemlösung herangezogen werden.“[259] Die Folge davon ist, dass hier eine „*Sackgasse*“ der Abgrenzungsbemühungen von Vorsatz und Fahrlässigkeit gegeben und anzunehmen ist.[260] Aus diesem Grund sind Diskussionen hinsichtlich dieses „ewigen Themas“[261] des Strafrechts auch in der jüngsten Zeit bzw. auch im modernen Strafrecht von unterschiedlichen Perspektiven geführt worden.[262] Dennoch ist die Grenze zwischen dem Dolus eventualis und der bewussten Fahrlässigkeit daher immer noch fließend, unbestimmt und nebelhaft geblieben.[263] Diese Fließhaftigkeit oder Transitivität ist der Hauptgrund, der die Strafrechtsdogmatik zu den oben dargestellten theoretischen Bemühungen und den daraus ergebenden unterschiedlichen Auffassungen führt.[264]

Es stellt sich in diesem Rahmen die Frage, die den Hauptstreitpunkt darstellt, ob außer einem unumstrittenen intellektuellen Moment [dem Wissenselement] noch ein weiterer voluntatives Moment [das Wollenselement] begriffsnotwendige Voraussetzung ist oder nicht.[265] Mit anderen Worten, es stellt sich die Frage, ob Vorsatz als „Wissen und Wollen“ der Tatbestandsverwirklichung zu begreifen ist oder nur als Wissen des tatbestandsmäßigen Geschehens und des den rechtswidrigen Erfolg herbeizuführenden Kausalverlaufes zu bestimmen sein könnte und sollte.[266] Das im Rahmen der Bestimmung des Vorsatzes und seiner Abgrenzung von der bewussten Fahrlässigkeit am häufigsten diskutierte Problem ist daher die Frage,[267] ob neben der Kenntnis der Umstände, die den objektiven Tatbestand ausmachen,[268] auch ein volitives Element notwendig ist oder nicht[269]. Das hier genannte voluntative Element besagt, dass der Vorsatz das Wollen der Tatbestandsverwirklichung verlangt.[270]

---

258 Baumanns, Untersuchungen, S. 76.
259 Bauer, NStZ 2015, 241 ff. (241).
260 Bauer, NStZ 2015, 241 ff. (241).
261 Morkel, NStZ 1981, 176 (177).
262 Herzberg, JuS 1986, 249 ff. (249); Morkel, NStZ 1981, 176 (177); Hassemer, ZRP 1992, 378 ff. (380 ff.).
263 Miricka, Die Formen, S. 20; Nau, Die Bewusstseinsform, S. 60; Tenckhoff, ZStW 1976, 897 ff. (904).
264 Nau, Die Bewusstseinsform, S. 60.
265 Brammsen, JZ 1989, 71 ff. (71); dazu siehe auch Bohlander, Principles, S. 65.
266 Puppe, ZStW 1991, 1 ff. (1).
267 Bohlander, Principles, S. 64.
268 Barwitz, S. 20.
269 Küpper, ZStW 1988, 758 ff. (758).
270 Barwitz, S. 21.

Dabei ist zu bemerken, dass das Problem eine tiefgehende existenzielle Frage aufwirft, die nicht mit der gegenwärtig herrschendenden oder auch anderen Erfassungen und Beschreibungen des Vorsatzes zu lösen ist. Die geläufige Formel der heute gängigen Lehre des Vorsatzes scheint von vornherein der Lebenswirklichkeit fremd und der Natur der Sache unangemessen. Ihr unterläuft erwartungsgemäß viel leere Polemik.[271] Die Kurzformel der herrschenden Lehre verdunkelt mehr als sie erklärt bzw. erschwert mehr als sie vereinfacht.[272] Ein Umdenken ist daher unerlässlich, um den angeführten heftigen Diskussionen ein Ende zu setzen und die Fahrlässigkeit als einen eigenständigen Haftungsgrund[273] sowie die Fahrlässigkeitsdelikte als eigenständige Deliktsgruppe begründen zu können.[274] Das ist der Grund, warum eine neue Perspektive im Rahmen des sowohl Vorsatzes wie auch der Fahrlässigkeit dringlich und erforderlich ist. Denn, solange der Vorsatz irrigerweise als „Wissen und Wollen der Tatbestandsverwirklichung“ bezeichnet wird, muss jeder Versuch oder jede Bemühung scheitern, zu den Abgrenzungsproblemen zwischen Vorsatz und Fahrlässigkeit eine eindeutige Lösung zu bieten. Deswegen sollte nach der hier vertretenen Ansicht die richtige Formel des Vorsatzes wie folgt lauten: Vorsatz ist „das Wissen der Tatbestandsverwirklichung.“ Kurz formuliert, bezeichnet der Verfasser den Vorsatz als „Wissen um die Handlung“[275] oder „Wissen um die gewollte Tätigkeit“ samt ihrer Folgen.

III. Der Streit um das Willenselement des [bedingten] Vorsatzes

Der (bedingte) Vorsatz liegt erst dann vor, wenn der Handelnde oder Unterlassende [der Täter] durch eine erkannte Möglichkeit der Tatbestandsverwirklichung einschließlich des rechtsverletzenden Erfolgseintritts handelt oder unterlässt zu handeln.[276] Anders gewendet, liegt Dolus eventualis,[277] nämlich bedingter oder

271 Schmidhäuser, Vorsatzbegriff, S. 4.

272 Bung, Wissen und Wollen, S. 217.

273 Im Übrigen hat Welzel in seiner Handlungslehre die fahrlässige Handlung als eine völlig eigenständige Handlungsform eingestuft. Dazu siehe Niese, Finalität, S. 40 und Welzel, Das Deutsche Strafrecht, S. 401; Niese, Finalität, S. 51.

274 Denn *„Die Fahrlässigkeit ist also nicht eine mildere Form des Vorsatzes, sondern etwas anderes als der Vorsatz.“* Jescheck/Weigend, Lehrbuch, § 54, S. 562; Hierzu siehe auch Jescheck/Weigend, Lehrbuch, § 54, S. 564; vgl. Binavince, Die vier Momente, S. 17.

275 Bung, Wissen und Wollen, S. 217-218; anders Deutsch (2002), S. 898-899.

276 Freund/Rostalski, Strafrecht Allgemeiner Teil, § 7, S. 290, Rn. 69; Müller, Der dolus eventualis, S. 27 ff.

277 Derjenige, *„Der* [erstmals] *den Ausdruck dolus eventualis anwandte, war Joh. Sam. Böhmer. Nach ihm ist der vorausgesehene Erfolg nicht immer pure gewollt, aber doch eventualiter.“* Müller, Der dolus eventualis, S. 15.

einfacher Vorsatz vor,[278] wenn der Täter es ernstlich und konkret für möglich hält,[279] dass sein Verhalten einen rechtswidrigen tatbestandsmäßigen Erfolg herbeiführen oder eine Tatbestandsverwirklichung verursachen wird. Darunter versteht man die Bewirkung einer Änderung der Lage.[280] Insoweit sieht der Täter beim Dolus eventualis den rechtsverletzenden Erfolg nicht als sicher, sondern nur als möglich oder wahrscheinlich voraus.[281] Den bedingten Vorsatz bezeichnet *Roxin* daneben als Entscheidung für die mögliche Rechtsgüterverletzung.[282] Im Gegensatz dazu handelt der Täter in den gleichen Konstellationen nicht bedingt vorsätzlich, sondern bewusst fahrlässig, wenn er ernstlich sowie konkret es nicht für möglich hält, dass seine Handlung einen Erfolgseintritt verursacht, weil er auf das Nichtvorliegen eines bestimmten Tatumstandes, nämlich auf einen guten Ausgang, vertraut.[283] Unter dem Begriff „bewusste Fahrlässigkeit" versteht man hiernach allgemein die Fälle, in den der Täter die Folgen seiner Tat zwar voraussieht, aber infolge der Missachtung seiner Sorgfaltspflicht darauf vertraut, dass diese Folgen ausbleiben würden.[284]

Es ist gewiss, dass der bedingte Vorsatz oder Dolus eventualis die Grundform des Vorsatzes bildet[285] – dieser Gedanke wird später präzisiert und vertieft werden – und kein zielgerichtetes Wollen voraussetzt.[286] Hingegen ist es ungewiss und umstritten, ob der bedingte Vorsatz ein voluntatives Element besitzt oder nicht. Der Streit geht aber nicht darum, ob der Täter die Handlung willentlich oder unwillig begeht, weil der Dolus eventualis immer auf eine gewollte Handlung abstellt und jeder bedingt vorsätzlich herbeigeführte Erfolg das Werk eines willentlichen Kausalverlaufs ist.[287] Die diesbezügliche Auseinandersetzung geht vielmehr darauf ein, ob man das voluntative Element hinsichtlich der zwar erkannten, aber nicht erstrebten Nebenfolgen für ein unentbehrliches Element des bedingten Vorsatzes halten soll oder nicht,[288] um den Täter wegen der zwar vorausgesehenen, aber nicht erstrebten sog. Nebenfolgen zu einer vorsätzlichen Verantwortung zu ziehen. Selbst heutzutage kommt man weder in der Lehre noch in der Rechtsprechung zu einem Konsens darüber,[289] ob abgesehen von dem kognitiven

---

278 Vogel/Bülte, in: LK § 15 StGB Rn. 96, 97.

279 Jescheck/Weigend, Lehrbuch, § 29, S. 299; Danner, Dolus eventualis, S. 34 ff.

280 Binding, Die Schuld, S. 47.

281 Baumanns, Untersuchungen, S. 49.

282 Roxin/Greco, Strafrecht AT, § 12, S. 547, Rn. 21.

283 Freund/Rostalski, Strafrecht Allgemeiner Teil, § 7, S. 290, Rn. 69.

284 Maihofer, ZStW 1958, 159 ff. (161).

285 Vogel/Bülte, in: LK § 15 StGB Rn. 33.

286 Kindhäuser/Zimmermann, Strafrecht AT, § 14, S. 136, Rn. 11.

287 Roxin, ZStW 1962, 411 ff. (430); Kindhäuser/Zimmermann, Strafrecht AT, § 14, S. 138, Rn. 12.

288 Kindhäuser/Zimmermann, Strafrecht AT, § 14, S. 138, Rn. 13.

289 Vgl. Bohlander, Principles, S. 64.

Element[290] des Vorsatzes noch ein voluntatives Element zum Vorsatz zugeordnet werden soll oder nicht.[291] Dieser Streit bezüglich der Grundform sowie des Wesens des Vorsatzbegriffs darf nicht nur als eine theoretische Auseinandersetzung oder allein als eine fiktive Meinungsverschiedenheit angesehen werden, weil eine Anerkennung oder eine Ablehnung des Willenselements von Rechts wegen eine Vielzahl von erheblichen theoretischen und praktischen Konsequenzen hervorruft.

Hinsichtlich der Kontroverse über die Frage, ob der Vorsatz nur aus einem intellektuellen oder zusätzlich aus einem voluntativen Element besteht,[292] lassen sich somit im Wesentlichen zwei Ansätze ins Feld führen.[293] In diesem Sinne gibt es jene Lösungsansätze [kognitive Theorien], die die Abgrenzung zwischen bedingtem Vorsatz und bewusster Fahrlässigkeit im Wesentlichen vom intellektuellen Vorsatz-Element her bewältigen wollen; die für die Abgrenzung das Vorstellungsmoment in den Vordergrund rücken.[294] Hiernach soll ein zusätzliches voluntatives Element keineswegs zum Vorsatz zugeordnet werden. In Übereinstimmung mit dieser Annahme, d. h. mit der Ablehnung des voluntativen Elements, bezeichnen die Anhänger dieser Lehre den Vorsatz [Dolus eventualis] rein kognitiv als Wissen der Tatbestandsverwirklichung, weil im Hinblick auf Vorsatz ein voluntatives Element ganz entbehrlich scheint.[295] Im Gegensatz zu diesen Lösungsansätzen betonen andere voluntative Theorien, die darauf hindeuten, dass Grund- und Erscheinungsformen des Vorsatzes durch intellektuelle und voluntative Elemente zu bezeichnen sind.[296] Ihnen zufolge erscheint das voluntative Element für den Bereich des Dolus eventualis als unverzichtbar, weil seine Abgrenzung zur bewussten Fahrlässigkeit nur auf der Ebene dieser volitiven Seite zu klären ist.[297] Diese voluntative Lehre hält das Wollen, die Gesinnung und den Gefühlswert des Täters für ein maß- und ausschlaggebendes abgrenzendes Kriterium.[298] Die

290 Canestrari, GA 2004, 210 ff. (210).

291 Albert, Elemente des Eventualvorsatzes, S. 119-120; Kindhäuser/Zimmerman, AT, § 13, S. 132-133, Rn. 3.

292 Hantschel, Untreuevorsatz, S. 309; Frisch, Vorsatz und Risiko, S. 29; Martins, Versuch, S. 59.

293 Schroth, JuS 1992, 1 ff. (1); Albert, Elemente des Eventualvorsatzes, S. 119 ff.; Vogel/Bülte, in: LK § 15 StGB Rn. 75; Ambrosius, Untersuchungen zur Vorsatzabgrenzung, S. 38; Scheffler, JURA 1995, 349 ff. (353); Müller, Der dolus eventualis, S. 19; Steinberg,, JZ 2010, 712 ff. (717); Haft, ZStW 1976, 365 ff. (375).

294 Gottwald, Grenze zwischen Vorsatz und Fahrlässigkeit, S. 54.

295 Kindhäuser/Zimmermann, Strafrecht AT, § 13, S. 133, Rn. 3; hierzu siehe auch Binavince, Die vier Momente, S. 182-183.

296 Hantschel, Untreuevorsatz, S. 309; Köhler, GA 1981, 285 ff. (286); Kindhäuser/Zimmerman, AT, § 13, S. 132-133, Rn. 3.

297 Geppert, JURA 1986, 610 ff. (611).

298 Gottwald, Grenze zwischen Vorsatz und Fahrlässigkeit, S. 54.

Anhänger dieser heute gängigen Ansicht sind auch davon überzeugt, den Vorsatz nicht nur im intellektuellen Element, sondern auch in einem zusätzlichen voluntativen Element verorten zu können. Nach dieser Ansicht verlangt die Strafe noch ein weiteres bzw. voluntatives Element zur Konstitution des Vorsatzbegriffes und kann gerade deshalb nicht ohne Weiteres beiseitegelassen werden.[299] Hiernach soll die systematische Analyse von einem einheitlichen Begriff ausgehen, der für den gesamten Systemzusammenhang grundlegend ist.[300]

Es lässt sich zuvor gar nicht übersehen, dass sowohl die voluntativen als auch kognitiven Theorien viele verschiedene Variationen haben.[301] In dieser Hinsicht wäre aber nicht falsch festzustellen, dass unter den Anhängern voluntativer Theorien ein Konsens über das Wesen und die wesentlichen Merkmale des Vorsatzes bzw. des Dolus eventualis erreicht ist.[302] In allen Variationen der Willenstheorien [der Einwilligungs-, Billigungs-, Ernstnahme- oder der Gleichgültigkeitstheorie][303] ist anzunehmen, dass für den bedingten Vorsatz sowohl die Vorstellung des Eintritts eines rechtswidrigen Erfolges wie auch ein Wollen desselben notwendig ist. Fehlt dem Täter das Wollen, so liegt kein Vorsatz, sondern die sog. bewusste Fahrlässigkeit vor.[304]

Im Hinblick auf die kognitiven Theorien liegt die Sache dagegen durchaus anders. Die kognitive Theorie, die es ablehnt, ein voluntatives Element [das Wollen] in den Vorsatz einzuordnen und dementsprechend das Wesen des Vorsatzes durch eine Handlung mit der Vorstellung der Tatbestandsverwirklichung begründet, umfasst verschiedene Erscheinungsformen [Möglichkeits-, Wahrscheinlichkeits-, Risikotheorie usw.], die sich teilweise voneinander unterscheiden. Unter den Anhängern der kognitiven Theorien besteht Einigkeit darüber, dass das die Handlung begleitende Wissen bezüglich des Verbrechenstatbestandsmerkmals den Vorsatz begründet.[305] Hiernach stellt Vorsatz das Wissen bzw. das konkrete Voraussehen oder die konkrete Kenntnisnahme des Erfolges dar.[306] Die Vertreter der kognitiven Theorien legen somit das Hauptgewicht nicht auf den Willen des Täters, sondern auf das Wissenselement desselben bzw. auf seine Vorstellung.[307] Hieraus dürfte sich ergeben, dass der Grundgedanke der Vorstellungstheorie

299 Martins, Versuch, S. 60. Für die Theorie, die den Vorsatz mit voluntativem Element definiert, siehe auch Gonatas, S. 266 ff.

300 Ferner Müller, Der dolus eventualis, S. 52.

301 Runck, Dolus eventualis, S. 26-27.

302 Müller, Der dolus eventualis, S. 28-29.

303 Näher Hantschel, Untreuevorsatz, S. 167.

304 Müller, Der dolus eventualis, S. 29.

305 Frauendorfer, Die Willensrichtung, S. 24-25.

306 Zustimmend, Frisch, Vorsatz und Risiko, S. 166.

307 Müller, Der dolus eventualis, S. 22.

dahingehend formuliert werden kann, dass Vorsatz und Fahrlässigkeit nur von der Vorstellung des Täters ausgehend zu bestimmen sind.[308]

In Hinsicht auf die kognitiven Theorien werden allgemein bestimmte Indikatoren als Maßstab genommen, wodurch man klarstellen kann, ob der Täter bedingt vorsätzlich handelt, nämlich ob er den Erfolg seiner Handlung indirekt gewollt hat oder nicht. Die hier erwähnten Indikatoren der kognitiven Theorien lassen sich als die Größe der Gefahr und Anschaulichkeit der Gefahr [Puppes Vorsatzgefahr]; die Abgeschirmtheit oder Unabgeschirmtheit unerlaubter Gefahr [Herzberg] oder das nicht mehr tolerierbare Risiko [Frisch] usw. darstellen.[309] Die Größe der Gefahr ist nicht rein objektiv festlegbar, nämlich nicht bloß durch die Beurteilung eines vernünftig denkenden Menschen oder die Beurteilung eines objektiven Beobachters, sondern subjektiv, d. h. laut der subjektiven individuellen Vorstellung des Täters.[310] Der andere Indikator bzw. das zweite Indiz des bedingten Vorsatzes hinsichtlich der kognitiven Theorien ist die Anschaulichkeit der Gefahr, die die Klarheit oder Genauigkeit[311] der Gefahr bildet, womit der Täter den äußerlichen konkreten Fall und die damit verbundenen möglichen Folgen einsehen kann.[312] Die Anschaulichkeit der Gefahr lässt sich also durch Risikofaktoren verstehen, die der Täter wissentlich setzt oder zu setzen glaubt, wonach der Erfolg verursacht werden kann.[313]

---

308 Koriath, Grundlagen, S. 648. Im Vergleich zur voluntativen Lehre liegt dagegen unter den Verfechtern der kognitiven Theorien keine wesentliche Übereinstimmung. Näher Müller, Der dolus eventualis, S. 22.

309 Zustimmend Raguès Vallès, GA 2004, 257 ff. (259-260). Die Nicht-Übereinstimmung der inneren Einstellung oder die Vorstellung des Täters mit dem äußerlichen Umstand ist daher nicht als Nicht-Wollen, sondern als ein die Schuld auswirkender Irrtum anzusehen.

310 Im Übrigen wird eine solche Größe der Gefahr also *„nicht quantitativ, sondern nur qualitativ“* bestimmt. Puppe, Strafrecht AT, § 9, S. 126, Rn. 11.

311 Jakobs, Strafrecht AT, S. 270, Rn. 22.

312 Vgl. Hemmen, Über den Begriff, S. 20, 84.

313 Puppe, Strafrecht AT, § 9, S. 122 und § 5 S. 126, Rn. 11.

Das Zweite Kapitel
Der erste Knopf: Fahrlässigkeit im Vorsatz

Abstract
Die Suche nach dem Wesen der Fahrlässigkeit, insb. der bewussten Fahrlässigkeit, konfrontiert erst mit einer weiteren Fragwürdigkeit der traditionellen Doluslehre [der erste Knopf]. Das zwingt uns zu einem Umdenken der gesamten Vorsatzlehre und einer Umschreibung sowohl des Vorsatzbegriffes als auch der Ansicht zu Vorsatzformen [Grund- und Erscheinungsformen]. Um zu existenziellen Problemen hinsichtlich der sog. bewussten Fahrlässigkeit eine durchführbare und dem Rechtsgefühl nicht widerstrebende Lösung bieten und den Schwierigkeiten bezüglich seiner Abgrenzung vom dolus eventualis beseitigen zu können, bedarf die heute gängige Lehre sowie dringend einer Revision der Straftatsystematik, eine Umschreibung des Wesens des Vorsatzbegriffes und Neuorientierung in Hinsicht auf die Vorsatzformen.

Der im Rahmen dieser Arbeit ausgeführte Standpunkt stellt damit klar, dass wenn der Täter die Tatsachen bzw. konkreten Umstände kennt, die den rechtswidrigen Erfolgseintritt erforderlich herbeiführen und trotz alledem er dieses Risiko immer noch eingeht, begründet dann dies die askriptive Feststellung, dass er nach den Regeln der Logik und den rationalen Maßstäben den Eintritt des Erfolges gewollt hat oder logisch schon gewollt haben sollte. Dementsprechend drückt er damit seine Billigung oder sein billigend in Kauf nehmen aus. Denn die Handlung des Täters und die Tatsache spricht lauter als seine Wörter oder als seine innerliche Einstellung. Demzufolge ist die Handlung der Mund, der die Worte des Täters ausspricht.

Dies führt uns im Ergebnis dazu, ein integriertes Denk- und Fühlsystem der Psyche aufzubauen, das auf eine untrennbare Einheit von Fühlen und Denken bzw. auf eine ungetrennte Begleitung vom Wissen und Wollen basiert. Andernfalls besteht aber die Gefahr, dass der Täter, wenn er sich äußert, bloße Schutzbehauptungen tätigt oder ein falsches Geständnis ablegt. Denn fällt es einem gut beratenen Angeklagten überhaupt nicht schwer, eine irreführende Aussage bzw. Schutzbehauptung vorzutragen, die ihn aus dem Bereich des dolus eventualis in die Kategorie der bewussten Fahrlässigkeit entfliehen läßt.

Keywords: Bedingte Vorsatz, dolus eventualis, bewusste Fahrlässigkeit, Tatprinzip, Meronym, Aporie, Schutzbehauptung, Zauberformel, Begriffsbildung, Beweisführung.

§1 Grundprobleme der Fahrlässigkeit: Umdenken beim Vorsatz

A. Ausgangspunkt

Die Grundprobleme der Fahrlässigkeit liegen eigentlich im Vorsatz, d. h. sie stammen von der Beschreibungs- und Qualifizierungsweise des Vorsatzes ab. Es wird daher mit einer Anekdote begonnen, um das *Ursache–Wirkung-Verhältnis* zwischen den Grundproblemen der Fahrlässigkeit und der Beschreibung des Begriffes „Vorsatz" klarzustellen. Hiernach plant eines Tages ein Vater, der eine ermüdende Woche hatte, sich auf das Sofa zu legen und sich den ganzen Tag lang auszuruhen. Schon kurz danach kommt sein Sohn und erinnert ihn daran, dass er ihm letzte Woche versprochen hatte, am Wochenende gemeinsam spazieren zu gehen. Der Vater habe dagegen vor, lieber zu Hause zu bleiben, weil er erschöpft ist. Gerade an diesem Punkt bemerkt er die auf dem Tisch befindliche Weltkarte, die er zuvor als Werbegeschenk erhalten hatte. Augenblicklich zerlegt der Vater die Weltkarte in Bruchstücke und gibt sie seinem Sohn, indem er sagt: „Erst wenn du die Weltkarte wiederherstellen bzw. restituieren kannst, können wir gerne spazieren gehen." Mit einem Seufzer der Erleichterung legt sich der Vater wieder auf das Sofa und fängt an, seine Zeitschrift zu lesen. Der Vater war davon überzeugt, dass der Sohn die Weltkarte keineswegs wiederherstellen könne, weil es auch für den besten Geografen besonders schwierig sein müsste, die Weltkarte wiederherzustellen.

Nach etwa zehn Minuten kommt aber der Sohn laufend zurück und sagt: „So mein lieber Vater, die Weltkarte ist fertig. Das habe ich hinbekommen. Los! Halte bitte nun dein Wort." Der Vater ist erstaunt. Er kann kaum seinen Augen trauen. Um sicher zu gehen, möchte er die Weltkarte näher betrachten und prüfen. Nachdem er bemerkt, dass die Weltkarte wirklich restituiert ist, fragt er seinen Sohn: „Wie konntest du sie so schnell und einfach wiederherstellen?" Die Antwort des Sohnes lautet: „Auf der Rückseite der Weltkarte war ein Menschenbild. Indem ich den Menschen zusammenfügte, verbesserte und restituierte sich die Welt bzw. die Weltkarte von selbst."

Die oben erwähnte Anekdote führt uns zu einem Analogieschluss in Hinsicht auf das Verhältnis zwischen Vorsatz und Fahrlässigkeit. Hiernach liegen die Grundprobleme der Fahrlässigkeit und der Abgrenzungsschwierigkeit im Vorsatz. Um den sich daraus ergebenden Problemen zu begegnen und sie sachgerecht lösen zu können, muss man unbedingt im Vorsatz umdenken. Das erfordert, dass man das Wesen, die Merkmale und Formen des Vorsatzes erneut in die Diskussion einbringt. Denn erst wenn man den Vorsatz in Übereinstimmung mit der Natur der

Sache[1] definiert und begründet hat, nämlich wenn man das Hemd mit der richtigen Öse zuzuknöpfen anfängt, könnte auch das Grundproblem der [bewussten] Fahrlässigkeit von sich selbst aus gelöst werden.

B. Das Wesen des Vorsatzes

Was sollte man unter dem Begriff Vorsatz verstehen? Vorab ist es notwendig, kurz darzulegen, was das Wesen des Vorsatzes an und für sich darstellt.[2] Denn wenn man einen Begriff definieren will, soll er notwendigerweise erst nach den wesentlichen Merkmalen dieses logischen Gebildes bestimmt werden.[3]

Im Strafrecht kann eine den Anlass zu einer strafrechtlichen Verantwortlichkeit gebende Handlung vorsätzlich oder fahrlässig begangen werden. Es gilt heute als gesichert, dass Vorsatz und Fahrlässigkeit als zwei hauptsächliche subjektive Formen des persönlichen Vorwurfs erscheinen.[4] Demgemäß stellt der Vorsatz das allgemeine subjektive Unrechtselement aller vorsätzlich begangenen Handlungen, nämlich das subjektive Merkmal der Tatbestandsmäßigkeit dar.[5] Die Fahrlässigkeit tritt dagegen als allgemeines subjektives Unrechtselement der fahrlässig ausgeführten Handlungen in Erscheinung. Als ein subjektives Merkmal der Tatbestandsmäßigkeit soll der Vorsatz die ganzen objektiven Merkmale des Tatbestands umfassen.[6] Eine willkürliche Erfüllung des objektiven Tatbestands stellt die Handlung des Täters dar, die entweder vorsätzlich oder fahrlässig vorgenommen werden kann.[7]

Im deutschen Recht stellt sowohl die herrschende Lehre als auch der geläufige Ansatz der Rechtsprechung den Begriff des Vorsatzes allgemein als das „Wissen und Wollen einer Tatbestandsverwirklichung“ dar.[8] Das Wissen macht allein hierunter noch keinen Vorsatz aus.[9] Dementsprechend liegt der Vorsatz erst einmal vor, wenn der Täter mit dem Wissen und Wollen bezüglich der Verwirklichung der

---

1 Dafür siehe Küpper, Grenzen, S. 34 ff.

2 Für die Dogmatik und das Wesen des Vorsatzes siehe auch Maurer, Das voluntative Element, S. 6 ff.

3 Mayer, Die schuldhafte Handlung, S. 3.

4 Silving, JCLC 1960, V.51, 19 ff. (24).

5 Niese, Finalität, S. 25.

6 Jakobs, Strafrecht AT, S. 284, Rn. 43.

7 Jakobs, Strafrecht AT, S. 307, Rn. 88.

8 Wessels/Beulke/Satzger, Strafrecht AT, § 7, Rn. 313; Freund/Rostalski, Strafrecht Allgemeiner Teil, § 7, S. 280, Rn. 40; Binavince, Die vier Momente, S. 132; vgl. Jakobs, Strafrecht AT, S. 261, Rn. 8; Kaufmann, Unterlassung und Vorsatz, S. 107; Hemmen, Über den Begriff, S. 19; Freudenthal, Schuld und Vorwurf, S. 1; Bung, Wissen und Wollen, S. 132.

9 Freund/Rostalski, Strafrecht Allgemeiner Teil, § 7, S. 285, Rn. 56.

objektiven Merkmale der Tatbestandsmäßigkeit handelt.[10] Strukturell setzt sich der Vorsatz mithin aus einem Wissenselement [der kognitiven Seite des Vorsatzes][11] und einem Wollenselement [der voluntativen Seite des Vorsatzes][12] zusammen, die im Schrifttum sehr umstritten ist.[13]

Wie *Engisch* treffend formuliert hat, gehen alle in dieser Richtung unternommenen Bemühungen, die den Vorsatz als Wissen und Wollen der Tatbestandsverwirklichung bezeichnen, vom unzutreffenden Ausgangspunkt aus, dass Vorsatz mit dem Wollen gleichgesetzt werden soll.[14] Ebenso liegt nach dem Verfasser dieser Doktorarbeit der Ansatzpunkt zu einer der Sache angemessenen dogmatischen Erfassung des Vorsatzes im Wissen,[15] das alle Umstände einer Tatbestandsverwirklichung umfasst und das Wollen schon in sich enthält. Daraus folgt, dass der Unterschied zwischen Vorsatz und Fahrlässigkeit nicht auf der voluntativen Seite bzw. auf dem Gebiet des Wollens, sondern auf der kognitiven Seite bzw. auf dem Gebiet Wissen liegen sollte.[16] Ferner sollte eine Klarstellung dahingehend erfolgen, dass der Vorsatz im Sinne vom Recht nicht nur auf den „Willen" oder auf die „Absicht" beschränkt werden kann.[17] Ganz im Gegensatz dazu soll das Wissen um die zu dem gesetzlichen Tatbestand gehörenden Umstände als Voraussetzung des Vorsatzes betrachtet werden, welches im Wesentlichen den Vorsatz gestaltet.[18]

Im Rahmen des Verhältnisses zwischen dem Vorsatz- und dem Fahrlässigkeitsdelikt sollte daher klargestellt werden, dass der fundamentale sowie strukturelle Unterschied zwischen den beiden obigen subjektiven Tatbestandsmerkmalen im Wissenselement besteht. Jede vorsätzlich herbeigeführte Tat erfüllt auch alle Voraussetzungen der fahrlässigen Tat.[19] Deswegen braucht man weder die Feststellung einer Wahl noch eines sog. normativen Stufenverhältnisses, wenn es bei der Verwirklichung der tatbestandsmäßigen Handlung klar ist, dass der Täter den rechtswidrigen Erfolg [nicht im Rechtssinne von „wollte"] voraussah.[20]

Davon ausgehend sollen hinsichtlich der Unterscheidung zwischen Vorsatz und Fahrlässigkeit, ganz besonders des bedingten Vorsatzes und der sog. bewussten

---

10 Gropp, Strafrecht, § 4, S. 151, Rn. 116; Koriath, Grundlagen, S. 611.

11 Chemnitz, Über die Stellung von Vorsatz und Fahrlässigkeit, S. 34.

12 Gropp, Strafrecht, § 4, S. 151, Rn. 116; Chemnitz, Über die Stellung von Vorsatz und Fahrlässigkeit, S. 48.

13 Insoweit „hat jeder Vorsatz eine intellektuelle und eine voluntative (willensmäßige) Seite." Welzel, Das Deutsche Strafrecht, S. 65; Maier, Die Objektivierung, S. 36-37.

14 Engisch, Untersuchungen, S. 230; dazu siehe auch Schmidhäuser, Vorsatzbegriff, S. 14.

15 Anders Ambrosius, Untersuchungen zur Vorsatzabgrenzung, S. 28.

16 Zoller, Die Abgrenzung, S. 9.

17 Puppe, Strafrecht AT, § 9, S. 120, Rn. 3.

18 Puppe, Strafrecht AT, § 8, S. 102, Rn. 6.

19 Puppe, Strafrecht AT, § 7, S. 98, Rn. 2.

20 Hierzu siehe auch Puppe, Strafrecht AT, § 7, S. 98-99, Rn. 2.

Fahrlässigkeit, die psychischen Fakten wie „Kenntnis" und „Unkenntnis" als maßgebliches Kriterium betrachtet werden.[21] Mit anderen Worten, den Grund der Unterscheidung von Vorsatz und Fahrlässigkeit sollen die „Klarheit" [= Kenntnis oder Wissenselement des Vorsatzes] und „Blindheit" [= Unkenntnis oder Nicht-Wissenselement der Fahrlässigkeit] in Bezug auf die Tatsachen bilden.[22] Betrachtet man das Wissen bzw. die Kenntnis[23] oder Unkenntnis anstatt des Wollens als Unterscheidungsmerkmal, wird dort im Hinblick auf Abgrenzung von Vorsatz und Fahrlässigkeit lediglich von Kenntnis und Unkenntnis,[24] nicht aber etwa von Wollen und Nichtwollen, die Rede sein.[25] Unter diesem neuen Aspekt gesehen, stellt der direkte Vorsatz ein bestimmtes Wissen vom schädlichen Erfolgseintritt dar, die Fahrlässigkeit dagegen ein schuldhaftes Nichtkennen desselben.[26] Die Unkenntnis der konkreten Gefährlichkeit ist das wesentliche Moment der Fahrlässigkeit.[27] Das Unwissenheitsmoment, das die Fahrlässigkeit in all ihren Erscheinungsformen bezeichnet, ist das wesentlichste Charakteristikum und ausschlaggebendes Element der fahrlässig begangenen Handlung.[28]

---

21 Schröder, ZStW 1979, 257 ff. (262); Maihofer, ZStW 1958, 159 ff. (191); dagegen sind einige Einwände erhoben. Dazu siehe Schumann, JZ 1989, 427 ff. (431-432); Hierzu siehe auch Roxin, JuS 1964, 53 ff. (55).

22 Bohnert, ZStW 1982, 68 ff. (72); Fletcher, Univ PA Law Rev 1971, 401 ff. (408-409).

23 Frisch, Vorsatz und Risiko, S. 166, 190.

24 Zustimmend Herzberg, JZ 1988, 635 ff. (639); vgl. Bung, Wissen und Wollen, S. 174 und Jakobs, Kritik des Vorsatzbegriffs, S. 52.

25 Schmidhäuser, Vorsatzbegriff, S. 20.

26 Hupfauer, Eventualvorsatz, S. 14; Beschütz, Die Fahrlässigkeit, S. 111.

27 Schmidhäuser, GA 1957, 305 ff. (313); Dazu siehe auch, Binavince, Die vier Momente, S. 159; Insoweit ganz im selben Sinne *„ist alle Fahrlässigkeit ist unbewusste Fahrlässigkeit."* Schröder, Aufbau und Grenzen, S. 245.

28 Exner, Das Wesen der Fahrlässigkeit, S. 138; Dazu siehe auch Zoller, Die Abgrenzung, S. 17.

§2 Die Kritik des „Seins" und die Feststellung des „Sollens"

A. Der Grund- und Artbegriff

I. Die Unterscheidung von Entstehung und Charakterisierung

Die Anwesenheit [Entstehung] eines Begriffs und die Eigenschaft [Charakterisierung] desselben [Begriffs] sind zwei verschiedene Dinge, ebenso wie die Grund- und Erscheinungsform des Begriffes, die auf keinen Fall miteinander vermischt werden dürfen. Der Entstehung entspricht die Grundform [z. B. die Tat], während die Erscheinungsformen [z. B. die Straftaten] mit der Charakterisierung gleichzusetzen sind.[1] Ferner macht der Zusammenhang aller Begriffe untereinander es notwendig, bei selbstständiger Hervorhebung eines Teils [Erscheinungsform] als eines Ganzen [Grundform] die Verhältnisse zu den übrigen Teilen zu bestimmen. Zu diesem Zweck sind gewisse Grundsätze unentbehrlich, um mit der Beziehung des Standpunktes und der Grund- und Erscheinungsformen desselben Begriffes, der im System seine Begründung und Rechtfertigung erhält, den Ausgangspunkt zu gewinnen.[2] Ausgehend von dieser Logik unterscheiden sich die Voraussetzungen bzw. die Merkmale, die eine Grundform einsetzen, von denen, die die Erscheinungsformen derselben Grundform hervorbringen. Genauer ausgedrückt: Die Erscheinungsformen [äußere Formen, in denen etwas erscheint, sich zeigt][3] sollen neben den Merkmalen, die die Grundform qualifiziert, etwas anderes bzw. andere zusätzliche Voraussetzungen erfüllen, die sie selbst spezifizieren. Diese Merkmale [z. B. das Wollen] sind von der Grundform z. B. vom Dolus eventualis nicht umfasst, sondern sollen zusätzlich zu der Erscheinungsform z. B. zu der Absicht[4] oder zu dem Dolus directus ermittelt werden.[5] Aus diesem Grund sollen die Erscheinungsformen des Vorsatzes wie Dolus directus des 1. und 2. Grades die Kriterien zur Vorsatzbestimmung bzw. die Kriterien der Grundvorsatzform ebenso sicher erfüllen.[6]

---

1 Für eine ähnliche Unterscheidung zwischen substantivische und charakterisierende bzw. die Eigenschaft bezeichnende Dinge, siehe Siesel, S. 179-180.

2 Im anderen Sinne und Zusammenhang Abegg, Lehrbuch, § 1, S. 1.

3 https://www.duden.de/rechtschreibung/Erscheinungsform

4 Anders Treptov, Der Begriff Absicht, S. 44. Dazu siehe auch Vogel/Bülte, in: LK § 15 StGB Rn. 13; Kretschmer, JURA 2000, 267 ff. (267) und Schröder, ZStW 1953, 178 ff. (195); vgl. Kröger, Der Aufbau, S. 467, 472.

5 Kirschner, Die Fahrlässigkeit, S. 17-18; vgl. Bung, Wissen und Wollen, S. 158. Dazu siehe auch Schröder, Aufbau und Grenzen, S. 221-222.

6 Ruppenthal, Der bedingte Tötungsvorsatz, S. 91.

In diesem Zusammenhang sind die Straftat und Erscheinungsformen derselben Straftat als Beispiel anzuführen. Im deutschen Strafrecht bezeichnet Straftat ein Verhalten, das durch ein Strafgesetz mit Strafe bedroht ist. Nach der herrschenden Meinung besteht eine Straftat aus drei Merkmalen: Tatbestandsmäßigkeit, Rechtswidrigkeit und Schuld.[7] Um ein Verhalten als Straftat kennzeichnen zu können, sind hiernach jedes Mal diese drei Merkmale zu prüfen.[8] Die hier genannten drei Merkmale sollen auf jeden Fall vorliegen, um das Vorhandensein einer Straftat annehmen und begründen zu können.

Gleiches gilt für die Erscheinungsformen der Straftat. Jede einzelne Erscheinungsform der Straftat – wie Vollendungs- oder Versuchsstraftat, Vorsatz- oder Fahrlässigkeitsstraftat und Begehungs- oder Unterlassungsstraftat – soll neben ihren charakteristischen Merkmalen, die sie von den anderen Erscheinungsformen unterscheiden, die drei oben genannten Merkmale der Straftat implizieren. Mit anderen Worten: Nach dem dreistufigen Deliktsaufbau setzt jede einzelne Erscheinungsform der Straftat drei Merkmale der Straftat voraus,[9] weil diese drei Merkmale [Tatbestandsmäßigkeit, Rechtswidrigkeit und Schuld] allen anderen Erscheinungsformen oder Arten zugrunde liegen.[10] Zu diesem Schluss kommt man auch durch das *„argumentum a maiore ad minus“*. Dementsprechend setzen sich alle Arten oder Erscheinungsformen der Straftat einschließlich der vorsätzlichen und fahrlässigen Straftaten aus diesen Merkmalen zusammen.[11] Erscheinungsformen sollen dagegen hiernach einen weiteren Merkmal bzw. etwas anderes als die Grundform enthalten. In diesem Sinne bringt *Herzberg* ein ähnliches Argument bzw. das *„argumentum a minore ad maius“* vor, indem er einen Vergleich zwischen der Möwe und dem Pinguin hinsichtlich des Begriffes „Vogel“ erstellt, wonach das qualifizierte „Maius“ zur Grundform des auch schon genügenden „Minus“ erklärt wird.[12] Insoweit entspricht der Vogel dem Vorsatz bzw. der Grundform des Vorsatzes, nämlich dem Dolus eventualis, während die Möwe und der Pinguin mit den Erscheinungsformen des Vorsatzes gleichzusetzen sind. Diese Argumentation *Herzbergs* erscheint im Unrechtsbereich richtig. Im Schuldbereich ist hinsichtlich der Strafzumessung aber die Unterscheidung von Grund- und Artformen des Vorsatzes von größter Bedeutung.

In den oben erwähnten und derartigen Konstellationen bildet die Straftat die Grund- oder Hauptform, während z. B. die Vorsatztat als eine Form oder Art dieser

---

7 Jescheck, ZStW 1986, 1 ff. (7); Roxin/Greco, Strafrecht AT, § 7, S. 289, Rn. 4. Dazu siehe auch Engisch, Untersuchungen, S. 12 ff.; Fletcher, Univ PA Law Rev 1971, 401 ff. (428) und Barbero, RDP 1975, 533 ff. (549).

8 Jescheck/Weigend, Lehrbuch, § 2, S. 13.

9 Sootak, Juridica Int'l 2003, 73 ff. (77).

10 Wolff, Der Handlungsbegriff, S. 10; Kutalia, Die Schuld, S. 857.

11 In einem anderen Sinne Eser, Strafrecht, S. 21.

12 Herzberg, JZ 1988, 573 ff. (575).

Grundform erscheint. Übrigens liegt ein ähnliches Verhältnis zwischen dem Begriff „Rechtsgeschäft" und seinen Erscheinungsformen, den einseitigen und zwei- oder mehrseitigen Rechtsgeschäften [= Verträgen], vor. Deswegen kann im zivilrechtlichen sowie strafrechtlichen Sinne eine gleichartige Argumentation formuliert und letztendlich zu demselben Schluss geführt werden, dass die Erscheinungsformen ohnehin aus einer Grundform hergestellt werden und neben den Merkmalen der Hauptform auf jeden Fall mindestens ein[e] oder einige verschiedene Merkmal[e] oder Einzelheit[en] beinhalten.[13]

II. Die Grund- und Erscheinungsform eines Begriffes: Der Grund- und Artbegriff

Was bedeutet der Begriff „Grundform"? Was sollte darunter verstanden werden? Unter dem Begriff „Grundform" versteht man eine Form, die allgemein als die Form bezeichnet wird, auf der etwas basiert. Nach einer anderen Beschreibung stellt die Grundform eine „ursprüngliche, elementare Form bzw. eine Hauptform dar, die anderen variierten und oft komplizierteren Formen zugrunde liegt oder die etwas kennzeichnet, typisch für etwas ist."[14] In dieser Richtung ist hier im Vorhinein zu betonen, dass im Rahmen einer Klassifizierung eine Grundform bzw. ein Grund- oder Oberbegriff benötigt wird, um von den Erscheinungsformen oder Arten der genannten Grundform reden zu können. Ferner ist es also selbstständige Aufgabe jeder Rechtsdisziplin, einen Oberbegriff herauszubilden, der alle Erscheinungsformen erfasst.[15] Anders gewendet: Um eine Sache in ihre Formen sortieren zu können, soll die genannte Sache notwendigerweise eine Grundform haben, wovon ausgehend die Klassifizierung der Formen bzw. der Erscheinungsformen derselben Grundformen vorgenommen sowie durchgeführt werden kann.[16] Ebenfalls ist eine Grundform bzw. ein Oberbegriff nötig, der die Erscheinungsformen des Vorsatzes erfasst.[17]

Ferner kann ohne irgendeine Grundform keine Erscheinungsform in Frage kommen oder keine Form erscheinen, da dies nicht logisch oder rational wäre. Denn jede Erscheinungsform soll alle der Grundform angehörende Merkmale enthalten. In diesem Sinne unterscheidet man „verschiedene Farben nach ihrem Ton, ihrer Temperatur, ihrer Helligkeit aber beispielsweise nicht nach der Größe oder des Phons der Fläche, auf der die Farbe erscheint."[18] Insoweit soll eine

13 Barwitz, Verschulden im Steuerrecht, S. 19.
14 www.duden.de (Abruf: 04.02.2021).
15 Roxin, ZStW 1962, 515 ff. (516-517).
16 Dazu siehe auch Herzberg, JZ 1988, 573 ff. (577) und Märker, Vorsatz und Fahrlässigkeit, S. 92.
17 Näher Vogel/Bülte, in: LK § 15 StGB Rn. 76.
18 Puppe, Vorsatz, S. 7; vgl. Mayer, Die schuldhafte Handlung, S. 143.

Erscheinungsform abgesehen davon und zusätzlich zu diesen konstituierenden Merkmalen der Grundform ein sonstiges und verschiedenartiges Merkmal umfassen, damit es möglich wird, eine realisierbare Klassifizierung oder Sortierung vorzunehmen.[19] Hieraus wird gefolgert, dass das Schrifttum und die Rechtsprechung einen künstlichen und unangemessenen Unterschied zwischen mehreren Arten bzw. den Erscheinungsformen des Vorsatzes macht.[20]

Die Frage, was die Grundform, Urform oder der Prototyp des Vorsatzes ist oder sein sollte,[21] beantwortet jede Theorie unterschiedlich. Hiernach behaupten Teile der Doktrin bzw. die Willenstheorie, dass das Wollen den ausschlaggebenden Maßstab des Vorsatzes bildet und somit die Absicht den Prototyp des Vorsatzes bildet.[22] Im Gegensatz dazu sieht die Vorstellungstheorie im Wissen das entscheidende Merkmal und dementsprechend wird die Wissentlichkeit als allgemeine Vorsatzform postuliert. Nach der von *Wolfgang Frisch*[23] vertretenen Auffassung ist dagegen der Prototyp des Vorsatzes weder die Absicht noch die Wissentlichkeit, sondern der Dolus eventualis. Hiernach sei der Dolus eventualis der Prototyp des Vorsatzes, während Absicht und Wissentlichkeit bzw. der direkte Vorsatz nur Sonder- oder Erscheinungsformen des Vorsatzes bilden.[24] Es besteht außerdem eine Unrechtsdifferenz zwischen diesen Erscheinungsformen,[25] die mithin auch nach der hier vertretenen Ansicht letztlich Einfluss im Schuldbereich, nämlich auf die Strafbarkeit [den Handlungsunwert] und die Strafzumessung, ausüben soll.[26]

Der Dolus eventualis liegt somit an der unteren Vorsatzgrenze und wird deshalb durch die qualifizierten Formen bzw. die Absicht und Wissentlichkeit [der direkte Vorsatz], die man als verstärkten Vorsatz nennen kann,[27] konsumiert bzw. schon in diesen Formen impliziert.[28] Daher ist es, wie *Kindhäuser* zu Recht gemeint hat, methodisch sinnvoller, den Eventualdolus als Basis des Vorsatzes anzusehen.[29] Dies führt im Ergebnis dazu, dass das Wesen des Vorsatzes in allen Fällen gleich

---

19 Ruppenthal, Der bedingte Tötungsvorsatz, S. 243.

20 Vgl. Frauendorfer, Die Willensrichtung, S. 24; vgl. Schweling, ZStW 1960, 464 ff. (474 und 523).

21 Koriath, Grundlagen, S. 642-643.

22 Näher Gatzweiler, Rechtsvergleichende Untersuchung, S. 117.

23 Frisch, Vorsatz und Risiko, S. VII.

24 Prittwitz, GA 1994, 454 ff. (466); Lampe, ZStW 2006, 1 ff. (24).

25 Ruppenthal, Der bedingte Tötungsvorsatz, S. 390.

26 Wolter, Alternative und eindeutige Verurteilung, S. 173.

27 Für die Unterscheidung von Vorsatz und Absicht siehe Hemmen, über den Begriff, S. 25 ff. und Puppe, Vorsatz, S. 39, 63 ff.

28 Wolter teilt den Begriff „Absicht“ in zwei Gruppen ein: die direkte Absicht und die Eventualabsicht. Dazu siehe Wolter, Alternative und eindeutige Verurteilung, S. 198-199.

29 Kindhäuser, ZStW 1984, 1 ff. (30).

und gemeinsam ist, weil die Arten bzw. Erscheinungsformen des Vorsatzes aus dem gleichen Boden, nämlich aus dem Wissen oder der Kenntnis des Täters herzuleiten sind. Die Beifügung oder Einordnung eines voluntativen Elements bzw. des Wollens in die Absicht oder in den Dolus directus hat nicht nur einen erläuternden, sondern auch einen qualifizierenden Charakter, der die Notwendigkeit eines anderen selbstständigen Tatbestandsmerkmals bzw. des Wollenselements mit sich bringt,[30] das die Abgrenzung zwischen Grund- und Erscheinungsformen ermöglicht.

III. Die Kritik des „Seins"

1. Die heute gängige Klassifizierung

Der heute gängigen Lehre nach unterscheidet man gemeinhin drei verschiedene Formen des Vorsatzes. Demnach stellt der Vorsatz Wissen und Wollen aller Umstände des gesetzlichen Tatbestandes dar.[31] Der hier vertretenen Ansicht zufolge sind – wie schon dargelegt – die Entstehung und Charakterisierung grundsätzlich völlig wesensverschieden. Wissen ist die Voraussetzung der Entstehung, Wollen ist dagegen das Merkmal der Charakterisierung. Das Wollen gehört nicht dem Wesen oder der Entstehung bzw. der Grundform des Vorsatzes, sondern zu seiner Eigenschaft bzw. seinen Erscheinungsformen.[32] In diesem Sinne ist angemerkt, dass bestimmte Anteile der Vorsatzsystematik einer [Ab-]Änderung bedürfen. Um dies in überzeugender Weise zu leisten, wird vorab eine klare Beschreibung und Einordnung der spezifischen Identität der bedingten Form des Vorsatzes benötigt.[33] In diesem Sinne sollte vor allem darauf verzichtet werden, klischeehaft oder stereotypisch den Vorsatz als „Wissen und Wollen der Tatbestandsverwirklichung" zu definieren und ihn in die drei Formen einzuteilen:[34] die Absicht, den direkten Vorsatz [Dolus directus] und den bedingten Vorsatz [Dolus eventualis].[35]

Die überkommene, aber heute immer noch herrschende Lehre bereitet in diesem Sinne viele Schwierigkeiten. Es liegt hiernach in der Konsequenz der herrschenden Vorsatzdoktrin, die den Vorsatz als „Wissen und Wollen der Tatbestandsverwirklichung" definiert,[36] dass für jede Form des Vorsatzes, nämlich für sowohl

30 Vgl. Frauendorfer, Die Willensrichtung, S. 24.

31 Roxin/Greco, Strafrecht AT, § 12, S. 540-541, Rn. 2-4.

32 Vgl. Schweling, ZStW 1960, 464 ff. (474).

33 Vgl. Canestrari, GA 2004, 210 ff. (220).

34 Vgl. Puppe, Vorsatz, S. 65; Bung, Wissen und Wollen, S. 192.

35 Jescheck/Weigend, Lehrbuch, § 29, S. 297; Kindhäuser, ZStW 1984, 1 ff. (30).

36 Diese herkömmliche Definition des Vorsatzes ist Deutschland, Italien, der Türkei und vielen anderen europäischen Ländern gemeinsam, da sie vom gemeinen Recht des Mittelalters stammt. Dazu siehe Ciacchi, Fahrlässigkeit und Tatbestandsbestimmtheit, S. 65-66.

die Grund- als auch die Erscheinungsformen des Vorsatzes neben der bewussten Herbeiführung einer Handlung auch ein voluntatives Element bzw. das Wollen notwendig sei. Daraus folgt aber die Frage, ob und wie eine solche Vorsatzdoktrin die Grundvorsatzform und ihre Erscheinungsformen klar bestimmen, erklären, integrieren und voneinander abgrenzen kann. Denn sie verlangt einerseits für die Grundform des Vorsatzes und andererseits für seine verschiedenen Erscheinungsformen, d. h. sowohl für den Dolo basico bzw. den Dolus eventualis als auch für die Absicht und den direkten Vorsatz die gleichen Voraussetzungen.[37] Das heißt, dass für alle Formen des Vorsatzes das voluntative ebenso wie das intellektuelle Element, sei es abgeschwächt oder gesteigert,[38] auf jeden Fall gegeben sein sollte.[39]

In dieser Hinsicht werden die kognitiven und voluntativen Elemente des Vorsatzes bei den verschiedenen Vorsatzformen bzw. den Grund- und Erscheinungsformen des Vorsatzes unterschiedlich ausgeprägt.[40] Hiernach reicht für die Absicht, die als Dolus directus ersten Grades zu bezeichnen ist[41] und die die erste Art und einer verbreiteten Ansicht nach die Grundform des Vorsatzes bildet,[42] auf der Wissensseite eine bloße Möglichkeitsannahme des Erfolgseintritts aus. Die volitive Seite bzw. das Wollen ist bei der Absicht stark ausgeprägt.[43] Im Gegensatz dazu wird bei der zweiten Vorsatzform bzw. beim direkten Vorsatz oder dem Dolus directus zweiten Grades der Erfolg nicht angestrebt.[44] Im Unterschied zur ersten Vorsatzform ist bei der zweiten das Wissenselement vergleichsweise stärker ausgeprägt.[45] Beim Dolus eventualis, der der herrschenden Lehre nach eine Erscheinungsform des Vorsatzes ist und der Meinung des Verfassers nach dagegen die Grundform des Vorsatzes bzw. Dolo basico darstellt,[46] scheint das Verhältnis zwischen der kognitiven und voluntativen Seite durchaus umstritten und

37 Vgl. Puppe, Vorsatz, S. 65; dazu siehe auch Bung, Wissen und Wollen, S. 192.

38 Hiernach „ist *der direkte Vorsatz [dolus directus 1. und 2. Grades] seine erste Steigerung*.“ Gessner, Die bewusste Fahrlässigkeit, S. 67.

39 Vgl. Geppert, JURA 1986, 610 ff. (610).

40 Welzel, Das Deutsche Strafrecht, S. 64; Kölz-Ott, Eventualvorsatz, S. 2; Ruppenthal, Der bedingte Tötungsvorsatz, S. 44-45. Gleiches gilt auch im schwedischen Strafrecht. Dazu siehe Zila, Juridica, 55 ff. (55); Weigend, Subjective Elements, S. 494.

41 In der dänischen Rechtsprechung findet indessen der Vorsatz als Absicht keine Stütze. Dazu siehe Ross, Über den Vorsatz, S. 29 ff., 55.

42 Vogel/Bülte, in: LK § 15 StGB Rn. 79, 80.

43 Bar, Gesetz und Schuld, S. 347-348. Hierzu siehe auch Gessner, Die bewusste Fahrlässigkeit, S. 25.

44 Roxin/Greco, Strafrecht AT, § 12, S. 546, Rn. 18. Dazu siehe auch Joerden, JZ 2002, 413 ff. (415).

45 Hantschel, Untreuevorsatz, S. 165-166; Schröder, Aufbau und Grenzen, S. 212.

46 Zustimmend Frisch, Vorsatz und Risiko, S. 496 ff.; Vogel/Bülte in: LK § 15 StGB Rn. 96, 99.

problematisch. Trotzdem ist sich die h. M. einig, dass beim Dolus eventualis, im Unterschied zur ersten Vorsatzform bzw. zur Absicht[47] die Willensseite und im Vergleich zur zweiten Vorsatzform bzw. zum direkten Vorsatz, die Wissensseite weniger stark ausgeprägt sein soll.[48]

Ausgehend von den oben aufgeführten Argumenten könnte und sollte hinsichtlich der vorsätzlich begangenen Taten auf dieselbe Frage eingegangen werden: Was sind die Grund- oder Hauptform und die Erscheinungsformen des Vorsatzes? Bilden die Absichtlichkeit, Wissentlichkeit und Dolus eventualis – wie von der herrschenden Meinung vertreten – wirklich die Erscheinungsformen des Vorsatzes oder fehlt etwas in dieser Formulierung? Mit anderen Worten: Wenn die Absichtlichkeit, Wissentlichkeit und Dolus eventualis die Erscheinungsformen des Vorsatzes darstellen, was ist dann die Grundform des Vorsatzes? Was soll man unter dem Begriff Vorsatz (als Grundform) verstehen? Damit stellt sich hier die grundsätzliche Frage, ob und wie eine solche Vorsatzdoktrin die Grund- und Erscheinungsformen des Vorsatzes erklären und integrieren kann.[49]

Die heute gängige Ansicht [die Billigungs- und Einwilligungstheorie] äußert sich in dem Bemühen, die ganze Vorsatzlehre einschließlich der Grund- und Erscheinungsformen auf einem einzigen Prinzip bzw. auf der Kurzformel „Wissen und Wollen der Tatbestandsverwirklichung" aufzubauen. Nach diesem Prinzip ist das konstruktive Element des Vorsatzes das Wollen des Erfolgs bzw. der Tatbestandsverwirklichung. Gleiches gilt für die Vorstellungstheorie. Denn auch die Anhänger der Vorstellungstheorie bauen ihre ganze Vorsatzlehre auf einem Prinzip bzw. auf der Handlung des Täters in Vorstellung des rechtswidrigen Erfolges auf. Hieraus folgt, dass beide Theorien sich darin gleichen, dass sie das ganze Gebiet ihres Begriffes mit einem Prinzip erfassen wollen: Alles, was für die Grundform gilt, muss auch für die Erscheinungsformen gelten und umgekehrt. Das bedeutet, dass das einzige Prinzip oder die gleiche Formel sowohl für die Grundform als auch für die Erscheinungsformen des Vorsatzes gilt.[50]

An diesem Punkt verdunkelt aber sowohl die herkömmliche Lehre, die ihre ganze Vorsatzlehre auf der Kurzformel „Wissen und Wollen der Tatbestandsverwirklichung" aufbaut und wonach der Vorsatz an diese zwei Voraussetzungen gebunden ist,[51] als auch die Vorstellungstheorie, in der die Vorstellung des Täters zum Erfolg im Vordergrund steht, die Tatsache, dass sich hinter dem scheinbar einheitlichen Vorsatzbegriff ein wesentlicher Fehler verbirgt. Dieser Fehler besteht darin, die Voraussetzungen oder Merkmale der Grund- und Erscheinungsformen desselben Begriffes einander anzugleichen. Dieser Ansatz lässt die Unterscheidung

47 Näher Puppe, Vorsatz, S. 63.

48 Hantschel, Untreuevorsatz, S. 166.

49 Jescheck/Weigend, Lehrbuch, § 29, S. 293; im anderen Sinne Puppe, Vorsatz, S. 65.

50 Ähnlich Runck, Dolus eventualis, S. 26.

51 Herzberg, JuS 1986, 249 ff. (258).

von Grund- und Erscheinungsform des Vorsatzes zur Bedeutungslosigkeit verkümmern.

2. *Eine* Pari-passu-*Aufteilung*

In der heute herrschenden Vorsatzdoktrin gibt es zwischen den drei angeblich verschiedenen, in der rechtlichen Bewertung aber identischen[52] sog. Grund- und Erscheinungsformen des Vorsatzes keinen Unterschied.[53] Denn es wird zu Unrecht kein wesentlicher konstruktiver Unterschied oder kein Unwertunterschied gesehen,[54] obwohl die Formen bei der Strafzumessung jedoch voneinander unterschieden werden sollen.[55] Aus diesem Grund macht es im Wesentlichen keinen Unterschied, ob der Täter im technischen Sinne absichtlich bzw. mit der Absicht oder nur wissentlich[56] bzw. mit dem Dolus directus 2. Grades handelt. Dies ändert für das Strafrecht oder im Unwertgehalt der vom Täter begangenen Tat im technischen Sinne gar nichts.[57] Denn um vorsätzlich gehandelt zu haben, reicht es aus, dass der Täter die Tat als Durchgangspunkt zum irgendwelchen beliebigen Zwecke begeht.[58] In Bezug auf die Schuld und insbesondere hinsichtlich der Strafzumessung liegt aus psychologischer Sicht gesehen eine Skala von der Absicht abwärts bis zur unbewussten Fahrlässigkeit.[59] Hiernach ist der Dolus directus weniger strafbar als die Absicht. Die Absicht stelle die schwerste Form des Vorsatzes dar.[60] Ferner ist der Dolus eventualis weniger tadelnswert als der Dolus directus.[61] Dementsprechend ist einfache Fahrlässigkeit weniger tadelnswert als die grobe bzw. schwere Fahrlässigkeit.[62]

Übrigens macht nach Ansicht des Verfassers die Abgrenzung zwischen den Grund- und Erscheinungsformen des Vorsatzes, nämlich ob der Täter mit Dolus eventualis oder mit Dolus directus [Absicht oder Wissentlichkeit] handelt,[63] im Unrechtsbereich zwar keinen Unterschied, spielt aber im Schuldbereich hinsichtlich der Strafzumessung eine große Rolle.[64] Ersichtlich ist dieser Unterschied auch

---

52 Weigend, ZStW 1983, 657 ff. (658).
53 Schmidhäuser, JuS 1980, 241 ff. (251).
54 Ähnlich Puppe, Vorsatz, S. 65. Dazu siehe auch Bung, Wissen und Wollen, S. 192.
55 Näher Weigend, ZStW 1983, 657 ff. (658).
56 Hierzu siehe auch Kadecka, ZStW 1928, 605 ff. (614).
57 Bung, Wissen und Wollen, S. 219-220.
58 Frauendorfer, Die Willensrichtung, S. 23.
59 Hall, Fahrlässigkeit im Vorsatz, S. 62.
60 Löffler (1895), S. 10.
61 Hall, Fahrlässigkeit im Vorsatz, S. 62.
62 Wolff, Der Handlungsbegriff, S. 27-28. Für die Grade der Fahrlässigkeit siehe Bruck, Zur Lehre von der Fahrlässigkeit, S. 76 ff.
63 Anders Schröder, Aufbau und Grenzen, S. 221.
64 Chung, Strafzumessungsrelevanz, S. 8 ff., 17. Dazu siehe auch Chung, Strafzumessungsrelevanz, S. 28, 45 ff.

in der Rechtsprechung[65]. Der hier genannte Unterschied darf indessen nicht immer als selbstständiger Strafschärfungsgrund herangezogen werden.[66] Der hier vertretenen Ansicht zufolge stehen der Dolus eventualis und die sog. bewusste Fahrlässigkeit auf der gleichen Stufe. Hier kann man nicht von mehr oder weniger sprechen. In beiden Fällen hat der Täter ein nur zweifelhaftes Wissen über die Tatumstände[67] und handelt trotzdem weiter. Dolus eventualis ist die Grundform, die die dritte Schuldstufe, nämlich die leichteste[68] oder schwächste[69] Form des Dolus oder den einfachen Vorsatz bildet.[70] Insoweit ist der Verfasser der Meinung, dass der Dolus eventualis als *Urform,*[71] *minor dolus,*[72] als der geringste Grad des Dolus[73] oder als der *Prototyp* des Vorsatzes[74] bezeichnet sowie begründet werden soll, während die Absicht und der Dolus directus als dessen Erscheinungsformen festzulegen sind. Hervorzuheben ist hier also, dass die Grund- und Erscheinungsformen des Vorsatzes unterschiedliche Komponenten voraussetzen.

Aus diesem Grund soll stets geprüft werden, ob die Grundform bzw. der [bedingte] Vorsatz überhaupt vorliegt oder nicht. In diesem Zusammenhang wird allein das Wissen als maßgebliches Merkmal der Grundform des Vorsatzes betrachtet. Hiernach soll die konkrete Prüfung für die Bestimmung des Dolo basico [des Dolus eventualis] auf die ontologischen und nomologischen Kenntnisse des Täters zum Erfolg oder zur Tatbestandsverwirklichung eingehen. Die Anwesenheit der Grundform des Vorsatzes setzt demnach hier nur ein kognitives Element voraus. Im Gegensatz zur Anwesenheit der Grundform des Vorsatzes setzt nur die Eigenschaft bzw. die Erscheinungsform des Vorsatzes ein Wollenselement als erforderlich voraus. Das Wollenselement soll daher nicht beim Dolo basico, sondern erst in zweiter Linie hinsichtlich der Erscheinungsformen des Vorsatzes berücksichtigt und geprüft werden.

---

65 Chung, Strafzumessungsrelevanz, S. 10-11. Im anderen Sinne siehe auch Abegg, Lehrbuch, § 84, S. 134.

66 Chung, Strafzumessungsrelevanz, S. 17-19. Dazu siehe auch Chung, Strafzumessungsrelevanz, S. 25-27.

67 Hall, Fahrlässigkeit im Vorsatz, S. 62.

68 Löffler (1895), S. 10.

69 Zustimmend Geppert, JURA 1986, 610 ff. (610).

70 Hemmen, Über den Begriff, S. 27.

71 Sauer, ZStW 1931, 164 ff. (175); Puppe, ZStW 1991, 1 ff. (39).

72 Beschütz, Die Fahrlässigkeit, S. 112.

73 Vgl. Frauendorfer, Die Willensrichtung, S. 55; vgl. Beschütz, Die Fahrlässigkeit, S. 104.

74 Koriath, Grundlagen, S. 642-643.

IV. Die Feststellung des „Sollens“

1. Die Urform des Vorsatzes: Der bedingte Vorsatz

Die subjektiven Merkmale der Tatbestandsmäßigkeit sind in zwei Kategorien [=Vorsatz und Fahrlässigkeit] aufzuteilen. Hiernach wird die erste Kategorie nochmals in zwei Formen geteilt.[75] Die erste Kategorie besteht aus einer Hauptform [= Dolus eventualis][76] und zwei ihrer Erscheinungsformen [=Absicht und Dolus directus].[77] Als erste Kategorie der subjektiven Merkmale der Tatbestandsmäßigkeit bzw. als Grundform erscheint der Dolus eventualis – man kann ihn auch *Dolo basico* nennen –, der sich als Kenntnis des mehr oder weniger erforderlichen Erfolges kennzeichnet, ohne den direkten Willen, denselben Erfolg herbeizuführen.[78] Der Dolus eventualis bildet somit die Urform bzw. Grundform des Vorsatzes.[79] Unter dieser Kategorie findet sich zum einen der Dolus eventualis, der in der heute gängigen herrschenden Meinung als eine Erscheinungsform des Vorsatzes angenommen ist. Zum anderen findet sich unter der gleichen Kategorie die sog. bewusste Fahrlässigkeit, die nach der sowohl im Schrifttum als auch in der Rechtsprechung herrschenden Meinung die Erscheinungsform der Fahrlässigkeit darstellt. Das Wesen der Absicht oder des Dolus directus stellt eine Sonderform des Vorsatzes bzw. die Grundvorsatzform dar,[80] die einen besonders qualifizierten Vorsatz bildet.[81] Bei diesen zwei Erscheinungsformen des Dolo basico wird die Handlung in Erkenntnis des mehr oder weniger erforderlichen Erfolges mit dem Willen vorgenommen, um den schädlichen Erfolg herbeizuführen.[82] Die letzte [also zweite] und leichteste Kategorie der subjektiven Merkmale der Tatbestandsmäßigkeit erscheint als Fahrlässigkeit, die mit der heutigen unbewussten

---

75 Löffler (1895), S. 5; ähnlich Gessner, Die bewusste Fahrlässigkeit, S. 83-84. Hierzu siehe auch Hippel, ZStW 1911, 562 ff. (583) und Frank, ZStW 1890, 169 ff. (173-174).

76 Puppe, Vorsatz, S. 66; vgl. Müller, Der dolus eventualis, S. 50-51; Caspari, Formen und Grenzen, S. 167 ff.. Dazu siehe auch Hemmen, Über den Begriff, S. 24, 27. Damit ist die Absicht gemeint.

77 Hierzu siehe Puppe, Vorsatz, S. 26-27; Gessner, Die bewusste Fahrlässigkeit, S. 50; Suter, Fahrlässige Verletzung, S. 3 und Caspari, Formen und Grenzen, S. 167 ff. Treptov hält die Teilung des Vorsatzes in zwei Erscheinungsformen für unrichtig. Dazu siehe Treptov, Der Begriff Absicht, S. 35 ff.

78 Vgl. Beschütz, Die Fahrlässigkeit, S. 105.

79 Zustimmend Frisch, Vorsatz und Risiko, S. 498; vgl. auch Oehler, NJW 1966, 1633 ff. (1633); vgl. auch Puppe, ZStW 1991, 1 ff.(39).

80 Haab, RabelsZ 1928, 573 ff.(574).

81 Schröder, Aufbau und Grenzen, S. 223; vgl. Treptov, Der Begriff Absicht, S. 31.

82 Vgl. Beschütz, Die Fahrlässigkeit, S. 104.

Fahrlässigkeit gleichzusetzen ist. Für diese zweite Kategorie ist die Unkenntnis des Erfolges charakteristisch und wesentlich.[83]

Es ist gewiss, dass der bedingte Vorsatz auf die Nebenfolgen gerichtet ist und gerade deshalb kein zielgerichtetes Wollen voraussetzt.[84] Mit anderen Worten, der bedingte Vorsatz stellt den Grundtypus des Vorsatzes dar.[85] In diesem Sinne ist auch Kindhäusers[86] Vorschlag durchaus erwägenswert, den Eventualvorsatz als paradigmatische Vorsatzform zu verwenden,[87] da der eventuelle Vorsatz, wie *v. Liszt* sagt, der wirkliche Vorsatz[88] oder der echte Dolus sei,[89] der als die Grundform des Vorsatzes genügen sollte.[90] Hiernach ist der Dolus eventualis als leichteste Vorsatzform[91] nichts anderes als eine allgemeine Anwendungsform des Dolusbegriffes.[92]

Daraus folgt, dass der Dolus eventualis nunmehr als die allgemeinste Form des Vorsatzes anzusehen ist, der nicht, wie *Puppe* meint, den Dolus directus und die Absicht in sich enthält,[93] sondern die Grundlage bzw. den Boden für die hier genannten Erscheinungsformen bereitet, worauf die Sonder- oder Erscheinungsformen erscheinen könnten und sollten. Aus diesem Grund umfasst der Dolus eventualis nicht, wie *Puppe* behauptet, den Dolus directus und die Absicht, sondern [umgekehrt] der Dolus directus und die Absicht enthalten ihre Grundform bzw. den Dolus eventualis. Hiernach sind die Absicht und der Dolus directus [Wissentlichkeit] die Sonderformen,[94] die den Dolus eventualis bzw. die Grundform in sich bergen.[95] Ferner ist der Dolus eventualis allerdings die ursprüngliche Form [Urform] des Vorsatzes,[96] von der aus erst zum direkten Vorsatz als der mittleren und danach zu der Absicht als der schwereren Form aufzusteigen ist.[97] An diesem Punkt sollte beachtet werden, dass die wesentliche Besonderheit, die die

83 Vgl. Beschütz, Die Fahrlässigkeit, S. 105.

84 Kindhäuser/Zimmermann, Strafrecht AT, § 14, S. 138, Rn. 11; Jakobs, Kritik des Vorsatzbegriffs, S. 51.

85 Zustimmend Frisch, Vorsatz und Risiko, S. 496 ff.. Im Vergleich zum Vorsatz spielt nach *Burgstaller* auch die unbewusste Fahrlässigkeit als Grundtypus der Fahrlässigkeit eine wichtige Rolle. Dazu Burgstaller, Das Fahrlässigkeitsdelikt, S. 30.

86 Kindhäuser, ZStW 1984, 1 ff. (30).

87 Bung, Wissen und Wollen, S. 185.

88 Frauendorfer, Die Willensrichtung, S. 78, 86.

89 Frauendorfer, Die Willensrichtung, S. 96.

90 Geppert, JURA 1986, 610 ff. (610). Hierzu siehe auch Herzberg, RECPC 2008, 1 ff. (18).

91 Zoller, Die Abgrenzung, S. 28.

92 Frauendorfer, Die Willensrichtung, S. 65.

93 Vgl. Puppe, ZStW 1991, 1 ff. (42).

94 Ruppenthal, Der bedingte Tötungsvorsatz, S. 262.

95 Frisch, Vorsatz und Risiko, Vorwort, VII.

96 Dazu siehe auch Hippel, Die Grenze, S. 94.

97 Sauer, ZStW 1931, 164 ff. (175).

Grundform vom Dolus directus oder von der Absicht unterscheidet, eigentlich kein gradueller oder mathematischer Unterschied ist, sondern ein qualitativer, der aus der Einordnung oder Nicht-Einordnung ein selbstständiges voluntatives Element zum Vorsatz ergibt. Es handelt sich hier nur um einen strukturellen Unterschied hinsichtlich der äußerlichen Grund- oder Erscheinungsform des Vorsatzes.[98]

Vorsatz und Fahrlässigkeit sind nur an den Willenskern der Handlung, nämlich an die gewollte Tätigkeit oder Untätigkeit anknüpfbar.[99] Aus diesem Grund sind Vorsatz und Fahrlässigkeit in der Tat „nichts anderes als ein bestimmtes Geartetsein des Willens.“[100] Zum Schluss setzt die Grundform des Vorsatzes [Dolus eventualis] die bewusste Herbeiführung des Erfolgseintritts bzw. eine gewollte Tätigkeit bezüglich einer qualifizierten [erheblichen] Gefahr voraus. Die hier vertretene Ansicht besagt, dass die Grundform des Vorsatzes oder Dolo basico nur eine willentlich vollzogene Handlung,[101] nämlich nur eine gewollte Tätigkeit, verlangt.[102] Hiernach umfasst die Grundvorsatzform direkt nicht den Erfolgswillen, sondern den Handlungswillen einschließlich der Folgen.[103]

2. *Die Erscheinungsformen des Vorsatzes*

Die Feststellung [Anwesenheit] des Tätervorsatzes kann mit seiner bewussten Strafnormverletzung begründet werden. Nur bei den Erscheinungsformen, bei denen ein anderes besonderes Element verlangt wird – wie beispielsweise die Absicht und der Dolus directus – sollte dies nicht gelten und ein anderes eigenständiges Element bzw. Willenselement vonnöten sein. Hiernach reicht für die Grundform des Vorsatzes [Dolo basico] das Wissenselement aus, während für die Erscheinungsformen des Vorsatzes neben dem Wissenselement zusätzlich auch ein Willenselement benötigt wird.[104] Insoweit wäre es methodisch und auch systematisch[105] sinnvoller, den Dolus eventualis als Basis des Vorsatzes[106] bzw. als Dolo basico zu begründen. In dieser Hinsicht soll nunmehr versucht werden, ausgehend von dem Prinzip „gewollte Tätigkeit“, die die strafrechtliche [vorsätzliche oder fahrlässige] Verantwortung begründet,[107] und unter Zuhilfenahme des objektiven Kriteriums „der vernünftige Mensch oder der objektive Beobachter“ die

---

98 Hierzu siehe auch Maurer, Das voluntative Element, S. 41 ff. und Zimmerman, Dolus Eventualis, S. 32.

99 Siesel, S. 180.

100 Siesel, S. 180.

101 Jescheck/Weigend, Lehrbuch, § 29, S. 294.

102 Frisch, Vorsatz und Risiko, S. 55. Dazu siehe auch Frisch, Vorsatz und Risiko, S. 115.

103 Janzarik, ZStW 1992, 65 ff. (65).

104 Canestrari, GA 2004, 210 ff. (221).

105 Anm. des Verfassers.

106 Kindhäuser, ZStW 1984, 1 ff. (30).

107 Ähnlich Binding, Die Schuld, S. 127-128.

subjektiven Merkmale bzw. den Vorsatz und die Fahrlässigkeit einschließlich ihrer Sonderformen in ein System zu bringen und dadurch zu zeigen, wie die subjektiven Merkmale sich zu Grund- und Erscheinungsformen bestimmen und voneinander abgegrenzt werden können und sollen.[108]

Denn wie *Zoller* treffend sagt, dürfen die Grenzen der Grund- und Sonderformen[109] von Vorsatz und Fahrlässigkeit „weder zwischen sich eine Lücke lassen noch ineinander übergreifen, sondern müssen scharf aneinanderpassen."[110] Nimmt man den Dolus eventualis als Grundform des Vorsatzes an, genügt diese Forderung auch unseren Ansicht, die wie nachfolgend auszudrücken ist: Grundform des Vorsatzes = Dolus eventualis: Wissen + trotzdem Weiterhandeln; Erscheinungsformen des Vorsatzes: Dolus directus 1. und 2. Grades.[111] Ausgehend von dieser Ansicht, die den Dolus eventualis als Grundform bezeichnet und ihn durch das Wissen begründet, ist nicht nur der Dolus eventualis zu kennzeichnen. Auch die Erscheinungsformen des Vorsatzes sind dadurch festzustellen, weil hier das Prinzip *argumentum a fortiori* gelten soll. Denn die oben genannten objektiven Kriterien, die die Grenze zwischen Vorsatz und Fahrlässigkeit ziehen und bestimmen müssen, dürfen nicht nur den Dolus eventualis kennzeichnen, sie müssen mit den Vorsatzarten harmonieren.[112]

Ferner bilden die Erscheinungsformen, nämlich die eine höhere Stufe des Vorsatzes bildende Absicht[113] und der Dolus directus daher eigentlich die qualifizierte Form des Vorsatzes.[114] Umgekehrt gilt dasselbe aber nicht. Mit anderen Worten, alles, was die Erscheinungsform des Vorsatzes bzw. der Dolus directus schon umfasst [= sicheres Wissen und Wollen], darf auf keinen Fall bei der Bestimmung oder Begründung der Grundform verlangt werden, sondern es sind nur die erforderlichen Merkmale zu suchen, die den Dolo basico ausmachen. So gewinnt das von uns zur Abgrenzung von Grund- und Erscheinungsformen eines Begriffes [hier des Vorsatzes] entwickelte Prinzip [un-]mittelbar Einfluss darauf, einerseits die Grund- und Erscheinungsform voneinander abzugrenzen und andererseits die untere Grenze der Grundform des Vorsatzes zur Fahrlässigkeit zu ziehen.[115] In diesem Sinne bedarf die herrschende Lehre bezüglich der Vorsatzformen einer Neuorientierung.[116] Der bedingte Vorsatz liegt somit unverkennbar an der Grenze

---

108 In einem anderen Sinne vgl. Ferneck, Die Idee der Schuld, S. 90.

109 Anm. des Verfassers.

110 Zoller, Die Abgrenzung, S. 14.

111 Für das Wertverhältnis von Dolus directus 1. und 2. Grades siehe Rengier, JZ 1990, 321 ff. (324); Nau, Die Bewusstseinsform, S. 59.

112 Kaufmann, Der dolus eventualis, S. 65-66.

113 Hemmen, Über den Begriff, S. 24.

114 Vgl. Schlehofer, Vorsatz und Tatabweichung, S. 23.

115 Anders Engisch, Untersuchungen, S. 58. In einem anderen Sinne vgl. Schlüchter, Grenzen, S. 86.

116 Zustimmend Frisch, Vorsatz und Risiko, S. 496.

zur unbewussten Fahrlässigkeit.[117] Insoweit berührt sich die unterste Grenze des Vorsatzes[118] bzw. der sog. Eventualdolus[119] mit der obersten Fahrlässigkeitsgrenze, die wieder die unterste Grenze des Vorsatzes bildet.[120] Das ist der Grund, wieso die Debatte den Vorsatz in seiner Gesamtheit betrifft.[121] Hiernach stellt der Dolus eventualis die untere Stufe bzw. die Grundform des Vorsatzes dar.[122]

In dieser Hinsicht setzt die qualifizierte Vorsatzform[123] bzw. die Erscheinungsform des Vorsatzes Dolus directus 1. Grades und Dolus directus 2. Grades[124] zusätzlich zum Wissen ein zielgerichtetes Streben,[125] d. h. einen auf ein Ziel gerichteten Willen des Täters voraus.[126] Daher ist charakteristisch für die Absicht, dass der Täter sein Verhalten nach der Zielvorstellung einrichtet und im Interesse der Erreichung des Ziels tätig wird.[127] Absicht lässt sich hiernach kürzer als die„zielgerichteten Willen oder Erstreben“ bestimmen.[128] Denn die erste qualifizierte Erscheinungsform des Vorsatzes, die Absicht, impliziert nach dem „natürlichen“ Wortsinn und den Vorstellungen des historischen Gesetzgebers ein zielgerichtetes Wollen.[129] Der Begriff Absicht[130] ist daher gewissermaßen als motivierende Erfolgsvorstellung zu definieren.[131] Als die

---

117 Vgl. Geppert, JURA 1986, 610 ff. (610).

118 Pfefferkorn, Grenzen strafbarer Fahrlässigkeit, S. 72.

119 Vocke, ZStW 1928, 269 ff. (285).

120 Zoller, Die Abgrenzung, S. 14.

121 Raguès Vallès, GA 2004, 257 ff. (258), Fn. 3.

122 Runck, Dolus eventualis, S. 50; vgl. Herzberg, JZ 1988, 573 ff. (576).

123 Treptov lehnt die Ansicht ab, die Absicht als eine qualifizierte Form des Vorsatzes zu bestimmen. Dazu Treptov, Der Begriff Absicht, S. 34-35.

124 Schmidhäuser, Strafrecht AT, S. 201, Rn. 139; Kargl, Handlung und Ordnung, S. 539. Dazu siehe auch Geppert, JURA 2001, 55 ff. (56-57); Bung, Wissen und Wollen, S. 172; Geppert, JURA 1986, 610 ff. (610).

125 Schlehofer, Vorsatz und Tatabweichung, S. 23.

126 Hübner, Die Entwicklung, S. 25; Schlehofer, Vorsatz und Tatabweichung, S. 44-45; Treptov, Der Begriff Absicht, S. 25; Kargl, Handlung und Ordnung, S. 539; Mayer, Die schuldhafte Handlung, S. 64.

127 Jescheck/Weigend, Lehrbuch, § 29, S. 297.

128 Roxin/Greco, Strafrecht AT, § 12, S. 542, Rn. 7; Kargl, Handlung und Ordnung, S. 539; Rengier, JZ 1990, 321 ff. (322).

129 Hierzu siehe auch Puppe, Vorsatz, S. 66-67.

130 Ferner stammt „ … das Wort Ab-Sicht von absehen ab und lässt sich von daher mit voraussehen und Voraussicht verbinden.“ Rengier, JZ 1990, 321 ff. (324). Dafür siehe Oehler, NJW 1966, 1633 ff. (1633 ff.)

131 Müller, Der dolus eventualis, S. 39-40; Gessner, Die bewusste Fahrlässigkeit, 26; Mayer, Die schuldhafte Handlung, S. 64.

qualifizierte Vorsatzform stellt die Absicht das kausale oder finale Motiv des Täters dar.[132]

Im Übrigen benötigen dem allgemeinsprachlichen Wortsinn nach die Erscheinungsformen des Vorsatzes neben dem kognitiven Element bzw. dem Wissen ein voluntatives Element,[133] das allerdings gerade das Merkmal ist, das z. B. die Absicht zur qualifizierten Vorsatzform bzw. zur Erscheinungsform des Vorsatzes macht. Ferner wird für die Grundform des Vorsatzes außerdem nicht vorausgesetzt, dass neben dem kognitiven Merkmal auch ein voluntatives gegeben sein sollte, weil in der Grundvorsatzform kein voluntatives Element als gesondertes Element zu prüfen ist.[134] Hiernach ist die Grundvorsatzform nur als „Wissen oder Kenntnis der Tatbestandsverwirklichung" zu definieren.[135] Ist der Täter sich des schädlichen Erfolgseintritts oder der Erheblichkeit der aus seiner Handlung gelösten Gefahr bewusst, liegt die Grundform des Vorsatzes bzw. der Dolus eventualis vor.[136] In diesem Sinne gibt es in der Literatur Einigkeit zwischen allen streitenden Theorien nur darüber, dass der bedingte Vorsatz darin liegt, dass der Täter sich die Tatbestandsverwirklichung ernstlich vorstellt und der konkreten Gefahr des rechtsverletzenden Erfolgs durchaus bewusst ist.[137]

3. *Das Wollen: Nicht ein typisierendes, sondern qualifizierendes Element*

Wie schon oben ausgeführt ist der Dolus eventualis in der Tat – wie allgemein angenommen wird – nicht eine Minderform oder eine Erscheinungsform des Vorsatzes, sondern die Grund- oder Hauptform des Vorsatzes.[138] Dementsprechend bilden die Absicht [Dolus directus 1. Grades] und die Wissentlichkeit[139] [Dolus directus 2. Grades] die Erscheinungsformen des Vorsatzes.[140] Hieraus dürfte sich ergeben, dass neben der kognitiven Komponente nicht der Vorsatz selbst, wie

132 Zoller, Die Abgrenzung, S. 30; Engisch, Untersuchungen, S. 142-143; vgl. Rengier, JZ 1990, 321 ff. (321).

133 Schlehofer, Vorsatz und Tatabweichung, S. 24.

134 Vgl. Schlehofer, Vorsatz und Tatabweichung, S. 23-24.

135 Schlehofer, Vorsatz und Tatabweichung, S. 23-24.

136 Anders Müller, Der dolus eventualis, S. 50; vgl. Hupfauer, Eventualvorsatz, S. 12-13.

137 Ambrosius, Untersuchungen zur Vorsatzabgrenzung, S. 60.

138 Bung, Wissen und Wollen, S. 130.

139 Als Dolus principalis bezeichnet man die Vorsatzform der Wissentlichkeit. Dazu www.repetico.de (Abruf: 18.02.2020).

140 Auf der anderen Seite weist *Freund* zwar auf die gleiche Tatsache hin, aber von einer anderen Perspektive sowie im Rahmen einer unterschiedlichen Einordnung bezüglich des Vorsatzes. Dazu Freund/Rostalski, Strafrecht Allgemeiner Teil, § 7, S. 291, Rn. 71.

Schlehofer behauptet,[141] oder nicht die Grundform des Vorsatzes, sondern nur die qualifizierten Formen bzw. die Erscheinungsformen des Vorsatzes noch ein voluntatives Element umfassen können sowie sollen. Aus diesem Grund sollte und dürfte das voluntative Merkmal auf keinen Fall als „rein typisierend“ zugrunde gelegt, sondern nur als entweder unrechts- oder schuldsteigernd in Betracht gezogen werden.

Die Kenntnis des Täters bezüglich der Tatbestandsverwirklichung stellt somit das typisierende Merkmal [Wissenselement] des Vorsatzes dar[142] und spielt hinsichtlich der Vorsatzbestimmung eine große Rolle. Das Vorhandensein von Wollen lässt nur die Eigenschaften bzw. die Erscheinungsformen des Vorsatzes erkennen, verleiht diesen nur die Eigenschaft der qualifizierten Sonder- oder Erscheinungsform des Vorsatzes.[143] Im Gegensatz zur Ansicht *Schumanns*[144] ist das voluntative Element [das Wollen] nicht als notwendiges Merkmal der Grundvorsatzform, sondern nur als qualifizierendes Element der Erscheinungsformen des Vorsatzes anzusehen. Denn wenn man das „Wollen“ – wie *Schumann* denkt und auch wie die herrschende Lehre vertritt – als notwendiges Element jeder Vorsatzform einschließlich des bedingten Vorsatzes annehmen oder das Wollen zu einem „selbstständigen“ Vorsatzelement aufwerten würde,[145] bliebe kein anderes Element, das die Grundform des Vorsatzes von seinen Erscheinungsformen begrenzen könnte.[146] Dieser Ansicht ist daher nicht beizupflichten. Vielmehr ist das „Wollen“ so definiert, dass es nur ein notwendiges Element der Erscheinungsformen des Vorsatzes sein könnte. Hiernach können beide bzw. sowohl kognitive als auch voluntative Merkmale in den Erscheinungsformen des Vorsatzes aber in höherem und/oder geringerem Grade bestehen.[147] Kurz formuliert: Das Wollen ist daher dem Vorsatz überhaupt nicht als eine typisierende,[148] d. h. die Grundform des Vorsatzes bzw. den bedingten Vorsatz hervorbringende, sondern als eine qualifizierende oder charakterisierende, d. h. den Erscheinungsformen des Vorsatzes [Absicht und direkter Vorsatz][149] bestimmende Vorsatzkomponente einzuordnen.[150]

Hieraus ergibt sich, dass das Wollenselement somit nicht mehr als das konstitutive, sondern als das attributive Merkmal der Erscheinungsformen des Vorsatzes

141 Schlehofer, Vorsatz und Tatabweichung, S. 163.
142 Schlehofer, Vorsatz und Tatabweichung, S. 163.
143 Ähnlich Siesel, S. 180.
144 Schumann, JZ 1989, 427 ff. (430).
145 Schumann, JZ 1989, 427 ff. (430).
146 Schumann, JZ 1989, 427 ff. (430).
147 Friedrich, ARWP 1910, 49 ff. (55).
148 Vgl. Oehler, Das objektive Zweckmoment, S. 79.
149 Zoller, Die Abgrenzung, S. 28.
150 Insoweit ist Chorafas in der griechischen Lehre einer anderen Meinung. Dazu Papageorgiou-Gonatas, ZStW 2006, 262 ff. (266).

anzusehen ist. Der Vorsatz wird immer dann angenommen, wenn das Wissenselement vorliegt, weil nur das wissentliche Element hinreicht, den Vorsatz ins Leben zu rufen. Das ist der Grund, warum das Wissenselement als der Bezugspunkt des Vorsatzes angesehen werden muss.[151] Das Wissenselement könnte und sollte die notwendige und gleichzeitig auch hinreichende Voraussetzung des Vorsatzes sein. Anders gewendet: Ein Merkmal, dessen Abwesenheit zur Negation oder Verneinung einer Sache führt [§ 16 StGB], verlangt dessen Anwesenheit zur Annahme der gleichen Sache.[152] Das sog. voluntative Element des Vorsatzes und die innere Einstellung des Täters scheinen somit hinsichtlich der Entstehung des Vorsatzes ganz gleichgültig und überflüssig zu sein. Ob der Täter den rechtswidrigen Erfolg oder die Tatbestandsverwirklichung gewollt hat oder nicht, ist für die wertende Betrachtung eine Frage zweiten Ranges bzw. eine Frage der Eigenschaft des Vorsatzes. Ob der Täter den rechtswidrigen Erfolg oder die Tatbestandsverwirklichung gewollt hat oder nicht, ist nur in Bezug auf die Erscheinungsformen des Vorsatzes zu betrachten.

B. Ein integriertes Denk- und Fühlsystem: Die Untrennbarkeit von „Wissen" und „Wollen"

I. Die gegenwärtige Situation

Hervorzuheben ist es, dass der Jurist im Wesentlichen das entscheiden und unterscheiden soll, was im täglichen Leben unentschieden, ungeschieden und ungetrennt ist. Andernfalls macht es die Dinge schwieriger und führt zu einer praktisch und didaktisch schwer vertretbaren Komplizierung des Systemaufbaus.[153] Ferner besitzen alle rechtlichen Unterscheidungen etwas Vorläufiges und stellen daher nur Aushilfen dar, um etwas zutreffender und einfacher verstehen zu können. Insoweit scheint der folgende Satz richtig: „Bene judicat, qui bene distinguit", nämlich „Gut urteilt, wer unterscheidet."[154] Damit kommt man aber zu der Frage: Woher ist es ersichtlich, ob man „gut", zutreffend oder sachgerecht, nämlich an der richtigen Stelle unterschieden hat[155] oder ob die Dinge, die man sozusagen schon getrennt hat, in Wirklichkeit trennbar oder untrennbar sind oder nicht?[156] Laut der herrschenden Lehre wie auch dem geläufigen Ansatz der Rechtsprechung stellt der Begriff Vorsatz, der das finale Element der Handlung ist[157], stets das Wissen und

151 Wessels/Beulke/Satzger, Strafrecht AT, § 7, Rn. 355.
152 Vgl. § 16/2 StGB.
153 Schmidhäuser, Strafrecht AT, S. 182.
154 Hall, Fahrlässigkeit im Vorsatz, S. 23.
155 Hall, Fahrlässigkeit im Vorsatz, S. 23.
156 Taylor, Oxf. J. Leg. Stud. 2004, 99 ff. (123).
157 Welzel, Das Deutsche Strafrecht, S. 71.

Wollen einer Tatbestandsverwirklichung dar.[158] Der Grund dieser jahrhundertealten Haltung der Rechtslehre liegt darin, dass man bei der Analyse des Wesens der subjektiven Tatbestandsmerkmale auf das Binomium[159] bzw. auf die Kurzformel „Wissen und Wollen“ Wert legt.[160]

Ferner lässt sich der Vorsatz als „der Wille der Erfolgsherbeiführung oder Tatbestandsverwirklichung“ verstehen.[161] Mit anderen Worten, die heute in der deutschen Literatur herrschende Lehre vertritt die Meinung, dass der Vorsatz im Wesentlichen als der Wille zur Tatbestandsverwirklichung in Kenntnis aller seiner objektiven Tatumstände zu charakterisieren ist.[162] Der wichtigste und hinsichtlich der Dissertation bedeutendste Punkt liegt hier allerdings darin, dass diese heute gängige Ansicht sowohl das kognitive Element als auch das voluntative Merkmal als gleichgeordnete und gleichrangige Elemente der Vorsatzdefinition definiert. Hiernach soll das Wollenselement neben dem Wissenselement als ein „gesonderter oder selbstständiger“ Teil des Vorsatzes geprüft und bestimmt werden.[163] Mit anderen Worten, das Einverständnis sei mit dem Erfolg oder dem Wollen der Tatbestandsverwirklichung als ein selbstständiges Merkmal des Vorsatzes zu suchen.[164] Um in dieser Hinsicht eine Handlung als vorsätzlich zu beschreiben und zu begründen, müssen beide Entitäten im konkreten Fall unabhängig voneinander gegeben werden.[165] Hierzu bedarf es einer Gesamtschau aller objektiven und subjektiven Tatumstände des Einzelfalls,[166] in die die objektive Gefährlichkeit der Gewalthandlung, aber auch die konkrete Angriffsweise des Täters, seine psychische Verfassung bei der Tatbegehung und seine Motive mit einzubeziehen sind.[167]

---

158 Wessels/Beulke/Satzger, Strafrecht AT, § 7, Rn. 313; Jakobs, Strafrecht AT, S. 261, Rn. 8.

159 www.enzyklo.de (Abruf: 09.03.2020).

160 Morselli, ZStW 1975, 324 ff. (344).

161 Puppe, Strafrecht AT, § 7, S. 98, Rn. 2.

162 Wessels/Beulke/Satzger, Strafrecht AT, § 7, Rn. 313.

163 Zustimmend Hantschel, Untreuevorsatz, S. 195.

164 Runck, Dolus eventualis, S. 19.

165 Koriath, Grundlagen, S. 611; Diese verbreitete Ansicht vertritt auch der Bundesgerichtshof [BGH], indem er in einer Entscheidung zum Ausdruck bringt: *„Da die Schuldformen des bedingten Vorsatzes und der bewussten Fahrlässigkeit im Grenzbereich eng beieinanderliegen, müssen vor der Annahme bedingten Vorsatzes beide Elemente der inneren Tatseite, also sowohl das Willen- als auch das Wissenselement, umfassend geprüft und gegebenenfalls durch tatsächliche Feststellungen belegt werden.“* Dazu BGH 4 StR 357/12, Rn. 15. Hierzu siehe auch BGH 3 StR 533/09 und BGH 3 StR 158/12.

166 Fletcher, Univ PA Law Rev 1971, 401 ff. (429). Zustimmend BGH 4 StR 482/19, Rn. 23.

167 BGH 2 StR 180/13, Rn. 8; BGH 4 StR 558/11; Rn. 34; 4 StR 357/12, Rn. 15; zustimmend BGH 4 StR 482/19, Rn. 23; Blühm, Die Kriminalität, S. 72 ff.

Diese vom BGH praktizierte Methode[168] bezüglich der Abgrenzung zwischen dem Vorsatz und der Fahrlässigkeit ist weder an der Universität lehrbar noch in der Praxis prüfbar sowie anwendbar.[169]

II. Die Einheit von „Wissen" und „Wollen"

An dieser Stelle erhebt sich nun eine grundlegende Frage, ob „Wissen" und „Wollen" der Tatbestandsverwirklichung wirklich für immer unabdingbare und unentbehrliche Merkmale des Vorsatzes sind oder ob eine andere Beschreibung von Vorsatz möglich ist,[170] die den Vorsatz nur als „Wissen" der Tatbestandsverwirklichung bezeichnet, weil „Wissen" bereits das „Wollen" in sich impliziert.[171] Um darauf zu antworten und die Frage klarzustellen, soll das Grundverständnis von Wissen und Wollen eruiert und berücksichtigt werden.[172] Das Problem oder die Frage, das/die zu lösen bleibt, lautet demnach: Sind das Wissen und Wollen psychologisch gesehen wirklich als gleichgeordnete und gleichrangige Elemente des Vorsatzbegriffes anzunehmen, die unabhängig voneinander geprüft werden?

Der strafrechtlichen Verantwortung liegt die willensgetragene Handlung bzw. die „gewollte" Tätigkeit zugrunde. Der Täter führt somit durch eine gewollte Tätigkeit[173] vorsätzlich oder fahrlässig einen rechtswidrigen Erfolg herbei.[174] Insoweit lässt sich die Tatbestandsverwirklichung nicht nur als durch eine gewollte Tätigkeit,[175] nämlich durch aktive willkürliche Handlung gelöste objektive Veränderung in der Außenwelt oder die Verursachung der Erfolge verstehen. Mit anderen Worten, die Handlung besteht aus einem Willen, einer Tat und einer Beziehung zwischen diesen beiden. Insoweit bilden Wille und Tat feststehende und miteinander eng verbundene Begriffe. Die hier erwähnte Beziehung bzw. der Kausalzusammenhang zwischen diesen beiden Begriffen setzt noch eine nähere Bestimmung voraus.[176] Ferner stellt der bewusste Willensakt bzw. die gewollte Tätigkeit in der Tat einen vom Wissen begleiteten Willensakt dar.[177] Der Begriff „Handlung" bildet eigentlich ein „gewolltes Tun"[178] bzw. eine gewollte Tätigkeit, worauf in

---

168 Dazu siehe BGH 4 StR 399/17; Rn. 19; BGH 3 StR 321/00.

169 Puppe, Strafrecht AT, § 9, S. 140, Rn. 47; Canestrari, GA 2004, 210 ff. (216-217).

170 Vgl Jakobs, Strafrecht AT, S. 264, Rn. 13, Fn. 28.

171 Übrigens ist Niese der Meinung, dass Vorsatz an sich mit dem „Willen" gleichgesetzt ist. Niese, Finalität, S. 12.

172 Bung, Wissen und Wollen, S. 148.

173 Hall, Fahrlässigkeit im Vorsatz, S. 21.

174 Binding, Die Schuld, S. 45.

175 Vgl. Niese, Finalität, S. 16.

176 Radbruch, Der Handlungsbegriff, S. 98.

177 Mayer, Die schuldhafte Handlung, S. 31.

178 Schmidhäuser, JuS 1987, 374 ff. (375).

irgendeiner Weise auf Wissen und Wollen zurückzuführen ist.[179] In dieser Hinsicht drückt jede rechtlich missbilligte Handlung eine gedankliche Entscheidung bzw. eine bewusste und gewollte [Un-]Tätigkeit des Täters aus.[180]

Die gewollte Tätigkeit setzt somit eine bewusste Handlung und eine diese Handlung herbeiführende Willenstätigkeit voraus, die auf keinen Fall voneinander unterschieden werden dürfen. Daraus folgt, dass die bewusste Handlung [Handlungsentscheidung] und Willenstätigkeit ineinandergreifende Begriffe und nacheinander folgende Prozesse sind. Daher darf die Willenstätigkeit auf keinen Fall als ein selbstständiger Gegenstand oder als ein von der bewusst vorzunehmenden Handlung getrenntes Element in Betracht gezogen werden.[181] Dies führt uns im Ergebnis dazu, ein integriertes Denk- und Fühlsystem der Psyche aufzubauen,[182] das auf einer untrennbaren Einheit von Fühlen und Denken[183] bzw. auf einer ungetrennten Begleitung vom Wissen und Wollen basiert.[184] Ferner deutet „die genetische Epistemologie auf die Komplementarität und Gleichrangigkeit von Wille und Intellekt hin. Beide entwickeln sich gleichzeitig zu einheitlichen Instrumenten des Erkennens und Handelns."[185] Das hier erwähnte System könne also als ein „affektiv-kognitives oder affektlogisches Bezugssystem" bezeichnet werden.[186] Im hier genannten affektiv-kognitiven oder affektlogischen Bezugsystem vereinigen sich affektive und kognitive Komponenten zu einem operationalen Ganzen, das ein Fühl-, Denk- und Verhaltensprogramm bildet.[187]

Unter der Einheit von Wissen und Wollen oder dem integriertem Denk- und Fühlsystem ist also zu verstehen, dass das Wollen nicht mehr als ein selbstständiges, eigenständiges oder getrenntes voluntatives Element des Vorsatzes neben dem Wissen gesucht werden soll sowie darf.[188] Aus der psychologischen und anthropologischen Sicht gesehen ist festzustellen, dass die Wissens- und Wollensseite des Vorsatzes „nur verschiedene Seiten desselben komplexen psychologischen Sachverhalts"[189] sind. Aus diesem Grund wäre es unmöglich, die voluntative und kognitive Seite des Vorsatzes, die in der Tat vollständig komplementär, analog und

179 Bung, Wissen und Wollen, S. 73.

180 Meyer, Die Gleichstellung, S. 2; Binavince, Die vier Momente, S. 96.

181 Vgl. Binavince, Die vier Momente, S. 96.

182 Dazu siehe Kargl, Handlung und Ordnung, S. 516 ff.

183 Dazu siehe Kargl, Handlung und Ordnung, S. 536 ff.

184 Kargl, Der strafrechtliche Vorsatz, S. 58-59.

185 Kargl, Handlung und Ordnung, S. 171.

186 Dafür siehe Kargl, Handlung und Ordnung, S. 151 ff. Es sei auch als Affektlogik zu definieren. https://de.wikipedia.org/wiki/Affektlogik

187 Kargl, Handlung und Ordnung, S. 151.

188 Vgl. Hippel, Die Grenze, S. 84-85; anders Gatzweiler, Rechtsvergleichende Untersuchung, S. 53.

189 Janzarik, ZStW 1992, 65 ff. (66).

kongruent festzulegen sind, voneinander zu trennen,[190] ohne zugleich die Einheit dieser psychisch komplementären Begriffe bzw. das integrierte Denk- und Fühlsystem durcheinanderzubringen[191] oder ohne die Untrennbarkeit des Denk- und Fühlbezugssystems aufzulösen.[192] Denn dieses System integriert konsequenterweise das voluntative Element des Vorsatzes in die Gesamtstruktur bzw. in die Einheit der Psyche.[193]

III. Das Wollen ist schon impliziert im Wissen

Wertet man trotz der Einheit von kognitivem und voluntativem Moment die voluntative Komponente [Wollenselement] zu einem „selbstständigen" Vorsatzelement auf oder stellt man den Wollensbegriff neben das Wissen als ein selbstständiges Element,[194] ergeben sich daraus viele Abgrenzungsprobleme sowie Schwierigkeiten hinsichtlich des materiellen und prozessualen Strafrechts. Davon ausgehend kann man gerade im Vorhinein sagen, dass im Rahmen des Strafrechts eine von dem Willenselement unabhängige[195] Begriffsbestimmung des Vorsatzes notwendig ist, weil ein selbstständiges voluntatives Vorsatzelement wirklich überflüssig erscheint.[196]

Das voluntative Element des Vorsatzes kann daher zugunsten des kognitiven Elements des Vorsatzes vernachlässigt werden,[197] weil – wie zuvor gesagt – Wollen bereits im Wissen impliziert ist.[198] Aus diesem Grund sind Wissen und Wollen notwendigerweise als eine Einheit zu begreifen,[199] weil das voluntative Element in dem Falle, in dem sich ein tatsächlich einzutretender Erfolg ergibt, *implicite* in dem *awareness of the risk* steckt.[200] Mit anderen Worten, ein konkretes Voraussehen des Erfolges, das aus einer erheblich gefährlich-risikohaften Handlung herbeizuführen ist, umfasst das Wollen desselben *eo ipso oder ipso facto.*[201] Bei einem auf das Wissen beschränkten und damit begründeten Vorsatz ist die voluntative Seite herauszunehmen.[202] Übrigens sollte das Wollen auf diese Weise allerdings nicht

190 Pikamäe, Juridica Int'l 2003, 80 ff. (84).
191 Kargl, Handlung und Ordnung, S. 11.
192 Kargl, Handlung und Ordnung, S. 545.
193 Kargl, Handlung und Ordnung, S. 516.
194 Schmidhäuser, Vorsatzbegriff, S. 10.
195 Hierzu siehe Wessels/Beulke/Satzger, Strafrecht AT, § 7, Rn. 314-315.
196 Frisch, Vorsatz und Risiko, S. 268-269; vgl. Kindhäuser/Zimmermann, Strafrecht AT, § 13, S. 132, Rn. 3.
197 Vgl. Hall, Fahrlässigkeit im Vorsatz, S. 10-11.
198 Frisch, Vorsatz und Risiko, S. 268; vgl. Zila, Juridica, 55 ff. (58).
199 Hantschel, Untreuevorsatz, S. 192.
200 Caspari, Formen und Grenzen, S. 62.
201 Hemmen, Über den Begriff, S. 20.
202 Herzberg, JZ 1988, 573 ff. (575).

verschwinden, sondern könnte sich im Wissen zur bewussten Tatbestandsverwirklichung, die auf eine gewollte Tätigkeit hindeutet, bewegen.[203]

Das Wesen des Vorsatzes liegt in der bewussten Entscheidung, die Handlung vorzunehmen, nämlich in einer gewollten Tätigkeit. Sofern sich aus dieser Entscheidung oder der gewollten Tätigkeit im Bewusstsein eine sichere [Dolus directus] oder erforderliche [Dolus eventualis einschließlich der sog. bewussten Fahrlässigkeit] Tatbestandsverwirklichung ergibt, liegt somit auch das Wollen der Tatbestandsverwirklichung vor.[204] Dies führt uns zum Schluss: Diese Entscheidung oder gewollte Tätigkeit begründet nicht nur das Wesen des Vorsatzes, sondern weist auch auf volitive Merkmale bzw. auf eine [zwar nicht selbstständige aber] in der kognitiven Komponente schon implizierte voluntative [willensmäßige][205] Seite des Vorsatzes hin. Die Anerkennung der Notwendigkeit eines zwar nicht gesonderten,[206] aber im kognitiven Element implizierten volitiven Elements deutet aber nicht darauf hin, dass das Wollenselement oder die Willensmomente für den Vorsatz mitbestimmend oder ausschlaggebend sind oder sein sollten.[207]

Ferner zeigt die hier von uns vertretene Ansicht dadurch, dass der Mensch nach psychologischen Erkenntnissen niemals in der Lage sein kann, zugleich verschiedene Vorstellungen, Gefühle oder Gedanken in sein Bewusstsein aufzunehmen und zu beachten.[208] In diesem Sinne kann man zum Beispiel nicht gleichzeitig bewusst und fahrlässig handeln. Ferner könnte ein Erfolg der Psychologiewissenschaft nach bewusst herbeigeführt werden, ohne gewollt zu sein.[209] Deswegen soll auf eine ausdrückliche Verwendung bzw. eine selbstständige Einordnung und Prüfung des volitiven Elements bei der Bestimmung des Vorsatzes verzichtet werden.[210] Dies ist zu vermeiden, weil Wollen schon im Wissen impliziert ist[211] und weil man den voluntativen und den kognitiven Aspekt so nicht trennen darf.[212] Der Grund, der uns zu diesem Ergebnis führt, liegt also darin, dass ein Moment der Psyche immer das andere voraussetzt oder umgekehrt.[213] Hiernach setzt ein Wollen stets das Wissen voraus und *vice versa*, weil sowohl Wollen ohne Wissen wie

203 Hierzu siehe auch Kaufmann, Unterlassung und Vorsatz, S. 118, Fn. 28.
204 Bung, Wissen und Wollen, S. 168.
205 Welzel, Das Deutsche Strafrecht, S. 65.
206 Kargl, Der strafrechtliche Vorsatz, S. 73.
207 Vgl. Bung, Wissen und Wollen, S. 168.
208 Fieseler, Direkter und bedingter Rechtswidrigkeitsvorsatz, S. 46.
209 Vgl. Vocke, ZStW 1928, 269 ff. (282). Hierzu siehe auch Herzberg, JZ 1988, 635 ff. (636). Im anderen Zusammenhang Martins, Versuch, S. 99.
210 Vgl. Platzgummer, Die Bewusstseinsform des Vorsatzes, S. 99; Nau, Die Bewusstseinsform, S. 115.
211 Anders Gatzweiler, Rechtsvergleichende Untersuchung, S. 58.
212 Bung, Wissen und Wollen, S. 149.
213 Kargl, Handlung und Ordnung, S. 540.

auch Wissen ohne irgendeinen Handlungsimpuls des Wollens keineswegs oder sehr gering sinnvoll konstruiert werden kann.[214]

IV. Kein „wollensfreier", sondern „selbstständig-wollensfreier" Vorsatzbegriff

In der Dogmengeschichte[215] ist ein allmähliches Herauslösen des Vorsatzes bzw. des Dolus eventualis aus dem selbstständigen Willensbegriff ersichtlich.[216] In der Forschungsliteratur existieren viele neue Ansichten, die einen „wollensfreien" Vorsatzbegriff vertreten.[217] Der Verfasser ist aber nicht der Meinung, dass das Wollenselement eliminieren zu sei,[218] sondern will zeigen, dass das Wollen schon im Wissen impliziert ist.[219] Hieraus dürfte sich ergeben, dass der Verfasser nicht einen „wollensfreien,"[220] sondern einen „selbstständig-wollensfreien" Vorsatzbegriff vertritt,[221] weil das voluntative Element des Vorsatzes schon in seinem kognitiven Element impliziert sein sollte.[222] Angesichts der oben aufgeführten Erwägungen und der Forschungen der modernen Psychologen ist es anzunehmen, dass Wille als ein selbstständiger psychischer Prozess eigentlich nicht existiert.[223]

Auch *Schröder* hält eine getrennte Feststellung des Wollenselementes bzw. die selbstständige Zuordnung eines voluntativen Elements (= die Willensbeziehung zum Erfolg) im Vorsatz für entbehrlich.[224] Hiernach reicht es für den Vorsatz aus, die Begehung der verbotenen Tathandlung zu wollen, ohne dass es nötig ist, zusätzlich den damit als gewöhnlich und erforderlich verbundenen Erfolg zu akzeptieren.[225] Denn „wer die Ursache will, will auch den Erfolg."[226] In der Tat gibt

214 Kargl, Handlung und Ordnung, S. 540.

215 Frank, ZStW 1890, 169 ff. (194).

216 Janzarik, ZStW 1992, 65 ff. (65); vgl. Herzberg, JZ 1988, 573 ff. (575).

217 Schmidhäuser, JuS 1987, 374 ff. (375); Herzberg, JuS 1986, 249 ff. (249); Herzberg, JZ 1988, 635 ff. (636).

218 Zustimmend Bung, Wissen und Wollen, S. 170.

219 Köhler, Die bewusste Fahrlässigkeit, S. 192-193.

220 Vgl. Schmidhäuser, Vorsatzbegriff, S. 22.

221 Der heute gängigen Lehre nach ist es aber ganz anders. Dazu Frisch, Vorsatz und Risiko, S. 255.

222 Ähnlich Gatzweiler, Rechtsvergleichende Untersuchung, S. 89.

223 Pikamäe, Juridica Int'l 2003, 80 ff. (87). Deswegen ist es überflüssig, von einem eigenständigen bzw. vom Wissen getrennten Wollen zu reden. Bung, Wissen und Wollen, S. 262.

224 Schröder, Aufbau und Grenzen, S. 217. Dazu siehe auch Gessner, Die bewusste Fahrlässigkeit, S. 104.

225 Gatzweiler, Rechtsvergleichende Untersuchung, S. 58; vgl. Bühring, Über die Grenze, S. 10

226 Bühring, Über die Grenze, S. 10.

es kein bloßes Wollen, d. h. kein unbestimmtes, inhaltsloses, leeres Wollen[227], weil als Bewusstseinserleben Wollen ohne Wissen oder Vorstellung unmöglich ist.[228] Die herrschende Lehrmeinung ordnet den Wollensbegriff im Vorsatz neben dem Wissen ein.[229] Im Gegensatz zur herrschenden Lehre vertritt der Verfasser die Einheit vom Denk- und Fühlbezugssystem, das die Komplementarität und Untrennbarkeit von den kognitiven und volitiven Elementen darlegt.[230] In diesem System bilden Wissen und Wollen „eine einheitliche und vereinte affektiv-kognitive Hierarchie von Bezugssystemen.“[231]

Zweifellos setzt die Kenntnis des Täters bezüglich der konkreten Situation oder des äußerlichen Geschehens normalerweise eine innerliche Einstellung des Täters bzw. einen psychischen Vorgang voraus, der ein Werturteil des Täters darstellt. Logischerweise dürfte eine Kenntnis oder ein Wissen des Täters bezüglich der Tatbestandsmerkmale auf keinen Fall von einem solchen gleichzeitigen psychischen Vorgang entkleidet oder isoliert werden.[232] In diesem Sinne ist ein „neutraler psychischer Vorgang, der mit der voluntativen Seite des Bewusstseins nichts zu tun hätte,“[233] kaum möglich, weil Wissen immer einen psychischen Zustand mit sich bringt. Daher lässt sich die Vorsatzstruktur sachlich und wesentlich nicht auf das Wissenselement reduzieren.[234] Ein Wissen um die konkrete Gefährlichkeit und ein Wollen sind Spiegelbilder, so dass sie keineswegs getrennt betrachtet werden können.[235] Vielmehr entwickeln sich in diesem integrierten „Denk- und Fühlsystem“[236] die subjektiven Elemente des Vorsatzes [Wissen und Wollen] gemeinsam und parallel. Wissen und Wollen weisen keine getrennten oder selbstständigen, sondern komplementäre und untrennbare Besonderheiten auf.[237]

---

227 Kargl, Handlung und Ordnung, S. 538.

228 Schmidhäuser, Vorsatzbegriff, S. 26.

229 Schmidhäuser, Vorsatzbegriff, S. 10; Gessner, Die bewusste Fahrlässigkeit, S. 104.

230 Kargl, Handlung und Ordnung, S. 527; vgl. Herzberg, JZ 1988, 573 ff. (573); anders Köhler, Die bewusste Fahrlässigkeit, S. 186-187.

231 Kargl, Handlung und Ordnung, S. 517.

232 Kargl, Handlung und Ordnung, S. 538.

233 Kargl, Handlung und Ordnung, S. 537.

234 Ähnlich Küpper, ZStW 1988, 758 ff. (779).

235 Gessner, Die bewusste Fahrlässigkeit, S. 104; vgl. Schmidhäuser, JuS 1987, 374 ff. (375).

236 Kargl, Der strafrechtliche Vorsatz, S. 61.

237 Kargl, Handlung und Ordnung, S. 11; vgl. Kindhäuser/Neumann/Paeffgen, § 15 StGB, Rn. 74. Hierzu siehe auch Silving, JCLC 1960, V.51, 19 ff. (24) und Vogel/Bülte, in: LK Vor § 15 StGB Rn. 56.

V. Die zwei Kehrseiten derselben Medaille

Abweichend von der gängigen Ansicht stellen die kognitive und voluntative Seite des Täters Kehrseiten derselben Medaille dar.[238] Denn „es gibt kein inhaltsleeres Wollen und kein affektloses Wissen."[239] Für den„ nicht-pathologischen" Normalfall ist das voluntative Element des Vorsatzes immer dann gegeben, wenn der Täter den Effekt bzw. den schädlichen Erfolg der von ihm begangenen Handlung „gewusst" und trotzdem weitergehandelt hat.[240] In Übereinstimmung mit unserem Denk- und Fühl-Einheitssystem ist Wollen bereits im Wissen impliziert, d. h. im Wissenselement ist das Wollen untrennbar enthalten.[241] Aus diesem Grund wäre es nicht irreführend, den Vorsatz als Wissen und Wollen der Tatbestandsverwirklichung zu definieren, gerade wie heute der Fall ist, vorausgesetzt, – wie *Kargl* zu Recht sagt – dass „die beiden Elemente als vollständig komplementär, analog und kongruent aufgefasst werden".[242] Hieraus dürfte sich ergeben, dass sachliche Vorstellungen und innerliche Einstellungen des Täters wie Gefühle, Vertrauen, Hoffnungen usw. sich im Handlungs- bzw. im Unrechtsbereich nicht getrennt artikulieren können.[243] Im Schuldbereich müssen die sog. inneren Einstellungen dagegen berücksichtigt werden.

Ein so angereichertes und mit dem voluntativen Element ineinandergreifendes[244] Wissen kommt deshalb nahezu zwangsläufig in die Nähe eines Wollens,[245] weil, – wie oben schon hervorgehoben – die Kenntnis der Tatbestandsmerkmale niemals einen gleichsam„ neutralen" psychischen Vorgang bedeutet, der „mit der voluntativen Seite des Bewusstseins nichts zu tun hätte."[246] Derjenige, der einen Sachverhalt kennt, bildet sich psychisch oder innerlich notwendigerweise darüber ein Urteil, das seine persönliche Sachverhaltssicht darstellt. Diese persönliche und innerliche Sachverhaltssicht entspricht der voluntativen Seite des Vorsatzes.[247] In diesem Sinne bildet das kognitive Element die eine und das voluntative Element die andere Seite der gleichen Medaille,[248] d. h. das Wissens- und Wollenselement des Vorsatzes bilden eigentlich immer eine Einheit.[249]

---

238 Binavince, Die vier Momente, S. 182. In einem zwar anderen, aber ähnlichen Sinne Schmitt, JZ 1962, 389 ff. (390).

239 Kargl, Handlung und Ordnung, S. 11.

240 Kargl, Handlung und Ordnung, S. 517.

241 Kargl, Handlung und Ordnung, S. 529.

242 Kargl, Handlung und Ordnung, S. 544-545.

243 Kargl, Handlung und Ordnung, S. 517.

244 Kargl, Handlung und Ordnung, S. 527.

245 Küpper, ZStW 1988, 758 ff. (780).

246 Kargl, Handlung und Ordnung, S. 537.

247 Hantschel, Untreuevorsatz, S. 189-190.

248 Kargl, Der strafrechtliche Vorsatz, S. 63-64.

249 Zoller, Die Abgrenzung, S. 10; Kargl, Handlung und Ordnung, S. 538-539; Exner, Das Wesen der Fahrlässigkeit, S. 125.

Eine Unterscheidung von Wissen und Wollen,[250] die auf einer erfundenen Trennung vom Denken und Fühlen beruht oder die auf eine virtuelle bzw. durchaus fiktive und daher unsachgemäße Spaltung von Verstand [Wissen] und Gefühl [innere Einstellung] des Täters basiert, „ist philosophisch, kognitionspsychologisch und affektlogisch überholt.“[251] Aus diesem Grund ist eine Unterscheidung von Wissen und Wollen weder theoretisch vertretbar noch praktisch durchführbar.[252] Wissen ist Willen, weil Wollen schon Wissen impliziert;[253] Wollen ist Wissen,[254] weil Wollen stets ein Wissen voraussetzt,[255] d. h. nur das, was man weiß oder vorstellt, kann man auch wollen.[256] In diesem Sinne sollte der Wollensbegriff enger gegriffen sein als der Wissensbegriff, weil zum Wollen das Wissen vom Vorstellen notwendig gehört[257] oder anders gewendet, weil das Wollen immer ein Wissen voraussetzt.[258] Liegt hiernach die Vorstellung vor, kann nur dann von einem Wollen die Rede sein,[259] weil es „in dem integrierten Denk- und Fühlsystem der Psyche kein Wollen ohne Wissen und kein Wissen ohne Wollen gibt.“[260] Ohne Wissen ist das Wollen somit ausgeschlossen.[261]

---

250 Kargl, Handlung und Ordnung, S. 10-11.

251 Kargl, Der strafrechtliche Vorsatz, S. 71.

252 Zustimmend Taylor, Oxf. J. Leg. Stud. 2004, 99 ff. (99). Hierzu siehe auch Kargl, Der strafrechtliche Vorsatz, S. 31.

253 Ablehnend Hardwig, ZStW 1962, 27 ff. (38).

254 Frank, ZStW 1890, 169 ff. (179). Dazu siehe auch Hippel, Die Vorstellungstheorie, S. 358.

255 Exner, Das Wesen der Fahrlässigkeit, S. 65; Kargl, Der strafrechtliche Vorsatz, S. 71; vgl. Exner, Das Wesen der Fahrlässigkeit, S. 62.

256 Bekker, Theorie, S. 254; zustimmend Köhler, Die bewusste Fahrlässigkeit, S. 191-192. Hierzu siehe auch Hippel, Die Vorstellungstheorie, S. 387 und Heinrich, Strafrecht AT, §§ 269–270. Vgl. Danner, Dolus eventualis, S. 32; anders Börchers, Schuldprinzip, S. 16.

257 Platzgummer, Die Bewusstseinsform des Vorsatzes, S. 9, 57.

258 Das führt aber nicht stets zum Ergebnis, dass das Wissen und Wollen in jedem konkreten Fall ihrer Beziehung mit dem Tatgeschehen oder mit dem schädlichen Erfolg der vom Täter vorgenommenen Tat übereinstimmen sollten. Denn die Vorstellung des künftigen Geschehens bzw. das Voraussehen des Täters bezüglich der aus seiner eigenen Handlung ausgelösten Folgen oder Wirkungen kann sowie soll nicht, jedenfalls nicht immer weit über das Gewollte hinausreichen. Deswegen nicht jeder, sondern in eine mehr oder weniger weitreichende und zutreffende Vorstellung der Tatsituation eingebettetes Wollen ist schon impliziert im Wissen. Nur dann wird das Vorgestellte gewollt wird. Vgl. Schmidhäuser, Vorsatzbegriff, S. 26.

259 Zustimmend Bung, Wissen und Wollen, S. 261.

260 Kargl, Handlung und Ordnung, S. 11.

261 Dazu siehe auch Schmidhäuser, Vorsatzbegriff, S. 10.

Insoweit schlägt der Verfasser eine Brücke zwischen Psyche und Erfolg vor. Hiernach repräsentiert die willensgetragene Handlung oder die gewollte Tätigkeit bzw. den Willen als den Pfeiler der Brücke und die Vorstellungen als ihren Bogen. Denn nur das, was man weiß, kann man wollen. Es ist unmöglich, einen Abgrund ohne Boden [=Wissen bzw. Vorstellung] mit Steinen auszufüllen. Umgekehrt gilt dasselbe: Ebenfalls, ohne sichere Pfeiler zu bauen [= Wille, der bereits im Wissen impliziert ist], ist es unmöglich, über dem Abgrund einen Bogen zu spannen.[262] Die theoretische und praktische Relevanz sowie die Funktion des integrierten Denk- und Fühlsystems wird im dritten Kapitel, hinsichtlich der Vorsatzbegriffsbestimmung und des Abgrenzungsproblems zwischen dem Dolus eventualis und der bewussten Fahrlässigkeit klargestellt.

C. Zwei Bezugspunkte des Wollens: Tat und Erfolg

I. Ein Fass ohne Boden: Der Begriff „Wollen“

Nimmt jemand eine menschliche Körperbewegung vor und führt dadurch in der Außenwelt einen konkreten schädlichen Erfolg herbei, stellt sich die Frage, ob der Täter, der die Tat begeht, den eingetretenen Erfolg gewollt hat oder nicht.[263] Denn die innere Einstellung oder die psychische Beziehung und der seelische Zustand des Täters zu diesem Erfolg zum Zeitpunkt der Handlung ist ausschlaggebend, um den subjektiven Tatbestand festzustellen. Weist die psychische Beziehung des Täters zum Erfolg einen bestimmten, intensiven und positiven Charakter auf, folgt daraus, dass der Erfolg vom Täter gewollt und der Vorsatz somit anzunehmen ist. Denn der Täter hat den Erfolg nicht versehentlich oder gar zufällig, sondern willentlich und wissentlich, nämlich „bewusst und gewollt“ herbeigeführt.[264] Aus diesem Grund sind auch die gewünschte, nämlich die von positivem Wertinteresse betonten Nebenfolgen oder Nebenwirkungen gewollt[265] und daher vorsätzlich herbeigeführt.[266]

Die Kurzformel der herrschenden Lehre ist im Wesentlichen aus zwei Gründen problematisch. Das Problem liegt erst einmal darin: Wann ist der vorgestellte

---

262 In diesem Sinne „*hat die Vorsatzlehre eine Brücke über den Abgrund zwischen Psyche und Erfolg zu schlagen, so nennen wir den Willen den Pfeiler der Brücke, die Vorstellungen ihren Bogen. Die Willenstheorie baut den Pfeiler aus dem für ihn allein tauglichen Material, aus Steinen, und versucht dann in einer Art Sisyphus Arbeit, den Abgrund mit Steinen auszufüllen; die Vorstellungstheorie spannt über den Abgrund einen Bogen und versäumt es, ihn auf sichere Pfeiler zu gründen.*“ Mayer, Die schuldhafte Handlung, S. 148.

263 Koriath, Grundlagen, S. 640.

264 Hippel, Die Vorstellungstheorie, S. 377.

265 Radbruch, Der Handlungsbegriff, S. 127.

266 Vocke, ZStW 1928, 269 ff. (280).

schädliche Erfolg gewollt?[267] Um dieses Problem lösen zu können, muss man vor allem eine andere Frage beantworten, die sich so stellt: Was versteht man normalerweise unter dem Begriff „Wollen“ und was soll man darunter verstehen?[268] Es stellt sich hier also die Frage bezüglich des Wesens und der Merkmale des Wollens.[269] Wie vorher schon ausgeführt, verzichten Strafgesetzbücher in der Regel darauf, die Begriffe zu definieren. Diese Aufgabe ist vielmehr dem Schrifttum und der Rechtsprechung überlassen,[270] weil die eigentliche Definition des Begriffs wiederum durch die Lehre und Gerichte und nicht durch das Gesetz erfolgt.[271]

Gleiches gilt allerdings für die kognitive und voluntative Seite des Vorsatzes. In dieser Hinsicht gibt es keine Bestimmung und deshalb auch keine Einigkeit über die voluntative Seite des Vorsatzes. Das Wesen des Wollens und seine Einordnung in den Vorsatz bilden daher einen beständigen Gegenstand der heftigsten Kritiken und Streitigkeiten der Literatur sowie der Rechtsprechung. Diese Streitigkeit führt zur Uneinigkeit bezüglich der Verwendung des Wollensbegriffes und damit der dogmatischen Konstruktion des Vorsatzes. In dieser Hinsicht versteht die Willenstheorie den Begriff „Wollen“ so weit, dass dieser Begriff alle Formen des Vorsatzes begründen und enthalten soll. Im Gegensatz dazu definiert die Vorstellungstheorie den gleichen Begriff so eng, dass es fast unmöglich ist, auch den erstrebten oder bezweckten Folgen unter den Begriff Vorsatz vollständig zu subsumieren und damit zu begründen.[272] Daher fehlt der herrschenden Lehre ein einheitlicher, nämlich allgemein als verbindlich anerkannter Sprachgebrauch des Wollens sowie des Vorsatzes.[273]

Im Vergleich zu dem Begriff des Wissens weist der Begriff „Wollen“ hinsichtlich der Begriffsbestimmung des Vorsatzes ein kaum lösbares semantisches Problem auf. Es gibt keine klare und haltbare Bestimmung des „Wollens“, die die Grund- und Erscheinungsformen des Vorsatzes insgesamt umfasst und für alle Formen gelten kann.[274] Gerade deshalb hat der Begriff „Vorsatz“ keine festen Grenzen, weil das Wesen des Wollens und die Einordnung der voluntativen Seite im Vorsatz den wesentlichen Gegenstand der heftigen Kritik bildet.[275] Weder die Anhänger der

267 Vgl. Hippel, Die Vorstellungstheorie, S. 356-357, 425.
268 Hierzu siehe auch Ryle, The Concept of Mind, S. 61 ff.
269 Ähnlich Ciacchi, Fahrlässigkeit und Tatbestandsbestimmtheit, S. 67.
270 Nau, Die Bewusstseinsform, S. 115; näher Kubiciel, KriPoZ 2018, 29 ff. (30).
271 Ciacchi, Fahrlässigkeit und Tatbestandsbestimmtheit, S. 13, 21 ff.; Ruppenthal, Der bedingte Tötungsvorsatz, S. 90.
272 Näher Platzgummer, Die Bewusstseinsform des Vorsatzes, S. 60.
273 Hierzu siehe auch Welzel, Das Deutsche Strafrecht, S. 66; vgl. Platzgummer, Die Bewusstseinsform des Vorsatzes, S. 60.
274 Für die Bestimmt- und Unbestimmtheit des Willensbegriffs siehe Ciacchi, Fahrlässigkeit und Tatbestandsbestimmtheit, S. 68-70.
275 Kindhäuser, ZStW 1984, 1 ff. (2).

Vorstellungstheorie noch die Verfechter der Willenstheorie gehen ernstlich darauf ein, was der Begriff „Wollen" bedeutet oder bedeuten soll, was sein Wesen ist oder welche Formen ihm überhaupt angehören. Deswegen konnte bisher keiner von den Vertretern der beiden Theorien in irgendeiner befriedigenden Weise zum Abgrenzungsproblem zwischen Dolus eventualis und bewusster Fahrlässigkeit eine durchführbare Lösung bieten.[276]

II. Der psychologische Hintergrund des Begriffes „Wollen"

In der Psychologie weist somit der Begriff „Wille bzw. Wollen", der einen sehr komplexen seelischen Sachverhalt darstellt,[277] verschiedene Bedeutungen auf.[278] Dabei soll dieser Begriff wegen seiner Vieldeutigkeit[279] von verschiedenen Seiten her betrachtet werden.[280] Die gewöhnliche Auffassung des Begriffes „Wille oder Wollen" verweist auf den Entschluss, durch die eigene bewusste Tat auf die Außenwelt einzuwirken.[281] In diesem Sinne stellt der Wille vor allem im engeren Sinne die Bestrebung irgendeines Erlebnisses dar. Hiernach bezeichnet man die vom Täter als wünschenswert oder lustvoll erstrebten Folgen als gewollt.[282] Diese Folgen sind gewollt, ohne Rücksicht darauf, ob der Eintritt des Erfolges graduell als notwendig, erforderlich, wahrscheinlich oder möglich scheint. Denn der Erfolg wird als gewollt angenommen, selbst wenn der Täter sich den Erfolg als bloß möglich oder durchaus entfernt vorgestellt hat.[283]

Das Wollen ist indessen etwas Innerliches, weil es die innere Einstellung des Täters betrifft. Insoweit stellt der Begriff „Wollen" die Erregung der motorischen Nerven oder die innere psychische Bewegung des Täters dar.[284] Aus diesem Grund ist die Ansicht anzunehmen, die den Begriff Wollen auf die innere Seite beschränkt oder das Innere des Täters als Wollen bezeichnet.[285] Der Begriff „Wollen" kann im alltagssprachlichen Verständnis bedeuten, etwas zu beabsichtigen oder zu bezwecken.[286] Übrigens sollten aber nicht nur die erstrebten Folgen, sondern auch die

---

276 Vgl. Zimmermann, S. 12.

277 Koriath, Grundlagen, S. 623.

278 Hierzu siehe auch Maurer, Das voluntative Element, S. 16 ff.

279 Gessner, Die bewusste Fahrlässigkeit, S. 24. Dazu siehe auch Ciacchi, Fahrlässigkeit und Tatbestandsbestimmtheit, S. 67.

280 Platzgummer, Die Bewusstseinsform des Vorsatzes, S. 61; Meyer, Die Gleichstellung, S. 69.

281 Bühring, Über die Grenze, S. 40.

282 Gessner, Die bewusste Fahrlässigkeit, S. 20; Pfänder, Phänomenologie des Wollens, S. 61.

283 Gottwald, Grenze zwischen Vorsatz und Fahrlässigkeit, S. 26.

284 Bühring, Über die Grenze, S. 43. Dazu siehe auch Gottwald (2015), S. 25; Kutalia, Handlungslehre, S. 12; Chung, Strafzumessungsrelevanz, S. 227-228.

285 Dazu Bühring, Über die Grenze, S. 43.

286 Vogel/Bülte, in: LK Vor § 15 StGB Rn. 60.

mit dem erstrebten bzw. bezweckten Erfolg als notwendig verbundenen Folgen als gewollt in Betracht gezogen werden,[287] auch wenn diese Folgen an und für sich unerwünscht wären.[288] In diesem Fall handelt es sich um das Wollen im weiten Sinne. Denn es wäre praktisch unmöglich und theoretisch unlogisch, den erstrebten Erfolg zu wollen und die damit als notwendig vorausgesehenen Folgen aber abzulehnen, weil sowohl nach der Vorstellung des Täters als auch nach der Beurteilung eines objektiven Beobachters der erstere nicht ohne die letzteren eintreten kann.[289]

III. Die Aporie von Wünschen und Wollen

Es ist zunächst klarzustellen, dass Wollen und Wünschen zwei verschiedene Dinge bzw. Begriffe sind.[290] Jedes Wünschen konstituiert ein Wollen, jedes Wollen enthält dagegen nicht immer das Wünschen.[291] Die Antwort auf die Frage, ob jemand etwas wollen könne, was ihm unerwünscht ist, lautet daher: Ja. Ein unerwünschter Erfolg kann somit gewollt sein,[292] weil Wünschen und Wollen zweierlei sind.[293] Es ist unumstritten, dass ein vager Wunsch noch kein Wollen kann sein.[294] Ferner begründet der bloße Wunsch nicht den Vorsatz,[295] d. h. das Fehlen eines Wunsches schließt den Vorsatz nicht von vornherein aus,[296] weil ein unerwünschter Erfolg, der notwendiger Bestandteil des erstrebten Zwecks ist, daher nicht weniger gewollt sein kann als der Erfolg,[297] der als Mittel zu einem dahinterliegenden weiteren Erfolg zum Hauptziel führen soll.[298] Insoweit kann jemand einen Erfolg, der ihm an sich unerwünscht ist, als Mittel zur Erreichung des Endziels unumgänglich in Kauf nehmen und ihn damit indirekt wollen.[299]

---

287 Hippel, Die Grenze, S. 82; vgl. Morkel, AJCL 1982, 325 ff. (333).

288 Frauendorfer, Die Willensrichtung, S. 26. Hierzu siehe auch Vogel/Bülte, in: LK Vor § 15 StGB Rn. 62-63. Für den Begriff Zielvorstellung und ihre Beziehung zu Lust und Unlust siehe Pfänder, Phänomenologie des Wollens, S. 37 ff.

289 Zustimmend Gottwald, Grenze zwischen Vorsatz und Fahrlässigkeit, S. 26.

290 Bar (1898), S. 535; Binding, Die Normen, S. 111.

291 Hierzu siehe auch Pfänder, Phänomenologie des Wollens, S. 89-90 und Löffler (1895), S. 6.

292 Vgl. Baumanns, Untersuchungen, S. 78.

293 Hall, Fahrlässigkeit im Vorsatz, S. 38. Dazu siehe auch Oehler, NJW 1966, 1633 ff. (1636) und Börchers, Schuldprinzip, S. 82-83.

294 Engisch, Untersuchungen, S. 226-227; Hall, Fahrlässigkeit im Vorsatz, S. 38.

295 Baumanns, Untersuchungen, S. 35.

296 Fieseler, Direkter und bedingter Rechtswidrigkeitsvorsatz, S. 99.

297 Vgl. Baumanns, Untersuchungen, S. 35.

298 Baumanns, Untersuchungen, S. 45.

299 Hall, Fahrlässigkeit im Vorsatz, S. 38; hierzu siehe auch Feuerbach, Lehrbuch (1803), § 219, S. 192 und § 222, S. 194.

Ferner sind die Mittel zum Zweck somit als mitgewollt zu bezeichnen.[300] Denn der zwar vorhergesehene, aber nicht erstrebte Erfolg, dessen Ursache bzw. dessen Mittel der Täter gewollt habe, darf und muss als mitgewollt gelten und behandelt werden.[301] Dementsprechend sollte der Täter diese Ursache [Mittel] und deshalb den daraus ergebenden Erfolg mitgewollt haben.[302] Denn er konnte gar nicht die erwünschte Folge ohne diese angeblich unerwünschte Ursache oder Mittel wollen und erreichen,[303] weil beide nur entweder zusammen oder gar nicht möglich waren.[304] Nach Angaben der Psychologie entsteht „der Wille" durch die Vorstellung eines Erfolgs,[305] die besagt, dass der Erfolg durch diese Vorstellung erfahrungsgemäß herbeizuführen ist.[306] Im Anschluss daran kommt dann als weiteres das Stadium, d. h. die Überlegung. Insoweit endet die Vorstellung mit dem Entschluss bzw. mit dem Wollen,[307] eine gewollte Tätigkeit auszuüben, nämlich eine tatbestandsmäßige Handlung vorzunehmen.[308] Der Wille als Entschluss ist ein innerer Vorgang und dieser Entschluss umfasst nicht allein die Tat, sondern greift darüber auf gewisse Erfolge hinaus.[309] Eine bewusst bzw. wissentlich und willentlich vorgenommene Handlung impliziert auch ihre gewöhnlichen und erforderlichen Folgen.[310] Hieraus dürfte sich ergeben, dass das Wollen sich vom Wünschen[311] durch die Vorstellung der Selbstbewirkung bzw. der gewollten Tätigkeit unterscheidet.[312]

Der zwar unerwünschte, aber als notwendig, erforderlich oder gewöhnlich vorausgesehene Erfolg ist somit vorsätzlich herbeigeführt, weil er vom Täter mitgewollt ist.[313] Denn der Täter, der es schon vorhergesehen habe oder als ein vernünftiger Mensch schon vorausgesehen haben sollte,[314] dass die Tat den nicht erstrebten, aber als erforderlich einzutretenden Erfolg verursacht, sollte diesen

300 Engisch, Untersuchungen, S. 224-225; Hippel, Die Grenze, S. 133.

301 Vgl. Oehler, NJW 1966, 1633 ff. (1635-1636).

302 Engisch, Untersuchungen, S. 223.

303 Hemmen, Über den Begriff, S. 18.

304 Frauendorfer, Die Willensrichtung, S. 34.

305 Hiernach „weist dieser Wille teils zurück und unterdrückt diese Vorstellungen, teils deren Verwirklichung erstrebt oder mit in den Kauf nimmt." Bühring, Über die Grenze, S. 51.

306 Chung, Strafzumessungsrelevanz, S. 227-228.

307 Schroth, NStZ 1990, 324 (325).

308 Bühring, Über die Grenze, S. 42.

309 Bühring, Über die Grenze, S. 45-46.

310 Ähnlich Barbero, RDP 1975, 533 ff. (556).

311 Für die Beziehung zwischen von „Wollen und Wünschen" siehe auch Kaufmann, Der dolus eventualis, S. 67.

312 Bühring, Über die Grenze, S. 44.

313 Frauendorfer, Die Willensrichtung, S.32; Engisch, Untersuchungen, S. 229-230.

314 Holmes, The Common Law, S. 50-51; Ähnlich Kölz-Ott, Eventualvorsatz, S. 11.

Erfolg auch gewollt haben.[315] Insoweit geht auch der BGH in einer Entscheidung davon aus,[316] „dass Wünschen und Wollen zweierlei sind und ein vager Wunsch noch kein Wollen ist.“[317] Im Übrigen kann man eine Nebenfolge, die an sich unerwünscht ist, zur Erreichung des Endziels unumgänglich in Kauf nehmen und damit indirekt wollen.[318] Geht hiernach der Täter trotz des Voraussehens eines rechtswidrigen Erfolgseintritts vor, nimmt er den Erfolgseintritt in Kauf, d. h. er will indirekt die Tatbestandsverwirklichung und handelt vorsätzlich.[319]

IV. Indirektes Wollen

Es ist gewiss, dass die als wünschenswert erstrebten Folgen gewollt sind. Abgesehen davon sollten also auch die mit den als wünschenswert erstrebten Folgen als sicher, notwendig, erforderlich oder gewöhnlich verbundenen Folgen der vom Täter bewusst begangenen Tathandlung als gewollt angenommen werden,[320] auch wenn sie dem Täter nicht willkommen sind.[321] Das hier genannte Wollen ist ein „direktes Wollen.“[322] Das Wollen besteht aber nicht nur aus dem direkten Wollen. Es gibt also ein indirektes Wollen.[323] Wie *Löffler* zutreffend ausgeführt hat, sollte man unter dem Begriff „Wille oder Wollen“ auch die billigende Beziehung unseres Ich zu einem Erfolg verstehen.[324] In diesem weiteren Sinne des Wollens sind die an und für sich gleichgültigen oder unerwünschten Folgen mitgewollt.[325]

---

315 Schmidhäuser, Vorsatzbegriff, S. 14.

316 Hierfür sagt das BGH: „*Bedingter Vorsatz kann auch dann gegeben sein, wenn dem Täter der Eintritt des Erfolges unerwünscht ist; er billigt diesen Erfolg trotzdem, wenn er, um des erstrebten Zieles willen, notfalls, d. h. wofern er anders sein Ziel nicht erreichen kann, sich auch damit abfindet, dass seine Handlung den an sich unerwünschten Erfolg herbeiführt, und ihn damit für den Fall seines Eintritts will [BGH 5 StR 35/55] ... Mag ihnen dieser Erfolg auch keineswegs angenehm gewesen sein, so haben sie ihn dennoch für den Fall seines Eintritts gewollt.*“ BGH 5 StR 35/55, Rn. 17.

317 Hall, Fahrlässigkeit im Vorsatz, S. 38.

318 Vgl. Hall, Fahrlässigkeit im Vorsatz, S. 38.

319 BGH 5 StR 35/55, Rn. 32.

320 Gessner, Die bewusste Fahrlässigkeit, S. 37.

321 Roxin/Greco, Strafrecht AT, § 12, S. 566-567, Rn. 72-73; Hippel, Die Vorstellungstheorie, S. 356-357.

322 Hierzu „nennen wir direkten Willen nun dasjenige Wollen, das auf die Gestaltung jener Faktoren gerichtet ist.“ Schröder, Aufbau und Grenzen, S. 209.

323 Radbruch, Der Handlungsbegriff, S. 102; „*Thus ... an interpretation which includes dolus eventualis within the concept of intent as a kind of “indirect intent.”* Ambos, CLF 1999, 1 ff. (21-22).

324 Löffler (1895), S. 6.

325 Gessner, Die bewusste Fahrlässigkeit, S. 20.

Hier handelt es sich um „indirekten Willen“ oder „bedingten bzw. eventuellen Willen“.[326] Denn der Täter will den Erfolg eigentlich nicht, vielmehr nimmt er den mit seiner Handlung verbundenen Erfolg billigend in Kauf, billigt oder vertraut infolge seiner Unvorsichtigkeit ernsthaft darauf, dass nichts passieren wird.[327] Objektiv bewertet ist dieses Vertrauen auf das Ausbleiben des Erfolgseintritts in der Tat sinnlos sowie unbegründet. Ferner stellt im normativen Sinne ein solches Vertrauen nichts anderes als eine vorsätzliche Gleichgültigkeit oder Sorglosigkeit oder Desinteresse darüber dar, dass ein Interesse oder einige Interessen anderer Rechtssubjekte verletzt werden könnten.[328]

Dies weist daher auf den indirekten Willen des Täters hin, der darauf gerichtet ist, die den Erfolg herbeiführende Handlung zu begehen. Der hier genannte „indirekte bzw. der stillschweigende/implizite Wille des Täters,“[329] der zwar nicht ausgehend von einer konkreten psychischen Tatsache, sondern von einer objektiven Betrachtung oder Bewertung seiner Handlung her herausgestellt wird,[330] weist ein Ergebnis auf. Dieses Ergebnis besagt, dass der Erfolg an und für sich seitens des Täters nicht ungewollt, sondern gewollt ist, weil der angeführte Erfolg durch einen indirekten bzw. impliziten/stillschweigenden Willen[331] des Täters herbeigeführt ist.[332] Derjenige, der die Absicht durch Umwege und Zwischenhandlungen zu erreichen sucht, will hiernach etwas indirekt erzielen.[333]

Im Übrigen kann der Täter den Erfolg indirekt gewollt haben, wenn er als ein vernünftig denkender Mensch vorhersehen oder schon vorausgesehen haben sollte, dass sich aus seiner gefährlichen Handlung ein rechtsverletzender Erfolg leicht bzw. gewöhnlich ergeben könne.[334] Ob er den schädlichen Erfolg wirklich gewünscht hat oder nicht, ändert nichts an der Tatsache, dass er von der Handlung nicht abhält, obwohl er den tatbestandsmäßigen Erfolg vorgestellt oder als ein vernünftiger Mensch vorausgesehen haben sollte. Dies kann nur im Schuldbereich hinsichtlich der Strafzumessung eine Rolle spielen, die einen individualisierenden richterlichen Akt im Rahmen der gesetzlichen Strafandrohungen darstellt. Mit seiner weitergehenden Handlung drückt der Täter seine Billigung, die ein Sonderfall des Wollens bzw. ein modifiziertes Wollen ist,[335] nämlich sein indirektes

---

326 Gatzweiler, Rechtsvergleichende Untersuchung, S. 124.

327 Vgl. Schubert/Regge, Quellen zur Reform, § 19, S. 498.

328 Puppe, Strafrecht AT, § 9, S. 122, Rn. 5.

329 Puppe, Strafrecht AT, § 9, S. 122, Rn. 5.

330 Puppe, Strafrecht AT, § 9, S. 128-129, Rn. 14-15; zustimmend BGH 4 StR 35712, Rn.8-9, 11.

331 Gatzweiler, Rechtsvergleichende Untersuchung, S. 98.

332 Ähnlich Puppe, Strafrecht AT, § 9, S. 122, Rn. 5.

333 Zimmermann, S. 9.

334 Es ist klar, dass der Täter etwas zwar nicht direkt, doch aber indirekt gewollt bzw. hingenommen hat. Vgl. Gatzweiler, Rechtsvergleichende Untersuchung, S. 58.

335 Ambrosius, Untersuchungen zur Vorsatzabgrenzung, S. 42.

Wollen bezüglich des Erfolges aus. Hiernach richtet sich der Wille „indirecte" oder „*secundario*" auf den Erfolg aus, auch wenn „directe" oder „*primario*" nur dessen Ursache darstellt bzw. die Tathandlung gewollt ist.[336] Davon unabhängig, ob der Täter den Erfolg willentlich oder versehentlich oder gar zufällig verursacht hat, ist die Körperbewegung in allen drei Fällen gleichermaßen gewollt.[337] Deswegen ist es überhaupt zulässig, unmittelbar von einem Wollen der Tat und indirekt von einem Wollen des Erfolges zu sprechen.[338]

Insoweit ist in dem Moment, in dem der Täter die Handlung begeht, erst die Richtung des Wollens entschieden, die den Erfolg enthält.[339] Hieraus dürfte sich ergeben, dass „das Wollen des einen die Bedingung für den anderen ist."[340] Das direkte Wollen des ersten impliziert aber den anderen bzw. den zweiten, der eine eventuelle Besonderheit aufweist.[341] Das führt uns somit zum gewöhnlichen Begriff des Dolus eventualis[342] einschließlich der sog. bewussten Fahrlässigkeit.[343] Das eventuelle bzw. indirekte Wollen und dadurch Dolus eventualis einschließlich der bewussten Fahrlässigkeit liegt dann vor,[344] wenn der Täter die Erforderlichkeit des rechtsverletzenden Erfolges einsieht und zu seinem wirklichen Eintritt eventuell[345] seine Zustimmung gibt.[346] Die hier erwähnten Formen des Wollens, nämlich das direkte und indirekte Wollen dürfen nicht als selbstständiges oder gesondertes, sondern als einheitliches und miteinander verzahntes Wollen verstanden werden. Ferner dürfte eine Unterscheidung von zwei sog. verschiedenen selbstständigen Willen ebenso wenig richtig und sachgerecht sein wie die Vorstellung und fortwährende Gegenüberstellung von Handlung und Erfolg.[347] Daraus folgt, dass

---

336 Schlüchter, Grenzen, S. 40; vgl. Hippel, ZStW 1911, 562 ff.(575).

337 Hippel, Die Vorstellungstheorie, S. 377.

338 Koriath, Grundlagen, S. 612-613.

339 Hierzu siehe auch Bühring, Über die Grenze, S. 44-45.

340 Frauendorfer, Die Willensrichtung, S. 77.

341 Zustimmend Frauendorfer, Die Willensrichtung, S.77.

342 Durch diese Art des Dolus mit seinem Unterschied von der Absicht und vom Dolus directus ist schon der Begriff des modernen Dolus eventualis bzw. die Grundform des Vorsatzes gegeben. Dazu Frauendorfer, Die Willensrichtung, S. 82; Feuerbach, Lehrbuch (1803), § 58, S. 52 und § 217,S. 191. Hierzu siehe auch Feuerbach, Lehrbuch (1803), § 213, S. 186. Der Dolus indeterminatus stellt somit den heutigen Dolus eventualis dar. Hierzu siehe Zimmermann, S. 10; Frauendorfer, Die Willensrichtung, S. 39 und Almendigen/Feuerbach/Grolman, Bibliothek, S. 231.

343 Ruppenthal, Der bedingte Tötungsvorsatz, S. 98; vgl. Zimmermann, S. 9-10.

344 Anders Hippel, Die Grenze, S. 109.

345 Hiernach „*ist dolus eventualis vorhanden, wenn der Täter den Erfolg eventuell wollte.*" Danner, Dolus eventualis, S. 49.

346 Frauendorfer, Die Willensrichtung, S. 57-58.

347 Bühring, Über die Grenze, S. 51.

Gegenstand des Wollens nicht nur die Handlung, sondern indirekt auch der Erfolg ist.[348] Gerade deshalb darf derjenige, der eine Handlung vornimmt oder vornehmen will, nicht behaupten, dass er den vorausgesehenen und mit der sogenannten vorgenommenen Handlung verbundenen Erfolg in der Tat nicht gewollt hat oder dass er zur Gefahrvorstellung keine Stellung nimmt,[349] vorausgesetzt, dass er sich nicht in einem Irrtum befindet. Denn jemand der weiß, dass das eine ohne das andere nicht möglich ist, will beides.[350]

V. Das Meronym: Wer die Gesamtheit will, darf nicht die Stücke leugnen

Aus dem bisherigen Gesagten folgt, dass der Täter sich über das Eintreten des schädlichen Erfolges nicht beklagen kann, falls er den Erfolgseintritt als erforderlich oder gewöhnlich voraussieht und trotzdem weiterhandelt. Insoweit bilden die beiden Folgen eine untrennbare Einheit, von der ein Stück zu wollen unmöglich ist. Er hat sie dadurch mitgewollt.[351] Denn wer die Gesamtheit will, will auch die Stücke, die diese Gesamtheit konstituieren *[= Meronym].*[352] Mit anderen Worten, wer die Gesamtheit will, darf nie einzelne Teile als *nicht-gewollt* leugnen. Es versteht sich damit von selbst, dass sich der Begriff Wille auf ganz unterschiedliche psychische Tatbestände bezieht. Aus diesem Grund soll der Begriff „Wille" als ein Oberbegriff angenommen werden, worunter „die verschiedensten mehr oder minder starken Regungen und Arten des menschlichen Willens fallen."[353] In diesem Kontext handelt es sich hinsichtlich der bewussten Fahrlässigkeit um einen *„indirekte[n] Wille[n].*"[354] Das kann so erklärt werden, dass der Täter den Erfolg zwar nicht direkt will, aber gleichzeitig etwas Anderes will, womit der angeblich

348 Bühring, Über die Grenze, S. 42-43.

349 Dazu siehe auch Frisch, Vorsatz und Risiko, S. 225 ff.

350 Schmitt, JZ 1962, 389 ff. (391); Frauendorfer, Die Willensrichtung, S. 64-65; Bekker, Theorie, S. 254.

351 Frauendorfer, Die Willensrichtung, S. 64-65.

352 Meronym "*is a semantic relation used in linguistics. A meronym denotes a constituent part of, or a member of something. That is, X is a meronym of Y if Xs are parts of Y, or X is a meronym of Y if Xs are members of Y. For example, finger is a meronym of hand because a finger is part of a hand. Similarly, wheels is a meronym of automobile.*" https://educalingo.com/en/dic-en/meronymy; Hiernach stellt der Begriff Meronym "*the relationship of being a constituent part or member of something; a system of meronyms*" dar. https://en.wiktionary.org/wiki/meronymy Abruf: 12.04.2020

353 Müller, Der dolus eventualis, S. 50; Hierzu siehe auch Bühring, Über die Grenze, S. 44 und Hupfauer, Eventualvorsatz, S. 12-13.

354 Hierzu siehe Löffler (1895), S. 172.

ungewollte Erfolg seiner Handlung unweigerlich unmittelbar und von Natur aus verbunden ist.[355]

Daraus folgt, dass das Wollen in der Tat eine Gehirntätigkeit[356] oder eine bewusste psychische Tätigkeit darstellt.[357] Insoweit stellt jedes als notwendig oder erforderlich vorausgesehene Ereignis mit allen seinen als ursächlich notwendig, erforderlich oder gewöhnlich vorgestellten Folgen eine untrennbare Vorstellungseinheit dar.[358] Insoweit ist *Köstlin* der Meinung, dass der Täter mit der luxuria [= Lascivia] bzw. bewusster Fahrlässigkeit handelt,[359] ohne den Eintritt des rechtsverletzenden Erfolges direkt oder eventuell zu wollen.[360] Der Täter hat somit den Erfolg zwar nicht direkt, wohl aber indirekt auf sich genommen bzw. indirekt gewollt.[361] Bei dem Vorsatz handelt hiernach dagegen der Täter mit vollem Bewusstsein der objektiven Gefährlichkeit seiner Handlung, indem er sich den Erfolg wirklich vorstellt und gleichwohl in frevelhaftem Leichtsinn d[a]raufflos [ohne lange Überlegung auf etwas zu][362] weiter handelt.[363] Das ist genau das, was der Verfasser im Gegensatz zu *Köstlins* Ansicht hinsichtlich der bewussten Fahrlässigkeit meint. Die hier von *Köstlin* bezüglich des Vorsatzes vorgewiesenen Feststellungen gelten eigentlich unmittelbar auch für die sog. bewusste Fahrlässigkeit, weil der bewusst fahrlässig Handelnde sich hierdurch die objektive Gefährlichkeit seiner Handlung vorstellt und gleichwohl im tadelnden Leichtsinn d[a]rauflos [ohne lange Überlegung auf etwas zu] handelt. Ferner nimmt der bewusst fahrlässig Handelnde mithin die Folgen zwar nicht direkt, wohl aber indirekt auf sich.[364] Deutlicher sowie besser könnte das Thema dieser Untersuchung „Vorsatz in der Fahrlässigkeit“ gar nicht ausgesprochen werden, weil die sog. bewusste Fahrlässigkeit eigentlich nichts anderes als der Vorsatz bzw. Dolus eventualis ist.

---

355 Zimmermann, S. 12-13; Zustimmend Puppe, Strafrecht AT, § 9, S. 121, Rn. 4, Fn. 3.

356 Hippel, Die Vorstellungstheorie, S. 382.

357 Hippel, Die Vorstellungstheorie, S. 383.

358 Vocke, ZStW 1928, 269 ff. (280).

359 Schröder, ZStW 1979, 257 ff. (262); Vogel/Bülte, in: LK § 15 StGB Rn. 148; Binding, Die Schuld, S. 132; www.proverbia-iuris.de, Abruf: 07.02.2018; Bar (1907), § 240, S. 459-460. Übrigens *„spricht man hier unrichtig von unabsichtlichen oder unvorsätzlichen Handlungen, was, teils ein Widerspruch ist …“* Abegg, Lehrbuch, § 86, S. 139-140.

360 Köstlin, Neue Revision, § 111, S. 294; ähnlich Bar (1907), § 442, S. 841; Bruck, Zur Lehre von der Fahrlässigkeit, S. 15-16.

361 Hall, Fahrlässigkeit im Vorsatz, S. 54-55.

362 www.duden.de (Abruf: 07.02.2018).

363 Köstlin, Neue Revision, § 111, S. 294.

364 Köhler, Die bewusste Fahrlässigkeit, S. 321 ff.

VI. „Mitgewollt-sein"

Im Lichte des bisher Gesagten kann Wille entweder *direkt* oder *indirekt* auf den Erfolg Einfluss nehmen:[365] einen direkten, der auf die Tathandlung und einen indirekten, der auf den herbeigeführten Erfolg gerichtet ist.[366] Derjenige, der direkt eine Handlung vornehmen will, die die erkannte Ursache eines schädlichen Erfolges ist,[367] will somit auch indirekt diesen Erfolg selbst. Die heute als bewusste Fahrlässigkeit genannte, aber normalerweise in den Dolus eventualis einzuordnende Kategorie beruht auf einem *passiven*[368] bzw. indirekten Wollen des Erfolgs.[369] Ferner kann der vorhergesehene Erfolg unserer Handlungen nicht immer pur bzw. direkt, aber doch manchmal eventuell bzw. indirekt gewollt sein.[370] Daraus folgt, dass der Vorsatz als Kombination von verschiedenen Willens- und Vorstellungsakten entweder direkt oder indirekt bzw. eventuell sein kann,[371] weil Wollen nicht als identisch mit Erstreben anzusehen ist.[372] Demnach liegt Dolus eventualis vor, wenn der Täter etwas, auch das an sich verhasste, eventuell oder indirekt in seinen Willen aufnimmt.[373] Das Wesen des Dolus eventualis ist gekennzeichnet durch die eventuelle Einwilligung in den nicht beabsichtigten aber als erforderlich oder gewöhnlich vorhergesehenen Erfolg.[374] *Böhmer* ist der Erste,[375] der diese eventuelle Einwilligung als Dolus eventualis definiert. *Hupfauer* hält mit Recht dieses Erfordernis der eventuellen Einwilligung bzw. dieses indirekte Wollen[376] für einen großen Fortschritt gegenüber dem früheren Dolus indirectus.[377]

Insoweit macht ein direktes und eventuelles Wollen[378] im Unrechtsbereich keinen Unterschied.[379] Eine solche Gleichstellung der moralischen und rechtlichen Bewertung

---

365 Löffler (1895), S. 172; Köhler, Die bewusste Fahrlässigkeit, S. 372.

366 Zimmermann, S. 5; Hupfauer, Eventualvorsatz, S. 7; Bühring, Über die Grenze, S. 11; dazu siehe auch Frauendorfer, Die Willensrichtung, S. 54.

367 Vgl. Binding, Die Normen IV, S. 351.

368 Zustimmend Bühring, Über die Grenze, S. 50. Übrigens *„wird auch hinsichtlich der Erfolgsbilligung vereinzelt von einem passiven Willen des Täters gesprochen."* Gatzweiler, Rechtsvergleichende Untersuchung, S. 50.

369 Vgl. Bühring, Über die Grenze, S. 11.

370 Löffler (1895), S. 172.

371 Frauendorfer, Die Willensrichtung, S. 65.

372 Insoweit Müller, Der dolus eventualis, S. 27. Dazu siehe auch Hippel, ZStW 1911, 562 ff. (566).

373 Müller, Der dolus eventualis, S. 32.

374 Bühring, Über die Grenze, S. 11; Bar (1898), S. 557.

375 Zimmermann, S. 7-8; vgl. Bühring, Über die Grenze, S. 10.

376 Dazu siehe auch Fieseler, Direkter und bedingter Rechtswidrigkeitsvorsatz, S. 97.

377 Hupfauer, Eventualvorsatz, S. 7. Dazu siehe auch Abegg, Lehrbuch, § 84, S. 135.

378 Anders Zimmermann, S. 24. Dazu siehe auch Puppe, ZStW 1991, 1 ff. (39).

379 Ähnlich Joerden, Dyadische Fallsysteme, S. 176; vgl. Frauendorfer, Die Willensrichtung, S. 50.

der tatbestandsmäßigen Handlung führt uns zu dem Schluss, dass es dasselbe sein sollte, zum einen beim Tötungsdelikt einmal zu erstreben, jemanden zu töten, oder zum anderen lediglich zu erkennen, dass die Handlung notwendiger-, erforderlicher- oder gewöhnlicherweise den unerwünschten Erfolg bzw. den Tod verursachen muss.[380] Im letzteren Fall hat der Täter den Erfolg seiner Handlung mitgewollt.[381] Hier spricht man von einem indirekten Wollen.[382] Der zwar nicht erstrebte oder erwünschte, aber als notwendig oder erforderlich vorgestellte Erfolg ist als „indirekt gewollt“,[383] nämlich als „mitgewollt“ anzunehmen[384].

Demzufolge soll man der Suche nach einem selbstständigen bzw. gesonderten Wollen bei der Bestimmung der Grundform des Vorsatzes entbehren.[385] Denn selbst wenn der Vorsatz als das Wollen des Erfolges zu definieren [wie es die heute gängige Lehre macht][386] ist, kann hier der Begriff „Wollen“ im Wesentlichen nur in zwei verschiedenen Weisen gedeutet werden. Als erstes kann man unter diesem Begriff ein Begehrungsvermögen, einen Lust- oder Schmerzimpuls oder ein mit solcher Lust- oder Schmerzempfindung verbundenes Streben verstehen.[387] Auf diese Deutung wird heute der Begriff des Wollens von niemandem beschränkt; zweitens lässt sich darunter ein nicht notwendigerweise mit Lustempfindung und Begehrungsvermögen getränktes und die Handlung begleitendes Phänomen verstehen. Denn, wie *Zimmerman* zutreffend sagt, kann man auch etwas Gleichgültiges, sogar Unangenehmes und Schmerzliches wollen,[388] wie dies beim *Brutus des shakespeareschen Dramas* der Fall war.[389] Aus diesem Grund ist es auch gleichbedeutend, ob der Täter ausdrücklich sagt: Ich habe diesen Erfolg gewollt oder ich habe ihn mir als notwendiges, erforderliches oder gewöhnliches Ergebnis meiner Handlung vorgestellt und trotzdem weiterhandelt.[390] Hieraus dürfte sich ergeben, dass der Wille, einen Totschlag zu begehen, zweifacher Art ist: direkter oder indirekter Art. Beim direkten Wollen greift der Täter beispielsweise jemanden mit Tötungsabsicht an. Beim indirekten Wollen fügt er dagegen eine Wunde zu, aus der unmittelbar die Tötung als ein gewöhnliches oder erforderliches Ergebnis

---

380 Schmidhäuser, Vorsatzbegriff, S. 14.
381 Zoller, Die Abgrenzung, S. 4.
382 Frank, ZStW 1890, 169 ff. (181).
383 Zitelmann, Irrtum und Rechtsgeschäft, S. 150-151.
384 Radbruch, Der Handlungsbegriff, S. 102.
385 Ähnlich Bühring, Über die Grenze, S. 44. Dazu siehe auch Herzberg, JZ 1988, 635 ff. (637) und Zimmerman, Dolus Eventualis, S. 12-13.
386 Anm. des Verfassers.
387 Dazu siehe auch Aristoteles, Die Nikomachische Ethik (2007), S. 297, 425.
388 Zimmerman, Dolus Eventualis, S. 14.
389 Puppe, Begriffskonzeptionen, S. 10.
390 Zimmermann, S. 13.

folgt. Insoweit beziehen sich beide Arten des Willens auf die Tat eines Totschlags des Drittens.[391]

D. Argumentum a Contrario und § 24 Mecelle: Ist das „Verbot“ weg, so kommt das „Verbotene“ zurück

I. Ausgangspunkt

Als ein logischeres Prinzip ist es festzulegen: Fehlt das Licht, dann fehlt auch die Helligkeit. Kommt das Licht, kommt die Helligkeit zurück. An dieser Stelle muss ein Prinzip genannt werden, das sich auch in der Mecelle bzw. Mejelle[392] [§ 24] befindet,[393] worüber man in diesem Zusammenhang tiefer nachdenken sollte. Das genannte Prinzip lautet wie folgt: “*When a prohibition is removed, the thing to which such prohibition attaches reverts to its former status of legality.*’[394] Entfällt demnach ein Verbot, kehrt der Status der Legalität zurück. Kurz gesagt: *Cessante causa cessat effectus*: Fällt die Ursache fort, entfällt auch die Wirkung.

Ebenfalls wie das Licht in der obigen Metapher stellt im Hinblick auf § 16 StGB die Unkenntnis ein kennzeichnendes Hindernis für den Vorsatz dar.[395] Liegt hiernach Unkenntnis vor, scheidet der Vorsatz aus.[396] Im Umkehrschluss bedeutet das: Liegt Kenntnis vor, ist der Vorsatz gegeben.[397] Hat hierdurch der Täter die Kenntnis bezüglich der zum gesetzlichen Tatbestand gehörenden Umstände, dann begeht er die strafwürdige Tat vorsätzlich. Insoweit lässt sich festhalten, dass die hier als Kriterium zugrunde liegende Kenntnis als Synonym für Wissen der Umstände angenommen wird, die mit Sich-Vorstellen gleichzusetzen ist.[398] Um das Vorhandensein des Vorsatzes in diesem Zusammenhang annehmen zu können, braucht man keine anderen zusätzlichen Merkmale oder Voraussetzungen, wie das sogenannte Wollenselement [voluntative Seite] des Vorsatzes, weil diese angebliche voluntative Seite des Vorsatzes ganz überflüssig scheint und hinsichtlich Auseinandersetzungen bezüglich der

391 Puppe, ZStW 1991, 1 ff. (26), Fn. 64.

392 Die osmanische *Mejelle-i Ahkâm-i Adliyye* bzw. *Mecelle* ist eine Sammlung von Rechtsvorschriften, die eine Kodifikation bildet. Mecelle ist also das osmanische Zivilgesetzbuch, dessen einzelne Bücher in den Jahren von 1869 bis 1876 nach und nach in Kraft gesetzt wurden. Dazu siehe Krüger, Annales XL 2008, 321 ff. (322).

393 Die besagt: “*Mâni zâil oldukta memnû avdet eder*: 9783631890813_C002_Inl_001.eps”

394 http://legal.pipa.ps/files/server/ENG%20Ottoman%20Majalle%20(Civil%20Law).pdf

395 Ähnlich Nau, Die Bewusstseinsform, S. 59.

396 Märker, Vorsatz und Fahrlässigkeit, S. 103; Binding, Die Normen II, S. 474-475.

397 Jescheck/Weigend, Lehrbuch, § 29, S. 293. Hierzu siehe auch Märker, Vorsatz und Fahrlässigkeit, S. 91-92 und Jakobs, Kritik des Vorsatzbegriffs, S. 26-27.

398 Schlehofer, Vorsatz und Tatabweichung, S. 5.

An- oder Abwesenheit des Vorsatzes und der Inhaltsbestimmung desselben Begriffs keine konstitutive Rolle spielen sollte.[399]

Ferner stellt der Wille des Täters nicht ein konstitutives, sondern bloß ein attributives Merkmal der Absicht und des Dolus directus dar.[400] Das Vorhandensein des Wissenselements reicht somit dann aus, die Anwesenheit des Vorsatzes hinzunehmen, während mittels des Wollens des Täters nicht die Grundform, sondern die Erscheinungsformen [= Dolus directus ersten Grades bzw. Absicht und Dolus directus zweiten Grades] bzw. die Arten des Vorsatzes unterschieden und festgestellt werden sollten. Hieraus dürfte sich ergeben, dass der Vorsatz nicht als „Wissen und Wollen der Tatbestandsverwirklichung“, sondern als „Wissen“ oder „Kenntnis“ bezüglich der Tatbestandsverwirklichung bezeichnet werden sollte. Hierfür lässt sich auch die gesetzliche Regelung des § 16 anführen.[401] Denn aus der Formulierung: „Wer bei Begehung der Tat einen Umstand nicht kennt, der zum gesetzlichen Tatbestand gehört, handelt nicht vorsätzlich,“ ergibt sich im Umkehrschluss, dass die Vorsatzbejahung nicht aus einem voluntativen Element, sondern aus dem kognitiven Element bzw. aus dem „Wissen“ bzw. aus der „Kenntnis“ des Täters bezüglich des Erfolgs oder der Tatbestandsverwirklichung besteht.[402]

II. § 16 StGB: Regelung des Nicht-Vorsatzes oder ein Umkehrschluss

Das deutsche Strafgesetzbuch enthält keine positive Beschreibung des Begriffs „Vorsatz“. Es ist positiv nicht ausdrücklich festgelegt, wann ein Täter eine Straftat vorsätzlich begeht sowie unter welchen Voraussetzungen eine Tat vorsätzlich begangen worden sein könnte. Im § 16 StGB, der den Irrtum über Tatumstände betrifft,[403] gibt der Gesetzgeber eine negative Begriffsbestimmung des Vorsatzes.[404] Anders gesagt, der Gesetzgeber nimmt eine Beschreibung des „Nicht-Vorsatzes“ vor, indem er sagt: „Wer bei Begehung der Tat einen Umstand nicht kennt, der zum gesetzlichen Tatbestand gehört, handelt nicht vorsätzlich.“ So betrachtet stellt diese Vorschrift eine mittelbare Beschreibung des Vorsatzes dar, obwohl sie normalerweise den Irrtum über Tatumstände regelt. Daraus folgt, dass Gegenstand und Inhalt des Vorsatzes deshalb aus den § 16 und § 17 StGB entwickelt worden.[405] Anders gewendet: Als Umkehrschluss könnte aus dieser Vorschrift hergeleitet werden, dass die Voraussetzung einer

399 Ähnlich Frisch, Vorsatz und Risiko, S. 406 ff.

400 Vgl. Kindhäuser/Zimmermann, Strafrecht AT, § 33, S. 295, Rn. 5

401 Hengstenberg, Die hypothetische Einwilligung, S. 308.

402 Die gleiche Denkweise gilt in einem anderen Sinne. Dazu siehe Hengstenberg, Die hypothetische Einwilligung, S. 308-309.

403 Dazu siehe Jakulin, SLR 2006, 125 ff.

404 Schlehofer, Vorsatz und Tatabweichung, S. 4.

405 Siesel, S. 214.

vorsätzlich begangenen Tat die Kenntnis oder das Wissen der Umstände ist,[406] die zum gesetzlichen Tatbestand gehören sollten.[407]

Insoweit schließt die Unkenntnis eines gesetzlichen Tatumstandes den Vorsatz aus.[408] Das hier erwähnte „Nicht-Kennen" darf dabei nicht als völlige Unkenntnis verstanden werden,[409] weil bei der erforderlichen [nicht bloß möglichen][410] Vorstellung des Erfolgseintritts der Vorsatz bereits gegeben sein könnte.[411] Befindet sich der Täter insoweit im Zustand der Unkenntnis bezüglich der Verwirklichung der Merkmale des Tatbestands, liegt nach § 16 StGB Fahrlässigkeit vor und schließt somit der Vorsatz aus.[412] Dem Täter ist die Fahrlässigkeit aber zuzurechnen, wenn die Unkenntnis verschuldet ist.[413] Insoweit ist die vorsätzliche und fahrlässige Straftat dadurch voneinander abzugrenzen, dass durch Kennen bzw. durch aktuelles Bewusstsein bezüglich der Tatbestandsverwirklichung der Vorsatz und durch Nicht-Kennen, d. h. durch Fehlen eines solchen Bewusstseins die Fahrlässigkeit begründet wird.[414] Das führt uns zum Schluss, dass die Grenze zwischen Vorsatz und Fahrlässigkeit nach der Unterscheidung von Kenntnis und Nicht-Kenntnis gezogen wird.[415] Deswegen ist nach dem § 16 StGB die Grenze zwischen vorsätzlicher und fahrlässiger Straftat leicht zu ziehen.[416] Hiernach setzt die vorsätzliche Tat die Kenntnis[417] und die fahrlässige Tat die Nicht-Kenntnis der Tatumstände voraus.[418]

---

406 Ähnlich Frisch, Vorsatz und Risiko, S. 168.

407 Struensee, JZ 1987, 53 ff. (55), Fn. 25.

408 Hippel, ZStW 1911, 562 ff.(575).

409 Hippel, Die Vorstellungstheorie, S. 433

410 Danner, Dolus eventualis, S. 73; vgl. Hippel, Die Vorstellungstheorie, S. 433.

411 Hippel, Die Vorstellungstheorie, S. 433.

412 Heide, Tatbestands- und Vorsatzprobleme, S. 206.

413 Hardwig, ZStW 1966, 1 ff.(10).

414 Schmidhäuser, JuS 1980, 241 ff.(241).

415 Jakobs, ZStW 1989, 516 ff. (530); Schmidhäuser, JuS 1980, 241 ff. (241); Danner, Dolus eventualis, S. 73.

416 In ähnlicher Weise liegen die Ansichten, die in der spanischen Literatur wesentlich dem Vorsatz ein kognitives Element zuordnen, dem Art. 14 Abs. 1 CP als Kriterium zugrunde, der weitgehend dem § 16 Abs. 1 StGB entspricht. Dazu Gatzweiler, Rechtsvergleichende Untersuchung, S. 65-66.

417 Jakobs, Kritik des Vorsatzbegriffs, S. 52.

418 Schmidhäuser, JuS 1980, 241 ff. (241); Singer, Über den Einfluss, S. 21.

III. Argumentum a contrario

Insoweit könnte das oben genannte Prinzip *argumentum a contrario*[419] hinsichtlich des § 16 StGB Anwendung finden.[420] In diesem Sinne ist zu sagen: Schließen wir den Vorsatz bei einer vollständigen Unkenntnis bezüglich der tatbestandsmäßigen Merkmale aus, dürfte sich dann hieraus ergeben, dass eine umgekehrte Schlussfolgerung immer zulässig sei. Diese besagt dann: Liegt ein konkretes Wissen bzw. die Kenntnis des Täters bezüglich der betreffenden Merkmale – sei es als sicher oder sei es auch als unsicher[421] bzw. notwendig, erforderlich oder gewöhnlich– vor, ist das Vorhandensein des Vorsatzes anzunehmen. Das ist, was das Prinzip *argumentum a contrario* darstellt.[422] In dieser Hinsicht gibt es, wie aus dem § 16 StGB ersichtlich ist, keinen Hinweis auf die sogenannte voluntative Seite des Vorsatzes.[423] Zudem finden sich die volitiven Merkmale des Vorsatzes weder in §§ 15–18 StGB noch in den anderen Beschreibungen der inneren Tatseite im Besonderen Teil des Strafgesetzbuches.[424] Insoweit spricht § 16 StGB allein über eine „Kenntnis“ der Tatbestandsmerkmale.[425]

Als Kriterium nimmt der Gesetzgeber im Gegensatz dazu für Abwesenheit bzw. Verneinung des Vorsatzes nur die Unkenntnis des Täters bezüglich der zum gesetzlichen Tatbestand gehörenden Umstände. Im Umkehrschluss [*argumentum a contrario*] sollte dies bedeuten, dass für die Bejahung einer vorsätzlich begangenen Tat, die eine rechtswidrige strafbare Folge herbeiführt, die Kenntnis bezüglich der zu einer Tatbestandsverwirklichung führenden Umstände ausreichen kann,[426] weil § 16 Abs. 1 StGB dafür auch nicht mehr als Kenntnis verlangt.[427] Daraus ergibt sich somit eine grundlegende Frage, die unbedingt beantwortet werden soll: Aus welchen Gründen ist die Kenntnis der Umstände, die zum gesetzlichen Tatbestand gehören oder das Wissen einer notwendigen, erforderlichen oder gewöhnlichen Tatbestandsverwirklichung nicht als ausreichender Maßstab für die Anwesenheit

---

419 In diese Sinne „beschreibt *argumentum e contrario – der Schluss vom Gegenteil aus – in der juristischen Methodenlehre den Umkehrschluss.*“ www.proverbia-iuris.de, Abruf: 19.02.2020

420 Gottwald hält ein derartiges argumentum e contrario für unberechtigt. Dazu siehe Gottwald, Grenze zwischen Vorsatz und Fahrlässigkeit, S. 8.

421 Jakobs, Kritik des Vorsatzbegriffs, S. 39.

422 Hippel, Die Vorstellungstheorie, S. 392; ähnlich Hippel, Die Vorstellungstheorie, S. 392.

423 Puppe, Vorsatz, S. 2-3.

424 Vogel/Bülte, in: LK Vor § 15 StGB Rn. 59.

425 Martins Versuch, S. 41, 60; Schlüchter, Grenzen, S. 54; dazu siehe auch Vogel/Bülte, in: LK Vor § 15 StGB Rn. 2.

426 Köhler, Die bewusste Fahrlässigkeit, S. 30. Dazu siehe auch Taylor, Oxf. J. Leg. Stud. 2004, 99 ff. (110-111).

427 Jakobs, Kritik des Vorsatzbegriffs, S. 26.

des Vorsatzes oder für Annahme einer vorsätzlich begangenen Tat anzusehen,[428] obwohl die Unkenntnis der ganz gleichen Umstände vom Gesetzgeber [§ 16 StGB] als ausreichender Maßstab zur Ablehnung des Vorsatzes oder der Abwesenheit einer vorsätzlich begangenen Tat anzusehen sowie anzunehmen ist? In diesem Zusammenhang könnte der Gesetzgeber beispielsweise den betreffenden Paragrafen [§ 16 StGB] folgendermaßen formulieren: „Wer bei Begehung der Tat einen Umstand nicht kennt, der zum gesetzlichen Tatbestand gehört oder wer denselben Umstand oder eine Tatbestandsverwirklichung *nicht will*, auch wenn er die Umstände zur erwähnten Tatbestandsverwirklichung kennt, handelt nicht v*orsätzlich*. Die Strafbarkeit wegen fahrlässiger Begehung bleibt unberührt." Der Gesetzgeber hat dies aber nicht gemacht. Diese bewusste gesetzgeberische Wahl muss einen Sinn beinhalten. Wie schon oben gesagt, gibt es aber im allgemeinen Teil des deutschen Strafgesetzbuches begrifflich keine klare Unterscheidung zwischen Vorsatz und Fahrlässigkeit, weil weder der Begriff des Vorsatzes noch der Fahrlässigkeit im Allgemeinen Teil des StGB definiert ist.[429] Ferner setzt das StGB nicht explizit voraus, dass der Täter den Erfolg im natürlichen Sinne des Wortes „will" oder gewollt haben sollte, um das Vorhandensein des Vorsatzes anzunehmen.[430]

Der durch das Prinzip „*argumentum a contrario*" gezogene Umkehrschluss gilt nicht nur für die Bestimmung des Wollenselementes, Gleiches sollte auch hinsichtlich der kognitiven Seite des Vorsatzes bzw. des Wissenselements denkbar sein. Andernfalls wäre kein Grund gegeben, den § 16 StGB, der den Vorsatz negativ bestimmt,[431] als ein Mittel zur Bestimmung zu verstehen und dafür anzuwenden, weil es eigentlich in diesem Paragraphen weder direkt noch analog keine Vorsatzbestimmung gibt.[432] Das Gesetz bietet tatsächlich keine Definition bzw. keine direkte Beschreibung der Voraussetzungen des vorsätzlichen Handelns an.[433] Den Vorsatz formuliert der § 16 StGB nur negativ.[434] Hiernach nennt das deutsche StGB im § 16 Abs. 1 S. 1 die„ Kenntnis" der Umstände,[435] ohne dies näher auszuführen.[436] Insoweit konnte der gesetzgeberische Wille gar keine vollständige Vorsatzdefinition liefern.[437] Mit anderen Worten, die Annahme, dass der Vorsatz *das Wissenselement der Tatbestandsverwirklichung* besitzt oder besitzen sollte, erschließt sich aus keiner ausdrücklichen Regelung oder

---

428 Anders Schumann, JZ 1989, 427 ff. (430).
429 Kindhäuser, ZStW 1984, 1 ff. (1).
430 Koriath, Grundlagen, S. 611-612; vgl. Puppe, Vorsatz, S. 2-3.
431 Köhler, Die bewusste Fahrlässigkeit, S. 19.
432 Hardwig, ZStW 1966, 1 ff. (10).
433 Bung, Wissen und Wollen, S. 154.
434 Hardwig, ZStW 1966, 1 ff. (10); Hippel, Die Vorstellungstheorie, S. 433.
435 Was sich darunter verstehen lässt, ist aber unklar. Dazu Nau, Die Bewusstseinsform, S. 94.
436 Nau, Die Bewusstseinsform, S. 67.
437 Schlehofer, Vorsatz und Tatabweichung, S. 9.

aus keinem offensichtlichen gesetzlichen Hinweis, sondern verlangt einen Umkehrschluss.[438] Hiernach könnte die kognitive Seite des Vorsatzes auch nur unter Zuhilfenahme des Prinzips *argumentum a contrario* ausgeschlossen werden.[439]

Insoweit ist es nur mittels eines Umkehrschlusses von § 16 StGB herauszuarbeiten, dass eine vorsätzlich vorgenommene Straftat eine Handlung voraussetzt, die in Kenntnis[440] der gesetzlichen Tatbestandsmerkmale vorgenommen wird.[441] Gleiches könnte und sollte für die andere Seite des Vorsatzes bzw. für das voluntative Element des Vorsatzes formuliert werden.[442] Denn wie *Schlehofer* zu Recht meint, will der Gesetzgeber mit § 16 StGB den Streit nicht beenden, ob zum Vorsatz neben dem Wissen auch ein getrenntes Wollen gehört oder nicht,[443] weil der bundesdeutsche Gesetzgeber auf diesen Streit nicht eingehen möchte.[444] Aus diesem Grund bleibt dieser Punkt immer noch offen und sollte also auch offenbleiben,[445] um verschiedene Interpretationen möglich zu machen. Deswegen überließ der Gesetzgeber die inhaltliche Festlegung des Vorsatzbegriffs bzw. eine klare Begriffsbestimmung des Vorsatzes der Rechtsprechung und dem juristischen Schrifttum.[446]

Übrigens gilt in dieser Hinsicht auch der Umkehrschluss von *Jakobs* bezüglich der Vorsatzbestimmung, der besagt: „Was einen Vorsatz nicht begründen kann, [...] kann aus demselben Grund einen Vorsatz auch nicht aufheben.“[447] Begründet hiernach die Anwesenheit eines Elements *per se* den Vorsatz nicht, kann und darf auch dessen Abwesenheit aus dem gleichen Grund schlechthin den Vorsatz nicht ausschließen. In diesem Zusammenhang bildet das voluntative Element bzw. das Wollen ein gutes Beispiel. Hiernach kann nur das kognitive Merkmal den Vorsatz keineswegs begründen, denn das „Wollen“ verlangt erst einmal ein „Wissen“. Mit anderen Worten nur das, was man weiß, kann man auch wollen. Hieraus dürfte sich ergeben, dass das Wollen ebenfalls den Vorsatz auf keinen Fall aufhebt und aufheben dürfte.[448]

In aller Regel versteht man unter dem Begriff „Kennen“ in § 16 das aktuelle Bewusstsein bezüglich der konkreten Umstände. Das hier genannte und dem Vorsatz zugrundeliegende aktuelle Bewusstsein darf aber nicht nur auf gegenwärtige Umstände eingegrenzt werden, sondern sollte auch die aus diesen gegenwärtigen Umständen ergebenden zukünftigen Folgen umfassen. Der Begriff „Bewusstsein“ stellt

---

438 Schlehofer, Vorsatz und Tatabweichung, S. 7.
439 Schlehofer, Vorsatz und Tatabweichung, S. 9.
440 Schmidhäuser, JuS 1980, 241 ff. (243).
441 Kindhäuser, ZStW 1984, 1 ff. (1); Binding, Die Schuld, S. 41.
442 Anders Bung, Wissen und Wollen, S. 166.
443 Schlehofer, Vorsatz und Tatabweichung, S. 9.
444 Schlüchter, Grenzen, S. 9.
445 Schlehofer, Vorsatz und Tatabweichung, S. 9.
446 Schlüchter, Grenzen, S. 9; Nau, Die Bewusstseinsform, S. 58.
447 Jakobs, Kritik des Vorsatzbegriffs, S. 44.
448 Ähnlich Jakobs, Kritik des Vorsatzbegriffs, S. 51.

somit die Voraussicht der künftigen Umstände dar.[449] In dieser Hinsicht ist es daher festzustellen, dass der Ausdruck „Kennen der Tatumstände“ in § 16 StGB nicht nur das sichere, sondern auch das unsichere Bewusstsein des Täters umfasst.[450] Das hier genannte Bewusstsein stellt das Wissen oder die Vorstellung des Täters dar, dass der tatbestandsmäßige Erfolg eintreten könnte, wenn man äußerliche Umstände des konkreten Falls objektiv in Betracht zieht.[451] Das Kennen oder die Kenntnis der Umstände stellt hiermit die Grundvoraussetzung des intellektuellen Moments, des kognitiven Elements oder des psychischen Substrats des Vorsatzes dar, das bei Erfassung der gesetzlich bestimmten und objektiv im konkreten Fall vorliegenden Tatumstände gegeben sein soll.[452]

449 Schmidhäuser, JuS 1980, 241 ff. (241).
450 Schmidhäuser, JuS 1980, 241 ff. (242).
451 Schmidhäuser, JuS 1980, 241 ff. (242).
452 Nau, Die Bewusstseinsform, S. 67.

§3 Der Grundsatz des Rechts: Das Tatprinzip

A. Das Tatprinzip

Es ist grundsätzlich unzweifelhaft, dass die Rechtsordnung die Unterscheidung zwischen Vorsatz und Fahrlässigkeit von tatbegleitenden inneren Akten des Täters abhängig macht.[1] Allerdings sind strafrechtliche Normen nicht berechtigt, den Unrechtsbereich durch die innere Einstellung oder psychische Zustände zu bestimmen. Einer der obersten Grundsätze des Rechts und des Strafrechts sollte es sein, für die Bestimmung sowie Begründung des Vorsatzes und der Fahrlässigkeit nicht innere Einstellungen oder psychische Erscheinungen [Gefühle, Hoffnungen, Vertrauen usw.], sondern Handlungen zugrunde zu legen. Hieraus dürfte sich ergeben, dass nicht eine gefühlsbestimmte Auslegung des kausalen Geschehens, sondern die tatbestimmte Durchführung eines kausalen Ablaufs, der den tatbestandsmäßigen Erfolg – objektiv gewertet – erforderlich verursacht, als ausschlaggebendes Kriterium betrachtet werden muss.[2] Aus diesem Grund ist für das geltende Strafrecht in erster Linie bzw. im Unrechtsbereich hinsichtlich der Bestimmung und Begründung des Vorsatzes oder der Fahrlässigkeit die äußere Handlung von Bedeutung. Diese objektiv bestimmbare Handlung dürfe somit als Kriterium in Betracht gezogen werden. Das ist, was unter dem Begriff „Tatprinzip" verstanden werden soll. Damit ist gemeint, dass die innere Einstellung und das seelische Verhalten des Täters nicht in erster Linie bzw. im Unrechtsbereich, sondern erst in zweiter Linie bzw. im Schuldbereich in Betracht kommt.[3]

Ob der Täter den einzutretenden Erfolg innerlich billigt oder ablehnt, ändert eigentlich nichts an dem Wesen der Tat. Die Billigung, die hier im Sinne einer emotional-positiven Einstellung zum Eintritt des Erfolges oder im Sinne eines Sich-Freuens verstanden wird,[4] ist niemals als bedeutendes Kriterium für die Bestimmung der subjektiven Merkmale der Tatbestandsmäßigkeit anzusehen. Ferner soll das Recht und insbesondere das Strafrecht „seinem Wesen nach" die vom Täter vorgenommene Tat und den durch diese Tat eingetretenen Erfolg als Maßstab zugrunde legen.[5] Was für das Strafrecht hinsichtlich der Vorsatz- oder Fahrlässigkeitsbestimmung wichtig sein sollte, ist nicht was der Täter gedacht oder

---

1 Puppe, NStZ 1992, 576 (577).

2 Hierzu siehe auch Fletcher, Univ PA Law Rev 1971, 401 ff. (432).

3 Danner, Dolus eventualis, S. 13-14. In diesem Sinne siehe auch Puppe, ZIS 2019, 409 ff. (409).

4 Hantschel, Untreuevorsatz, S. 168.

5 Vgl. Spendel, ZStW 1953, 519 ff. (529).

wie er sich gefühlt hat, sondern was er objektiv gemacht hat.[6] Maßgeblich ist, dass der Täter die das Rechtsgut verletzende Tat begeht, nicht aber, aus welchen Gründen oder im welchen psychischen Zustand er dies tut. Derartige innere Einstellungen müssen im Schuldbereich hinsichtlich der Strafzumessung in Betracht gezogen werden.[7]

Zudem sollte nicht zulässig sein, den Tätervorsatz durch seine Gefühle oder seine Empfehlungen[8] zu bestimmen, weil die Vorsatzbestimmung nicht von persönlichen inneren Einstellungen des Täters zur Erfolgsherbeiführung oder von der empirisch nicht beweisbaren psychischen Einstellung des Täters zur Tat abhängen dürfte.[9] Unter diesen Voraussetzungen wird die gewollt herbeigeführte Handlung und der sich daraus bewusst ergebende Erfolg als Vorsatz bewertet,[10] unabhängig davon, ob der Täter ihn gewollt oder sich damit abgefunden hat oder nicht, d. h. unabhängig von den Gefühlen, Absichten oder Hoffnungen des Täters.[11] Denn kein weltliches Gericht kann das Herz oder den Kopf des Täters untersuchen. Die Innenseite des Täters ist nicht feststellbar, sofern er sie nicht durch eine äußere Handlung manifestiert.[12]

I. Das Recht legt nicht das Herz, sondern die Hand zugrunde

Nach der im Schrifttum und Rechtsprechung überwiegend vertretenen Lehre liegt bewusste Fahrlässigkeit nur dann vor, wenn der Täter den möglichen Erfolgseintritt zwar vorausgesehen, aber auf dessen Ausbleiben vertraut hat.[13] Das Vertrauen auf das Ausbleiben des Erfolgs definiert außerdem das zweite Element der bewussten Fahrlässigkeit.[14] Das besagt, dass beim Vertrauen auf einen guten Ausgang der bedingte Vorsatz entfällt,[15] weil diesem Blickwinkel nach das Vertrauen vorgeblich ein voluntatives Element der inneren Ablehnung des Erfolgs in sich birgt. Dieses

6 Schröder, Aufbau und Grenzen, S. 238. Hierzu siehe auch Vogel/Bülte, in: LK Vor § 15 StGB Rn. 67; vgl. Taylor, Oxf. J. Leg. Stud. 2004, 99 ff. (110).

7 Hantschel, Untreuevorsatz, S. 168.

8 Gottwald, Grenze zwischen Vorsatz und Fahrlässigkeit, S. 9.

9 Gatzweiler, Rechtsvergleichende Untersuchung, S. 52.

10 Ähnlich Schmidhäuser, JuS 1980, 241 ff. (248-249).

11 Ähnlich Gatzweiler, Rechtsvergleichende Untersuchung, S. 103.

12 Webel, Strafbarkeit leicht fahrlässigen Verhaltens?, S. 25; denn: "*As no temporal tribunal can search the heart, or fathom the intentions of the mind, otherwise than as they are demonstrated by outward actions, it therefore cannot punish for what it cannot know.*" Blackstone, Commentaries, S. 20-21.

13 Binavince, Die vier Momente, S. 147; vgl. Schmidhäuser, GA 1957, 305 ff. (311).

14 Schumann, JZ 1989, 427 ff. (428).

15 Gessner, Die bewusste Fahrlässigkeit, S. 62.

Vertrauen auf einen guten Ausgang stellt die negative voluntative Komponente der bewussten Fahrlässigkeit dar.[16] Daraus folgt, dass die herrschende Lehre und die verschiedenen Varianten der Willenstheorie [wie etwa die Billigungs-, Einwilligungs-, Gefühls oder Hoffnungstheorie] die Hoffnungen auf den Nichteintritt des Erfolges[17] oder Gefühle des Täters bezüglich seines Glücks oder seiner Geschicklichkeit hinsichtlich der Bestimmung des Dolus eventualis und seiner Unterscheidung von der bewussten Fahrlässigkeit zugrunde legen,[18] den Vorsatz durch ein emotionales Element und als ein „Konglomerat von inneren Tatsachen"[19] begründen.[20] Vertraut hiernach der Täter auf das Ausbleiben des Erfolgs oder erwartet er im Vertrauen auf seine Geschicklichkeit, auf sein Glück oder auf einen guten Ausgang, schließt man den Dolus eventualis dann aus.[21]

Es stellt sich hier die Frage, wie das Gefühlserlebnis festzustellen ist und inwieweit man auf die innere Einstellung des Täters bezüglich der Tatbestandsverwirklichung oder auf den Verdrängungsleistungen zum Eintritt des bösen Erfolgs beruhen kann und dadurch diese psychische Befindlichkeit als vorsatzausschließendes[22] oder als vorsatzbegründendes Kriterium in Betracht ziehen darf.[23] Es ist also immer noch undeutlich, ob man im Sinne einer gefühlsbestimmten Auslegung des kausalen Geschehens zum Schluss kommen darf, dass der Vorsatz zu bejahen oder zu verneinen ist.[24] Kann oder soll jemand, der die den Erfolg herbeizuführende gefährliche Handlung vornimmt und zugleich aufrichtig „hofft" und wünscht, dass der schädliche Erfolg erspart bleiben wird,[25] von dem Vorwurf, vorsätzlich einen Erfolg verursacht zu haben, somit entlastet werden? Die Antwort auf diese Frage soll „Nein" lauten, weil das Recht dem Tatprinzip zufolge nicht auf das Herz, sondern auf die Hände schaut. Ferner darf das Gefühlserlebnis bzw. die Hoffnung des Täters nicht als Unterscheidungsmerkmal behandelt werden, weil sie durchaus manipulierbar und subjektiv ist. Dafür braucht man dagegen eine objektive und bestimmbare Formel.[26]

---

16 Schumann, JZ 1989, 427 ff. (428).

17 Danner, Dolus eventualis, S. 50.

18 Zustimmend Morkel, NStZ 1981, 176 (178); Gottwald, Grenze zwischen Vorsatz und Fahrlässigkeit, S. 66.

19 Mylonopoulos, ZStW 1987, 685 ff. (687).

20 Weigend, ZStW 1983, 657 ff. (662).

21 Danner, Dolus eventualis, S. 54; Weigend, ZStW 1983, 657 ff. (661-662); Baumanns, Untersuchungen, S. 86.

22 Kaufmann, ZStW 1958, 64 ff. (78).

23 Exner, Das Wesen der Fahrlässigkeit, S. 166 ff.; vgl. Schroth, NStZ 1990, 324 (325).

24 Baumanns, Untersuchungen, S. 87. Dazu siehe auch Schroth, NStZ 1990, 324 (325).

25 Baumanns, Untersuchungen, S. 87.

26 Vgl. Baumanns, Untersuchungen, S. 92.

II. Nicht Hoffnung, sondern Handlung

Es muss im Vorhinein betont werden, dass die Ansichten, die die Hoffnung oder das Gefühl des Täters, das ein Gemisch aus vielem bildet,[27] auf einen guten Ausgang als Abgrenzungsmerkmal zwischen Vorsatz und bewusster Fahrlässigkeit verwenden,[28] weder theoretisch richtig noch praktisch verwertbar und anwendbar sind.[29] Vielmehr sind die Begriffe Vorsatz und Fahrlässigkeit unabhängig von Motiven, Gefühlen, Absichten oder Gesinnungen usw. des Täters zu bestimmen.[30] Beweisrechtlich stößt von diesem Standpunkt gesehen jede Theorie, in der die Hoffnung bzw. die innere subjektive Einstellung eine wesentliche Rolle spielt, auf Beweisschwierigkeiten.[31] Materiellrechtlich darf eine Hoffnung, dass der rechtswidrige Erfolg ausbleiben werde, in Bezug auf die Unrechtsverwirklichung, d. h. hinsichtlich des Unwertgehalts der in der Außenwelt aufgetauchten Handlung [im Unrechtsbereich] keinen Unterschied machen, weil darauf kein Schluss auf die Geringwertung des Rechtsgutes des Dritten gezogen werden kann.[32]

Die Gleichgültigkeit des Täters gegenüber der Verletzung der Verhaltensnorm und dem gefährdeten Rechtsgut des Dritten ist eine subjektive Angelegenheit. Diese kann für die persönliche Vorwerfbarkeit von Bedeutung sein, die im Schuldbereich hinsichtlich der Strafzumessung betrachtet werden soll.[33] Dementsprechend könnte dem Täter wegen des Vertrauens auf einen guten Ausgang nur eine vorwerfbare Gesinnung zugerechnet, also Leichtsinn vorgeworfen werden,[34] die zwar im Unrechtsbereich nichts ändert. Diese vorwerfbare Gesinnung könnte dagegen im Schuldbereich hinsichtlich der Strafzumessung in Rechnung gestellt werden,[35] weil der Gedanke an die Möglichkeit des Erfolgseintritts den Täter beunruhigt.[36] Derjenige, der auf einen guten Ausgang vertraut, wird als ein leichtsinniger Bürger, jedoch auch als Vorsatztäter beurteilt.[37] Denn, ob der Täter innerlich für die Tat brennt oder eiskalt handelt, ändert nichts an dem Unrechtsgehalt der von ihm

---

27 Herzberg, JuS 1986, 249 ff. (249).

28 Vgl. Müller, Der dolus eventualis, S. 30.

29 Danner, Dolus eventualis, S. 53.

30 Vogel/Bülte, in: LK § 15 StGB Rn. 40.

31 Gottwald, Grenze zwischen Vorsatz und Fahrlässigkeit, S. 90.

32 Danner, Dolus eventualis, S. 53; Baumanns, Untersuchungen, S. 102. Insoweit *„kommt die Geringwertung des Rechtsgutes nur insoweit in Betracht, als sie sich in der Tat objektiviert hat.“* Danner, Dolus eventualis, S. 62.

33 Weigend, ZStW 1983, 657 ff. (662). Hierzu siehe auch Achenbach, Historische und dogmatische Grundlagen, S. 4.

34 Vgl. Tenckhoff, ZStW 1976, 897 ff. (902-903).

35 Baumanns, Untersuchungen, S. 102.

36 Danner, Dolus eventualis, S. 19. Hierzu siehe auch Danner, Dolus eventualis, S. 22.

37 Gatzweiler, Rechtsvergleichende Untersuchung, S. 53; vgl. Kühne, GA 1994, 503 ff. (511).

begangenen Handlung.[38] Eine inständige Hoffnung, dass der Erfolg nicht eintreten wird, ändert nichts an seiner Einstellung zur Gefahr,[39] weil das Wünschen und Hoffen, die Zuversicht, worauf der Täter sich berufen mag, weder Wissen noch Wollen berühren kann.[40] Die Kälte oder das Brennen des Täters ist hiernach nicht im Unrechtsbereich, sondern im Schuldbereich zu berücksichtigen.[41]

Aus diesem Grund soll das voluntative Element und die innere Einstellung, die in Wahrheit nicht anderes als die Gefühlseinstellungen des Täters sind, aus dem Vorsatzbegriff herausgelöst werden.[42] Denn die Begriffsbestimmung des Vorsatzes kann nicht auf das „Erwünschtsein" oder „Bedauern"[43] des tatbestandsmäßigen Erfolgs gebaut werden.[44] Die emotionale Haltung oder die innere Einstellung des Täters wie persönliche Zuwendung vom Rechtsystem oder psychische Abwendung zum gefährdeten Rechtsgut des Dritten, Mitleid oder Gefühlskälte, sind keine geeigneten Kriterien, die den Vorsatz begründen oder aufheben können.[45]

Sicherlich kann der Mensch von Gefühlen auf keinen Fall befreit werden, weil jede Vorstellung, die der Mensch hat und jede Handlung, die der Täter begeht, mit einem bestimmten Gefühl verbunden ist. Jede Vorstellung und daraus ergebende Tat umfasst ein Gefühl, d. h. Lust oder Unlust bzw. Schmerz,[46] das verschieden stark ausgeprägt sein kann.[47] Im Gegensatz zur Lehre *v. Bars* darf aber dieses Lust- oder Unlustgefühl nicht als geeigneter Vorsatz- oder Fahrlässigkeitskriterium verwendet werden.[48] Die hier erwähnten emotionalen Gegebenheiten sind allein im Schuldbereich hinsichtlich der Strafzumessung relevant,[49] weil subjektiv-individuelle Dimensionen in die Schuld zu verlagern sind.[50] Ein beliebig einstufbares Lust- oder Unlusterlebnis bei der Begehung einer Straftat kann daher nicht als ein Unterscheidungskriterium zur Abgrenzung der fahrlässigen von der

---

38 Bung, Wissen und Wollen, S. 166.

39 Stratenwerth, ZStW 1959, 51 ff. (64).

40 Dazu siehe auch Frisch, Vorsatz und Risiko, S. 218-219 und Danner, Dolus eventualis, S. 23

41 Vgl. Roxin, JuS 1964, 53 ff. (61); ähnlich Jakobs, Studien, S. 119.

42 Vgl. Brammsen, JZ 1989, 71 ff. (77).

43 Dazu siehe auch Schmitt, JZ 1962, 389 ff. (390).

44 Brammsen, JZ 1989, 71 ff. (77).

45 Brammsen, JZ 1989, 71 ff. (77).

46 Dazu siehe Aristoteles, Die Nikomachische Ethik (2020), S. 510-512, 777 ff.. In diesem Sinne *„sind Lust und Schmerz ... sozusagen die Symptome der richtigen oder falschen Gesinnung."* Aristoteles, Hrsg. von Rainer Nickel, (2007), S. 481.

47 Danner, Dolus eventualis, S. 15.

48 Bar (1907), S. 347 ff.

49 Chung, Strafzumessungsrelevanz, S. 247-249; zustimmend Freund/Rostalski, Strafrecht Allgemeiner Teil, § 7, S. 286, Rn. 57.

50 Mitsch, JuS 2001, 105 ff. (111); Exner, Das Wesen der Fahrlässigkeit, S. 164.

vorsätzlichen Tat verwendet werden.[51] Vorsatz oder Fahrlässigkeit darf nur ausgehend von der von ihm vorgenommenen Tat bestimmt werden.[52] „Gleichgültigkeit" und „Hoffnung oder das „Vertrauen" sind eigentlich nichts anderes als ein Begriffsmantel, der die Gleichartigkeit der hinter der Handlung des Täters liegenden Grundvorstellung bezüglich der Erheblichkeit der Gefahr und der Erforderlichkeit des daraus zu ergebenden Erfolgs verdeckt.[53] Strafrechtlich ist somit die äußere Handlung im Unrechtsbereich, während die inneren Vorgänge dagegen im Schuldbereich zu bewerten sind.[54]

III. Der Vorsatz: Nicht nach dem Herz, sondern nach der Hand

Linguistisch ist der Wille mit der Absicht gleichzusetzen.[55] Demnach könne ein Täter nur dann den Erfolg der von ihm begangenen Tat „willentlich" herbeiführen, wenn der betreffende Erfolg für ihn das Ziel [= Absicht] seiner Tat ist. Dieses Faktum soll uns aber nicht zu dem Ergebnis führen, dass die der Herbeiführung des Erfolgs seiner Handlung betreffende Vorstellung des Täters der wesentliche Grund ist, der in jeder Zeit den Täter zu dieser Handlung motiviert und der Erfolg immer das Hauptziel seiner Handlung ist. Denn es können Zwischenziele oder Zwischenerfolge sein, die sich zwar in der Vorstellung des Täters befinden, jedoch dem Täter nicht willkommen oder nur „schweren Herzens" herbeizuführen sind.[56] Ferner sieht der Täter diese zwar vorgestellten sogar „gewussten" [bewussten], aber eigentlich nicht gewollten Zwischenziele oder Zwischenerfolge als Mittel zu seinem Hauptziel zugehörig, das er am Ende durch die Begehung der Tat erreichen muss.[57]

Davon ausgehend kann man unbedingt zum Schluss kommen, dass eine vorsätzlich begangene Tat in jedem Fall nicht nur die bezweckten oder erstrebten, gebilligten oder beabsichtigten Erfolge herbeiführt,[58] sondern auch die wohl bewussten, aber im Wesentlichen nicht direkt gewollten oder „schweren Herzens" gewollten und unbeabsichtigten Erfolge verursachen kann.[59] Das bedeutet,

---

51 Freund/Rostalski, Strafrecht Allgemeiner Teil, § 7, S. 286, Rn. 57.

52 Danner, Dolus eventualis, S. 14.

53 In einem anderen Sinne vgl. Baumanns, Untersuchungen, S. 86.

54 Vgl. Gatzweiler, Rechtsvergleichende Untersuchung, S. 52-53.

55 Zustimmend Rengier, JZ 1990, 321 ff. (322).

56 Roxin, JuS 1964, 53 ff. (55-56); Puppe, Begriffskonzeptionen, S. 3.

57 Oehler, NJW 1966, 1633 ff. (1634).

58 In diesem Sinne *„bedeutet ein Billigen des Taterfolgs keineswegs, dass der Taterfolg für den Täter erwünscht sein muss, er diesen innerlich begrüßt."* Zehetgruber, KriPoZ 2018, 358 ff. (358).

59 Kindhäuser/Zimmermann, Strafrecht AT, § 14, S. 136-137, Rn. 5.

dass die ungewollten oder unbeabsichtigten, aber mit der Handlung oder der Erreichung eines Ziels des Täters verknüpften notwendigen, erforderlichen oder gewöhnlichen Konsequenzen einer Tat den bedingten Vorsatz überhaupt nicht in die bewusste Fahrlässigkeit umwandeln.[60] Die inneren Gefühle und subjektive Einstellungen des Täters sollen in dieser Hinsicht dann unbeachtet bleiben,[61] weil das persönliche Rechtsgefühl eine individuelle und manipulierbare Größe ist,[62] die keineswegs als ein Argument verwendet werden kann, um die Überzeugungen zu bestätigen oder abzulehnen.[63] Denn die strafrechtliche Verantwortlichkeit ist nicht nach dem Herz bzw. der Hoffnung, sondern nach der Hand bzw. der Handlung des Täters zu bestimmen. Für den Vorsatz ausschlaggebend ist das Wissen, und nicht der Glaube.[64] Ferner spricht die Handlung des Täters lauter und deutlicher als seine Worte und sagt viel mehr als seine Hoffnung über seine innere Einstellung aus. Demzufolge ist die objektiv-gefährliche, auf freien Willensentschluss zurückgehende Handlung relevant[65].

Schrifttum und die Rechtsprechung dürfen sich daher im Rahmen der Umschreibung und Begründung der hier genannten Begriffe „nicht auf konturlose Gefühle des Täters beziehen,“[66] sondern nur darauf, was der Täter im konkreten Fall und im entscheidenden Augenblick der Handlung gemacht hat. Mit anderen Worten, nicht was der Täter gefühlt oder innerlich gedacht,[67] sondern wie er gehandelt hat oder was er in der Handlung verwirklicht,[68] soll hinsichtlich der Umschreibung des Vorsatzes oder der Fahrlässigkeit ausschlaggebend sein.[69] Das Recht legt nicht das Herz, sondern die Hand zugrunde.[70]

---

60 Ähnlich Puppe, Strafrecht AT, § 9, S. 120, Rn. 2.

61 Gatzweiler, Rechtsvergleichende Untersuchung, S. 107; Schroth, JuS 1992, 1 ff. (2); vgl. Engisch, Untersuchungen, S. 175 ff; ähnlich Bühring, Über die Grenze, S. 54; vgl. auch Walter, NJW 2017, 1350 ff. Rn. 1351.

62 Schlehofer, Vorsatz und Tatabweichung, S. 2; zustimmend Puppe, ZIS 2019, 409 ff. (410); Puppe, Begriffskonzeptionen, S. 6.

63 Martins, Versuch, S. 84. Dazu siehe auch Gottwald, Grenze zwischen Vorsatz und Fahrlässigkeit, S. 10-11 und Chung, Strafzumessungsrelevanz, S. 233-234; anders Finger, Das gesamte deutsche Recht, S. 501.

64 Herzberg, JuS 1986, 249 ff. (261).

65 Hübner, Die Entwicklung, S. 41; Kindhäuser/Neumann/Paeffgen, § 15 StGB, Rn. 79; Vogel/Bülte, in: LK Vor § 15 StGB Rn. 59.

66 Vgl. Schmidhäuser, JuS 1980, 241 ff. (249).

67 Baumanns, Untersuchungen, S. 87; Verrel, NStZ 2004, 309 ff. (311-312); Martins, Versuch, S. 82. Hierzu siehe auch Zippelius, Rechtsphilosophie, S. 123 ff:, Anders Kargl, Der strafrechtliche Vorsatz, S. 45.

68 Puppe, ZStW 1991, 1 ff. (32).

69 Baumanns, Untersuchungen, S. 79.

70 In diesem Sinne hat Berner zutreffend gesagt: *„Handlung kommt von Hand; die Hand aber ist [...] das Organ des Willens, durch das er sich hauptsächlich auf die Außenwelt*

B. Die Handlung spricht deutlicher als Worte

I. Die Innenseite des Menschen: Eine „Blackbox“

Es ist unmöglich, die Vorstellungen einer Person von außen zu erfassen, weil die Innenseite des Menschen der Beobachtung unzugänglich ist.[71] Niemand kann hinter die Stirn schauen und feststellen,[72] was im Kopf anderer Personen [des Täters] liegt.[73] Daraus folgt, dass man nicht wissen kann, was jemand, z. B.der Täter, tatsächlich weiß, was er beispielsweise von seiner konkreten Situation während der Tat bemerkt hat.[74] Das stellt die Unbestimmtheit des Wissens oder der inneren Einstellung des Täters dar,[75] weil nur der Täter wirklich weiß, was in seinem Kopf im Zeitpunkt der Tatbegehung vorging.[76] Deswegen sieht es so aus, als hätte man nur einen weiteren blinden Griff in die Blackbox getan,[77] wenn versucht wird, mit voluntativen Kriterien wie der inneren Einstellung oder der emotionalen Einhaltung des Täters den Vorsatz zu bestimmen. Es fällt durchaus schwer abzulesen, was in der als Blackbox bezeichneten menschlichen Psyche geschieht.[78]

Als ein vernünftiges Wesen greift der Mensch zweckbewusst in die Außenwelt ein. Aus diesem Grund weiß der Mensch und will daher auch wissen, was er tut,[79] wenn er sein Dasein tätig gestaltet oder wenn er bewusst eine gewollte Tätigkeit ausführt. Aus diesem Grund bezeichnet man die Handlung als das „Werk“ des tätigen Willens oder der gewollten Tätigkeit. Hiernach „erkennt“ der Mensch nichts von den inneren bzw. emotionalen Einstellungen des Täters, vom Denken und den Hoffnungen oder den psychischen Beziehungen bezüglich seiner Taten.[80] Handlungen bzw. die gewollten Tätigkeiten stellen Willensbetätigungen dar, die sich in positiven oder negativen Körperbewegungen des Handelnden äußern. Hiernach hängt eine jede äußere Betätigung des menschlichen Wollens auf jeden Fall von einer Körperbewegung ab.[81]

Insoweit ist die Handlung als ein Sinnausdruck anzunehmen, der die „Stellungnahme nach außen“,[82] nämlich eine individuell vermeidbare, also vorsätzliche

---

bezieht. [...] Die Hand ist die größte Vermittlerin zwischen dem Individuum und der Außenwelt.“ Berner, Grundlinien, S. 40.

71 Märker, Vorsatz und Fahrlässigkeit, S. 194.

72 Caspari, Formen und Grenzen, S. 61.

73 Martins, Versuch, S. 65.

74 Martins, Versuch, S. 65.

75 Vgl. Löffler (1895), S. 231.

76 Raguès Vallès, GA 2004, 257 ff. (262).

77 Kargl, Der strafrechtliche Vorsatz, S. 22-23.

78 Vgl. Köhler, GA 1981, 285 ff. (293-294).

79 Niese, Finalität, S. 54.

80 Vgl. Niese, Finalität, S. 55.

81 Mayer, Die schuldhafte Handlung, S. 20.

82 Jakobs, Der strafrechtliche Handlungsbegriff, S. 24.

oder fahrlässige Folgenbewirkung darstellt.[83] Übrigens stellt eine Handlung bzw. eine Straftat, die gewollt ist und einen rechtsverletzenden Erfolg herbeiführt, die Objektivierung der Nichtanerkennung oder Nichteinhaltung der Normgeltung, nämlich wie *Hegel* sagt, die Negation des Rechts dar.[84] Mit anderen Worten, wenn der Täter bedingt vorsätzlich, bewusst fahrlässig oder unbewusst fahrlässig ein Unrecht begeht, so steckt darin ein Auflehnen gegen die Staatsordnung.[85] Die hier genannte Nichteinhaltung der Normgeltung besagt, dass die in Rede stehende Norm für den Täter nicht mehr leitende Maxime ist, nämlich keinen Sinn macht.[86] Der hier genannte und nunmehr in die Welt hinausgetragene Sinn ist der spezifisch strafrechtliche Effekt.[87]

II. Das Wort und die Handlung

In einer Rechtsordnung existieren zwei Formen von Willenserklärungen, die einer strafrechtlichen Verantwortung zugrunde gelegt werden können. Eine von ihnen ist die Sprache bzw. ausdrückliche Erklärung, während die zweite die konkludente Handlung ist. Dementsprechend ändert es nichts daran, ob der Täter den schädlichen Erfolg ausdrücklich erstrebt und gewollt hat oder ob er bewusst durch seine erheblich gefährliche Handlung gezeigt hat, dass er diesen zwar nicht direkt oder ausdrücklich, doch aber indirekt bzw. mittelbar gewollt hat,[88] indem er davon nicht ablässt, die den Erfolg verursachende Handlung vorzunehmen. Der Täter hat in diesem Fall durch die Tat bewiesen, dass der Erfolg, auch wenn es ihm unangenehm ist und er auf ein Ausbleiben der Tatbestandsverwirklichung hofft, es ihm doch eigentlich nicht so unangenehm ist, dass er trotzdem nicht weiterhandeln würde.[89] Insoweit wird die Handlung auch aus der *hegelianischen* Perspektive gesehen als die Äußerung des subjektiven oder moralischen Willens.[90]

Ferner lehren uns die Psychologie und die Lebenserfahrung,[91] dass wer eine Handlung will und deren Erfolg konkret bzw. als gewöhnlich voraussieht, auch den Erfolg billigt,[92] weil Wollen schon im Wissen impliziert ist. Die bewusst begangene Tat legt als Ergebnis seines Wollens bzw. seiner gewollten Tätigkeit Zeugnis von

83 Jakobs, Der strafrechtliche Handlungsbegriff, S. 26.
84 Hegel, Grundlinien, §§ 82, 101; Schroth, JuS 1992, 1 ff. (5); Lekschas, Über die Strafwürdigkeit, S. 35. Dazu siehe auch Schünemann, ZStW 2014, 1 ff. (8).
85 Zielinski, Die fahrlässige Verbrechensbegehung, S. 26.
86 Engisch, Untersuchungen, S. 306 ff.; Jakobs, Der strafrechtliche Handlungsbegriff, S. 36.
87 Jakobs, Der strafrechtliche Handlungsbegriff, S. 36.
88 Hierzu siehe auch Frauendorfer, Die Willensrichtung, S. 64.
89 Kargl, Der strafrechtliche Vorsatz, S. 53.
90 Hegel, Grundlinien, § 113; Bubnoff, Die Entwicklung, S. 43; Finger, Das gesamte deutsche Recht, S. 443; Dazu siehe auch Hübner, Die Entwicklung, S. 25.
91 Runck, Dolus eventualis, S. 52.
92 Bekker, Theorie, S. 387.

diesem Wollen oder von dieser Billigung selbst ab.[93] Andernfalls sollte der Täter die Handlung, die, wie er sieht, den Erfolg bedingt bzw. den Erfolg erforderlich in sich birgt, nicht wollen, nämlich diese Handlung unterlassen.[94] Mit seinem Weiterhandeln trotz der konkreten Vorstellung eines schädlichen Erfolges, nämlich beim Handeln in Kenntnis des Erfolges[95] drückt der Täter tatsächlich sein Wollen aus.[96] In diesem Sinne liegen zwar verschiedene Vorstellungen vor, aber nur ein Wille, der diese Vorstellungen teils zurückweist und unterdrückt,[97] teils deren Verwirklichung erstrebt, billigt, billigend in Kauf nimmt oder nur auf ihr Ausbleiben vertraut. Hiernach ist die wichtigste Phase des Überlegungsstadiums der Entschluss,[98] der den gesamten tatbestandsmäßigen Verlauf einleitet. Entschließt sich der Täter, die Handlung vorzunehmen bzw. wissentlich und willentlich tätig zu werden, sollten diese Vorstellungen auch unmittelbar in diesem Entschluss bzw. in diesem Willen des Täters als impliziert angesehen werden, ohne Rückblick darauf, ob der Täter diese Vorstellung als Hauptzweck oder nur als Mittel und Folgen desselben sieht.[99] Denn derjenige, der wissentlich handelt, will auch die Tat, auch wenn ihm der Erfolg an und für sich unliebsam und unerwünscht ist, weil oder wenn er sich über die Folgen im Klaren ist.[100]

III. Die in die Außenwelt eingetretene Tat ist das Spiegelbild der Innenwelt

Das äußere Erscheinungsbild der Tathandlung ermöglicht einen Rückschluss auf den dahinterstehenden gestaltenden Willen.[101] Denn jede in die Außenwelt tretende Handlung basiert auf einem solchen inneren Geschehen.[102] Wie *Niese* zutreffend sagt, ist die äußere Seite der Handlung ein Spiegelbild des Willens.[103] Unter diesen Bedingungen wäre es durchweg überflüssig, das Wollen des Erfolgs als ein eigenständiges bzw. neben dem Wissen eigens prüfendes Element des Vorsatzes zu sehen,[104] weil der Täter dadurch schon die Handlung gewollt und auch den

---

93 Niese, Finalität, S. 55.
94 Frauendorfer, Die Willensrichtung, S. 64.
95 Köhler, Die bewusste Fahrlässigkeit, S. 19-20; im anderen Sinne, Zeiler, ZStW 1934, 251 ff. (252).
96 Bekker, Theorie, S. 387.
97 Müller, Der dolus eventualis, S. 56.
98 Bühring, Über die Grenze, S. 52-53.
99 Bühring, Über die Grenze, S. 51; Pfänder, Phänomenologie des Wollens, S. 95.
100 Hantschel, Untreuevorsatz, S. 166.
101 Niese, Finalität, S. 55.
102 Kirschner, Die Fahrlässigkeit, S. 14.
103 Niese, Finalität, S. 55.
104 Zustimmend Frisch, Vorsatz und Risiko, S. 255 ff.

Erfolg vorher gewusst[105] und gebilligt haben sollte.[106] Im Gegensatz dazu wird das angeblich selbstständige, in der Tat aber schon im Wissen implizierte voluntative Element rein aus dem kognitiven Element, nämlich aus der Tatsache der Handlung oder der gewollten Tätigkeit mit der Erforderlichkeitsvorstellung, hergeleitet.[107]

Hieraus dürfte sich ergeben, dass die Gerichte nicht mehr verpflichtet sein sollen, von vornherein den subjektiven und daher immer manipulierbaren Einstellungen oder unglaubhaften Einlassungen bzw. emotionalen Schutzbehauptungen des Täters nachzugehen, sondern bei der bewusst vorgenommenen und den Erfolg herbeiführenden Handlung oder bei objektiv erwiesenen hohen Gefahrsetzungen vom bedingten Vorsatz des Angeklagten ausgehen zu dürfen.[108] Denn die Beschreibungen der emotionalen Einstellung des Täters bilden in diesem Sinne keine tauglichen Prämissen oder Maßstäbe.[109] Insoweit ist die bewusst begangene Handlung oder die gewollte Tätigkeit des Täters letzten Endes immer Ausdruck seiner inneren, seelischen Einstellung.[110] Vielmehr zeigt sich die innere Einstellung oder psychische Beziehung des Täters in aller Regel in seiner Willensrichtung, die in seiner Art der Begehung oder seiner gewollten Tätigkeit in Erscheinung tritt.[111] Der Inhalt der Willensbetätigung ist daher in der Tat nichts anderes als der Inhalt der Handlung. Der Handlung gibt gerade deshalb die Beschaffen- oder Besonderheit des sich bewusst betätigenden Willens ihre Herkunft, Intensität und eigenartige Färbung.[112]

Hiernach kommt bei einer gewollten Tätigkeit, die den Willen und das äußere Geschehen in sich birgt, der Kern des Menschen am deutlichsten zum Ausdruck.[113] Daraus folgt, dass die Handlung des Täters dann Ausdruck seiner Entscheidung für den Erfolg ist,[114] wenn die Gefahr, die er wissentlich, willentlich und also vermeidlich für das Rechtsgut schafft, von einer solchen erheblichen Qualität ist, dass der daraus einzutretende Erfolg als erforderlich oder gewöhnlich zu erwarten ist und

105 Hierzu siehe auch Platzgummer, Die Bewusstseinsform des Vorsatzes, S. 87.

106 Bekker, Theorie, S. 272 und S. 254. Dazu siehe auch Hippel, Die Vorstellungstheorie, S. 387; vgl. Rott, Zur Strafbarkeit, S. 57-58.

107 Kargl, Der strafrechtliche Vorsatz, S. 52-53.

108 Gatzweiler, Rechtsvergleichende Untersuchung, S. 105.

109 Sauer, ZStW 1931, 164 ff. (182); zustimmend Weigend, Subjective Elements, S. 502; vgl. Schröder, Aufbau und Grenzen, S. 2020. Daher ändert es nichts daran, ob der Täter den schädlichen Erfolg erfreut herbeiführt, nämlich ob er den schädlichen Erfolgseintritt sehnlichst herbeiwünscht oder ob es ihm ein irgendwie ungutes Gefühl oder gar Gewissensbisse bereitet. Bung, Wissen und Wollen, S. 164-165.

110 Vgl. Binavince, Die vier Momente, S. 86.

111 Bremer, Grenze, S. 26; Platzgummer, Die Bewusstseinsform des Vorsatzes, S. 82.

112 Mayer, Die schuldhafte Handlung, S. 20.

113 Bremer, Grenze, S. 26.

114 Otter, Funktionen des Handlungsbegriffs, S. 83.

dass ein vernünftig denkender Mensch[115] die erhebliche Gefahr und den erforderlichen Erfolg nur unter der Maxime eingehen würde,[116] dass der Verletzungserfolg sein soll oder doch mindestens sein darf.[117] Der Täter sollte den Erfolg dadurch gewollt haben, weil er sein Verhalten so einrichtet, dass er ihn herbeiführt.[118]

Ferner ist eine überlegte und vorausgesehene Herbeiführung des Erfolges ein sehr starkes Indiz für eine vorsätzliche Handlung. Auch wenn es zwar sich hierbei nicht um ein direktes Wollen des rechtwidrigen Erfolgseintritts handelt, liegt ein indirektes Wollen der Tatbestandsverwirklichung vor. In diesem Sinne lässt sich hier zwar nicht eine *„subjektiv finale“*, aber eine quasi *„objektiv finale“* Handlung nennen sowie annehmen. Eine subjektiv finale Handlung bedeutet: Der Täter kann persönlich behaupten, dass er den rechtswidrigen Erfolg gewollt oder eigentlich nicht gewollt hat. Deswegen sei seine Handlung [subjektiv] nicht final, wenn er behauptet, dass er den tatbestandsmäßigen Erfolg nicht gewollt hat. Eine objektiv finale Handlung dagegen sagt: Wenn die äußeren Umstände mit der Handlung des Täters objektiv in Betracht gezogen werden, scheint die Tatsache ganz anders. Die Handlung des Täters scheint hiernach durchaus geeignet und daher [objektiv] final, den tatbestandsmäßigen Erfolg herbeizuführen. Kurzum: Die Handlung des Täters spricht lauter und deutlicher als seine Worte. Mit anderen Worten: “[...] when [...] the facts speak so loudly for an unhappy ending; how can he trust in a happy ending?”[119]

Derjenige, der einen eindeutig riskanten und gefährlichen Prozess ganz bewusst oder zielstrebig unumkehrbar in Gang setzt, der den tatbestandsmäßigen Erfolg herbeiführt, bringt damit eindeutig zum Ausdruck, dass dieser Erfolg sein soll und dass er den Erfolg gewollt haben sollte,[120] indem er von der den erwähnten riskanten Prozess verursachenden Handlung nicht ablässt.[121] In dieser Hinsicht sollte man zum gleichen Schluss kommen, wenn der Erfolg nicht nur nach Vorstellung des Täters, sondern auch nach der Beurteilung eines objektiven vernünftigen Beobachters mit der vorgenommenen Handlung notwendig oder erforderlich verbunden ist.[122]

In diesem Sinne kann dem Täter entgegengehalten werden, dass er bei dieser kognitiv erfassten Sachlage nicht von seiner den Erfolg erforderlich herbeiführenden Tat abgelassen hat.[123] Damit wird der Täter am Maßstab eines

115 Abegg, Lehrbuch, § 78, S. 122.
116 Ähnlich Lasson, ZJS 2009, 359 ff. (360).
117 Duttge, GA 2003, 451 ff. (467); Birnbaum, Die Leichtfertigkeit, S. 218.
118 Fieseler, Direkter und bedingter Rechtswidrigkeitsvorsatz, S. 101.
119 Morkel, AJCL 1982, 325 ff. (332); zustimmend Weigend, Subjective Elements, S. 502.
120 Für ein zustimmendes Beispiel siehe Gessner, Die bewusste Fahrlässigkeit, S. 57.
121 Vgl. Puppe, ZStW 1991, 1 ff. (15).
122 Ähnlich Puppe, ZStW 1991, 1 ff. (15).
123 Bung, Wissen und Wollen, S. 146.

durchschnittlichen Normalbürgers gemessen werden.[124] Insoweit müssen die subjektiven Tatbestandsmerkmale nicht mehr danach bestimmt werden, ob der Täter den Eintritt des schädlichen Erfolges oder die Verletzung einer fremden Integrität tatsächlich gewollt, gebilligt oder verdrängt oder auf einen guten Ausgang vertraut hat, sondern danach, ob die von ihm wissentlich und willentlich vorgenommene Tat als der Ausdruck des Wollens oder einer Billigung des Täters darstellen dürfte oder nicht, wenn diese Tat objektiv bewertet, d. h. nach den Kriterien eines einsichtig denkenden und logisch handelnden Vernunftwesens interpretiert, wird[125]. Das Verhalten wird somit auch als Ausdruck der Willensbildung angesehen[126]. Dies deutet ausdrücklich auf einen Paradigmenwechsel von der inneren subjektiven Einstellungen und psychischen Beziehung oder faktisch-psychologischen Befindlichkeiten des Täters hin zur Beurteilung eines objektiven und einsichtigen Beobachters bezüglich der vom Täter begangenen Tat, d. h. auf den Ausdruckswert seiner Handlung innerhalb einer Kommunikation unter Vernünftigen und im Rahmen der objektiven Kriterien hin.[127] Es ist daher eine wesentliche Aufgabe des intellektuellen Vorsatzelementes, den Täter mit der vollen Unwertbedeutung der von ihm herbeizuführenden Handlung zu konfrontieren.[128] Derjenige, der des Unwertgehalts einer Handlung bewusst ist, soll notwendiger- und logischerweise zum Entschluss kommen, sich für oder gegen die Verwirklichung des tatbildmäßigen Unrechts zu entscheiden, d. h. entweder von der Handlung abzuhalten oder weiterzuhandeln.[129] Derjenige, der sich in einer solchen Situation zum Handeln entschließt,[130] soll den Unrechtserfolg gewollt haben.[131]

IV. Steckt der Vorsatz im Finger oder im Kopf?

Ob eine Handlung vorsätzlich oder fahrlässig vorgenommen ist, kann nur in Bezug auf diese Handlung selbst geprüft werden, nicht aber daraufhin, ob der Täter den rechtswidrigen Erfolg innerlich billigt[132] oder billigend in Kauf nimmt[133], „sich mit

---

124 Gatzweiler, Rechtsvergleichende Untersuchung, S. 105; vgl. Holmes, The Common Law, S. 48.

125 Puppe, ZStW 1991, 1 ff. (14).

126 Siesel, S. 232. Dazu siehe auch Kutalia, Handlungslehre, 47 ff.; vgl. Kubiciel, Welzel und die Anderen, S. 145.

127 Vgl. Puppe, ZStW 1991, 1 ff. (15).

128 Platzgummer, Die Bewusstseinsform des Vorsatzes, S. 77.

129 Platzgummer, Die Bewusstseinsform des Vorsatzes, S. 77-78.

130 Pahlke, Rücktritt, S. 21.

131 Platzgummer, Die Bewusstseinsform des Vorsatzes, S. 77-78. In diesem Sinne "*heißt Zurechnen: etwas Objektives dem Subjekt auf die Rechnung schreiben.*" Wolff-Reske, Berufsbedingtes Verhalten, S. 87.

132 Vgl. Baumann/Weber/Mitsch, AT, § 20, S. 493.

133 Hippel, ZStW 1963, 443 ff. (449).

ihm abfindet" oder „mit ihm einverstanden ist"[134], oder darauf vertraut, dass der Erfolg ausbleibt. Demnach darf eine strafrechtliche Verantwortlichkeit nicht [wie *Engisch* sagt][135] nach der Hoffnung, sondern muss nach der Handlung bestimmt werden.[136] Aus diesem Grund soll die erheblich gefährliche Tat des Täters und der damit erforderlich verbundene Erfolg, nämlich der durch die Tat zum Ausdruck kommende verbrecherische Wille[137] oder Energie des Täters,[138] entscheidend berücksichtigt werden.[139]

Insoweit blickt somit das Recht auf den Willen des Täters, aber nur wegen der Taten bzw. nur durch seine gewollte äußerliche Tätigkeit.[140] Zwar hat *Roxin* recht, wenn er sagt: „Wenn ich jemanden mit meiner Pistole erschieße, dann begründet der Druck auf den Abzugshahn, also der materielle Vorgang als solcher, doch nur die Kausalität. Der Vorsatz steckt nicht in meinem Finger, sondern in meinem Kopf."[141] Man kann aber nicht in den Kopf des Täters schauen und dort ablesen, ob und was der Täter eigentlich gewollt hat.[142] Deshalb kann und soll man nur von seinem Finger ausgehen und daraus einen Schluss ziehen.[143] Dabei darf man nicht vergessen, dass die Finger des Täters auf keinen Fall unabhängig von seinem Kopf und damit eigenständig handeln können. Der Vorsatz besteht daher in der willensgetragenen Handlung oder in der gewollten Tätigkeit oder in der Vorausberechnung und Sinnerfassung dieses Geschehens bzw. des schädlichen Erfolgs[144] und hängt vom Kopf ab. Hervorzuheben ist also, dass niemand wissen kann, was im Kopf anderer Personen bzw. des Täters liegt.[145] Das ist der Grund, wieso man nur von seinen Fingern her den sogenannten Willen ableiten kann,[146] vorausgesetzt,

---

134 Kindhäuser/Zimmermann, Strafrecht AT, § 14, S. 142, Rn. 23.

135 Baumanns, Untersuchungen, S. 86 ff.

136 Vgl. Kaufmann, Der dolus eventualis, S. 69-70.

137 Otter, Funktionen des Handlungsbegriffs, S. 200.

138 Engisch, Untersuchungen, S. 172.

139 Bremer, Grenze, S. 35.

140 Spendel, ZStW 1953, 519 ff. (530).

141 Roxin, ZStW 1962, 515 ff. (530).

142 Denn "*the actor's mental and emotional attitude with respect to the possible result of his conduct is almost impossible to determine from outside, and even less so at a trial which takes place months after the event.*" Weigend, Subjective Elements, S. 501.

143 Anders denkt aber auch Herzberg, indem er sagt: „ [...] bei allem Streit ist man doch einig, dass sich im Kopf des Täters entscheide, ob Vorsatz oder bewusste Fahrlässigkeit vorliegt." Herzberg, JZ 1988, 635 ff. (636). Dazu siehe auch Herzberg, Die Unterlassung, S. 180 ff.

144 Kaufmann, Unterlassung und Vorsatz, S. 118.

145 Runck, Dolus eventualis, S. 52.

146 Martins, Versuch, S. 65; Kaufmann, Unterlassung und Vorsatz, S. 118. Der BGH ist dagegen anderer Meinung: Dazu siehe BGH 1 StR 389/13 und BGH 3 StR 449/87. Denn, der BGH ist der Meinung, dass „*mit dem Wissen von der Gefährlichkeit seines*

dass der Täter den Erfolg konkret in Wirklichkeit vorausgesehen[147] oder als ein vernünftiger Mensch vorausgesehen haben sollte. Insoweit ist eine Gleichsetzung wie Handlung = Willensbetätigung vielleicht scheinbar wenig, sicherlich aber genug und vielsagend.[148]

Das Tribunal Supremo [in Spanien] deutet in dieser Hinsicht auch darauf hin, dass man den Dolus eventualis nicht durch das Innere des Täters, sondern anhand der äußeren Handlungen bzw. der gewollten Tätigkeit des Täters bestimmen und beweisen sollte sowie könnte.[149] Die Anhaltspunkte bzw. die Kriterien für die subjektive Bewertung der Tat werden wie nachfolgend beschrieben: Tatgestaltung,[150] weil die Handlung des Täters lauter als seine Worte spricht;[151] die Art des Vorgehens[152] oder Natur der Handlung,[153] die Erheblichkeit der Gefahr und Erforderlichkeit des Erfolgseintritts.[154] Die Tat und der psychische Zustand, in dem die Tat vorzunehmen ist, ist Objekt der Wertung des Richters oder Gegenstand seines Vorwurfes. Der Richter wirft dem Täter nicht seine innere Einstellung, sondern seine Tat vor. Im Unrechtsbereich wird der Täter mit seiner Tat belastet.[155] Kurzum: Der Vorsatz steckt zwar im Kopf des Täters,[156] kann aber nur mittels der Finger festgestellt werden, weil es praktisch und logisch unmöglich ist, in den Kopf des Täters zu schauen und ihn abzulesen.[157]

C. Schutzbehauptung: Das strafrechtliche Verfahren ist ein taktisch orientiertes und geführtes Spiel

I. Das Geständnis des Täters: Der einzige Picklock

Es gilt als allgemein anerkannt, dass zwei maßgebliche Beweismittel vorliegen, die uns den Nachweis psychischer Sachverhalte liefern können. Das erste von ihnen

---

Verhaltens noch nicht gesagt ist, dass der Täter den Erfolgseintritt auch akzeptiert [...] hat. Die billigende Inkaufnahme [...] muss sich aus konkreten Umständen ableiten lassen.“ Herzberg, JZ 1988, 635 ff. (638).

147 Vgl. Engisch, Untersuchungen, S. 67 ff.

148 Mayer, Die schuldhafte Handlung, S. 20.

149 Gatzweiler, Rechtsvergleichende Untersuchung, S. 11.

150 Baumanns, Untersuchungen, S. 118-119.

151 Baumanns, Untersuchungen, S. 64, Fn. 1

152 Runck, Dolus eventualis, S. 52 ff.

153 Baumanns, Untersuchungen, S. 119.

154 Baumanns, Untersuchungen, S. 123-124.

155 Vgl. Hall, Fahrlässigkeit im Vorsatz, S. 9-10.

156 Herzberg, JuS 1986, 249 ff. (258).

157 Dazu siehe auch Puppe, ZIS 2019, 409 ff. (411) und Vogel/Bülte, in: LK Vor § 15 StGB Rn. 67.

ist eine (wahre) Einlassung des Täters, d. h. das selbstbelastende Geständnis des Angeklagten vor dem Gericht oder gegenüber dem Polizeibeamten oder Dritten,[158] das grundsätzlich als der Beweis *par excellence* für die Feststellung von Vorsatz bezeichnet wird. Das zweite ist der Indizienbeweis [Indiztatsachen],[159] der besagt, dass der Richter bestimmte objektive Maßstäbe wie die Beurteilung eines vernünftigen Menschen, die Erheblichkeit der durch die Tat ausgelösten Gefahr und die Erforderlichkeit des Erfolges, die Erfahrungssätze oder die Typizität der Fälle auf zuvor nachgewiesene Sachverhalte objektiver Natur anwendet.[160]

Der Ansatzpunkt der herrschenden Lehre, die den Vorsatz als „Wissen und Wollen der Tatbestandsverwirklichung" bezeichnet, verweist auf eine psychische Beschaffenheit. Die Feststellung der psychischen Sachverhalte fällt schwierig,[161] weil jener Entscheidungsvorgang zwischen Gut und Böse[162] im Schädel oder in der Brust des Täters steckt.[163] Insoweit ist der Täter selbst das einzige Mittel oder der einzige Anhaltspunkt, der uns zur seiner inneren Tatseite durch eine Einlassung oder ein Geständnis im Prozess führen kann, und dieses Geständnis ein unmittelbares Beweismittel bildet,[164] falls er uns mit der Aussage hilft oder helfen mag.[165] Das Problem liegt aber darin, dass niemand überzeugt sein kann, dass der Täter die Wahrheit sagt oder doch lügt.[166] Einerseits ist es hiernach gewiss, dass der Beweis der inneren psychischen Beziehungen oder des volitiven Elementes und ihre zuverlässige Aufklärung im Alltag der Strafgerichte kaum möglich ist.[167] Andererseits besteht aber die Gefahr, dass der Täter, wenn er sich äußert, bloße Schutzbehauptungen vorbringt oder ein falsches Geständnis ablegt.[168]

Denn wie *Weigend* zutreffend meint, fällt es einem gut beratenen Angeklagten überhaupt nicht schwer, „dem Gericht eine einigermaßen glaubwürdige Version

---

158 Bar (1898), S. 552; Vogel/Bülte, in: LK Vor § 15 StGB Rn. 72.

159 Vogel/Bülte, in: LK Vor § 15 StGB Rn. 72.

160 Ragùes Vallès, GA 2004, 257 ff. (262).

161 Köhler, Die bewusste Fahrlässigkeit, S. 100.

162 Die subjektiv böse Handlung bzw. das Verbrechen verlangt einen objektiven Kreis von Pflichten und Gesetzen, weil nur durch Bewusstsein eines Pflichtenkreises als solches irgendein Mensch zu einer subjektiv bösen Handlung fähig, erst mit einem solchen Bewusstsein eine freiwillige Verkehrung des subjektiven Willens möglich sein und erst damit die Schuld begründet werden kann. Dazu siehe auch Köstlin, Neue Revision, §§ 69-70, S. 131 und Wolff, Der Handlungsbegriff, S. 9.

163 Fieseler, Direkter und bedingter Rechtswidrigkeitsvorsatz, S. 74; Hantschel, Untreuevorsatz, S. 197.

164 Vogel/Bülte, in: LK § 15 StGB Rn. 64.

165 Ähnlich Bühring, Über die Grenze, S. 56

166 Hantschel, Untreuevorsatz, S. 197.

167 Weigend, ZStW 1983, 657 ff. (695); Hantschel, Untreuevorsatz, S. 193.

168 Hantschel, Untreuevorsatz, S. 198.

der eigenen Gedankenprozesse zu unterbreiten,"[169] d. h. eine irreführende Aussage bzw. Schutzbehauptung vorzutragen, die ihn aus dem Bereich des Dolus eventualis in die Kategorie der bewussten Fahrlässigkeit entfliehen lässt.[170] Zudem kann sowie darf die Einlassung und das Geständnis des Täters wegen des Grundprinzips *nemo tenetur se ipsum accusare*, das in den § 136 Abs. 1 Satz 2, § 163a Abs. 4 und § 243 Abs. 4 Satz 1 StPO den gesetzlichen Niederschlag gefunden hat, nicht erzwungen werden.[171] Das bedeutet, dass beim Schweigen des Täters der Richter oder das Gericht keine anderen Anhaltspunkte als Indizien, Zeugen oder Urkunden hat.[172]

Das führt uns zum Schluss, dass der Rechtsanwender bzw. die Richter oder Gerichte zur Bestimmung des Geständnisses des Täters ohnehin keine anderen Anhaltspunkte als die objektiv zutage getretene Handlung des Täters haben.[173] Die Frage, ob der Vorsatz oder die Fahrlässigkeit gegeben ist, hängt einigermaßen ohne Zweifel von der Überzeugung des erkennenden Gerichts oder Richters ab, wenn der Angeklagte sich vor Gericht unter Eid äußert.[174] Auch ein Geständnis kann nicht ohne Weiteres als wahr eingestuft werden und allein für Nachweis hinreichen,[175] sondern muss von weiteren Ermittlungen begleitet und geprüft werden.[176]

Ob die Behauptung des Angeklagten, dass er den schädlichen Erfolg nicht gewollt oder gebilligt hat, die Wahrheit oder nur eine, wie es im populären Sprachgebrauch heißt, Schutzbehauptung ist,[177] kann mit den dogmatischen Konstruktionen der heute herrschenden Lehre nicht entschieden werden. Denn die gängige Lehre beruft sich selbst zum einen auf die an und für sich unklaren und unbestimmten Indizien wie das Wollen[178] bzw. die innere Einhaltung oder psychische Beziehung des Täters,[179] zum anderen sind diese subjektiven Haltungen des Täters eben von Natur aus dem Dritten unzugänglich. Dies führt zu einem unüberwindlichen Dilemma.[180] Daraus folgt aber nicht, dass das Gericht oder der Richter jeder Schutzbehauptung des Täters ausgeliefert wäre.[181] Denn dort, wo der Täter schweigt oder lügt, fängt seine Handlung an zu sprechen.

---

169 Weigend, ZStW 1983, 657 ff. (695).

170 Weigend, ZStW 1983, 657 ff. (695); dazu siehe auch Welzel, ZStW 1955, 196 ff. (204).

171 Kölz-Ott, Eventualvorsatz, S. 15.

172 Jahn, JuS 2017, 700 ff. (701); Vogel/Bülte, in: LK § 15 StGB Rn. 65.

173 Birnbaum, Die Leichtfertigkeit, S. 280.

174 Fuchs, Die Wahlstellung, S. 38.

175 Vgl. Schlehofer, Vorsatz und Tatabweichung, S. 167.

176 Hantschel, Untreuevorsatz, S. 198; Fuchs, Die Wahlstellung, S. 38.

177 Fieseler, Direkter und bedingter Rechtswidrigkeitsvorsatz, S. 81-82.

178 Ruppenthal, S. 257.

179 Koriath, Grundlagen, S. 593.

180 Zehetgruber, KriPoZ 2018, 358 ff. (359).

181 Weigend, ZStW 1983, 657 ff. (695).

II. Die Schutzbehauptung: Wer schießt sich ins eigene Bein?

Die berühmte, von *Frank* entwickelte, [erste] Formel sagt, dass um den Vorsatz anzunehmen, ein hypothetisches Urteil des Täters festgestellt werden soll,[182] und sie besagt: „Selbst wenn die Erfolgsverwirklichung sicher wäre, würde ich handeln."[183] Die zweite Frank'sche Formel sagt, dass der Vorsatz nur dann bejaht werden kann, wenn sich der Täter äußert wie nachfolgend: „Mag es so oder anders sein, so oder anders werden, auf jeden Fall handle ich."[184] Die hier zitierte und von der herrschenden Lehre vertretene Frank'sche Formel dürfte dagegen keinen überzeugenden Ausdruck finden, weil im täglichen Leben unzählige Fälle vorkommen können, in denen der Mensch wegen der Strafandrohung höchstwahrscheinlich sagen wird: „Hätte ich gewusst, dass es so ausfallen wird, so hätte ich lieber auf die Handlung verzichtet."[185] In solchen Fällen ist der Mensch immer dazu geneigt, eine Ausrede zu erfinden. Deswegen wäre es keinesfalls sachgerecht, in Anbetracht einer subjektiven und immer manipulierbaren Aussage des Täters den Vorsatz abzulehnen. Zudem hält der Verfasser irgendeine solche Einlassung oder Behauptung, die jeder vorsätzlich Handelnde nach der Tat machen wird und die dafür geeignet ist, immer zu manipulieren, zweifellos nicht für richtig.[186]

Im Übrigen ist der folgende Einwand zu erheben: Welcher Täter könnte wirklich angesichts oder trotz der höheren Strafdrohung sagen, dass er weiter handele, selbst wenn der Erfolgseintritt für ihn sicher wäre. In der Regel gibt kein Täter zu, dass er auf jeden Fall handelt, ohne Rückblick darauf, dass es so oder anders sein mag. Denn es stellt sich hier die nachstehende wichtige Frage, weshalb er dies hätte sagen sollen,[187] solange er unter einer konkreten Drohung von bevorstehender Verhaftung und Hinrichtung stehe.[188] Diese Formel ist daher als funktionslos anzusehen. Das ist der Grund, warum seine in die Außenwelt getretene Handlung und das objektive Tatgeschehen als Indiz für eine Bejahung oder Verneinung des Vorsatzes betrachtet werden sollten.[189]

Die Lehre, die zur Vorsatzbejahung ein gesondertes voluntatives Element bzw. das Wollen voraussetzt, verlangt einen Täter, der selbst zum Ausdruck bringt, dass

182 Zila, Juridica, 55 ff. (56).

183 Gatzweiler, Rechtsvergleichende Untersuchung, S. 26; vgl. Gessner, Die bewusste Fahrlässigkeit, S. 35-36.

184 Runck, Dolus eventualis, S. 19; Gessner, Die bewusste Fahrlässigkeit, S. 36; Müller, Der dolus eventualis, S. 33; Hupfauer, Eventualvorsatz, S. 12; Zoller, Die Abgrenzung, S. 5; Ambrosius, Untersuchungen zur Vorsatzabgrenzung, S. 77; Danner, Dolus eventualis, S. 50.

185 Ähnlich Frauendorfer, Die Willensrichtung, S. 81.

186 Vgl. Zimmermann, S. 44:

187 Kaufmann, Der dolus eventualis, S. 63.

188 Scheffler, JURA 1995, 349 ff. (354).

189 Zustimmend Morkel, AJCL 1982, 325 ff. (332).

er die normrelevante notwendige Gefahr des rechtsverletzenden Erfolgs vorausgesehen[190] und trotzdem weitergehandelt hat.[191] Praktisch ist dies aber fast unmöglich. Denn der Angeklagte wird schweigen oder behaupten, dass er nicht mit dem Vorsatz gehandelt habe.[192] Diese Situation ist unter dem Schlagwort „Schutzbehauptung" allgemein geläufig.[193] In diesem Fall bleibt nur die Möglichkeit, dem Grundsatz „*in dubio pro reo*" zu folgen.[194] In diesem Sinne könnte dagegen der Einwand erhoben werden, dass wegen des Grundsatzes bzw. des Prinzips „*in dubio pro reo*" hier die Gefahr bestehen bleibt,[195] dass trotz schönster Theorien nur die Dummen wegen des Vorsatzes bestraft werden können,[196] die ein wahres Geständnis ablegen und über ihr Inneres ehrlich aussagen.[197]

Liegt nach der hier vertretenen Ansicht eine Erforderlichkeitsvorstellung vor und tut der Täter trotzdem nichts, um den Erfolgseintritt zu vermeiden und handelt weiter,[198] so soll auch der notwendige Wille des Täters zum tatbestandsmäßigen Erfolg bejaht werden. Hiernach bringt der Täter indirekt mit seinem Weiterhandeln zum Ausdruck, dass er den schädlichen Erfolg gewollt hat. Angesichts dieser faktischen Einschätzung der Schlussfolgerung auf die von der inneren Haltung des Täters bestimmten Handlung[199] geht die Tendenz allerdings dahin, bei der Beweisführung oder bei der Bestimmung der subjektiven Tatbestandsmerkmale die irrationalen Schutzbehauptungen[200] nicht mehr gelten zu lassen.[201]

III. Das Gerichtsverfahren ist ein taktisch-orientiertes Spiel

In gewissen Fällen könnte das innere Verhalten bzw. die psychische oder seelische Einhaltung des Täters für die Beantwortung der Frage als einziges und

---

190 Gatzweiler, Rechtsvergleichende Untersuchung, S. 118.

191 Fieseler, Direkter und bedingter Rechtswidrigkeitsvorsatz, S. 85-86; vgl. Fuchs, GA 1964, 65 ff. (66).

192 Herrmanns, JA 2002, 140 ff. (140); Märker, Vorsatz und Fahrlässigkeit, S. 80.

193 Dazu siehe auch Hengesch, ZStW 1989, 611 ff. (615-617).

194 Fuchs, GA 1964, 65 ff. (66); Joerden, Dyadische Fallsysteme, S. 19; Bar (1898), S. 537. Dazu siehe auch Mylonopoulos, ZStW 1987, 685 ff. (690 ff.) und Märker, Vorsatz und Fahrlässigkeit, S. 84.

195 Es ist also zu vertreten, dass „*der Grundsatz in dubio pro reo bzw. dieser rein prozessuale Grundsatz nur für eine ganz bestimmte Situation des Strafverfahrens gilt, er gilt niemals für Rechtsfragen.*" Kaufmann, Die Aufgabe, S. 272. Ähnlich Zoller, Die Abgrenzung, S. 40-41; dazu siehe auch Prömper, Hemmschwellentheorie, S. 189-190.

196 Danner, Dolus eventualis, S. 51.

197 Scheffler, JURA 1995, 349 ff. (354).

198 Zustimmend Fieseler, Direkter und bedingter Rechtswidrigkeitsvorsatz, S. 104.

199 Baumanns, Untersuchungen, S. 109.

200 Hierzu siehe Danner, Dolus eventualis, S. 32.

201 Gatzweiler, Rechtsvergleichende Untersuchung, S. 132.

ausschlaggebendes Kriterium erscheinen, das im konkreten Fall bewiesen werden soll.[202] Die Frage, ob, wann und wie diese innere Einstellung oder seelische Einhaltung festgestellt werden kann sowie soll, ist sehr umstritten. Insoweit ist es unumstritten, dass wie schon oben gesagt, der Täter selbst das einzige Mittel ist, das uns zu seiner inneren Tatseite liefern kann, indem er sich durch eine Einlassung oder ein Geständnis äußert. Die Einlassung oder das glaubhafte Geständnis scheint somit als der wesentliche Anhaltpunkt und das entscheidende Beweismittel, das einen überzeugungskräftigen Nachweis im Sinne des § 261 StPO ermöglichen könnte.[203]

Es gibt aber keinen gesicherten Erfahrungssatz, mit dem sich widerlegen ließe, dass der Täter dem Gericht niemals eine glaubhafte Einlassung einreichen würde, solange er wegen dieser Einlassung mit der schwersten Strafe bedroht wäre.[204] Weder die Zeugen noch die Unterlagen können wie die Einlassung oder das Geständnis[205] unmittelbar über innere Tatsachen oder über die psychische Beziehung des Täters Auskunft geben. Insoweit fehlt entweder eine ehrliche Einlassung oder kann ein Geständnis falsch oder manipuliert sein. Hiernach reicht irgendeine Einlassung des Täters allein nicht aus, um den Vorsatz abzulehnen oder anzunehmen, sondern stellt nur ein widerlegbares Indiz dar.[206]

Übrigens liegt die Schwierigkeit im Vorsatzbeweis selbst.[207] Das hier in Erwägung gezogene Beweisproblem stammt eigentlich von einem praktischen Dilemma, das sich in der Tat aus dem heute herrschenden theoretischen Ansatz ergibt. Hiernach übersieht die herrschende Lehre, die den Vorsatz auf das voluntative Element bzw. auf die psychische Beziehung des Täters aufzubauen versucht, die existenzielle Tatsache, dass das strafrechtliche Gerichtsverfahren an und für sich nichts anderes als ein taktisch orientiertes und geführtes Spiel ist.[208] Das Dilemma liegt gerade darin, dass der Täter in diesem taktisch orientierten Spiele logischerweise niemals etwas zum Ausdruck bringt, das ihn in dem prozessualen Verfahren benachteiligen wird,[209] weil jeder Angeklagte das Recht hat, sich einer Kommunikation durch Schweigen oder Leugnen von vornherein zu entziehen.[210] Gerade deshalb soll „das Recht, da es rational ist, nicht das Unmögliche fordern."[211]

---

202 Bühring, Über die Grenze, S. 21.

203 Schlehofer, Vorsatz und Tatabweichung, S. 167; dazu siehe auch Birnbaum, Die Leichtfertigkeit, S. 219.

204 Vgl. Schlehofer, Vorsatz und Tatabweichung, S. 167.

205 Vgl. Hemmen, Über den Begriff, S. 78.

206 Steinberg, JZ 2010, 712 ff. (713); Baumanns, Untersuchungen, S. 117.

207 Ruppenthal, Der bedingte Tötungsvorsatz, S. 117.

208 Vgl. Koriath, Grundlagen, S. 592 und Hubbertz, Schuld und Verantwortung, S. 90-93.

209 In diesem Sinne siehe Hengesch, ZStW 1989, 611 ff. (615, 620).

210 Roxin, ZStW 1984, 641 ff. (649).

211 Binding, Die Normen II, S. 145.

D. Die Ungewissheit der voluntativen Seite des Vorsatzes

I. Die Elastizität der Grenze und Transitivität der Grenzfälle

Es gilt als allgemein anerkannt, dass der Sinn, das Wesen und die Tragweite eines Rechtsbegriffes so weit wie möglich klar und bestimmbar sein sollten. Nur so können die konkreten Umstände und die einschlägigen Tatsachen unter diesen Begriffen richtig und schlüssig subsumiert werden.[212] Ferner stellt Bestimmtheit die entscheidende und unmittelbare Voraussetzung der praktischen Brauchbarkeit irgendeines Begriffes dar.[213] Deswegen sollen zunächst die Kriterien, nämlich die Indizien, die den Begriff bestimmen, begründen oder begrenzen, an und für sich so feststellbar, dass man mit deren Hilfe den genannten Begriff treffend abzuschätzen und zu definieren vermag, genannt werden.[214] In diesem Sinne soll vor allem der Begriff Vorsatz selbst, d. h. die Indizien bzw. die Kriterien, die zur Bestimmung des Vorsatzes zugrunde zu legen sind, auf den Tisch gelegt und zur Diskussion gestellt werden.[215]

Klar ist es also, dass man zumindest versuchen soll, die Definitionen bzw. die Rechtsbegriffe so zu fassen, dass die Formulierung und die Begriffsbildung so weit wie möglich von all jenen Streitfragen, wie beispielsweise der Bestimmung und Abgrenzung von Vorsatz und [bewusster] Fahrlässigkeit, befreit seien.[216] Das Kriterium muss somit sichtbar und bestimmbar umformuliert werden.[217] Andernfalls wäre es in Fällen, die in der grauen Zone zwischen den beiden Kernbereichen [wie bspw. zwischen Dolus eventualis und bewusster Fahrlässigkeit] liegen, schwierig zur eindeutigen Entscheidung zu kommen und sie voneinander abzugrenzen.[218] Insbesondere wenn man Mittelstufen, wie den Dolus eventualis, zu konstruieren versucht, die zwischen den beiden Schuldarten stehen und sich berühren, wie bei dem Vorsatz und Fahrlässigkeit der Fall ist[219], sollte die Bestimmt- und Klarheit und damit die Plausibilität der Abgrenzungskriterien wichtiger sein,[220] weil der

---

212 Puppe, ZStW 1991, 1 ff. (34).

213 Vgl. Maihofer, Der Handlungsbegriff, S. 10.

214 Ciacchi, Fahrlässigkeit und Tatbestandsbestimmtheit, S. 25.

215 Ciacchi, Fahrlässigkeit und Tatbestandsbestimmtheit, S. 25. Für die Herkunft, das Wesen und den Gegenstand des Vorsatzes siehe Jescheck/Weigend, Lehrbuch, § 29, S. 292 ff.

216 Baumanns, Untersuchungen, S. 4; Köhler, Die bewusste Fahrlässigkeit, S. 24.

217 Duttge, JRE 2003, 103 ff. (110).

218 Weigend, ZStW 1983, 657 ff. (660).

219 Frauendorfer, Die Willensrichtung, S. 104.

220 Taylor, Oxf. J. Leg. Stud. 2004, 99 ff. (99 ff.); Canestrari, GA 2004, 210 ff. (219-220).

Übergang zwischen Dolus eventualis und bewusster Fahrlässigkeit ein sehr fließender ist.[221] In diesem Sinne ist die Plausibilität als Verbindungselement oder Vorbedingung der systematischen Folgerichtigkeit und Bestimmtheit als Grenzelement eine unmittelbare Voraussetzung für die praktische Brauchbarkeit des Begriffs.[222]

Die Grenzen des bedingten Vorsatzes und der bewussten Fahrlässigkeit lägen eng beieinander.[223] Hiernach soll an dieser Stelle wegen der Elastizitätsgrenze zwischen Vorsatz und Fahrlässigkeit[224] die Tragfähigkeit und Legitimität der Kriterien oder Indizien und der von der Rechtsprechung[225] vollzogenen Ausdifferenzierung des Vorsatz- bzw. Fahrlässigkeitsbegriffs im Wissens- und Wollenselement in Frage gestellt werden.[226] Um einen Schluss auf eine unmittelbar erhebliche Tatsache erreichen zu können, braucht man Indizien und Indikatoren, die Tatsachen bilden. Ein Richter kann nur aufgrund von dieser Tatsachenfeststellungen,[227] d. h. nur mittels der Beobachtung äußerer Vorgänge zum Schluss gelangen,[228] ob der Täter vorsätzlich oder fahrlässig gehandelt hat.[229] Nach der hier vertretenen Ansicht können Anhaltspunkte für die Bestimmung des Vorsatzes und die Abgrenzung zwischen den beiden Unrechtsformen aus den *objektiv gegebenen und tätersubjektiv erkannten*[230] *oder logischerweise zu erkennenden* Indikatoren oder Indizien wie der Gewöhnlich- oder Erforderlichkeit des Erfolgseintritts bestimmt werden, die sich aus der Erheblichkeit der Gefahr der vom Täter begangenen Tat oder aus der Verfassung des Täters bei Tatbegehung wie Aufgeregtheit und Unbekümmertheit sowie aus der Typizität des Falles usw. ergeben.[231]

II. Die Ungewissheit der Maßstäbe

Der von der herrschenden Lehre und Rechtsprechung akzeptierte angeblich greifbare und einzige Maßstab, den bedingten Vorsatz von der bewussten Fahrlässigkeit zu unterscheiden, ist mithin wesentlich die innere Einstellung des Täters [die voluntative Seite des Vorsatzes] zu der von ihm erkannten Möglichkeit des Erfolgseintritts.[232] Nach dieser Meinung, die sowohl von einem Teil der Literatur

---

221 Tenckhoff, ZStW 1976, 897 ff. (904); Puppe, Strafrecht AT, § 9, S. 128, Rn. 14.
222 In einem anderen Sinne Maihofer, Der Handlungsbegriff, S. 10.
223 Schumann, JZ 1989, 427 ff. (428).
224 Danner, Dolus eventualis, S. 29.
225 Schlehofer, Vorsatz und Tatabweichung, S. 167.
226 Hierzu siehe auch Scheffler, JURA 1995, 349 ff. (352).
227 Schlehofer, Vorsatz und Tatabweichung, S. 167.
228 Märker, Vorsatz und Fahrlässigkeit, S. 193-194.
229 Puppe, Begriffskonzeptionen, S. 14.
230 Herzberg, JuS 1986, 249 ff. (254).
231 Ambrosius, Untersuchungen zur Vorsatzabgrenzung, S. 88.
232 Puppe, Strafrecht AT, § 9, S. 121, Rn. 4; Dazu siehe Jakobs, Strafrecht AT, S. 317, Rn. 4.

als auch der Rechtsprechung vertreten wird, unterscheidet die innere Einstellung des Täters, d. h. seine innere Ablehnung zum Eintritt des rechtswidrigen Erfolgs, den bedingten Vorsatz von der bewussten Fahrlässigkeit.[233]

Allerdings ist ein Kriterium wie die innere Einstellung oder innerliche Ablehnung des Täters bezüglich der Tatbestandsverwirklichung zu ungewiss,[234] um den bedingten Vorsatz [Dolus eventualis] gegen die bewusste Fahrlässigkeit abzugrenzen.[235] Zudem ist die Beweisführung genauso viel umstritten,[236] weil die inhaltliche Bestimmung der psychischen und seelischen Begleitumstände unklar ist.[237] Denn es ist vernünftigerweise für einen Richter logisch unmöglich, zum Zeitpunkt der begangenen Tat in den Kopf des Täters zu schauen und dort abzulesen, ob der Täter den Erfolg gewollt hat, in Kauf genommen, sich damit eiverstanden erklärt hat[238] oder ernsthaft darauf vertraut hat, dass nichts passieren, d. h. der Erfolg ausbleiben oder die Verwirklichung des Erfolgs nur auf dem Grad von einer Möglichkeit oder Wahrscheinlichkeit stehen bleiben würde.[239]

III. Medice, cura te ipsum!

Klar dürfte sein, dass ein Arzt, der selbst seine Erkrankung nicht zu heilen vermag, einen Patienten mit derselben Erkrankung ebenfalls nicht zur Genesung führen kann. In diesem Fall leuchtet ein altes Sprichwort auf, das lautet: „*Medice, cura te ipsum*“[240] und so viel bedeutet wie: „Arzt, heile dich selbst!“[241] Denn man sollte nicht Hilfe von einer sich selbst in Not befindenden Person erwarten, wenn sie nicht in der Lage ist, sich selbst zu versorgen. Ganz ähnlich sind die Kriterien durchweg unklar,[242] mit denen der Vorsatz festzustellen und seine Grenzen zur

233 Schubert/Regge, Quellen zur Reform, § 19, S. 498.

234 Canestrari, GA 2004, 210 ff. (215); vgl. Roxin, JuS 1964, 53 ff. (57).

235 Duttge, JRE 2003, 103 ff. (109); Morselli, ZStW 1975, 324 ff. (345); näher Maurer, Das voluntative Element, S. 123-125.

236 Puppe, ZStW 1991, 1 ff. (34).

237 Puppe, ZStW 1991, 1 ff. (30); Caspari, Formen und Grenzen, S. 61; Schubert/Regge, Quellen zur Reform, § 19, S. 498; zustimmend Frisch, NStZ 1991, 23 ff. Rn. 24.

238 Insoweit wird das Merkmal „Einverständnis“ auch als Synonym für den Begriff Billigung gebraucht. Ambrosius, Untersuchungen zur Vorsatzabgrenzung, S. 80.

239 Kindhäuser/Zimmermann, Strafrecht AT, § 14, S. 142, Rn. 23; Puppe, Strafrecht AT, § 9, S. 123, Rn. 6.

240 https://context.reverso.net/%C3%BCbersetzung/deutsch-englisch/Medice+cura+te+ipsum, Abruf: 17.04.2020

241 https://www.sprichwoerter.net/sprichwoerter/lateinische-sprichwoerter-und-redewendungen/medice-cura-te-ipsum.html, Abruf: 17.04.2020

242 Küpper, ZStW 1988, 758 ff. (763); Schlehofer, Vorsatz und Tatabweichung, S. 166. Übrigens *„lässt sich die Strafbarkeit daher nach Belieben ausweiten oder einschränken,*

Fahrlässigkeit zu ziehen sind.[243] Aus diesem Grund muss man klare und objektiv bestimmbare Kriterien festlegen,[244] die die Bejahung oder Verneinung des Vorsatzes begründen könnten. Diese Kriterien sollen sich zugleich auf die diskursiven Bedingungen und auf die allgemeinen Grundlagen einer richtigen Begriffsbestimmung beziehen.[245]

Der Grund oder die Motivation einer Suche nach klaren Maßstäben hinsichtlich der Bestimmung der subjektiven Tatbestandsmerkmale liegt außerdem darin, die Rechtssicherheit und das Bestimmtheitsgebot des Art. 103 Abs. 2 GG [§ 1 StGB] und dadurch die Gerechtigkeit zu gewährleisten.[246] Das Problem ist eine Anhäufung von Abstraktionen und Undeutlichkeiten,[247] weil daraus das unbestimmte Wesen der Vorsatzindikatoren resultiert.[248] So fungieren die Indikatoren wie „Billigen", „billigend in Kauf nehmen", „Vertrauen auf einen guten Ausgang" als inhaltlose Worte und leere Begriffe.[249] Das bedeutet, dass diese Indizien dem Richter oder den Gerichten kaum helfen können.[250] Diese Begriffsbildungen bestärken daher die bereits angedeuteten Bedenken, dass das Willenselement überhaupt nicht für die Abgrenzung von Vorsatz und Fahrlässigkeit geeignet ist.[251]

Aus der Unbestimmtheit der Indizien ergibt sich notwendigerweise die Ungerechtigkeit.[252] Im Hinblick auf die Abgrenzung zwischen dem bedingten Vorsatz und der bewussten Fahrlässigkeit können die Indikatoren, wie das „billigende Inkaufnehmen" oder das „sich Abfinden mit dem Eintritt des Erfolges" oder auch das „sich mit dem Risiko der Tatbestandsverwirklichung Abfinden",[253] aus der Lehre von der Vorsatzgefahr oder der Vorstellungstheorie zwar auf den ersten Blick als praktikabel erscheinen. In der Praxis gibt es aber Grenzfälle, in denen es aufgrund dieser Indikatoren problematisch ist, einen Unterschied zwischen dem bedingten Vorsatz und der bewussten Fahrlässigkeit zu machen,[254] weil die Grenzen fließend

---

solange der BGH keine einigermaßen klare Rangfolge zwischen den genannten Indikatoren vorgibt." Kubiciel/Wachter, HRRS 2018, 338 ff. (334).

243 Martins, Versuch, S. 66; Puppe, Begriffskonzeptionen, S. 4.

244 Verrel, NStZ 2004, 309 ff. (309).

245 Vgl. Martins, Versuch, S. 94.

246 Jescheck/Weigend, Lehrbuch, § 29, S. 292. In diesem Sinne siehe auch Duttge, Zur Bestimmtheit des Handlungsunwerts, S. 29-31; vgl. Puppe, ZStW 1991, 1 ff. (31).

247 Duttge, JRE 2003, 103 ff. (110).

248 Vgl. Kargl, Der strafrechtliche Vorsatz, S. 53-54.

249 Gessner, Die bewusste Fahrlässigkeit, S. 41.

250 Schlehofer, Vorsatz und Tatabweichung, S. 166-167.

251 Dazu siehe auch Fieseler, Direkter und bedingter Rechtswidrigkeitsvorsatz, S. 96.

252 Ciacchi, Fahrlässigkeit und Tatbestandsbestimmtheit, S. 24.

253 Wessels/Beulke/Satzger, Strafrecht AT, § 7, Rn. 333.; Kindhäuser/Zimmermann, Strafrecht AT, § 14, S. 140, Rn. 18.

254 Mylonopoulos, ZStW 1987, 685 ff. (719).

sind.[255] Deswegen werden immer noch Grenzfälle im Grenzbereich bzw. *in the gray area*[256] zwischen Vorsatz und Fahrlässigkeit bleiben.[257] Wenn die Indikatoren oder Maßstäbe an sich unklar sind, können sie auf keinem Falle selbst einen Begriff bestimmen. Im rechtlichen Schrifttum und in der Rechtsprechung gibt es keine Einigkeit über das Wesen und die Bedeutung der Indikatoren.[258]

Es stellt sich die Frage, wie solche unbestimmten Indizien klarstellen können,[259] ob der Täter mit bedingtem Vorsatz oder bewusster Fahrlässigkeit gehandelt hat. Diese Beispiele sollten nicht schon die Richtung der Lösung unseres Problems aufzeigen, sondern nur dessen Vielschichtigkeit verdeutlichen: Wählt man in Übereinstimmung mit der heute gängigen Lehre als Bezugspunkt die Billigung,[260] die Einwilligung, das Inkaufnehmen oder die Gleichgültigkeit,[261] so sie in Wirklichkeit prozessual feststellbar seien,[262] führt uns dies die Fragwürdig- und Vieldeutigkeit der Unterscheidungsmerkmale vor.[263] Auch die Willenstheorie kann dazu nicht mehr beitragen, während die Vorstellungstheorie ausgehend von der Größe der dem Täter bewussten Gefahr und der Anschaulichkeit derselben ihm bekannten Gefahr ein Kriterium zu setzen versucht.[264]

Aufgrund dieser *tätigen Transitivität*[265] *oder* Elastizität[266] zwischen dem bedingten Vorsatz und der bewussten Fahrlässigkeit[267] ist es schwierig festzustellen,[268] ob der Täter in dem konkreten Fall bedingt vorsätzlich oder bewusst fahrlässig gehandelt hat. Daher ist es kaum möglich klarzustellen, ob der Täter den Eintritt des betreffenden Erfolgs akzeptiert[269] oder innerlich billigt[270] oder billigend in Kauf nimmt[271] oder gleichgültig ansieht oder sogar auf sein Ausbleiben vertraut.[272]

---

255 Puppe, Strafrecht AT, § 9, S. 128, Rn. 14.
256 Morkel, AJCL 1982, 325 ff. (326).
257 Ruppenthal, Der bedingte Tötungsvorsatz, S. 283.
258 Kargl, Der strafrechtliche Vorsatz, S. 49-50.
259 Hantschel, Untreuevorsatz, S. 203.
260 Baumanns, Untersuchungen, S. 77-78:
261 Kaufmann, Der dolus eventualis, S. 64.
262 Sauer, ZStW 1931, 164 ff. (178).
263 Baumanns, Untersuchungen, S. 80.
264 Puppe, Strafrecht AT, § 9, S. 140, Rn. 48, S. 141, Rn. 50.
265 Bühring, Über die Grenze, S. 17.
266 Danner, Dolus eventualis, S. 29.
267 Sauer, ZStW 1931, 164 ff. (176).
268 Fieseler, Direkter und bedingter Rechtswidrigkeitsvorsatz, S. 95-96.
269 Puppe, Strafrecht AT, § 9, S. 122, Rn. 5.
270 Kindhäuser/Zimmermann, Strafrecht AT, § 14, S. 142, Rn. 23.
271 Puppe, Strafrecht AT, § 9, S. 121, Rn. 4.
272 Schubert/Regge, Quellen zur Reform, § 19, S. 498; vgl. Jakobs, Strafrecht AT, S. 275, Rn. 28.

Alle diese Optionen sind möglich, da der einzige Maßstab dafür die innere und manipulierbare Einstellung des Täters, d. h. das subjektive sog. Willenselemente des Vorsatzes, ist. Dies verletzt das Rechtsstaatsprinzip, das im Wesentlichen auf der Gewissheit, Präzision und Sicherheit oder dem Bestimmtheitsgebot und ganz besonders auf der Gerechtigkeit basiert.[273] Streng genommen liegt der Grund darin, dass die von der heute herrschenden Lehre verwendete Kurzformel nur vordergründig klar ist. Diese nur scheinbar klare Formel und ihre auslegungsbedürftigen Merkmale führen zu einer kaum vorhersehbaren Entscheidung.[274] Demzufolge könnte ein Gericht somit einerseits in einem Fall den bedingten Vorsatz erkennen und in einem gleichwertigen Einzelfall zu einer umgekehrten Schlussfolgerung kommen.[275] Dies zeigt sich in zwei am selben Tag [01.03.2018] getroffenen Entscheidung des BGH.[276]

E. Die Kurzformel: Eine Zauberformel?

I. Eine inhaltsleere Floskel

Es hat sich gezeigt, dass man klare Kriterien festlegen muss, die dazu fähig sind, die Vorsatzzurechnung zu bestimmen und den Vorsatz von der Fahrlässigkeit abzugrenzen. Im Gegensatz dazu sind die sog. Kriterien oder Indizien der heute gängigen Lehre selbst unklar[277] und laden zu Spekulationen über die innere Tatseite der Angeklagten ein,[278] obwohl die Bestimmtheit als Grenzelement eine unmittelbare Voraussetzung der praktischen Brauchbarkeit des Begriffs ist.[279] Die bisherige gescheiterte Suche nach einer klärenden Begriffsbestimmung zeigt,[280] dass es keine Zauberformel gibt.[281] Ferner greifen die Indizien oder Maßstäbe, die für die Bestimmung des voluntativen Moments zu verwenden sind, entweder auf das kognitive Element zurück[282] oder sie beleben die Floskel vom „Billigen." Insoweit

---

273 Kindhäuser/Zimmermann, Strafrecht AT, § 3, S. 46, Rn. 2.

274 Kubiciel/Wachter, HRRS 2018, 338 ff. (333).

275 Puppe, NStZ 1992, 576 (577). Hierzu siehe auch Puppe, Strafrecht AT, § 9, S. 138-139, Rn. 43-44.

276 Dazu siehe die folgenden Entscheidungen: BGH 4 StR 158/17 [Frankfurter Fall] und BGH 4 StR 399/17 [Berliner Raser-Fall]. Deswegen *„dürfte das am selben Tag verkündete Urteil, in dem umgekehrt eine Verurteilung wegen fahrlässiger Tötung in einem ähnlich gelagerten Fall aufgehoben wurde, diejenigen enttäuschen, die sich nach einer klaren Prüfungsstruktur sehnen."* Kubiciel/Wachter, HRRS 2018, 338 ff. (333).

277 Vgl. Schlehofer, Vorsatz und Tatabweichung, S. 166.

278 Kubiciel/Wachter, HRRS 2018, 338 ff. (335).

279 Puppe, Vorsatz, S. 41-42; Maihofer, Der Handlungsbegriff, S. 10.

280 Bung, Wissen und Wollen, S. 265.

281 Bung, Wissen und Wollen, S. 211, 263; zustimmend Puppe, Begriffskonzeptionen, S. 3.

282 Kargl, Der strafrechtliche Vorsatz, S. 53.

bleibt eine jede Vorgehensweise funktionslos, weil die genannten Merkmale oder Indizien vielfach als gleichbedeutend verwandt werden[283] und die erste Methode faktisch die Differenz von Wissen und Wollen aufgibt, während die zweite zirkulär arbeitet und zu einer Zauberformel führt, sodass man in einer Sackgasse endet.[284] Das volitive Element des Vorsatzes wird als ein Dietrich angesehen, der immer passt oder passen sollte.[285] Aus den oben erwähnten Methoden und dem bisher Gesagten ergibt sich aber, dass das Wollen in der Tat inhaltslos und die Verwendung einer innerlichen Billigung des Täters eigentlich nichts anderes als eine Floskel ist.[286] Was mit all diesen ungewissen Formeln gemeint ist, bleibt völlig unklar. Andernfalls würde man nicht immer wieder neue Formeln dafür erfinden müssen.[287]

II. Die Zauberformel

Der sonderbare und fast rituelle Charakter, mit dem in der deutschen Rechtsprechung und Lehre solche sprachlichen Wendungen wie „in Kauf nehmen", „auf die Gefahr hin", „einverstanden", „billigen", „billigend in Kauf nehmen" oder „auf einen guten Ausgang vertrauen" entwickelt wurden,[288] um subjektive Tatbestandsmerkmale zu bestimmen und die Abgrenzung zwischen dem Dolus eventualis und der sog. bewussten Fahrlässigkeit durchführen zu können, steht im Gegensatz dazu, weil diese Formeln viele theoretische Probleme und praktische Schwierigkeiten mit sich bringen. Dabei sind die Unterschiede zwischen diesen Varianten nicht von Bedeutung. Es handelt sich nur um sprachliche Differenzen.[289] Hieraus dürfte man somit zur Evidenz hervorgehen, dass diese Redewendungen in der Praxis oft Klischees bilden,[290] die in der Tat der Erfüllung eines ideologischen Bedarfes dienen[291] und die ohne jeden semantischen Bezug anzuwenden sind.[292] Daraus folgt zumeist aber nur eine Zauberformel, die psychologisch und rechtswissenschaftlich keinen begründbaren Ansatzpunkt besitzt.[293] Daher sind die unterschiedlichen

283 Ambrosius, Untersuchungen zur Vorsatzabgrenzung, S. 43; Frauendorfer, Die Willensrichtung, S. 79.

284 Herzberg, JuS 1986, 249 ff. (249); vgl. Kargl, Der strafrechtliche Vorsatz, S. 72.

285 Kargl, Der strafrechtliche Vorsatz, S. 72; hierzu siehe auch Ryle, The Concept of Mind, S. 62.

286 Hantschel, Untreuevorsatz, S. 176; Bung, Wissen und Wollen, S. 155.

287 Puppe, ZStW 2017, 1 ff. (9).

288 Vgl. Kindhäuser, ZStW 1984, 1 ff. (2-3); Koriath, Grundlagen, S. 647.

289 Herrmanns, JA 2002, 140 ff. (141).

290 Morkel, NStZ 1981, 176 (178).

291 Koriath, Grundlagen, S. 647.

292 Kindhäuser, ZStW 1984, 1 ff. (2-3).

293 Binavince, Die vier Momente, S. 179; zustimmend Puppe, Vorsatz, S. 41; vgl. Zoller, Die Abgrenzung, S. 4.

Formen der Willenstheorie weit davon entfernt, die subjektiven Tatbestandsmerkmale zu begründen sowie sie voneinander abzugrenzen.[294]

Vielmehr bleibt unverständlich, auf welchen psychischen Akt der Unvernunft oder nach welchen Kriterien bei der Vorsatzbestimmung oder beim Unterschied zwischen dem Dolus eventualis und der bewussten Fahrlässigkeit es ankommen soll, ob der Täter die Gefahr voraussieht, aber doch verdrängt, sie nicht verdrängt, aber doch nicht ernst nimmt, sie ernst genommen hat, aber sich nicht für diese entschieden hat, sich für diese entschieden hat, aber sie nicht im Rechtssinne billigt oder aber sie nicht billigend in Kauf genommen oder sich nicht mit ihr abgefunden oder letztlich auf einen guten Ausgang vertraut hat. Insoweit definiert *Schmidhäuser* den Vorsatzbegriff als „ein Blendwerk juristischer Verschleierung“[295], der weder vom Schrifttum ernst zu nehmen noch in der Praxis durchzuführen ist[296]. Um diese Schwierigkeiten zu überwinden, muss eine neue Denkweise entwickelt werden. Auf diese Weise wird es dann auch für Richter nicht mehr nötig sein, Eiertänze aufzuführen, um mittels einer Formelhaftigkeit wie Billigen, billigend in Kauf nehmen, sich mit Abfinden oder Billigen im Rechtsinne den Vorsatz zu bestimmen.[297]

III. Eine *Humpty-Dumptyische* Begriffsbildung

Insoweit bieten die oben genannten Ansichten keine durchführbare Lösung an. Wie *Binavince*[298] zu Recht sagt, gewinnt man keine sachliche Erkenntnis durch diese Denkweise oder eine Art der Diskussion und der Begriffskonzeption, die wie *Humpty-Dumptys* berühmte tautologische Antwort an Alice klingt:[299]

> - And only one for birthday presents, you know. There’s “glory” for you!
> - “I don’t know what you mean by “glory” Alice said.
> - Humpty Dumpty smiled contemptuously.
> - Of course, you don’t, till I tell you. I meant “there’s a nice knock-down argument for you!”
> - But “glory” doesn’t mean “a nice knockdown argument”, Alice objected.
> - When I use a word, Humpty Dumpty said in rather a scornful tone, “it means just what I choose it to mean, neither more nor less.

294 Zustimmend Hemmen, Über den Begriff, S. 56. Denn „*man kann allen Leuten einige Zeit und einigen Leuten alle Zeit, nicht aber allen Leuten alle Zeit etwas vormachen.*“ Schmidhäuser, JuS 1980, 241 ff. (246).

295 Schmidhäuser, Vorsatzbegriff, S. 12.

296 Zustimmend Schmidhäuser, Vorsatzbegriff, S. 13; ähnlich Puppe, ZStW 1991, 1 ff. (15).

297 Morkel, NStZ 1981, 176 (178).

298 Binavince, Die vier Momente, S. 179-180.

299 Carroll, Alice’s Adventures, S. 123-124. In einem zwar anderen, aber ähnlichen Sinne Joerden, Dyadische Fallsysteme, S. 46.

- The question is, said Alice, "whether you can make words mean so many different things?"
- "The question is, said Humpty Dumpty, which is to be master, that's all."

Die Antwort *Humpty-Dumptys* an Alices Frage ist wie folgt: „Wenn ich ein Wort gebrauche, sagte Humpty-Dumpty in ziemlich verachtungsvollem Tone, dann hat es gerade die Bedeutung, die ich ihm geben will – nicht mehr und nicht weniger".[300] Dies erinnert uns daran, dass das gleiche Argument für die heute herrschende Lehre gilt, die das Wollen in den Vorsatz des voluntativen Elements einzuordnen versucht. Hiernach versteht man unter dem voluntativen Element des Vorsatzes mal Gutheißen, mal Begrüßen, mal Billigen im Rechtssinne,[301] mal Ernstnehmen oder Sich-Abfinden.[302] Diese Verschiedenheit und Vieldeutigkeit des Begriffes Wollen weist auf die Unbestimmtheit des voluntativen Elements des Vorsatzes hin.[303] Daraus resultiert, dass das voluntative Element auf diese Weise „nicht mehr typisierend wirken kann."[304] Deswegen sieht es so aus, als hätte man nur einen weiteren blinden Griff in die Blackbox getan,[305] wenn man mit diesem Kriterium den Vorsatz zu bestimmen versucht. Es fällt schwer abzulesen, was in der als Blackbox bezeichneten menschlichen Psyche geschieht.[306]

300 Binavince, Die vier Momente, S. 179-180; Wenn aber -wie Konfuzius einst sehr treffend sagte- *„die Sprache nicht stimmt, so ist das, was gesagt wird, nicht das, was gemeint ist. Ist das, was gesagt wird, nicht das, was gemeint ist, so kommen die Werke nicht zustande. Kommen die Werke nicht zustande, so gedeihen Moral und Kunst nicht. Gedeihen Moral und Kunst nicht, so trifft die Justiz nicht. Trifft die Justiz nicht, so weiß das Volk nicht, wohin Hand und Fuß setzen. Also dulde man keine Willkür in den Worten."* Dazu siehe Kaufmann, S. 338.

301 Für ausführlichere Erklärungen bezüglich des Ausdrucks „Billigen im Rechtsinne und Billigen im Sinne der Alltagssprache" siehe Gessner, Die bewusste Fahrlässigkeit, S. 49.

302 Frisch, Vorsatz und Risiko, S. 5; Hippel, Die Grenze, S. 98-99. Dazu siehe auch Geppert, JURA 2001, 55 ff. (58).

303 Puppe, Begriffskonzeptionen, S. 3; Puppe, ZIS 2019, 409 ff. (409).

304 Schlehofer, Vorsatz und Tatabweichung, S. 165.

305 Kargl, Der strafrechtliche Vorsatz, S. 22-23.

306 Hierzu siehe auch Kargl, Der strafrechtliche Vorsatz, S. 22-23; vgl. Köhler, GA 1981, 285 ff. (293-294).

F. Die materiellrechtliche und prozessuale Einheit eines Begriffes

I. Der beweisrechtliche Hintergrund

Unter dem Begriff „Beweisen“ versteht man vor allem das Liefern oder das Zuführen eines Beweises für etwas[307]. Der Beweis stellt hiernach den Nachweis dafür dar, dass etwas zu Recht behauptet, angenommen wird.[308] Im strafrechtlichen Sinne ist mit dem Begriff „beweisen“ gemeint, die Tatsache festzustellen, dass beispielsweise der Täter im konkreten Fall mit dem Dolus eventualis oder der sog. bewussten oder unbewussten Fahrlässigkeit gehandelt hat.[309] Es ist gewiss, dass man nur unter Zuhilfenahme von Indizien und Kriterien etwas beweisen kann. Hiernach stellt das Kriterium ein Tatbestandsmerkmal dar, womit man ein Rechtsinstitut vom andern unterscheiden kann, während ein Indiz dagegen eine Tatsache bildet, die zwar nicht das Beweisthema ist, von der sich doch aber Rückschlüsse auf das Beweisthema ziehen lassen.[310] Mit anderen Worten, stellt beispielsweise ein Richter aufgrund der freien Beweiswürdigung fest, dass der Täter im konkreten Einzelfall mit dem Dolus eventualis gehandelt habe, so bleiben auf der anderen Seite immer noch Gegenindizien bestehen, die sich in quantitativer oder qualitativer Minderheit befinden, da Gegenindizien logischerweise nicht aus der Welt geschafft werden können.[311]

Hervorzuheben ist dabei ohne Zweifel, dass es trotz modernster technischer Mittel heute in einem Strafverfahren immer noch kaum möglich oder recht schwierig ist, durch psychische Beziehungen des Täters zur Tat oder zum Erfolg und unter Ausnützung aller diesbezüglichen subjektiven Kriterien zur Überzeugung zu gelangen,[312] dass der Täter mit dem Dolus eventualis oder der sog. bewussten Fahrlässigkeit gehandelt habe.[313] Die erwähnten Beweisschwierigkeiten, in die sich ein jeder Richter oder jedes Gericht in fast allen Fällen bezüglich einer Abgrenzung zwischen Dolus eventualis und bewusster Fahrlässigkeit höchstwahrscheinlich versetzt sehen, beziehen sich notwendigerweise auf die Wahrheit,[314] dass die herrschende Lehre unzutreffend auf die innere und deswegen subjektive und manipulierbare psychische Beziehung des Täters zur Tat oder zum Erfolg abstellt[315] und daher in jedem Strafverfahren in diesem Sinne in eine Sackgasse

---

307 www.duden.de, Abruf: 16.01.2020
308 www.duden.de, Abruf: 16.01.2020
309 Zoller, Die Abgrenzung, S. 43.
310 Zoller, Die Abgrenzung, S. 43.
311 Zoller, Die Abgrenzung, S. 43.
312 Kölz-Ott, Eventualvorsatz, S. 13.
313 Fuchs, GA 1964, 65 ff. (66).
314 Vgl. Fuchs, GA 1964, 65 ff. (66).
315 Hierzu siehe auch Prömper, Hemmschwellentheorie, S. 194.

geraten. Deswegen ist eine Abgrenzung zwischen Eventualvorsatz und der sog. bewussten Fahrlässigkeit in der Praxis kaum möglich oder kann durchweg schwierig werden.[316]

II. Beweisrechtlich oder sachlich?

Der von uns gegen die herrschende Lehre erhobene Einwand trifft daher nicht nur die Beweisfrage, sondern auch die Bestimmung, das Wesen, die Merkmale des Vorsatzes und seine Abgrenzung zur Fahrlässigkeit insbesondere zwischen Dolus eventualis und bewusster Fahrlässigkeit.[317] Denn, wenn man tatsächlich daran denkt, woraus sich bisher überhaupt Beweisschwierigkeiten hinsichtlich des Vorsatzes ergaben[318] oder woher die Probleme bezüglich des Wesens und der Abgrenzung des Vorsatzes von der Fahrlässigkeit wirklich entspringen, so lautet die Antwort dann offensichtlich, dass der Grund für die sowohl gestrigen als auch gegenwärtigen sowie höchstwahrscheinlich auch zukünftigen materiellen und prozessualen Schwierigkeiten bezüglich des Rechtsvorsatzes darin liegt, dass die herrschende Lehre und Rechtsprechung den Vorsatz als eine innere und durchweg subjektive Tatsache bezeichnet, indem sie eindringlich ein voluntatives Element bzw. das Wollen als ein selbstständiges und gesondertes Element in den Vorsatz einordnen, das normalerweise nicht unmittelbar, sondern nur durch Rückschluss aus anderen, äußerlichen und ihrerseits objektiv feststellbaren Tatsachen bewiesen werden kann.[319]

Das stellt indessen – wie *Caspari* sagt –,[320] keine „Vermischung und Verwechselung" von Beweisfragen mit Fragen des materiellen Rechts dar. Vielmehr muss man einen dritten Weg finden, der bei der Ermittlung der subjektiven Tatbestandsmerkmale und der Begründung des materiellrechtlichen Vorsatzbegriffes die Frage bezüglich des Nachweises der subjektiven Tatseite bzw. der inneren Einhaltung des Täters[321] einerseits nicht gänzlich außer Betracht lässt, weil die psychische Beziehung oder das Wollen schon im Wissen impliziert ist, andererseits aber auch nicht dazu führt, den Vorsatzbegriff und den Vorsatzbeweis durchaus ineinander zu vermischen, nämlich das materielle Recht auf seine Beweismöglichkeiten und damit durchweg auf das prozessuale Recht hin zuzuschneiden.[322] Denn die Gefahr einer Vermengung dieser zwei einigermaßen verschiedenen, d. h. materiellen und

---

316 Zoller, Die Abgrenzung, S. 42.

317 Bühring, Über die Grenze, S. 56-57.

318 Dazu siehe auch Großmann, Die Grenze, S. 73 und Gottwald, Grenze zwischen Vorsatz und Fahrlässigkeit, S. 67.

319 Fieseler, Direkter und bedingter Rechtswidrigkeitsvorsatz, S. 72.

320 Caspari, Formen und Grenzen, S. 61, Fn. 3.

321 Danner, Dolus eventualis, S. 48.

322 Hantschel, Untreuevorsatz, S. 308.

prozessualen Probleme, kann zu einem problematischen Schluss führen, der die Lösung des Sach- und Beweisproblems drastisch erschweren würde.[323]

In diesem Sinne ist es außerdem klar, dass der Vorsatzbegriff in materiellrechtlicher Hinsicht auch für die Frage nach dem Beweis des Vorsatzes eine wichtige Rolle spielt.[324] Denn ein auf die innere Einstellung des Täters beruhender Vorsatzbegriff birgt auf jeden Fall die Gefahr in sich, auf erhebliche Schwierigkeiten bezüglich der Feststellung zu stoßen. Aus diesem Grund bringt die Frage, was man unter dem Begriff Vorsatz versteht oder verstehen soll, was der Vorsatz seinem Wesen nach ist und wodurch er sich von der [insb. bewussten] Fahrlässigkeit unterscheidet,[325] notwendigerweise eine andere und herausgearbeitete Frage mit sich, die wie folgt lautet: Wie oder ausgehend von welchen objektiven/subjektiven Kriterien kann oder soll man den hier definierten Vorsatz beweisen?[326] Mit anderen Worten, ist die Frage der beweismäßigen Feststellung des Vorsatzbegriffes[327] mit der Frage des Wesens, der Tragweite und der Angrenzung desselben materiellrechtlichen Vorsatzbegriffes untrennbar verbunden?[328]

Gerade deshalb müssen das materielle Strafrecht und das prozessuale Strafverfahrensrecht, d. h. die Begriffsbildung und die Beweisführung, „als Wirkungseinheit gesehen werden,"[329] weil sich jede prozessuale Beweisproblematik auf einen dogmatischen und begrifflichen Aspekt bezieht.[330] So ist das Problem, ob und wie der Vorsatz das Wissen und Wollen der Tatbestandsverwirklichung darstellt, eine sowohl materielle als auch prozessuale Frage.[331] Die Diskussion, ob das Wissen oder Wollen im konkreten Einzelfall vorliegt oder fehlt, ist aber eine prozessuale Frage.[332]

III. Die Kehrseite der Medaille: Begriffsbildung und Beweisführung

Um die Frage zu beantworten, wie der Vorsatz im Strafprozess nachgewiesen werden kann, sind zwei theoretische Instrumente unerlässlich: die Vorsatztheorie und die Beweistheorie.[333] Die zwei nachfolgenden Fragen, „Was ist der Vorsatz?" und

323 Ambrosius, Untersuchungen zur Vorsatzabgrenzung, S. 16, Fn. 3.
324 Birnbaum, Die Leichtfertigkeit, S. 224.
325 Ambrosius, Untersuchungen zur Vorsatzabgrenzung, S. 16, Fn. 3.
326 Vgl. Ambrosius, Untersuchungen zur Vorsatzabgrenzung, S. 16, Fn. 3.
327 Hantschel, Untreuevorsatz, S. 19.
328 Hantschel, Untreuevorsatz, S. 19; vgl. Kölz-Ott, Eventualvorsatz, S. 15.
329 Vogel/Bülte in: LK Vor § 15 StGB Rn. 75.
330 Ähnlich Vogel/Bülte, in: LK Vor § 15 StGB Rn. 75; Puppe, ZIS 2019, 409 ff. (410). Hierzu siehe auch Zipf, Kriminalpolitik, S. 52-53.
331 Ähnlich Puppe, Begriffskonzeptionen, S. 4.
332 Hantschel, Untreuevorsatz, S. 204.
333 Ragués Vallès, GA 2004, 257 ff. (257).

„Wie wird der Vorsatz nachgewiesen?“ sind eng miteinander verbunden. Besser gesagt: Die zweite Frage hängt von der ersten ab. Ohne Antwort auf die erste Frage bezüglich des Wesens und/oder der Merkmale des Vorsatzes [oder der einen anderen Begriffes] kann die zweite Frage überhaupt nicht beantwortet werden.[334]

Im Gegensatz zur Ansicht *Ruppenthals*[335] sind die Bestimmung oder Begründung des Vorsatzbegriffes in materiellrechtlicher Hinsicht und die Feststellung bzw. Beweisführung desselben im prozessualen Sinn daher Fragen,[336] die sich nur anscheinend voneinander unterscheiden,[337] *de facto* aber eng miteinander verbunden sind.[338] Ein Vorsatzbegriff, der im Strafprozess nicht nachweisbar ist, ist auch sachlich nichts wert.[339] Ferner sind die materiell-strafrechtlichen Fragen bezüglich der Begriffsbildung von Vorsatz oder Fahrlässigkeit usw. mit der prozessualen Nachweisproblematik verschränkt [Verschränkungsthese]. Das ist, was man als „Beweisfunktion“ des materiellen Strafrechts bezeichnet.[340]

Insoweit hat *Puppe* in der Tat nicht Recht, wenn sie sagt, dass das Problem nicht im Begriff des Vorsatzes, sondern in seinem Beweis liegt.[341] Denn der Vorsatzbegriff und der Vorsatzbeweis fließen ineinander.[342] Mit anderen Worten, die Beantwortung der Frage bezüglich des prozessualen Nachweises des Vorsatzes liegt auch in der Antwort auf die Frage nach dem Begriff bzw. nach der Begriffsbildung des Vorsatzes.[343] Der Vorsatzbegriff und der Beweis greifen so eng ineinander,[344] dass das Beweisproblem oft unbemerkt die Frage bezüglich der Vorsatzbestimmung, nämlich des eigentlichen Sachproblems, in den Vordergrund zu drängen tendiert.[345]

---

334 Raguès Vallès, GA 2004, 257 ff. (257).
335 Ruppenthal, S. 120.
336 Vgl. Hantschel, Untreuevorsatz, S. 163.
337 Ähnlich Puppe, Begriffskonzeptionen, S. 1.
338 Kölz-Ott, Eventualvorsatz, S. 16; Hantschel, Untreuevorsatz, S. 163; vgl. Kubiciel, Vom Dunkel, S. 4; Vogel/Bülte, in: LK Vor § 15 StGB Rn. 72
339 Hantschel, Untreuevorsatz, S. 163.
340 Vogel/Bülte, in: LK Vor § 15 StGB Rn. 75.
341 Puppe, Begriffskonzeptionen, S. 1. Dazu siehe auch Steinberg,, JZ 2010, 712 ff. (712).
342 Jakobs, ZStW 2002, 584 ff. (589).
343 Hantschel, Untreuevorsatz, S. 19.
344 Zustimmend Vogel/Bülte, in: LK Vor § 15 StGB Rn. 73-74; Birnbaum, Die Leichtfertigkeit, S. 247. Vgl. auch Ambrosius, Untersuchungen zur Vorsatzabgrenzung, S. 87.
345 Ambrosius, Untersuchungen zur Vorsatzabgrenzung, S. 16, Fn. 3; Raguès Vallès, GA 2004, 257 ff. (271).

IV. Der Kernsatz: Theoretische Richtigkeit und praktische Durchführbarkeit

Aus dem bisher Gesagten dürfte sich ergeben, dass die Frage der materiellen Richtigkeit einer Theorie bezüglich der Bestimmung und Abgrenzung der subjektiven Tatbestandsmerkmale hierbei die Beweiseinfachheit bzw. Beweiserleichterung[346] oder Beweisschwierigkeit mit sich bringt.[347] Hiernach hängt die Lösung der praktisch umstrittenen Fälle und auch der Grundprobleme insbesondere bezüglich der Abgrenzung zwischen dem bedingten Vorsatz und der bewussten Fahrlässigkeit von der Begriffsproblematik ab,[348] die auf die Richtigkeit der Bestimmung der materiellen Begriffe zurückzuführen ist. Ferner fällt die Frage von materieller Richtigkeit der Abgrenzung somit viel mehr ins Gewicht als die der Beweisschwierigkeit.[349] Bezeichnen die Juristen den Rechtsbegriff nicht zutreffend, d. h. nicht in Übereinstimmung mit der Natur der Sache und der Lebenswirklichkeit, wird die Selbstständigkeit des materiellen Strafrechts missachtet und prozessualen Erwägungen ohne Grund der Vorrang eingeräumt,[350] weil eine rein prozessuale Problematik ihre Lösung im materiellen Recht findet. Auf diese Wiese gerät das Strafrecht immer wieder unter den Einfluss einer prozessualen Denkweise.[351]

In diesem Sinne lässt es sich nicht vergessen, dass die Praktibilität und Durchführbarkeit einer Theorie immer davon abhängen, ob die Basis dieser Theorie der Realität des täglichen Lebens und der Natur der Sache,[352] womit das Wesen eines bestimmten Phänomens zu erfassen ist,[353] entspricht.[354] Andernfalls weisen die Definitionen oder Begriffe eine lebensfremde Besonderheit auf. Ferner hat ein Durchschnittstäter bzw. der sich im täglichen Leben erlebte Angeklagte ein grundsätzlich anderes Verhältnis zur Tat oder zum Erfolgseintritts als der Gesetzgeber, der Richter und der Strafrechtslehrer, die den Begriff bezeichnen. In der Begriffsbestimmung soll sich daher nicht das Verständnis dieser, sondern des genannten Angeklagten selbst spiegeln.[355] In diesem Sinne besitzen die praktischen Fälle bzw. die lebensnahen Beispiele von der Sache her eine Überzeugungskraft.[356] Zudem ist

346 Dazu siehe Brammsen, JZ 1989, 71 ff. (79).
347 Vgl. Gottwald, Grenze zwischen Vorsatz und Fahrlässigkeit, S. 76.
348 Ragués Vallès, GA 2004, 257 ff. (257).
349 Gottwald, Grenze zwischen Vorsatz und Fahrlässigkeit, S. 76.
350 Brammsen, JZ 1989, 71 ff. (82).
351 Brammsen, JZ 1989, 71 ff. (79); dazu siehe auch Hantschel, Untreuevorsatz, S. 162-163.
352 Um die Beziehung zwischen Recht und Realitäten siehe Zippelius, Das Wesen des Rechts, S. 46-48.
353 Küpper, Grenzen, S. 38.
354 Ragués Vallès, GA 2004, 257 ff. (261).
355 Fieseler, Direkter und bedingter Rechtswidrigkeitsvorsatz, S. 73.
356 Baumanns, Untersuchungen, S. 22.

es unumstritten, dass „eine gute theoretische Begründung nicht recht befriedigt, wenn sie den praktischen Anforderungen so gar nicht genügt."[357]

Von einer Definition des Vorsatzes wird daher erwartet, eine der Lebenswirklichkeit entsprechende und insoweit befriedigende Lösung der Beweisfrage anzubieten.[358] Denn jede theoretische Lösung, die praktisch nicht durchzuführen ist, „ist kriminalpolitisch unbrauchbar und stünde immer in der Gefahr der Manipulation im Prozess."[359] Wenn ein den Vorsatzbegriff kennzeichnendes Element oder ein Tatbestandsmerkmal wie das Wollen, d. h. die innere Einstellung des Täters nicht oder schwerlich feststellbar und nachvollziehbar ist,[360] scheint diese Theorie nicht sachgemäß und deswegen nicht brauchbar zu sein. Die Ungewissheit und die davon abstammende Schwierigkeit bezüglich der Feststellung der Merkmale des Begriffs des Vorsatzes führt hierdurch zu einer richterlichen Willkür.[361] Denn „die fehlende Klarheit der Begriffe und Stringenz der Regeln liefert den Bürger dem blinden Ungefähr richterlicher Willkür aus,"[362]die infolge der ungewissen und lebensfremden Begriffsbestimmung zu den verschiedenartigsten Auslegungen führt, die damit in einer untragbaren und ungerechten Weise voneinander abweichen.[363]

Die materiellrechtliche Seite des Vorsatzes ist nichts wert, solange die prozessuale Seite des Vorsatzes unbestimmbar[364] und der Vorsatz selbst im Strafprozess nicht nachweisbar ist.[365] Die voluntative Seite des Vorsatzes bzw. das Willensmoment stellt in diesem Sinne ein unzuverlässiges Kriterium dar,[366] weil das Willenselement schwierig nachzuweisen ist, insbesondere wenn der Täter den Erfolg nicht erstrebt, sondern im Zweifel handelt,[367] wie es bei dem Dolus eventualis der Fall ist. In diesem Sinne ist das Gebiet des bedingten Vorsatzes das Gebiet des Zweifels.[368] Ein jeder Begriff, der einmal vom Gesetzgeber in die Rechtssprache eingeführt ist, soll daher in der Praxis rechtsbrauchbar und anwendbar erläutert,[369] bestimmt und festgelegt werden. Die Unbestimmtheiten bezüglich des rechtlichen

---

357 Baumanns, Untersuchungen, S. 117.
358 Vgl. Fieseler, Direkter und bedingter Rechtswidrigkeitsvorsatz, S. 71.
359 Vogel/Bülte, in: LK Vor § 15 StGB Rn. 75. Hierzu siehe auch Zipf, Kriminalpolitik, S. 52-53.
360 Gatzweiler, Rechtsvergleichende Untersuchung, S. 60.
361 Ähnlich Zoller, Die Abgrenzung, S. 44.
362 Kubiciel, Vom Dunkel, S. 7.
363 Schweling, ZStW 1960, 464 ff. (467).
364 Hantschel, Untreuevorsatz, S. 164.
365 Hantschel, Untreuevorsatz, S. 19; ähnlich Jahn, JuS 2017, 700 ff. (701).
366 Wolff-Reske, Berufsbedingtes Verhalten, S. 59.
367 Baumanns, Untersuchungen, S. 49.
368 Geppert, JURA 1986, 610 ff. (610).
369 Schweling, ZStW 1960, 464 ff. (467).

Begriffes sollen hiernach so weit wie möglich beseitigt werden. Denn diese Unbestimmtheit erschwert die Bestimmung des Begriffes und setzt sich dann jedem Versuch wider, den Begriff klarzustellen, und hindert dadurch die Abgrenzung. Zudem verstößt diese Situation gegen das rechtsstaatliche Gebot der Normenklarheit und Rechtssicherheit.[370] Das führt uns zum Schluss, die Verfassungsmäßigkeit derjenigen gesetzlichen Normen oder Bestimmungen, die diesen unbestimmbaren Begriff umfassen, in Zweifel zu ziehen.[371] Dabei ist aber der Vorsatzbegriff der herrschenden Lehre, der die Tatbestandsverwirklichung als Wissen und Wollen definiert, weit davon entfernt, seine Aufgabe zu erledigen. Insoweit ist ebenso gewiss, dass der Vorsatz als eine äußerliche Beobachtung des inneren Vorganges zu definieren ist.[372]

V. Der vielstimmige, dissonante Chor

Jede Frage nach dem Inhalt der Blackbox der „inneren Einstellung" oder „seelischer Einhaltung des Täters" scheint schwierig zu beantworten, weil man per definitionem nicht wissen kann, was in der Blackbox eines anderen vorgeht. Gerade deshalb beschreiben die Strafrechtslehre und die Rechtsprechung das voluntative Element bzw. das innerliche Billigen in einem vielstimmigen, dissonanten Chor,[373] der letztendlich in der Tat nichts sagt. Der Rückgriff auf die innere Einstellung des Täters ist daher im Rahmen der Bestimmung des Vorsatzes nicht nur theoretisch irreführend, sondern führt auch in der Praxis zu unüberwindlichen Schwierigkeiten. Zu der altbekannten komplizierten Abgrenzungsproblematik sind neue Fälle getreten, in denen alle emotionalen Abgrenzungskriterien schlechthin ihren Sinn verlieren.[374]

Liegt in solchen Fällen eine Einlassung oder ein Geständnis des Täters vor, die praktisch aber kaum denkbar sind, dann bereite die Beweisführung keine Schwierigkeiten. Gesteht der Täter aber nicht, den schädlichen Erfolgseintritt bzw. die tatbestandsmäßige Erfolgsherbeiführung gewollt zu haben, sei es dann ausgeschlossen bzw. kaum möglich, die innerliche Einhaltung des Täters im Sinne der Willenstheorie festzustellen. Wegen der soeben angedeuteten materiell- und

---

370 Darunter versteht man *„die an das positive Recht zu stellende Anforderung, innerhalb seines Bereiches und mit seinen Mitteln Ordnungsgewissheit zu schaffen."* Henkel, Einführung, S. 334.

371 Schweling, ZStW 1960, 464 ff. (468).

372 Hantschel, Untreuevorsatz, S. 19.

373 Kargl, Der strafrechtliche Vorsatz, S. 22; vgl. Zielinski (1927), S. 5.

374 Wie Welzel sagte, „hat *die Schwierigkeit ihren Grund darin, dass das Wollen ein ursprünglich letztes seelisches Phänomen ist, das nicht auf andere seelische Vorgänge – weder auf emotionale noch auf intellektuelle - zurückgeführt werden kann und das darum nur umschrieben, aber nicht eigentlich definiert werden kann."* Welzel, Das Deutsche Strafrecht, S. 69.

prozessrechtlichen Schwierigkeiten sind an die Stelle der schwer beweisbaren inneren Beziehung oder emotionalen Einstellung des Täters zur Tat und zum Erfolgseintritt die Überzeugungskraft des objektiven Tatbildes wie des vernünftigen Menschen, die Beurteilung eines objektiven Beobachters, die Lebenserfahrung oder Typizität des Falles usw. zu setzen.[375]

In diesem Fall soll der Richter oder das Gericht notwendigerweise auf die äußerlichen Indikatoren und den Indizienbeweis bzw. auf die objektiven Kriterien zurückgreifen,[376] wie fast in allen Fällen der Fall ist. Der Vorsatz muss somit über Indizien und Indikatoren erschlossen werden.[377] Hieraus dürfte sich ergeben, dass sowohl das Schrifttum bzw. die Doktrin als auch die Rechtsprechung in einem erheblichen Widerspruch stehen.[378] Demnach vertreten die Gelehrten, die sich zur Willenstheorie bekennen, theoretisch die Willenstheorie und bauen ihre Theorie durchaus auf der inneren Eihaltung und der psychischen Beziehung des Täters auf. Sie greifen dagegen auf äußere Indikatoren und objektive Kriterien zurück, weil die subjektiven Kriterien der Willenstheorie wie der innerpsychische Zustand des Täters, die theoretisch ganz gut funktioniert erscheinen, können praktisch auf keinen Fall davon befreit werden, durchaus funktionslos zu bleiben.

---

375 Baumanns, Untersuchungen, S. 79; Köhler, GA 1981, 285 ff. (294).

376 Steinberg,, JZ 2010, 712 ff. (712); Gatzweiler, Rechtsvergleichende Untersuchung, S. 43-44.

377 Roxin/Greco, Strafrecht AT, § 12, S. 551, Rn. 32.

378 Köhler, Die bewusste Fahrlässigkeit, S. 322.

Das Dritte Kapitel Der zweite Knopf: Vorsatz in der Fahrlässigkeit

Abstract
Im Gegensatz zur herrschenden Lehre lehnt die eigene Ansicht des Verfassers eine Kategorie wie die bewusste Fahrlässigkeit ab. Hiernach ist die bewusste Fahrlässigkeit eine erfundene und gekünstelte Kategorie, die eine *contradictio in adjecto* bildet. Sodann trägt der Begriff „bewusste Fahrlässigkeit" auch unbedingt einen Widerspruch in sich selbst. Ein solcher Widerspruch [= Oxymoron] liegt bereits deswegen vor, weil man gleichzeitig nicht „bewusst" und „fahrlässig" handeln kann. Freilich weisen Rechtsnormen normative Besonderheit auf. Sie dürfen sich aber nicht vom Leben oder von der Lebenswirklichkeit entfernen. Daher soll jeder rechtliche Begriff oder jede rechtliche Lehre einen Bezug zum wirklichen Leben haben. Anderenfalls spricht man von einer „Denaturierung der Begriffe" wie die trügerische Anwendung „bewusste Fahrlässigkeit", die durch eine lebensfremde Theorie bewirkt und konstruiert wird.

Insoweit ist die gekünstelte Kategorie de sog. „bewusste Fahrlässigkeit" nichts anderes als eine Unterart des dolus eventualis bzw. als gewisser Fall des leichten dolus eventualis, was für sich genommen ein Irrtum darstellt. Der bei der bewussten Fahrlässigkeit eingetroffene Irrtum kann hier in der falschen Einschätzung bezüglich der Kausalität und im gewöhnlichen kausalem Lauf der Dinge gefunden werden, der nicht ein vorsatzausschließender, sondern ein sich auf die Schuld auswirkender Irrtum ist.

Die hier genannte unterschiedliche tadelnswerte Sinnesrichtung des Täters könnte sowie sollte im Schuldbereich hinsichtlich der Strafzumessung in Betracht gezogen werden. Damit soll ein wichtiger Beitrag geleistet werden, weil diese Ansicht das sehr umstrittene Abgrenzungsproblem zwischen dolus eventualis und der sog. bewussten Fahrlässigkeit – wie es schon sein sollte – aus dem Unrechtsbereich herausnimmt und in den Schuldbereich als einen Unterfall der Schuld in Bezug auf die Strafzumessung einordnet.

Keywords: „Fahr-lässig-keit", „Be-wusst-sein", contradictio in adjecto, oxymoron, "double bind" Theorie, Denaturierung der Begriffe, Ontologie (Sein), Fiktion (Sollen), „Don Quijote" Kampf, Irrtum, error facti.

§ Jagd nach dem Vorsatz

A. Die Fahrlässigkeit

I. Die auf Feuerbach zurückgehende Aufteilung

Gemäß § 15 StGB ist nur vorsätzliches Handeln strafbar, solange das Gesetz das fahrlässige Handeln nicht ausdrücklich mit Strafe bedroht.[1] Hiernach setzt das Verbrechen immer Vorsatz voraus. Fahrlässigkeit ist der Ausnahmefall[2]. Dementsprechend wird die Fahrlässigkeit in der Strafrechtslehre als zweitrangiger subjektiver Tatbestand begriffen,[3] während der Vorsatz den regelmäßigen subjektiven Tatbestand darstellt.[4] Fahrlässig handelt hiernach, wer eine objektive Pflicht schuldhaft verletzt, die er nach seinen individuellen subjektiven Kenntnissen und Fähigkeiten hätte vermeiden können.[5] Um von einer fahrlässig begangenen und dadurch einer Pflichtverletzung begründenden Handlung reden zu können, sollte die Pflichtverletzung oder Pflichtwidrigkeit des Täters sowohl objektiv wie auch subjektiv vorhersehbar erscheinen, die den tatbestandsmäßigen Erfolg herbeiführt.[6]

Im deutschen Strafgesetzbuch gibt es keine Bestimmung, die den Begriff der Fahrlässigkeit *in puncto* Wesen definiert.[7] Dennoch unterscheiden sich herkömmlich sowohl in der Lehre als auch in der Rechtsprechung zwei unterschiedliche Grade oder Stufen der Fahrlässigkeit, die als bewusste und unbewusste Fahrlässigkeit bezeichnet werden.[8] Hier ist zunächst zu betonen, dass eine derartige

---

1 Kaspar, JuS 2012, 16 ff. (16); Köhler, Die bewusste Fahrlässigkeit, S. 20; Jakobs, Kritik des Vorsatzbegriffs, S. 21-22.

2 Jescheck/Weigend, Lehrbuch, § 29, S. 291; Beschütz, Die Fahrlässigkeit, S. 2.

3 Zeiler, ZStW 1934, 251 ff. (251).

4 Mühlhaus, Die Fahrlässigkeit, S. 11.

5 Wessels/Beulke/Satzger, § 18, Rn. 1101-1125; Hahn-Woernle, Die Verwirklichung, S. 1; Spiegel, Kritische Besprechung, S. 57.

6 Deutsch (2002), S. 906-907; Kaminski, Der objektive Maßstab, S. 42. Dafür siehe auch Brinkman, S. 100-101.

7 Kindhäuser/Zimmermann, Strafrecht AT, § 33, S. 295, Rn. 6. In der italienischen Strafrechtswissenschaft ist die Fahrlässigkeit in zwei Gruppen zu teilen: Generelle [Nachlässigkeit, Unvorsichtigkeit, Untüchtigkeit] und spezielle [Nichtbeachtung von Gesetzen, Verordnung, Befehlen und Regelungen] Fahrlässigkeit. Näher Ciacchi, Fahrlässigkeit und Tatbestandsbestimmtheit, S. 137 ff. Dazu siehe auch Barbero, RDP 1975, 533 ff. (538-539).

8 Maihofer, ZStW 1958, 159 ff. (160); Kirschner, Die Fahrlässigkeit, S. 21; Ferner „*werden im amerikanischen Strafrecht drei Stufen der Fahrlässigkeit unterschieden: ordinary negligence, criminal negligence und recklessness.*“ Wegscheider, ZStW 1986, 624 ff.

Unterscheidung zwischen der bewussten und unbewussten Fahrlässigkeit nur in der Strafzumessung eine Rolle spielt.[9] Zudem ist die auf *Feuerbach* zurückgehende Unterscheidung zwischen bewusster und unbewusster, besser gesagt zwischen mittelbarer und unmittelbarer Fahrlässigkeit[10] als Quelle aller Schwierigkeiten anzusehen. Denn die unzutreffende und widersprüchliche Begriffsbildung „bewusste Fahrlässigkeit" ergibt sich aus eben dieser berühmten Unterscheidung.[11] Die unmittelbare Fahrlässigkeit ist heute mit der bewussten Fahrlässigkeit gleichzusetzen.[12] Unmittelbar fahrlässig handelt, wer mit dem Bewusstsein eines möglicherweise eintretenden rechtswidrigen Erfolgs agiert, ohne die ihm zu Gebote stehenden Mittel und Möglichkeit angewendet zu haben, den rechtswidrigen Erfolg zu vermeiden.[13] Die Unterscheidung zwischen bewusster und unbewusster Fahrlässigkeit[14] steht den beiden Formen des Vorsatzes bzw. dem unbedingten und bedingten Vorsatz gegenüber.[15]

---

(634); vgl. Kadecka, ZStW 1928, 605 ff. (617). Anders Roxin/Greco, Strafrecht AT, § 24, S. 1205, Rn. 68.

9 Wessels/Beulke/Satzger, § 18, Rn. 1106.

10 Die hier genannte und auf Feuerbach zurückgehende Unterscheidung ist eigentlich zwischen „*mittelbarer*" und „*unmittelbarer*" Fahrlässigkeit. Zu dieser Unterscheidung siehe Feuerbach, Lehrbuch (1847), § 56, S. 105-106. Hierzu siehe auch Morkel, AJCL 1982, 325 ff. (329); Barbero, RDP 1975, 533 ff. (534-535); Rott, Zur Strafbarkeit, S. 42, Fn. 49 und S. 42-44; Binding, Die Normen IV, S. 464-467; Exner, Das Wesen der Fahrlässigkeit, S. 14-15; Holl, Entwicklungen der Fahrlässigkeitsdogmatik, S. 12-13. Insoweit hat Feuerbach im Laufe der Zeit in Bezug auf die Culpa einen neuen Standpunkt eingenommen, indem er auf seine Untergliederung, in der die Culpa unter vier Arten einzuordnen ist, verzichtet und stattdessen zu einer neuen Klassifizierung gelangt, in der er die Culpa in zwei Formen als mittelbare und unmittelbare Fahrlässigkeit aufteilt. Dazu siehe Feuerbach, Lehrbuch (1803), § 57, S. 51-52; Exner, Das Wesen der Fahrlässigkeit, S. 18; Köhler, Probleme der Fahrlässigkeit, S. 6-7. Hierzu siehe auch Erenius, Criminal Negligence, S. 77-79; Erenius, Criminal Negligence, S. 77-78. Dazu siehe auch Hoffmann, Die Abstufung der Fahrlässigkeit, S. 1-2; Rott, Zur Strafbarkeit, S. 43-44; Börchers, Schuldprinzip, S. 121 und Bar (1907), § 430, S. 439-440.

11 Gessner, Die bewusste Fahrlässigkeit, S. 102. Dazu siehe auch Schmidhäuser, GA 1957, 305 ff.(313).

12 Börchers, Schuldprinzip, S. 121; Köhler, Probleme der Fahrlässigkeit, S. 7, Fn. 1. Dazu siehe auch Märker, Vorsatz und Fahrlässigkeit, S. 96-97.

13 Feuerbach, Lehrbuch (1832), § 56, S. 45.

14 Für die Kritik an der Abstufung zwischen bewusster und unbewusster Fahrlässigkeit siehe Rott, Zur Strafbarkeit, S. 45-46. Dazu siehe auch Exner, Das Wesen der Fahrlässigkeit, S. 12 ff. Für eine zusammenfassende Entwicklungsgeschichte des Begriffes „Fahrlässigkeit" siehe Erenius, Criminal Negligence, S. 23 ff.

15 Maihofer, ZStW 1958, 159 ff.(161).

Ein Vergleich der beiden Fahrlässigkeitsstufen verdeutlicht, dass die unbewusste Fahrlässigkeit die Fälle darstellt, in der der Täter infolge von Missachtung bzw. Verletzung seiner Sorgfaltspflicht[16] die Folgen seiner Tat nicht vorausgesehen hat,[17] obwohl sie voraussehbar waren.[18] Die bewusste Fahrlässigkeit stellt dagegen die Fälle dar, in der der Täter die Folgen zwar voraussieht, aber dennoch weiter handelt, weil er auf das Ausbleiben dieser Folge vertraut.[19] Bewusst fahrlässig handelt hiernach derjenige, der bei einem Tun oder Unterlassen den Eintritt des rechtswidrigen und daher strafbaren Erfolges sich zwar vorstellt,[20] in vorwerfbarer Weise aber auf einen guten Ausgang vertraut.[21] In diesem Fall hat sich der Täter die Möglichkeit, Erforderlichkeit oder Gewöhnlichkeit eines rechtswidrigen Erfolgs vorgestellt,[22] gleichwohl aber in der Erwartung bzw. mit der Hoffnung gehandelt, dass der als möglich vorgestellte Erfolgseintritt ausbleiben werde.[23] Im Gegensatz dazu handelt unbewusst fahrlässig derjenige, der sich die Tatbestandsverwirklichung bzw. den rechtsverletzenden Erfolg pflichtwidrig in der Tat gar nicht vorstellt.[24]

II. Der etymologische Hintergrund des Begriffs „Be-wusst- sein“ und Fahr-lässig-keit“

1. Ausgangspunkt

Begriffsverwendungen oder Begriffsbildungen können sich unter Philosophen, Psychologen, Psychiatern und Neurologen in gewissem Maße unterscheiden.[25] Zur Bewältigung der Abgrenzungsschwierigkeiten verhilft die Etymologie manchmal so gut wie gar nicht.[26] In Bezug auf die Etymologie können und dürfen die Wörter „bewusst“ und „fahrlässig“ nicht zusammen verwendet werden, da sie ansonsten einen kontradiktorischen Ausdruck wie die sog. „bewusste Fahrlässigkeit“ herstellen. Anders ausgedrückt: Es liegt auf der Hand, dass angesichts der etymologisch-wörtlichen Angaben keine Ähnlich- und Gemeinsamkeit zwischen den Wörtern „bewusst“ und „Fahrlässigkeit“ gemacht werden können. Gegen den unzutreffenden Einwand, dass

---

16 Jakulin, SLR 2007, 107 ff. (109); Lekschas, Über die Strafwürdigkeit, S. 31.

17 Kubiciel, Welzel und die Anderen, S. 153.

18 Maihofer, ZStW 1958, 159 ff. (161); Pfeiffer, JURA 2004, 519 ff. (526); Koch, ZIS 2010, 175 ff. (180-181).

19 Roxin/Greco, Strafrecht AT, § 12, S. 549, Rn. 27.

20 Vogel/Bülte, in: LK § 15 StGB Rn. 59.

21 Graf, Die Bestrafung der Fahrlässigkeit, S. 24.

22 Anm. des Verfassers.

23 Röhl, JZ 1974, 521 ff. (526).

24 Graf, Die Bestrafung der Fahrlässigkeit, S. 24.

25 Nau, Die Bewusstseinsform, S. 90.

26 Köhler, Probleme der Fahrlässigkeit, S. 2.

im Rechtsbereich Begriffe juristisch und nicht philologisch verstanden werden müssen, ist hervorzuheben, dass zahlreiche Rechtsbegriffe dank der mannigfaltigen Redewendungen und Wortbildungen der deutschen Sprache aufzuklären sind.[27] Hieraus lässt sich folgern, dass die Ausdrücke nicht nur auf die Rechtssprache beschränkt werden dürfen.[28] Andernfalls wären deontologische Ausdrücke oder Anwendungen wie „bewusste Fahrlässigkeit“ unerlässlich.[29]

2. Der etymologische Hintergrund des Begriffs „Be-wusst-sein“

Der Begriff „Bewusstsein“ stellt einen geistigen oder mentalen Zustand dar,[30] den ein Individuum haben kann oder muss.[31] Das psychologische Phänomen der bewussten Handlung bzw. die gewollte Tätigkeit mit dem Wissen oder mit der konkreten Vorstellung der Folge ist in den Bereich des vorsätzlichen Handelns einzuordnen.[32] Aus diesem Grund ist das Bewusstsein der Widerrechtlichkeit maßgebliches Abgrenzungskriterium zwischen Vorsatz und Fahrlässigkeit.[33] Somit gelangt man anhand des Abgrenzungskriteriums „Bewusstsein“ zur Grenze von Vorsatz und Fahrlässigkeit.[34] Im Rechtssinne stellt die „bewusste Tathandlung“ ein gewusst und gewollt vorgenommenes menschliches Verhalten dar,[35] wonach der Täter über die rechtlichen Eigenschaften seiner Handlung und die sich daraus ergebenden Folgen Bescheid weiß.[36] Wer mit dem Bewusstsein handelt, handelt hiernach in Kenntnis.[37] Insoweit wird man je nach dem Gegebensein und Fehlen von Bewusstsein eine graduelle Abstufung vom ganz sicherem bis zum ganz unsicheren Wissen bzw. Unwissen erreichen[38] und davon ausgehend sind die subjektiven Tatbestände durch das Bewusstsein bzw. die Kenntnis und/oder das fehlende Bewusstsein bzw. die Nichtkenntnis[39] festzustellen.[40]

---

27 Ähnlich Bremer, Grenze, S. 37.
28 Vgl. Hall, Fahrlässigkeit im Vorsatz, S. 26.
29 Vgl. Märker, Vorsatz und Fahrlässigkeit, S. 193.
30 Gottwald, PM 2015, 16 ff. (19).
31 Nau, Die Bewusstseinsform, S. 90. Hierzu siehe auch https://de.wiktionary.org/wiki/Bewusstsein und https://de.wiktionary.org/wiki/bewusst, Abruf: 07.02.2021
32 Vgl. Runck, Dolus eventualis, S. 8.
33 Schlüchter, Grenzen, S. 52, Fn. 290.
34 Runck, Dolus eventualis, S. 38.
35 Deutsch (1988), S. 995.
36 Platzgummer, Die Bewusstseinsform des Vorsatzes, S. 10.
37 Grimm/Grimm, Deutsches Wörterbuch 5, S. 139-140; Almendigen, Untersuchungen, S. 44; Holl, Entwicklungen der Fahrlässigkeitsdogmatik, S. 10.
38 Schmidhäuser, JuS 1980, 241 ff. (251).
39 Vgl. Birnbaum, Die Leichtfertigkeit, S. 87.
40 Schmidhäuser, JuS 1980, 241 ff. (245); Grimm/Grimm, Deutsches Wörterbuch 5, S. 140.

Unter dem Begriff Bewusstsein versteht man also den „Zustand, in dem man sich einer Sache bewusst ist; deutliches Wissen von etwas, Gewissheit; Gesamtheit aller jener psychischen Vorgänge, durch die sich der Mensch der Außenwelt und seiner selbst bewusst wird; Zustand geistiger Klarheit; volle Herrschaft über seine Sinne."[41] Es stellt sich hier die Frage, welcher Grad des Wissens oder ab welchem Grad[42] der Vorstellung an die rechtswidrige Folge der Handlung des Täters genügt oder genügend sein soll, um die von ihm beherrschte Handlung als eine bewusst vorgenommenen deliktischen Tatakt zu bezeichnen[43] und um die Bewusstheit des Täters annehmen zu können.[44] Es ist klar, dass das Bewusstsein des Täters nach objektiven Kriterien zu prüfen ist, wie z. B. nach der Beobachtung eines vernünftigen objektiven Beobachters, welcher ein allgemeines Erfahrungswissen mit sich bringt, um die Gefahr oder das Risiko und die Typizität des Falles bestimmen zu können.[45] Wer in diesem Sinne weiterhandelt, obwohl er sich die Erheblichkeit der Gefahr und die Erforderlichkeit des Erfolgseintritts konkret vorstellt, handelt bewusst schuldhaft, weil er als ein vernünftiges Wesen unter der gegebenen Umständen weiß oder gewusst haben sollte,[46] was er tut.[47]

Es soll allerdings beachtet werden, dass die Handlung unter dem Einfluss der aktiven Rolle des Bewusstseins entstanden ist.[48] Als zielsteuernde Kraft des Menschen antizipiert das Bewusstsein den Zweck, den der Täter zu erreichen versucht und wählt dafür erforderliche Mittel aus und steuert letztlich den Verlauf, um den Zweck zu realisieren.[49] Hiernach soll dem Täter bewusst sein,[50] dass er durch seine Tat, aus seiner Sicht oder aus der Sicht eines vernünftigen objektiven Beobachters gesehen, das Rechtsgut eines Dritten verletzen kann. Aus diesem Grund soll beim Vorsatz das Bewusstsein bzw. die Kenntnis von den Umständen des Gefahrschaffungsakts oder das Wissen bezüglich der aktuellen und kausalen Geschehenssteuerung bis hin zum vorgestellten und rechtswidrigen Erfolg gegeben sein.[51]

---

41 www.duden.de, Abruf: 07.05.2021

42 Rott, Zur Strafbarkeit, S. 37.

43 Runck, Dolus eventualis, S. 38.

44 Schewe, Bewusstsein und Vorsatz, S. 114. Hierzu siehe auch Ryle, The Concept of Mind, S. 150; vgl. Lampe, ZStW 2006, 1 ff. (32).

45 Rott, Zur Strafbarkeit, S. 37; Holmes, The Common Law, S. 69.

46 Zustimmend Hautamaki, DLJ 1951, 55 ff. (62).

47 Runck, Dolus eventualis, S. 38.

48 Macior, ZStW 1981, 1053 ff. (1062).

49 Kaufmann, Jus 1967, 145 ff. (147).

50 Ohne Rückblick darauf, ob es aktuell ist oder nicht. Anders Brammsen, JZ 1989, 71 ff. (81).

51 Brammsen, JZ 1989, 71 ff. (81).

3. Der etymologische Hintergrund des Begriffs „Fahr-lässig-keit“

Der etymologische Hintergrund des Begriffes „fahrlässig“ bzw. „Fahrlässigkeit“ ist in gewissem Maße unsicher und lässt den Juristen außerdem schon bald im Stich.[52] Der *Duden* definiert das Wort „fahrlässig“ als die gebotene Vorsicht, Aufmerksamkeit, Besonnenheit fehlen zu lassen.[53] Das Wort oder der Begriff „fahrlässig“ und „Fahrlässigkeit“ tauchte erst am Ende des 15. Jahrhunderts auf[54] und wurde in nichtjuristischen Werken verwendet.[55] Bis dahin, insbesondere seit dem 14. Jahrhundert, wurde in den Quellen vielmehr das Wort „hinlässig“ verwendet.[56] Darunter versteht man hier „im Gehen, im Benehmen oder Handeln lässig“[57]. Mit anderen Worten, „der Begriff “Fahrlässigkeit“ ist in der Rechtssprache seit dem 15. Jahrhundert bezeugt und leitet sich vom mittelhochdeutschen Begriff *„varnläzen“* ab, was so viel wie gehenlassen, vernachlässigen bedeutet.[58] Übrigens ist es zu erwähnen, dass „ein erstes Vorkommen des Wortes *fahrlässig* in der Form *verlesig* aus dem Jahre 1483 und leitet es von einem mittelhochdeutschen Zeitwort *verlaesec* ab.“[59]

Aus der Herkunft des Wortes „Fahrlässigkeit“ vom germanischen *„Fahrenlassen“*[60] kann auf die Bedeutung dieses Begriffes eingegangen werden.[61] Hiernach lassen sich verschiedene Bedeutungen der Fahrlässigkeit erörtern. Vor allem stellt „die Grundbedeutung von fahren die Fortbewegung jeder Art dar, ganzgleich ob sie auf ein Ziel gerichtet ist oder auch nicht.“[62] Ferner „kommt fahrlässig von varn lân im Sinne von ver-nachlässigen,[63] negligens.[64] Fahrlässig ist, wer zu träge ist,

---

52 Köhler, Probleme der Fahrlässigkeit, S. 2. Hierzu siehe auch https://de.wiktionary.org/wiki/l%C3%A4ssig und https://de.wiktionary.org/wiki/fahrl%C3%A4ssig, Abruf: 07.02.2021

53 https://www.duden.de/rechtschreibung/fahrlaessig

54 Köhler, Probleme der Fahrlässigkeit, S. 2.

55 Webel, Strafbarkeit leicht fahrlässigen Verhaltens?, S. 13; Schlüchter, Grenzen, S. 32 ff.

56 Koch, Die Entkriminalisierung, S. 50, Fn. 49.

57 Köhler, Probleme der Fahrlässigkeit, S. 2.

58 Webel, Strafbarkeit leicht fahrlässigen Verhaltens?, S. 13; Grimm/Grimm, Deutsches Wörterbuch 9, S. 55.

59 Köhler, Probleme der Fahrlässigkeit, S. 2.

60 Schlüchter, Grenzen, S. 13.

61 Köhler, Probleme der Fahrlässigkeit, S. 2; vgl. Märker, Vorsatz und Fahrlässigkeit, S. 74.

62 Hall, Fahrlässigkeit im Vorsatz, S. 26.

63 Grimm/Grimm, Deutsches Wörterbuch 9, S. 55-56; Duttge, Zur Bestimmtheit des Handlungsunwerts, S. 203-204.

64 Dazu siehe auch Deutsch, JZ 1988, 993 ff. (993).

sich zu bewegen, die Dinge fahren lässt, gehen lässt, wie sie wollen."[65] Der Begriff „Fahrlässigkeit" ist daher von „fahren-lassen" abgeleitet.[66]

Die „unfürsätzliche" bzw. unvorsätzliche Tötung[67] definiert somit die fahrlässige,[68] vorsatzlose Tötung.[69] Das ist eine rein negative und widersprüchliche Bestimmung des Begriffes,[70] die die Fahrlässigkeit bzw. eine fahrlässig vorgenommene Handlung als eine unvorsätzliche bezeichnet.[71] Diese Argumentation hält der Verfasser zweifellos für ziemlich unrichtig, weil auch eine positive Bestimmung des Begriffes der Fahrlässigkeit möglich sein sollte. Denn wie *Al-Ghazali*[72] zu Recht meint, irgendeinen Begriff zu beschreiben, heißt nicht, darzustellen, was dieser Begriff einfach nicht ist. Der Täter handelt hier unbewusst, weil der Fahrlässige die Dinge „fahren" lässt, obwohl er sie hätte beeinflussen können bzw. besser gestalten sollen,[73] falls er vorsichtig handeln oder zumindest darauf Acht geben würde. Insoweit muss man beachten, dass „sich das Wort fahrlässig nicht von *vâre-lose,* vorsatzlos, sondern von wârlôse herleitet."[74]

In diesem Sinne kann der Begriff Fahrlässigkeit[75] Unachtsamkeit,[76] Achtlosigkeit oder *Unaufmerksamkeit* gegenüber dem Pflichtgebot oder als Verletzung einer Sorgfaltspflicht[77] oder als Unkenntnis der Tatbestandsverwirklichung definiert

---

65 Hall, Fahrlässigkeit im Vorsatz, S. 26; Duttge, Zur Bestimmtheit des Handlungsunwerts, S. 203.

66 Barbero, RDP 1975, 533 ff. (537).

67 Schlüchter, Grenzen, S. 19. Dazu siehe auch Hardwig, ZStW 1966, 1 ff. (14).

68 Mohrmann, Die neueren Ansichten, S. 50.

69 Hall, Fahrlässigkeit im Vorsatz, S. 27; Jescheck, Aufbau und Behandlung, S. 7. Vgl. Binding, Die Normen IV, S. 309; Exner, Das Wesen der Fahrlässigkeit, S. 136; Köhler, Probleme der Fahrlässigkeit, S. 2; anders Niese, Finalität, S. 40 ff.

70 Zustimmend Abegg, Lehrbuch, § 85, S. 136.

71 Hoffmann, Die Abstufung der Fahrlässigkeit, S. 193; Hall, Fahrlässigkeit im Vorsatz, S. 27; vgl. Suter, Fahrlässige Verletzung, S. 2-3; Döring, Feuerbachs Straftheorie, S. 13. Insoweit definiert auch Binding die Fahrlässigkeit als *„unvorsätzliches Wollen einer vermeidbaren rechtswidrigen Handlung"*. Binding, Die Schuld, S. 129.

72 Gazali, El- Mustasfâ I, S. 13 ff.

73 Boldt, ZStW 1956, 335 ff. (347).

74 Hiernach „heisst War gewahren, beobachten, achten auf. Die War ist die Aufmerksamkeit, Acht, Hut, Bewachung, Pflege, Warlose, also die Unaufmerksamkeit, Achtlosigkeit. Wir haben das Wort noch heute in Gewahrsam, verwahren, verwahrlosen auf der Warte stehen und im englischen aware, wachsam sein, gewahr werden." Dazu Hall, Fahrlässigkeit im Vorsatz, S. 27. Hierzu siehe auch Kröger, Der Aufbau, S. 35-36.

75 Dazu siehe auch Sturm, ZStW 1931, 29 ff. (31) und Sauer, Die Fahrlässigkeitsdogmatik, S. 174 ff.

76 Grimm/Grimm, Deutsches Wörterbuch 9, S. 55.

77 Seebaß, JRE 1994, 375 ff. (388-389).

werden.[78] Hieraus ist es ersichtlich, dass eine positive Bestimmung des Begriffes „Fahrlässigkeit“ von sich aus möglich ist.[79] In der mittelhochdeutschen Begrifflichkeit leitet sich das Wort „fahrlässig“ eigentlich aus *verlâz, vürlâz oder vâre-los ab,*[80] was in älterer Zeit im Sinne von *Lässigkeit oder Versäumnis* verwendet wurde.[81] Dementsprechend ist lässig, wer eine Pflicht versäumt, nämlich wer die Dinge gehen oder fahren lässt.[82] Fahrlässig also ist ein Verhalten, wenn sich dieses aus Gedankenlosigkeit, Leichtsinn, Rücksichtslosigkeit oder Bosheit ergibt.[83]

4. Bewusstsein deutet auf Vorsatz, Fahrlässigkeit auf Unbewusstsein hin

Zunächst ist klarzustellen, dass die Anwendung oder Begriffsbildung der „bewussten Fahrlässigkeit“ oder „advertent, conscious or intentional negligence“[84] nicht nur als ein terminologisches, sondern auch als ein sachliches Problem[85] von entscheidender Tragweite verstanden werden sollte sowie dürfte.[86] Anders gewendet: Bei einem Ausdruck wie bewusste Fahrlässigkeit geht es gewiss nicht nur um ein Problem terminologischer Natur,[87] sondern um die Sache selbst. In einem Rechtssystem kann der Widerstand gegen die Norm allein entweder bewusst oder unbewusst erfolgen. Der bewusste Widerstand gegen die Norm ist der Vorsatz,[88] während der unbewusste Widerstand die Fahrlässigkeit bezeichnet.[89] Der Vorsatz birgt daher das Bewusstsein in sich,[90] Unrecht zu tun oder die Norm zu verletzen.[91] Der Kern der Fahrlässigkeit

---

78 Engisch, Untersuchungen, S. 256-257.

79 Vgl. Hall, Fahrlässigkeit im Vorsatz, S. 27.

80 Märker, Vorsatz und Fahrlässigkeit, S. 95.

81 Kröger, Der Aufbau, S. 35.

82 Duttge, Zur Bestimmtheit des Handlungsunwerts, S. 203; Hall, Fahrlässigkeit im Vorsatz, S. 27-28.

83 Seebaß, JRE 1994, 375 ff. (395).

84 Um den Begriff „intentional negligence“ siehe Erenius, Criminal Negligence, S. 111 ff., 114-115.

85 Denn „es *handelt sich um mehr als bloß terminologische Differenzen: Die unklare Begrifflichkeit wirft Sachprobleme auf und wird am Ende selbst zum Sachproblem.*“ Sauer, Die Fahrlässigkeitsdogmatik, S. 8.

86 Niese, Finalität, S. 52; ähnlich Schröder, Aufbau und Grenzen, S. 208.

87 Hautamaki, DLJ 1951, 55 ff. (68).

88 Schröder, Aufbau und Grenzen, S. 227; Welzel, ZStW 1955, 196 ff. (213), Fn. 32a (206). Hierzu siehe auch Hahn-Woernle, Die Verwirklichung, S. 79.

89 Frank, ZStW 1890, 169 ff. (206); zustimmend Almendigen/Feuerbach/Grolman, Bibliothek, S. 111.

90 Binding, Die Schuld, S. 30; Schröder, Aufbau und Grenzen, S. 245; Frisch, Vorsatz und Risiko, S. 34-35.

91 Nowakowski, ZStW 1953, 379 ff. (379); Singer, Über den Einfluss, S. 15-16.

liegt aber im Mangel eines solchen bewussten Widerstandes des Täters gegen das Recht.[92] Demzufolge ist die Fahrlässigkeit mit dem guten Gewissen gleichzusetzen.[93]

Deswegen stellt der Vorsatz den bewussten,[94] Fahrlässigkeit den zwar unbewussten,[95] doch aber vorwerfbaren Verstoß gegen das Recht dar,[96] weil das typische Fahrlässigkeitsdelikt durch Fehlen rechtsgutsbezogener Bewusstseinsinhalte gekennzeichnet ist.[97] Fahrlässigkeit ist hiermit identisch mit dem Fehlen des Tatbewusstseins.[98] Zum Vorsatz gehört daher das Bewusstsein,[99] eine Tat gegen irgendein Interesse oder spezielle Pflicht zu richten und dadurch eine Strafnorm zu brechen.[100] Insoweit „erscheint Vorsatz als bewusste und Fahrlässigkeit als unbewusste Schuldart."[101] Von dem Täter des Vorsatzdelikts unterscheidet sich der Täter des Fahrlässigkeitsdelikts dadurch, dass er nicht bewusst auf einen rechtswidrigen Erfolg hinsteuert.[102]

Das fahrlässige Delikt ist somit unbewusste Schuld.[103] Vorsätzlich herbeigeführt ist der Erfolg, wenn die Handlung die Gefahr des Eintritts bedingt und der Täter sich dessen durchweg bewusst ist.[104] In den Fällen, die heute überwiegend zur Kategorie der bewussten Fahrlässigkeit einzuordnen sind, lässt der Fahrlässigkeitstäter in Wirklichkeit vorsätzlich, d. h. wissentlich und willentlich, die gebotene Sorgfalt außer Acht, indem er etwa durchaus bewusst einen risikohaften Lauf in Bewegung

---

92 Lampe, ZStW 2006, 1 ff. (27); Schröder, Aufbau und Grenzen, S. 244; Bohnert, ZStW 1982, 68 ff. (72); Engisch, Untersuchungen, S. 234 ff.. Vgl. Kamm, Die fahrlässige Mittäterschaft, S. 88. Ferner *„sei die Grenze zwischen Vorsatz und Fahrlässigkeit demnach das Tatbewusstsein des Täters*." Albert, Elemente des Eventualvorsatzes, S. 121.

93 Ähnlich Kargl, Der strafrechtliche Vorsatz, S. 38.

94 Schröder, Aufbau und Grenzen, S. 219.

95 Schmidhäuser, Strafrecht AT, S. 224, Rn. 91; Binding, Die Normen II, S. 116-117, 120-121

96 Welzel, ZStW 1955, 196 ff. (206); Schünemann, ZStW 2014, 1 ff. (17); Mitsch, JuS 2001, 105 ff. (107); Lekschas, Über die Strafwürdigkeit, S. 47.

97 Mitsch, JuS 2001, 105 ff. (107); Binding, Die Normen IV, S. 474. Dazu siehe auch Berner, Grundlinien, S. 246-248.

98 Schmidhäuser, Strafrecht AT, S. 226, Rn. 96; Köhler, Die bewusste Fahrlässigkeit, S. 303; Schlüchter, Grenzen, S. 60.

99 Schröder, ZStW 1953, 178 ff. (207); Binavince, Die vier Momente, S. 158-159.

100 Eichmann, Der Vorsatz, S. 41; Bohnert, ZStW 1982, 68 ff. (75); Nowakowski, ZStW 1953, 379 ff. (383).

101 Binavince, Die vier Momente, S. 133; vgl. Sootak, Juridica Int'l 2003, 73 ff. (75).

102 Otto, JuS 1974, 702 ff. (705); Otto, ZStW 1975, 539 ff. (594-595); zustimmend Deiters, ZIS 2019, 401 ff. (403).

103 Binding, Die Normen IV, S. 350; dazu siehe auch Tompert, Wahrscheinlichkeitsurteil, S. 47; ähnlich Zielinski, Die fahrlässige Verbrechensbegehung, S. 8.

104 Danner, Dolus eventualis, S. 57.

setzt und eine unbeherrschbare Gefahr begründet.[105] Die bewusste Fahrlässigkeit bedeutet somit bewusste Sorgfaltswidrigkeit.[106] Teleologisch ist Vorsatz hierdurch mit dem Tat- und Unrechtsbewusstsein des Täters, d. h. mit dem Wissen der schädlichen Folgen seiner Tat, verbunden.[107] Ferner ist Wissen eigentlich nichts anderes als das Bewusstsein bzw. die konkrete Vorstellung der Ursächlichkeit.[108] In der Alltagssprache ist daher bewusst und gewusst grosso modo gleichzusetzen. Daraus folgt, dass jeder sich dem bewusst ist oder sein sollte, was er weiß.[109] Insoweit reicht das wissentliche oder bewusste Wollen einer verbotenen Tat[110] oder das bewusste Wollen des Unrechts aus, um den Vorsatz anzunehmen.[111] Das bedeutet, dass der Vorsatz mit dem Bewusstsein zu identifizieren ist.[112] Hieraus folgt *a contrario*, dass die Abwesenheit des Bewusstseins die unabdingbare und grundlegende Voraussetzung der Fahrlässigkeitstat ist.[113]

In diesem Zusammenhang liegt zwischen Bewusstsein[114] und Fahrlässigkeit kein ausschließlich begriffslogisches Stufenverhältnis vor, dass das Bewusstsein in der Fahrlässigkeit als ein Mehr oder Weniger bereits enthalten wäre.[115] Dieser Betrachtungsweise nach schließen sich Bewusstsein und Fahrlässigkeit gegenseitig aus. Es handelt sich um ein *„Verhältnis der Exklusivität oder Alternativität.“* Das Verhalten muss entweder [nur] bewusst oder [nur] fahrlässig sein. Nach der Natur des Menschen kann man nicht gleichzeitig bewusst und fahrlässig handeln, weil Bewusstsein und Fahrlässigkeit wegen des jeweils andersartigen Wesens verschieden sind.[116] Unter dem Begriff „Fahrlässigkeit“ versteht man daher nur die fahrlässig begangenen Delikte, die nur die unbewusst sorgfaltswidrigen Handlungen erfassen,[117] weil der Täter hiernach nur fahrlässig handeln kann, wenn das Tatbewusstsein und damit auch der Tatwille fehlt.[118] In diesem Sinne ist

105 Renzikowski, Restriktiver Täterbegriff, S. 214.
106 Schmitt-Schönenberg, Der Fahrlässigkeitsbegriff, S. 136-138; vgl. Rott, Zur Strafbarkeit, S. 145.
107 Schmidhäuser, JuS 1987, 374 ff. (375); Köhler, GA 1981, 285 ff. (287). Für die Definition „Dolus“ siehe auch Berner, Grundlinien, S. 178 ff.
108 Frank, ZStW 1890, 169 ff. (224).
109 Nau, Die Bewusstseinsform, S. 94.
110 Danner, Dolus eventualis, S. 81.
111 Mohrmann, Die neueren Ansichten, S. 5.
112 Tenckhoff, ZStW 1976, 897 ff. (905); vgl. Hall, Fahrlässigkeit im Vorsatz, S. 10.
113 Morselli, ZStW 1975, 324 ff. (343); Schröder, Aufbau und Grenzen, S. 246.
114 Dazu siehe Exner, Das Wesen der Fahrlässigkeit, S. 145 ff.
115 Hierzu siehe auch Boldt, ZStW 1956, 335 ff. (365).
116 Im anderen Sinne vgl. Mylonopoulos, ZStW 1987, 685 ff. (700-703).
117 Otto, JuS 1974, 702 ff. (703); Hahn-Woernle, Die Verwirklichung, S. 30.
118 Märker, Vorsatz und Fahrlässigkeit, S. 104-105; Kargl, Handlung und Ordnung, S. 545; Barbero, RDP 1975, 533 ff. (546-547).

hervorzuheben, dass die bewusste Sorgfaltswidrigkeit mit dem Vorsatz identisch ist, wenn der Handelnde den Erfolgseintritt konkret als möglich oder gewöhnlich vorhergesehen hat.[119] Die vorsätzliche Tat setzt den Willen und folglich auch das Bewusstsein[120] bezüglich der Verletzung der Rechtsnorm voraus.[121] Denn jeder Wille wird notwendigerweise von einem Wissen begleitet. Wissen führt uns somit zum Bewusstsein. Das Charakteristikum der Fahrlässigkeit besteht aber im Fehlen der Affirmation bzw. der Zustimmung der Verletzung selbst.[122] Insoweit ist Fahrlässigkeit nur dann gegeben, wenn dem Täter das Bewusstsein von den Tatumständen fehlt.[123] Die Fälle, die von der herrschenden Lehre heute als bewusste Fahrlässigkeit bezeichnet werden,[124] können bei kritischer Betrachtung überhaupt nicht als fahrlässig eingestuft werden, so dass die Fahrlässigkeit nur die Fälle der,, unbewussten" Fahrlässigkeit umfassen kann.[125] Dementsprechend bildet die unbewusste Fahrlässigkeit die typische Form der Fahrlässigkeit[126] und ist jede Fahrlässigkeit unbewusste Fahrlässigkeit, weil das Kernelement der Fahrlässigkeit hiermit im Unbewusstsein liegt.[127]

Handelt der Täter bewusst fahrlässig, ist es klar, dass er über die als erforderlich eintretenden Folgen seines Tuns denkt und folglich eine offensichtliche Beurteilung des Geschehensablaufes vornimmt.[128] Das ist der Grund, weshalb man nicht mehr von einer Fahrlässigkeit reden darf.[129] Denn es lässt sich nicht leugnen, dass bei der unbewussten Fahrlässigkeit, die die wesentliche Form der Fahrlässigkeit konstituiert, der Täter überhaupt nicht an die Möglichkeit des „Erfolges" denkt, während bei der sog. bewussten Fahrlässigkeit der Täter die konkrete Gefährlichkeit seines Tuns erkennt.[130] Einig ist man sich also darüber, die Fahrlässigkeit immer nur auf die Unkenntnis der konkreten Gefährlichkeit bzw. die Unwissenheit der Möglichkeit der Tatbestandsverwirklichung abzustellen. Fahrlässig handelt daher, wer die konkrete Gefährlichkeit seines Handelns nicht voraussieht oder sich diese nicht vorstellt, weil er überhaupt nicht daran denkt.[131] Demzufolge bildet

---

119 Schmidhäuser, Fahrlässige Straftat, S. 142-143, Fn. 40. [Zitiert von Zielinski]

120 Schröder, Aufbau und Grenzen, S. 246.

121 Rath, Das subjektive Rechtsfertigungselement, S. 651.

122 Mohrmann, Die neueren Ansichten, S. 5; Rath, Das subjektive Rechtsfertigungselement, S. 651; Lekschas, Über die Strafwürdigkeit, S. 39, 44.

123 Birnbaum, Die Leichtfertigkeit, S. 215.

124 Kindhäuser, ZStW 1984, 1 ff. (28-29).

125 Beschütz, Die Fahrlässigkeit, S. 107; Bar (1907), § 241, S. 462.

126 Ähnlich Schröder, Aufbau und Grenzen, S. 244 ff.

127 Binavince, Die vier Momente, S. 134; Singer, Über den Einfluss, S. 29.

128 Stoll, Die Veräußerbarkeit, S. 7.

129 Schmidhäuser, JuS 1980, 241 ff. (252); hierzu siehe auch Morkel, AJCL 1982, 325 ff. (331).

130 Anders Schmidhäuser, GA 1957, 305 ff. (313).

131 Vgl. Schmidhäuser, GA 1957, 305 ff. (313).

das Handeln in Unkenntnis der konkreten Gefährlichkeit das wesentliche Moment oder das ausschlaggebende Kriterium der Fahrlässigkeit.[132] Ohne die Kenntnis einer geltenden Norm und der Verletzung derselben, kann von keinem Vorsatz die Rede sein.[133]

5. *„Bewusst-sein" und „Fahr-lässig-keit" schließen sich gegenseitig aus*

Es ist allgemein anerkannt, dass man unter dem Begriff Vorsatz das Wollen eines rechtswidrigen Erfolges verlangt, das nicht gesondert oder selbstständig ist, sondern im Wissen der Tatbestandsverwirklichung schon impliziert sein sollte. Das weist auf einen bewussten Zustand hin. Der Vorsatz ist somit diejenige Bewusstseinslage,[134] in der die vorsätzliche Verwirklichung eine bewusst vorgenommene Tathandlung bildet.[135] Insoweit besteht also Einhelligkeit darüber, dass der Begriff Fahrlässigkeit das Wollen einer Tat bzw. eine gewollte Tätigkeit ohne das Bewusstsein einer für den rechtswidrigen Erfolg erforderlichen Einsicht darstellt,[136] nämlich ohne Vorstellung oder Voraussicht bezüglich des tatbestandsmäßigen Erfolgs.[137] Das Kennzeichen der Fahrlässigkeit liegt daher darin, dass der Täter auf Grund der mangelnden Klarheit den schädlichen Erfolgseintritt nicht voraussieht.[138] Hiernach ist der Mangel des Bewusstseins der Rechtswidrigkeit das unentbehrliche Merkmal für das fahrlässige Delikt.[139]

Insoweit schließen das Bewusstsein und die Fahrlässigkeit einander gegenseitig aus, und sie grenzen ohne Zwischenraum aneinander. Zwischen ihnen liegt kein besonderer Bereich der bewussten Fahrlässigkeit.[140] Aus diesem Grund ist die heute im Schrifttum und in der Rechtsprechung irrigerweise angenommene bewusste Fahrlässigkeit eigentlich nur „um den Preis der psychischen Desorganisation vorstellbar."[141] Derjenige, der dem rechtswidrigen Erfolgseintritt entsprechend durchaus bewusst handelt und gleichzeitig behauptet, dass er diesen schädlichen Erfolg aber nicht will, befindet sich somit in einer widersprüchlichen

---

132 Schmidhäuser, GA 1957, 305 ff. (313).
133 Frank, ZStW 1890, 169 ff. (206).
134 Amschl, AfRW 1911, 255 ff. (257)
135 Mayer, Die schuldhafte Handlung, S. 147.
136 Dazu siehe auch Zila, Juridica, 55 ff. (57-58).
137 Hupfauer, Eventualvorsatz, S. 10; Mohrmann, Die neueren Ansichten, S. 32. In diesem Sinne siehe auch Mohrmann, Die neueren Ansichten, S 3.
138 Mohrmann, Die neueren Ansichten, S. 5.
139 Ähnlich Holl, Entwicklungen der Fahrlässigkeitsdogmatik, S. 17-18; Binding, Die Schuld, S. 129-130.
140 In einem anderen Sinne Weigend, ZStW 1983, 657 ff. (693-694).
141 Kargl, Handlung und Ordnung, S. 11.

und disparaten psychischen Lage,[142] weil ein Zusammentreffen von Dolus und Culpa, nämlich von Bewusstsein und Fahrlässigkeit sowohl psychologisch als auch strafrechtlich ausgeschlossen ist.[143] In diesem Sinne beginnt die fahrlässige Tat somit erst beim Fehlen des Bewusstseins über die Tatumstände.[144]

Ferner kann das Bewusstsein am allerwenigsten somit als das den Vorsatz von der Fahrlässigkeit trennende Scheidemerkmal aufgefasst werden.[145] Das ist also der Grund, warum man gleichzeitig nicht sowohl bewusst als auch fahrlässig handeln kann und warum ein Ausdruck wie „bewusste Fahrlässigkeit“ an und für sich eine *contradictio in adjecto* darstellt.[146] Zudem ist es anhand der Angaben der psychologischen Forschungen kaum möglich, zu begründen, wie ein Täter, der geistig gesund ist, gleichzeitig bewusst und fahrlässig handeln kann, nämlich wie er zum einen den Erfolg voraussieht und zum anderen denselben Erfolgseintritt nicht will. Dies ist nur unter pathologischen Bedingungen vorstellbar.[147] Hieraus dürfte sich ergeben, dass die bewusste Fahrlässigkeit nicht ontologisch, sondern fiktiv und pathologisch ist. In dieser Hinsicht ist der Begriff der bewussten Fahrlässigkeit fallen zu lassen.[148]

Um dabei nicht fehlzugehen, ist zunächst klarzustellen, dass der Begriff „Bewusstsein“ keinen Zwittercharakter oder keine zwiespältige Natur besitzt. Insoweit trägt eine „unbewusste“ Tat immer nur Fahrlässigkeitsmomente, während die wissentlich und willentlich begangene bzw. „bewusste“ Tathandlung stets dem Vorsatzgebiet einzubeziehen ist.[149] Das führt uns zum Schluss, dass ein Ausdruck wie „unbewusste Fahrlässigkeit“, nämlich eine besondere Hervorhebung des „Unbewussten“, sich als tautologische Form erübrigen kann, weil die unbewusste Tat an und für sich bereits die einzige Form der Fahrlässigkeit konstituiert.[150] Sicher ist, dass man logisch korrekt nur von unbewusster Fahrlässigkeitslehre und unbewusstem Fahrlässigkeitsbegriff, nicht aber von einer unbewussten Fahrlässigkeit sprechen kann; denn, wenn „Fahrlässigkeit“ als „nach-lässig bzw. unbewusst gefahrenes Verhalten“ definiert wird, so liegt das entscheidende Moment bzw. Unbewusstsein der Fahrlässigkeit in dem Worte „Fahrlässigkeit“ eingeschlossen, weil eben nur nachlässiges bzw. unbewusstes Verhalten begriffslogisch als „Fahrlässigkeit“ bezeichnet werden kann.[151] Umgekehrt kann

142 Kargl, Handlung und Ordnung, S. 11.
143 Hemmen, Über den Begriff, S. 46.
144 Schmidhäuser, JuS 1980, 241 ff. (242).
145 Im anderen Sinne vgl. Bühring, Über die Grenze, S. 33; vgl. Hippel, ZStW 1931, 153 ff. (162).
146 Der Meinung von Dohna nach *„bildet [...] die bloße Vorstellung einer fahrlässigen Handlung eine contradictio in adjecto.“* Dohna, ZStW 1941, 287 ff. (289).
147 Kargl, Handlung und Ordnung, S. 541.
148 Binding, Die Normen IV, S. 473.
149 Nowakowski, ZStW 1953, 379 ff. (385).
150 Hempel, Der Schuldgehalt, S. 6; Bar (1907), § 240, S. 459.
151 Dazu siehe auch Engisch, Untersuchungen, S. 239 ff.

„nicht-nachlässiges“ bzw. bewusstes Verhalten keine Fahrlässigkeit sein. Damit ist die Frage nach Pleonasmus und Widerspruch in sich insoweit bejaht,[152] als es sich um die Bezeichnungen unbewusste und bewusste Fahrlässigkeit dreht.[153]

Hiernach ist der Begriff „bewusste Fahrlässigkeit“ in sich selbst widersprüchlich. Im Übrigen kann ein Erfolg, der nach der Antizipation des Täters nicht eintreten soll, insbesondere wenn er wirklich auf einen guten Ausgang vertraut, nicht als möglich vorhersehbar betrachtet werden. Denn wenn jemand voraussieht, „dass es morgen nicht regnen wird, ist es evident, dass er nicht voraussieht, dass es regnen wird.“[154] Hierdurch kommt der Vertreter dieser Meinung zu einem Widerspruch in sich selbst. Genauso wie dies trägt der Begriff „bewusste Fahrlässigkeit“ auch unbedingt einen Widerspruch in sich selbst. Ein solcher Widerspruch [= Oxymoron] liegt bereits deswegen vor, weil man gleichzeitig nicht „bewusst“ und „fahrlässig“ handeln kann. Aus diesem Grund ist klarzustellen, dass die bewusste Fahrlässigkeit in der Tat nichts anderes als ein sinnloses Wortspiel ist. Ferner kann man grundsätzlich nicht etwas vorhersehen, was nach seiner Ansicht gerade nicht sein soll, bzw. was eigentlich kaum zu verwirklichen ist. Eine solche Annahme weist eine kontradiktorische Besonderheit auf,[155] die logisch immer notwendigerweise irreführend ist oder sein sollte.[156]

Schließlich ist die sog. angebliche bewusste Fahrlässigkeit in der Tat nicht eine Form der Fahrlässigkeit, sondern eine „schwere Schuld“, und zwar eine so schwere, dass sie dem Vorsatz nahekommt bzw. eigentlich der Vorsatz ist. Als ein Verweigerer der heute herrschenden Lehre bzw. des Mainstreams und des Begriffs „bewusste Fahrlässigkeit“ versteht der Verfasser dieser Arbeit unter dem Begriff „bewusste Fahrlässigkeit“ daher eine Unterart von Vorsatz bzw. des Dolus eventualis. Die Fälle, die heute unter dem Begriff „bewusste Fahrlässigkeit“ eingeordnet sind, decken sich hinsichtlich des Unrechtsbereiches im Wesentlichen mit allen notwendigen Voraussetzungen des Dolus eventualis und stimmen keineswegs sowohl mit dem damaligen als auch mit dem heutigen Begriff der „Fahrlässigkeit“ überein.

---

152 Gleiche Argumentation gilt nach Niese für die finale Handlungslehre, den finalen Handlungsbegriff und die finale Handlung. Dazu siehe Niese, Finalität, S. 52. Im anderen Sinne siehe auch Kaufmann, Probleme rechtswissenschaftlichen Erkennens, S. 8.

153 Dazu siehe auch Radbruch, Der Handlungsbegriff, S. 96 und Beschütz, Die Fahrlässigkeit, S. 6.

154 Gatzweiler, Rechtsvergleichende Untersuchung, S. 67 [Zitiert von Carrara].

155 Gatzweiler, Rechtsvergleichende Untersuchung, S. 67.

156 Snider, Using Tautologies, S. 590-591.

B. Die bewusste Fahrlässigkeit: Contradictio in adjecto

I. Contradictio in adjecto

Die Suche nach einer präzisen Definition der bewussten Fahrlässigkeit,[157] die sich in einer der Lebenswirklichkeit entsprechenden Weise auf den Begriff des Dolus eventualis übertragen lässt, erfordert eine Besinnung auf die Funktion des Strafrechts. Hiernach ist das Wesen der,, bewussten Fahrlässigkeit" durchaus fragwürdig, weil die bewusste Fahrlässigkeit eine *„contradictio in adjecto"*[158] ist. Deswegen ist sie semantisch nicht denkbar. Die „contradictio in adjecto" ist eine Sonderform des Oxymorons[159] wie „bewusste Fahrlässigkeit" oder gerade wie die Anwendung „der neutralen Handlung,"[160] da sie zwei widersprüchliche Begriffe miteinander vereint und allerdings immer einen Widerspruch zwischen Substantiv und beigefügtem Adjektiv meint. Gerade deshalb ist der Terminus *„bewusste Fahrlässigkeit"* schlechthin abzulehnen.[161]

Klar ist, dass es nicht nur begrifflich, sondern auch sachlich unmöglich ist, eine Kategorie wie die bewusste Fahrlässigkeit zu bilden und zu begründen.[162] Es liegen auch sachliche und normative, nämlich im Lichte der Prinzipien des Tatstrafrechts und der Tatbestandsbestimmtheit, Gründe vor, eine solche widersprüchliche Begriffsbestimmung abzulehnen.[163] Denn, wenn der gängige Begriff der sog. bewussten Fahrlässigkeit zugrunde gelegt wird, nimmt man bekannterweise an, dass sich auf dem Boden dieser Begriffsbildung weitere Probleme erheben. Ganz abgesehen von anderen sachlichen Problemen reicht allein die Fragwürdigkeit des Begriffs der bewussten Fahrlässigkeit aus, so dass man auf die weiteren Aspekte

157 Dazu siehe auch Rott, Zur Strafbarkeit, S. 37, Fn. 222.

158 Nach Duden stellt die „Contradictio in adjecto" einen *„Widerspruch dar, der durch das einem Substantiv beigefügte Adjektiv entsteht, weil es mit der Bedeutung des Substantivs unvereinbar* ist, z. B. schwarzer Schimmel." www.duden.de, Abruf: 20.02.2020

159 Die Contradictio in adjecto ist *„ein rhetorisches Stilmittel und wird aus einem Adjektiv und einem Substantiv gebildet, die sich gegenseitig ausschliessen. Die Contradictio in adjecto ist somit eine Sonderform des Oxymorons, das zwei Begriffe verknüpft, die sich grundsätzlich widersprechen oder sogar ausschliessen. Verwandt ist das Stilmittel außerdem mit dem Paradoxon.*", https://de.wiktionary.org/wiki/Contradictio_in_Adiecto, Abruf: 20.02.2020. Dazu siehe auch Snider, Using Tautologies, S. 596 ff.

160 Dazu siehe Schmidhäuser, GA 1957, 305 ff. (313).

161 Im Gegensatz dazu folgt Köhler in seiner Arbeit mit dem Titel „Die bewusste Fahrlässigkeit" dem Ziel, die bewusste Fahrlässigkeit strafrechtlich zu begründen. Dazu siehe Köhler, Die bewusste Fahrlässigkeit, S. 13 ff.

162 Dazu siehe auch Binding, Die Normen IV, S. 470 ff.

163 Für eine ähnliche Kritik zum Gebrauch des Terminus „bedingter Vorsatz", weil der Vorsatz einen unbedingten Willen hinsichtlich der Tathandlung verlangt. Dazu siehe Krey/Esser, Deutsches Strafrecht, § 12 Rn. 386.

im vorliegenden Zusammenhang nicht weiter einzugehen braucht. Da der Zweck des Staats und der Rechtsordnung mit dem Vernunftgesetze übereinkommt sowie übereinkommen sollte, so würde man den Begriff eines vernünftigen Wesens aufheben und etwas ganz Widersprechendes wie den Begriff „bewusste Fahrlässigkeit" annehmen.[164] Denn ein Gebrauch des Begriffs wie „bewusste Fahrlässigkeit" verletzt die Regeln der Logik in der Begriffsbildung.

„Bewusstsein" und „Fahrlässigkeit" sind sich ausschließende Begriffe, die nicht gleichzeitig eine Handlung beherrschen und bestimmen können. Hiervon ausgehend könne die folgende Konsequenz gezogen werden, dass die bewusste Fahrlässigkeit nur als ein Phantom[165] anzusehen ist, womit irgendeine „Verbindung der Attribute bewusst und fahrlässig als Widerspruch in sich empfunden worden wäre,"[166] weil der Fahrlässigkeit jedes Wissensmoment und Bewusstsein fremd sein sollte.[167] Ihrem Wortlaut nach ist die bewusste Fahrlässigkeit eine sprachliche Absurdität, die keine psychologische Realität darstellen kann, weil sie als Ausdruck derart formuliert ist, dass der Täter gleichzeitig bewusst und fahrlässig handeln können müsste.[168] Fahrlässig kann der Täter aber im Wesentlichen nur dann handeln, wenn ihm das Tatbewusstsein und auch der darin schon implizierter Tatwille fehlt.[169] Daraufhin krankt die ganze Aufstellung des Begriffs der bewussten Fahrlässigkeit und zudem ihre Qualifizierung an dem doppelten bzw. sachlichen und sprachlichen Fehler.[170] Aus diesem Grund wird die Begriffsbildung „bewusste Fahrlässigkeit" gerade wie die Bezeichnung *„culpa dolo determinata"*[171] unklar, widersprüchlich und irreführend.[172] Der in sich widersprüchliche und von uns für verfehlt gehaltene[173] Begriff „bewusste Fahrlässigkeit" weist in diesem Sinne eine „self-contradictory" Besonderheit auf,[174] genauso wie *„vorsätzliche Kulpa."*[175]

---

164 Stübel, System, § 236.

165 In einem anderen Sinn siehe Koch, Die Entkriminalisierung, S. 121.

166 Rott, Zur Strafbarkeit, S. 162; vgl. Hemmen S. 44; Müller, Der dolus eventualis, S. 17.

167 Rott, Zur Strafbarkeit, S. 162.

168 Hiernach sei bewusste Fahrlässigkeit als eine mit Unrechtsbewusstsein geschaffene Rechtsgutsgefährdung definiert. Näher Arzt, ZStW 1979, 857 ff. (864).

169 Kargl, Handlung und Ordnung, S. 545.

170 Binding, Die Normen IV, S. 472.

171 Feuerbach, Lehrbuch (1803), § 59, S. 54 und § 214, S. 187; Puppe, Vorsatz, S. 42, Fn. 87; Frauendorfer, Die Willensrichtung, S. 56.

172 Fieseler, Direkter und bedingter Rechtswidrigkeitsvorsatz, S. 46; Kargl, Handlung und Ordnung, S. 11, 544-545; vgl. Hemmen, Über den Begriff, S. 45-46.

173 Schmidhäuser, Fahrlässige Straftat, S. 141-142.

174 Bohlander, Principles, S. 66; zustimmend Weigend, Subjective Elements, S. 509.

175 Exner, Das Wesen der Fahrlässigkeit, S. 76.

II. Schwarze Milch

Da die Begriffsbildung „bewusste Fahrlässigkeit" sowohl sprachlich im Sinne seines Wortlauts als auch sachlich fehlerhaft sowie kontradiktorisch zu sein scheint,[176] wäre es unzutreffend, das Problem nur als ein Wortspiel aufzufassen.[177] Ferner ist die Auffassung der„ bewussten Fahrlässigkeit" insbesondere vom widersprüchlichen Wortlaut her nicht tragfähig, weil das *„Bewusstsein"* bereits begrifflich die Besonderheit des Vorsatzes enthält. Ferner stellen die Begriffe Bewusstsein und Fahrlässigkeit [*fahr-lässig*] im Grunde genommen zwei prinzipiell sich gegenseitig ausschließende Wertungshandlungen dar. Liegt das Bewusstsein hinsichtlich eines Tatbestands vor, scheidet dann selbstverständlich die Fahrlässigkeit aus oder *vice versa*. Deswegen ist ein Gebrauch wie „bewusste Fahrlässigkeit" in vollem Umfang mit dem Oxymoron *„schwarze Milch"* gleichzusetzen.[178] Übrigens erscheint das Unterscheidungskriterium der herrschenden Lehre bezüglich der Abgrenzung zwischen Vorsatz und Fahrlässigkeit und insbesondere zwischen dem Dolus eventualis und bewusster Fahrlässigkeit, durchaus widersprüchlich, weil demnach ein und derselbe Täter im Rahmen seiner Tat einerseits sein Verhalten wissentlich und willentlich bzw. durchaus bewusst auf die Rechtsgutsverletzung hinsteuert, indem er sagt *„na wenn schon"*, andererseits aber auf den guten Ausgang bzw. auf das Ausbleiben des Erfolges vertraut, indem er sagt, dass *es schon gut gehen wird.*[179] Hiernach sollte einerseits das Tatbewusstsein des Täters zu bejahen sein und andererseits aber sein Wille bezüglich des aus derselben bewusst und gewollt herbeigeführten Handlung ergebenden Erfolges abgelehnt werden, wie bei der sog. bewussten Fahrlässigkeit der Fall ist.[180] Ohne Zweifel weist eine derartige Ansicht auf einen *psychopathologischen Zustand* hin[181].

Ausgehend von der Psychologie und den Regeln der Logik in der Begriffsbildung gelangt der Verfasser der Arbeit zum Schluss, dass man die Begriffe und deren Wortsinn ausdehnt und folglich in einen irrationalen bzw. kontradiktorischen Weg führt, wenn das „Bewusstsein " und die „Fahrlässigkeit" immer noch zusammen genannt sind. Denn nur eine zweckmäßig gesteuerte Tätigkeit kann oder könnte „bewusst" sein, die in diesem Fall keineswegs als „fahrlässig" bezeichnet werden darf oder soll.[182] In diesem Sinne darf man wegen der kontradiktorischen Natur des Bewusstseins und Fahrlässigkeit nur einen von beiden Begriffen

---

176 Freund/Rostalski, Strafrecht Allgemeiner Teil, § 7, S. 280, Rn. 41.

177 Vgl. Hall, Fahrlässigkeit im Vorsatz, S. 28.

178 Eine ähnliche Argumentation ist im Begriff „neutrale Handlungen" anzuwenden. Dazu siehe Schneider, NStZ 2004, 312 (316).

179 Hengstenberg, Die hypothetische Einwilligung, S. 308.

180 Vgl. Kargl, Handlung und Ordnung, S. 545.

181 Kargl, Handlung und Ordnung, S. 544.

182 Im anderen Sinne dazu Hall, Fahrlässigkeit im Vorsatz, S. 14.

untersuchen, woraus sich der andere dann als die Negation[183] des ersteren von selbst ergeben würde.[184]

III. Die „double bind" Theorie: Ein psychopathologisches Krankheitsbild

Das Wesen der bewussten Fahrlässigkeit stellt ein psychopathologisches Krankheitsbild dar,[185] das man folgendermaßen formulieren kann: Handeln in Kenntnis der Folgen und diese trotzdem nicht wollen.[186] Um den Widerspruch bei einer Begriffsbildung wie „bewusste Fahrlässigkeit" klarzustellen, könnte es hilfreich sein, die „Double Bind Theorie"[187] [double bind theory][188] zu erwähnen, die von *Bateson* u. a. im Jahr 1956 entwickelt wurde.[189] Denn bei dem Begriff „bewusste Fahrlässigkeit" befindet sich der Mensch ebenfalls in einer „Double-Bind-Situation", die in der deutschen Sprache als „Beziehungsfall" oder „Zwickmühle" zu übersetzen ist.[190] In der psychologischen Wissenschaft stellt die *„Double_Bind Situation"* einen psycho-pathologischen Zustand dar,[191] in dem „die normalerweise untrennbar zusammengehörenden kognitiven und affektiven Kommunikationselemente divergieren."[192]

Wie schon oben ausgeführt, hält der Verfasser eine Trennung von Wissen und Wollen für unrichtig. Denn aus psychologischer Betrachtungsweise ist es bereits ersichtlich, dass eine Trennung von Wissen bzw. Für-Möglich-Halten des Erfolgs und Wollen [Nicht-Einwilligen oder Nicht-Abfinden] eigentlich einer Desorganisation in kognitive und affektive Komponenten entspricht.[193] Mit anderen Worten,

---

183 Fuchs, Fuchs, GA 1964, 65 ff. (70, 72-73).

184 Im anderen Sinne Beschütz, Die Fahrlässigkeit, S. 26.

185 Kargl, Handlung und Ordnung, S. 544.

186 Kargl, Der strafrechtliche Vorsatz, S 44-45.

187 Insoweit *„beschreibt die Double Bind Definition eine besondere Kommunikationsform zwischen zwei Menschen. Der Versender der Botschaft richtet zeitgleich zwei widersprüchliche Inhalte, zum Beispiel auf der Inhalts- und der Beziehungsebene, an die andere Person. Der Empfänger der Information erlebt diese als paradox. Er kann dasDilemma zunächst nicht oder gar nicht verarbeiten. Kommt er oft in diese Konfliktsituation, besonders wenn er sich in einem emotionalen Abhängigkeitsverhältnis vom Sender der Nachricht befindet, kann das für ihn einen Krankheitswert bekommen."* https://www.landsiedel-seminare.de/coaching-welt/wissen/coaching-themen/double-bind.html#inhalt, Abruf: 20.02.2020

188 Gibney, PA 2006, 48 ff. (49).

189 Weakland, JAACAP 1979, 54 ff. (54).

190 Watzlawick, Fam Proc 1963, 1 ff. (8).

191 Gibney, PA 2006, 48 ff. (49-50).

192 Kargl, Handlung und Ordnung, S. 542.

193 Kargl, Handlung und Ordnung, S. 543-544.

ein solches Auseinanderdriften der kognitiven und voluntativen Seite, nämlich von Denken und Fühlen des Menschen, deutet auf einen psychotischen Zustand hin, der die Zurechnungsfähigkeit des Täters in Frage stellt.[194] In diesem Sinne nimmt der Verfasser im Gegensatz zur heutigen gängigen Lehre das Wissen und Wollen bzw. die kognitive und voluntative Seite des Vorsatzes als zwei Kehrseiten der gleichen Medaille an, die notwendig miteinander verbunden sind. Es wird allerdings darauf hingedeutet, dass sich in diesem integrierten „Denk- und Fühlsystem“ die subjektiven Elemente des Vorsatzes [Wissen und Wollen] gemeinsam und parallel entwickeln, d. h. sie nicht eine getrennte oder selbstständige, sondern komplementäre und untrennbare Besonderheit aufweisen.[195]

Wer dem Täter in einem konkreten Fall die oben erwähnte Ambivalenz oder Trennung von Wissen und Wollen zuschreiben möchte, hat hinzunehmen, dass er dem Täter nach den Angaben der psychologischen Wissenschaft und nach allen Erkenntnissen der modernen Schizophrenieforschung eine Zurechnungsunfähigkeit zuschreibt.[196] Ferner klingt die Anstrengung, in ein und derselben Handlung eine Entscheidung für und eine Entscheidung gegen die Tatbestandsverwirklichung zu erblicken, durchaus sinnlos.[197] Hieraus dürfte sich ergeben, dass nach den Angaben der Psychologie und unter normalpsychologischen Voraussetzungen die bewusste Fahrlässigkeit nicht möglich ist. Insoweit bildet der Begriff „bewusste Fahrlässigkeit“ somit ein pathologisches Phänomen, und gerade deshalb scheint sowohl sprachlich als auch dem gesunden Menschenverstand gegenüber ein solcher Gebrauch nicht vertretbar und anwendbar.[198] Eine Kategorie wie die „bewusste Fahrlässigkeit“ in den Bereich der subjektiven Zurechnung einzubeziehen, führt uns zum Schluss, ein schizophrenes Tatbewusstsein für zurechnungsfähig zu halten.[199] Die Fallkonstellationen, die heute in der juristischen Konzeption der bewussten Fahrlässigkeit zu unterstellen sind, bezeichnen in der Tat die krankhaften psychischen Zustände,[200] die eigentlich der innerpsychischen Struktur gewisser „Schizophrener“ zutreffen, die an einer kognitiven Störung und geistigen Widersprüchlichkeit der affektiv-kognitiven Bezugssysteme leiden.[201]

---

194 Kargl, Handlung und Ordnung, S. 544.

195 Kargl, Handlung und Ordnung, S. 11; ähnlich Puppe, Begriffskonzeptionen, S. 1

196 Kargl, Handlung und Ordnung, S. 544.

197 Kargl, Der strafrechtliche Vorsatz, S. 67-68.

198 Kargl, Der strafrechtliche Vorsatz, S. 68.

199 Kargl, Handlung und Ordnung, S. 544.

200 In diesem psycho-pathologischen Zustand *„ist eine entsprechende Disharmonie oder Desorganisation zwischen Fühlen und Denken die notwendige Folge: Der körperlich-affektive und der geistig-kognitive Pol der Psyche schwingen nicht mehr zusammen, sie dementieren sich und treten in Widerspruch zueinander.“* Kargl, Handlung und Ordnung, S. 542.

201 Kargl, Handlung und Ordnung, S. 542.

Wenn jemand sich der konkreten Möglichkeit des Erfolgseintritts bewusst ist und trotzdem wissentlich und willentlich zum Zeitpunkt der Handlung, die Tat, die den Erfolg erforderlich mit sich bringt, begeht, folgt daraus, dass er sich für eine Rechtsgutsverletzung entschieden hat[202] oder entschieden haben sollte.[203]

Die bewusste Fahrlässigkeit, nämlich wissentlich und willentlich bzw. in der konkreten Kenntnis der Folgen die Tat vorzunehmen und diese Folgen trotzdem nicht zu wollen,[204] kann nur so verstanden werden, dass sich der Täter nicht in einem normalpsychologischen Zustand befindet. Derjenige, der über mögliche und schädliche Folgen seiner Handlung genau weiß, sollte sich dafür entschieden haben. Deswegen kann er nie behaupten, dass er den Erfolg eigentlich nicht will, ohne sich pathologisch zu verhalten.[205] Das bedeutet, dass man psychologisch dazu nicht befähigt ist, gleichzeitig das Beste und das Schlimmste abzurufen. Psychologisch betrachtet dürfte es somit klar geworden sein, dass die Kategorie bewusste Fahrlässigkeit grundsätzlich ein „psychopathologisches Krankheitsbild“[206] darlegt. Diese Situation kann eigentlich durch das Phänomen „akrasia“ klargestellt werden[207], das *Aristoteles* als „Willensschwäche“[208] oder „as a lack of self-control owning to a weakness of a person's will“[209] bezeichnet. Unter dem Phänomen „akrasia“ versteht man, dass jemand nicht tut, was er für das Beste hält, obwohl er es tun könnte,[210] z. B. davon abzuhalten, die risikohafte Handlung vorzunehmen.

C. Ergibt zweimal Unrecht einmal Recht?

I. Ausgangspunkt

Ein Begriff darf nicht nach seinen Wirkungen oder Folgen, sondern nach seinem Wesen bzw. nach seiner rechtlichen Besonderheit definiert und qualifiziert werden. Andernfalls handelt es sich um eine *petitio principii*, die einen Denkfehler bildet. Derjenige, der die Notwendigkeit des voluntativen Elementes und die Anforderung des Wollens beim Dolus eventualis gerade wie die herrschende Ansicht so erklärt, dass man auf das Wollenselement im Vorsatz nicht verzichten

---

202 Insoweit *„handelt vorsätzlich, wer sich bewusst für das tatbestandsmäßige Geschehen entschieden hat.“* Deiters, ZIS 2019, 401 ff. (401).

203 Kargl, Der strafrechtliche Vorsatz, S. 68.

204 Kargl, Der strafrechtliche Vorsatz, S. 44-45.

205 Kargl, Handlung und Ordnung, S. 537.

206 Kargl, Handlung und Ordnung, S. 544.

207 Für das Phänomen "akrasia" siehe Grant, Mind 1956, 400 ff. (400 ff.); Burch, Phenom Cogn Sci 2018, 939 ff. (939 ff., 959 ff.)

208 Grant, Mind 1956, 400 ff. (400).

209 Destrée, Aristotle, S. 139, 140-141. Für „weakness of will“ im Sinne von akrasia siehe Mele, Philos Stud 2010, 391 ff. (395 ff.)

210 Kargl, Der strafrechtliche Vorsatz, S. 68.

kann, weil andernfalls eine sachgerechte Abgrenzung zwischen Dolus eventualis und bewusster Fahrlässigkeit nicht gewährleistet sein könnte,[211] geht von einer *petitio principii* aus.

II. Ursache-Wirkung-Beziehung

Es ist zunächst zu betonen, dass die Sache bzw. die Probleme, die sich in Relation zueinander bzw. in einer „*Ursache-Wirkung-Beziehung*" befinden, nicht gesondert betrachtet werden dürfen.[212] Der Zusammenhang zwischen einer Wirkung und deren Ursache stellt einen Kausalzusammenhang dar. Unter dem Begriff „Wirkung" versteht man „die als Ergebnis eines kausalen Prozesses aufgefasste Veränderung in der Außenwelt."[213] Hieraus dürfte sich ergeben, dass zwischen der Einordnung eines selbstständigen voluntativen Elementes in den Vorsatz und der Herstellung einer erfundenen Kategorie wie der „bewussten Fahrlässigkeit" ein Kausalzusammenhang vorliegt, der einen Bezug zwischen Bedingung und Folge darstellt[214], womit das gesonderte Wollenselement und die fiktive Kategorie „bewusste" Fahrlässigkeit begründet werden können.[215] Denn der Zusammenhang zwischen einer Folge und deren Grund ist ein Begründungszusammenhang.[216]

Der Streit um das Wesen der bewussten Fahrlässigkeit und die Abgrenzung zwischen dem Dolus eventualis und der bewussten Fahrlässigkeit ist eigentlich ein Streit um das „Wesen" des Vorsatzes bzw. um die systematische Einordnung des Wollens- und Wissenselementes bei der Begriffsbestimmung des Vorsatzes im Strafrechtssystem. Eine richtige, systematische Einordnung und Begriffsbestimmung hat meist auch eine sachliche Bedeutung.[217] Die traditionelle Beschreibung des Vorsatzes ist dagegen irreführend. Geht man hiernach von der oben erwähnten irreführenden Annahme der herrschenden Lehre aus, so findet man folgerichtig nur zwei Möglichkeiten: entweder ein voluntatives Element [Wollen] dem Vorsatz zuzuordnen [um den Dolus eventualis von der bewussten Fahrlässigkeit unterscheiden zu können] oder eine fiktive Kategorie als „bewusste Fahrlässigkeit" – den Preis der Degenerierung und Denaturierung des ontischen Begriffes – zu erfinden.[218] Zudem ist es gewiss nicht sinnvoll, einen

---

211 Kargl, Handlung und Ordnung, S. 535-536, Fn. 124.

212 Beschütz, Die Fahrlässigkeit, S. 5.

213 Mayer, Die schuldhafte Handlung, S. 21.

214 Wolf, AfcP 1970, 181 ff. (210).

215 Ähnlich Frisch, Vorsatz und Risiko, S. 494-495.

216 Wolf, AfcP 1970, 181 ff. (210).

217 Mezger, Strafrecht, § 46, S. 351; vgl. Ambrosius, Untersuchungen zur Vorsatzabgrenzung, S. 144.

218 Ein klarer Beleg hierfür ist in den folgenden Sätzen von *Wessels/Beulke/Satzger* zu sehen: „*Auf das Willenselement kann schon deshalb nicht verzichtet werden, weil*

gekünstelten Vorsatz- oder Fahrlässigkeitsbegriff zu kreieren, der sich nicht beweisen lässt.[219]

In Hinsicht der Ursache und Wirkung Beziehung soll der Vorsatz notwendigerweise als „Wissen und Wollen der Tatbestandsverwirklichung" bezeichnet werden. Anders gewendet: Nimmt man eine Figur wie „bewusste Fahrlässigkeit" an, setzt der Vorsatz unbedingt eine eigenständige voluntative Komponente bzw. das Wollen voraus. Denn, wenn man den Vorsatz nur als „Wissen der Tatbestandsverwirklichung" definieren würde, wäre es unmöglich eine Abgrenzung zwischen dem Dolus eventualis und der bewussten Fahrlässigkeit durchzuführen.[220] Mit anderen Worten, das voluntative Element des Vorsatzbegriffes kann nur dann irgendeine Funktion und Bedeutung haben, wenn eine Kategorie wie bewusste Fahrlässigkeit schon gegeben ist.[221] Um Dolus eventualis und bewusste Fahrlässigkeit voneinander abgrenzen zu können, soll daher dem Vorsatz sowohl eine kognitive als auch eine voluntative Komponente zugeordnet werden. Zudem, wenn man den Vorsatz nur als „Wissen der Tatbestandsverwirklichung" definieren würde, könnte man nicht mehr von einer Kategorie der bewussten Fahrlässigkeit reden, weil das Wissensmerkmal sowohl dem Dolus eventualis als auch der bewussten Fahrlässigkeit gemeinsam ist.[222]

Umgekehrt gilt dasselbe: Setzt der Vorsatz sowohl das kognitive als auch voluntative Element voraus, wie die herrschende Lehre vertritt, ist es unvermeidlich, eine gekünstelte Rechtsfigur oder Kategorie wie „bewusste Fahrlässigkeit" herzustellen bzw. zu erfinden. Andernfalls würde das voluntative Element funktionslos bleiben. Falls der Vorsatz aus zwei wesentlichen – kognitiven und volitiven – Merkmalen besteht, zwingt das dazu, eine neue Kategorie wie die bewusste Fahrlässigkeit herzustellen, damit man beide, kognitive und volitive, Merkmale verwenden kann. In diesem Sinne ist es in der Literatur verbreitet zu vertreten, dass diese Rechtsfigur bzw. die bewusste Fahrlässigkeit offensichtlich unverzichtbar ist, weil andernfalls eine saubere Scheidung zum bedingten Vorsatz keineswegs möglich sein wird.[223] Auf diese Weise kehrt man nochmals zu den Anfängen zurück. Diese Tatsache hebt auch der *Leipziger Kommentar* vor, indem er sagt, dass

---

andernfalls keine sachgerechte Abgrenzung zwischen Eventualvorsatz und bewusster Fahrlässigkeit möglich wäre." Wessels/Beulke/Satzger, Strafrecht AT, § 7, Rn. 315; hierzu siehe auch Herzberg, JZ 1988, 635 ff. (635).

219 Ruppenthal, Der bedingte Tötungsvorsatz, S. 121.

220 In diesem Sinne: "*Others assume the correctness of the system by stating that, without the volitional element, there would be no distinction between advertent negligence and dolus eventualis ...*" Taylor, Oxf. J. Leg. Stud. 2004, 99 ff. (111).

221 Köhler, Probleme der Fahrlässigkeit, S. 73.

222 Mitsch, JuS 2001, 105 ff. (107); ähnlich Arzt, ZStW 1979, 857 ff. (873); anders Schroth, JuS 1992, 1 ff. (1).

223 Kröger, Der Aufbau, S. 441.

Wollen freilich unverzichtbar ist, um den bedingten Vorsatz von der bewussten Fahrlässigkeit abzugrenzen.[224] Zusammenfassend ist die herrschende Lehre wegen der Infragestellung des Wesens der bewussten Fahrlässigkeit dazu gezwungen, den Vorsatz als Wissen und Wollen der Tatbestandsverwirklichung zu beschreiben oder *vice versa*: Aufgrund der Vorsatzbeschreibung als Wissen und Wollen der Tatbestandsverwirklichung hat die herrschende Meinung keinen anderen alternativen Ausweg, als eine Kategorie wie bewusste Fahrlässigkeit zu erfinden. Diese neue Kategorie sollte die Fälle umfassen, die weder in den Erfassungsbereich des Vorsatzes noch der unbewussten Fahrlässigkeit einzubeziehen sind.

III. Kein Ausweg: Nicht Auswahl, sondern Notwendigkeit

Der Ansicht, die die Erforderlichkeit eines gesonderten voluntativen Vorsatzelementes vertritt, liegt daher die Argumentation zugrunde, dass andernfalls einem rein kognitiv gedeuteten und begründeten Vorsatz ein distinktes Kriterium gegenüber der bewussten Fahrlässigkeit fehle.[225] Aus diesem Dilemma oder aus dieser Aporie gibt es so leicht keinen Ausweg.[226] In diesem Sinne scheint sich die herrschende Lehre hinsichtlich der Abgrenzung des Dolus eventualis und der bewussten Fahrlässigkeit in ihren Schlingen verfangen zu haben.[227] Der letzte „Ausweg“ aus dieser Zwickmühle war es, das Wollen als ein selbstständiges Element in den Dolus eventualis einzuordnen und eine Kategorie wie bewusste Fahrlässigkeit zu erfinden. Im Übrigen ist es in diesem Sinne verwunderlich, dass fast alle Autoren auf die Falsifizierung und die Untauglichkeit der zwar heute herrschenden, doch aber ungenügenden Abgrenzungsformel hinweisen,[228] die man durch voluntative Elemente zu füllen versucht, ohne dass sie auf die Irrelevanz eines selbstständigen voluntativen Moments im Vorsatzbegriff hindeuten.[229] Insoweit hat diese Kontroverse auf die Grenzziehung zwischen bewusster Fahrlässigkeit und Dolus eventualis die stärkste Auswirkung.[230] Dieser vermeintliche Ausweg und folglich die erfundene Kategorie „bewusste Fahrlässigkeit“ bereitet aber heute erhebliches Kopfzerbrechen.

Nach der sowohl im Schrifttum als auch in der Rechtsprechung herrschenden Meinung erscheint eine sachgerechte Abgrenzung zwischen dem bedingten Vorsatz und der bewussten Fahrlässigkeit ohne eines voluntativen Vorsatzelements unmöglich.[231] Das ist der wesentliche Grund, warum hier behauptet wird, dass die

224 Vogel/Bülte, in: LK Vor § 15 StGB Rn. 60.
225 Kindhäuser, ZStW 1984, 1 ff. (1).
226 Dazu siehe auch Destrée, Aristotle, S. 142-143; vgl. Koriath, Grundlagen, S. 541.
227 Niese, Finalität, S. 40.
228 Herzberg, JZ 1988, 573 ff. (575).
229 Brammsen, JZ 1989, 71 ff. (81).
230 Binavince, Die vier Momente, S. 132.
231 Freund/Rostalski, Strafrecht Allgemeiner Teil, § 7, S. 284, Rn. 54.

Bemühungen hinsichtlich der Abgrenzung zwischen dem bedingten Vorsatz und der bewussten Fahrlässigkeit nichts anderes als ein *„Don Quijotischer Kampf“* ist, der einen aussichtslosen Kampf gegen eine nur eingebildete bzw. ontologisch nicht wahrhafte, sondern fiktive Gefahr bzw. Gegnerschaft führt[232]. Was hier geschieht, lässt sich wie folgt darstellen: Zuerst stellt man ein Begriff wie die *„bewusste Fahrlässigkeit“* her, der – wie oben angegeben – nicht nur vom Wortlaut her einen Widerspruch in sich enthält, sondern auch sachlich fehlerhaft sowie kontradiktorisch ist, weil eine Darstellung wie die *„bewusste Fahrlässigkeit“* eigentlich eine *„contradictio in adjecto“* bildet.[233] Danach gelangt man allmählich zur Einsicht, dass es sehr schwierig, sogar unmöglich ist, unter diesen Umständen den bedingten Vorsatz und die bewusste Fahrlässigkeit voneinander abzugrenzen, weil in beiden Konstellationen der gleiche kognitive Prozess läuft. Hiernach handelt der Täter in den sowohl bedingt vorsätzlichen als auch bewusst fahrlässigen Fällen mit der Kenntnis des wahrscheinlichen rechtswidrigen Erfolgseintritts. *Freund* weist auf den gleichen Punkt hin, indem er sagt, dass im Schrifttum verbreitet angenommen wird, dass der Dolus eventualis nur durch ein voluntatives Vorsatzelement sachgerecht von den Fällen der bewussten Fahrlässigkeit unterschieden werden kann,[234] weil im kognitiven Bereich kein Unterschied auszumachen ist.[235] Mit anderen Worten, beide Schuldformen, nämlich Dolus eventualis und bewusste Fahrlässigkeit, teilen doch das kognitive Mindesterfordernis, das besagt, dass dem Täter der rechtsverletzende Erfolgseintritt bewusst gewesen sein soll,[236] weil ihre intellektuellen Komponenten miteinander völlig identisch sind.[237]

Der Täter hält hierunter in den beiden Konstellationen den tatbestandsmäßigen Erfolg für möglich. In einem solchen Fall braucht man dann ein Kriterium, um den bedingten Vorsatz und die bewusste Fahrlässigkeit voneinander abgrenzen zu können. Gerade in diesem Punkt und in diesem Zusammenhang hilft das angebliche voluntative Element des Vorsatzes aus. Das voluntative Element funktioniert hier als Unterscheidungsmerkmal.[238] Hier liegen zwei wesentliche und zugleich hintergründige Probleme vor, die unbedingt in Frage gestellt werden müssen und über sie zutiefst nachzudenken ist: die Fiktion der sog. bewussten Fahrlässigkeit und die Überflüssig- und Unzulässigkeit eines putativen Willenselements. Ferner steht es nach den bisher gewonnenen Angaben fest, dass die sog. bewusste Fahrlässigkeit nicht eine ontologische Tatsache bzw. vorgegebene Sache, sondern bloß eine

---

232 https://de.wiktionary.org/wiki/gegen_Windm%C3%BChlen_k%C3%A4mpfen

233 Hierzu siehe auch Binding, Die Normen IV, S. 418.

234 Zustimmend Schumann, JZ 1989, 427 ff. (430) und Zehetgruber, KriPoZ 2018, 358 ff. (359).

235 Freund/Rostalski, Strafrecht Allgemeiner Teil, § 7, S. 286-287, Rn. 60.

236 Ruppenthal, Der bedingte Tötungsvorsatz, S. 91.

237 Kutalia, Die Schuld, S. 848-849.

238 Märker, Vorsatz und Fahrlässigkeit, S. 108-109.

fiktive Annahme und erfundene Kategorie bildet. Darüber hinaus erscheint die Zuordnung eines sog. andersartigen voluntativen Elements neben dem kognitiven Element zum Vorsatz nicht nur praktisch schwierig, sondern auch theoretisch ganz überflüssig, weil Willen schon im Wissen impliziert ist.

Es ist aber klar, dass diese Situation, d. h. die Einordnung des voluntativen Elements in den Vorsatz für die Verfechter der heute gängigen Lehre eigentlich nicht gewollt, sondern erzwungen ist, weil es ohne ein voluntatives Element unmöglich wäre, zwischen dem bedingten Vorsatz und der sog. bewussten Fahrlässigkeit zu unterscheiden.[239] Mit anderen Worten ist eine Abgrenzung von Dolus eventualis und bewusster Fahrlässigkeit ohne das voluntative Element unmöglich. Ferner ist ein voluntatives Element ohne eine Kategorie wie der bewussten Fahrlässigkeit überflüssig und wird in der Tat funktionslos bleiben. Dafür sollte man nicht einen Ausweg aus dieser Sackgasse finden,[240] um diese Schwierigkeit bzw. diese Aporie zu überbrücken. Insoweit entfällt also mit einem Wegfall der Differenz von Wissen und Wollen das Konstrukt der bewussten Fahrlässigkeit.[241] Ferner kann zunächst offenbleiben, ob die dann erforderliche Begrenzung des Bereichs des bedingten Vorsatzes nicht doch mit Hilfe des Wissenselements vorgenommen werden könnte. Denn nur das kognitive Element ist schon deshalb ein aus dogmatischer Sicht zur Lösung dieser Aufgabe untaugliches Mittel,[242] weil das Wissenselement dem Dolus eventualis und bewusster Fahrlässigkeit gemeinsam ist.[243]

Die Einbeziehung eines gesonderten voluntativen Elements neben dem kognitiven in den Vorsatz, nämlich der Kurzformel des Vorsatzes als „Wissen und Wollen der Tatbestandsverwirklichung“, zwingt uns, als Gegenstück bzw. als Gegenkategorie [= die Herstellung der sog. bewussten Fahrlässigkeit] zu dieser Formulierung anzuerkennen,[244] sodass der Täter die Tatbestandsverwirklichung gleichzeitig wissen oder als konkret voraussehen, sie aber nicht wollen kann. Psychologisch trifft diese Kategorie auf einen pathologischen Zustand zu, der unbedingt abgelehnt werden soll.[245] Diese pathologische Befindlichkeit des Täters kann und soll gerade deshalb überhaupt nicht im Unrechtsbereich für die Qualifizierung der subjektiven Tatseite, sondern im Schuldbereich hinsichtlich der Strafzumessung

239 Fieseler, Direkter und bedingter Rechtswidrigkeitsvorsatz, S. 94; dazu siehe auch Hippel, ZStW 1963, 443 ff. (447).

240 Vgl. Platzgummer, Die Bewusstseinsform des Vorsatzes, S. 15.

241 Kargl, Der strafrechtliche Vorsatz, S. 74.

242 Ciacchi, Fahrlässigkeit und Tatbestandsbestimmtheit, S. 65.

243 Schumann, JZ 1989, 427 ff. (430-431); Roxin, JuS 1964, 53 ff. (54); Engisch, Untersuchungen, S. 232-233. Übrigens kennzeichnet das Unwissenheitsmoment die Fahrlässigkeit in allen ihren Erscheinungsformen. Dazu Exner, Das Wesen der Fahrlässigkeit, S. 138.

244 Vgl. Hempel, Der Schuldgehalt, S. 6.

245 Hempel, Der Schuldgehalt, S. 7.

behandelt und geprüft werden. Die herrschende Theorie findet, besser gesagt erfindet, ihre Lösung der Problematik bezüglich der Abgrenzung zwischen dem Dolus eventualis und der bewussten Fahrlässigkeit mithin im Unrechtsbereich, obwohl sie im Schuldbereich nachgesucht werden sollte. Gerade deshalb kommt man zum Ergebnis, dass sowohl die Einordnung eines voluntativen Elements [= des Wollenselements] zum Vorsatz als auch die Herstellung einer Kategorie wie „bewusste Fahrlässigkeit" in der Tat nicht ontologisch bzw. gefunden, sondern ganz fiktiv bzw. erfunden ist. Insoweit ist das voluntative Element des Vorsatzes oder die Kategorie „bewusste Fahrlässigkeit" nicht ein *„Seins-Sachverhalt"*, sondern allein ein irreführend formulierter *„Sollens-Sachverhalt."*[246]

IV. Zweimal Unrecht ergibt nie einmal Recht

Wie aus dem bisher Gesagten ersichtlich ist, liegt eine Beziehung von Ursache und Wirkung zwischen der Zuordnung eines voluntativen Elements zum Vorsatz und der Herstellung einer fiktiven, nämlich erfundenen Kategorie wie „bewusste Fahrlässigkeit" vor. Um ein Fehler zu beheben bzw. abzudecken oder eine Lücke zu füllen, ist in dieser Hinsicht die Begehung eines anderen Fehlers unvermeidbar. Die hinter der Beschreibung des Vorsatzes als „Wissen und Wollen des Erfolgs oder der Tatbestandsverwirklichung" und der Erfindung eines eigenartigen Begriffes wie „bewusste Fahrlässigkeit" stehende Meinung und Logik ist vermutlich die Vereinfachung der Abgrenzung zwischen dem [bedingten] Vorsatz und der [bewussten] Fahrlässigkeit,[247] insbesondere in Hinsicht auf die Grenzfälle, in denen es ganz schwierig scheint, den bedingten Vorsatz und die bewusste Fahrlässigkeit voneinander abzugrenzen. Es sollte dennoch klargestellt werden, dass *zweimal Unrecht nicht einmal Recht ergibt.* Anders gewendet: Zwei Fehler heben sich nicht gegenseitig auf, sondern führen neue komplizierte Probleme herbei, gerade wie sowohl theoretische als auch praktische Probleme bezüglich der Abgrenzung zwischen dem bedingten Vorsatz und der sog. bewussten Fahrlässigkeit.[248]

Gerade deshalb ist der Verfasser der Meinung, dass die Beschreibung des Vorsatzes als „Wissen und Wollen des Erfolgs oder der Tatbestandsverwirklichung" einseitig ist, weil zum einen diese Ansicht einen latenten bedingten Vorsatz in der Fahrlässigkeit veranlasst und verleugnet. Zum anderen geht bei dieser Ansicht und Beschreibung bezüglich des Vorsatzes *„zugunsten der Einfachheit eine Feinheit verloren.*[249] Als unzutreffend erweist sich daher sowohl die Einordnung eines selbstständigen voluntativen Elements in den Dolus eventualis[250] als auch die Erfindung

246 Siesel, S. 290.

247 Dazu siehe Hall, Fahrlässigkeit im Vorsatz, S. 40.

248 Hierzu siehe auch Schmidhäuser, GA 1957, 305 ff. (313).

249 Hall, Fahrlässigkeit im Vorsatz, S. 48.

250 Anders denkt aber die Rechtsprechung, indem sie sagt, dass *„das voluntative Moment des Vorsatzes selbständig neben dem kognitiven stehe. Es sei rechtsfehlerhaft,*

einer lebensfremden Kategorie wie „bewusste Fahrlässigkeit."[251] Dieser überholte Dogmatismus, der eine fiktive Rechtsfigur erfindet und eine sachgerechte Einordnung von Fahrlässigkeit- und Vorsatzdelikt erschwert oder unmöglich macht, führt zu einer inakzeptablen Ungerechtigkeit, obwohl die theoretischen Bemühungen auch in diesem schwierigen Problemkreis als Recht und Gerechtigkeit dienen sollten.[252] In Wirklichkeit sollte es nicht schwierig sein, dieses unvermeidliche Ergebnis vorauszusehen. Denn, wenn man – wie gesagt – das Hemd mit dem falschen Knopf [mit der falschen Öse] zuzuknöpfen beginnt, wird notwendigerweise jeder anschließende Knopf irrig geknöpft. Demzufolge erscheint die Zuordnung eines voluntativen Elements zum Vorsatz bzw. das Willenselement überflüssig sowie der Begriff „bewusste Fahrlässigkeit" fiktiv. Das ist der Grund, wieso hier zu vertreten ist, dass die Auseinandersetzungen bezüglich der Abgrenzung zwischen dem bedingten Vorsatz und der sogenannten bewussten Fahrlässigkeit als ein Don-Quijote-Kampf erscheinen.[253]

V. Ein Paradebeispiel: Culpa dolo determinata

In diesem Sinne bietet die Kategorie bzw. der Versuch *Feuerbachs „culpa dolo determinata*" ein Paradebeispiel hierfür. Hiernach wollte *Feuerbach* nicht Fallkonstellationen, in denen der Täter den Erfolg nicht erstrebt oder beabsichtigt, als unbewusste Fahrlässigkeit kategorisieren. Um dies zu ermöglichen, d. h. die Lücken zwischen Absicht und unbewusster Fahrlässigkeit auszufüllen, stellt Feuerbach eine dritte Schuldform vor, die *culpa dolo determinata*[254] heißt und die etwa unserem heutigen erfolgsqualifizierten Delikt entspricht.[255] Insoweit hat diese Kategorie die Funktion, die Lücke zwischen Absicht und Fahrlässigkeit zu füllen, indem sie den Dolus alternativus in den Dolus eventualis umwandelt.[256] Heute passiert eigentlich das Gleiche. Denn wie *Puppe* zu Recht sagt, begründet bis heute so oder ähnlich die Rechtsprechung das Willenselement beim Dolus eventualis.[257] Mit anderen Worten, die Theoretiker füllen die Lücken mit erfundenen und gekünstelten Begriffen, gestern *culpa dolo determinata*, heute mit der sog. *bewussten Fahrlässigkeit.* Aus diesem Grund wäre es nicht falsch zu sagen, dass die

---

jenes aus diesem zu folgern." Herzberg, JZ 1988, 635 ff. (638). Hierzu siehe auch das Lederriemenfall – Urteil vom 22.4.1955 – 5 StR 35/55 BGHSt 7, 363.

251 Schumann, JZ 1989, 427 ff. (430).

252 Baumanns, Untersuchungen, S. 5.

253 Anders Zehetgruber, KriPoZ 2018, 358 ff. (361).

254 Feuerbach, Lehrbuch (1803), § 59, S. 54 und § 214, S. 187. Dazu siehe auch, Frauendorfer, Die Willensrichtung, S. 56.

255 Puppe, ZStW 1991, 1 ff. (28).

256 Puppe, ZStW 1991, 1 ff. (28-29).

257 Puppe, ZStW 1991, 1 ff. (28-29).

heutigen Schwierigkeiten in gewissem Sinne auf *Feuerbach*, den Vater der modernen Strafrechtswissenschaft,[258] nämlich auf die Unterscheidung Feuerbachs zwischen mittelbarer und unmittelbarer Fahrlässigkeit zurückgehen.[259] Denn seitdem unterscheidet man im Schrifttum und in der Rechtsprechung zwischen bewusster und unbewusster Fahrlässigkeit.[260] Insoweit gilt die gleiche Denkweise hinsichtlich der Einordnung des voluntativen Elements in den Vorsatz und die Erfindung einer Kategorie wie der „bewussten Fahrlässigkeit." Hiernach ist das Willenselement erforderlich, weil es den Unterschied zwischen bedingt vorsätzlichem und bewusst fahrlässigem Verhalten markiert.[261] Die Wahl des Willenselementes als ein Abgrenzungskriterium gegenüber der bewussten Rechtsfahrlässigkeit ist daher nicht anders zu verstehen.[262]

Das bildet die Entstehungsquelle der Probleme[263] und ist zudem das, was mit dem Ausdruck „Ursache-Wirkung-Beziehung" gemeint ist.[264] Hiernach könne einerseits die Grundform des Vorsatzes bzw. der Dolus eventualis nur durch ein gesondertes voluntatives Vorsatzelement bzw. durch das Wollen sachgerecht von den Fällen der bewussten Fahrlässigkeit unterschieden werden,[265] weil im kognitiven Bereich, nämlich in Bezug auf die Wissenssituation eigentlich kein Unterschied auszumachen ist.[266] Als Vorsatzausschluss oder Vorsatzabgrenzungskriterium zeigt sich damit der eigentliche Zweck der Zuordnung eines voluntativen Vorsatzelements.[267] Andererseits macht die Herstellung einer Figur wie der bewussten Fahrlässigkeit allein durch das Vorhandensein des voluntativen Elementes Sinn. Andernfalls wäre es sinnlos, von einer Kategorie wie der „bewussten Fahrlässigkeit" zu reden. In diesem Sinne hebt auch *Zehetgruber* die gleiche Tatsache hervor, indem er sagt, dass ein bisweilen propagierter Verzicht der voluntativen Seite zugunsten eines einzelnen Kriteriums des Wissens abzulehnen ist.[268] Die fiktive Mittelstellung der bewussten Fahrlässigkeit zwischen dem Vorsatz und der Fahrlässigkeit wird nämlich dadurch charakterisiert, dass das intellektuelle Merkmal des Vorsatzes mit einem voluntativen Merkmal bzw. mit dem Wollen zu verbinden ist.[269]

---

258 Mezger, Strafrecht, § 3, S. 20.
259 Feuerbach, Lehrbuch (1847), § 56, S. 105-106; Schmidhäuser, JuS 1980, 241 ff. (242).
260 Schmidhäuser, JuS 1980, 241 ff. (242).
261 Koriath, Grundlagen, S. 611-612.
262 Fieseler, Direkter und bedingter Rechtswidrigkeitsvorsatz, S. 94; ähnlich Spiegel, Kritische Besprechung, S. 60.
263 Schmidhäuser, GA 1957, 305 ff. (313).
264 Im anderen Sinne Küper, Überlegungen, S. 257.
265 Märker, Vorsatz und Fahrlässigkeit, S. 93.
266 Freund/Rostalski, Strafrecht Allgemeiner Teil, § 7, S. 286-287, Rn. 59-60.
267 Ruppenthal, Der bedingte Tötungsvorsatz, S. 390.
268 Zehetgruber, KriPoZ 2018, 358 ff. (359).
269 Vgl. Ambrosius, Untersuchungen zur Vorsatzabgrenzung, S. 42.

Hieraus dürfte sich ergeben, dass die Identität von bewusster Fahrlässigkeit und bedingtem Vorsatz damit zu begründen ist, dass eine Differenzierung von bedingtem Vorsatz und bewusster Fahrlässigkeit auf dem Gebiet des Unrechts ohne Rückblick auf ein voluntatives Element unmöglich ist.[270] In diesem Zusammenhang wird die Forderung nach dem Rückgriff auf eine solche voluntative Seite, nämlich die Einordnung eines selbstständigen volitiven Merkmals in den Dolus eventualis auf die These gestützt, dass eine rein intellektuelle Vorsatzkonstruktion dazu überhaupt nicht fähig sei, Dolus eventualis und bewusste Fahrlässigkeit voneinander abzugrenzen.[271] weil der relevante Unterschied zwischen den hier genannten Unrechtsformen nicht auf dem Wissensmoment, sondern auf dem Bereich des Wollens besteht.[272] In diesem Sinne ist also die Anwendung „unbewusste Fahrlässigkeit“ auch an und für sich problematisch und könnte nur im Hinblick auf die oben oftmals erwähnte *„Ursache – Wirkung Beziehung“* funktionsfähig und verständlich sein. Denn diese Anwendung führt uns im Umkehrschluss dazu, dass eine bewusste Kategorie als Gegenstück zu dieser Form zwangsweise anzuerkennen ist.[273] Im Gegensatz dazu sind alle Arten der Fahrlässigkeit unbewusst.[274] Deswegen bildet der Begriff „unbewusste Fahrlässigkeit“ eine Tautologie.[275]

D. Die Lebensfremdheit der „denaturierten“ juristischen Begriffe

I. Ontologie und Fiktion

Bevor man die spezifische Frage bezüglich der Richtigkeit der Kurzformel der herrschenden Lehre und davon ausgehend die Notwendigkeit oder *vice versa* Überflüssigkeit der Einordnung eines voluntativen Elements in den Vorsatz und letztlich in Verbindung damit die Fragwürdigkeit der Figur oder Kategorie „bewusste Fahrlässigkeit“ untersucht, soll man das Problem der Beziehung zwischen Ontologie[276] und Fiktion bei der Vorsatz- oder Fahrlässigkeitsbegriffsbildung, insbesondere im Hinblick auf den Begriff „bewusste Fahrlässigkeit“, beleuchten. Es ist unumstritten, dass das Recht eine „im Indikativ formulierte normative Ordnung ist.“[277] Das soll

270 Schumann, JZ 1989, 427 ff. (432-433); zustimmend Maier, Die Objektivierung, S. 38.

271 Schumann, JZ 1989, 427 ff. (433).

272 Kargl, Handlung und Ordnung, S. 536; ähnlich Brammsen, JZ 1989, 71 ff. (81).

273 Hempel, Der Schuldgehalt, S. 6.

274 Schumann, JZ 1989, 427 ff. (432); Kretschmer, JURA 2000, 267 ff. (268); vgl. Binding, Die Normen IV, S. 458 ff.

275 Um die Verwendung der Tautologien siehe Snider, Using Tautologies, S. 591 ff.

276 In diesem Sinne *„ist Ontologie also eine Philosophie, die auf Seinsvertrauen gründet, die davon ausgeht, dass es Seiendes gibt, das unabhängig von unserem Denken besteht.“* Kaufmann/Hassemer, Einführung in Rechtsphilosophie, S. 13.

277 Martins, Versuch, S. 61; ähnlich Kutalia, Die Schuld, S. 853.

uns aber keineswegs dazu verleiten, die Rechtsbegriffe durch Fiktionen bzw. durch willkürliche und lebensfremde Formulierungen[278] wie die bewusste Fahrlässigkeit zu definieren, in der der Täter die Tat eigentümlicherweise gleichzeitig bewusst und fahrlässig zu begehen hat. Das heißt, dass die Juristen die ontologischen Hintergründe und die lebensadäquate Herkunft der Rechtsbegriffe überhaupt nicht außer Acht lassen dürfen, auch wenn es sich um ein Rechtssystem handelt.[279] Es lässt sich daher nicht vergessen, dass vor aller juristischen Wertung erst einmal die Strukturen der in der Wirklichkeit vorzufindenden Phänomene zu analysieren und formulieren sind.[280] Ansonsten bestünde die Gefahr, dass der Gesetzgeber, die Theoretiker oder auch die Praktiker durch irreführende Formulierungen diese Begriffe verkennen könnten,[281] wie es bei dem lebensfremden Begriff der „bewussten Fahrlässigkeit" der Fall ist. Denn ohne Begriffsontologisierung, d. h. ungeachtet der ontologischen Hintergründe der Begriffe, wäre es kaum möglich, juristisch zu argumentieren.[282] Auszugehen ist daher von einer gestalteten Lebenswirklichkeit, an die eine rechtliche Begriffsbildung anzuknüpfen und aufzubauen ist.[283]

Jeder Gesetzgeber, jedes Gericht oder jeder Theoretiker ist durchaus frei, in der Sphäre des Rechts seine Lehre und Begriffe wie auch immer zu formulieren, mit dem Vorbehalt, dass die Begriffe in ihrem Zusammenhang konsistent und widerspruchsfrei[284] und bei aller notwendigen Berücksichtigung des Bezuges zur Vernunft und zur Lebenswirklichkeit verwendet werden,[285] weil sich das Recht nicht in Widerspruch mit der „Vernunft der Dinge" setzen soll sowie darf.[286] Insoweit ist die Vermeidung fehlerhafter Rechtsanwendung, d. h. die praktische Anwendbarkeit der juristischen Begriffsbildung, wichtiger als ihre theoretische Unanfechtbarkeit und Richtigkeit.[287] Deswegen darf sich eine wissenschaftliche Lehre normalerweise weder mit Pseudobegriffen noch mit Pseudodefinitionen wie der bewussten Fahrlässigkeit begnügen.[288] Andernfalls soll die Begriffsbildung wie bewusste Fahrlässigkeit, „in der die der grenzenlosen Phantasie unterstellte Behauptung [...]

278 Vgl. Kargl, Handlung und Ordnung, S. 541; dazu siehe auch Taylor, Oxf. J. Leg. Stud. 2004, 99 ff. (117).
279 Ähnlich Duttge, JRE 2003, 103 ff. (111).
280 Küpper, Grenzen, S. 11.
281 Weidemann, GA 1984, 408 ff. (411).
282 Martins, Versuch, S. 61-62.
283 Küpper, Grenzen, S. 33.
284 Duttge, GA 2003, 451 ff. (465); Meyer, Die Gleichstellung, S. 70.
285 Meyer, Die Gleichstellung, S. 70; dazu siehe auch Kindhäuser/Neumann/Paeffgen, § 15 StGB, Rn. 68.
286 Suter, Fahrlässige Verletzung, S. 5.
287 Deiters, ZIS 2019, 401 ff. (403).
288 Morselli, ZStW 1975, 324 ff. (339).

als kontradiktorisches Begriffspaar auftreten, sich hinwiederum den Vorwurf der Praxisferne gefallen lassen."[289]

Rechtsbegriffe sind Begriffe, die als Bestandteile eines Rechtssatzes vorkommen.[290] Der Inbegriff der Rechtssätze bildet das Recht.[291] Im Wesentlichen lassen sich diese in zwei Gruppen einteilen. Die erste Gruppe besteht aus juristisch-technischen Begriffen, die allgemein eine normative Besonderheit aufweisen und die „das Recht lediglich selbst schafft, die nirgend anderswo in der Welt eine Heimat haben, als auf juristischem Boden."[292] Die zweite Gruppe umfasst die Begriffe, die auch außerhalb der Jurisprudenz gelten. In der Welt haben sie einen anderen Boden. Hieraus ergibt sich, dass sie nicht juristisch erfunden, sondern vorgefunden wurden.[293] Letztere besitzen somit einen dichotomen Charakter.[294] Zweifellos sind der Vorsatz und die Fahrlässigkeit in die zweite Gruppe einzuordnen, die einerseits ontologisch[295] und andererseits juristisch erscheint. Hiernach sind Vorsatz und Fahrlässigkeit als die ontologische Entität zu begreifen.[296] Daraus folgt, dass nicht von Konstruktion, sondern von Entdeckbarkeit der Begriffe der zweiten Gruppe die Rede sein sollte,[297] weil diese Begriffe vorgegeben sind und auch außerhalb des erkennenden Subjekts existieren können. Gerade deshalb kann der Rechtsbegriff nicht anders als die Gegebenheit bestimmt werden.[298] Das bedeutet, dass man sie nicht nur durch Denken schaffen bzw. erfinden, sondern sie auch entdecken und gemäß ihrem natürlichen oder ontischen Wesen formulieren, nämlich den erwähnten Begriffen ihr Wesen abfragen kann.[299] Die Aufgabe des Schrifttums liegt somit darin, dass es die Wirklichkeit bzw. die Gegebenheit begrifflich entdecken und festlegen muss, worauf sich das Recht bezieht.[300] Insoweit ist heute klar, dass die sog. bewusste Fahrlässigkeit anders als der Vorsatz, überhaupt nicht eine natürliche bzw. gegebene,[301] sondern eine gekünstelte Besonderheit aufweist, weil

289 Siesel, S. 297.

290 Zitelmann, Irrtum und Rechtsgeschäft, S. 17; dazu siehe auch Mayer, Die schuldhafte Handlung, S. 137.

291 Zitelmann, Irrtum und Rechtsgeschäft, S. 205.

292 Zitelmann, Irrtum und Rechtsgeschäft, S. 17.

293 Zitelmann, Irrtum und Rechtsgeschäft, S. 17.

294 Fuchs, Die Wahlstellung, S. 37.

295 Insoweit *„bleibt der Vorsatz als ontisches Element der Handlung."* Bloy, ZStW 1978, 609 ff. (654).

296 Martins, Versuch, S. 60

297 Vgl. Siesel, S. 297; vgl. Küpper, Grenzen, S. 19.

298 Duttge, Zur Bestimmtheit des Handlungsunwerts, S. 361. (Zitiert von: Radbruch, Rechtsphilosophie II, S. 209, 255, 302)

299 Hall, Fahrlässigkeit im Vorsatz, S. 12; dazu siehe auch Küpper, Grenzen, S. 29-30.

300 Planas, ZIS 2010, 357 ff. (363).

301 Vgl. Niese, Finalität, S. 33.

sie keinen konkreten Boden bzw. keine sachliche Basis hat[302] und daher nicht ein ontologisches Faktum, sondern eine rein fiktive Annahme ist[303].

Bei der Begegnung dieser Begriffe [der zweiten Gruppe] mit dem Recht stellt sich dann die Frage, ob und wie oder inwieweit das Recht diese Begriffe bewerten und formulieren darf. Vor uns liegen im Wesentlichen zwei Möglichkeiten vor: Entweder wandelt das Recht den vorgefundenen Begriff in einen juristisch-technischen Sinn um oder es nimmt ihn im eigenen Umfang und in der besonderen Gestalt auf, wie ihn das Leben selbst darbietet.[304] In der ersten Möglichkeit spricht man nunmehr von der erfundenen, fiktiven, gekünstelten, und gerade deshalb völlig lebensfremden Begriffen; während in der zweiten es sich dagegen um die ontologischen, lebensnaheliegenden und gefundenen Begriffe handelt. Hieraus dürfte sich erneut ergeben, dass Begriffe in Übereinstimmung mit ihren ontologischen Hintergründen und lebensnaheliegender Herkunft behandelt und formuliert werden müssen.[305] Demnach besitzt beispielsweise das Bewusstsein, der Vorsatz oder die Fahrlässigkeit sowohl ontologisch als auch juristisch eine vorgefundene gleiche Bedeutung.

Verzichtet man dagegen bei der [straf-]rechtlichen Begriffsbildung darauf, die ontologischen Hintergründe und die natürliche bzw. lebensnaheliegende Herkunft der Begriffe in Betracht zu ziehen, und begnügen sich die Juristen, Theoretiker oder Praktiker stattdessen mit einer nur theoretisch-systematischen oder juristisch-technischen Stimmigkeit ihrer Aussagen, die sich meistens als fiktiv und trügerisch erweisen, dann ist ein *„frei flottierendes"*[306] Rechtskonstrukt wie die erfundene bewusste Fahrlässigkeit zu befürchten,[307] dessen Gehalt sich wegen seines mangelnden Bezugs zur Lebenswirklichkeit und wegen seiner lebensfremden fiktiven bzw. völlig juristisch-technischen Besonderheit in Nebulöse verflüchtigt.[308] Ferner folgt das aus der nicht notwendigen,[309] sondern freiwilligen Weltfremdheit des Berufes der Juristen. Es darf aber keineswegs vergessen werden, dass Theorien ihrerseits nicht nur für die begriffliche Richtigkeit, sondern auch für eine praktische Anwendbarkeit dieser Begriffe zu sorgen haben,[310] die eine Entsprechung von Sollen und Sein mit sich bringt.[311]

---

302 Vgl. Binavince, Die vier Momente, S. 13-14.

303 Um die allgemeine Fiktivität des Fahrlässigkeitsbegriffes siehe Barbero, RDP 1975, 533 ff. (557).

304 Zitelmann, Irrtum und Rechtsgeschäft, S. 17-18; dazu siehe Mayer, Die schuldhafte Handlung, S. 137.

305 Mayer, Die schuldhafte Handlung, S. 137.

306 Küpper, Grenzen, S. 33.

307 Schröder, ZStW 1979, 257 ff. (277).

308 Duttge, GA 2003, 451 ff. (463).

309 Vgl. Hall, Fahrlässigkeit im Vorsatz, S. 23.

310 Binding, Die Normen II, S. 189.

311 Kaufmann, Rechtsphilosophie, S. 287.

II. Die Entsprechung von „Sein" und „Sollen"

Es sollte die Aufgabe wissenschaftlicher Arbeiten sein, das Unanschauliche dem denkenden menschlichen Geiste anschaulich zu machen,[312] eine Art von Fotografie von Tatsachen zu bieten.[313] Denn jeder Begriff kann seinen Wert und sein Dasein allein oder überwiegend in einer Beziehung zur Lebenswirklichkeit haben.[314] Hieraus dürfte sich ergeben, dass das Strafrecht seine Probleme und deren Lösung wesentlich nicht aus Büchern oder abstrakten und fiktiven Überlegungen, sondern aus dem Anblick der äußerlichen Welt,[315] nämlich aus der Realität des täglichen Lebens und der Praxis herausfinden soll. Auf diese Weise leistet es einen eigenen und unersetzbaren Beitrag zur Idee der Gerechtigkeit und Rechtsicherheit.[316] Andernfalls entsteht das Problem der Verbindung und Begründung von Recht und Realität im Einzelfall.[317] Weil das Recht und insbesondere das Strafrecht am Ende auch über das Leben der Bürger bestimmenden Einfluss hat,[318] soll auch die Rechtswissenschaft sich unbedingt an der Lebenswirklichkeit orientieren.[319] Ferner ist es nicht Aufgabe der Jurisprudenz, den durch das Leben gegebenen, natürlichen bzw. ontischen Begriffe durch die fiktive und erfundene Anwendungen wie bewusste Fahrlässigkeit zu zerstören, sondern sie sachgerecht und gemäß ihrer lebensnaheliegenden Besonderheit zu klären und zu präzisieren.[320] Demzufolge sollen die Begriffe der [Straf-]Rechtswissenschaft sich im praktischen Leben bewähren, weil deren Erkenntnisse letztlich diesem Leben dienen sollen.[321] Denn das Recht ist nichts anderes als die Entsprechung von Sein und Sollen.[322]

Dementsprechend dürfen bei der Begriffsbildung ontische Vorgegebenheit und Lebenswirklichkeit nicht unbeachtet bleiben.[323] Denn eine solche Bezugnahme des Sollens auf das Sein ist nicht nur zulässig, sondern auch notwendig, um die

---

312 Hall, Fahrlässigkeit im Vorsatz, S. 12-13.

313 Fuchs, Die Wahlstellung, S. 1.

314 Dazu siehe auch Schopenhauer, Die Welt als Wille und Vorstellung, S. 164.

315 Duttge, GA 2003, 451 ff. (463).

316 Planas, ZIS 2010, 357 ff. (357); Roxin/Greco, Strafrecht AT, § 7, S. 288, Rn. 1.

317 Küpper, Grenzen, S. 15. Hervorzuheben ist daher, dass „*die Einigkeit am grünen Tisch der Theorie, die sich in Büchern, Aufsätzen und BGH-Urteilen ausdrückt, nicht viel besagt. Ob eine theoretische Konzeption brauchbar ist, ob sie vor allem überzeugende und berechenbare Entscheidungen gewährleistet, zeigt sich nur in der Praxis.*" Herzberg, JZ 1988, 635 ff. (637).

318 Planas, ZIS 2010, 357 ff. (363).

319 Insoweit bleiben die Konsequenzen der herrschenden Vorsatzlehre meistens rein theoretisch. Im anderen Sinne Puppe, Vorsatz, S. 35-36.

320 Hippel, Die Grenze, S. 29-30.

321 Duttge, Zur Bestimmtheit des Handlungsunwerts, S. 369.

322 Kaufmann, Analogie, S. 18.

323 Duttge, Zur Bestimmtheit des Handlungsunwerts, S. 363.

Wirksamkeit des Sollen in der Lebenswirklichkeit erlangen zu können,[324] weil in einem Rechtssystem darauf gezielt wird, durch Rechtsnormen in der Welt der Tatsachen etwas zu bewirken.[325] Das ist der Grund, warum es immer zu untersuchen gilt, ob und wie die Wirklichkeit begrifflich in das Recht übertragen werden kann.[326] Insoweit ist es unumstritten, dass der Mangel an Klarheit und damit an Rechtssicherheit und letztendlich an Gerechtigkeit sich nur dann beheben lässt, wenn zwischen Faktizität bzw. Lebenswirklichkeit und reinem Sollen bzw. Dogmatik eine Synthese gebildet werden könnte.[327] Demzufolge scheint eine solche Synthese notwendig, um den Dualismus zwischen „Sein" und „Sollen",[328] nämlich zwischen Natur der Sache und Verhaltensregeln einigermaßen überwinden zu können.[329] Den hier genannten Dualismus definiert *Kantorowicz* als „Differenz zwischen Tatsachen und Regeln."[330]

Hiernach bilden „Sein" und „Sollen" somit zwei Aspekte der Lebenswelten, die keineswegs isoliert nebeneinander stehen können. Aus diesem Grund soll auch für Rechtsregeln und Rechtsbegriffe von einer inhaltlichen Beziehung zur sozialen Wirklichkeit bzw. zur Lebenswirklichkeit ausgegangen werden,[331] wie bei den Begriffen Vorsatz und Fahrlässigkeit der Fall ist.[332] In der Isolierung des Rechts gegenüber allen außerlogischen Faktoren der Rechtsbildung wie der Faktizität, Lebenswirklichkeit oder Natur der Sache liegt ein grundlegender Fehler des Begriffspositivismus vor,[333] der den Juristen zur Erfindung gekünstelter Begriffe wie bewusster Fahrlässigkeit verführt. In diesem Sinne entsteht das Recht und die durchführbare Theorie nur dort, wo Norm bzw. Begriffsbildung und Lebenswirklichkeit, nämlich Sollen und Sein im Einklang miteinander stehen.[334]

---

324 In diesem Sinne hebt Schlüchter hervor, *„eine solche Bezugnahme des Sollens auf das Sein ist zulässig, ja zur Wirksamkeit des Sollens geradezu geboten und nicht zu verwechseln mit der Frage, ob sich aus einem Sollen ein Sein ableiten lasse."* Schlüchter, Irrtum, S. 24.

325 Zippelius, Das Wesen des Rechts, S. 48.

326 Küpper, Grenzen, S. 12.

327 Duttge, Zur Bestimmtheit des Handlungsunwerts, S. 369.

328 Kaufmann/Hassemer, Einführung in Rechtsphilosophie, S. 196-198.

329 Hierzu siehe auch Kantorowicz, Der Begriff des Rechts, S. 40 ff.. Für die Ansicht, ob „Natur der Sache" als Brücke vom Sein zum Sollen verwendet werden kann oder nicht, siehe Kaufmann/Hassemer, Einführung in Rechtsphilosophie, S. 200-202.

330 Kantorowicz, Der Begriff des Rechts, S. 41.

331 Duttge, Zur Bestimmtheit des Handlungsunwerts, S. 365.

332 Dazu siehe Duttge, Zur Bestimmtheit des Handlungsunwerts, S. 366-368.

333 Henkel, Einführung, S. 381; Kaufmann/Hassemer, Einführung in Rechtsphilosophie, S. 197-198.

334 Kaufmann, Analogie, S. 18.

III. Aus „Wenn" oder „Falls" ergibt sich nur ein großes „Nichts"

Recht und Strafrecht sollen nicht aus Fiktionen, sondern Gegebenheiten bzw. Tatsachen hervorgehen.[335] Insoweit dürfen der Richter oder die Gerichte nicht als Gedankenleser angesehen werden.[336] Deswegen dürfen juristische Begriffe auf keinen Fall von unbestimmbaren fiktiven Überlegungen ausgehen[337] und je nach der hypothetischen positiv- oder negativen Einwilligung des Täters, wie bei der *Frank'schen Formel* der Fall ist, bestimmt und aufgebaut werden. Der von *Frank* entwickelten Formel nach soll aber durch ein hypothetisches Urteil des Täters festgestellt werden, ob Vorsatz oder Fahrlässigkeit vorliegt.[338] Demzufolge tritt an die Stelle der Wirklichkeit eine Fiktion.[339] Dieser Zustand kann anhand einer Redewendung folgendermaßen zusammengefasst werden: Wenn sich „Wenn" und „Falls" verheiraten, kommt am Ende ein großes „Nichts" zustande. Daraus folgt, dass der Dogmatik und Rechtsprechung bei der Tatsachenfeststellung nicht fiktive Indizien wie „*wenn, falls, aber, hätte*", sondern objektiv feststellbare Kriterien zugrunde liegen sollen.

IV. Was nach den Gesetzen der menschlichen Natur nicht möglich ist, kann kein Gesetz möglich machen

Es sollte nunmehr klar geworden sein, dass mit einem rein esoterischen Strafrecht, das seine Begriffe nur aus theoretischen Büchern oder fiktiven Überlegungen entnimmt, nichts gewonnen sein kann.[340] Ein solches Strafrecht erscheint von vornherein funktionslos. Denn die Begriffe dürfen nicht nur nach abstrakten theoretischen Erwägungen, die sich nur in Lehrbüchern oder Gesetzestexten wiederfinden und keine alltägliche Lebenswirklichkeit betreffen, bestimmt werden. Vielmehr sind diese nach ihrem natürlichen Wesen zu erklären und zu klassifizieren. Die methodische Grundlage dieser Ansicht besteht darin, das „Wirkliche" zu erfassen, nicht etwas Erfundenes oder Fiktives zu begründen.[341] Ferner sind

---

335 Ähnlich Duttge, Zur Bestimmtheit des Handlungsunwerts, S. 363. Hierzu siehe auch Kaufmann, Analogie, S. 24 ff.

336 Insoweit „[…] *ist es* […] *nicht entscheidend, wie sich der Täter in einer anderen Situation verhalten hätte.*" Schröder, Aufbau und Grenzen, S. 233.

337 Vgl. Philipps, ZStW 1973 27 ff. (32).

338 Dazu Runck, Dolus eventualis, S. 19; Gessner, Die bewusste Fahrlässigkeit, S. 36; Müller, Der dolus eventualis, S. 33; Hupfauer, Eventualvorsatz, S. 12; Zoller, Die Abgrenzung, S. 5; Ambrosius, Untersuchungen zur Vorsatzabgrenzung, S. 77; Danner, Dolus eventualis, S. 50; Schroth, JuS 1992, 1 ff. (2).

339 Vgl. im anderen Sinne, Baumanns, Untersuchungen, S. 103

340 Prittwitz, GA 1994, 454 ff. (459); Nau, Die Bewusstseinsform, S. 117; vgl. Küpper, Grenzen, S. 16-17, 19.

341 Kubiciel/Weigend, KriPoZ 2019, 35 ff. (38).

juristische „Begriffe keine methodologischen Umformungen eines amorphen Materials, sondern Deskriptionen eines gestalteten Seins.“[342]

Insoweit müssen die Juristen und die Rechtswissenschaft durch die gesetzlichen Begriffe hindurch zu den realen Lebensgestaltungen hinabsteigen.[343] Andernfalls werden das Strafrecht und die Strafrechtsdogmatik[344] wie *Schmidhäuser* zu Recht sagt, dazu angehalten, „in die Hörsäle der Universitäten und also in einige esoterische strafrechtswissenschaftliche Abhandlungen verbannt zu sein.“[345] Dazu gehört vor allem der Theorienstreit zwischen dem bedingten Vorsatz und der sog. fiktiven bewussten Fahrlässigkeit. Die Wahrheit geht dabei zwischen der Notwendigkeit nach Berücksichtigung der Lebenswirklichkeit und dem Beharren auf der Definitions- und Wertungsmacht oder der Stimmigkeit der theoretischen Streite der Juristen verloren.[346] In diesem Sinne will beispielsweise die h. L. auf den anschaulichen Begriff „bewusste Fahrlässigkeit“ nicht verzichten, ohne Rücksicht darauf, dass das Gemeinte mit dem Sprachsinn oder mit den Grundsätzen der Rationalität nicht übereinstimmt und dadurch in den konkreten Fällen überwiegend die Gerechtigkeit verloren geht.[347]

Aus diesem Grund sollte das Strafrecht einerseits auf die Lebenswirklichkeit rekurrieren und andererseits sich an anderes Fachwissen, wie Psychologie, Soziologie, Fachsprache und etymologische Hintergründe orientieren und demzufolge die Begriffe so formulieren,[348] dass die Vorsatzlehre und die Begriffsbildung bzw. Vorsatzbestimmung den Sachgegebenheiten vollständig angepasst sind.[349] Diese Phänomene sollten sowohl in Verbindung mit den strafrechtlichen Begriffen und Institutionen als auch in ihrer faktischen bzw. fachlichen Bedeutung verstanden werden und letztendlich in das Rechts- und Strafrechtssystem übertragen werden.[350] Ferner kann die Psychologie in der Behandlung der Probleme

342 Küpper, Grenzen, S. 11.

343 Küpper, Grenzen, S. 11.

344 Kaufmann, Strafrechtsdogmatik, S. 5.

345 Schmidhäuser, Vorsatzbegriff, S. 3.

346 Vgl. Prittwitz, GA 1994, 454 ff. (455).

347 Planas, ZIS 2010, 357 ff. (364-365).

348 Prittwitz, GA 1994, 454 ff: (459); zustimmend Jäger, Rechtsbrücke 2015, 41 ff. (41-42); Duttge, Zur Bestimmtheit des Handlungsunwerts, S. 371.

349 Hierzu siehe auch Herold, Unrechtsbewusstsein, S. 77 ff.; vgl. Herzberg, JZ 1988, 573 ff. (575) und Zippelius, Das Wesen des Rechts, S. 46-47.

350 Duttge, GA 2003, 451 ff. (463); Denn „*im Gegensatz zur Wissenschaft von der Geschichte des Strafrechts ist die Strafrechtslehre zwar in das geltende Recht eingebettet, aber sie findet ihre Grundbegriffe nicht im Gesetz vor. Sie muss diese Grundbegriffe vielmehr im Kontakt auch zu anderen Humanwissenschaften eigenständig entwickeln.*“ Schmidhäuser, Strafrecht AT, S. 3, Rn. 10. Hierzu siehe auch Silving, JCLC 1960, V.51, 19 ff. (19 ff.).

der Strafrechtswissenschaft eine hervorragende Rolle spielen.[351] Auf diese Weise kann man zutreffende Begriffe entwickeln, die den psychologischen Tatsachen der Lebenswirklichkeit gerecht sind.[352]

Übrigens weisen juristische Begriffe wie der Vorsatz oder die Fahrlässigkeit nicht nur eine fachspezifische, sondern auch eine alltagsprachliche und psychologische Besonderheit auf. Hieraus dürfte sich aber nicht ergeben, dass das Verständnis der juristisch-technischen Begriffe, beispielsweise des Vorsatzes oder der Fahrlässigkeit vollständig von der Alltagsprache bestimmt wird,[353] da eine willkürliche und unmittelbar deskriptive Begriffsimportierung von der Alltagsprache zu einer rein naturalistischen Begriffsbildung führen kann. Deswegen muss jeder Rechtsbegriff mindestens im Rahmen seiner Auslegung auch einer rechtlichen bzw. normativen Wertung unterzogen werden.[354] Dementsprechend wird eine strafbare Tat nicht nur in ihrer Wirklichkeit, sondern auch nach ihrer Bezeichnung und nach ihrer normativen Bewertung verstanden.[355] Ferner führt einerseits die rein normativistische Begriffskreation oder Begriffsbestimmung zu Unsicherheit, wie es bei der bewussten Fahrlässigkeit der Fall ist, während eine völlig von der Alltagssprache abhängige Formel andererseits eine naturalistische Begriffsbildung verursacht.[356] Die Lösung sollte so sein, beide Perspektiven ins Gleichgewicht zu bringen, um dadurch einen sachgerechten, haltbaren und lebensnaheliegenden Ausweg zu schaffen.[357] Denn wie *Binding* zutreffend zum Ausdruck gebracht hat, „lag die Stärke der römischen Rechtswissenschaft [...] keineswegs in der korrekten Definition,"[358] sondern „in der Kunst, sich vom Leben juristisch belehren zu lassen."[359] Gerade deshalb ist *Hall* der Meinung, dass die Alten eine Saite mehr auf ihrem Instrument als wir hatten.[360]

---

351 Hemmen, Über den Begriff, S. 2. Ebenfalls definiert Zitelmann den Willensakt als *„psychische Ursache, durch welche motorische Nerven unmittelbar erregt werden."* Zitelmann, Irrtum und Rechtsgeschäft, S. 36. Dazu siehe auch Jerusalem, ZStW 1968, 875 ff. (876).

352 Fieseler, Direkter und bedingter Rechtswidrigkeitsvorsatz, S. 38; Hemmen, Über den Begriff, S. 2.

353 Martins, Versuch, S. 62. Für die Beziehung zwischen Recht und Sprache siehe Henkel, Einführung, S. 46 ff.

354 Krey/Esser, Deutsches Strafrecht, § 12, Rn. 420.

355 Hofacker, ARSP 1940/41, 137 ff. (143). Im Übrigen soll der Vorsatz- oder Fahrlässigkeitsbegriff *„nicht als nackter psychischer Befund, sondern wie alle anderen Rechtsbegriffe nach normativen Maßstäben zu beurteilen."* Ruppenthal, Der bedingte Tötungsvorsatz, S. 211.

356 Martins, Versuch, S. 63.

357 Dazu siehe auch Ryu/Silving/Piedras/Rico, ARSP 1973, 57 ff. (84-85).

358 Binding, Die Normen II, S. 343.

359 Hall, Fahrlässigkeit im Vorsatz, S. 46.

360 Hall, Fahrlässigkeit im Vorsatz, S. 46.

Obgleich das Recht die Lebenswirklichkeit berücksichtigen muss, darf man auf keinen Fall vergessen, dass jeder rechtliche Begriff zugleich an ein bestimmtes normatives Bezugssystem gebunden ist.[361] Hieraus dürfte sich aber nicht ergeben, dass das Recht die Lebenswirklichkeit, die ontischen Hintergründe oder die Realität des täglichen Lebens außer Acht lassen darf. Denn das Strafrecht stellt eine auf die Lebenswirklichkeit bezogene Wissenschaft dar[362] und kann aus diesem Grund keineswegs allein rechtsdogmatisch und normativ vorgehen.[363] Dementsprechend hat auch *Planas* auf diese Seite, d. h. auf die Besonderheit der [Straf-]Rechtsbegriffe hingewiesen, indem er zutreffend meinte, dass diese Begriffe keineswegs aus kalter Entfernung zur Lebenspraxis des Menschen, d. h. aus der Lebensfremdheit entstehen und formulieren dürfen.[364] Insoweit darf ein Theoretiker oder Praktiker bei der Begriffsbildung oder der Rechtsanalyse die Lebenstatsachen und den Kernsinn der Rechtsbegriffe nie aus den Augen verlieren.[365]

Abgesehen davon, dass sich rechtsdogmatisch oder theoretisch einige bedenkliche Folgen ergeben können, verlangen sachadäquate Rechtsregeln Begriffe, die dem Leben angemessen sind.[366] Bei der Entwicklung eines dem Leben adäquaten Strafrechts[367] soll der strafrechtliche Handlungsbegriff die Gesellschaft und das Strafrecht in den Begriff einbringen.[368] Insoweit kann durch die an der Lebenswirklichkeit orientierte und in die anderen Fachbereiche integrierte Präzisierung der einschlägigen Begriffe des Strafrechts eine gesunde Begriffsbildung und funktionelle Begriffsbestimmung geschaffen werden, weil nur die an der Lebenswirklichkeit orientierten Begriffe auf die zugrunde liegenden oder dahinterstehenden Tatsachen abzustimmen und daher konkret und haltbar zu fassen sind.[369] Die kurze Formel der herrschenden Lehre, die den Vorsatz als „Wissen und Wollen der Tatbestandsverwirklichung" bezeichnet, bildet daher nicht großartige Vereinfachung,[370] sondern eine simplification terrible,[371] weil der heute gängige Vorsatzbegriff

---

361 Duttge, GA 2003, 451 ff. (464-465).

362 In dieser Hinsicht *„ist Recht schon seinem Begriff nach* [...] *also getätigtes, wirkendes, in der sozialen Wirklichkeit aktualisiertes Recht.*" Zippelius, Das Wesen des Rechts, S. 46.

363 Kühne, GA 1994, 503 ff. (503).

364 Planas, ZIS 2010, 357 ff. (358).

365 Ryu/Silving/Piedras/Rico, ARSP 1973, 57 ff. (79-80); Fieseler, Direkter und bedingter Rechtswidrigkeitsvorsatz, S. 26.

366 Duttge, GA 2003, 451 ff. (462-463).

367 Duttge, JRE 2003, 103 ff. (125).

368 Jakobs, Der strafrechtliche Handlungsbegriff, S. 12.

369 Fieseler, Direkter und bedingter Rechtswidrigkeitsvorsatz, S. 24; Schröder, ZStW 1979, 257 ff. (277); Duttge, Zur Bestimmtheit des Handlungsunwerts, S. 369.

370 Hierzu siehe auch Schlüchter, Irrtum, S. 31 und Planas, ZIS 2010, 357 ff. (359).

371 Hall, Fahrlässigkeit im Vorsatz, S. 40.

weit entfernt von der Natur der Sache ist und somit ein blasses Kunstprodukt darstellt.[372] In diesem Rahmen ist „Natur" also nichts anderes als das Wesen der Dinge.[373] In diesem Sinne ist die bewusste Fahrlässigkeit „nichts anderes als eine schlechte Erfindung einer in die Irre gehenden Rechtsphantasie."[374]

V. Die Sache, die uns mit hundert schwarzen Augen ansieht

Wie schon *Schopenhauer* zu Recht schrieb, kann die Sache, die uns mit hundert schwarzen Augen ansieht,[375] von uns nicht erkannt werden, wie sie an sich selbst sein mag,[376] sondern nur so erkannt und dargelegt werden kann, wie sie uns erscheint.[377] Zudem können die Dinge verschiedene, sowohl faktische als auch trügerische Erscheinungsformen besitzen. Ferner liegt auch der Sinn der Begriffsbildung grundsätzlich „in der Überwindung des scheinbaren Gegensatzes."[378] Insoweit ist darauf zu achten, ob die Erscheinung der Dinge faktisch oder trügerisch ist. „*Was die Welt ist*" und „*was oder wie die Welt scheint*" bilden somit in der Tat zwei verschiedene Fragen.[379] Ob und welche Erscheinung wahr ist, ist unbestimmt, weil die Geschichte der Wissenschaft lehrt, dass die Erscheinungen trügen können.[380] Die gleiche Argumentation kann man für die Begriffsbildung oder Begriffsbestimmung geltend machen. In diesem Sinne könnten die Begriffe der seienden und der scheinenden Welt zumindest formallogisch kontradiktorisch sein.[381] Es entsteht dadurch ein fiktives Strafrechtssystem,[382] das nicht mehr von realen Gegebenheiten,[383] sondern von fiktiven Überlegungen getragen ist, was auch kriminalpolitisch problematisch sein könnte.[384] Aus diesem Grund besteht keine Veranlassung und Berechtigung, im Strafrecht einen fiktiven und erfundenen Begriff wie „bewusste Fahrlässigkeit" und dadurch einen bewusst fahrlässig vorgenommenen Handlungsbegriff aufzustellen, der den ontischen Mindestanforderungen

---

372 Hall, Fahrlässigkeit im Vorsatz, S. 40.

373 Küpper, Grenzen, S. 37.

374 Binding, Die Schuld, S. 132

375 Goethe, Willkommen und Abschied (teachsam.de und deutschelyrik.de), Abruf: 15.02.2020

376 Schopenhauer, Die Welt als Wille und Vorstellung, S. 862.

377 Hall, Fahrlässigkeit im Vorsatz, S. 12; zustimmend Hengesch, ZStW 1989, 611 ff. (618).

378 Herzberg, JZ 1988, 573 ff. (576).

379 Siesel, S. 43.

380 Hall, Fahrlässigkeit im Vorsatz, S. 12.

381 Siesel, S. 43.

382 Näher Hall, Fahrlässigkeit im Vorsatz, S. 13.

383 Wolff-Reske, Berufsbedingtes Verhalten, S. 87.

384 Näher Duttge, Zur Bestimmtheit des Handlungsunwerts, S. 365.

nicht gerecht wird, weil die Unrechtsformen und Handlungslehre ein rein ontologisches Problem darstellen.[385]

In diesem Zusammenhang soll man hinsichtlich der „bewussten Fahrlässigkeit" auf die wesentliche Frage eingehen, ob der Begriff sowie die Rechtsinstitution „bewusste Fahrlässigkeit" wirklich einer ontologischen Tatsache entspricht oder eigentlich nur eine fiktive Annahme ist. Anders gewendet: Wenn das oben Gesagte in Betracht gezogen wird, stellt sich die Frage, ob die „bewusste Fahrlässigkeit" ein *„Gesetz des Bildes"* oder *„ein Gesetz des Seins"* bildet.[386] Zweifellos muss man darauf hinweisen, dass auch nur ausgehend vom Wortlaut die Auffassung einer„ bewussten Fahrlässigkeit" zuallererst einen Widerspruch in sich darstellt, weil der Begriff „Bewusstsein" bereits begrifflich die Notwendigkeit des Vorsatzes enthält. Gerade deshalb stellt in der Tat die sog. bewusste Fahrlässigkeit nicht *„ein Gesetz des Seins"*, sondern *„ein Gesetz des Bildes"* dar, weil der Begriff „bewusste Fahrlässigkeit" weder der Natur der Sache nach noch unter ontischen Anforderungen richtig ist. Das zeigt, dass die Theoretiker und Juristen in der Gesetzgebung, der Lehre und der Rechtsprechung auf jeden Fall der Natur der Dinge folgen müssen. Damit ist gemeint, dass die juristisch-technischen Begriffe mit der Realität des täglichen Lebens in Einklang zu stehen haben. Dafür sollen die Juristen für die Begriffsbildung nicht die erdachten Begriffe, sondern die Gegebenheiten des täglichen Lebens zugrunde legen.[387]

Denn wie *Hegel* schon zu Recht gemeint hat, stellt die Realität eigentlich die Seele der Begriffe dar. Ein Leib ohne Seele ist überhaupt nichts anderes als ein toter Körper, der unbedingt zu verfaulen hat[388] Insoweit ist ein lebensfremder Begriff ebenfalls nichts anderes als ein toter Körper, der sowieso zu verfaulen und sinnentleert zu werden hat.[389] Begriffe wie Vorsatz oder Fahrlässigkeit stehen nicht für eine spezifische Realität bzw. eine reine Tatsache,[390] sondern sie stellen eine Zurechnungsfigur dar, mit deren Hilfe den Rechtssubjekten Verantwortlichkeit zugeschrieben wird.[391] Deswegen darf man nicht vergessen, dass die juristischen Begriffe wie Vorsatz oder Fahrlässigkeit im täglichen Leben nicht immer „rein" vorkommen.[392]

385 Vgl. Otter, Funktionen des Handlungsbegriffs, S. 198.
386 Dazu siehe auch Weidemann, GA 1984, 408 ff. (411).
387 Hofacker, ARSP 1940/41, 137 ff. (148); ähnlich Duttge, Zur Bestimmtheit des Handlungsunwerts, S. 363.
388 Hegel, Grundlinien, §§ 11-17.
389 In einem zwar ähnlichen, aber anderen Sinne siehe Henkel, Einführung, S. 42-44.
390 Nau, Die Bewusstseinsform, S. 98.
391 Schroth, NStZ 1990, 324 (324).
392 Hall, Fahrlässigkeit im Vorsatz, S. 23; Mohrmann, Die neueren Ansichten, S. 73.

VI. Denaturierung der Begriffe: Nicht gefunden, sondern erfunden

Es ist die Aufgabe des Rechts und die Pflicht der Juristen und Theoretiker, die auf der ewigen Suche nach Begriffen sind,[393] die ontischen, faktischen und somit lebensnahen Begriffe,[394] die in wissenschaftlicher Hinsicht korrekt und widerspruchsfrei sein sollten,[395] zu formulieren und zu verwenden. Aus diesem Grund sollte jeder Jurist davon abhalten, „das Gesetz des Bildes mit dem Gesetz des Seins zu verwechseln."[396] Denn wie *Almendigen* zu Recht formuliert hat: „ [...] was nach den Gesetzen der menschlichen – oder sachlichen – Natur nicht möglich ist, kann kein Gesetz möglich machen,"[397] insbesondere wo nicht gesetzgeberischer Wille, sondern die [Lebens-]Wirklichkeit entscheidet.[398] Daraus folgt, dass das Recht oder die juristische Begriffsbildung sich nicht über reale Sachverhalte hinwegsetzen kann,[399] sondern sie in Betracht ziehen und hinnehmen soll, wie sie sind.[400]

Freilich weisen Rechtsnormen normative Besonderheit auf. Sie dürfen sich aber nicht vom Leben oder von der Lebenswirklichkeit entfernen. Daher soll jeder rechtliche Begriff oder jede rechtliche Lehre einen Bezug zum wirklichen Leben haben.[401] Anderenfalls spricht man von einer *„Denaturierung der Begriffe"*[402] wie die trügerische Anwendung „bewusste Fahrlässigkeit", die durch eine lebensfremde Theorie bewirkt und konstruiert wird.[403] Verwendet beispielsweise die Praxis den Vorsatzbegriff falsch, der grundsätzlich keine Rechtsschöpfung ist, sondern einen Lebensbegriff bildet, ergibt sich das höchstwahrscheinlich aus einer irreführenden bzw. lebensfremden Theorie.[404] Um dies verhindern zu können, soll sowohl die Doktrin als auch die Rechtsprechung zu weite Abstraktionen des Gesetzes einschränken.[405]

Das Definitionsobjekt wird durch eine lebensfremde Begriffsbestimmung bzw. gekünstelte Begriffsbildung nicht etwa richtig gemacht. Zudem geht eine gekünstelte Betrachtungsweise, die die Dinge nur auf den Kopf stellt[406] und den Regeln

---

393 Morselli, ZStW 1975, 324 ff. (339).
394 Dazu siehe auch Roxin/Greco, Strafrecht AT, § 7, S. 296-297, Rn. 26.
395 Morselli, ZStW 1975, 324 ff. (339).
396 Hall, Fahrlässigkeit im Vorsatz, S. 13.
397 Almendigen, Untersuchungen, S. 76; vgl. Koch, ZIS 2010, 175 ff. (176).
398 Köhler, Probleme der Fahrlässigkeit, S. 207.
399 Duttge, Zur Bestimmtheit des Handlungsunwerts, S. 365, Fn. 38.
400 Zippelius, Das Wesen des Rechts, S. 49.
401 Im anderen Sinne Binavince, Die vier Momente, S. 26.
402 Hierzu siehe auch Henkel, Einführung, S. 54 und Schmidhäuser, Vorsatzbegriff, S. 8.
403 Eichmann, Der Vorsatz, S. 26.
404 Köhler, Probleme der Fahrlässigkeit, S. 207.
405 Hofacker, ARSP 1940/41, 137 ff. (142-143); übrigens auch Küpper, Grenzen, S. 19.
406 Herzberg, JZ 1988, 573 ff. (579).

der Logik und der Lebenswirklichkeit widerspricht, ins Leere. Ferner bleibt die Begriffsbildung, die mit den Denkgesetzen oder gesichertem Erfahrungswissen nicht in Einklang steht, funktionslos, weil sie zumeist Lücken und Widersprüche aufweist.[407] Denn es lässt sich kaum negieren, dass die Wirklichkeit mit den denaturierten Definitionen nicht übereinzustimmen braucht. Die Definition muss dagegen unbedingt mit der [Lebens-]Wirklichkeit übereinstimmen.[408] In diesem Sinne soll das Strafrecht das Wissen der modernen Psychologie berücksichtigen und auf lebensfremde Anforderungen verzichten.[409]

VII. Ein „Don Quijote"-Kampf

Nachdem festgelegt wurde, dass die sog. bewusste Fahrlässigkeit in Wirklichkeit nicht eine ontologische Tatsache, sondern nur eine normative bzw. fiktive Annahme ist, kann man folgern, dass die Bemühungen zu einer Abgrenzung zwischen dem bedingten Vorsatz und der bewussten Fahrlässigkeit als ein *Don Quijote-Kampf* zu bezeichnen sind. Alle Auseinandersetzungen und Streitigkeiten bezüglich der Abgrenzung des Dolus eventualis und der bewussten Fahrlässigkeit und die sich daraus ergebenden Abgrenzungsschwierigkeiten sind nur durch juristische Scheingefechte entstanden.[410] Insoweit ist es eine lebensfremde Illusion,[411] zu meinen, dass der Täter gleichzeitig sowohl bewusst als auch fahrlässig handeln kann. Dies ist aber eine gefährliche Illusion.[412] Denn die Strafrechtswissenschaft ist nicht eine fiktive, sondern eine praktische Wissenschaft, die sich nicht in Illusionen erschöpft und auch nicht aus erfundenen Fantasien wie der bewussten Fahrlässigkeit bestehen kann,[413] sondern selbstständige und im Bereich des wirklichen Lebens abgepasste Ziele verfolgen muss. Dies stellt eine Realität dar, die niemals aus den Augen verloren werden darf.[414]

Die Begriffsbestimmung „bewusste Fahrlässigkeit" und ihre Abgrenzung vom Dolus eventualis entpuppt sich tatsächlich als ein Blendwerk der juristischen Verschleierung, womit die aufgezeigte Problematik mehr verhüllt als erläutert wird[415] und die Einfachheit und Klarheit zugunsten der Schwierigkeit verliert.[416] Aus

407 Ähnlich BGH 4 StR 482/19, Rn. 14
408 Ähnlich Köhler, Probleme der Fahrlässigkeit, S. 208.
409 Pikamäe, Juridica Int'l 2003, 80 ff. (88).
410 Hall, Fahrlässigkeit im Vorsatz, S. 31; hierzu siehe auch Morkel, AJCL 1982, 325 ff. (328).
411 Vgl. Platzgummer, Die Bewusstseinsform des Vorsatzes, S. 15. Im anderen Sinne Chemnitz, Über die Stellung von Vorsatz und Fahrlässigkeit, S. 34.
412 Im anderen Sinne Puppe, Strafrecht AT, § 9, S. 126, Rn. 11.
413 Binding, Die Schuld, S. 132; näher Popper, Logik der Forschung, S. 26.
414 Miricka, Die Formen, S. 5.
415 Schmidhäuser, Vorsatzbegriff, S. 12.
416 Vgl. Baumanns, Untersuchungen, S. 137.

diesem Grund stellt der Begriff „bewusste Fahrlässigkeit" „nur ein aus Irrtümern hervorgegangenes und darum irreleitendes Phantom dar."[417] In diesem Sinne ist bereits ersichtlich, dass die ursprünglichen und bisherigen sowie die zukünftigen Bemühungen, den bedingten Vorsatz und die bewusste Fahrlässigkeit voneinander abzugrenzen, immer Mängel und Schwierigkeiten aufweisen werden. Insoweit erscheint jede weitere Bemühung bezüglich der Abgrenzung und Feinabstimmung zwischen Dolus eventualis und bewusster Fahrlässigkeit weder lohnend noch möglich,[418] weil es nichts anderes als ein *Don Quijote-Kampf* ist. Aufgrund dieses geschichtlichen und illusorischen Kampfes, der gegen einen fiktiven Gegner [= die sog. bewusste Fahrlässigkeit] zu liefern ist, geht Gerechtigkeit verloren,[419] obwohl die materielle Gerechtigkeit als Leitsatz bei der juristischen Begriffsbildung auf jeden Fall geschafft werden sollte.[420]

Im Übrigen hält auch *Weigend* weitere Beiträge mit einer anderen Begründung für nutzlos und schlägt einen Begriff aus dem anglo-amerikanischen Strafrecht bzw. die „recklessness" vor,[421] die seiner Ansicht nach eine Zwischenstufe zwischen Vorsatz und Fahrlässigkeit bildet und als die Lösung für die ewigen Abgrenzungsstreitigkeiten dienen kann.[422] Auffällig ist jedoch, dass auch *Weigend* selbst davon überzeugt ist, dass die Einführung einer Zwischenstufe den *de lege lata* bestehenden Abgrenzungsschwierigkeiten zwischen bedingtem Vorsatz und bewusster Fahrlässigkeit auf keinen Fall gänzlich beseitigen könne.[423]

E. Bewusste Fahrlässigkeit, Dolus eventualis und Irrtum

I. Verschiebung oder Zurücksetzung?

Historisch gesehen sind zwei wesentliche Ansätze festzustellen, die versuchen, die sich aus dem Abgrenzungsproblem zwischen Vorsatz und bewusster Fahrlässigkeit ergebenden materiellen und prozessualen Schwierigkeiten zu beseitigen und für das dazwischenliegende Streitgebiet eine haltbare Lösung zu finden. Der erste Ansatz ist die Verschiebung des genannten Streitgebietes in den Bereich der unbewussten Fahrlässigkeit, d. h. den bedingten Vorsatz aus dem Vorsatzgebiet

---

417 Bar formuliert diese Aussage eigentlich für den „Dolus eventualis." Es ist aber festzulegen, dass diese Feststellungen in der Tat auch für die bewusste Fahrlässigkeit geltend gemacht werden soll. Dazu siehe Bar (1898), S. 556.

418 Ähnlich Weigend, ZStW 1983, 657 ff. (657-658, 687).

419 Dazu Schmidhäuser, Vorsatzbegriff, S. 15.

420 Castaldo, GA 1993, 495 ff. (496).

421 Hierzu siehe auch Weigend, Subjective Elements, S. 499-500.

422 Weigend, ZStW 1983, 657 ff. (657-658).

423 Dazu Weigend, ZStW 1983, 657 ff. (697).

herauszunehmen,[424] der weder materiell- noch beweisrechtlich überzeugen kann. Der zweite diesbezügliche und von vielen Autoren vertretene Ansatz verschiebt den Streit in den Bereich des Dolus eventualis, der als ein Ausweg aus der oben erwähnten Schwierigkeit anzusehen sei.[425] Da das Wissenselement bei Dolus eventualis und bewusster Fahrlässigkeit dasselbe ist,[426] ist auch nach der eigenen Ansicht des Verfassers die bewusste Fahrlässigkeit nunmehr in den Dolus eventualis einzubeziehen, d. h. dem Vorsatz zuzuschlagen,[427] falls gemäß der Vorsatzlehre, nämlich bei Bejahung oder Verneinung der Grundform des Vorsatzes wesentlich auf das kognitive Element abzustellen ist.[428] Davon ausgehend darf man dies aber nicht als Verschiebung des Streitgebiets oder der bewussten Fahrlässigkeit in den Bereich des Dolus eventualis bezeichnen. Denn was hier geschieht, ist eigentlich nicht eine Verschiebung, sondern eine notwendige und verspätete Zurücksetzung des streitigen Grenzbereiches [der sog. bewussten Fahrlässigkeit] an die richtige Stelle bzw. den bedingten Vorsatz.[429]

Denn es ist gewiss, dass die fiktive und erfundene Kategorie der bewussten Fahrlässigkeit ihre Lebenskraft genau der zwar gängigen, aber unzutreffenden Kurzformel der herrschenden Lehre und dem daraus ergebenden, hier skizzierten Falltypus der verdrängten Prognose verdankt. Klar ausgedrückt: Derjenige, der nach der bekannten und heute herrschenden Formel der Lehre und Rechtsprechung den Eintritt des tatbestandsmäßigen Erfolges zwar für möglich hält, aber auf sein Ausbleiben, nämlich auf einen guten Ausgang vertraut, verdrängt in der Tat die Prognose,[430] anders gesagt, verschleiert und manipuliert die klare Möglichkeit des Erfolgseintritts. Gerade deshalb wird hier die Meinung vertreten, dass die bewusste Fahrlässigkeit in Wirklichkeit eine leichte Form [hinsichtlich der Schuld] des Dolus eventualis bildet, weil in der hier erwähnten Verdrängung und irreführenden sowie illusorischen Verschleierung der Tat die voluntative Seite des Vorsatzes steckt.[431] Ferner weist der Titel dieser Arbeit „Vorsatz in der Fahrlässigkeit“ gewissermaßen auf eine „Jagd nach dem Vorsatz in der Fahrlässigkeit“[432]. Denn der Vorsatz bzw. der Dolus eventualis steckt selbst in der bewussten Fahrlässigkeit.[433]

---

424 Binavince, Die vier Momente, S. 141.

425 Schmidhäuser, GA 1957, 305 ff. (309); Binavince, Die vier Momente, S. 147.

426 Ähnlich Schmidhäuser, GA 1957, 305 ff.(309).

427 Danner, Dolus eventualis, S. 73.

428 Binavince, Die vier Momente, S. 141.

429 In dem spanischen Schrifttum gibt es eine abweichende Ansicht, die den Vorsatz in die bewusste Fahrlässigkeit verschieben mag. Dazu Deiters, ZIS 2019, 401 ff.(401).

430 Vgl. Müller, Der dolus eventualis, S. 31.

431 Haft, ZStW 1976, 365 ff.(380).

432 Engisch, Untersuchungen, S. 391; Haft, ZStW 1976, 365 ff. (380); Koch, Die Entkriminalisierung, S. 5; Koch, ZIS 2010, 175 ff. (175); vgl. Binding, Die Normen IV, S. 328.

433 Hempel, Der Schuldgehalt, S. 16-17.

II. Nichts anderes als Dolus eventualis

1. Ausgangspunkt

Als Ergebnis der vorstehenden und oben genannten Überlegungen ist festzuhalten, dass die Grenzziehung zwischen Vorsatz und Fahrlässigkeit bisher noch nicht geglückt ist.[434] Die Diskussion dauert an.[435] Denn alle Versuche der Vergangenheit, den bedingten Vorsatz von der bewussten Fahrlässigkeit abzugrenzen, sind als gescheitert anzusehen. Erschwerend kommt hinzu, dass man von einem Konsens über das Wesen, die Erscheinungsformen des Vorsatzes und die Abgrenzung zwischen dem bedingten Vorsatz und der sog. bewussten Fahrlässigkeit nach wie vor entfernt ist. Besser gesagt: Eine diesbezügliche Verwirrung ist überhaupt nicht zu leugnen. Diese Verwirrung ist also nicht nur terminologischer Natur.[436] Hiernach ist die Unterscheidung von Vorsatz und Fahrlässigkeit [insbesondere in Bezug auf die Abgrenzung zwischen dem bedingten Vorsatz und der sogenannten bewussten Fahrlässigkeit] fragwürdig geworden, weil in jeder sog. bewussten Fahrlässigkeit eigentlich ein Vorsatz [der bedingte Vorsatz] enthalten bzw. versteckt ist. Darum sollen hier die Fälle besprochen werden, in denen zwar nach der bisherigen Auffassung [bewusst] fahrlässiges Verhalten angenommen wird, die nach der hier vertretenen Ansicht nichts anderes als Dolus eventualis sind.[437]

Der bedingte Vorsatz erfasst hierdurch die bewusste Fahrlässigkeit,[438] weil diese Ansicht die sog. bewusste Fahrlässigkeit dem Gebiet des Vorsatzes zuweisend erklärt.[439] Bezweckt ist damit nicht, den Vorsatz in die Fahrlässigkeit hineinzutragen, sondern den in der [bewussten] Fahrlässigkeit schon vorhandenen, verborgenen bedingten Vorsatz herauszuarbeiten.[440] In diesem Sinne liegt der eigenen Ansicht des Verfassers nach kein wesentlicher Unterschied zwischen dem bedingten Vorsatz und der bewussten Fahrlässigkeit vor, weil die sogenannte fiktive und hypothetische bewusste Fahrlässigkeit an und für sich nichts anderes als eine andere Erscheinungsform des bedingten Vorsatzes ist.[441] Hiernach gehören

---

434 Zila, Juridica, 55 ff. (57). Der anderen Ansicht nach ist der Vorsatz im geltenden englischen Recht mit dem dänischen Wahrscheinlichkeitsvorsatz identisch. Dazu Ross, Über den Vorsatz, S. 50; ähnliches gilt auch im schwedischen Recht. Hierzu siehe Ross, Über den Vorsatz, S. 147.

435 Morkel, NStZ 1981, 176 (179).

436 Kaspar, JuS 2012, 16 ff. (16).

437 Ähnlich Ruppenthal, Der bedingte Tötungsvorsatz, S. 303. Berner ist dagegen anderer Meinung, siehe Berner, Grundlinien, S. 248.

438 Ähnlich Börchers, Schuldprinzip, S. 127.

439 Zustimmend Bar (1907), § 231, S. 440; vgl. Hall, Fahrlässigkeit im Vorsatz, S. 34.

440 In einem umgekehrten Sinn siehe Hall, Fahrlässigkeit im Vorsatz, S. 59.

441 Anders Roxin, JuS 1964, 53 ff. (61): " [...] besteht zwischen dolus eventualis und bewusster Fahrlässigkeit ein qualitativer, nicht nur ein quantitativer Unterschied."

die Fälle der bewussten Fahrlässigkeit zum Dolus eventualis.[442] Auch *Jakobs* qualifiziert die bewusste Fahrlässigkeit als *vorsatzähnlich.*[443] Nach der hier vertretenen Ansicht ist der Ausdruck *ähnlich* allerdings überflüssig, weil die bewusste Fahrlässigkeit kategorisch dem Dolus eventualis gleichzusetzen ist.[444] Daraus folgt, dass die bewusste Fahrlässigkeit somit in den Vorsatzbereich,[445] d. h. der gesamte Bereich der bewussten Fahrlässigkeit ist in die Grundform des Vorsatzes mit einzubeziehen.[446]

2. Gleiches Unrecht, unterschiedliche Schuld

Der Unterschied und die problematische Abgrenzung zwischen dem [bedingten] Vorsatz und der [bewussten] Fahrlässigkeit ist eigentlich nicht neu, sondern geht historisch bis in die Zeit der Römer zurück. Auch die Römer sind sich über den begrifflichen Unterschied von Dolus und Culpa nicht klar geworden.[447] Insoweit wären die nach der heutigen herrschenden Auffassung zum eventuellen Vorsatz subsumierende Fälle höchstwahrscheinlich laut der damaligen römischen Auffassung zur bewussten Fahrlässigkeit zu rechnen gewesen. Trotzdem ist es zweifelhaft, ob das römische Strafrecht diejenigen Fälle, die nach der heute herrschenden Lehre unter den Begriff des Dolus eventualis oder der bewussten Fahrlässigkeit zu subsumieren sind, zum vorsätzlichen oder zum fahrlässigen Verbrechen rechnet.[448] Fest steht, dass die Grundlage der Strafe bzw. einer strafrechtlichen Verantwortung eine finale Handlung sowie eine gewollte Tätigkeit ist. Ein blindes Ingangsetzen einer Kausalkette kann auf keinen Fall eine Bestrafung nach sich ziehen.[449] Da der strafrechtliche Vorwurf dadurch sowohl im deutschen als auch im amerikanischen Strafrecht[450] auf die bewusste Willensbetätigung bzw. die gewollte Tätigkeit des

---

442 Schröder, Aufbau und Grenzen, S. 244.

443 Jakobs, Strafrecht AT, S. 326, Rn. 23.

444 Der Begriff „dolus eventualis" ist auch im französischen Strafrecht problematisch und die Vorsatzlehre beruht vielmehr auf dem Wissen des Täters bezüglich der Tatumstände. Dazu Pfefferkorn, Grenzen strafbarer Fahrlässigkeit, S. 71. Hierzu siehe auch Ruppenthal, Der bedingte Tötungsvorsatz, S. 91; ähnlich Wolter, Alternative und eindeutige Verurteilung, S. 184 ff.; vgl. Vogel/Bülte, in: LK Vor § 15 StGB Rn. 42.

445 Baumanns, Untersuchungen, S. 26.

446 Baumanns, Untersuchungen, S. 76.

447 Bühring, Über die Grenze, S. 6. Hierzu siehe auch Feuerbach, Revision der Grundsätze und Grundbegriffe I, S. 345.

448 Bühring, Über die Grenze, S. 6; Kutalia, Die Schuld, S. 836; Fletcher, Univ PA Law Rev 1971, 401 ff. (415).

449 Köhler, GA 1981, 285 ff. (286); Planas, ZIS 2010, 357 ff. (363).

450 Caspari, Formen und Grenzen, S. 32-33.

Täters aufzubauen ist,[451] kann nunmehr kein Unterschied zwischen der bewusst fahrlässigen und bedingt vorsätzlichen Handlung gemacht werden.[452]

Im Hinblick auf den Dolus eventualis und die bewusste Fahrlässigkeit handelt es sich um ein gleichartiges Bewusstsein.[453] Mit anderen Worten, der Unrechtsgehalt der bewussten Fahrlässigkeit entspricht dem Unrechtsbewusstsein des Dolus eventualis.[454] Daraus ergibt sich, dass der Täter sowohl beim Dolus eventualis wie auch bei der bewussten Fahrlässigkeit eine Vorstellung des rechtswidrigen Erfolges gehabt hat und seine gewollte Tätigkeit auf eine Beeinträchtigung des konkreten Rechtsgutes[455] oder auf einen schädlichen Erfolg wissentlich und willentlich gerichtet ist.[456] Hiernach kann sich die bewusste Fahrlässigkeit vom bedingten Vorsatz im Unrechtsgehalt eigentlich kaum unterscheiden,[457] weil Dolus eventualis und bewusste Fahrlässigkeit doch das Bewusstsein[458] des Unrechts gemein haben.[459] Diese beiden Formen des subjektiven Tatbestandes sollen vielmehr erst als Schuldstufen auseinandertreten,[460] weil der Täter im Fall des Dolus eventualis aus Egoismus, im Fall der bewussten Fahrlässigkeit aber aus Leichtsinn weiterhandelt.[461] Hiernach ist das Charakteristikum der bewussten Fahrlässigkeit der Leichtsinn.[462]

Die Fälle, die die gängige Lehre heute als bewusste Fahrlässigkeit bezeichnet, sind in Wirklichkeit Fälle des Vorsatzbereichs bzw. des Dolus eventualis.[463] Unter dem Begriff „Fahrlässigkeit" soll somit nur die unbewusste Fahrlässigkeit verstanden werden.[464] Aus diesem Grund soll die *luxuria* bzw. die bewusste Fahrlässigkeit aus dem Bereich der Fahrlässigkeit losgelöst werden. Die bewusste Fahrlässigkeit ist nicht mehr als eine Mittelstufe[465] zwischen Vorsatz und Fahrlässigkeit

451 Dazu siehe auch Jäger, Rechtsbrücke 2015, 41 ff. (43-44).

452 Caspari, Formen und Grenzen, S. 40; Schröder, Aufbau und Grenzen, S. 237.

453 Ambrosius, Untersuchungen zur Vorsatzabgrenzung, S. 8.

454 Hempel, Der Schuldgehalt, S. 17.

455 Jescheck, ZStW 1986, 1 ff. (6).

456 Hempel, Der Schuldgehalt, S. 18.

457 Vgl. Jescheck, ZStW 1986, 1 ff. (11-12); näher Frauendorfer, Die Willensrichtung, S. 102.

458 Vgl. Rott, Zur Strafbarkeit, S. 47.

459 Binavince, Die vier Momente, S. 165; Tompert, Wahrscheinlichkeitsurteil, S. 80.

460 Ambrosius, Untersuchungen zur Vorsatzabgrenzung, S. 8. Im anderen Sinne Lampe, ZStW 1989, 3 ff. (22).

461 Bar (1907), § 171, S. 334.

462 Jescheck/Weigend, Lehrbuch, § 29, S. 301; vgl. Roxin/Greco, Strafrecht AT, § 24, S. 1205, Rn. 67.

463 Für eine ähnliche, in der spanischen Literatur vertretene Ansicht siehe Gatzweiler, Rechtsvergleichende Untersuchung, S. 75, Fn. 279.

464 Gessner, Die bewusste Fahrlässigkeit, S. 94.

465 Näher Frauendorfer, Die Willensrichtung, S. 102-103.

anzusehen, sondern ist geradezu als eine Form des Dolus bzw. des Dolus eventualis in Betracht zu ziehen.[466] Dadurch wird die bewusste Fahrlässigkeit eigentlich vom bedingten Vorsatz konsumiert, mit der Folge, dass eine Unterscheidung im Fahrlässigkeitsbereich nach dem Kriterium bewusst und unbewusst hinfällig wird.[467] Die Herauslösung der bewussten Fahrlässigkeit aus dem Bereich der Fahrlässigkeit und ihre Einordnung in den Vorsatzbereich darf jedoch nicht als eine lediglich an begriffliche Aspekten orientierte Lösung angesehen werden, nur dazu angetan, einen formalen Gleichklang zwischen bedingtem Vorsatz und bewusster Fahrlässigkeit zu erzeugen. Dahinter steht vielmehr eine gewandelte Auffassung in der Sache. Somit stellt eigentlich der Vorsatz eine besondere Form des Wissens dar. Das wesentliche Merkmal, das die bewusste Fahrlässigkeit von der unbewussten unterscheidet, ist ebenso das Wissen bzw. das kognitive Element. Denn die bewusste Fahrlässigkeit ist Wissen um die Tatbestandsverwirklichung.[468] Das ist der Grund, warum hier die Ansicht vertreten wird, dass die sog. bewusste Fahrlässigkeit eigentlich nichts anderes als Dolus eventualis ist.[469] Davon ausgehend gelangt man zum Schluss, dass von der Handlungsstruktur her gesehen, Dolus eventualis und bewusste Fahrlässigkeit sich im Unrechtsbereich gleichen und nur als Schuldstufen im Schuldbereich auseinandertreten.[470] Dolus eventualis und bewusste Fahrlässigkeit unterscheiden sich somit hinsichtlich des Wissensmoments nicht. Beiden ist das Wissensmoment gemeinsam.[471] Hiernach reicht zwar nicht jedes bzw. bloßes Wissen, doch aber ein konkretes [nicht sicheres, weil das bei prognostischen Verläufen unmöglich ist] Wissen aus, sowohl den Dolus eventualis als auch die bewusste Fahrlässigkeit zu begründen. Aus diesem Grund liegt im Wesen oder in der Form des Wissens in der Tat kein Unterschied zwischen Vorsatz bzw. Dolus eventualis und bewusster Fahrlässigkeit vor.[472]

---

466 Hemmen, Über den Begriff, S. 43.

467 Rott, Zur Strafbarkeit, S. 47.

468 Puppe, ZStW 1991, 1 ff. (9).

469 Ähnlich Tenckhoff, ZStW 1976, 897 ff. (900), Fn. 28 und Kaminski, Der objektive Maßstab, S. 43; anders Berner, Grundlinien, S. 248 und Vogel/Bülte, in: LK § 15 StGB Rn. 73. Hierzu siehe auch Holl, Entwicklungen der Fahrlässigkeitsdogmatik, S. 12-13.

470 Engisch, Der finale Handlungsbegriff, S. 155-156. Dazu siehe Binavince, Die vier Momente, S. 28.

471 Fuchs, Die Wahlstellung, S. 34; Hippel, ZStW 1931, 153 ff. (155), Fn. 12.

472 Puppe, ZStW 1991, 1 ff. (9-10).

3. Das gemeinsame kognitive Element

Offensichtlich ist, dass sowohl der Dolus eventualis wie auch die bewusste Fahrlässigkeit ein [zweifelndes] Wissen im Sinne von Für-Möglich-Halten,[473] also die wahrscheinliche Herbeiführung des Erfolges oder Verwirklichung eines Tatbestands, voraussetzt.[474] Im Hinblick auf die kognitive Seite des Vorsatzes bzw. des Wissenselements gibt es daher keinen wesentlichen Unterschied zwischen gegenseitigen Ansichten bzw. zwischen der Willens- und Vorstellungstheorie. Insoweit unterscheidet sich sowohl für die Willens- als auch für die neuen Vorstellungstheorien das vorsatzbegründende Wissen für die bewusste Fahrlässigkeit nach ihrem Inhalt nach überhaupt nicht.[475] Der angeblichen bewussten Fahrlässigkeit und dem bedingten Vorsatz ist gemeinsam,[476] dass der Täter die Tatbestandsverwirklichung sich wirklich vorstellt und genau weiß,[477] dass der schädliche Erfolg eintreten wird.[478] Deswegen liegt das intellektuelle bzw. wissensmäßige Moment bei der bewussten Fahrlässigkeit ebenso wie beim Dolus eventualis vor.[479] Wie schon oben ausgeführt, führt dies nach der herrschenden Lehre zu der Schlussfolgerung, dass Dolus eventualis daher nur unter Zuhilfenahme des voluntativen Merkmals[480] bzw. des Wollenselementes von der bewussten Fahrlässigkeit abzugrenzen ist.[481] Denn der bewusst fahrlässig handelnde Täter besitzt ebenso wie der bedingt vorsätzlich handelnde eine positive psychische Beziehung zu seiner Tat und zu dem sich daraus ergebenden rechtsverletzenden Erfolg.[482]

Das erschwert oder besser gesagt verunmöglicht, eine scharfe und klare Grenze zwischen Dolus eventualis und bewusster Fahrlässigkeit zu ziehen,[483] weil es der Natur der Sache widerspricht. Ferner wäre es ja auch schwierig und auffallend, wenn Sachverhalte, die man gewöhnlich zu unterscheiden geeignet ist, in der Tat

473 Sauer, Die Fahrlässigkeitsdogmatik, S. 212; Gessner, Die bewusste Fahrlässigkeit, S. 73. Dazu siehe auch Frisch, Vorsatz und Risiko, S. 25.

474 Kaufmann, Unterlassung und Vorsatz, S. 110; Sauer, Die Fahrlässigkeitsdogmatik, S. 214.

475 Puppe, ZStW 1991, 1 ff. (29).

476 Engisch, Untersuchungen, S. 398-399; vgl. Hall, Fahrlässigkeit im Vorsatz, S. 56-57.

477 Exner, Das Wesen der Fahrlässigkeit, S. 143.

478 Engisch, Der finale Handlungsbegriff, S. 155-156; Wolter, Alternative und eindeutige Verurteilung, S. 167; Bühring, Über die Grenze, S. 25; anders Binavince, Die vier Momente, S. 154 und Tompert, Wahrscheinlichkeitsurteil, S. 100-101. Hierzu siehe auch Gessner, Die bewusste Fahrlässigkeit, S. 60.

479 Köstlin, Neue Revision, § 111, S. 302.

480 Schumann, JZ 1989, 427 ff. (427); zustimmend BGH 1 StR 560/18; BGH 3 StR 364/10.

481 Webel, Strafbarkeit leicht fahrlässigen Verhaltens?, S. 221.

482 Schmidhäuser, GA 1957, 305 ff. (309); vgl. Hall, Fahrlässigkeit im Vorsatz, S. 56-57.

483 Gessner, Die bewusste Fahrlässigkeit, S. 69.

nicht unterscheidbar sind.[484] Das gilt auch für die Abgrenzung zwischen Dolus eventualis und bewusster Fahrlässigkeit. Dies ist der Grund, warum alle Versuche, den einen Begriff vom anderen zu unterscheiden, scheitern müssen, weil beide Unrechtsformen bzw. der Dolus eventualis und die bewusste Fahrlässigkeit sich decken.[485] So erklärt sich, dass die unendlich vielen Mühen der Literatur und der Rechtsprechung, einen Unterschied zwischen Dolus eventualis und bewusster Fahrlässigkeit zu finden, vergeblich sind. Sie scheitern daran, dass man den diesbezüglichen Unterschied irreführend am falschen Ort sucht, indem man ihn nach der Tatbestands- oder Bewusstseinserkenntnis bezüglich des schädlichen Erfolgseintritts zwischen beiden Unrechtsformen prüft,[486] die sich nicht nur geistig außerordentlich ähneln, sondern auch durchweg ineinander überfließen und sich keineswegs trennen lassen.[487]

Dolus eventualis und bewusste Fahrlässigkeit weisen die gemeinsame Besonderheit auf, dass beide das Bewusstsein[488] von der Gefährlichkeit der Handlung und der Erforderlichkeit des Erfolges besitzen,[489] nämlich, dass der Täter sich den Erfolg als erforderlich vorstellt oder vorgestellt haben sollte.[490] Schwieriger oder unmöglich ist es daher, die bewusste Fahrlässigkeit gegen den sog. bedingten Vorsatz bzw. den Dolus eventualis abzugrenzen. Die Schwierigkeit ergibt sich daraus, dass dasselbe Moment, womit man die bewusste Fahrlässigkeit vom Dolus eventualis zu unterscheiden versucht, bereits auch bei der bewussten Fahrlässigkeit vorliegt.[491] Hier und dort weiß der Täter in gleicher Weise, dass der unwertbedeutende Erfolg vielleicht eintreten werde, und hier und dort gilt für die Kenntnis der Unwertbedeutung des drohenden Erfolgs dasselbe.[492] Gegenüber der bewussten Fahrlässigkeit kann daher das aktuelle Bewusstsein der Tatumstände der Tat nicht als ein ausschlaggebendes Kriterium angesehen werden.[493]

Die Abgrenzung von Dolus eventualis und bewusster Fahrlässigkeit muss daher scheitern, weil sie sich im kognitiven Element ereignen[494] und weil das Fürmöglichhalten für beide charakteristisch ist.[495] Hiernach macht der Täter ein Experi-

---

484 Engisch, Untersuchungen, S. 224.
485 Hemmen, Über den Begriff, S. 25.
486 Vgl. Sturm, ZStW 1931, 29 ff. (32-33).
487 Sturm, ZStW 1931, 29 ff. (33).
488 Zustimmend Zoller, Die Abgrenzung, S. 18.
489 Schmidhäuser, GA 1957, 305 ff. (306).
490 Runck, Dolus eventualis, S. 20-21.
491 Schmidhäuser, GA 1957, 305 ff. (305); Nowakowski, JZ 1958, 335 ff. (340); Miricka, Die Formen, S. 105; Vogel/Bülte, in: LK § 15 StGB Rn. 289. Im anderen Sinne vgl. Prömper, Hemmschwellentheorie, S. 21-22.
492 Morkel, NStZ 1981, 176 (178); anders Birnbaum, Die Leichtfertigkeit, S. 215.
493 Platzgummer, Die Bewusstseinsform des Vorsatzes, S. 56.
494 Nau, Die Bewusstseinsform, S. 60.
495 Anders Schmidhäuser, GA 1957, 305 ff. (309).

ment oder stellt sozusagen eine Prognose auf, wonach er den möglichen und schädlichen Ausgang bzw. den rechtswidrigen Erfolgseintritt kennt bzw. damit kalkuliert,[496] ohne sicher zu sein, weil es niemals möglich bzw. denkbar sein wird, das sichere Eintreten des als möglich vorgestellten Erfolges vorherzusagen. Das oben genannte Fürmöglichhalten gilt aber nicht nur für den Dolus eventualis, sondern auch für die Form der bewussten Fahrlässigkeit.[497] Die objektive Zurechnung setzt mehr als eine bloße Vorstellung des Kausalgeschehens voraus.[498] Das Wissen des Täters – die Vorstellung, weil jedes Wissen eigentlich nur eine zukünftige Vorstellung ist – soll sich daher auf das objektive Zurechnungskriterium, d. h. auf die Setzung einer sozial-inadäquaten konkreten Gefahr beziehen. Es handelt sich hier nicht um eine natürlich-sinnliche Wahrnehmung, sondern um ein Risikowissen bezüglich des Erfolgseintritts in Form einer Prognose.[499]

4. Gleiche psychische Stufe im Unrechtsbereich

Aus der finalen Handlungsstruktur und dem Unrechtsgehalt gesehen soll Dolus eventualis und bewusste Fahrlässigkeit dem gleichen Bereich [Unrechtsbereich] zuzuordnen sein.[500] Beide haben dagegen als Schuldstufen auseinanderzutreten.[501] Ferner kann man nach den Angaben der Finalitätstheorie den Dolus eventualis und die bewusste Fahrlässigkeit nicht trennen, weil die finale Lehre konsequenterweise den bisher als bewusste Fahrlässigkeit gekennzeichneten Bereich und die dazugehörigen Fälle zum Gebiet des Dolus eventualis einbezieht. Anderenfalls würde dies einen Systembruch darstellen,[502] weil eine wissentlich und willentlich bzw. mit dem Bewusstsein des tatbestandsmäßigen Erfolges begangene Tat in die Fahrlässigkeit einzuordnen wäre.[503] Aus diesem Grund erscheint jede Trennung zwischen Dolus eventualis und bewusster Fahrlässigkeit sowohl begrifflich als auch sachlich künstlich zu sein.[504] Auf der finalen Ebene erstreckt sich somit die Finalität der Fälle sowohl des Dolus eventualis als auch der bewussten Fahrlässigkeit.[505]

---

496 Vgl. Haft, ZStW 1976, 365 ff. (376-377).

497 Müller, S. 21.

498 Puppe, ZStW 1983, 287 ff. (299).

499 Gatzweiler, Rechtsvergleichende Untersuchung, S. 72.

500 Für die Zugehörigkeit des Vorsatzes zum Unrechtstatbestand siehe Mir, ZStW 1981, 1017 ff. (1017 ff.); hierzu siehe auch Gottwald, Grenze zwischen Vorsatz und Fahrlässigkeit, S. 54.

501 Engisch, Der finale Handlungsbegriff, S. 155; Kaufmann, ZStW 1958, 64 ff. (65); Jescheck/Weigend, Lehrbuch, § 29, S. 305.

502 Vgl. Hupfauer, Eventualvorsatz, S. 11.

503 Gessner, Die bewusste Fahrlässigkeit, S. 64.

504 Ähnlich Rott, Zur Strafbarkeit, S. 35, Fn. 213. Dazu siehe auch Tenckhoff, ZStW 1976, 897 ff. (901); im anderen Sinne Nau, Die Bewusstseinsform, S. 96.

505 Ambrosius, Untersuchungen zur Vorsatzabgrenzung, S. 110.

Hält man einmal hinsichtlich der Vorsatzbestimmung das kognitive Element für ausreichend, nämlich wenn man den Dolus eventualis damit begründet, dass der Täter die Gefahr und konkrete Erfolgsmöglichkeit seiner Handlung genau kennt und trotzdem weiterhandelt, erhebt sich notwendigerweise die Frage, wie die bewusste Fahrlässigkeit zu bestimmen und womit zu begründen ist und wovon ausgehend sie vom Dolus eventualis abgegrenzt werden kann. Solange sowohl der bedingte Vorsatz als auch die bewusste Fahrlässigkeit ein konkretes Möglichkeitswissen bezüglich der Tatbestandsverwirklichung gemeinsam ausreichen lassen,[506] bleibt die Frage offen, wie diese beiden Unrechtsformen materiellrechtlich und dann prozessual-rechtlich abzugrenzen sind.[507]

Insoweit stehen sie auf der gleichen psychischen Stufe und so nähert sich die bewusste Fahrlässigkeit dem bedingten Vorsatz.[508] In dieser Hinsicht stellt sich hier die existenzielle Frage, ob der Begriff bewusste Fahrlässigkeit in der Tat eine selbstständige Existenzberechtigung hat oder ob er von der Strafrechtsdogmatik ohne Weiteres abgeschrieben werden kann. Klar dürfte sein, dass es nicht falsch wäre, nicht die Existenz des Dolus eventualis,[509] sondern des sog. Begriffs der bewussten Fahrlässigkeit sowohl theoretisch als auch praktisch als verfehlt, entbehrlich sowie widersprüchlich anzusehen, weil die Abgrenzung von Vorsatz und Fahrlässigkeit in der Praxis häufig keine brauchbare Lösung ergibt oder weil eine solche Abgrenzung nur sehr schwer oder kaum durchführbar ist.[510] Um dabei nicht fehl zu gehen, ist zunächst klarzustellen, dass es nicht allein eine formelle bzw. wörtliche Frage terminologischen Beliebens, die in der Sache nichts an der Feststellung und Einordnung ändern, sondern ein existenzielles sachliches Problem darstellt.[511] Diesem Sinne nach sind Dolus eventualis und bewusste Fahrlässigkeit nichts weiter als Namen der verschiedenen Stufen strafrechtlicher und einheitlicher Schuld.[512] Dementsprechend so ist beiden Definitionen trotz unterschiedlicher Ausdrucksweise gemeinsam, dass sie den gleichen materiellen Inhalt besitzen und in der Tat dem Begriff des Dolus eventualis zugehörig sind.[513]

Der hier vertretenen Ansicht nach wird der Vorsatz als „strafrechtlich relevante Finalität“[514] bzw. strafrechtlich relevante „gewollte Tätigkeit“

---

506 Wolter, Alternative und eindeutige Verurteilung, S. 176-177.

507 Hierzu siehe auch Lang, ZStW 1951, 332 ff. (333); vgl. Kaufmann, Der dolus eventualis, S. 75; vgl. Kaufmann, Jus 1967, 145 ff. (149).

508 Graf, Die Bestrafung der Fahrlässigkeit, S. 24; ähnlich Haft, ZStW 1976, 365 ff. (58, 373).

509 Vgl. Hupfauer, Eventualvorsatz, S. 10.

510 Hupfauer, Eventualvorsatz, S. 10.

511 Schumann, JZ 1989, 427 ff. (432).

512 Schröder, Aufbau und Grenzen, S. 208.

513 Baumanns, Untersuchungen, S. 147-148.

514 Niese, Finalität, S. 9-10.

bezeichnet.[515] Nimmt man den Vorsatz so als wissentliche und willentliche Begehung einer Tat mit dem Bewusstsein des rechtsverletzenden Erfolgseintritt an, kommt man notwendigerweise zum Schluss, dass man die Fälle des bedingten Vorsatzes und der bewussten Fahrlässigkeit im Unrechtsbereich nicht mehr unterscheiden kann oder soll. In diesem Fall ist eine Unterscheidung oder Abgrenzung überhaupt erst auf der Schuldebene möglich und vernünftig.[516] Denn bei der bewussten Fahrlässigkeit weiß der Täter ebenso wie beim Dolus eventualis, dass er sich dadurch am Rande eines risikobehafteten Erfolgseintritts bewegt.[517] Der bedingte Vorsatz und bewusste Fahrlässigkeit sollen durch unterschiedliche Täterprognosen bzw. verschiedene Antizipationen über den Erfolgseintritt voneinander nicht im Unrechtstatbestand, sondern im Schultatbestand abgegrenzt werden. Die Fallkonstellationen der bewussten Fahrlässigkeit müssen nun dementsprechend dem Vorsatzbereich bzw. dem Gebiet des Dolus eventualis zugewiesen werden, weil die bewusste Fahrlässigkeit „nichts anderes als eine leichte Form des bedingten Vorsatzes ist."[518]

Zusammenfassend macht im Unrechtsbereich bzw. beim Unrechtstatbestand die Verschiedenheit der psychischen Beziehung oder inneren Einhaltungen und der Antizipation des Täters bezüglich des Eintritts des tatbestandsmäßigen Erfolges keinen Unterschied zwischen bedingtem Vorsatz und bewusster Fahrlässigkeit, weil nicht die Tatbestandskenntnis oder Sacherkenntnis,[519] sondern nur die Täterprognose bzw. die Antizipation des eigentlich klar gekannten Tatbestandes verschieden ist.[520] Hiernach ist das Wissensmoment beim Dolus eventualis und bei der bewussten Fahrlässigkeit dasselbe.[521] Der Täter kennt hier wie dort die Möglichkeit und die Gefahr, dass sich der objektive Tatbestand der strafbaren Handlung und der Eintritt des tatbestandsmäßigen Erfolges verwirklichen wird.[522]

5. Die mildere Schuldstufe des Dolus eventualis

Es lässt sich nicht leugnen, dass die Kenntnis der konkreten Gefahr oder die Voraussicht des als erforderlich oder gewöhnlich angesehenen rechtsverletzenden Erfolges ohne Zweifel das für den bedingten Vorsatz unabdingbare Element und

515 Welzel, Das Deutsche Strafrecht, S. 140; dazu siehe auch Ambrosius, Untersuchungen zur Vorsatzabgrenzung, S. 3 und Radbruch, Der Handlungsbegriff, S. 89.

516 Ambrosius, Untersuchungen zur Vorsatzabgrenzung, S. 3.

517 Binavince, Die vier Momente, S. 150; Burgstaller, Das Fahrlässigkeitsdelikt, S. 196-197.

518 Schumann, JZ 1989, 427 ff. (432).

519 Anders Zielinski (1927), S. 22.

520 Nowakowski, JZ 1958, 335 ff. (340); vgl. Tompert, Wahrscheinlichkeitsurteil, S. 6.

521 Zustimmend Rott, Zur Strafbarkeit, S. 147; ähnlich Zoller, Die Abgrenzung, S. 20.

522 Zoller, Die Abgrenzung, S. 73; Hall, Fahrlässigkeit im Vorsatz, S. 20; vgl. Binavince, Die vier Momente, S. 148.

den unersetzbaren Inhalt der gewollten Tätigkeit bildet. Ferner ist das Voraussehen des tatbestandsmäßigen Erfolgseintritts auch für die bewusste Fahrlässigkeit ein wesentliches Element bzw. Definitionsmerkmal.[523] Das sollte uns aber nicht zum Schluss führen, dass das Wissen oder die Kenntnis für einen Unterschied zwischen bedingtem Vorsatz und bewusster Fahrlässigkeit konstitutiv,[524] ausschlaggebend und abgrenzend sein könnte oder sollte.[525] Denn ein Wissenselement bildet ein charakteristisches Merkmal sowohl des Dolus eventualis als auch der bewussten Fahrlässigkeit. Hiernach ist die Gewöhnlich- und Erforderlichkeit des Eintritts des gleichgültigen [= Dolus eventualis] oder sogar unerwünschten [= bewusste Fahrlässigkeit] Erfolges dem Täter ebenso gegenwärtig.[526]

In dieser Hinsicht kann der Einwand erhoben werden, dass die Einordnung sämtlicher Fälle der sogenannten bewussten Fahrlässigkeit in den Dolus eventualis allerdings ungerecht sei, mit der Begründung, dass der Täter in den Fällen der bewussten Fahrlässigkeit den Erfolg zwar als möglicherweise eintretend voraussieht, ihn jedoch innerlich ablehnt. Denn die Tat wird als vorsätzlich angesehen und demgemäß bestraft, was sicherlich dem gesunden Rechtsempfinden widersprechen könnte.[527] Die oben erwähnte, innerliche Ablehnung des Täters sollte nicht bei der Bestimmung des Vorsatzes, sondern im Schuldbereich hinsichtlich der Strafzumessung betrachtet werden. Dem Einwand des gesunden Rechtsempfindens kann somit entsprochen werden, weil Dolus eventualis und bewusste Fahrlässigkeit sich im Schuldbereich unterscheiden und die Strafe danach milder bestimmt wird. Derjenige, der mit Dolus eventualis handelt, entscheidet sich nämlich für etwas, nämlich einen klaren Standpunkt bzw. eine offene Position gegen das Rechtssystem und gegen die Verhaltensnormen, indem er „*wenn schon, denn schon*!“ oder „*na wenn schon*“ sagt. Im Gegensatz dazu bleibt der mit der bewussten Fahrlässigkeit handelnde Täter dagegen einigermaßen in einer Unentschiedenheit,[528] die die Vorsatzbestimmung aber nicht berührt, indem er „*wird schon gut gehen*“ sagt und auf einen guten Ausgang vertraut.[529]

Insoweit liegt beim Dolus eventualis die Entschiedenheit des Täters vor, den schädlichen Erfolg zu verursachen sowie zu begehen, während er bei der bewussten Fahrlässigkeit einerseits zwar auch dieselbe Handlung vornehmen will, andererseits aber immer noch auf einen guten Ausgang vertraut, auch wenn dieses Vertrauen völlig unfundiert und sinnlos scheint und auch wenn sich daran nichts ändert, da im konkreten Fall der Vorsatz zweifellos anzunehmen ist.[530] Auf jeden

523 Burgstaller, Das Fahrlässigkeitsdelikt, S. 187.

524 Zustimmend Puppe, Begriffskonzeptionen, S. 9.

525 Ambrosius, Untersuchungen zur Vorsatzabgrenzung, S. 62.

526 Binavince, Die vier Momente, S. 53.

527 Müller, S 22-23.

528 Hall, Fahrlässigkeit im Vorsatz, S. 20.

529 Runck, Dolus eventualis, S. 36.

530 Rott, Zur Strafbarkeit, S. 47.

Fall sollte ein solches Vertrauen oder die Hoffnung auf das Ausbleiben des Erfolgs im Schuldbereich behandelt werden. Denn es ist unumstritten, dass es zwischen „wenn schon, denn schon!", „mir ist es auch recht" oder „sei es drum!" und „es wird schon gut gehen" oder „es wird hoffentlich nichts passieren" unter Berücksichtigung des tadelnswerten Sinnes des Täters einen großen Unterschied gibt, der im Schuldbereich hinsichtlich der Strafzumessung in Betracht gezogen werden sollte.[531] Man muss hier somit darauf achten, dass in beiden Fällen, nämlich sowohl beim Dolus eventualis als auch bei der bewussten Fahrlässigkeit, der Täter wissentlich und willentlich den Dingen ihren Lauf überlässt bzw. sie dem Zufall bewusst fortfahren lässt.[532] Die bewusste Fahrlässigkeit ist ein quasi „schwacher" Vorsatz, die im Schuldbereich hinsichtlich der Strafzumessung „unterhalb" des bedingten Vorsatzes steht.[533]

Dementsprechend ist der einzige Unterschied zwischen Eventualvorsatz und bewusster Fahrlässigkeit, dass der Täter das Risiko des Erfolgseintritts oder die Gefahr der Tatbestandsverwirklichung infolge seiner falschen Einschätzung bzw. durch seinen falschen selbstbezogenen inneren Schluss anders bewertet.[534] Hiernach vertraut er bei der sog. bewussten Fahrlässigkeit wegen einer irrigen Bewertung dieses Risikos bzw. wegen der falschen inneren oder psychischen Beziehung zu der vorstehenden Gefahr unlogischerweise darauf, dass der unerwünschte Erfolg ausbleiben, nämlich nicht eintreten wird.[535] Stuft der Täter logischer- und vernünftigerweise den Erfolgseintritt als erforderlich ein, wie es in der Tat sein sollte, wird nach der herrschenden Lehre die bewusste Fahrlässigkeit ausgeschlossen, weil man dann von einem bedingten Vorsatz spricht. Dieser Ansicht ist aber nicht beizupflichten. Denn die Bejahung oder Verneinung des Vorsatzes soll unbedingt davon unberührt bleiben, ob und wie der Täter das Risiko des Erfolgseintritts eingestuft hat, vorausgesetzt, dass er als ein vernünftiger Mensch den Erfolgseintritt konkret und klar voraussieht oder vorausgesehen haben sollte.[536] Die irrige Bewertung des Risikos eines tatbestandsmäßigen Erfolges oder die falsche Einschätzung bezüglich der Gefahr des Erfolgseintritts soll nicht im Unrechtsbereich als ein vorsatzbegründendes oder vorsatzausschließendes Kriterium zugrunde gelegt, sondern im Schuldbereich für die Strafzumessung in Betracht gezogen werden.

---

531 Insoweit hat die Strafbarkeit nach Verschiedenheit der Art der Wirksamkeit der Handlung objektive Gründe, die den diesbezüglichen Unterschied begründen. Hierfür siehe Feuerbach, Revision der Grundsätze und Grundbegriffe II, S. 243.

532 Hall, Fahrlässigkeit im Vorsatz, S. 20-21.

533 Vgl. Tompert, Wahrscheinlichkeitsurteil, S. 84; Runck, Dolus eventualis, S. 36.

534 Gatzweiler, Rechtsvergleichende Untersuchung, S. 102.

535 Prömper, Hemmschwellentheorie, S. 24.

536 Holmes, The Common Law, S. 131; hierzu siehe auch Fletcher, Univ PA Law Rev 1971, 401 ff. (430).

6. Die im Heuhaufen verlorene Nadel im Vorgarten suchen

Einmal verließ *Nasreddin Hodscha* sein Haus und begann im Vorgarten etwas zu suchen. Seine Frau sah das und fragte ihn: Was suchst du, Hodscha? Er antwortete: Ich habe eine Nadel verloren; jetzt suche ich sie. Sie fragte weiter: Wo hast du die Nadel denn verloren? Der Hodscha antwortete: Im Heuhaufen habe ich sie fallen lassen. Seine Frau: Ja, warum suchst du dann heraußen, hier im Vorgarten?" Der Hodscha antwortete: „Drinnen ist finster und dunkel, heraußen ist dagegen beleuchtet".[537] Den Unterschied zwischen Dolus eventualis und bewusster Fahrlässigkeit im Unrechtsbereich zu suchen ist eigentlich auch nichts anderes als die Nadel, gerade wie *Nasreddin Hodscha,* im beleuchteten und übersichtlichen Vorgarten [im Unrechtsbereich] zu suchen, die er eigentlich im Heuhaufen [im Schuldbereich] verloren hat. Denn es ist allgemein anerkannt, dass die Schuld innerhalb des Handelns im Zweifel oder in der Gewissheit bzw. Sicherheit von einer gewissen Höhe bis zum Nullpunkt abzustufen ist.[538] Demnach sollte die Abgrenzung zwischen den verschiedenen Schuldstufen von der unterschiedlichen Strafwürdigkeit der Täter abhängig sein, die durch die Tat bekundet ist und verschiedene Stärke oder Schwere des verbrecherischen Willens beweist.[539] Es stellt sich hiermit die Frage, ob die Folgen einer verbrecherischen bewussten Handlung bzw. einer rechtsgutverletzenden gewollten Tätigkeit zum Dolus eventualis oder zur bewussten Fahrlässigkeit einzuordnen sind. In Anbetracht der bisherig gewonnenen Erkenntnisse gelangt man zu der Schlussfolgerung, dass im Unrechtsbereich eine scharfe begriffliche Unterscheidung der beiden subjektiven Merkmale des Tatbestandes kaum möglich ist. In dieser Hinsicht können diese Unrechtsformen nicht getrennt werden.[540] Wichtiger ist daher die Frage, ob die Abgrenzung des bedingten Vorsatzes und der bewussten Fahrlässigkeit auf Tatbestandsebene oder auf Schuldebene vorgenommen wird.[541]

Die herrschende Theorie findet ihre Lösung der Problematik bezüglich der Abgrenzung zwischen Dolus eventualis und der bewussten Fahrlässigkeit im Unrechtsbereich,[542] obwohl sie im Schuldbereich gesucht werden sollte. Die Abgrenzung von Vorsatz und bewusster Fahrlässigkeit ist nicht ein Problem des objektiven Tatbestands bzw. des Unrechts, sondern des Schuldbereichs in Hinsicht auf

537 In einer anderen Version des gleichen Schwankes verliert der Nasreddin Hodscha seinen Ring im Hause, sucht ihn aber lieber auf der Straße, weil es draußen hell ist. Hierzu siehe auch Wesselski, Der Hodscha Nasreddin, S. 99-100.

538 Gottwald, Grenze zwischen Vorsatz und Fahrlässigkeit, S. 8.

539 Ähnlich Jescheck/Weigend, Lehrbuch, § 29, S. 300-301; Tenckhoff, ZStW 1976, 897 ff. (905); vgl. Miricka, Die Formen, S. 10.

540 Bühring, Über die Grenze, S. 8.

541 Birnbaum, Die Leichtfertigkeit, S. 215; ähnlich Kargl, Handlung und Ordnung, S. 539-540.

542 Dazu siehe auch Bühring, Über die Grenze, S. 68-69.

die Strafzumessung.[543] Die herrschende Lehre bzw. das subjektivistische Vorsatzverständnis führt diese Abgrenzung ausgehend von der inneren Einstellung bzw. psychischen Beziehung des Täters. Insoweit bestimmt sie den Vorsatz ausschließlich über die innere Sphäre des Täters.[544] Die zwar im Zweifel, doch aber bewusst vorgenommenen Taten nach rein subjektiven Gesichtspunkten oder innerlichen Maßstäben bzw. der Bewertung des psychischen Befundes zu unterscheiden[545] und dadurch entweder zum Vorsatz oder zur Fahrlässigkeit einzuordnen,[546] wie es heutzutage der Fall ist, bereitet insbesondere praktische und beweisrechtliche Schwierigkeiten. Diese praktischen Schwierigkeiten scheinen – wie *Baumann* es zum Ausdruck gebracht hat – in der Tat größer als die theoretischen Probleme zu sein.[547] Deswegen sollen die Taten, die im Unrechtsbereich gleichartigen Unrechtsgehalt besitzen, erst im Schuldbereich hinsichtlich der Strafzumessung getrennt werden.[548] Das bedeutet, dass die Lenkung des Handlungsablaufs durch den Willen in beiden Fällen gleich ist.[549] Das führt uns zum Schluss, dass im Bereich des Unrechts kein Unterschied vorliegt.[550] Der Unterschied liegt „nicht im Handlungs-, sondern im Schuldtypus."[551]

So ist die Einschätzung des Täters bezüglich der Tatbestandsverwirklichung, nämlich seine Gering- oder Wertschätzung im Rahmen der Vorsatzproblematik, keineswegs von Bedeutung.[552] Daraus folgt, dass die eigentliche Differenz in der nicht kognitiven, sondern emotiven Haltung zu den Rechtsgütern des Dritten zu suchen sein sollte.[553] Denn der Unterschied liegt in der Qualität, d. h. in der irreführenden Einschätzung der gewöhnlichen Natur der Sache und der falschen Einschätzung des kausalen Verlaufs, nämlich in den unterschiedlichen Qualitäten des Motivationsvorgangs sowie in verschieden gearteten Handlungsmaximen des Täters[554]. Hieraus dürfte sich ergeben, dass es sich hier um „Qualitätsunterschiede im Schuldbereich handelt."[555] Derjenige, der bewusst ein Risiko eingeht und sagt

---

543 Birnbaum, Die Leichtfertigkeit, S. 218; vgl. Herzberg, JuS 1986, 249 ff. (262).

544 Gatzweiler, Rechtsvergleichende Untersuchung, S. 80.

545 Kaufmann, Der dolus eventualis, S. 61.

546 Vgl. Baumanns, Untersuchungen, S. 138.

547 Vgl. Baumanns, Untersuchungen, S. 138.

548 Ambrosius, Untersuchungen zur Vorsatzabgrenzung, S. 95; Webel, Strafbarkeit leicht fahrlässigen Verhaltens?, S. 221.

549 Ambrosius, Untersuchungen zur Vorsatzabgrenzung, S. 6-7.

550 Nowakowski, JZ 1958, 335 ff. (339).

551 Binavince, Die vier Momente, S. 29; ähnlich Birnbaum, Die Leichtfertigkeit, S. 88 und Brammsen, JZ 1989, 71 ff. (82).

552 Ambrosius, Untersuchungen zur Vorsatzabgrenzung, S. 138-139.

553 Schroth, NStZ 1990, 324 (324).

554 Ambrosius, Untersuchungen zur Vorsatzabgrenzung, S. 56.

555 Ambrosius, Untersuchungen zur Vorsatzabgrenzung, S. 138; zustimmend Gallas, ZStW 1955, 1 ff. (42-43); Achenbach, Historische und dogmatische Grundlagen, S. 4.

na wenn schon, d. h. der mit Dolus eventualis handelt, wird ohne Zweifel überwiegend als tadelnswerter angesehen werden als jemand, der dasselbe Risiko eingeht und sagt *es wird schon gut gehen*.[556]

Der hier erwähnte Unterschied soll aber nicht im Unrechtsbereich,[557] sondern im Schuldbereich hinsichtlich der Strafzumessung geprüft und behandelt werden.[558] Demnach geht der Unterschied zwischen bedingtem Vorsatz und bewusster Fahrlässigkeit auf eine unterschiedliche Einschätzung des Erfolgsrisikos zurück.[559] Die innere Einhaltung oder psychische Beziehung des Täters zum Erfolg, die als Billigen, billigendes In-Kauf-nehmen, Sich-Abfinden, Vertrauen auf das Ausbleiben des Taterfolgs oder das Hoffen auf einen guten Ausgang zu bezeichnen ist, ist in der Tat kein Bestandteil des Handlungswillens und bildet kein Unrechts- oder Tatbestandsmoment, sondern ein Schuldmoment.[560] Aus diesem Grund soll man ein Ende setzen, die Nadel gerade wie *Nasreddin Hodscha* im beleuchteten und übersichtlichen Vorgarten [im Unrechtsbereich] zu suchen, die er eigentlich im Heuhaufen [im Schuldbereich] verloren hat.

Es ist klar, wenn jemand angesichts der als notwendig oder erforderlich erkannten schädlichen Folgen handelt und trotz des Wissens um die Tatbestandsverwirklichung nicht davon abgehalten wird, die Handlung vorzunehmen, so dürfen diese rechtswidrigen Folgen gleichfalls nicht mehr als „blind verursacht" angesehen werden.[561] Diese sind dagegen in die sinnhafte „Überdeterminierung" bzw. in die gewollte Tätigkeit einzubeziehen und als vorsätzlich herbeizuführen. Denn derjenige, der angesichts der schädlichen Folgen, trotz des erforderlichen Erfolgseintritts immer noch den Entschluss hat, die den Erfolg mit sich bringende Tat zu begehen,[562] lenkt den Kausalverlauf durchweg bewusst auf sie hin und erkennt sie als gewöhnliche und erforderliche Folge seiner Tat an.[563] Gleiches gilt für die bewusste Fahrlässigkeit.[564] Ferner umfasst das bewusste Willensverhalten, d. h. die gewollte Tätigkeit den gesamten Bereich des Vorsatzes einschließlich aber auch der bewussten Fahrlässigkeit[565]. Insoweit ändert die für die bewusste Fahrlässigkeit

---

556 Jahn, JuS 2017, 700 ff. (701); vgl. Hengstenberg, Die hypothetische Einwilligung, S. 308-309; dazu siehe auch Börchers, Schuldprinzip, S. 87 ff.

557 Vgl. Müller, Der dolus eventualis, S. 65-66.

558 Ambrosius, Untersuchungen zur Vorsatzabgrenzung, S. 40; Webel, Strafbarkeit leicht fahrlässigen Verhaltens?, S. 221.

559 Engisch, Untersuchungen, S. 233; Binavince, Die vier Momente, S. 165.

560 Morselli, ZStW 1975, 324 ff. (352), Fn. 41.

561 Gallas, ZStW 1955, 1 ff. (43).

562 Ähnlich Ambrosius, Untersuchungen zur Vorsatzabgrenzung, S. 95.

563 Vgl. Gessner, Die bewusste Fahrlässigkeit, S. 60.

564 Dazu siehe auch Nowakowski, JZ 1958, 335 ff. (339-340).

565 Jescheck/Weigend, Lehrbuch, § 29, S. 305.

charakteristische Hoffnung auf das Nichteintreten des Erfolgs nur etwas an dem Maß der Schuld und nicht an dem Bewusstsein möglicher Kausalität.[566]

7. *Das „subjektive Mehr"*

Die innere Einstellung oder die seelischen Vorgänge wie Billigung, Einverstandensein, Hoffnung oder Vertrauen des Täters, die als Unterscheidungsmerkmal zwischen Vorsatz und Fahrlässigkeit anzunehmen sind, sind eigentlich reines Internum.[567] Nach hier vertretener Auffassung ist für den Vorsatz nur wesentlich, ob der Täter wissentlich und willentlich bzw. mit der konkreten Vorstellung der Tatbestandsverwirklichung oder mit einem klaren Bewusstsein des schädlichen Erfolgseintritts handelt oder nicht.[568] Es ist offensichtlich, dass ein bewusstes Zuwiderhandeln gegen ein dem Täter bekanntes Rechtsgebot immerhin strafwürdiger als eine vorwerfbare Unkenntnis der Tatumstände ist.[569] Die gleiche Argumentation gilt auch für die Abgrenzung von Dolus eventualis und bewusster Fahrlässigkeit. Denn es lässt sich keineswegs leugnen, dass das bewusste Zuwiderhandeln gegen ein dem Täter bekanntes Rechtsgebot mit dem Vertrauen, dass der Erfolg hoffentlich ausbleiben werde [= die sog. bewusste Fahrlässigkeit], weniger strafwürdig als das bewusste Zuwiderhandeln gegen ein dem Täter bekanntes Rechtsgebot ohne irgendein Vertrauen oder ohne die Hoffnung auf einen guten Ausgang [= Dolus eventualis] ist. Denn wenn jemand in der Hoffnung handelt, dass das Rechtsgut unverletzt bleibt, führt dies zum Schluss, dass das Motiv des Täters gegen das Rechtsystem und der Verhaltensnorm geringer ist.[570] Davon ausgehend wird somit das Maß der Schuld verringert.[571]

In dieser Hinsicht vertraut der Täter im Falle der bewussten Fahrlässigkeit darauf, dass die strafbaren Folgen seiner Handlung ausbleiben. Er handelt mit der Annahme, dass die von ihm vorgenommene Handlung hoffentlich ein "glückliches Ende" haben wird.[572]

Hiernach ist der Täter beim Dolus eventualis einverstanden mit dem Erfolgseintritt, während er bei der bewussten Fahrlässigkeit dagegen im Vertrauen auf einen guten Ausgang handelt.[573] Insoweit ist festzuhalten, dass in den Fällen des Dolus eventualis ein *„subjektives Mehr"* als bei der bewussten Fahrlässigkeit festzustellen

566 Ambrosius, Untersuchungen zur Vorsatzabgrenzung, S. 4-5.

567 Zustimmend Puppe, Vorsatz, S. 72; Gottwald, Grenze zwischen Vorsatz und Fahrlässigkeit, S. 47.

568 Zustimmend Ross, Über den Vorsatz, S. 149, 151. vgl. Zimmermann, S. 17.

569 Kadecka, ZStW 1928, 605 ff. (623); Lampe, ZStW 2006, 1 ff. (29); Barbero, RDP 1975, 533 ff. (545).

570 Ambrosius, Untersuchungen zur Vorsatzabgrenzung, S. 138.

571 Danner, Dolus eventualis, S. 55, 56.

572 Morkel, NStZ 1981, 176 (178).

573 Hippel, ZStW 1911, 562 ff. (583-584).

ist. Dieses „subjektive Mehr" soll aber nicht im Unrechtsbereich, sondern im Schuldbereich geprüft werden. Somit ist das „subjektive Mehr" als die Intensität des Vorsatzes des Täters im Rahmen des § 46 dStGB [vgl. § 62 tStGB] bei der Strafzumessung in Betracht zu ziehen.

Der dolus eventualis und die bewusste Fahrlässigkeit sind in ihrer Schuldqualifizierung eben nicht gleichwertig, gerade wie der Dolus directus und der Dolus eventualis.[574] In diesem Sinne ist die Argumentation *Birnbaums*[575] bezüglich des Unterschieds zwischen Leichtfertigkeit und Vorsatz auch auf das Verhältnis von bedingtem Vorsatz und bewusster Fahrlässigkeit übertragbar. Der Unterschied zwischen Dolus eventualis und bewusster Fahrlässigkeit liegt im Bereich der Gesinnung bzw. der Bewertung oder Einschätzung des Täters. Die vom bewusst fahrlässigen Täter an den Tag gelegte Gesinnung zeigt eine weniger große Geringschätzung und Rücksichtslosigkeit oder eine geringe seelische Unbekümmertheit und Gedankenlosigkeit[576] gegen die Rechtswelt, d. h. gegen die Rechtsgüter der Dritten, als es die Einstellung des bedingt vorsätzlich handelnden Täters beweist. Anders ausgedrückt, der Mangel an Interesse der Vermeidung einer Tatbestandsverwirklichung oder an der Abhaltung einer Handlungsvornahme muss beim bedingt vorsätzlich handelnden Täter um einiges gravierender und stärker sein als beim bewusst fahrlässigen Täter.[577] Aus diesem Grund soll das unzweifelhaft vorliegende Plus an subjektivem Unrecht beim Dolus eventualis gegenüber den Normalfällen der bewussten Fahrlässigkeit durch Festsetzung einer höheren Strafe ausgeglichen werden.[578]

Das subjektive Unrecht beim Dolus eventualis ist ohne Zweifel höher [Plus] als das subjektive Unrecht bei der sog. bewussten Fahrlässigkeit.[579] Dieser Gesichtspunkt besagt, dass die Tatbestandsverwirklichung einem gleichgültigen Täter im Gegensatz zu einem leichtsinnigen Täter übler vorzuwerfen sein sollte, da sie ihm stärker anzukreiden ist.[580] Dennoch soll dies kein Grund sein, den Unrechtsgehalt seiner Tat als milder anzusehen.[581] Im Unrechtsbereich steuert der Täter das Verhalten genau gleich, ohne Rückblick darauf, ob er den üblen Ausgang oder schädlichen Erfolg billigt, billigend in Kauf nimmt oder auf sein Ausbleiben vertraut bzw. innerlich ablehnt.[582] Kurz gesagt: Die gewollte Tätigkeit, das bewusste

---

574 Gottwald, Grenze zwischen Vorsatz und Fahrlässigkeit, S. 31.

575 Birnbaum, Die Leichtfertigkeit, S. 98, 118, 209.

576 Müller, Der dolus eventualis, S. 56-57.

577 Birnbaum, Die Leichtfertigkeit, S. 98.

578 Gatzweiler, Rechtsvergleichende Untersuchung, S. 83, 85, Fn. 316; anders Ambrosius, Untersuchungen zur Vorsatzabgrenzung, S. 137.

579 Anders Ambrosius, Untersuchungen zur Vorsatzabgrenzung, S. 137.

580 Ambrosius, Untersuchungen zur Vorsatzabgrenzung, S. 56.

581 Vgl. Puppe, Vorsatz, S. 74.

582 Hierzu siehe auch Krümpelmann, ZStW 1975, 888 ff. (896) und Herzberg, JZ 1988, 573 ff. (574).

In-Bewegung-Setzen, das *Nowakowski* als die „zwecktätige Steuerung" bezeichnet, ist in beiden Fälle dieselbe.[583] Die Gesinnung, die innere Einhaltung oder die emotionale Einstellung, in der die gewollte Tätigkeit oder zwecktätige Steuerung erfolgt, ist hingegen unterschiedlich.[584] Aus diesem Grund sollte aufgehört werden, die Nadel gerade wie *Nasreddin Hodscha* im beleuchteten und übersichtlichen Vorgarten [= im Unrechtsbereich] zu suchen,[585] die man eigentlich im Heuhaufen [im Schuldbereich] verloren hat. Im Unrechtsbereich ergibt sich somit ein Zusammenfallen von Dolus eventualis und bewusster Fahrlässigkeit.[586]

8. Die Unterscheidung von Handlungs- und Gesinnungswert

Ausgehend von der grundlegenden Unterscheidung des Handlungs- und Gesinnungswerts können für die Abgrenzung des bedingten Vorsatzes von der bewussten Fahrlässigkeit Folgerungen gezogen werden.[587] In diesem Sinne ist für den Dolus eventualis und die bewusste Fahrlässigkeit der Handlungswert derselbe, der Gesinnungswert ist dagegen unterschiedlich.[588] Dieser Unterschied sollte aber im Schuldbereich berücksichtigt werden.[589] Nimmt man dadurch die seelischen Vorgänge, die innere Haltung und das „Gesinnungsmoment" aus dem Handlungsunwert heraus und bezieht diese in die Schuld ein, so gehören Vorsatz und bewusste Fahrlässigkeit in die gleiche Unwertkategorie bzw. den gleichen Deliktstypus.[590] Es ist aber gewiss, dass die Hoffnung auf den Nichteintritt des Erfolges oder auf einen guten Ausgang das Maß der Schuld und dementsprechend die Höhe der Strafe mindern soll.[591] In Übereinstimmung damit verdient der Täter zwar den bedingt vorsätzlichen, aber nur den geringeren Schuldvorwurf und folglich die mildere Strafe.[592]

Die Strafe sollte milder als die Strafe für den sog. echten Dolus eventualis sein, weil die Feindseligkeit gegenüber dem Rechtsgut des Dritten geringer ist, wenn der Täter hofft, dass der ungünstige Ausgang bzw. der schädliche Erfolg ausbleiben wird.[593] Denn derjenige, der den rechtsverletzenden Erfolgseintritt zwar für

583 Nowakowski, JZ 1958, 335 ff. (338-339).
584 Nowakowski, JZ 1958, 335 ff. (339).
585 Gerade wie die Theorien, die die Lösung des Problems auch auf falscher Ebene suchen. Näher Frisch, Vorsatz und Risiko, S. 28.
586 Binavince, Die vier Momente, S. 29; zustimmend Danner, Dolus eventualis, S. 55; Krümpelmann, ZStW 1975, 888 ff. (894).
587 Hünerfeld, ZStW 1981, 979 ff. (1002); Krümpelmann, ZStW 1975, 888 ff. (894).
588 Gatzweiler, Rechtsvergleichende Untersuchung, S. 102.
589 Gallas, ZStW 1955, 1 ff. (43).
590 Nowakowski, JZ 1958, 335 ff. (339).
591 Danner, Dolus eventualis, S. 60.
592 Frisch, Vorsatz und Risiko, S. 33; Baumanns, Untersuchungen, S. 108-109.
593 Zustimmend Webel, Strafbarkeit leicht fahrlässigen Verhaltens?, S. 221.

möglich hält, aber dieser ihm doch unerwünscht ist, stellt sich nicht eindeutig gegen das Recht.[594] In diesem Sinne weist die sog. bewusste Fahrlässigkeit durch die Hoffnung auf einen guten Ausgang eine Besonderheit auf, die mildere Sanktionierung als bei dem Dolus eventualis durchaus rechtfertigt.[595] Wer weiß, dass seine Handlung einen rechtswidrigen Erfolg herbeiführen kann und die Handlung dennoch vornimmt, bekundet mit dieser Handlung einen viel intensiveren Grad von Auflehnung gegen die Rechtsordnung sowie gegen die Rechtsgüter des Dritten und bringt damit zum Ausdruck,[596] dass er für die Rechtsordnung sowie Rechtsgüter weit gefährlicher und daher viel strafbedürftiger sei als jener, der zwar dieselbe Handlung vornimmt, aber darauf vertraut, dass der Erfolg hoffentlich nicht eintreten wird.[597]

Hieraus dürfte sich aber nicht ergeben, dass systematisch höchst unerwünschte Konsequenzen oder zwar konkret vorgestellte, aber nicht gewollte Folgen die bedingt vorsätzliche Besonderheit dieser Verhaltensformen, nämlich die Eigenschaft der wissentlich und willentlich vorgenommenen Taten, in eine bewusst fahrlässige umwandeln sollen und können. In diesem Sinne verzichtet auch *Jescheck/Weigend* offensichtlich darauf, die Unterscheidung zwischen bedingtem Vorsatz und bewusster Fahrlässigkeit im Bereich des Tatbestandes durchzuführen.[598] Dies hat *Jescheck/Weigend* ausdrücklich zum Ausdruck gebracht, indem er sagt, dass „bedingter Vorsatz und bewusste Fahrlässigkeit sich nicht im Unrechts-, sondern im Schuldgehalt unterscheiden."[599]

III. Die bewusste Fahrlässigkeit ist eigentlich ein Irrtum

Von dem Hintergrund ihres historischen Entwicklungsprozesses bildet die Fahrlässigkeit die zweite wesentliche Schuldform [heute Unrechtsform] neben dem Vorsatz.[600] Eine vorsätzlich vollzogene widerrechtliche Tat stellt eine bewusste Nichteinhaltung des Normverhaltens dar. Der Täter handelt bei der Vorsatztat in der Erkenntnis, dass infolge seiner gewollten Tathandlung der Erfolgseintritt herbeizuführen ist und bildet nicht eine rein abstrakte, sondern eine ganz konkrete Möglichkeit.[601] Diese Kenntnis des Täters bezüglich der konkreten Gefahr zur Tatbestandsverwirklichung bildet weiterhin den Grund, warum die Vorsatztat mit

594 Herzberg, JZ 1988, 635 ff. (637).

595 Vgl. Duttge, GA 2003, 451 ff. (467).

596 Danner, Dolus eventualis, S. 26-27.

597 Herzberg, JZ 1988, 635 ff. (637); vgl. Bremer, Grenze, S. 29; Ambrosius, Untersuchungen zur Vorsatzabgrenzung, S. 6 und Hippel, ZStW 1963, 443 ff. (453).

598 Morselli, ZStW 1975, 324 ff. (352), Fn. 41.

599 Jescheck/Weigend, Lehrbuch, § 29, S. 305.

600 Feuerbach, Revision der Grundsätze und Grundbegriffe II, S. 2; Kindhäuser/Zimmermann, Strafrecht AT, § 33, S. 295, Rn. 6; Hirsch, ZStW 1981, 831 ff. (837).

601 Kindhäuser/Zimmermann, Strafrecht AT, § 33, S. 294, Rn. 2.

einer schwereren Strafe als einer fahrlässig begangenen Tat zu bestrafen ist,[602] weil der Täter bei der Vorsatztat die den rechtswidrigen Erfolgseintritt herbeizuführenden Umstände in der Tat kennt[603] und weil er in voller Kenntnis der tatbestandsspezifischen Missbilligungsgründe handelt.[604] Anders gesagt, begeht der Täter die Tathandlung, obwohl er die Gefahr zur Tatbestandsverwirklichung bemerkt und den Erfolgseintritt für möglich hält und außerdem in der Lage ist, diesen zu vermeiden oder die Tathandlung zu unterlassen.[605]

In den Fällen der bewussten Fahrlässigkeit, in denen der Täter zu der Erwartung gelangt, dass der Erfolg nicht eintreten werde, hält die herrschende Lehre den Dolus eventualis für ausgeschlossen,[606] weil der Täter innerlich den Erfolgseintritt abgelehnt habe und somit diesen nicht gewollt haben kann.[607] Was von jemanden zu erwarten ist, wenn er den Erfolgseintritt wirklich nicht will oder ihn ablehnt, ist nicht die Fortführung der Tathandlung, obwohl er schon den Erfolgseintritt als erforderlich vorausgesehen hat, sondern vielmehr die Abstandnahme im Hinblick auf die Handlung, die den rechtswidrigen Erfolg herbeiführen kann. Falls er tatsächlich auf das Ausbleiben des Erfolges vertraut, d. h. er hofft, dass nichts passieren wird oder er glaubt, dass es diesmal nicht gleich schaden wird,[608] kommt dann ein Irrtum in Frage, in dem sich der Täter befindet.

Der bewusst fahrlässig Handelnde erkennt nämlich immerhin das mögliche Risiko bzw. den wahrscheinlichen rechtswidrigen Erfolg.[609] Er verschätzt bzw. *„irrt“* sich jedoch bei der Vermeidbarkeit[610] des von ihm nicht gewünschten rechtswidrigen Erfolgs.[611] In dieser Arbeit soll außerdem herausgearbeitet werden, ob die bewusste Fahrlässigkeit durch Irrtum charakterisiert und begründet werden kann.[612] Vor dem Hintergrund der Abgrenzungsversuche des bedingten Vorsatzes von der bewussten Fahrlässigkeit und den damit eingehenden ewigen Diskussionen ist diese Arbeit insofern bedeutend, als sie dieser dogmatischen

602 Weigend, Subjective Elements, S. 493; Joerden, Dyadische Fallsysteme, S. 26; Binding, Die Normen IV, S. 417; Vogel/Bülte, in: LK § 15 StGB Rn. 7.

603 Kindhäuser/Zimmermann, Strafrecht AT, § 14, S. 143-144, Rn. 27

604 Vogel/Bülte, in: LK § 15 StGB Rn. 8; vgl. Freund/Rostalski, Strafrecht Allgemeiner Teil, § 7, S. 285, Rn. 56 und Otto, ZStW 1975, 539 ff. (591-592).

605 Roxin, ZStW 1962, 515 ff. (558); Kindhäuser/Zimmermann, Strafrecht AT, § 33, S. 294, Rn. 2.

606 Bühring, Über die Grenze, S. 37-38.

607 Bühring, Über die Grenze, S. 39.

608 Bühring, Über die Grenze, S. 48.

609 Roxin, JuS 1964, 53 ff. (54); Engisch, Untersuchungen, S. 232-233.

610 Vgl. Hall, Fahrlässigkeit im Vorsatz, S. 51 f. Dazu siehe auch Hemmen, Über den Begriff, S. 17 ff.

611 Koch, Die Entkriminalisierung, S. 246.

612 Binavince, Die vier Momente, S. 154-155.

Auseinandersetzungen eine durchführ- und begründbare Lösung bieten kann.[613] Daher ist es zweckmäßiger, die als bewusste Fahrlässigkeit bezeichneten Fälle im Rahmen der Irrtumslehre zu behandeln,[614] weil die angebliche bewusste Fahrlässigkeit an sich einen Irrtum darstellt.[615] Bei der bewussten Fahrlässigkeit verkennt der Täter aufgrund seiner mangelnden Sorgfalt die Größe des von ihm selbst gesetzten Risikos.[616] Mit anderen Worten, der Täter verschätzt sich in der Sachlage und dadurch in der Größe der Gefahr.[617] Bei der Fahrlässigkeit ist sich der Täter über die Größe der von ihm selbst ausgelösten Gefahr nicht im Klaren.[618] Davon ausgehend, kann und soll die bewusste Fahrlässigkeit im strafrechtlichen Sinne mittels des Irrtums qualifiziert werden.[619]

Der bewusst fahrlässig Handelnde erkennt immerhin das mögliche Risiko bzw. den wahrscheinlichen rechtswidrigen Erfolg. Er verschätzt bzw. „*irrt*" sich jedoch bei der Vermeidbarkeit des von ihm nicht gewünschten rechtswidrigen Erfolgs.[620] Als ein juristischer Begriff kennzeichnet die bewusste Fahrlässigkeit daher in ihrem vollen Inhalt einen Irrtum. In den Fallkonstellationen der bewussten Fahrlässigkeit stimmt nämlich die innere Vorstellung, besser gesagt die Antizipation des Täters nicht mit den äußeren Umständen bzw. mit der Realität überein. Hiernach liegt eine Inkompatibilität zwischen der inneren Vorstellung des Täters bzw. seiner Antizipation und der Außenwelt vor.[621] Bei der bewussten Fahrlässigkeit irrt sich der Täter darüber, dass der schädliche Erfolg nicht eintreten wird. Hiernach hält der Täter zwar den Erfolgseintritt für möglich, wie bei dem Dolus eventualis der Fall ist, verschätzt sich aber in dem kausalen Verlauf. In diesem Sinne schätzt der Täter die Sachlage falsch ein.[622] Ferner stellt sich hiernach der Täter

---

613 Kindhäuser/Zimmermann, Strafrecht AT, § 33, S. 295, Rn. 6.

614 Ähnlich Frank, ZStW 1890, 169 ff. (179).

615 Für die Irrtumsdogmatik siehe auch Binding, Die Schuld, S. 80 ff. Vgl. Sauer, Die Fahrlässigkeitsdogmatik, S. 260.

616 Kindhäuser/Zimmermann, Strafrecht AT, § 33, S. 294, Rn. 2; dazu siehe auch (Engisch), S. 266 ff.

617 Kindhäuser/Zimmermann, Strafrecht AT, § 14, S. 143-144, Rn. 27.

618 Zusammenfassend geht jemand vorsätzlich vor, wer die Folgen seiner gewollten [gewussten] Tathandlung erkennt. Fahrlässig handelt dagegen, wer die Folgen seiner gewollten Tathandlung nicht erkennt oder voraussieht, obwohl er bei der Erbringung der von ihm zu erwartenden notwendigen Sorgfalt diese Folgen hätte erkennen oder voraussehen können. Hierzu siehe Kindhäuser/Zimmermann, Strafrecht AT, § 33, S. 294, Rn. 2, S. 295, Rn. 6.

619 Dazu siehe auch Kindhäuser/Zimmermann, Strafrecht AT, § 33, S. 295, Rn. 6-7.

620 Koch, Die Entkriminalisierung, S. 246.

621 Vgl. Jakobs, Strafrecht AT, S. 315, Rn. 1.

622 Bohnert, ZStW 1982, 68 ff. (77); Kindhäuser/Zimmermann, Strafrecht AT, § 14, S. 143-144, Rn. 27.

das Geschehnis positiv vor und geht davon aus, dass nichts passieren werde, was aber nicht der Fall ist.[623] Der Täter befindet sich hier in einem irrigen psychischen Zustand.[624]

Erwartet jemand einen Erfolg nicht, tritt dieser aber trotzdem ein, dann kommt man zum Schluss, dass hier von einem Zweifel nicht mehr die Rede sein kann. Denn die Nicht-Erwartung oder die innerliche Ablehnung eines Erfolges und die Zweifel bezüglich desselben schließen sich aus.[625] Dabei könnte in diesem Fall von einem im Schuldbereich relevanten Irrtum die Rede sein. Erst dann, wenn der Handelnde oder Unterlassende allein mit einer erkannten Möglichkeit der Tatbestandsverwirklichung einschließlich etwaiger Erfolgsherbeiführung handelt oder unterlässt,[626] handelt es sich um Dolus eventualis. Hierunter liegt ein Eventualvorsatz, nämlich der bedingte Vorsatz vor, wenn der Täter es ernst und konkret für möglich hält[627] und auch wenn der Täter nach der Beurteilung eines objektiven und vernünftig denkenden Beobachters es bereits ernstlich und konkret für möglich, gewöhnlich oder erforderlich gehalten haben sollte, dass sein Verhalten einen rechtswidrigen tatbestandsmäßigen Erfolg herbeiführen oder eine Tatbestandsverwirklichung verursachen wird[628].

Aus diesem Grund wird hier die positive Kenntnis und die feste Überzeugung der Sacherkenntnis im Gegensatz zur Vorstellung und Antizipation von der Möglichkeit, die einen Irrtum bildet oder im Gegensatz zu der Hoffnung auf den Nichteintritt oder dem Vertrauen auf das Ausbleiben des Erfolgseintritts oder zu dem die Vorstellung begleitentenden oder inhärierenden Willen oder zu der inneren Einstellung des Täters wie sich damit abfinden, billigend in Kauf nehmen, Einwilligung usw. zugrunde gelegt und als zum bedingten Vorsatz genügend erachtet.[629] Mit anderen Worten liegt Dolus eventualis vor, wenn der Angeklagte in Kenntnis bzw. im Bewusstsein[630] von der zur Tatbestandsverwirklichung gehörigen Umstände handelt.[631]

---

623 Insoweit " *mag er sich positiv falsch vorstellen, etwas sei nicht wirklich, was doch wirklich ist.*" Jakobs, Strafrecht AT, S. 316, Rn. 1.

624 Binding, Die Normen IV, S. 197; Bruck, Zur Lehre von der Fahrlässigkeit, S. 31; Binding, Die Normen IV, S. 350; ähnlich Freund/Rostalski, Strafrecht Allgemeiner Teil, § 7, S. 279, Rn. 38. Hierzu siehe auch Bühring, Über die Grenze, S. 66.

625 Bühring, Über die Grenze, S. 61.

626 Freund/Rostalski, Strafrecht Allgemeiner Teil, § 7, S. 290, Rn. 69.

627 Freund/Rostalski, Strafrecht Allgemeiner Teil, § 7, S. 290, Rn. 69.

628 Zum Beispiel, „*wer ein Auto mit defekten Bremsen lenkt, mag nicht an die Möglichkeit eines Unfalls denken oder aber positiv annehmen, es werde nicht zu einem Unfall kommen; jedenfalls liegt ein Irrtum vor, wenn es doch zu einem Unfall kommt.*" Jakobs, Strafrecht AT, S. 316, Rn. 1.

629 Bühring, Über die Grenze, S. 66.

630 Dazu siehe auch Frisch, Vorsatz und Risiko, S. 164.

631 Schröder, Aufbau und Grenzen, S. 215; Vgl. Bühring, Über die Grenze, S. 66.

Hieraus dürfte sich ergeben, dass der bedingte Vorsatz anzunehmen ist, wenn der Täter zum Handlungszeitpunkt urteilt oder wenn ein mit dem Wissen eines einsichtigen Beobachters ausgestatteter[632] und objektiver Beobachter davon überzeugt sein sollte, dass die Tatbestandsverwirklichung bzw. der Erfolgseintritt als Folge der Handlung nicht unwahrscheinlich, d. h. nach der allgemeinen Lebenserfahrung und kausalen Natur der Sache gewöhnlich und erforderlich ist. Dabei ist auf die Erheblichkeit der Gefahr, die Beurteilung eines objektiven und vernünftig denkenden Menschen und die Typizität des konkreten Falls abzustellen. Mit anderen Worten hängt diese Schlussfolgerung vom Gewicht des betroffenen Guts und der Dichte des Risikos ab, wofür eine objektive Betrachtungsweise erforderlich oder gewöhnlich ist.[633] Damit gelangt man zu der Schlussfolgerung, dass der Vorsatz auch in den Fällen zu bejahen ist, in denen der Täter infolge der Gleichgültigkeit oder des Vertrauens auf die Geschicklichkeit und fahrerische Fähigkeit oder auf einen guten Ausgang die wirklich erkannte Gefahr oder das klare Risiko falsch eingeschätzt, nämlich sich geirrt und nicht für entscheidungserheblich, nämlich nicht für gewöhnlich oder erforderlich gehalten hat,[634] obwohl es objektiv entscheidungsrelevant und erforderlich gewesen ist.[635]

Der herrschenden Lehre zufolge bringt der fahrlässig Handelnde zum Zeitpunkt der Tat die Kenntnis bezüglich der abstrakten Norm nicht mit dem Sachverhalt bzw. mit dem konkreten Fall zusammen.[636] Der Grund der hier erwähnten Nicht-Übereinstimmung zwischen der Kenntnis des Täters bezüglich der abstrakten Norm und dem Sachverhalt könnte darin liegen, dass der Täter die Nähe von Sachverhalt und Norm, nämlich die Erheblichkeit der Gefahr und die Erforderlichkeit des rechtsnormverletzenden und schädlichen Erfolgseintritts überhaupt nicht erkennt. In diesem Fall liegt die unbewusste oder m. E. die echte Fahrlässigkeit vor. In einem solchen Fall kann der Grund also darin liegen, dass der Täter zwar die Nähe von Sachverhalt und Norm, nämlich die Erheblichkeit der Gefahr und die Erforderlichkeit des rechtswidrigen Erfolgseintritts genau weiß, diese aber in ihrer Beziehung schließlich falsch einschätzt.[637] In diesem Fall dürfte man aber nicht mehr von einer unbewussten, sondern bewussten Fahrlässigkeit reden, die eigentlich nichts anderes als Dolus eventualis ist. In dieser Fallkonstellation handelt der Täter im Irrtum. Denn der Täter ist sich der Nähe von Sachverhalt und Norm durchaus bewusst, weil bei der bewussten Fahrlässigkeit der schädliche Erfolgseintritt bzw. der rechtliche Enderfolg ins Bewusstsein des Täters getreten ist.[638]

---

632 Kaminski, Der objektive Maßstab, S. 30.
633 Küpper, ZStW 1988, 758 ff. (762).
634 Morkel, AJCL 1982, 325 ff. (330).
635 Küpper, ZStW 1988, 758 ff. (762); ähnlich BGH 4 StR 482/19, Rn. 45.
636 Boldt, ZStW 1956, 335 ff. (364).
637 Bohnert, ZStW 1982, 68 ff. (77).
638 Köhler, Probleme der Fahrlässigkeit, S. 194.

Er handelt aber trotzdem weiter, indem er irrigerweise auf einen guten Ausgang vertraut.[639]

Der Täter schätzt hiernach die Größe oder die Erheblichkeit der aus seiner Handlung ergebenden Gefahr falsch ein, obwohl diese Gefahr doch sonnenklar am Tag lag.[640] Hiernach beruht die sog. bewusste Fahrlässigkeit zwar auf einer durchweg richtigen Annahme der Sacherkenntnis [Unrechtbereich], aber auf einer irrigen Einschätzung des kausalen Geschehens,[641] während die unbewusste Fahrlässigkeit auf eine irrige Annahme bezüglich der Sacherkenntnis kommt.[642] Es ist klar, dass der fahrlässig Handelnde oder Unterlassende den Erfolgseintritt nicht voraussieht, weil er den Unwertgehalt oder die rechtsgutverletzende Besonderheit seiner Tat nicht in vollem Umfang erfasst. Wenn beispielsweise ein Jäger einen anderen im Gebüsch versteckten Jäger aus Versehen erschießt,[643] begeht er keine vorsätzliche Tat, weil er davon ausgeht, dass er auf ein Wildtier schießt.[644] Das führt uns zum Schluss, dass der Täter im Falle der unbewussten Fahrlässigkeit „das Gute will und das Böse schafft,“[645] d. h. der Fahrlässige tötet aus Versehen.[646] Die fahrlässige Tat bildet somit eine Deviation zwischen der psychischen und der physischen Seite der Handlung. Was der Täter subjektiv will und was er in der Tat bzw. objektiv tut, ist vollkommen anders.[647] Die Schuld des fahrlässig Handelnden ist daher in seiner Unwissenheit zu suchen.[648]

Das hier genannte Unwissenheitsmoment oder die Unkenntnis der Tatumstände kennzeichnet nur die unbewussten Fahrlässigkeitsformen.[649] Derjenige, der infolge einer irrigen Beurteilung der Umstände zum Schluss kommt, dass der rechtsverletzende Erfolg nach seiner persönlichen Erfahrung nicht zu erwarten ist, d. h. der Erfolgseintritt nach dem gewöhnlichen Lauf der Dinge nicht eintreten wird, handelt mit unbewusster bzw. echter Fahrlässigkeit.[650] Liegt aber die konkrete Möglichkeit des Erfolgseintritts vor, nämlich falls der Erfolg nach der allgemeinen Lebenserfahrung und dem gewöhnlichen Lauf der Dinge konkret einzutreten ist,

---

639 Herzberg, JuS 1986, 249 ff. (252).

640 Ambrosius, Untersuchungen zur Vorsatzabgrenzung, S. 71.

641 Exner, Das Wesen der Fahrlässigkeit, S. 136 ff.

642 Binavince, Die vier Momente, S. 135.

643 Schmidhäuser, GA 1957, 305 ff. (314).

644 Freund/Rostalski, Strafrecht Allgemeiner Teil, § 7, S. 270, Rn. 6.

645 Ferneck, Die Idee der Schuld, S. 27.

646 Hall, Fahrlässigkeit im Vorsatz, S. 44.

647 Macior, ZStW 1981, 1053 ff. (1062).

648 Hall, Fahrlässigkeit im Vorsatz, S. 51.

649 Anders Exner, Das Wesen der Fahrlässigkeit, S. 138.

650 In diesem Sinne können manchmal tatsächlich bestimmte Fallkonstellationen gegeben sein, in denen also ein Vertrauen auf Glück zu erwarten ist. Dazu siehe Jakobs, Kritik des Vorsatzbegriffs, S. 48. Hierzu siehe auch Barbero, RDP 1975, 533 ff. (552).

liegt dann der gängigen Lehre nach die luxuria[651] bzw. die bewusste Fahrlässigkeit vor,[652] die eigentlich nichts anderes als Dolus eventualis ist, weil auch bei bewusster Fahrlässigkeit dem Täter die Gefahr, die entsprechenden Umstände und die Verursachung des rechtswidrigen Erfolgseintritts durchweg bewusst gewesen sind.[653]

Diese Fallkonstellationen sind sachgerecht tatsächlich in den Dolus eventualis einzubeziehen,[654] weil der Irrtum hinsichtlich der Kausalität bzw. die irrige Einschätzung des kausalen Geschehens unverzeihlicher ist und weil die Hoffnung auf den Nichteintritt des Erfolges oder das Vertrauen des Täters auf einen guten Ausgang einen sträflichen Leichtsinn bildet. Insoweit steht die Erforderlichkeit- oder Gewöhnlichkeitsrechnung des Täters in einem klaren Widerspruch zu der allgemeinen Lebenserfahrung, zu den Regeln der Logik und zum gewöhnlichen Lauf der Dinge bzw. dem Kausalzusammenhang.[655] In diesem Sinne ist darauf zu achten, dass „das Vertrauen oder die Hoffnung auf das Ausbleiben des Erfolgseintritt" und „das Vertrauen auf das Nichtvorliegen eines bestimmten Tatumstands" zwei verschiedene Sachen sind. Beim Vertrauen auf das Nichtvorliegen eines bestimmten Tatumstands, stellt sich der Täter vor, dass kein bestimmter Tatumstand vorliegt, obwohl es in der Tat – ganz im Gegensatz zu der Vorstellung des Täters – doch auf einen bestimmten Tatumstand ankommt; in diesem Fall kann dann nicht mehr von einer bewussten Fahrlässigkeit, sondern von einer Unkenntnis und der unbewussten Fahrlässigkeit die Rede sein. Mit anderen Worten: Wenn der Täter trotz des „Vorliegens" eines bestimmten Tatumstands von dem „Nichtvorliegen" desselben ausgeht, kommt man dann notwendiger- und logischerweise zum Schluss, dass der Täter die die Tatbestandsverwirklichung begründenden und den rechtswidrigen Erfolgseintritt verursachenden Tatumstände überhaupt nicht kennt. Im Gegensatz dazu, weiß der Täter zwar beim Vertrauen auf das Ausbleiben des Erfolgseintritt, dass alle notwendigen Umstände der Tatbestandsverwirklichung vorliegen, vertraut aber dennoch auf einen guten Ausgang des Tatgeschehens. Das ist der Fall, wenn ein Autofahrer typischerweise für sich davon ausgehend sagt: „Jetzt wird mir das Überholen ohne Kollision mit Gegenverkehr gelingen."[656] Das stellt ein Wissensdefizit und eine irrige Einschätzung dar.[657] Hieraus dürfte sich ergeben, dass die bewusste Fahrlässigkeit in der Tat ein Irrtum ist, weil die bewusste Fahrlässigkeit so zu bezeichnen ist, dass der Täter die Tat und daraus ergebende Folgen nicht mit Gewissheit voraussieht und sich insofern irrt.[658]

---

651 Köhler, Die bewusste Fahrlässigkeit, S. 204; Baumanns, Untersuchungen, S. 7.
652 Bühring, S. 28-29; Bertelsmann, SALJ 1975, 59 ff. (68).
653 Börchers, Schuldprinzip, S. 147.
654 Anders Bühring, Über die Grenze, S. 39.
655 Vgl. Bühring, Über die Grenze, S. 39.
656 Freund/Rostalski, Strafrecht Allgemeiner Teil, § 7, S. 287, Rn. 61.
657 Freund/Rostalski, Strafrecht Allgemeiner Teil, § 7, S. 287-288, Rn. 61.
658 Börchers, Schuldprinzip, S. 175.

In diesem Fall begeht der Täter typischerweise keine fahrlässige, sondern eine vorsätzliche Tat. Falls der Erfolgseintritt objektiv sehr wahrscheinlich, erforderlich oder gewöhnlich ist und der Täter diese hohe Wahrscheinlich-, Erforderlich- oder Gewöhnlichkeit des Erfolgseintritts aber subjektiv nicht richtig, wie *Birnbaum* behauptet,[659] sondern irrig oder falsch einschätzt, dann handelt er gleichwohl bedingt vorsätzlich, weil er trotz der objektiv gewerteten konkreten Möglichkeit der Tatbestandsverwirklichung weiterhandelt, indem er irrigerweise auf seine persönliche Geschicklichkeit oder Fähigkeit vertraut[660] oder mit einer vagen, unhaltbaren und deshalb strafbaren Hoffnung auf einen guten Ausgang handelt. In einem solchen Fall darf der Täter auf keinen Fall mit der Ausrede gehört werden, dass er eigentlich in dem Erfolg nicht eingewilligt oder die Tatbestandsverwirklichung nicht gewollt habe.[661] Im Gegensatz dazu sieht der bewusst fahrlässig Handelnde zwar den rechtsverletzenden Erfolg voraus und denkt an die Möglichkeit einer Tatbestandsverwirklichung, bewertet die Gefahr aber irrtümlicherweise nicht für berücksichtigenswert.[662] Insoweit schätzt der Täter in den Fallkonstellationen der bewussten Fahrlässigkeit die Größe der Gefahr nicht richtig ein.[663] Daraus folgt, dass der Täter in der Fallkonstellationen der bewussten Fahrlässigkeit im Irrtum, bei der unbewussten dagegen in Unwissenheit versiert.[664] Die Annahme der unbewussten Fahrlässigkeit kommt hiernach auf die Unkenntnis bezüglich der den schädlichen Erfolg verursachenden Umstände oder die Tragweite der Willensbetätigung bzw. der gewollten Tätigkeit zurück.[665] Im Fall der bewussten Fahrlässigkeit gelangt der Täter aber irrigerweise zur Annahme, dass der von ihm als erforderlich vorausgesehene Erfolg ausbleiben, nämlich dass hoffentlich nichts passieren werde, obwohl er unter den objektiv gegebenen Umständen die Illegalität bzw. den rechtsgutverletzenden Erfolg vorausgesehen haben sollte.[666] Der Täter befindet sich in einem Irrtum,[667] weil er irrtümlich daran glaubt, dass die Lage unter Kontrolle ist,[668] obwohl objektiv betrachtet die Lage keineswegs unter Kontrolle des

659 Birnbaum, Die Leichtfertigkeit, S. 87.
660 Jescheck/Weigend, Lehrbuch, § 54, S. 568.
661 In diesem Sinne ist auch der BGH der Meinung, dass „*es nicht durchgreifend rechtsfehlerhaft ist, dass das Landgericht der Selbstüberschätzung des Angeklagten betreffend seine fahrerischen Fähigkeiten auch bei der Prüfung des Willenselements des Vorsatzes keine vorsatzausschließende Bedeutung beigemessen hat.*" BGH 4 StR 482/19, Rn. 44.; vgl. Birnbaum, Die Leichtfertigkeit, S. 87.
662 Mohrmann, Die neueren Ansichten, S. 50.
663 Vgl. Ambrosius, Untersuchungen zur Vorsatzabgrenzung, S. 71.
664 Ferneck, Die Idee der Schuld, S. 26.
665 Vgl. Liszt, Lehrbuch, S. 177.
666 Almendigen, Untersuchungen, S. 18; Bühring, Über die Grenze, S. 33.
667 Gessner, Die bewusste Fahrlässigkeit, S. 80.
668 Gatzweiler, Rechtsvergleichende Untersuchung, S. 73; vgl. Herzberg, JZ 1988, 635 ff. (642).

Täters scheint. Insoweit handelt es sich in den Fällen der bewussten Fahrlässigkeit um einen Irrtum, während die unbewusste Fahrlässigkeit vielmehr die Unwissenheit als solche darstellt.[669]

IV. Kein vorsatzausschließender, sondern ein sich auf die Schuld auswirkender Irrtum

1. Die Unterscheidung von Vorstellung und Antizipation

Im Strafrecht stellt der Begriff „Irrtum" die Fehlvorstellung des Täters bezüglich eines rechtlich relevanten Umstands dar.[670] Irrtum bildet somit die Diskrepanz oder die Nicht-Übereinstimmung zwischen der Vorstellung des Täters und den objektiven Umständen, den gegebenen Tatsachen, dem Kausalverlauf oder dem Geschehen. Im Strafrecht kann sich die irrige Vorstellung des Täters entweder vorsatzausschließend oder schuldauswirkend ereignen.[671] Die von uns vertretene Auffassung legt den Schwerpunkt auf die Abgrenzung zwischen dem vorsatzausschließenden [= Tatbestandsirrtum][672] und dem schuldauswirkenden Irrtum, d. h. auf die Unterscheidung von Vorstellung und Antizipation, insbesondere dann, wenn man die bewusste Fahrlässigkeit als ein im Schuldbereich zu beachtenden Irrtum definiert. Hiernach könnte der Unterschied zwischen Irrtum in der Vorstellung und in der Antizipation [in der sog. bewussten Fahrlässigkeit] damit erklärt werden. Denn die aus der vom Täter vorgenommenen Handlung ergebende Kausalitätsfolge ist eigentlich kein Objekt der Vorstellung, sondern das Objekt der Antizipation.[673] Deswegen ist eine falsche Antizipation kein „Irrtum" im Sinne der Nichtübereinstimmung von Vorstellung und objektiver Wirklichkeit,[674] die den Vorsatz weglässt und die Fahrlässigkeit begründet. Demnach liegt der unrichtige Teil der Handlung nicht in der Vorstellung des Täters vor, weil er den tatbestandsmäßigen Umstand bzw. die konkrete und den Erfolg verursachende Sachlage in der Tat ganz genau weiß, sondern in der Antizipation bzw. in seiner Interpretation bezüglich der künftigen Folge seiner Handlung oder des kausalen Geschehens,[675] nämlich in der logischen Ableitung der Kausalitätsfolgen, die die von ihm wissentlich und willentlich begangene Handlung mit sich bringen.[676]

---

669 Ferneck, Die Idee der Schuld, S. 28.

670 Dazu siehe Jakobs, Kritik des Vorsatzbegriffs, S. 30-31.

671 Jescheck/Weigend, Lehrbuch, § 29, S. 306.

672 Jescheck/Weigend, Lehrbuch, § 29, S. 306, 309 ff.

673 Binavince, Die vier Momente, S. 181.

674 Jakulin, SLR 2006, 126.

675 Für die Unterscheidung von Kausalwissen und Wertwissen siehe Niese, Finalität, S. 50.

676 Binavince, Die vier Momente, S. 152.

Die Unterscheidung von Vorstellung und Antizipation hat hinsichtlich der Behandlung des Irrtums bei der bewussten Fahrlässigkeit und seiner Einordnung besondere Bedeutung. Sie ermöglicht die unterschiedliche Behandlung des Irrtums bezüglich der Vorstellung bzw. der Sacherkenntnis [unbewusste Fahrlässigkeit] und des Irrtums bezüglich der Antizipation bzw. des kausalen Geschehens, nämlich der der Kausalfolge seiner Handlung.[677] Insoweit schließt ein Irrtum bezüglich der Vorstellung oder der Sacherkenntnis [= Unwissenheit der Sachlage] den Vorsatz aus und begründet die Fahrlässigkeit, vorausgesetzt, dass der Täter die Tatbestandsverwirklichung verhindern könnte sowie sollte.[678] Bei dem Irrtum hinsichtlich der Antizipation, in dem der Täter den gewöhnlichen Lauf der Dinge widersprechend den kausalen Verlauf falsch einschätzt, bleibt der Vorsatz dagegen unberührt.[679]

2. Error facti [der faktische Irrtum]

Was versteht man unter dem Begriff *error facti* oder „faktischer Irrtum"? Die nachfolgenden Paragrafen sind der Grund sowie ein Beispiel, warum der hier genannte Irrtum nicht ein vorsatzausschließender [= Irrtum im Unrechtsbereich], sondern ein Irrtum im Schuldbereich ist. Für die strafrechtliche Schuld ist hiernach nicht das intellektuelle Element des Vorhersehens[680] oder Vorsatzes, sondern das voluntative Element bzw. die innere Einstellung des Täters maßgeblich. Der faktische Irrtum bzw. *error facti* kann sich somit gegebenenfalls nur schuldmindernd auswirken. Diese Art des Irrtums darf nie den Täter von irgendeiner vorsätzlichen Verantwortlichkeit entlasten.[681] An diesem Punkt soll man auf die von *Figueiredo Dias* entwickelte und in das portugiesische Strafgesetzbuch von 1983 Eingang gefundene Irrtumslehre hinweisen, die in Analogie dazu aufschlussreich sein kann. Dieser Theorie nach schließt der intellektuelle Irrtum den Vorsatz aus.[682] Im Gegensatz dazu bleibt der Vorsatz und die Bestrafung wegen einer vorsätzlichen Schuld beim moralischen oder innerlichen Irrtum aber unberührt.[683]

Unter dem Begriff „error facti" bzw. des faktischen Irrtums versteht man daher den Tatsachenirrtum. Das Wesen bzw. der „eigentliche" Inhalt des faktischen Irrtums liegt in der falschen Antizipation des Täters.[684] Grundsätzlich kommt der error facti in zwei Formen vor. Hiernach kann man sich zunächst um die tatbestandsmäßigen Umstände selbst irren, diese Art des error facti betrifft die unbewusste

---

677 Hierzu siehe auch Wolff-Reske, Berufsbedingtes Verhalten, S. 87.

678 Liszt, Lehrbuch, S. 177.

679 Binavince, Die vier Momente, S. 182.

680 Koch, Die Entkriminalisierung, S. 246.

681 Ähnlich Neumann, Die Stellung des Opfers, S. 230.

682 Roxin, ZStW 1984, 641 ff. (657-658).

683 Roxin, ZStW 1984, 641 ff. (658).

684 Eichmann, Der Vorsatz, S. 28.

Fahrlässigkeit. Zum anderen kann man sich bei der Antizipation irren, bei der Kombination von bekannten Tatsachen bzw. hinsichtlich des kausalen Geschehens. Diese zweite Art des error facti stellt die bewusste Fahrlässigkeit dar. Der Täter zieht bei diesem zweiten Irrtum durch die unrichtige Betrachtung des kausalen Geschehenen falsche faktische Schlüsse.[685] Laut der Lehre vom faktischen Irrtum ist die Kenntnis der Tatsachen oder das klare Wissen der tatbestandsmäßigen Umstände als genügend anzunehmen, um den Vorsatz bestimmen und begründen zu können.[686] Ferner reicht es für die vorsätzliche Strafbarkeit aus, wenn der Täter das von ihm verursachte Geschehen unter die den höheren Begriff konstituierenden Wahrnehmungsbegriffe subsumiert hat, nämlich wenn er den Erfolg als ein erforderliches Produkt des von ihm bewusst in Bewegung gesetzten kausalen Verlaufes vorausgesehen hat.[687]

Daraus folgt, dass derjenige, der sich in einem Irrtum bzw. in der ersten Form des error facti befindet, gar nicht an die Möglichkeit des Erfolgseintritts denkt. Er hat kein Wissen oder keine Kenntnis bezüglich der Sachlage oder der tatbestandsmäßigen Umstände. In der zweiten Form des error facti denkt der Täter an die Möglichkeit des Erfolgseintritts und sieht somit die schädliche Tatbestandsverwirklichung voraus, handelt aber weiter, weil er irrigerweise trotzdem auf einen guten Ausgang vertraut.[688] Das bedeutet, dass in diesem Fall die Antizipation der Wirklichkeit nicht mit dem faktischen Zustand übereinstimmt.[689] Diese Nichtübereinstimmung führt den Täter zu einem error facti,[690] der gerade deshalb nicht einen vorsatzausschließenden, sondern einen schuldauswirkenden Irrtum darstellt. Der hier genannte faktische Irrtum, der ein *quasi Subsumtionsirrtum* ist, stellt die Nicht-Übereinstimmung zwischen der Antizipation des Täters und der Wirklichkeit dar, die nicht einen vorsatzausschließenden, sondern einen schuldauswirkenden Irrtum bildet. Der zweite *error facti* ist somit ein entschuldbarer und daher schuldauswirkender Irrtum, während der error juris im Allgemeinen als unentschuldbar anzusehen ist.[691] Hiernach ist der Irrtum, der eine irrtümliche Subsumtion der tatsächlichen Umstände[692] und eine falsche Einschätzung des kausalen Geschehens bildet, vermeidbar,[693] sodass der Täter wegen des bedingt vorsätzlichen Verhaltens bestraft werden kann.[694]

---

685 Eichmann, Der Vorsatz, S. 31-32.
686 Eichmann, Der Vorsatz, S. 25; Mezger, Strafrecht, § 43, S. 307-308.
687 Vgl. Eichmann, Der Vorsatz, S. 25.
688 Vgl. Zoller, Die Abgrenzung, S. 17.
689 Hierzu siehe auch Kadecka, ZStW 1928, 605 ff. (619-620).
690 Vgl. Jakulin, SLR 2006, 126.
691 Eichmann, Der Vorsatz, S. 27.
692 Kadecka, ZStW 1928, 605 ff. (613).
693 Hierzu siehe auch Merkel, Lehrbuch, § 32, S. 86-87; Liszt, Lehrbuch, S. 177.
694 Zoller, Die Abgrenzung, S. 17-18.

Der Vorsatz soll daher nicht nur den sinnlich wahrnehmbaren und das Rechtsgut des Dritten verletzenden Erfolg umfasst haben,[695] sondern auch die Subsumierbarkeit des Erfolges unter ein Rechtverhältnis[696] und unter den Kausalzusammenhang. Wer aus diesem Grund, infolge seiner irrigen Beurteilung der Folgen seiner Handlung oder infolge einer falschen Einschätzung des kausalen Zusammenhangs zu dem Schluss gelangt, dass der rechtsverletzende Erfolg nach seiner Erfahrung, nämlich aus seinem persönlichen subjektiven Aspekt gesehen nicht zu erwarten und nicht einzutreten ist, sollte irrtümlicherweise die Möglichkeit des schädlichen Eintritts als eine so entfernte ansehen, dass der tatbestandsmäßige Erfolgseintritt nicht durch den gewöhnlichen Lauf der Dinge bedingt wird. In diesem Sinne tritt der schädliche Erfolgseintritt für den Täter irrigerweise aus dem Kausalzusammenhang her heraus,[697] obwohl der rechtsverletzende Erfolgseintritt – objektiv gewertet – der Typizität des Falls und des gewöhnlichen Laufs der Dinge entspricht und gerade deshalb der allgemeinen Lebenserfahrung nach durchaus erwartet werden sollte.[698]

Der hier erwähnte Irrtum, der in den Fällen der bewussten Fahrlässigkeit auftritt, soll nicht als ein vorsatzausschließender, sondern als ein auf dem Schuldbereich bezogener Irrtum verstanden werden. Der die bewusste Fahrlässigkeit betreffende Irrtum kann in der falschen Einschätzung bezüglich der Kausalität bzw. in dem kausal gewöhnlichen Lauf der Dinge gefunden werden,[699] der nicht im Unrechtstatbestand für die Vorsatzbestimmung, sondern im Schuldtatbestand hinsichtlich der Festsetzung des Strafmaßes in Betracht gezogen werden soll.

In diesem Sinne soll der Gegenstand des Vorsatzes grundsätzlich in der gewollten Tätigkeit des Täters gesucht werden, wie sie sich *ex ante* darstellt.[700] Hieraus dürfte sich ergeben, dass ein Irrtum bezüglich dieses Kausalverlaufs und des damit herbeiführenden Erfolges das tatbestandliche Unrecht bzw. die Bejahung oder Ablehnung des Vorsatzes überhaupt nicht berühren soll, sondern im Schuldbereich eine Rolle spielen kann.[701] Die Schuld der sog. bewussten Fahrlässigkeit liegt somit darin, dass die vorhandene Erfolgsvorstellung des Täters in ihrer Stärke nicht richtig ist. Hiernach entspricht die Vorstellung des Täters bezüglich des Erfolgseintritts nicht dem äußeren objektiven Weltzustand, d. h. sie widerspricht der Natur der Sache bzw. dem gewöhnlichen Lauf der Dinge und der allgemein anerkannten Lebenserfahrungssätze, wenn er darauf vertraut, dass der vorgestellte Erfolg ausbleiben und der Ausgang gut sein wird.[702]

---

695 Vgl. Nau, S. 100.
696 Eichmann, Der Vorsatz, S. 36.
697 Frauendorfer, Die Willensrichtung, S. 65.
698 Maiwald, ZStW 1966, 30 ff. (34).
699 Vogel/Bülte, in: LK § 15 StGB Rn. 178.
700 Vgl. Silva-Sanchez, ZStW 1989, 352 ff. (370).
701 Silva-Sanchez, ZStW 1989, 352 ff. (370).
702 Sturm, ZStW 1931, 29 ff. (32).

3. *Richtige Vorstellung, irrige Einschätzung*

Nach dem bisherig Gesagten kann sich der Täter in einer doppelten Art irren. Hiernach kann ihm die Übereinstimmung von Vorstellung [Antizipation] und Wirklichkeit fehlen. In diesem Fall trifft der Täter eine falsche Einschätzung hinsichtlich der Folgen der von ihm begangenen Tat und bezüglich des gewöhnlichen Laufs der Dinge.[703] Zudem könnte der Täter an die Folgen seines Verhaltens überhaupt gar nicht gedacht haben.[704] Im ersteren Fall liegt eine falsche Einschätzung des kausalen Geschehens vor, die zwar eine richtige Vorstellung der Sacherkenntnis, aber eine falsche Antizipation des kausalen Verlaufs darstellt; im zweiten Fall ist hingegen eine Unwissenheit oder Nicht-Kenntnis der tatbestandsmäßigen Umstände festzustellen, die ebenfalls eine irrige Vorstellung von Sachverhalt bildet. Hier liegt eine positiv falsche Vorstellung des Täters zu den Folgen vor.[705] Der bewusst fahrlässig handelnde Täter nimmt aufgrund der oben genannten falschen Antizipation wegen der irreführenden Interpretation des kausalen Geschehens die Tatbestandsverwirklichung nicht in seine Erkenntnis auf und vertraut wegen dieser falschen Einschätzung auf einen guten Ausgang. Der Unterschied liegt daher darin, dass bewusste Fahrlässigkeit auf einer falschen Antizipation der Kausalfolgen beruht, während die unbewusste Fahrlässigkeit dagegen auf eine falsche oder fehlende Vorstellung der objektiven Sachlage bzw. der gegebenen Umstände zurückzuführen ist.[706]

Sowohl beim Dolus eventualis als auch der bewussten Fahrlässigkeit besitzt der Täter eine zutreffende und richtige Vorstellung von den künftigen Auswirkungen seiner bewusst vorgenommenen Tathandlung. Mit anderen Worten, der Täter als ein vernünftiges Wesen ist sich in beiden Formen des subjektiven Tatbestandes darüber völlig im Klaren, in welchem Umfang er das Kausalgeschehen tatsächlich beherrscht oder, besser gesagt, beherrschen kann.[707] Daraus folgt, dass der Täter in beiden Fällen die Tat wissentlich und willentlich begeht und die Tatbestandsverwirklichung durchaus bewusst bzw. sehenden Auges herbeiführt. In diesem Sinne liegt der Unterschied zwischen dem Dolus eventualis und der bewussten Fahrlässigkeit darin, dass der mit Dolus eventualis handelnde Täter die objektiv erkannten Gefahren, d. h. den kausalen Verlauf, richtig erfasst, während der bewusst fahrlässig handelnde Täter dagegen diese Gefahr bzw. das Risiko der erforderlichen künftigen Folgen seiner Tat falsch einschätzt.[708] Tritt der schädliche Erfolg ein, wird daher nur das Individuum bzw. der Handelnde überrascht, weil der Erfolgseintritt für einen vernünftig denkenden Menschen oder einen objektiven Beobachter

---

703 Vgl. Jakulin, SLR 2006, 134.

704 Zoller, Die Abgrenzung, S. 17.

705 Anders Zoller, Die Abgrenzung, S. 17.

706 Binavince, Die vier Momente, S. 154; ähnlich Wolff, Der Handlungsbegriff, S. 24-25.

707 Dazu siehe auch Baumanns, Untersuchungen, S. 58.

708 Bohnert, ZStW 1982, 68 ff. (77).

keine Überraschung darstellt.[709] Insoweit können die Raserfälle als Paradebeispiel dienen.[710] Dabei erkennt der Täter zwar ebenso wie derjenige, der bedingt vorsätzlich handelt, die drohenden Gefahren, veranschlagt aber deren Erfolgsnähe falsch. Die künftige Auswirkung der Tat ist somit dem Kausalgeschehen ausgeliefert; und deshalb kann von einer Steuerung des Kausalgeschehens bei demjenigen, der bewusst fahrlässig handelt, keine Rede sein.[711]

Die hier erwähnte falsche Einschätzung der Erfolgsnähe ist als ein schuldrelevanter Irrtum zu betrachten, weil der Täter die drohende Gefahr und das vor ihm stehende Risiko eigentlich erkennt, aber falsch einschätzt.[712] Im Falle der bewussten Fahrlässigkeit weiß der Täter die Gefahr und bejaht die Erfolgsmöglichkeit, hält sie aber irrtümlicherweise nicht für berücksichtigenswert. Ferner stuft er die Gefahr auf einen ganz geringfügigen und deshalb nicht mehr verbotserheblichen Grad herab.[713] Ferner erkennt hier der Täter zwar genau den Außenweltsvorgang in seinen physischen Wirkungen, erfasst oder schätzt aber irrigerweise die konkrete Subsumtion des Außenweltsvorgangs anders ein.[714] Denn der unbewusst fahrlässig Handelnde weiß überhaupt nicht, dass seine Handlung einen schädlichen Erfolg herbeiführen kann und er ist gerade deshalb durchaus blind. Der bewusst fahrlässig handelnde Täter dagegen erkennt das Vorhandensein einer erheblichen und konkreten Gefahr. In dieser Tatsituation liegt in Wirklichkeit keine Blindheit, sondern eine Klarheit des Täters vor. Die Blindheit liegt in seiner Antizipation, die auf einer falschen Einschätzung der künftigen Auswirkungen seiner Handlung beruht.[715]

In dieser Hinsicht schätzt der Täter die Möglichkeit, den Erfolg zu verhindern, falsch ein. Die bewusste Fahrlässigkeit ist in diesem Sinne mit dem Versuch vergleichbar. Denn sowohl bei der bewussten Fahrlässigkeit wie auch beim Versuch geht der Täter irrtümlich von falschen Voraussetzungen über seine Handlungskompetenz aus.[716] Beim Versuch irrt sich der Täter über die Möglichkeit der Realisierung des tatbestandsmäßigen Ergebnisses, während er sich in der Fallkonstellationen der bewussten Fahrlässigkeit über seine Geschicklichkeit oder Fähigkeit irrt. Der Täter schätzt hier den kausalen Verlauf falsch ein.[717] Aufgrund dieser

---

709 Jakobs, Kritik des Vorsatzbegriffs, S. 44-45.

710 Jakobs, Kritik des Vorsatzbegriffs, S. 45.

711 Ambrosius, Untersuchungen zur Vorsatzabgrenzung, S. 127.

712 Ferner „*beruht auch die bewusste Fahrlässigkeit auf pflichtwidriger Verkennung zwar nicht des Vorhandenseins, wohl aber des Grades der Gefahr, des Umfangs der Sorgfaltspflicht oder der Begrenztheit der eigenen Fähigkeiten.*“ Jescheck/Weigend, Lehrbuch, § 55, S. 568.

713 Mohrmann, Die neueren Ansichten, S. 50.

714 Köhler, Probleme der Fahrlässigkeit, S. 194.

715 Ambrosius, Untersuchungen zur Vorsatzabgrenzung, S. 126.

716 Kindhäuser, ZStW 1984, 1 ff. (35).

717 Kindhäuser, ZStW 1984, 1 ff. (35).

irrigen Einschätzung vertraut er auf einen guten Ausgang und überlässt den Ausgang des Geschehens dem Zufall.[718] Wegen seiner falschen Einschätzung überlässt der Täter den Erfolg bewusst dem Lauf der Dinge bzw. dem Zufall, indem er darauf vertraut, dass nichts passieren wird. Deswegen soll hier von einem im Schuldbereich zu behandelnden Irrtum die Rede sein. In diesem Sinne stellen Diskrepanzen zwischen vorgestelltem und tatsächlichem Verlauf unabweislich einen schuldauswirkenden Irrtum dar, der hinsichtlich der Strafzumessung in Betracht gezogen werden sollte,[719] wenn sie sich im Rahmen der allgemeinen Lebenserfahrung als vorhersehbar erweisen und keine andere logische alternative Folge der Tat gestatten.[720] Anders gewandt, wenn der Erfolg nach Lebensplanung des vernünftigen Menschen als notwendig erscheint und der Täter aber es so falsch einschätzt, indem er darauf vertraut, dass der Erfolg nicht eintreten wird, dann kann man nunmehr von einem Irrtum des Täters reden, der daher im Schuldbereich betrachtet werden soll. In diesem Zusammenhang hat auch *Jakobs* zutreffend hervorgehoben, dass die Annahme der subjektiv bzw. persönlich angenommenen Hindernisse den Vorsatz nicht ausschließt, wenn diese nach allgemeinem Urteil und anerkannter Lebenserfahrung, nämlich nach der Beurteilung eines objektiven Beobachters oder der Lebensplanung des vernünftig denkenden Menschen wirkungslos oder doch wirkungsschwach scheint.[721] Das gilt insbesondere für Raserfälle, in denen der Täter persönlich denkt, dass die Sache glücklich ausläuft.[722] In diesem Fall befindet sich der Täter in einem Irrtum, weil er den Erfolg eigentlich vorausgesehen und gewollt hat bzw. ihn hinnimmt, da er trotz dieser konkreten Voraussicht nicht davon Abstand nimmt, die Tat zu begehen, weil er darauf vertraut, dass alles gut gehen wird. Denn, wenn seine Antizipation nicht der Beurteilung eines objektiven und vernünftigen Beobachters der gewöhnlichen Erfahrung des Lebens und der Typizität der Fallkonstellationen entspricht, so darf man nicht behaupten, dass der Täter eigentlich den Erfolg nicht gewollt hat und ihm deshalb nur der Vorwurf wegen der bewussten Fahrlässigkeit gemacht werden muss.[723]

Es ist klar, dass der Täter unter den oben genannten Voraussetzungen doch den Erfolg gewollt oder mindestens hingenommen [indirektes Wollen] hat und gerade deshalb wegen des Dolus eventualis unter Strafe gestellt werden sollte.[724] Hiernach

---

718 Fieseler, Direkter und bedingter Rechtswidrigkeitsvorsatz, S. 104.

719 Denn *„es habe nur für die Strafzumessung Bedeutung, ob der Täter von der irrigen Vorstellung ausging, dass seine Handlung den eingetretenen Erfolg nicht herbeiführen werde.“* Köhler, Probleme der Fahrlässigkeit, S. 197.

720 Schlehofer, Vorsatz und Tatabweichung, S. 1; Holl, Entwicklungen der Fahrlässigkeitsdogmatik, S. 101.

721 Jakobs, Kritik des Vorsatzbegriffs, S. 48.

722 Jakobs, Kritik des Vorsatzbegriffs, S. 48.

723 Ruppenthal, Der bedingte Tötungsvorsatz, S. 258.

724 Vgl. Bühring, Über die Grenze, S. 53.

soll diese Strafe selbstverständlich umso größer bzw. schärfer oder milder bestimmt werden, je mehr die irrige Vorstellung oder Antizipation des Täters[725] von der regelmäßigen Erfahrung abweicht.[726] Der Täter verkennt bei der bewussten Fahrlässigkeit die Tatsache, dass seine Handlung den Erfolgsunwert verwirklichen bzw. den tatbestandsmäßigen Erfolg verursachen wird, weil seine Vorstellung der Sachlage oder seine Antizipation der Kausalfolgen unrichtig ist, besser gesagt, weil der Täter sich hinsichtlich der Tatumstände in einem Irrtum befindet. Das ist der Grund, warum der Täter im konkreten Fall beispielsweise nicht bremst oder nicht das Gewehr entladet oder das Messer nicht vom Kind fernhält. Der oben erwähnte Irrtum ist ein vermeidbarer Irrtum. Weiß der Täter, dass eine Tatbestandsverwirklichung bzw. der Eintritt eines rechtswidrigen Erfolgs nur durch Unterlassung einer solchen „verbotenen" bzw. „unerlaubten" Handlung auszuscheiden oder zu vermeiden ist, handelt er aber trotzdem in anderer Weise, indem er auf das Ausbleiben dieses Erfolgs vertraut, weil seine Antizipation der Kausalfolgen und der Sachlage unrichtig bzw. falsch ist, so hat er die Verwirklichung des Erfolgsunwerts bzw. den Eintritt des Erfolgs vorsätzlich herbeigeführt.[727] Denn der hier genannte Irrtum ist nicht ein vorsatzausschließender, sondern ein schuldbewirkender Irrtum, der im Schuldbereich betrachtet werden soll.

4. Das Vertrauen auf einen guten Ausgang ist Gegenindiz des Vorsatzes?

Für die Bestimmung des Dolo basico bzw. des Dolus eventualis setzt die hier vertretene Ansicht das Wissen von einer konkret erheblichen Gefahr und von einem erforderlichen Erfolgseintritt voraus, das als ausschlaggebendes Element des Vorsatzes anzusehen ist. Eine solche konkrete sowie erhebliche Gefahr besteht in den Fällen, in den der Erfolgseintritt nach dem gewöhnlichen Lauf der Dinge, der Beurteilung eines vernünftigen Beobachters und der allgemeinen Lebenserfahrung als „erforderlich" oder „gewöhnlich" erscheint. In solchen Fällen und bei einer solchen hohen Gefahr kann sowie darf ein irrationales persönliches Vertrauen in seine konkrete Gefahrvorstellung im Sinne des Irrtums auf keinen Fall den Vorsatz ausschließen.[728] Denn es gibt in der Tat eine konkrete Gefahr in seiner Vorstellung bzw. in seinem Bewusstsein, doch schätzt der Täter diese konkrete Gefahr wegen seinem unfundierten irrationalen bzw. irrigen Vertrauen falsch ein, als ob es sich um eine nur abstrakte Gefahr handle. Aus diesem Grund soll es auch bei den dazwischenliegenden Gefahrstufen keineswegs allein darauf ankommen, ob der

---

725 Dazu siehe Exner, Das Wesen der Fahrlässigkeit, S. 136 ff.

726 Vgl. Bühring, Über die Grenze, S. 53-54.

727 Vgl. Binavince, Die vier Momente, S. 132-133.

728 Für die gegenteilige verbreitete Ansicht siehe Frisch, NStZ 1991, 23 ff. Rn. 24.

Täter subjektiv die Gefahr als konkret oder abstrakt eingeschätzt hat oder ob er auf ein Ausbleiben des Erfolgs und auf einen guten Ausgang vertraut hat oder nicht.[729]

Im Gegensatz dazu soll es auch bei den dazwischenliegenden Gefahrstufen allein darauf ankommen, ob nach einer durchschnittlich vernünftigen Person bzw. Lebensplanung eines vernünftigen Menschen und dem gewöhnlichen Lauf der Dinge die Gefahr als konkret einzuschätzen ist oder nicht. Falls man ausgehend von einer durchschnittlich vernünftigen Person objektiv feststellt, dass es sich hier um eine konkrete erhebliche Gefahr handelt, kommt eine vorsatzbegründende, konkrete Gefahr des Täters in Frage.[730] Gerade deshalb stellt der hier genannte Irrtum nicht einen vorsatzausschließenden, sondern einen schuldauswirkenden Irrtum dar, weil der sachliche Vorstellungsinhalt des Täters, der den Vorsatz begründet, keinesfalls durch ein subjektives und unfundiertes Vertrauen auf einen guten Ausgang beseitigt werden kann oder darf.[731] In diesem Sinne liegt gar kein Irrtum bei irgendeinem irrationalen Vertrauen des Täters vor, der den Vorsatz ausschließen könnte. Denn der Täter hat weiterhin die notwendige Tatbestandsvorstellung, die den Vorsatz begründet, d. h. womit man den Vorsatz bestimmen und bejahen kann. Der Grund der Vorsatzbejahung liegt hier darin, dass der Täter im konkreten Fall genau weiß,[732] dass der gewöhnliche Lauf der Dinge den Erfolg verursachen und er die Gefahr und diesen Lauf weder kontrollieren noch beherrschen kann.[733] Hieraus dürfte sich ergeben, dass der Täter sich im Hinblick auf die Beherrschbarkeit irrt, indem er nun auf ein Ausbleiben oder einen guten Ausgang vertraut, weil er sich über seine reale persönliche Fähigkeit zur Abwendung irrt[734] und aufgrund seiner Geschicklichkeit den kausalen Prozess falsch einschätzt, dass keine Tötung oder Verletzung verwirklicht wird.[735] Insoweit ist der Argumentation beizupflichten, die grundsätzlich sagt, dass bei bewusster Fahrlässigkeit die kognitive Seite durchaus dem kognitiven Element des bedingten Vorsatzes entspricht.[736] Hiernach soll weder hier noch dort ein vorsatzausschließender Irrtum vorliegen.[737] Denn, wenn der Täter die Chancen der Tatbestandsverwirklichung wirklich richtig erkannt hat und die Rechtsgutverletzung seinen Hoffnungen oder

---

729 Gatzweiler, Rechtsvergleichende Untersuchung, S. 77.

730 Die hier genannte Gefahr ist eine *„vorsatzbegründende konkrete Gefahr im Gegensatz zur vorsatzausschließenden entfernten, abstrakten Gefahr."* Gatzweiler, Rechtsvergleichende Untersuchung, S. 77.

731 Gatzweiler, Rechtsvergleichende Untersuchung, S. 78.

732 Jakobs, Kritik des Vorsatzbegriffs, S. 45.

733 Ruppenthal, Der bedingte Tötungsvorsatz, S. 258.

734 In diesem Zusammenhang siehe Baumanns, Untersuchungen, S. 99.

735 Binavince, Die vier Momente, S. 185; Gatzweiler, Rechtsvergleichende Untersuchung, S. 78-79.

736 Binavince, Die vier Momente, S. 136.

737 Vgl. Binavince, Die vier Momente, S. 136.

seinem Vertrauen widersprechend eingetreten ist, kann ihm ohne Zweifel vorgeworfen werden, dass er sich auf das Risiko und dadurch auf den Erfolgseintritt eingelassen und gerade deshalb vorsätzlich gehandelt hat.[738]

Ein tollkühnes Vertrauen auf das Ausbleiben kann zwar nicht den Vorsatz ausschließen.[739] Beruht das Vertrauen des Täters objektiv gewertet auf einem rationalen Grund oder auf einem vernünftigen Fundament, befindet er sich in einem Irrtum, der die Erfolgsmöglichkeit nach dem gewöhnlichen Lauf der Dinge und dem kausalen Geschehen so mildert, dass eine Tatbestandsverwirklichung kaum möglich ist, und der eine Gefahrvorstellung des Täters beseitigt und letztlich zu einem Vorsatzausschluss führt. Nunmehr könnte dem Täter die Fahrlässigkeit vorgeworfen werden. So schließt Unzumutbarkeit der Irrtumsvermeidung den hier genannten Fahrlässigkeitsvorwurf aus.[740] Demnach soll der Bereich der Fahrlässigkeit für die Fälle der „glaubhaften" bzw. objektiv begründbaren irrtümlichen Vorstellung bezüglich der Verhinderung eines tatbestandsmäßigen Erfolgseintritts reserviert bleiben.[741] Wenn dahingegen der Täter nicht objektiv auf ein Ausbleiben der Erfolgsverwirklichung vertrauen darf, soll der Vorsatzvorwurf immer noch bestehen bleiben.[742] Damit unterscheidet sich die hier vertretene Ansicht von der Lehre *Frischs* oder der Ansicht *Puppes,* weil *Frisch* den Vorsatz dort für ausgeschlossen hält, wo der Täter auf den guten Ausgang vertraut,[743] und weil *Puppe* nur die bewusste Fahrlässigkeit annimmt, wo der Täter im Vertrauen auf das Ausbleiben des Erfolges handelt.[744]

---

738 Vgl. Binavince, Die vier Momente, S. 136.

739 Zoller, Die Abgrenzung, S. 18; Runck, Dolus eventualis, S. 9. Gleiches ist auch in der kolumbianischen Strafrechtslehre zu vertreten. Dazu siehe Gatzweiler, Rechtsvergleichende Untersuchung, S. 124.

740 Köstlin, Neue Revision, § 99, S. 236.

741 Gatzweiler, Rechtsvergleichende Untersuchung, S. 79.

742 Herzberg, JuS 1986, 249 ff. (261).

743 Frisch (1983), S. 482; Ruppenthal, Der bedingte Tötungsvorsatz, S. 242-243.

744 Puppe, Vorsatz, S. 40.

Das Vierte Kapitel
Der letzte Knopf: Vorsatz im Vorsatz und Fahrlässigkeit in der Fahrlässigkeit

Abstract
Das Wesen der heute gängigen Theorie scheint somit in der Tat wie ein Gebäude, das nicht aus der Vernunft oder Rationalität, sondern aus dem Material der Klugheit nämlich aus dem Egoismus und dem Optimismus errichtet ist. Das führt notwendigerweise zu folgendem ungerechten Schluss: Der Täter ersetzt das rechtmäßige und gewissenhafte Urteil, das persönlich vermutlich als eine unkluge Wahl erscheinen könnte, durch ein klug gewonnenes, wodurch er das Ziel seiner Tathandlung erreichen kann. In diesem oder ähnlichem Fall macht vielleicht der heute verbreitete Ansatz den einschlägigen Täter klüger, keineswegs aber gerechter.

Die vom Verfasser der Arbeit verfolgte Ansicht ist die Lehre, die für den Vorsatz das Bewusstsein bezüglich einer erheblichen Gefahr und Erforderlichkeit [oder Gewöhnlichkeit] des Erfolgseintritts fordert. Die Untergrenze der Erforderlichkeit bestimmt der Verfasser somit durch die Erheblichkeit des erkannten Risikos bzw. der realisierten Gefahr, wobei diese wiederum von der Typizität des Falles, von der Gewöhnlichkeit des Erfolgseintritts und vom Gewicht und von der Dichte des Risikos abhängen soll. Das Kriterium der Risiko- oder Gefahrdichte scheint der hier vertretenen Ansicht zufolge im Sinne der Anschaulichkeit oder Gewöhnlichkeit des tatbestandsmäßigen Verletzungsprozesses zu verstehen.

Ferner ist festzustellen, dass der Täter das Risiko richtig eingeschätzt hat oder als ein geistig gesundes Wesen die den tatbestandsmäßigen Erfolgseintritt herbeizuführende Gefahr richtig eingeschätzt haben sollte. Vom Vorsatz kann nach den bisherigen Ausführungen nur dann die Rede sein, wenn die objektive Beurteilung des vernünftigen Beobachters bezüglich der Tathandlung auf der Basis der *ex ante* bereits erkennbaren Umstände ergibt, dass die vom Täter bewusst vorgenommene Tathandlung sich für ein konkretes Risiko bzw. für eine erhebliche Gefahr des tatbestandsmäßigen Erfolgseintrittes oder die gewollte tatbestandsrelevante Tätigkeit eignet.

Keywords: Vernunftwesen, Objektivierung der Kriterien, Erheblichkeit der Gefahr, Erforderlichkeit des Erfolgseintritts, Dilemma des Strafrechts, Egoismus, Optimismus, Denkfehler, Petitio Principii, Methodisches Paradox.

§1 Das Vernunftwesen

A. Der Ausgangspunkt der eigenen Ansicht zur Vorsatzbestimmung

I. Kurzformel: Keine Vereinfachung, sondern kontinuierliche Komplikation

Die heute herrschende Lehre baut die Vorsatzbestimmung und ihre Abgrenzung von der Fahrlässigkeit auf der inneren Einstellung und emotionaler Einhaltung des Täters auf. Den Vorsatz aus der inneren Einstellung her zu beschreiben, bietet uns aber keine Lösung an. Die in der Literatur gängige Definition, die den Vorsatz, als Wissen und Wollen des Erfolges bezeichnet, ist daher „nicht eine großartige Vereinfachung, sondern eine simplification terrible."[1] Durch eine Formulierung, die die innere subjektive Einstellung bzw. den psychischen Zustand des Täters in Betracht zieht, scheint eine sachgerechte Abgrenzung zwischen Vorsatz und Fahrlässigkeit schwierig. Denn die begriffliche Abgrenzungsproblematik resultiert daraus, dass die Erforschung, Ermittlung oder Bestimmung des tatsächlichen Vorliegens in der Psyche des Täters oder der fremden Bewusstseinserlebnisse dem Gericht nicht zugänglich ist.[2]

Das oben erwähnte komplizierte Abgrenzungsproblem ist vielleicht nicht völlig zu lösen. Man kann und muss sich aber bemühen, die Lösungsalternative auszugestalten und zu verfeinern.[3] Stellt man auf den Gesichtspunkt der subjektivistischen Vorsatzlehre ab, die den Vorsatz ausgehend von der inneren Sphäre des Täters bestimmt,[4] wäre es nämlich ungeheuer schwer, ja oft sogar kaum möglich, jemanden zu beweisen, dass er einen Erfolg vorausgesehen und gewollt hat,[5] weil die subjektive Seite des Täters uns sowie dem Gericht nicht zugänglich ist.[6] Deswegen sind objektiv bestimmbare Merkmale besser als jede andere subjektbezogene Formel.[7] Insoweit wäre es viel leichter, jemanden durch objektive Kriterien nachzuweisen, dass er einen gewissen Erfolg voraussieht, vorausgesehen hat oder vorausgesehen haben sollte,[8] wenn man den Maßstab „des vernünftigen

---

1 Hall, Fahrlässigkeit im Vorsatz, S. 40.

2 Baumanns, Untersuchungen, S. 50; Schneider, NStZ 2004, 312 (317).

3 Vgl. Burgstaller, Das Fahrlässigkeitsdelikt, S. 55.

4 Vgl. Gatzweiler, Rechtsvergleichende Untersuchung, S. 80.

5 Zimmermann, S. 3-4.

6 Ähnlich Baumanns, Untersuchungen, S. 50; vgl. Gessner, Die bewusste Fahrlässigkeit, S. 104; Im anderem Sinne Gottwald (2015), S. 18.

7 Baumanns, Untersuchungen, S. 137.

8 Zimmermann, S. 4; Schroth, JuS 1992, 1 ff. (7).

Menschen" [reasonable man] als Kriterium zugrunde legt.[9] Entscheidet allein die Maßfigur des „gewissenhaften und besonnenen Menschen" über Vorsatz und Fahrlässigkeit, bleibt für subjektive Ausflüchte oder innere Einstellungen kein Raum. Wenn aber allein oder überwiegend die innere Einstellung oder der psychische Zustand des Täters wie „Wollen", Billigen, billigend in Kauf nehmen usw. über Vorsatz und Fahrlässigkeit entscheidet,[10] führt das zu ungerechten gerichtlichen Entscheidungen. Gerade wegen der damit verbundenen Unsicherheit oder Unbestimmtheit sind alle Formulierungen abzulehnen,[11] die bei der Bestimmung des Vorsatzes eine positive oder negative Einstellung des Täters zum möglichen vorhergesehen rechtswidrigen Erfolg suchen.[12] Insoweit dürfte der Maßstab und das funktionsfähige Kriterium für die Abgrenzung zwischen Vorsatz und Fahrlässigkeit die Modellfigur[13] bzw. die objektive Maßfigur[14] des vernünftigen Menschen bzw. *reasonable man* sein.

II. Der dritte Weg bzw. Mittelweg

Fälle, in denen der Täter den rechtsverletzenden Erfolg beabsichtigt oder ihn sich als sicher vorgestellt hat, sind für die Bestimmung des subjektiven Tatbestandsmerkmals unproblematisch. Dabei bleibt das Gebiet des Zweifels,[15] dem man heute gewöhnlich den Dolus eventualis und die bewusste Fahrlässigkeit zuordnet,[16] problematisch. Das ist das Gebiet, auf welchem die hartnäckigsten Auseinandersetzungen geführt werden.[17] Denn in dem erwähnten Bereich stellt der Täter vor, diesen schädlichen Erfolg nicht als beabsichtigt [intelligere sed non intendere][18] oder ihn sich nicht als sicher vorgestellt zu haben, wie im Bereich der Gewissheit geschieht. Problematisch ist daher die „bewusste Bewirkung eines nicht beabsichtigten Erfolges."[19] Diese bewusste Bewirkung eines nicht erstrebten oder bezweckten Erfolges umfasst die Fälle des Dolus eventualis und der sog. bewussten Fahrlässigkeit. Hier stellt sich die Frage, wie subjektive tatbestandsmäßige Merkmale festzustellen sind. Ob und welche von den beiden anerkannten Grundformen des subjektiven

---

9 Ähnlich Hautamaki, DLJ 1951, 55 ff. (62). Hierzu siehe auch Hütte, Maßstab und Umfang, S. 68 ff.

10 Vgl. Gessner, Die bewusste Fahrlässigkeit, S. 32.

11 Zustimmend Vogel/Bülte, in: LK § 15 StGB Rn. 117.

12 Baumanns, Untersuchungen, S. 137.

13 In einem anderen Sinne, Canestrari, GA 2004, 210 ff. (223).

14 Struensee, JZ 1987, 541 ff. (542).

15 Dafür siehe Gessner, Die bewusste Fahrlässigkeit, S. 95.

16 Vgl. Miricka, Die Formen, S. 11.

17 Miricka, Die Formen, S. 12.

18 Miricka, Die Formen, S. 11.

19 Miricka, Die Formen, S. 11.

Tatbestandes, der Dolus eventualis oder die bewusste Fahrlässigkeit, anzunehmen ist, stellt eine der umstrittensten Fragen dar.

In diesem Zusammenhang liegen im Schrifttum zwei wesentliche Ansichten bezüglich der Lösung der oben aufgeworfenen Frage vor, die verschiedene Richtungen geben.[20] Hiernach hält der wohl überwiegende Teil des Schrifttums das voluntative Element als notwendig für die Vorsatzbestimmung. Der davon abweichende, andere Teil des Schrifttums lehnt das voluntative Element ab und begnügt sich mit einem kognitiven Element. Diese zweite Lehre führt „zugunsten eines rein kognitiven Verständnisses“[21] zu neueren Ansätzen, die eine stärkere Objektivierung bzw. Normativierung mit sich bringen.[22] Daraus folgt, dass man eines klaren objektiven Kriteriums bedarf, das weder den Vorsatzbegriff übermäßig ausdehnt, indem man durchaus das sämtliche Gebiet des Zweifels zum Vorsatz einordnet, noch den Dolusbegriff im Gegensatz dazu sehr einengt, indem man das Gebiet des Vorsatzes allein mit den beabsichtigten oder erstrebten Folgen einschränkt.[23]

Der hier vertretene Lösungsansatz schlägt hinsichtlich der Abgrenzungsprobleme zwischen Vorsatz und Fahrlässigkeit einen dritten Weg vor, der quasi einen *Mittelweg* darstellen kann.[24] Denn wenn zwei Wege in die Irre führen, hat man einen Weg, nämlich den „dritten Weg“ zu suchen, der hoffentlich zum Ziel bzw. zum Ausweg führt.[25] Dieser dritte Weg sollte oder dürfte weder als eine Art der [voluntativen] Willenstheorie noch als eine andere Erscheinungsform der [kognitiven] Vorstellungstheorie angesehen werden. Vielmehr soll im Sinne von *„aristotelischer Mitte“* ein Mittelweg vermittelt werden.[26] Wir lehnen die Vorstellungstheorie ab, weil sie vorgestellte Erfolge als gewollt betrachtet und weil sie die bloße Vorstellung des tatbestandsmäßigen Erfolges zur Annahme des Vorsatzes gewissermaßen für ausreichend hält. Mit anderen Worten: Für die Bejahung oder Ablehnung des Vorsatzes wendet diese Ansicht die quantitativen oder mathematischen Maßstäbe wie den Möglichkeits- oder Wahrscheinlichkeitsgrad der Tatbestandsverwirklichung an, die keine Lösung anbieten können, weil sie weder praktikabel noch durchführbar sind.[27] Im Gegensatz dazu soll im konkreten Fall

20 Vgl. Miricka, Die Formen, S. 11.

21 Hantschel, Untreuevorsatz, S. 166.

22 Hantschel, Untreuevorsatz, S. 166; hierzu siehe auch Schlüchter, Irrtum, S. 13-15, 20 ff. Dazu siehe auch Vogel/Bülte, in: LK Vor § 15 StGB Rn. 64 ff.

23 Miricka, Die Formen, S. 12; hierzu siehe auch Koriath, Grundlagen, S. 650 und Bühring, Über die Grenze, S. 27.

24 Vgl. Hall, Fahrlässigkeit im Vorsatz, S. 11.

25 Grote, Auf der Suche, S. 53.

26 In diesem Sinne *„kann der dritte Weg im Sinne der aristotelischen Mitte gedeutet werden, denn dieser Ausdruck soll zumeist eine mittlere Position zwischen extremen, einseitigen Auffassungen bezeichnen.“* Grote, Auf der Suche, S. 53-54.

27 Puppe, ZStW 1991, 1 ff. (18).

laut der Lebensplanung des vernünftig denkenden und objektiven Menschen oder laut dem Kriterium „des guten und getreuen Staatsbürgers" die Erheblichkeit der Gefahr und die damit verbundene oder sich daraus ergebende Erforderlichkeit des Erfolges [qualitative Maßstäbe] vorliegen. In anderer Hinsicht ist die hier ausgeführte Ansicht auch nicht als eine Willenstheorie anzunehmen. Hiernach definiert der Verfasser den Vorsatz im Gegensatz zu der Willenstheorie nicht als „Wissen und Wollen", sondern als „Wissen bzw. bewusstes Weiterhandeln trotz der Kenntnis" der Tatbestandsverwirklichung, weil Wollen schon im Wissen impliziert ist. Gerade deshalb soll sowie darf es nicht neben dem Wissenselement als ein gesondertes Merkmal geprüft werden.

Ein weiteres Argument des Verfassers, das als eine Objektivierungstheorie angesehen werden könnte,[28] behauptet, dass die herrschende Gegenansicht vermeintlich inkonsequent verfährt, indem sie die innere Einstellung und emotionale Einhaltung des Täters als den einzigen Maßstab nimmt und ihn dadurch durchaus individualisiert und subjektiviert.[29] Dem lässt sich entgegnen, dass auch hier nicht ein subjektiver, unvernünftiger, rechtsuntreuer, sondern ein objektiver, vernünftiger, rechtstreuer und verallgemeinerbarer Maßstab angelegt werden muss, bei dem man zu einem logischen Schluss kommen kann.[30] Anders gewendet: Der Verfasser dieser Arbeit steht dem Maßstab der „inneren Einstellung des Täters" kritisch gegenüber und fordert dessen vollständige Ersetzung durch andere beobachtbare, objektive und vernünftige Kriterien[31] wie die „objektive Maßfigur."[32] Deswegen ist dieser dritte Weg eine neue und differenzierte Betrachtung, die die Fragen bezüglich der Grenzen zwischen Dolus eventualis und bewusster Fahrlässigkeit auch ausgehend von den objektiven Maßstäben zu lösen versucht.[33]

Der Verfasser der Arbeit ist somit der Meinung, dass ein objektiver Maßstab bzw. die Beurteilung einer Sachlage vom Standpunkt eines vernünftigen durchschnittlichen Menschen als Kriterium herangezogen werden soll. Statt der inneren subjektiven Einstellung des Täters wäre ein objektives, bestimmbares[34] und nebenbei einzelgerechtfertigtes Kriterium „des vernünftigen Menschen" [reasonable man], welches die Indizien wie „die Erheblichkeit der Gefahr und die Erforderlichkeit bzw. Gewöhnlichkeit und Leichtigkeit des Erfolgs" zugrunde legt,[35]

---

28 Walter, NJW 2017, 1350 ff. Rn. 1352; dazu siehe auch Birnbaum, Die Leichtfertigkeit, S. 219 ff.

29 Vgl. Kretschmer, JURA 2000, 267 ff. (271).

30 Vgl. Kaspar, JuS 2012, 16 ff. (17).

31 Ähnlich Ruppenthal, Der bedingte Tötungsvorsatz, S. 119-120.

32 Duttge definiert diese objektive Maßfigur als „Kunstfigur der Maßstabsperson". Dazu Duttge, GA 2003, 451 ff. (457).

33 Canestrari, GA 2004, 210 ff. (220); vgl. Ruppenthal, Der bedingte Tötungsvorsatz, S. 19.

34 Vgl. Hantschel, Untreuevorsatz, S. 184.

35 Namias, Die Zurechnung, S. 157.

theoretisch vertretbar und praktisch anwendbar. Diese objektive Betrachtungsweise, die viel mehr die objektive Seite des Tatgeschehens berücksichtigt,[36] besagt, dass man statt der inneren subjektiven Einstellung des Täters auf die objektive Beurteilung oder Beobachtung eines vernünftig denkenden Rechtssubjekts abstellen muss. Hiernach soll der Täter „objektiv an der Messlatte eines Durchschnittsbürgers beurteilt werden."[37] Demnach darf der Täter nicht mehr auf einen guten Ausgang vertrauen, weil die Gefahr bezüglich der Tatbestandsverwirklichung erheblich, nämlich der schädliche Erfolgseintritt gewöhnlich ist. Deswegen hält der Verfasser die von *Puppe* vertretene Ansicht, den Vorsatz durch das Kriterium der Anwendung einer vernünftigen Tatbestandsverwirklichungsmethode auszurichten,[38] durchaus für richtig. Klar ist es, dass der Vorsatz nicht anhand der inneren und subjektiven Einstellung des Täters, sondern mithilfe von objektiven Kriterien wie dem des vernünftigen Menschen, der Beurteilung eines objektiven Beobachters, der Lebensplanung eines vernünftigen Menschen oder mittels der Modellmenschformel bestimmt werden kann sowie soll.[39]

Der Vorsatz soll nach der Maßfigur des vernünftig handelnden Täters, d. h. nach der Beurteilung eines vernünftig denkenden objektiven Beobachters bestimmt und begründet werden[40]. Der Vorsatz ist hiernach dann gegeben, wenn die vom Täter vorgenommene Tat unter Berücksichtigung von vernünftigen Maßstäben nichts anderes als ein geeignetes Mittel ist, womit der tatbestandsmäßige Erfolg erforderlicher- oder gewöhnlicherweise getragen wird.[41] Anhand der Modellmenschformel wird die Bestimmung sowie die Begründung des Vorsatzes objektiviert, indem man nicht mehr nach der inneren und subjektiven Einstellung des Täters fragt, sondern seine Tathandlung oder Tatgestaltung als Ausdruck eines Willens nach Maßstäben rationalen Handelns und Entscheidens interpretiert.[42] Insoweit greift der Verfasser auf einen leitbildhaften bzw. vernünftig handelnden Täter zurück,[43] weil er hierdurch bei der Vorsatzbestimmung anstelle der psychischen subjektiven Beziehung des Täters zum Erfolg auf den objektiven Kriterien abstellt. Auf diese Weise wird der Vorsatzbegriff so erweitert, dass der Vorsatz bzw. der Dolus eventualis die bewusste Fahrlässigkeit umfassen sollte. Es darf aber nicht so verstanden werden, dass der so erweiterte Dolusbegriff den Dolus indirectus,[44] *versari in re illicita* oder jeden vorgestellten Erfolg umfasst.

---

36 Baumanns, Untersuchungen, S. 14.

37 Gatzweiler, Rechtsvergleichende Untersuchung, S. 60; anders Burgstaller, Das Fahrlässigkeitsdelikt, S. 55.

38 Puppe, Vorsatz, S. 43-44, 75.

39 Ähnlich Ruppenthal, Der bedingte Tötungsvorsatz, S. 221.

40 In diesem Sinne siehe auch Duttge, JRE 2003, 103 ff. (108).

41 Puppe, Vorsatz, S. 74.

42 Puppe, Vorsatz, S. 74.

43 Dazu siehe Welzel, Fahrlässigkeit und Verkehrsdelikte, S. 16; Puppe, Vorsatz, S. 74.

44 Anders Gatzweiler, Rechtsvergleichende Untersuchung, S. 80.

III. Die Objektivierung der Kriterien zur Grundvorsatzbestimmung

1. Ausgangspunkt

Um die entscheidende Grundsatzfrage zu beantworten, ob der Täter vorsätzlich oder nur fahrlässig gehandelt hat, ist also festzustellen, ob der Täter nach der Lebensplanung eines vernünftigen Menschen den Erfolg in seiner Antizipation erfasst und ihn somit als Gegenstand der Handlungsentscheidung mitberücksichtigt haben sollte. Hier soll die Erheblichkeit der Gefahr und die Erforderlichkeit des aus dieser Handlung ergebenden Erfolges als Kriterium betrachtet werden.[45] Die Antwort auf die oben erwähnte Frage, wann eine Gefahr so erheblich und deshalb der sich daraus ergebende Erfolg für die Lebensplanung des vernünftigen Rechtssubjekts so erforderlich ist, dass der Vorsatz aus diesem Grund anzunehmen ist, liegt in dem Element der objektiv zu bestimmenden Gefährlichkeit der vom Täter herbeizuführenden Tathandlung.[46] Dementsprechend wird die gefährdende Tathandlung vom Standpunkt einer objektiven Prognose in Betracht gezogen.[47]

Entscheidend ist hiernach nicht mehr, was der Täter behauptet, nämlich ob er die erhebliche Gefahr und den erforderlichen Erfolgseintritt persönlich vorausgesehen hat, sondern ob ihm diese Gefahr hätte bewusst sein müssen oder ob er den Erfolg als ein gesunder Mensch und als vernünftig denkende Person vorausgesehen haben sollte. In diesem Sinne ist die Bestimmung und Unterscheidung von Vorsatz und Fahrlässigkeit nicht mehr an das anzuknüpfen, was der Täter gefühlt oder gedacht hat, sondern an das, was er seiner sozialen Rolle und den Regeln der Logik nach wissen sollte.[48] Hiervon ausgehend dürfte man zum Schluss kommen, dass in solchen Fällen konsequenterweise auch das Wissenselement ebenso wie die voluntative Seite des Vorsatzes objektiviert bzw. normativiert[49] werden kann.[50] Insoweit wird die kognitive Seite des Vorsatzes[51] gerade wie die voluntative Seite nicht nur als ein Faktum in der Psyche des einzelnen Täters gesehen, sondern soll auch aus objektiven Tatumständen oder den äußerlichen Tatsachen gesucht und herausgearbeitet werden.[52] Es geht daher darum, objektiv festzulegen, mit welchem Substantivierungsgrad der bewusst Handelnde die ohnehin stets gesteigerte

---

45 Nach der Rechtsprechung des BGH ist es aber anders. Hierzu siehe BGH 4 StR 399/17, Rn. 19 und Puppe, NStZ 1992, 576 (577).

46 Vgl. Namias, Die Zurechnung, S. 141.

47 Vgl. Gessner, Die bewusste Fahrlässigkeit, S. 71.

48 Im anderen Sinne vgl. Puppe, ZStW 1991, 1 ff. (37).

49 Näher Ruppenthal, Der bedingte Tötungsvorsatz, S. 202.

50 Hierzu siehe auch Roxin/Greco, Strafrecht AT, § 12, S. 551, Rn. 31. Für den eventuell gegen diese Ansicht zu erhebenden Einwand siehe Puppe, ZStW 1991, 1 ff. (36).

51 Canestrari, GA 2004, 210 ff. (223-224).

52 Vgl. Puppe, ZStW 1991, 1 ff. (36).

bzw. objektiv erhebliche Gefährlichkeit seiner Tathandlung erfassen soll[53] oder schon erfasst haben sollte.

Es versteht sich von selbst, dass hier der Täter wesentlich nicht nach seiner subjektiven inneren Einstellung bezüglich der Tathandlung und des daraus folgenden Erfolges, sondern danach, was man ihm gegebenenfalls zutraut bzw. was man logisch und objektiv von ihm erwartet, beurteilt und demnach wegen Dolus eventualis oder Fahrlässigkeit zur Verantwortung gezogen werden soll,[54] gerade wie der Richter, der die Erheblichkeit der von ihm ausgelösten Gefahr mit der Brille eines objektiven Beobachters bzw. des vernünftigen Menschen einschätzt.[55] Demgegenüber kann die Lösung der herrschenden Meinung, die die innere Einstellung des Täters als Basis nimmt, nicht vertreten werden, weil die innere Einstellung oder der psychische Zustand des Täters in der Tat durchaus subjektiv und veränderbar bzw. manipulierbar sein kann.[56] Wie aus dem letzten Zitat schon ersichtlich ist, schätzt jedes Rechtssubjekt die Erheblichkeit der Gefahr oder das Risiko des Rechtsverletzenden unterschiedlich ein. Das bedeutet, dass ein Erfolg, der in der Tat nach der Beurteilung des vernünftig denkenden Menschen als notwendig oder erforderlich einzutreten ist, vom Täter als bloß möglich abgesehen werden könnte. Zum Beispiel bewertet jeder Mensch das Risiko einer Explosion anders, sodass jemand beim Auftanken eines Flugzeugs oder beim Füllen seines Feuerzeugs rauchen kann, obwohl diese Tathandlung in Wirklichkeit laut der Lebenserfahrung und der Lebensplanung eines vernünftigen Menschen sehr gefährlich ist.[57]

Das ist der Grund, warum im Gegensatz zu der herrschenden Lehre, wonach die Vorsatzbestimmung immer allein von einem subjektiven Befund oder einer Einschätzung der Sachlage von subjektiven Seiten des Täters abhängt,[58] die Erheblichkeit der Gefahr und die Erforderlichkeit des Erfolges ausgehend von Lebenserfahrungssätzen und mit der Brille eines objektiven vernünftigen Beobachters geprüft und festgestellt werden soll. Mit anderen Worten, beurteilt wird, ob für eine neutrale objektive Person, ausgestattet mit den intellektuellen Fähigkeiten und Kenntnissen des Täters,[59] die Gefahr erheblich und der Erfolgseintritt erforderlich bzw. gewöhnlich ist oder nicht. Übrigens soll sich das Gericht in die Lage des Täters hineinversetzen und die Situation

---

53 Hierzu siehe auch BGH 4 StR 482/19, Rn. 4; vgl. Struensee (1987), Objektives, S. 543.

54 Dazu siehe Bremer, Grenze, S. 14-15.

55 Birnbaum, Die Leichtfertigkeit, S. 248. Aus diesem Grund "even if a particular defendant is so stupid or so heedless that in fact he did not realize the grave danger he cannot escape the imputation of [...] conduct in his dangerous act or omission, if an ordinary man under the same circumstances would have realized the gravity of danger." Hautamaki, DLJ 1951, 55 ff. (66).

56 Raguès Vallès, GA 2004, 257 ff. (269).

57 Ähnlich Ambrosius, Untersuchungen zur Vorsatzabgrenzung, S. 39.

58 Küpper, ZStW 1988, 758 ff. (766-767).

59 Suter, Fahrlässige Verletzung, S. 63.

und die Erfahrungen, die sein Urteil im konkreten Fall beeinflusst haben, *ex ante* auch aus seiner Perspektive bewerten.[60] Es wird zweifellos nicht immer möglich sein, weil die innere oder psychische Einhaltung des Täters und das relevante Erfahrungswissen dem Gericht oder dem Richter unzugänglich bzw. nicht ermittelbar ist.[61]

Um diese unterschiedlichen Einschätzungen hinsichtlich der Erheblichkeit der durch die vom Täter vorgenommenen Tathandlung ausgelösten Gefahr oder des Risikos und der Erforderlichkeit des aus der hier erwähnten Handlung ergebenden Erfolges zu verhindern, muss man objektive Maßstäbe zugrunde legen, die für jeden gleichen oder ähnlichen Fall anwendbar sind.[62] Folglich ist das also wichtigste Instrument, um ein Merkmal beweisbar zu machen, seine Objektivierung[63] und Normativierung,[64] die also in einem Norm- und Rechtssystem unvermeidbar scheint.[65] Unter Zuhilfenahme dieser objektiv aufgestellten Kriterien soll in jedem Einzelfall festgestellt werden, aus welchem Grund die Gefahr in einem Fall gemäß der Beurteilung des rational denkenden Mensch als erheblich und deswegen der Erfolg als erforderlich anzunehmen ist,[66] während in einem anderen gleichen oder ähnlichen Fall nach Lebenserfahrungssätzen oder für die Lebensplanung des vernünftigen Rechtssubjekts als unerheblich zu bezeichnen ist.[67] Es wird dadurch nicht subjektiv, sondern objektiv und sachgerecht klargestellt, aus welchem Grund der Täter im ersten Fall wegen Dolus eventualis und im zweiten wegen Fahrlässigkeit bestraft werden sollte. Worum es sich hier handelt, ist eigentlich eine Normativierung oder besser gesagt, eine Objektivierung des Vorsatzes, die auch von vielen Autoren geteilt wird.[68] Nach diesen objektiven Kriterien werden die subjektiven Gefühle oder Hoffnungen des Täters nicht mehr von Bedeutung sein. Anstelle dieser psychischen, subjektiven Beziehungen bzw. der seelischen und geistigen Vorgänge des Täters werden objektive Maßstäbe wie die der Schaffung einer rechtlich missbilligten erheblichen Gefahr[69] und Erforderlichkeit des Erfolges als Kriterium verwendet.[70]

---

60 Deiters, ZIS 2019, 401 ff. (404-405).

61 Hierzu siehe auch Martins, Versuch, S. 65 und Märker, Vorsatz und Fahrlässigkeit, S. 193.

62 Raguès Vallès, GA 2004, 257 ff. (269).

63 Hautamaki, DLJ 1951, 55 ff. (64-65, 69). Hierzu siehe auch Morkel, AJCL 1982, 325 ff. (326) und Fletcher, Univ PA Law Rev 1971, 401 ff. (407).

64 Ruppenthal, Der bedingte Tötungsvorsatz, S. 120; Duttge, JRE 2003, 103 ff. (116); anders Zehetgruber, KriPoZ 2018, 358 ff. (361).

65 Vogel/Bülte, in: LK Vor § 15 StGB Rn. 68, 69.

66 Namias, Die Zurechnung, S. 151; vgl. Brinkman, S. 73-76.

67 Namias, Die Zurechnung, S. 141.

68 Gaede, ZStW 2009, 239 ff. (243).

69 Gatzweiler, Rechtsvergleichende Untersuchung, S. 37.

70 Märker, Vorsatz und Fahrlässigkeit, S. 279.

In diesem Sinne umfasst jegliche Schlussfolgerung, dass der Täter nach den oben genannten objektiven Maßstäben, die sich aus dem Kriterium „des vernünftigen Menschen" ergeben, vorsätzlich gehandelt hat, allerdings immer auch eine normative Zuschreibung oder Neuausrichtung des Vorsatzes,[71] die durch das Gericht oder den Richter mittels objektiver Maßstäben und Indizien zu schaffen ist.[72] Hiernach werden das voluntative Element und der Vorsatz überwiegend nach der normativen Seite, weniger nach der psychologischen begründet.[73] Der Maßstab bzw. das Kriterium *reasonable man* wird somit als Beweis der inneren Einstellung des Täters dafür verwendet, dass der Angeklagte die Gefährlichkeit und Typizität seiner Tathandlung kannte und zur Abhaltung von der Handlung in der Lage gewesen war. Schließlich ist der Standard des „vernünftigen Menschen" als Bestimmungs- und Abgrenzungskriterium und als Methode zur Objektivierung heranzuziehen.[74]

Eine erheblich gefährdende Handlung, deren Vornahme eigentlich von dem Modellmenschen bzw. von einem gewissen vernünftigen Menschen im konkreten Fall nicht ernsthaft ins Auge gefasst werden sollte,[75] falls er den Erfolg nicht gewollt oder gebilligt hätte, kann dadurch den Dolus eventualis begründen. Diese Tathandlung, die eine den Erfolg erforderlich verursachende erhebliche Gefahr umfasst, stellt in der Tat ein unerlaubtes Risiko dar,[76] das als ein objektiver Sockel dient,[77] um den bedingten Vorsatz festzulegen. Mithilfe des hier erwähnten Kriteriums, also der Erheblichkeit der Gefahr für die Lebensplanung des vernünftigen Rechtssubjekts[78] und der Erforderlichkeit des Erfolgs, lassen sich die Grenzen zwischen Vorsatz und Fahrlässigkeit objektivieren. Diese Objektivierung der unteren Grenzen des Vorsatzes ermöglicht also eine haltbare Lösung der Abgrenzungsprobleme.[79] Die Gefahr ist als erheblich und auch der Erfolg daher dann als erforderlich oder gewöhnlich zu kennzeichnen, wenn nicht aus der subjektiven Sicht des Täters,[80] sondern aus der Sicht eines vernünftigen Beobachters betrachtet wird, d. h. wenn auf der Basis des affektiven Wissens einer gewissenhaften, unverständigen und objektiven Person die Gründe, die auf einen schlechten Ausgang, d. h. auf einen rechtsverletzenden Erfolgseintritt hinweisen, durchweg deutlich und überwiegend sind.[81]

---

71 Gaede, ZStW 2009, 239 ff. (279).
72 Prömper, Hemmschwellentheorie, S. 18.
73 Vgl. Friedrich, ARWP 1910, 49 ff. (51).
74 Vgl. Caspari, Formen und Grenzen, S. 36.
75 Vgl. Canestrari, GA 2004, 210 ff. (223-224).
76 Canestrari, GA 2004, 210 ff. (210).
77 Canestrari, GA 2004, 210 ff. (217), 219, 223; dazu siehe auch Brinkman, S. 82 ff.
78 Namias, Die Zurechnung, S. 160.
79 Vgl. Canestrari, GA 2004, 210 ff. (224).
80 Vgl. Kargl, Der strafrechtliche Vorsatz, S. 70.
81 Kargl, Der strafrechtliche Vorsatz, S. 70.

2. *Ein hegelianischer Maßstab: Das vernünftige Wesen*

Abgesehen von dem bisherigen Gesagten, bleibt immer noch auch bei der hier vertretenen Ansicht – ebenso wie bei der Wahrscheinlichkeitstheorie hinsichtlich der erforderlichen Wahrscheinlichkeit – unklar[82], wie die Erheblichkeit der Gefahr und die Erforderlichkeit bzw. Gewöhnlichkeit und Leichtigkeit des Erfolgs bestimmt werden sollen. Die Antwort darauf lautet: die Lebenserfahrung, die Lebensplanung des vernünftigen Rechtssubjekts, die Beurteilung eines objektiven Beobachters und die Besonderheiten des konkreten Einzelfalls[83]. Denn das Straftatsystem fußt auf dem rationalen Menschenbild[84] und die strafrechtliche Zurechnung stellt eine bestimmte Rationalität dar.[85] Der Täter bildet somit eine vernünftige, autonome Person, die nach Maximen handelt.[86] In diesem Sinne beurteile der BGH – so *Prömper* – die Indizien zudem anhand eines rationalen Täterbildes, d. h. er stellt Erwägungen zu dem,, Normalfall" menschlichen Verhaltens an.[87] Das deutet auf eine „rationale Erklärung" bzw. „Rationalisierung des Vorsatzphänomens"[88] hin. Das ist der Grund, wieso man ein objektives Kriterium wie „den vernünftigen Menschen" braucht. Demnach soll die Tatbegehung jedes Rechtssubjekts nach den Geboten der von jedem vernünftigen und rechtstreuen Menschen zu erwartenden Tathandlung[89] und nach dem Gang des vernünftigen und gewöhnlichen Tuns ausgewertet werden.[90]

Die Frage bezüglich der Feststellung der Erheblichkeit der Gefahr gemäß der Lebensplanung des vernünftigen Rechtssubjekts, wird hiernach ausgehend von der Beurteilung eines objektiven Beobachters und der Lebenserfahrungssätze gelöst.[91] Das bedeutet: Wenn ein objektiver Beobachter oder ein vernünftiger Mensch unter den gleichen Bedingungen von der Tat ablassen würde,[92] hat der Täter Erfolg gewollt, weil für einen getreuen und vernünftigen Staatsbürger[93] oder für einen gewissenhaften und besonnenen Menschen[94] zum Zeitpunkt der Handlung sämtliche Umstände oder Anhaltspunkte vorliegen, die darauf hinweisen, dass der Erfolg tatsächlich eintreten wird. Dies ist ausreichend, um den Dolus eventualis zu

---

82 Hantschel, Untreuevorsatz, S. 180.
83 Kindhäuser/Neumann/Paeffgen, § 15 StGB, Rn. 69.
84 Prittwitz, GA 1994, 454 ff.(462).
85 Weezel, Beteiligung bei Fahrlässigkeit, S. 171.
86 Puppe, ZStW 1991, 1 ff.(14).
87 Prömper, Hemmschwellentheorie, S. 21.
88 Vgl. Morselli, ZStW 1975, 324 ff.(344).
89 Gaede, ZStW 2009, 239 ff. (267); vgl. Wallau, Der finale Handlungsbegriff, S. 49.
90 Wolff-Reske, Berufsbedingtes Verhalten, S. 71.
91 Namias, Die Zurechnung, S. 173.
92 Hütte, Maßstab und Umfang, S. 22-23.
93 Bekker, Theorie, S. 272-273, 335-336.
94 Namias, Die Zurechnung, S. 173.

begründen.[95] Hiernach sind „die objektive Gefährlichkeit der Tathandlung und die Sichtbarkeit der Situation“[96] als wesentliche Indikatoren anzusehen, womit man den Dolus eventualis begründen kann. Die Gefahr ist als erheblich sowie der Erfolg als erforderlich nach der Beurteilung eines objektiven, besonnenen Beobachters und der Lebensplanung des vernünftigen Rechtssubjekts anzunehmen,[97] wenn die nach den Lebenserfahrungssätzen und den Besonderheiten des konkreten Einzelfalls die den Erfolg mit sich bringende Umstände dem Täter erkennbar bzw. voraussehbar sind.[98]

Es ist seit Langem anerkannt, dass ein Erfolg nur dann schuldhaft herbeigeführt wird, wenn er vorhersehbar war.[99] Die hier gesuchte Erkennbarkeit oder Voraussehbarkeit[100] muss sich in der Tat nicht nur auf den tatbestandsmäßigen Erfolg, der das letzte Glied einer Kausalkette darstellt, sondern auf den ganzen Kausalverlauf in seinen wesentlichen Zügen erstrecken.[101] Ein Erfolg ist somit dem allgeneinen Sprachgebrauch nach nur dann voraussehbar, wenn der Täter sich in der Lage befindet, eine Vorstellung von diesem Erfolg machen zu können.[102] Daraus folgt, dass selten auftretende Möglichkeiten nicht als voraussehbar eingestuft werden dürfen, wenn sie erfahrungsgemäß dem gewöhnlichen Kausalverlauf, d. h. dem natürlichen Verlauf der Dinge widersprechen.[103] Um den Täter wegen einer vorsätzlichen Tatbestandsverwirklichung zur Verantwortung zu ziehen, soll notwendigerweise festgestellt worden sein, dass der Täter die erhebliche Gefahr bzw. das konkrete Risiko des Eintritts des rechtswidrigen Erfolges, der sich aus seiner erheblich-gefährlichen, risikohaften Handlung ergibt, gewusst oder mindestens vorgestellt hat.[104] Ohne eine solche Feststellung, die besagt, dass der Täter zum Zeitpunkt der Tathandlung wirklich die Erheblichkeit der Gefahr, d. h. die tatbestandliche Gefährdung des angegriffenen Objekts[105] und die Erforderlichkeit der daraus ergebenden Folgen erkannt hat oder erkannt haben sollte, liegt kein Vorsatz vor.[106]

---

95 Vgl. Namias, Die Zurechnung, S. 173.
96 Birnbaum, Die Leichtfertigkeit, S. 219.
97 Ähnlich Plaas, Die Rechtsprechung, S. 17.
98 Vgl. Namias, Die Zurechnung, S. 173.
99 Stoll, Die Veräußerbarkeit, S. 39.
100 Dehne-Niemann, GA 2012, 89 ff. (91)
101 Hütte, Maßstab und Umfang, S. 168-169.
102 Hütte, Maßstab und Umfang, S. 8.
103 Stoll, Die Veräußerbarkeit, S. 39; hierzu siehe auch Hirsch, ZStW 1982, 239 ff. (274).
104 Raguès Vallès, GA 2004, 257 ff. (268); vgl. Albert, Elemente des Eventualvorsatzes, S. 24.
105 Gatzweiler, Rechtsvergleichende Untersuchung, S. 18.
106 Hierzu siehe auch Canestrari, GA 2004, 210 ff. (224).

Hieraus dürfte sich nach den Gesetzen der Logik und Vernunft ergeben,[107] dass die Lebenserfahrung uns lehrt, dass solche Handlungen erwartungsgemäß diesen schädlichen Erfolg, z. B. eine Tötung bewirken.[108] Mit anderen Worten, solche Handlungen des Täters bilden den Lebenserfahrungssätzen zufolge geeignete Ursachen für die Tatbestandsverwirklichung. Das besagt, dass der Täter unter diesen Bedingungen nicht mehr ernsthaft auf einen guten Ausgang vertrauen kann.[109] Weisen dagegen die Besonderheit des zum Erfolg führenden Prozesses einen Ausnahmecharakter auf, weil sie gar nicht geeignet bzw. völlig außergewöhnlich sind,[110] darf der Täter hier, wie schon oben ausgeführt, auf einen guten bzw. glücklichen Gang vertrauen.[111] Insoweit hilft der Begriff „vernünftiger-rationaler Mensch" dem Richter als Erkenntnismittel bei der Feststellung, ob sich der Täter der von ihm verursachten hohen Gefahr für das Rechtsgut bewusst war[112] bzw. ob er sich dieser Gefahr und dem daraus folgenden Erfolg bewusst gewesen sein sollte, d. h. ob er den Erfolg vorausgesehen hat oder nicht.[113] Nach der von Ragués Vallès vertretenen Ansicht[114] soll die Frage, ob und wie der Tatrichter das hier erwähnte spezifische Wissen feststellen darf,[115] durch das Kriterium der spezifisch geeigneten Verhaltensformen bzw. unspezifischen Verhaltensformen beantwortet werden. Daraus folgt die wichtige Frage: Welches Verhalten als spezifisch geeignet und welches als unspezifisch zu betrachten ist. Was sind die ausschlaggebenden Kriterien? Um die spezifisch geeignete und die unspezifische Handlung festzustellen, müssen das Kriterium „*der vernünftige Mensch*" und die sich daraus ergebenden objektiven Maßstäbe wie die Erheblichkeit der Gefahr; Erforderlichkeit des Erfolges; Anschaulichkeit, Sichtbarkeit, Gewöhnlichkeit und Typizität der Tatbestandsverwirklichung, Lebenserfahrungssätze, Lebensplanung des vernünftigen Menschen, Beurteilung des einsichtigen, besonnenen Bürgers bzw. Beobachters in Betracht gezogen werden. Hierdurch soll die Unterscheidung zwischen abstrakter Gefahrenvorstellung, die zur Fahrlässigkeit führt, und konkreter Gefahrenvorstellung, die zum Vorsatz führt, geschafft werden.[116]

---

107 Denn wie Hegels bekanntes Diktum sagt: „*Was vernünftig ist, das ist wirklich; und was wirklich ist, das ist vernünftig.*" Kubiciel, Welzel und die Anderen, S. 145.

108 Frauendorfer, Die Willensrichtung, S. 50; vgl. Maiwald (1966), S. 50.

109 Schlüchter, Grenzen, S. 11.

110 Vgl. Ragués Vallès, GA 2004, 257 ff. (269 ff.)

111 Anders Namias, Die Zurechnung, S. 160.

112 Caspari, Formen und Grenzen, S. 36.

113 Zustimmend Puppe, Begriffskonzeptionen, S 6; dazu siehe auch Nau, Die Bewusstseinsform, S. 60 und Höffler, ZStW 2019, 1036 ff. (1057 ff.)

114 Ragués Vallès, GA 2004, 257 ff. (269).

115 Schumann, JZ 1989, 427 ff. (429).

116 Im ähnlichen Sinn siehe Ragués Vallès, GA 2004, 257 ff. (269-270), Fn. 37.

3. *Der Gradmesser: Der Modellmensch*

Der Mensch stellt ein handelndes und vorhersehendes Wesen dar.[117] Als ein rationales und vorhersehendes Wesen sieht der Mensch[118] die aus der von ihm vorgenommenen Handlung resultierenden Folgen voraus. Die Modellmenschformel oder die Heranziehung eines Modellmenschen stellt eine Maßfigur bzw. Leitbildfigur dar.[119] Der vernünftige Mensch, d. h. der reasonable oder der maßgerechte Mustermensch[120] wird somit als ein Gradmesser für die Bestimmung des Vorsatzes und die Abgrenzung zwischen Vorsatz und Fahrlässigkeit verwendet. Die hier erwähnte „Maßfigur"[121] oder „Modellperson"[122] bildet ein objektives Kriterium. Unter dem Begriff „Modellmensch" oder „Maßfigur" lässt sich also verstehen, dass die zu beurteilende konkrete und vom Täter vorgenommene Tat mit der gedachten Tathandlung einer Modell- oder Maßfigur oder eines vernünftigen Modellmenschen zu vergleichen ist, um festzustellen, ob der Täter in der Tat die Tat begehen dürfte oder nicht.[123] Der hier als Kriterium in Betracht zu ziehende vernünftige Mensch soll sich in der gleichen Lage wie der Täter selbst, d. h. konkret gewertet unter den gleichen oder ähnlichen Voraussetzungen, befinden, unter denen sich der Täter selbst im konkreten Fall befindet.[124] Wenn man infolge dieses Vergleiches zum Schluss kommt, dass der„ Muster- oder Modellmensch" oder „die vernünftige Maßfigur" ebenso wie der Täter im konkreten Fall die Tat begehen dürfte, ohne weiter den Erfolg gewollt zu haben, ist der Vorsatz abzulehnen; fällt dagegen der Vergleich negativ aus, d. h. kommt man zum Ergebnis, dass der vernünftige Modellmensch nicht die Tat vornehmen dürfte, ohne den Erfolg gewusst und gewollt zu haben,[125] ist der Vorsatz anzunehmen.

Dem bisherigen Gesagten zufolge soll unter dem Ausdruck „objektive Maßfigur" ein durchschnittliches, vernünftiges Rechtssubjekt bzw. ein Vernünftig-Denker[126] verstanden werden. Insoweit ist die hier gesuchte Maßfigur in Wahrheit nichts anderes als eine „Personifizierung der Rechtsordnung in der konkreten Situation."[127] Hieraus dürfte sich ergeben, dass nicht ein mathematischer und absoluter oder graduell-quantitativer Grad[128] der Gewissheit maßgebend sein kann,[129]

---

117 Vgl. Jakobs, Der strafrechtliche Handlungsbegriff, S. 23.
118 Vgl. Danner, Dolus eventualis, S. 47-48.
119 Reitmaier, Die objektive Erfolgszurechnung, S. 44-46.
120 Burgstaller, Das Fahrlässigkeitsdelikt, S. 56.
121 Rott, Zur Strafbarkeit, S. 131.
122 Rott, Zur Strafbarkeit, S. 131.
123 Anders Reitmaier, Die objektive Erfolgszurechnung, S. 45-46.
124 Vgl. Burgstaller, Das Fahrlässigkeitsdelikt, S. 55.
125 Weigend, Subjective Elements, S. 505; Burgstaller, Das Fahrlässigkeitsdelikt, S. 55.
126 Vgl. Kaspar, JuS 2012, 16 ff. (17).
127 Burgstaller, Das Fahrlässigkeitsdelikt, S. 55.
128 Ida, Inhalt und Funktion, S. 231.
129 Vgl. Baumanns, Untersuchungen, S. 46; Puppe, ZStW 1991, 1 ff. (41-42).

sondern der Begriff Erheblich- Erforderlich- oder Gewöhnlichkeit im Sinne des praktischen Lebens,[130] d. h. in Zusammenhang mit der allgemeinen Lebenserfahrung, *qualitativ* behandelt und verstanden werden muss.[131] Hiernach lassen sich die Anforderungen bzw. Kriterien bezüglich einer Bejahung oder Verneinung des bedingten Vorsatzes im Einzelfall nicht mathematisch[132] berechnen oder prozentual bestimmen,[133] was im Übrigen auch praktisch weder berechenbar noch durchführbar wäre.[134] Die Modellmenschformel oder die Maßfigur des vernünftigen Menschen besagt, dass der Täter, der die Fähigkeiten eines Durchschnittsmenschen besitzt,[135] den Erfolg schon gewollt hat. Denn ein Durchschnittsmensch oder ein vernünftig denkender Mensch anstelle des Täters würde die Tathandlung vermeiden, falls er den Erfolg oder die Tatbestandsverwirklichung nicht gewollt hätte oder gewollt haben sollte.[136] Der Unterschied zwischen der von uns entwickelten Modellmenschformel und der heute in der Literatur fast einhellig vertretenen Ansicht liegt darin, dass die herrschende Ansicht die innere Einstellung und die psychische Beziehung des Täters in das Zentrum der Abgrenzungsproblematik setzt und davon ausgehend die daraus ergebenden Problemen zu lösen versucht. Im Gegensatz zu der hier genannten herrschenden Meinung legt die Modellmenschformel oder die vernünftige Maßfigurformel die Beurteilung eines objektiven Beobachters anstelle des psychischen Zustandes oder der individuellen und gerade deshalb subjektiven Einstellung des Täters zugrunde.[137] Die hier als maßgebendes Kriterium betrachtete Modellmenschfigur bzw. -formel stellt einen *reasonable-man-Standard* dar.[138]

Die Besonderheit des Kriteriums des „vernünftigen Menschen“ als objektiven Maßstabs bezüglich der Abgrenzung zwischen Vorsatz und Fahrlässigkeit ist, dass die strafrechtliche Würdigung desjenigen, der mit einer bewusst-riskanten Handlung den Tod eines Dritten herbeiführt,[139] im Unrechtsbereich gleichermaßen bewertet werden soll, wie derjenige, der jemanden mit einer absichtlichen Handlung tötet.[140] Das bedeutet aber nicht, dass der Täter den Tod der anderen auf der Straße anwesenden Personen nicht gewollt oder mindestens nicht ins Auge

130 Baumanns, Untersuchungen, S. 46.
131 Namias, Die Zurechnung, S. 157; hierzu siehe auch Baumanns, Untersuchungen, S. 143.
132 Hütte, Maßstab und Umfang, S. 20.
133 Gatzweiler, Rechtsvergleichende Untersuchung, S. 71.
134 Kargl, Der strafrechtliche Vorsatz, S. 70; Puppe, ZStW 1991, 1 ff. (42).
135 Burgstaller, Das Fahrlässigkeitsdelikt, S. 55.
136 Schünemann, Die Funktion, S. 161; Sauer, Die Fahrlässigkeitsdogmatik, S. 258-259.
137 Hierzu siehe auch Deiters, ZIS 2019, 401 ff. (404).
138 Vgl. Caspari, Formen und Grenzen, S. 61, Fn. 3.
139 Im anderen Sinne Caspari, Formen und Grenzen, S. 45.
140 Morselli, ZStW 1975, 324 ff. (329).

gefasst hat. Denn wer ein Attentat auf ein Staatsoberhaupt an einem Ort verübt, an dem auch andere Personen anwesend sind, nimmt das Risiko des Todes der anderen Menschen in Kauf, d. h. er will auch den Tod dieser Menschen. Denn wer die Ursache will, will auch den Erfolg. Dem Täter darf nicht zugutegehalten werden, dass er den Tod anderer Personen nicht gewollt hat. Ferner soll – gerade wie im vorgenannten Fall – die durch eine außergewöhnlich schnelle Fahrt ausgelöste Unfallgefahr folgerichtig, d. h. der Lebensplanung eines vernünftig denkenden und handelnden Rechtssubjekts nach, als erheblich eingestuft werden und der sich daraus ergebende Erfolg als gewöhnlich gewollt.[141] In diesem Fall führt eine Realisierung der Tatbestandsverwirklichung zur vorsätzlichen Täterhaftung wegen Dolus eventualis.[142]

IV. Die Maßstäbe

1. Grundlagen

Aus den bisherigen Erklärungen ergibt sich, dass es im Unterschied zu der herrschenden Lehre der Ansicht des Verfassers nach nicht auf die innerliche Einstellung und psychische Haltung des Täters ankommt, weil sie einen Modellmenschen, der den vernünftigen Durchschnittsmenschen oder einen leitbildhaften Bürger zugrunde legt.[143] Insoweit wird anstelle des Kriteriums „der inneren Einstellung des Täters“ oder des „Vertrauens auf einen guten Ausgang“ ein objektives Kriterium herangezogen. Es stellt sich daher die Frage, nach welchen Maßstäben das Wissen eines „Modellmenschen“ bzw. vernünftigen Menschen in concreto zu ermitteln und festzustellen ist.[144] Dabei bilden der einsichtige, besonnene Mensch, die Beurteilung eines objektiven Beobachters und der Lebenserfahrungsatz die Beurteilungsgrundlagen.

2. Der einsichtige und besonnene Mensch

Die Frage, wie hinsichtlich der Abgrenzung zwischen Dolus eventualis und bewusster Fahrlässigkeit in Grenzfällen zu entscheiden ist, kann nicht ausschlaggebend und allgemein mithilfe subjektiver und manipulierbarer Merkmale wie der inneren Einstellung des Täters beantwortet werden.[145] Es ist vielmehr auf objektive Maßstäbe abzustellen. Dabei soll man auf konkrete Hinweise eingehen, um die Ermittlung und Feststellung der maßgebenden Tathandlung der Leitbildfigur des „gewissenhaften und besonnenen“[146] oder verständigen Menschen[147] als formale

141 Namias, Die Zurechnung, S. 153.
142 Puppe, ZStW 1991, 1 ff. (36).
143 Raguès Vallès, GA 2004, 257 ff. (266).
144 Burgstaller, Das Fahrlässigkeitsdelikt, S. 57.
145 Zustimmend Köhler, GA 1981, 285 ff. (300); vgl. Namias, Die Zurechnung, S. 157.
146 Vgl. Schürer-Mohr, Erlaubte Risiken, S. 166.
147 Vgl. Duttge, GA 2003, 451 ff. (457).

Konkretisierung der Gefahr, die den Vorsatz begründet, zu ermöglichen.[148] Im Gegensatz zur herrschenden Lehre und Rechtsprechung soll der Vorschlag, „die Figur des gewissenhaften und einsichtigen Angehörigen des jeweiligen Rechtskreises, dem der Täter angehört,“[149] als maßgebendes Kriterium zur Bestimmung des Vorsatzes verwendet werden.[150]

Ferner soll festgelegt werden, was die oben erwähnte einsichtige und besonnene Maßfigur des Berufs- oder Verkehrskreises des Täters hätte voraussehen müssen[151] und davon ausgehend, was der Täter im konkreten Fall vorausgesehen hat oder vorausgesehen haben müsste.[152] Hiernach liegt der Vorsatz vor, wenn ein einsichtiger und besonnener Mensch in der Lage des Täters[153] in der konkreten Situation von der Handlung abgelassen hätte.[154] Wenn man sich in den leitbildhaften,[155] vernünftig denkenden, einsichtigen und besonnenen Menschen[156] oder einen guten und getreuen Staatsbürger hineinversetzt,[157] kann man feststellen, welche Handlung sachgemäß als vorsätzlich begangen anzunehmen ist. Dadurch kommt man zum Ergebnis, dass die Maßfigur „eigenschafts- und charaktermäßig auf den Täter angepasst wird.“[158] Der hier erwähnte, in die Lage des echten Täters versetzte Modellmensch ist nichts anderes, als etwa eine Täter-Typologie zu rekonstruieren,[159] an der die Handlung des konkreten Täters nach allgemeinen Lebenserfahrungssätzen gemessen und geprüft werden kann sowie soll.

Der auch von *Puppe*[160] entwickelten und hier zitierten Theorie nach soll der *qualifizierten Vorsatzgefahr* nicht eine psychologisch-faktische Einstellung des Täters, sondern eine normative Interpretation des Täterverhaltens bzw. des einen vernünftigen Menschen maßgeblich sein.[161] Deswegen wird die von *Puppe* vertretene Ansicht, den Vorsatz durch das Kriterium des vernünftigen Menschen zu begründen,[162] grundsätzlich in der hiesig vertretenen Auffassung als für richtig erachtet.

---

148 Vgl. Burgstaller, Das Fahrlässigkeitsdelikt, S. 58.
149 Schürer-Mohr, Erlaubte Risiken, S. 166.
150 Anders Schürer-Mohr, Erlaubte Risiken, S. 166.
151 Hütte, Maßstab und Umfang, S. 22.
152 Köhler, Probleme der Fahrlässigkeit, S. 173.
153 Vgl. Barwitz, S. 42.
154 Ähnlich Puppe, ZStW 1991, 1 ff. (14-15). Diese Ansicht wird insoweit kritisiert, dass sie zum versari in re illicita führen könne. Dazu siehe Namias, Die Zurechnung, S. 172.
155 Welzel, Fahrlässigkeit und Verkehrsdelikte, S. 16-17.
156 Schürer-Mohr, Erlaubte Risiken, S. 166.
157 Bekker, Theorie, S. 272, 335-336; Welzel, Fahrlässigkeit und Verkehrsdelikte, S. 17.
158 Reitmaier, Die objektive Erfolgszurechnung, S. 46.
159 Canestrari, GA 2004, 210 ff. (223).
160 Puppe, ZStW 1991, 1 ff. (14-15), S. 17, 22.
161 Hantschel, Untreuevorsatz, S. 183-184.
162 Puppe, Vorsatz, S. 42 ff.

Der Unterschied zwischen der Ansicht des Verfassers und der von *Puppe* liegt in Folgendem: *Puppe* bestimmt das genannte Kriterium „normative Interpretation des Täterverhaltens bzw. des einen vernünftigen Menschen“ als Ausdruck der den Rechtsnormen unmittelbar widersprechenden Handlungsmaximen des Täters und verwendet dieses Kriterium als ein Maßstab für eine Unterscheidung zwischen Dolus eventualis und bewusster Fahrlässigkeit.[163] Im Gegensatz dazu verwendet der Verfasser dasselbe Kriterium, um nachzuweisen, dass der Dolus eventualis und die bewusste Fahrlässigkeit eigentlich zwei verschiedene Ausdrücke der einen und gleichen Tatsache sind, die erst und nur im Schuldbereich hinsichtlich der Strafzumessung voneinander unterschieden werden müssen. Demnach ist zu schlussfolgern, dass eine Unterscheidung zwischen bewusster Fahrlässigkeit und Dolus eventualis im Unrechtsbereich durchweg abzulehnen ist.

3. *Der objektive Beobachter: Eine Dritte-Person-Perspektive*

Bei dem Begriff „der objektive Beobachter“ stellt man auf einen objektiven Maßstab und auf den Standard „reasonable man“ ab.[164] Dieser Standard besagt: In den Fällen, in denen sich der Täter der Gefährlichkeit seiner Tathandlung und dem Risiko des tödlichen Erfolgs seiner Tat bewusst ist,[165] ist eine Verurteilung wegen Todschlags nur dann anzunehmen, wenn ein vernünftiger Mensch oder ein objektiver [einsichtiger] Beobachter unter derselben Voraussetzung den tödlichen Erfolg vorhergesehen hätte oder haben sollte.[166] Es handelt sich hier in der Tat um eine Dritte-Person-Perspektive.[167] Die Dritte-Person-Perspektive ist der Blick des einen objektiv vernünftigen „Beobachters mit suboptimal ausgestattetem Wissen“[168] auf denselben Prozess, weil es problematisch erscheint, bei der Prüfung des Dolus eventualis allein auf die subjektive Perspektive des Täters abzustellen.[169]

Diese Dritte-Person-Perspektive[170] dient der Feststellung, was in der subjektiven Wahrnehmung und der inneren Einstellung des bewusst handelnden Täters geschieht oder geschehen haben sollte.[171] Hiernach kommt man allerdings zum

---

163 Puppe, Vorsatz, S. 15.

164 Caspari, Formen und Grenzen, S. 36.

165 Hautamaki, DLJ 1951, 55 ff. (56); vgl. Caspari, Formen und Grenzen, S. 15.

166 Schlüchter, Grenzen, S. 6.

167 Hillenkamp verwendet den Begriff „Dritte-Person-Perspektive“ in einem anderen Sinne. Dafür siehe Hillenkamp, JZ 2005, 313 ff. (313). Im Gegensatz dazu bezeichnet Kindhäuser diese Perspektive nicht als dritte, sondern als zweite. Dazu Siehe Kindhäuser, ZStW 2008, 481 ff. (492).

168 Kindhäuser, ZStW 2008, 481 ff. (492).

169 Schroth, NStZ 1990, 324 (325).

170 Danner, Dolus eventualis, S. 41.

171 Vgl. Hillenkamp, JZ 2005, 313 ff. (313).

Schluss, dass ein bloßes „Kennenmüssen“[172] nicht ausreichend sein kann sowie darf, um das Wissenselement festzustellen und dadurch das Vorhandensein des Vorsatzes zu begründen.[173] Vielmehr sollte man in der Lage sein zu behaupten, dass,objektiv gewertet, der Täter den schädlichen Erfolg vorausgesehen hat. Die Frage, ob der Täter den tatbestandsmäßigen Erfolg vorhergesehen hat oder schon vorausgesehen haben sollte, wird nach der Beurteilung eines objektiven Beobachters beantwortet.[174] Diese Schlussfolgerung basiert auf folgender Annahme: Der Täter soll in solchen Fällen, in denen objektiv betrachtet sämtliche Umstände vorliegen, die ausdrücklich darauf hindeuten, dass der tatbestandsmäßige Erfolg gewöhnlich eintreten wird, die Möglichkeit des Erfolgseintritts erkannt, gewusst oder vorausgesehen haben oder haben sollen.[175]

Dieser Vorgang wird wiederum „aus der Sicht eines objektiven Beobachters“,[176] d. h. aufgrund eines Kenntnisstandes eines „hypothetischen Beobachters“[177] behandelt.[178] Lässt sich keine Überlegung bezüglich seiner Handlung und der daraus folgenden schädlichen Folgen feststellen,[179] scheidet der Vorsatz aus. In einem solchen Fall liegt allein Fahrlässigkeit vor.[180] Nimmt der Täter trotz dieser Kenntnis die Handlung vor, hängt die Bejahung oder Verneinung des Vorsatzes davon ab, ob der schädliche Erfolg aus der von ihm bewusst vorgenommenen Handlung gewöhnlich und leicht resultiert oder nicht.[181] In diesem Sinne soll die Frage, ob der Erfolg aus der Handlung gewöhnlich und leicht resultiert, aus der Sicht eines objektiven, gedachten Beobachters betrachtet und beantwortet werden,[182] die eine objektive Beurteilung oder ein Urteil des vernünftigen Menschen darstellt[183] und die ohne Rücksicht auf die Person oder auf die innere, subjektive Einstellung des Täters herbeizuführen ist.[184] Um anstelle der inneren, subjektiven Einstellung des Täters einen objektiven Maßstab wie die Beurteilung eines objektiven Beobachters bezüglich Voraussehbarkeit des tatbestandsmäßigen Erfolgs anzulegen, ist der Täter gedanklich durch eine andere Person bzw. durch einen objektiven Beobachter zu ersetzen.[185] Der hier an die Stelle des Täters gesetzte objektive

172 Gaede, ZStW 2009, 239 ff.(245).
173 Caspari, Formen und Grenzen, S. 154.
174 Caspari, Formen und Grenzen, S. 15.
175 Gatzweiler, Rechtsvergleichende Untersuchung, S. 43.
176 Silva-Sanchez, ZStW 1989, 352 ff.(370).
177 Schumann, JZ 1989, 427 ff.(429).
178 Vgl. Duttge, JRE 2003, 103 ff.(108).
179 Gottwald, Grenze zwischen Vorsatz und Fahrlässigkeit, S. 48-49.
180 Vgl. Müller, Der dolus eventualis, S. 16.
181 Müller, Der dolus eventualis, S. 16.
182 Vgl. Silva-Sanchez, ZStW 1989, 352 ff. (370) und Duttge, JRE 2003, 103 ff.(108).
183 Vgl. Schlehofer, Vorsatz und Tatabweichung, S. 93.
184 Zoller, Die Abgrenzung, S. 16.
185 Hütte, Maßstab und Umfang, S. 14.

Beurteiler,[186] der vernünftige gedachte Beobachter[187] und die gedanklich an die Stelle des Täters gesetzte Maßfigur[188] ist zum einen mit dem ontologischen Wissen des einsichtigen und objektiven Beobachters[189] und zum anderen mit dem nomologischen Allgemeinwissen seiner Zeit ausgestattet.[190] Hiernach soll durch eine *ex ante* Beurteilung, d. h. aus der ex ante-Perspektive eines objektiven Beobachters,[191] über das Vorliegen oder Nichtvorliegen des Vorsatzes beurteilt werden, ob der tatbestandsmäßige Erfolg gewöhnlich eintritt oder nicht.[192] Das ist der Fall, wenn der Eintritt des Erfolges im Bereich der Lebenserfahrung liegt und nach seiner besonderen konkreten Gestaltung von dieser Erfahrung nicht abweicht.[193]

4. Die Lebenserfahrungssätze

Um das kognitive Element oder das voluntative Element des Vorsatzes nachzuweisen, setzt diese neue Ansicht ein objektives Kriterium, das die Festlegung der richtigen Lösung bezüglich des Bestimmungs- und Abgrenzungsproblems beibringt. Dieses Kriterium ist der Modellmensch. Dabei ist das Erfahrungswissen des Richters[194] zugrunde zu legen, das als Erfahrungssätze fremden Wissens bezeichnet werden kann.[195] Mittels dieser objektiven Indizien, nämlich des „Vorliegens gewisser externer Informationen“[196], wäre es einfacher zu verstehen oder festzustellen, was sich eine Person zum Zeitpunkt der Tathandlung gewöhnlich vorgestellt hat[197] oder was man sich als vernünftig denkender Mensch vorgestellt und gewollt haben sollte.[198] Lebenserfahrungssätze können in diesem Sinne als Kriterien verwendet werden, um die Wissens- und Wollensseite einer Tathandlung festzustellen und dadurch den Vorsatz und die Fahrlässigkeit voneinander abzugrenzen.[199]

---

186 Bremer, Grenze, S. 23.
187 Vgl. Duttge, JRE 2003, 103 ff. (108).
188 Hütte, Maßstab und Umfang, S. 14.
189 Kaufmann, Das fahrlässige Delikt, S. 142; vgl. Puig ZStW 1996, 759 (769); dazu siehe auch Greco, S. 531 ff.
190 Vgl. Kaufmann, Das fahrlässige Delikt, S. 142.
191 Kindhäuser; ZStW 2008, 481 ff. (481); ähnlich aber in einem anderen Sinne siehe Reitmaier, Die objektive Erfolgszurechnung, S. 44-45.
192 Vgl. Kaufmann, Das fahrlässige Delikt, S. 142.
193 Stoll, Die Veräußerbarkeit, S. 33.
194 Dazu siehe Herzberg, GA 2001, 568 ff. (568).
195 Raguès Vallès, GA 2004, 257 ff. (264).
196 Raguès Vallès, GA 2004, 257 ff. (264).
197 Raguès Vallès, GA 2004, 257 ff. (264).
198 Frauendorfer, Die Willensrichtung, S. 81.
199 Ruppenthal, Der bedingte Tötungsvorsatz, S. 261.

Die Erfahrungssätze, die abstrahierende Generalisierungen aus individuellen und ähnlichen Vorgängen darstellen,[200] setzen einen breiten gesellschaftlichen Konsens voraus, sodass man sie als allgemein gültig bezeichnen kann.[201] Dank der hier erwähnten Ähnlich- oder Gleichartigkeit der konkreten Fälle können Generalisierungen wie Lebenserfahrungssätze formuliert werden.[202] Um die Modellfigur oder Maßfigur, die für die Feststellung der in concreto erforderlichen und den Vorsatz begründenden Gefahr maßgebend sein soll, näher zu bestimmen, kann und soll man von den Lebenserfahrungssätzen ausgehen. Die erwähnten Erfahrungssätze dienen dazu, das intellektuelle Element des Vorsatzes objektiv festzustellen, indem man ausgehend von den Lebenserfahrungssätzen Indikatoren wie „die objektive Gefährlichkeit der Tathandlung"[203] und „die Sichtbarkeit und Überschaubarkeit"[204] oder Anschaulichkeit der Situation[205] anwendet. Der Dolus eventualis ist somit dann zu bejahen, wenn dieser Erfolg entweder sehr häufig eintritt oder wenn zum Zeitpunkt der Handlungsvornahme Indizien vorliegen, die darauf hinweisen, dass unter diesen Voraussetzungen bzw. durch diese gewollte, gefährliche Tat der Erfolg tatsächlich eintreten wird, so wie es häufig der Fall ist.[206]

Hinsichtlich dieser Feststellung fällt die Anschaulichkeit und Typizität[207] der rechtsverletzenden Fallkonstellationen oder „jene anschauliche Typizität des Verletzungsprozesses"[208] ins Gewicht. Das bedeutet, dass der Täter eine so gefährliche Tathandlung begeht, die einen Prozess anschaulich in Gang setzt, nach welchem nicht *„der Eintritt"* des rechtswidrigen Erfolgs, sondern *„der Nicht-Eintritt"* dieses tatbestandsmäßigen Erfolgs außergewöhnlich wäre. Anders gewendet: Vernünftigerweise scheint der tatbestandsmäßige Erfolgseintritt unter gegebenen Umständen und laut der Lebensplanung jedes vernünftigen Rechtssubjekts[209] zwingend, weil der Täter nicht mehr erfolgseintrittsvermeidend reagieren kann.[210] Nach der vom Verfasser vertretenen Lehre liegt Dolus eventualis einschließlich der sog.

---

200 Welzel, Fahrlässigkeit und Verkehrsdelikte, S. 18.

201 Ragùes Vallès, GA 2004, 257 ff. (264).

202 Welzel, Fahrlässigkeit und Verkehrsdelikte, S. 18.

203 Deiters, ZIS 2019, 401 ff. (404).

204 Birnbaum, Die Leichtfertigkeit, S. 219.

205 Birnbaum, Die Leichtfertigkeit, S. 219.

206 In einem anderen Sinne Namias, Die Zurechnung, S. 174. In diesem Sinne ist es erwähnenswert, dass der BGH auch betont, dass „die objektive Gefährlichkeit der Tathandlung wesentlicher Indikator sowohl für das Wissens- als auch für das Willenselement des bedingten Vorsatzes ist. Dazu BGH 4 StR 399/17, Rn. 19; hierzu siehe auch BGH 4 StR 84/15, BGH 3 StR 45/13; BGH 2 StR 484/14.

207 Vgl. Puppe, ZStW 1991, 1 ff. (22).

208 Puppe, ZStW 1991, 1 ff. (21, 42).

209 Namias, Die Zurechnung, S. 148.

210 Ähnlich BGH 4 StR 482/19, Rn. 27, 46.

bewussten Fahrlässigkeit vor, wenn ein Erfolg nach der Lebensplanung eines vernünftigen Menschen gewöhnlich eintreten wird. Dies ist bspw. der Fall, wenn die Körperbewegung des Täters von vornherein so eingerichtet ist, dass der vorgestellte Erfolg aus dieser Tathandlung erfahrungsgemäß bzw. nach den allgemeinen Lebenserfahrungssätzen erfolgen soll.[211] So weiß derjenige, der bewusst mehrere rote Ampeln überfährt, dass so häufig ein Unfall eintritt, denn jeder vernünftige Mensch rechnet damit oder sollte damit gerechnet haben, dass unter diesen Umständen auch in der konkreten Situation ein Unfall passieren wird.[212]

Aus diesem Grund ist es in diesen und ähnlichen Fällen zu bejahen, dass der Täter mit Dolus eventualis gehandelt hat, weil der Täter ausgehend von den Lebenserfahrungssätzen erkannt hat oder als ein rationales Wesen erkannt haben sollte, dass angesichts der ihm bekannten Umstände wie Geschwindigkeit, Wagentyp etc. der Erfolgseintritt bzw. ein Unfall gewöhnlich ist.[213] Im Sinne des praktischen Lebens soll der hier als Kriterium zugrunde liegende Begriff „Erforderlich- oder Gewöhnlichkeit" alle Fallkonstellationen umfassen, in denen der Nichteintritt des erwarteten Erfolges etwas völlig Außerordentliches oder Ungewöhnliches wäre.[214] Der Täter nimmt in solcher Konstellation eine riskante Handlung vor, in der er vernünftigerweise nur die Wahl hat, entweder auf Tathandlung zu verzichten oder den Erfolg zu akzeptieren.[215]

Insoweit ist der Vorsatz anzunehmen, ohne Rückblick auf die innere Einstellung oder die psychische Beziehung des Täters zur Tat oder zum Erfolg, ob er den Erfolg innerlich billigt oder ablehnt.[216] Daher handelt auch vorsätzlich, wer sich, mit welchen psychischen Mechanismen auch immer,[217] nämlich ohne Rückschluss auf die Frage, ob er auf einen guten Ausgang vertraut und ob er sich wie in einem Panzer oder in einer Burg[218] oder sich in einem mit moderner Sicherheitstechnik ausgestatteten Fahrzeug sicher fühlt,[219] eine solche Handlung vornimmt.[220] Ebenfalls gilt diese Schlussfolgerung bspw. für Schläge mit schweren Gegenständen auf den Kopf[221], länger anhaltendes Drosseln oder Würgen[222], Messerstiche in den Rumpf oder in den Hals[223] oder die bewusste Überquerung von roten Ampeln.

---

211 Mayer, Die schuldhafte Handlung, S. 30.

212 Namias, Die Zurechnung, S. 154; ähnlich Walter, NJW 2017, 1350 ff. Rn. 1351.

213 Weidemann, GA 1984, 408 ff. (424).

214 Danner, Dolus eventualis, S. 33.

215 Puppe, ZStW 1991, 1 ff. (21).

216 Anders Zimmermann, S. 55.

217 Puppe, ZStW 1991, 1 ff. (21).

218 BGH 4 StR 399/17, Rn. 21, 24.

219 BGH 4 StR 482/19, Rn. 40.

220 Puppe, ZStW 1991, 1 ff. (21).

221 Ähnlich BGH 2 StR 377/18; hierzu siehe auch BGH 4 StR 84/15 und BGH 3 StR 45/13.

222 Pahlke, Rücktritt, S. 18, 57.

223 Puppe, ZStW 1991, 1 ff. (21).

5. *The Ordinary Course of Events: Die Typizität des Falls und Gewöhnlichkeit des Erfolgseintritts*

Die Anschaulichkeit der Gefahr[224] und die Typizität der rechtsverletzenden Fallkonstellationen,[225] die nach allgemeinen Naturgesetzen oder Erfahrungsregeln den Erfolg mit der betreffenden Ursache bzw. mit der Handlung des Täters verbindet,[226] stellt hiernach ein wesentliches Indiz dar. Im Vergleich zu Kaufmanns Kriterium *Vermeidungswillen* oder der *Abgeschirmtheit oder Unabgeschirmtheit* Herzbergs[227] scheint Puppes Kriterium *die Anschaulichkeit*[228] *und Typizität* der Verletzungssituation oder der Verletzungs- oder Tötungscharakter der vom Täter vorgenommenen Tathandlung[229] praktisch brauchbarer.[230] In dieser Hinsicht sind die Folgen einer gewollten Tätigkeit so einer bewusst ausgeführten Handlung in zwei Gruppen zu unterteilen. In der ersten von ihnen sind die „notwendigen" Folgen, die als erforderlicher Bestandteil der Handlung angenommen werden. Die zweite Gruppe dagegen bilden die „zufälligen" Folgen, die nicht als Bestandteil dieser gewollten Tätigkeit angesehen werden dürfen. Die Erstere stellt die typischen, die Letztere die untypischen Folgen dar.[231]

Im Übrigen ist es wichtig klarzustellen, wann ein Erfolg als erforderlich mit der Handlung verbunden anzunehmen ist und wieso diese mit dem Erfolg und der Handlung erforderlich [oder höchstwahrscheinlich][232] verbundenen Folgen als gewollt aufzufassen sind.[233] Der mit der Handlung

---

224 Duttge, Zur Bestimmtheit des Handlungsunwerts, S. 412-413.

225 Vgl. Puppe, ZStW 1991, 1 ff. (22).

226 In einem anderen Sinne Puppe, Vorsatz, S. 24.

227 Puppe hält die Theorie Herzbergs für fehlgeschlagen. Dazu siehe Puppe, Vorsatz, S. 38.

228 Hiernach bezeichnet „*die Anschaulichkeit des Gefahrbildes, das unmittelbare Bevorstehen der Verwirklichung, die mehr oder weniger geringe Beherrschbarkeit des weiteren Verlaufs durch Maßnahmen des Täters oder Dritter nach der Tat.*" Puppe, ZStW 1991, 1 ff. (32-33).

229 Puppe, ZStW 1991, 1 ff. (15, 21-22).

230 Insoweit „*ist unabgeschirmt das unerlaubte Risiko der Tatbestandserfüllung dann, wenn bei oder nach der Handlung des Täters Glück und Zufall allein oder mit einem großen Anteil dazwischentreten müssen, damit sich der Tatbestand nicht erfülle, wenn also der Täter bei rationaler Beurteilung gar nicht oder nicht zuverlässig darauf bauen kann, dass während oder nach seiner gefahrauslösenden Tat eigene oder fremde Leistung die Gefahr gewissermaßen beherrscht.*" Herzberg, JZ 1988, 635 ff. (639). Dazu siehe auch Herzberg, JuS 1986, 249 ff. (254 ff.) und Ruppenthal, Der bedingte Tötungsvorsatz, S. 248-249; vgl. Puppe, ZStW 1991, 1 ff. (22).

231 Jakobs, Kritik des Vorsatzbegriffs, S. 17 und S. 17, Fn. 65.

232 Vgl. Koriath, Grundlagen, S. 644.

233 Koriath, Grundlagen, S. 644.

notwendig,[234] erforderlich und gewöhnlich verbundene Erfolg ist ohne Zweifel als gewollt anzunehmen. Dabei muss die allgemein anerkannte Erfahrung für eine derartige Schlussfolgerung ausschlaggebend sein.[235] Klar ist es, dass nach dieser Ansicht der Schwerpunkt auf dem Bewusstsein des Täters hinsichtlich der Erheblichkeit der Gefahr und der Erforderlichkeit des Erfolgseintritts als auch auf seiner Bereitwilligkeit zur Vornahme der Handlung und zur Annahme der daraus ergebenden Folgen liegt.[236]

Der Täter hat mit seinem Weiterhandeln gezeigt, dass er den Erfolg gewollt und deshalb vorsätzlich gehandelt hat.[237] Laut dem hier vorgebrachten Vorschlag, der die „entvoluntarisierende" Transformation bzw. Metamorphose des Vorsatzes als „Wissen und Wollen des Erfolgs" zum Vorsatz als „Wissen oder Voraussehen" darstellt,[238] liegt der Vorsatz immer dann vor, wenn dem Täter die Tatumstände und der künftige Ablauf oder die Typizität des Geschehens bzw. die Erheblichkeit der Gefahr und Erforderlichkeit des Erfolges wenigstens bewusst sind.[239] Im Rechtssinne lässt sich der tatbestandsmäßige Erfolg dem Täter nur dann als bedingt vorsätzlich zurechnen,[240] wenn er die Handlung unter den von ihm gekannten Bedingungen,[241] d. h. unter Berücksichtigung der ihm bewussten konkreten Umstände, vorgenommen hat, die eine taugliche Methode zur Herbeiführung dieses Erfolges darstellt.[242] Fälle, in denen der Erfolg nach der allgemeinen Lebenserfahrung eines vernünftigen Menschen nicht als notwendig oder erforderlich eintritt, begründen keinen Dolus.[243] Insoweit soll wegen Dolus bestraft werden,

---

234 Unter dem Begriff „notwendig" sei in der Tat „höchstwahrscheinlich" zu verstehen. Zimmermann, S. 35; vgl. Binavince, Die vier Momente, S. 167.

235 Raguès Vallès, GA 2004, 257 ff. (267). Gleiches gilt im amerikanischen Strafrecht. Dazu Caspari, Formen und Grenzen, S. 11.

236 Papageorgiou-Gonatas, ZStW 2006, 262 ff. (265).

237 Der BGH ist ebenfalls bis zu einem gewissen Grad der gleichen Meinung, wenn er sagt: „Die Annahme von Billigung liegt nahe, wenn der Täter sein Vorhaben trotz äußerster Gefährlichkeit durchführt, ohne auf einen glücklichen Ausgang vertrauen zu können, und wenn er es dem Zufall überlässt, ob sich die von ihm erkannte Gefahr verwirklicht oder nicht." Dazu BGH 2 StR 127/80; Rn. 16; BGH 4 StR 87/80, Rn. 8. Hierzu siehe auch BGH 4 StR 232/69; BGH 1 StR 280/71; BGH 1 StR 636/72; BGH 2 StR 210/8.

238 Vgl. Bung, Wissen und Wollen, S. 208.

239 Birnbaum, Die Leichtfertigkeit, S. 215.

240 Nicht als beabsichtigt, wie Puppe annimmt. Dazu siehe Puppe, Vorsatz, S. 66.

241 Puppe, Vorsatz, S. 66.

242 Puppe, Vorsatz, S. 66.

243 Ähnlicherweise ist der Vorsatz im englischen Recht anzunehmen, *„wenn der Täter davon ausgegangen ist oder vorausgesehen hat, das der kriminalisierte Erfolg eintreten würde."* Ross, Über den Vorsatz, S. 55.

wer den Erfolg voraussieht und trotzdem die Tat vornimmt, das „einen guten und getreuen Staatsbürger, also ein Analogon des römischen *diligens pater familia* abgehalten haben würde."[244]

Es versteht sich daher von selbst, dass ein abstraktes Wissen oder Voraussehen bezüglich der Verletzungsgefahr als solcher wegen ihrer Typizität keinen Anlass geben darf, dem Täter einen Vorsatzvorwurf machen zu können.[245] Falls der Täter aber wissentlich so handelt, dass nach allgemein anerkannter Lebenserfahrung der rechtsverletzende Erfolg nach dem Gesetz des Kausalzusammenhanges, nämlich nach dem Verlauf der Dinge, eintreten sollte,[246] ist er sehenden Auges tätig geworden und hat somit der Natur der Sache nach die Rechtsverletzung bzw. den schädlichen Erfolg vorausgesehen und mithin gewollt.[247] In diesem Sinne soll „die Typizität des Verlaufs, die dem Handeln Verletzungsbedeutung verleiht",[248] und die Handlung nach allgemeinen Maßstäben, d. h. nach der Beurteilung des objektiven Beobachters bzw. der Lebenserfahrung eines vernünftigen Menschen, beurteilt werden.[249]

V. Augen des Täters oder Brille des Richters?

Es stellt sich hier also die Frage, ob und welcher Vorstellungsgrad für die Vorsatzbejahung gefordert werden muss.[250] Nach der gängigen Lehre ist es normalerweise festzustellen, ob der qualifizierte und den Vorsatz begründende Vorstellungsgrad beim Täter wirklich gegeben ist,[251] d. h. ob er den rechtswidrigen Erfolg wirklich vorausgesehen hat oder nicht, weil der Täter nur dann wegen des Vorsatzes bestraft werden kann.[252] Demgegenüber sollte es nicht notwendig sein, festzustellen, ob der qualifizierte Vorstellungsgrad beim Täter persönlich auch wirklich vorhanden war. Entscheidend ist vielmehr, ob ein vernünftiger Mensch in der gleichen Situation, in der der Täter sich befindet [a reasonable man in the same situation][253] bzw. unter den gleichen Umständen des Täters, den Erfolg als erforderlich oder notwendig gerechnet hätte oder nicht.[254] Dabei wird

---

244 Bekker, Theorie, S. 272; Stoll, Die Veräußerbarkeit, S. 53.
245 Hemmen, Über den Begriff, S. 38.
246 Hemmen, Über den Begriff, S. 77.
247 Vgl. Hemmen, Über den Begriff, S. 77.
248 Puppe, ZStW 1991, 1 ff. (21).
249 Vgl. Puppe, ZStW 1991, 1 ff. (21).
250 Baumanns, Untersuchungen, S. 137.
251 Baumanns, Untersuchungen, S. 138.
252 Vgl. Baumanns, Untersuchungen, S. 138.
253 Caspari, Formen und Grenzen, S. 9.
254 Denn *„nicht das, was ein Mensch wußte oder dachte ist entscheidend, sondern was er wissen und denken konnte* [oder was wer als ein Vernunftwesen wissen und denken sollte, Anm. des Verfassers]. *Die Beurteilung des Willens wird somit objektiviert, indem vom konkreten Willen abgesehen und auf den potenziellen Willen des Täters*

unterstellt,[255] dass auch der Täter als ein Vernunftwesen erkannt habe oder erkannt haben sollte, was eigentlich jeder vernünftige Mensch in der konkreten Situation hätte wissen müssen.[256] Auch in der amerikanischen Literatur gibt es Vertreter, die sagen, dass es nicht erforderlich sei, die innere Einstellung oder den psychischen Zustand des Täters zu suchen.[257] Es reicht vielmehr aus, wenn ein vernünftiger Mensch unter den gegebenen Umständen gewusst hätte oder hätte voraussehen sollen,[258] dass dies das erforderliche, natürliche bzw. gewöhnliche Ergebnis der Handlung ist.[259]

Auch nach Ansicht des Verfassers ist nicht relevant, wie gefährlich das Handeln in den Augen des Täters war, sondern wie gefährlich die Handlung nach Beobachtung eines objektiven, vernünftigen Beobachters ist. Was bei der strafrechtlichen Würdigung von Bedeutung sein sollte, sind somit nicht der Glaube, die Hoffnungen oder etwas anderes, sondern die Handlungen des Täters. Das bedeutet: Was hier entscheidend ist, ist nicht das, wofür der Täter seine ganze Kraft einsetzt,[260] worauf er vertraut oder was er hofft, sondern die ausgelöste tatsächliche Gefahr, die der Täter ganz bewusst und sehenden Auges herbeigeführt hat.[261] Folglich ist die soeben aufgeworfene Frage so zu beantworten, dass ausschlaggebendes Kriterium für die Feststellung des Vorsatzes die Art und Weise ist, wie der Handelnde seine Kraft eingesetzt hat. Demzufolge liegt der Vorsatz dann vor, wenn das Wissen oder die Vorstellung bezüglich der objektiv konkreten erheblichen Gefahr und der sich daraus logisch und gewöhnlich ergebenden und antizipierten Kausalfolge mit der gesetzlichen Tatbeschreibung übereinstimmt.[262]

Daher spielt es in diesen Fallkonstellationen keine Rolle, was der Täter gedacht oder gefühlt hat,[263] d. h. ob er den Erfolgseintritt innerlich billigt oder ablehnt, damit rechnet, sich damit abfindet oder auf sein Ausbleiben vertraut, sondern was

---

abgestellt wird." Hübner, Die Entwicklung, S. 51. Hierzu siehe auch Schlüchter, Irrtum, S. 3.

255 Gessner, Die bewusste Fahrlässigkeit, S. 71.

256 Baumanns, Untersuchungen, S. 138.

257 Caspari, Formen und Grenzen, S. 36 ff.

258 In diesem Sinne könnten allerdings Einwände erhoben werden. Dazu siehe Bühring, Über die Grenze, S. 34. Die Antwort auf diese Einwände soll so lauten, dass das Recht und insbesondere das Strafrecht oder Juristen und Gerichte sich nicht mit den persönlichen Fantasien, sondern mit den objektiven Tatsachen beschäftigen. Übrigens bildet dies den Grund, warum das Strafrechtsystem nicht auf Gefühlen oder Hoffnungen, sondern auf den Handlungen aufgebaut wurde.

259 Dazu siehe auch Caspari, Formen und Grenzen, S. 37.

260 Baumanns, Untersuchungen, S. 62.

261 Schröder, Aufbau und Grenzen, S. 237-242; Freund, AT, § 7, S. 289, Rn. 68.

262 Dazu siehe auch Pfefferkorn, Grenzen strafbarer Fahrlässigkeit, S. 72.

263 Anders Baumanns, Untersuchungen, S. 105-106.

er erkannt hat oder was er als ein vernünftiges Wesen erkannt haben müsste.[264] Denn was der Täter im konkreten Fall in Anbetracht der Sachlage erkannt hat oder als ein Vernunftwesen erkannt haben sollte, kann er nicht leugnen.[265] Demnach soll oder kann der Täter hier die rechtswidrigen Kausalfolgen nicht nur dann vorsätzlich verwirklicht haben, wenn er diese Kausalfolgen von seiner Erkenntnis abgeleitet hätte, sondern auch in den Fällen, in denen er als ein vernünftig denkendes Rechtssubjekt diese Erkenntnisse hätte ableiten müssen.[266] Entscheidend und ausschlaggebend ist hiernach als Vorsatzkriterium nicht länger, wie der Täter seine Handlung und die daraus ergebenden Folgen bewertet,[267] sondern was er gewusst und erkannt hat.[268] Hat der Täter Kenntnis davon, dass die von ihm vorzunehmende Handlung normalerweise im Hinblick auf die Lebenserfahrung eines vernünftigen Menschen eine erhebliche Gefahr enthält, die in der Tat einen rechtsverletzenden Erfolg notwendig verursachen soll, darf er nicht mehr behaupten, dass er diesen Erfolg nicht gewollt, innerlich nicht gebilligt oder auf einen guten Ausgang bzw. auf ein Ausbleiben des Erfolgs vertraut hat.[269]

Der Vorsatz soll objektiv und normativ zugeschrieben werden, nachdem die Kenntnis des Täters bezüglich der Tatumstände einmal bewiesen ist. Die weitere psychische Willensreflektion des Täters, nämlich was er gedacht, gehofft oder gefühlt hat, kann nicht länger als ausschlaggebend betrachtet werden.[270] Vorsätzlich ist daher eine Tathandlung, wenn ein vernünftiger Mensch unter denselben Umständen, d. h. mit dem ontologischen Wissen eines einsichtigen Beobachters und dem Sonderwissen des Täters die Tat nur dann begehen würde, wenn er den Erfolg akzeptieren würde.[271] Ein objektiver Beobachter würde in einer solchen

---

264 Umgekehrt vertritt die herrschende Meinung sowie der BGH eine entgegengesetzte Auffassung. Grundlegend BGHSt 7, 363. In diesem Sinne ist der BGH der Meinung, dass *„ein spezifisches Risikowissen allein nicht in der Lage ist, den Tötungsvorsatz zu begründen. Zentrales Element der dolus eventualis- Zuschreibung, jedenfalls im Rahmen der Tötungsdelikte, ist die Frage, wie der Täter das Risikowissen psychisch verarbeitet hat.“* Schroth, NStZ 1990, 324 (324); hierzu siehe auch BGH 4 StR 357/12, Rn. 15; BGH 3 StR 321/00; BGH 4 StR 558/11; BGH 3 StR 158/12; vgl. BGH NStZ 2012, 443, 444; Hantschel, Untreuevorsatz, S. 198-199; vgl. Binavince, Die vier Momente, S. 187; anders Walter, NJW 2017, 1350 ff. Rn. 1351.

265 Binavince, Die vier Momente, S. 187.

266 Anders Binavince, Die vier Momente, S. 187.

267 Stratenwerth, ZStW 1959, 51 ff. (66).

268 Schroth ist einer anderen Meinung, wonach es immer von Bedeutung sein sollte, was der Täter denkt oder fühlt. Dazu siehe Schroth, NStZ 1990, 324 (326).

269 Ähnlich dazu siehe Puppe, Vorsatz, S. 39.

270 Gaede, ZStW 2009, 239 ff. (244-245).

271 Puppe, ZStW 1991, 1 ff. (14); ähnlich Kölz-Ott, Eventualvorsatz, S. 12 und Kienapfel (1966), S. 12.

Situation logischerweise die folgende Schlussfolgerung sowieso ziehen, dass „der Erfolgseintritt sein soll bzw. darf."[272]

VI. Illegale Autorennen: Die Raser-Fälle auf der Straße

Ausgehend vom bisher Gesagten kann man nicht zum Schluss gelangen, dass im alltäglichen Straßenverkehr oder im praktischen Leben jede rein abstrakte Gefahrkenntnis Vorsatz begründen kann, weil es weder theoretisch vertretbar noch praktisch durchführbar wäre.[273] Denn im täglichen Leben existieren viele Fallkonstellationen,[274] in denen nur eine abstrakte Gefahrkenntnis vorhanden ist,[275] weil jedes soziale Leben notwendige gewisse Gefahren mit sich bringt.[276] In diesem Sinne gibt es kein risikofreies Verhalten[277] und keine absolute Sicherheit.[278] Ferner denkt ein Autofahrer nur allgemein an die Möglichkeit eines möglichen Unfalls.[279] Die hier erwähnte abstrakt gefährliche Fallkonstellationen bzw. die abstrakte Unfallsmöglichkeit, die der tägliche Straßenverkehr gewöhnlich mit sich bringt[280] und die deshalb als Fälle der alltäglichen Gefahren definiert werden können,[281] sollten unter Berücksichtigung der objektiven Kriterien der eigenen Lehre des Verfassers wie *die Erheblichkeit der Gefahr und Erforderlichkeit [oder Gewöhnlichkeit] des Erfolges* in ein Prüfverfahren einbezogen werden, weil weder die herrschende Lehre noch die anderen Meinungen dafür eine sachgerechte Lösung bieten.[282]

Aus dieser objektiven Prüfung wird hervorgehen, ob in der konkreten Situation eine den Vorsatz begründende konkrete Gefahrkenntnis vorliegt oder ob es sich nur um ein „bloß abstraktes Daran-Denken" bzw. um eine abstrakte Gefahr handelt, die die Fahrlässigkeit begründet.[283] Deswegen reicht ein bloß abstraktes Daran-Denken, dass Straßenverkehr gefährlich ist und jemand dadurch zum Opfer wird, d. h. verletzt werden oder sterben kann,[284] allein noch nicht aus, das

---

272 Puppe, ZStW 1991, 1 ff. (14); vgl. Gaede, ZStW 2009, 239 ff. (244).

273 Kaspar, JuS 2012, 112 ff. (113). Nicht erfassen soll daher der Vorsatz diejenigen unerlaubt riskanten Taten, die ein allgemein aufgedrängtes, sozusagen sozialadäquat unerlaubtes Risiko besitzen. Vgl. Herzberg, JuS 1986, 249 ff. (257).

274 Suter, Fahrlässige Verletzung, S. 1.

275 Vgl. Lasson, ZJS 2009, 359 ff. (364); Plaas, Die Rechtsprechung, S. 10; vgl. Jescheck, Aufbau und Behandlung, S. 27; Arzt, ZStW 1979, 857 ff. (865-866).

276 Schröder, Aufbau und Grenzen, S. 239.

277 Herzberg, JuS 1986, 249 ff. (254).

278 Luhmann, Soziologie des Risikos, S. 37.

279 Ambrosius, Untersuchungen zur Vorsatzabgrenzung, S. 71-72.

280 Ambrosius, Untersuchungen zur Vorsatzabgrenzung, S. 72.

281 Ambrosius, Untersuchungen zur Vorsatzabgrenzung, S. 72.

282 Zustimmend Kargl, Handlung und Ordnung, S. 540-541.

283 Gatzweiler, Rechtsvergleichende Untersuchung, S. 72-73.

284 Ambrosius, Untersuchungen zur Vorsatzabgrenzung, S. 72.

Vorhandensein des Vorsatzes zu begründen.[285] Auch trifft man in der Praxis häufig auf Fälle insbesondere im Straßenverkehr, in denen der Täter nur die abstrakte Kenntnis bezüglich der Gefahr oder des Risikos der von ihm vorgenommenen Handlung hatte.[286] In solchen Fällen erhebt die Verteidigung üblicherweise den Einwand, dass der Angeklagte die abstrakte Kenntnis nicht in die Beurteilung des konkreten Risikos integriert hat.[287] Liegt aber in den oben genannten Fällen keine glaubwürdige bzw. objektiv begründbare Einlassung des Täters vor, soll das Gericht prüfen, ob ein vernünftiger, gesunder Mensch, d. h. eine vernünftig handelnde und einsichtige Person unter diesen Bedingungen diesen schädlichen und rechtsgutverletzenden Erfolg erkannt oder mindestens vorausgesehen[288] und daher angenommen hat, d. h. gewollt hat oder haben sollte.[289]

Zieht man somit den vernünftigen Mensch als ein objektives Kriterium heran oder befolgt man die oben entwickelte Grundregel, wonach die Erheblichkeit der Gefahr und Erforderlichkeit des Erfolgseintritts nach der Lebensplanung oder Lebenserfahrung des vernünftigen Rechtssubjekts zugrunde zu legen ist,[290] muss der Vorsatz bejaht werden, wenn sämtliche Umstände, die die Gefahr der Tatbestandsverwirklichung in sich birgt und die den Erfolgseintritt mit sich bringt, dem Täter deutlich oder erkennbar sind.[291] Daher kommt es für die Bejahung oder Verneinung des Dolus eventualis nicht darauf an, wie hoch oder gering aus der Perspektive des Täters die Wahrscheinlich- oder die Möglichkeit des Eintritts des Enderfolges ist[292] oder mit welcher Wahrscheinlichkeit er den Erfolgseintritt als Folge der Vornahme der Handlung prognostiziert[293] oder ob der Täter den Erfolg gewusst bzw. gewollt hat oder nicht.[294]

Entscheidend ist, ob die Gefahr der vom Täter begangenen Handlung so erheblich ist, dass man aus dieser gefährlichen Handlung nach den allgemein gültigen Lebenserfahrungssätzen eines vernünftigen Menschen den Erfolg gewöhnlicherweise herbeigeführt haben sollte. Insoweit wenn eine Tathandlung nach dem gewöhnlichen Verlauf der Dinge,[295] d. h. *in compliance with the ordinary course of events*[296] oder nach der Lebensplanung und Lebenserfahrung eines vernünftigen

285 Deiters, ZIS 2019, 401 ff. (403); Schröder, Aufbau und Grenzen, S. 242.

286 Jakulin, SLR 2007, 107 ff. (112-113).

287 Raguès Vallès, GA 2004, 257 ff. (268).

288 Ruppenthal, Der bedingte Tötungsvorsatz, S. 138; ähnlich BGH 1 StR 410/05.

289 Birnbaum, Die Leichtfertigkeit, S. 232; Raguès Vallès, GA 2004, 257 ff. (268-269).

290 Namias, Die Zurechnung, S. 156; ähnlich Engisch, Untersuchungen, S. 170 ff.

291 Namias, Die Zurechnung, S. 157; Hemmen, Über den Begriff, S. 58.

292 Ähnlich Namias, Die Zurechnung, S. 156-157.

293 Ähnlich Namias, Die Zurechnung, S. 157.

294 Jerusalem, ZStW 1968, 875 ff. (885-886).

295 Kaspar, JuS 2012, 112 ff. (115).

296 Hierzu siehe auch ICC Art. 30/2-b, 30/3 und Weigend, Subjective Elements, S. 500, Fn. 47.

Menschen den Erfolg gewöhnlich verursacht, ergibt sich schlechthin daraus, dass der Erfolg mit dieser Handlung notwendig[297] oder erforderlich verbunden war und gewöhnlich eingetreten ist.[298] Ferner liegt eine konkrete Gefahr vor, wenn das Ausbleiben des schädlichen Erfolges nur vom Zufall abhängt.[299] Hiernach ist nicht der Eintritt des rechtswidrigen Erfolgs, sondern der Nicht-Eintritt bzw. das Ausbleiben dieses tatbestandsmäßigen Erfolgs außergewöhnlich. Denn, wie *Puppe* zutreffend sagt, vollzieht mindestens jeder geistig gesunde Mensch diesen Erfolgseintritt unmittelbar anschaulich nach.[300]

VIII. Die mutmaßliche Kritik und Einzelfallgerechtigkeit

Gegen die hier vertretene Ansicht, die nach Maßstäben des Kriteriums „des vernünftigen Menschen" objektiviert ist, kann der Einwand erhoben werden,[301] dass es ganz schwierig sei, diese Ansicht mit dem Grundsatz der Einzelfallgerechtigkeit in Einklang zu bringen,[302] weil die konkreten Umstände der einschlägigen Fälle und die Berufs- oder Verkehrskreise des Täters sich unterscheiden können.[303] Gegen diese Einwände ist zu betonen, dass das Kriterium „vernünftiger Mensch" nicht gegen den Grundsatz der Einzelfallgerechtigkeit verstößt. Vielmehr wäre der unbedingte Rückschluss ungerechtfertigt, dass der Täter infolge der erfahrungsgemäßen Erheblichkeit der Gefahr und Erforderlichkeit des Erfolgs auch den Erfolg automatisch gerechnet hat oder haben sollte. Denn eine Schlussfolgerung als solche soll von Fall zu Fall geprüft und bewiesen werden.[304] Dafür müssen Berufskreise und Verkehrskreise bestimmt werden. Bei der Einteilung nach Verkehrskreisen sollen Sonderfähigkeiten des Täters mitberücksichtigt werden.[305] Es kommt daher auf das ontologische und nomologische Wissen eines durchschnittlichen Teilnehmers des einschlägigen Berufskreises an, um die optimale Beurteilung festzustellen.[306] Dabei muss dagegen darauf geachtet werden, dass es praktisch nicht möglich ist, „sämtliche Berufsgruppen und Verkehrskreise im Einzelnen

297 Ferner „*ist höchste Wahrscheinlichkeit somit dann der Notwendigkeit gleichzusetzen.*" Müller, Der dolus eventualis, S. 20.

298 Näher Frauendorfer, Die Willensrichtung, S. 63; ähnlich Bühring, Über die Grenze, S. 75-76.

299 Brammsen, JZ 1989, 71 ff. (80).

300 Puppe, ZStW 1991, 1 ff. (21).

301 Hierzu siehe auch Hantschel, Untreuevorsatz, S. 194.

302 Vgl. Hantschel, Untreuevorsatz, S. 194.

303 Hütte, Maßstab und Umfang, S. 24; Burgstaller, Das Fahrlässigkeitsdelikt, S. 56.

304 Bühring, Über die Grenze, S. 25-26.

305 Reitmaier, Die objektive Erfolgszurechnung, S. 45.

306 Burgstaller, Das Fahrlässigkeitsdelikt, S. 56-57.

aufzuführen, weil die Lebensbereiche nicht immer scharf voneinander getrennt werden können."[307]

Dementsprechend soll die relevante Frage, ob und wie hiernach der Modellmensch, d. h. ein gewissenhafter und einsichtiger Mensch aus dem Amts-, Berufs- oder Verkehrskreis des Täters,[308] im konkreten Fall gehandelt hätte,[309] ohne Zweifel unter Berücksichtigung der komplexen Zusammenschau einer Vielzahl von konkreten einschlägigen Faktoren beantwortet werden.[310] Beispielsweise wird in der Praxis im Straßenverkehr von Fall zu Fall geprüft, ob ein einsichtiger und besonnener Verkehrsteilnehmer,[311] d. h. der Modellmensch, den schädlichen Erfolg vorausgesehen hätte.[312] Nach der hier vertretenen Auffassung sollte dieses Prüfkriterium bei jeder Fallbewertung zur Anwendung kommen. Abgesehen von den Kriterien, die der Besonderheit des Täters angelegt sind, wird das Maß des geschaffenen Risikos, die Erheblichkeit der Gefahr, die Art der Tatausführung und ausgehend von allen diesen objektiven Indizien die Erforderlichkeit des Erfolges relevant sein. Aus diesem Grund sind Anhaltspunkte wie Ort, Zeit, Dauer und Tatmittel immer als objektive Indizien zu berücksichtigen.[313] Der Vorsatz ist somit anzunehmen, falls die im konkreten Fall vom Täter durchaus bewusst realisierte unerlaubte Gefahr nach der Lebensplanung und Lebenserfahrung eines jeden vernünftigen Rechtssubjekts erheblich ist.[314]

Hiernach ist in jedem konkreten Fall zu prüfen, ob und welche Antwort die Erfahrungssätze als die jeweils richtige anbieten.[315] In jedem Einzelfall sollte geprüft werden, ob der erfahrungsgemäß zu erwartende Erfolg als notwendig, erforderlich oder gewöhnlich anzusehen ist. Der Ausgangspunkt ist daher die Größe bzw. Intensität der vom Täter geschaffenen Gefahr.[316] Es ist nicht außer Acht zu lassen, dass die hier erwähnten allgemeinen Erfahrungssätze nur so weit gelten, als sie auf gleichartige individuelle Vorgänge treffen.[317] Weist in diesem

---

307 Hütte, Maßstab und Umfang, S. 21, 25; Rott, Zur Strafbarkeit, S. 131.

308 Hütte, Maßstab und Umfang, S. 23-24.

309 Reitmaier, Die objektive Erfolgszurechnung, S. 46; Burgstaller, Das Fahrlässigkeitsdelikt, S. 58; Welzel, Fahrlässigkeit und Verkehrsdelikte, S. 19.

310 Burgstaller, Das Fahrlässigkeitsdelikt, S. 58.

311 Vgl. Schlüchter, Grenzen, S. 14

312 Hütte, Maßstab und Umfang, S. 23-24.

313 Prömper, Hemmschwellentheorie, S. 178. In diesem Sinne siehe auch Blühm, Die Kriminalität, S. 36 ff.

314 Namias, Die Zurechnung, S. 151.

315 Raguès Vallès, GA 2004, 257 ff. (264).

316 Vgl. Roxin/Greco, Strafrecht AT, § 12, S. 576, Rn. 88d.

317 Welzel, Fahrlässigkeit und Verkehrsdelikte, S. 18; Deswegen wird man überhaupt nicht nur auf einen allgemeinen bzw. abstrakten durchschnittlichen, vernünftig denkenden Menschen als Maßfigur abstellen, sondern der Täter soll im Vergleich zu einer durchschnittlichen Modell- oder Leitfigur in Betracht genommen werden,

Sinne aber der individuelle und konkrete Fall, in dem sich der Täter befindet und bewegt,[318] spezielle Besonderheiten auf, können die allgemeinen Regeln und die Erfahrungssätze nicht mehr auf den konkreten Fall des Täters zutreffen.[319] Deshalb muss jeder konkrete Fall einzeln behandelt werden, sodass Einzelfallgerechtigkeit geschafft werden kann. In diesem Zusammenhang soll – wie schon ausgeführt – die Abgrenzung oder das Ziehen der Demarkationslinie zwischen Dolus eventualis [einschließlich bewusster Fahrlässigkeit] und Fahrlässigkeit bzw. die grobe Fahrlässigkeit auf Grund einer detaillierten Analyse der konkreten Situation vorgenommen werden.[320]

Insoweit ist also die Verletzungstypizität der Handlung[321] und die Geeignetheit der Methode zur Herbeiführung des Erfolges auschlaggebend und maßgeblich anzusehen. Geht der Täter hiernach eine solche erhebliche und verletzungstypische Gefahr ein, ist es dann für die Vorsatzbestimmung irrelevant, ob der Täter subjektiv die Gefahr und den sich daraus ergebenden Erfolg ernst nimmt oder auf einen glücklichen Ausgang vertraut. Denn diese stellen nur die subjektive Einstellung oder psychische und emotionale Beziehung des Täters dar, die nicht im Unrechtsbereich für die Vorsatzbestimmung, sondern allein im Schuldbereich hinsichtlich der Strafzumessung, d. h. für die Schwere der Strafe, in Betracht gezogen werden sollte.[322] Die An- oder Abwesenheit des Vorsatzes ist hiernach mittels der Modellmenschformel bzw. der Ermittlung des Verhaltens der Maßfigur im Einzelfall festzustellen,[323] ob ein gewissenhafter und einsichtiger Angehöriger des Verkehrskreises des Täters in der Tatsituation den schädlichen Erfolg vorausgesehen und gewollt hat oder haben sollte[324] Der Modellmensch oder die Leitbildfigur deuten auf einen objektiven gedachten Beobachter hin, der in der Tat nicht real, sondern nur ein Konstrukt ist.[325] Die Maßfigur stellt, wie es in Österreich[326]

---

die im konkreten Fall und unter der zum Zeitpunkt der Handlung vorhandenen Bedingungen des Täters in Ausbildung, Beruf usw. entspricht. Dazu siehe Schlüchter, Grenzen, S. 72.

318 Hütte, Maßstab und Umfang, S. 23-24.

319 Welzel, Fahrlässigkeit und Verkehrsdelikte, S. 18.

320 Canestrari, GA 2004, 210 ff. (226).

321 Hantschel, Untreuevorsatz, S. 183.

322 Hantschel, Untreuevorsatz, S. 184.

323 Frisch, Vorsatz und Risiko, S. 135.

324 Burgstaller, Das Fahrlässigkeitsdelikt, S. 57; Greco, S. 532; zustimmend Jakobs, Kritik des Vorsatzbegriffs, S. 45; Gatzweiler, Rechtsvergleichende Untersuchung, S. 62; vgl. Schürer-Mohr, Erlaubte Risiken, S. 166-167.

325 Duttge, JRE 2003, 103 ff. (108); vgl. Duttge, GA 2003, 451 ff. (457).

326 In Österreich verwendet man diese Maßfigur für die Feststellung der Sorgfaltswidrigkeit einer Handlung, nicht für die Feststellung des Vorliegens oder Nichtvorliegens des Vorsatzes. Dazu siehe Reitmaier, Die objektive Erfolgszurechnung, S. 44-45.

in vielen Entscheidungen zum Ausdruck kommt,[327] einen besonnenen und einsichtigen Menschen dar.[328] Der objektive Maßstab ist nach den Fähigkeiten eines Idealmenschen bzw. einer durchschnittlichen rationalen Maßfigur im Rahmen des Einzelfalls zu orientieren.[329] Hiernach soll die Tat des Täters nach einem objektiven Maßstab, der sich an einem Durchschnitt zu richten hat,[330] beurteilt werden, weil die Rechtsordnung „niemals etwas von einem Menschen verlangt, was keinem Menschen möglich ist."[331]

VIII. Grundzüge der eigenen Ansicht

Aus dem bisherigen Gesagten folgt, dass die hier vertretene Ansicht anstelle der inneren subjektiven Einstellung oder psychischen Befindlichkeiten des Täters das objektive Kriterium „der vernünftige Mensch" und die sich daraus ergebenden objektiven Maßstäben wie die Erheblichkeit der Gefahr, Erforderlichkeit des Erfolges, Anschaulichkeit, Sichtbarkeit, Gewöhnlichkeit und Typizität der Tatbestandsverwirklichung, Lebenserfahrungssätze, Lebensplanung des vernünftigen Mensch, Beurteilung des einen einsichtigen, besonnenen Bürgers bzw. objektiven Beobachters zur Vorsatzermittlung heranzieht. Die Grundform des Vorsatzes [Dolus eventualis] soll hiernach nicht subjektiv, d. h. anhand der subjektiven Merkmale wie dem Wollenselement, sondern objektiv, d. h. mittels vernünftiger Indizien bestimmt sowie begründet werden. Das wesentliche Merkmal der Grundform des Vorsatzes ist hiernach das Wissenselement, nämlich das Voraussehen des tatbestandsmäßigen Erfolges. Davon ausgehend soll die Bejahung oder Ablehnung des Vorsatzes nach der Beurteilung eines objektiven vernünftigen und besonnenen Beobachters unter Berücksichtigung von Lebenserfahrungssätzen festgestellt werden. Diese objektive Beurteilung des kognitiven Merkmals des Vorsatzes bedeutet, dass zu prüfen und festzustellen ist, was ein vernünftiger, einsichtiger und besonnener Mensch nach der Beurteilung des objektiven Beobachters in der Lage des Täters, nämlich unter Betrachtung der Besonderheiten der konkreten Situation und dessen Fähigkeiten sowie Eigenschaften des Personenkreises, wissen[332] und voraussehen soll oder schon gewusst und vorausgesehen haben sollte.[333]

Derjenige, der den tatbestandsmäßigen Erfolg kennt oder nach der Betrachtung eines vernünftigen Menschen schon gesehen haben müsste, dass er durch seine gefährliche Handlung einen Taterfolg herbeiführt und vorsätzlich handelt,

327 Reitmaier, Die objektive Erfolgszurechnung, S. 45.
328 Burgstaller, Das Fahrlässigkeitsdelikt, S. 56.
329 Hütte, Maßstab und Umfang, S. 18; Maiwald (1966), S. 41.
330 Hütte, Maßstab und Umfang, S. 20.
331 Hütte, Maßstab und Umfang, S. 20.
332 Vgl. Barwitz, S. 42.
333 Ähnlich, Hütte, Maßstab und Umfang, S. 25-26.

auch wenn der Täter behauptet, dass er den Erfolg überhaupt nicht wollte.[334] Nach der Ansicht, die den Maßstab „vernünftiger Mensch“ als ein objektives Abgrenzungskriterium verwendet, ist Dolus eventualis nur dann anzunehmen, wenn die Handlung des Täters „auf Grund des Urteils eines vernünftigen gedachten Beobachters“[335] auch als vorsätzlich vorgenommen angesehen werden sollte.[336] Den Verständigen sollte daher die Ratio und nicht das Gefühl anleiten, da man allein durch vernünftige Urteile Gerechtigkeit schaffen kann.[337]

Der bis hier ausgeführte Stand des Verfassers ist dadurch gekennzeichnet, dass die Erheblichkeit der Gefahr[338] und die damit verbundene Erforderlichkeit des Erfolges in erster Linie mit der Brille [aus der Sicht] des objektiven Beobachters, d. h. nach der Lebensplanung eines vernünftigen, einsichtigen und besonnenen Rechtssubjekts und dessen Lebenserfahrungssätzen betrachtet wird.[339] Daraus folgt, dass die objektive Bewertung der durch die Handlung des Täters geschaffenen Gefahr eine entscheidende sowie ausschlaggebende Rolle hinsichtlich der Feststellung des Dolus eventualis und der Abgrenzung zwischen Vorsatz und Fahrlässigkeit spielen sollte.[340] Demnach leitet sich der Dolus eventualis unmittelbar aus dem Handeln des Täters her, woraus der Lebenserfahrung eines vernünftigen Menschen nach der Eintritt eines Erfolges zu erwarten ist.[341] Bei der Bewertung der Erheblichkeit der Gefahr und demzufolge der Erforderlichkeit des rechtswidrigen Erfolges kommt es auf die Gewöhnlichkeit und Leichtigkeit des aus der vorgenommenen riskanten Tathandlung ergebenden Erfolges,[342] die Anschaulichkeit und Typizität der rechtsverletzenden Fallkonstellationen,[343] die Sichtbarkeit[344] und Überschaubarkeit der Situation,[345] die Beurteilung des einen vernünftigen, gewissenhaften, besonnenen[346] und verständigen Menschen[347] bzw. die Behandlung eines objektiven Beobachters,[348] der die Handlung des konkreten Täters nach den allgemeinen Lebenserfahrungssätzen prüft und einschätzt, an.[349]

334 Vgl. Scheffler, JURA 1995, 349 ff. (352).

335 Canestrari, GA 2004, 210 ff. (217); Hierzu siehe auch Duttge, JRE 2003, 103 ff. (108).

336 Bruck, Zur Lehre von der Fahrlässigkeit, S. 20.

337 Martins, Versuch, S. 82.

338 In diesem Sinne *„sei die Gefahr als drohendes, unbestimmtes, zukünftiges Ereignis definiert.“* Schlüchter, Grenzen, S. 76.

339 Hütte, Maßstab und Umfang, S. 22; vgl. Roxin, JuS 1964, 53 ff. (59).

340 Canestrari, GA 2004, 210 ff. (216).

341 Bühring, Über die Grenze, S. 74; Schroth, JuS 1992, 1 ff. (3).

342 Vgl. Müller, Der dolus eventualis, S. 16.

343 Vgl. Puppe, ZStW 1991, 1 ff. (22).

344 Vgl. Rott, Zur Strafbarkeit, S. 134.

345 Vgl. Birnbaum, Die Leichtfertigkeit, S. 219.

346 Vgl. Schürer-Mohr, Erlaubte Risiken, S. 72, 166-167.

347 Vgl. Duttge, GA 2003, 451 ff. (457).

348 Kindhäuser, ZStW 2008, 481 ff. (481); vgl. Hübner, Die Entwicklung, S. 129.

349 Hierzu siehe auch Fletcher, Univ PA Law Rev 1971, 401 ff. (427-428).

Vorsatz liegt vor, wenn der Täter das von ihm verursachte Geschehen bzw. den von ihm im Gang gesetzten kausalen Prozess beurteilt und bewertet hat und gerade deshalb gewusst oder als ein vernünftig denkender Mensch gewusst haben müsste, dass der schädliche Erfolg eintreten wird.[350] Die objektive Interpretation der Handlung des Täters,[351] die als Ausdruck oder Äußerung seiner den Rechtsnormen widersprechenden Geisteshaltung anzusehen ist,[352] erweist sich daher als ein wesentlicher Maßstab für die Abgrenzung von Vorsatz und Fahrlässigkeit, d. h. für die Unterscheidung zwischen dem Dolus eventualis und der groben [nicht der sog. bewussten][353] Fahrlässigkeit. Das hier erwähnte Kriterium „der vernünftige Mensch" bildet einen sowohl theoretisch vertretbaren als auch praktisch anwendbaren Maßstab, der nicht für alle Vorsatzformen, sondern vielmehr für die Hauptform des Vorsatzes, d. h. für den Dolus eventualis gilt.[354]

Aus diesem Grund soll die Frage, ob und inwieweit die oben erwähnte normative Interpretation oder objektive Beurteilung der Tathandlung des Täters unabhängig von seiner inneren Einstellung und geistigen Einhaltung eingehen soll,[355] wie nachfolgend beantwortet wird: Solange es nicht gewiss ist, ob der Täter den Erfolgseintritt beabsichtigt [Absicht bzw. Dolus directus ersten Grades] oder sicher weiß [Dolus directus zweiten Grades bzw. der direkte Vorsatz][356] oder nicht, wird diese objektive Beurteilung unabhängig von der die Tat begleitenden inneren Einstellung des Täters durchgeführt. Voraussetzung hierfür ist, dass sich der Täter den Erfolgseintritt wirklich vorgestellt hat oder als ein vernünftiges Wesen hätte vorstellen müssen. Statt der Ermittlung der Gedanken des Täters können objektive Kriterien herangezogen und so festgestellt werden, ob der Täter die Tat vorsätzlich oder fahrlässig vorgenommen hat.[357] Hiernach wird aus dem intellektuellen Moment auf das voluntative Element geschlossen.[358] Ferner soll der Rechtsanwender in den Fällen, in denen kein Geständnis vorliegt, nämlich falls der Täter kein Geständnis abgelegt hat, dass er vorsätzlich handelt[359], oder in den Fällen, in denen wegen Mangels an die Einlassung des Täters der Vorsatz nicht offensichtlich auf der Hand liegt [z. B. Handeln im Zweifel],[360] zur Ermittlung des Vorsatzes auf

---

350 Vgl. Eichmann, Der Vorsatz, S. 58.

351 In der mexikanischen Lehre liegen ähnlicherweise neuere Tendenzen vor. Dazu siehe Gatzweiler, Rechtsvergleichende Untersuchung, S. 107.

352 Puppe, ZStW 1991, 1 ff. (15).

353 Anders Puppe, ZStW 1991, 1 ff. (15 ff.)

354 Anders Puppe, ZStW 1991, 1 ff. (15).

355 Puppe, ZStW 1991, 1 ff. (15).

356 Vogel/Bülte, in: LK § 15 StGB Rn. 92.

357 Prömper, Hemmschwellentheorie, S. 18-19.

358 Scheffler, JURA 1995, 349 ff. (354).

359 Hantschel, Untreuevorsatz, S. 193.

360 Näher Gottwald, Grenze zwischen Vorsatz und Fahrlässigkeit, S. 2.

objektive Anhaltspunkte zurückgreifen,[361] weil er an den Indizienbeweis angewiesen ist.[362] Entscheidend ist daher für die Begründung des Vorsatzes nicht [wie *Herzberg* durchaus treffend formuliert], „dass der Täter eine erkannte Gefahr ernst genommen, sondern dass er eine ernstzunehmende Gefahr erkannt hat."[363]

Die Vorsatzbestimmung soll daher nicht durch „Introspektion und Interpretation" der vom Täter vorgenommenen Tathandlungen anhand der Methode der Ermittlung der subjektiven Tatsachen bzw. der inneren-psychischen Einstellungen,[364] sondern anhand der äußeren und objektiven Kriterien geliefert werden.[365] Im Vergleich zur herrschenden Lehre liegt der Unterschied darin, dass die Projektion nicht auf den inneren individuellen Maßstäben des Täters erfolgt, sondern auf den objektiven Kriterien eines vernünftigen und nach Maximen handelnden Menschen beruht.[366] Die hier erwähnte Beurteilung des objektiven Beobachters stellt die Interpretation der vom Täter begangenen Tat nach allgemeinen Maßstäben der Vernunft dar.[367] Aus diesem Grund soll sowie darf diese objektive Beurteilung oder diese vernünftige Interpretation nicht durch innerlich-psychisch-emotionale Zustände des Täters wie das irrationale Vertrauen, Verdrängungen, Gefühle oder Hoffnungen entkräftet werden.[368]

Jedoch könnte gegen das Kriterium „der vernünftige Mensch" und gegen die daraus folgenden Maßstäbe „der Erheblichkeit der Gefahr und Erforderlichkeit des Erfolges" der Einwand erhoben werden, dass diese Theorie zu einer zu starken ungerechtfertigten Einschränkung der Vorsatzstrafbarkeit oder Einengung des Vorsatzbegriffes führt.[369] Dieser Einwand gilt aber nicht für die Ansicht des Verfassers. Denn der Verfasser unterscheidet die Grund- und Erscheinungsformen des Vorsatzes voneinander. Hiernach sind Voraussetzungen und Kriterien der Grund- und Erscheinungsformen des Vorsatzes unterschiedlich. Die objektiven Kriterien bilden nicht die Bedingungen oder Merkmale der Erscheinungsformen des Vorsatzes, mit denen der Täter etwas erstrebt bzw. beabsichtigt hat [die Absicht] oder den Erfolgseintritt als sicher weiß [der direkte Vorsatz]. Unter Zuhilfenahme der erwähnten objektiven Kriterien dient die Theorie allein der Feststellung der Grundform des Vorsatzes bzw. des Dolus eventualis. Aus diesem Grund handelt derjenige, der einen anderen Menschen absichtlich erschießen will, dies aber aus ungünstiger Schussposition – also mit relativ geringen Erfolgsaussichten – umsetzt,

---

361 Birnbaum, Die Leichtfertigkeit, S. 220.
362 Miricka, Die Formen, S. 101.
363 Herzberg, JuS 1986, 249 ff. (262).
364 Märker, Vorsatz und Fahrlässigkeit, S. 200.
365 Puppe, ZStW 1991, 1 ff. (33).
366 Vgl. Puppe, ZStW 1991, 1 ff. (33).
367 Hierzu siehe auch Puppe, Begriffskonzeptionen, S. 13-14 und Puppe, Vorsatz, S. 40.
368 Puppe, Vorsatz, S. 40; Raguès Vallès, GA 2004, 257 ff. (271).
369 Dazu Hantschel, Untreuevorsatz, S. 184.

vorsätzlich,[370] nämlich mit der Absicht,[371] ohne Rückschluss auf die ungünstige Schussposition oder die geringe Möglichkeit des Erfolgseintritts.[372] Im Gegensatz zur Ansicht *Ruppenthals* kann der Vorsatz hiermit wieder angenommen werden, selbst wenn die Schussposition so ungünstig ist, dass darin nach allgemeinen Erfahrungssätzen keine taugliche Tötungsmethode mehr gesehen werden kann.[373] Den Vorsatz schließt das ungünstige Mittel oder die ungünstige Schussposition nicht aus. Falls der Erfolg nicht eingetreten ist, ist von einem untauglichen Versuch die Rede. Der Vorsatz bleibt unberührt. Dementsprechend handelt der Täter vorsätzlich, auch wenn er bewusst nur eine geringe oder mittlere Gefahr setzt, falls er den damit verbundenen tatbestandsmäßigen Erfolgseintritt erstrebt oder beabsichtigt. Aus diesem Grund trifft die ausgeführte Kritik nicht die hier vertretene Ansicht.[374]

Das ist der wesentliche Unterschied, in der sich die eigene Ansicht des Verfassers sowohl von der Willenstheorie als auch der Vorstellungstheorie unterscheidet. Demnach liegt die Grundform des Vorsatzes bzw. Dolus eventualis grundsätzlich bei der notwendigen, erforderlichen oder gewöhnlichen Voraussicht des Erfolges vor. Bei Voraussicht einer einfach wahrscheinlichen, bloß möglichen oder entfernten Voraussicht ist der Vorsatz [Absicht] nur dann anzunehmen,[375] falls der Täter den Erfolg beabsichtigt, erstrebt oder gezielt hat.[376] Es ist zu betonen, dass die Konzeption des Dolus eventualis einschließlich der sog. bewussten Fahrlässigkeit als Wissen um eine erhebliche Gefahr und einen erforderlichen oder gewöhnlichen Erfolg den wesentlichen Standpunkt und Blickwinkel der Ansicht des Verfassers darstellt. In diesem Sinne ist eine Gefahr deswegen erheblich und mithin vorsatzbegründend, wenn in der ausgeführten Tathandlung der Erfolgseintritt als erforderlich oder gewöhnlich liegt und ein gesunder Mensch und vernünftig denkender Täter daher nicht mehr auf das Ausbleiben oder einen guten Ausgang vertrauen kann sowie darf.[377]

---

370 Ruppenthal, Der bedingte Tötungsvorsatz, S. 265-266.

371 Ruppenthal, Der bedingte Tötungsvorsatz, S. 286.

372 Dazu siehe auch Kindhäuser/Neumann/Paeffgen, § 15 StGB, Rn. 78; vgl. Ruppenthal, Der bedingte Tötungsvorsatz, S. 264-265.

373 Anders Ruppenthal, Der bedingte Tötungsvorsatz, S. 266.

374 Dazu siehe auch Ruppenthal, Der bedingte Tötungsvorsatz, S. 264.

375 Anders Hippel, Die Vorstellungstheorie, S. 407-408.

376 Zustimmend Ruppenthal, Der bedingte Tötungsvorsatz, S. 265.

377 Ähnlich Ruppenthal, Der bedingte Tötungsvorsatz, S. 284.

B. Ist der Ersatz von Gegenfaktoren Gegenindiz zum Vorsatz?

I. Die Theorie der Manifestation des Vermeidungswillens

Die Theorie oder Lehre der Manifestation des Vermeidungswillens ist von *Armin Kaufmann* entwickelt worden,[378] der den Vorsatz als Verwirklichungswillen definiert.[379] Nach dieser Theorie hängt die Bejahung oder Ablehnung des Vorsatzes davon ab, ob der Täter Maßnahmen zur Vermeidung des Erfolges ergriffen hat oder nicht.[380] Insoweit geht Kaufmann von der Frage aus, ob im konkreten Einzelfall ein „betätigter Vermeidungswille“[381] des Täters festzustellen ist oder nicht.[382] Manifestiert sich der Vermeidungswille des Täters im äußeren Geschehen,[383] sei der Vorsatz ausgeschlossen.[384] Ferner sei nach *Kaufmanns* Lehre der hier genannte Verwirklichungswille immer dort abzulehnen, wo der Täter Gegenfaktoren bzw. eine Gegensteuerung einsetzt, um den tatbestandsmäßigen Schaden zu vermeiden,[385] weil er damit zeigt, dass er den Erfolg nicht will.[386] Deswegen ist die Vermeidungstheorie in der Tat nichts anderes als eine Spielart der Billigungstheorie,[387] weil diese Theorie klar oder einigermaßen vom Verwirklichungswillen ausgeht.[388]

Insoweit sollte der Täter in der „Lederriemen-Entscheidung“ des BGH,[389] in der der BGH die Verurteilung wegen Mordes bestätigt hat,[390] den Tod des Opfers nicht gewollt haben, weil er vielmehr versucht hat, das Opfer durch Wiederbelebungsversuche zu retten bzw. den Erfolg zu vermeiden.[391] Das Kriterium der Ergreifung von Gegenmaßnahmen zur Vermeidung der Gefahr[392] oder der Gegensteuerung stellt jedoch kein sicheres Kriterium dar, um klarzustellen, ob der Täter tatsächlich vorsätzlich oder fahrlässig gehandelt hat. Ferner ist das Unterlassen

---

378 Kaufmann, ZStW 1958, 64 ff. (74).

379 Herzberg, JuS 1986, 249 ff. (258); Ruppenthal, Der bedingte Tötungsvorsatz, S. 217 ff.

380 Kaufmann, ZStW 1958, 64 ff. (74-75); Hantschel, Untreuevorsatz, S. 169; Roxin, JuS 1964, 53 ff. (55); Frisch, Vorsatz und Risiko, S. 13-15.

381 Für erörterndes Beispiel siehe Kaufmann, ZStW 1958, 64 ff. (76).

382 Scheffler, JURA 1995, 349 ff. (355).

383 Ambrosius, Untersuchungen zur Vorsatzabgrenzung, S. 48-49.

384 Vgl. Weigend, ZStW 1983, 657 ff. (666).

385 Geppert, JURA 1986, 610 ff. (611).

386 Hiernach *„will er ihn nicht, wenn er ihn durch sein Verhalten zu vermeiden sucht.“* Fieseler, Direkter und bedingter Rechtswidrigkeitsvorsatz, S. 101.

387 Philipps, ZStW 1973 27 ff. (30).

388 Geppert, JURA 1986, 610 ff. (611).

389 Der Lederriemenfall – Urteil vom 22.4.1955 – 5 StR 35/55 BGHSt 7, 363.

390 Brammsen, JZ 1989, 71 ff. (76).

391 Vgl. Scheffler, JURA 1995, 349 ff. (355).

392 Geppert, JURA 1986, 610 ff. (611).

von notwendigen und ausreichenden Gegenmaßnahmen als Gleichgültigkeit und dadurch als Billigung gegenüber dem herbeizuführenden schädlichen Erfolg und damit dem gefährdeten Rechtsgut des Dritten zu bewerten.[393] Wie schon ersichtlich, liegt ein anderes vorsatzeinschränkendes oder vorsatzausschließendes Merkmal nach der Ansicht Kaufmanns, die als „Manifestation des Vermeidungswillens" zu bezeichnen ist[394] und die den sog. „Vermeidungswillen" ins Zentrum bzw. in den Mittelpunkt der Lehre stellt,[395] darin dass die auf die Erreichung des Zieles bzw. des erstrebten Erfolges gerichtete Handlung des Täters gleichzeitig auf die Vermeidung der damit verbundenen tatbestandsmäßigen Nebenfolgen gerichtet ist.[396] Denn der Verwirklichungswille, der auf die Vermeidung des rechtsverletzenden Erfolges gerichtet ist, soll der steuernde Wille sein, der sich im äußeren Geschehen bzw. im konkreten Fall manifestiert.[397] Liegt hiernach ein betätigter Vermeidungswille vor,[398] scheidet Vorsatz aus, weil der tatmächtige Vermeidungswille den Herbeiführungswillen und dadurch den Vorsatz ausschließe.[399]

Hieraus dürfte sich aber nicht ergeben, dass der Vermeidungswille allein ausreicht, den Vorsatz auszuschließen.[400] Vielmehr schließe der „Vermeidungswille" den Vorsatz oder die Annahme eines „Herbeiführungswillen" des Erfolges nur dann aus, wenn ein tatmächtiger Wille des Täters vorliegt.[401] In diesem Sinne ist ein tatmächtiger Verwirklichungswille zur Vermeidung und Verneinung des tatbestandsmäßigen Erfolges oder der damit verbundenen Nebenfolge nur dann anzunehmen,[402] wenn der Täter eine reelle Chance hat, den Erfolg zu verhindern.[403] Das führt uns zum Schluss: Das Vermeiden-Sollen setzt das Vermeiden-Können voraus,[404] weil von einem Vermeiden-Sollen nur dann die Rede sein kann, wenn ein Vermeiden logisch und objektiv möglich ist.[405] Mit anderen Worten: Um von einem Vorsatzausschluss reden zu können, müsste der Täter den Eintritt des tatbestandsmäßigen Erfolgs in Anbetracht der getroffenen Vermeidungsmaßnahmen

---

393 Schlüchter, Grenzen, S. 72; hierzu siehe auch Gatzweiler, Rechtsvergleichende Untersuchung, S. 103.

394 Gessner, Die bewusste Fahrlässigkeit, S. 63.

395 Bloy, ZStW 1978, 609 ff. (645).

396 Weigend, ZStW 1983, 657 ff. (666).

397 Hierzu siehe auch Ambrosius, Untersuchungen zur Vorsatzabgrenzung, S. 48.

398 Ambrosius, Untersuchungen zur Vorsatzabgrenzung, S. 48.

399 Hantschel, Untreuevorsatz, S. 169.

400 Kaufmann, ZStW 1958, 64 ff. (74-75).

401 Ambrosius, Untersuchungen zur Vorsatzabgrenzung, S. 48.

402 Gessner, Die bewusste Fahrlässigkeit, S. 62.

403 Kaufmann, ZStW 1958, 64 ff. (77); hierzu siehe auch Ambrosius, Untersuchungen zur Vorsatzabgrenzung, S. 48-49 und Welzel, Das Deutsche Strafrecht, S. 68-69.

404 Binavince, Die vier Momente, S. 80.

405 Mohrmann, Die neueren Ansichten, S. 50.

als nicht realistisch verneint haben.[406] Der Einsatz von Gegenfaktoren zur Vermeidung und zur Verneinung des tatbestandsmäßigen Erfolges soll so realistisch vollzogen werden,[407] dass der Täter von einem Nichteintritt des schädlichen Erfolgs ausgeht.[408]

II. Der Ersatz von Gegenfaktoren als vorsatzausschließender Grund?

Nach der oben erwähnten Theorie[409] des Vermeidungswillens soll eine auf Vermeidung des tatbestandsmäßigen Erfolges gerichtete Tathandlung zur Verneinung eines Vorsatzvorwurfs ausreichen.[410] Der Verfasser ist aber mit dieser Untersuchung so weit gelangt, dass das Vertrauen des Täters, den rechtsgutverletzenden Erfolg vermeiden zu können, nach der Beurteilung eines vernünftig denkenden und objektiven Beobachters nicht begründbar und haltbar ist. Gerade deshalb sollte und dürfte der betätigte Vermeidungswille, d. h. die Frage, ob der Täter sich ernstlich bemüht hat, die Folge abzuwenden bzw. zu verhindern, keine Rolle spielen, um den Vorsatz auszuschließen oder anzunehmen.[411] Hieraus dürfte sich ergeben, dass ein vernünftiger Mensch einerseits eine gefährliche Handlung bewusst vornimmt und andererseits den Erfolg zu vermeiden sucht, der Eintritt des Erfolges immer noch als notwendig oder erforderlich erscheint.[412] Folglich bleibt auch ein entsprechender Dolus eventualis möglich.[413]

Der Einsatz von Gegenfaktoren zur Vermeidung des tatbestandsmäßigen Erfolges und der damit verbundenen Nebenerfolge darf nicht als ein vorsatzausschließender Faktor angesehen und dafür verwendet werden. Mit anderen Worten, für die Ablehnung des Vorsatzes reicht somit die Behauptung bzw. Ausrede nicht aus, dass der Täter auf die mögliche Rettung[414] des Opfers durch seinen eigenen oder einen eventuellen Eingriff des Wiederbelebungsanästhesisten[415] im Team der Pflegeeinrichtung vertraut habe[416]. Die Festlegung, ob der Täter mit dem Vorsatz gehandelt hat oder nicht, dürfte daher nicht darauf eingehen, ob der Täter die notwendigen Maßnahmen getroffen[417] oder den erforderlichen Verhinderungsmaßen

406 Ambrosius, Untersuchungen zur Vorsatzabgrenzung, S. 48.
407 Gessner, Die bewusste Fahrlässigkeit, S. 62.
408 Frisch NStZ 1991, 23 ff. Rn. 24.
409 Kaufmann, ZStW 1958, 64 ff. (74 ff.); hierzu siehe auch Binavince, Die vier Momente, S. 162.
410 Canestrari, GA 2004, 210 ff. (224).
411 Vgl. Runck, Dolus eventualis, S. 44-45.
412 Vgl. Stratenwerth, ZStW 1959, 51 ff. (62, 64).
413 Vgl. Binavince, Die vier Momente, S. 163.
414 Frisch, Vorsatz und Risiko, S. 211-212.
415 Dazu siehe auch Schlüchter, Grenzen, S. 71.
416 Canestrari, GA 2004, 210 ff. (223).
417 Geppert, JURA 1986, 610 ff. (611).

ergriffen hat oder nicht, um den schädlichen Erfolgseintritt zu verhindern.[418] Aus dem bisherigen Gesagten folgt, dass die vorgenommene Handlung als vorsätzlich qualifiziert wird, unabhängig davon, ob der Täter die notwendigen Gegenfaktoren getroffen oder erforderliche Verhinderungsmaßen ergriffen hat oder nicht. Für die Bejahung oder Verneinung des Vorsatzes soll hiernach den objektiven Kriterien viel mehr Relevanz gegeben werden und nach ihnen ist der Dolus eventualis anzunehmen oder abzulehnen.[419]

In diesem Sinne ist es nochmal zu betonen, dass die Betätigung des Vermeidungswillens oder der Ersatz von Gegenfaktoren nicht als Gegenindiz des Vorsatzes betrachtet werden kann.[420] Doch muss dieser Vermeidungswille im Schuldbereich hinsichtlich der Strafzumessung in Betracht gezogen werden.[421] In Hinsicht auf die Unterscheidung vom [bedingten] Vorsatz und der [bewussten] Fahrlässigkeit sollte es aber nicht angemessen sein, den Vermeidungswillen zur Tatbestandsverwirklichung zugrunde zu legen. Denn diese Methode führt zwangsläufig dazu, eine Abgrenzung zwischen der sogenannten leichter und schwerer vermeidbaren Tatbestandsverwirklichung [= die Leichtfertigkeit][422] zu machen.[423] Als Kriterium kann eine solche Vermeidbarkeitsstufe weder theoretisch plausibel noch praktisch durchführbar sein. Aus diesem Grund sollte die Abgrenzung von Vorsatz und Fahrlässigkeit nicht davon abhängig gemacht werden, wie weit sich der Täter in seiner persönlichen Einstellung von der Vermeidung der Folge entfernt hat.[424] Anders gesagt: In diesem Zusammenhang kann die innere subjektive und dadurch unvoreingenommene Einstellung des individuellen Täters bezüglich der Vermeidung der Konsequenzen seiner Handlung [= hinsichtlich der Steuerbarkeit des Verlaufs zur Tatbestandsverwirklichung] nicht als Maßstab betrachtet werden, weil die innere Einstellung des Täters, ohne eine Floskel zu sein,[425] mit der Steuerbarkeit des Verlaufs zur Tatbestandsverwirklichung im Wesentlichen keine Rollen spielen kann.[426]

Die Betätigung des Vermeidungswillens,[427] nämlich die Einführung eines dem Verwirklichungswillen entgegenstehenden „Vermeidungswillens“, stellt m. E.

---

418 Gatzweiler, Rechtsvergleichende Untersuchung, S. 104; ähnlich Herzberg, JZ 1988, 573 ff. (574).

419 Vgl. Gatzweiler, Rechtsvergleichende Untersuchung, S. 104. (Zitiert von Altamirano Duenas)

420 Hierzu siehe auch Deiters, ZIS 2019, 401 ff. (404-405).

421 Dazu siehe Vogel/Bülte, in: LK § 15 StGB Rn. 117.

422 Wegscheider, ZStW 1986, 624 ff. (637, 657); hierzu siehe auch Zehetgruber, KriPoZ 2018, 358 ff. (361).

423 Engisch, Untersuchungen, S. 52; hierzu siehe auch Silving, JCLC 1960, V.51, 19 ff. (25).

424 Ähnlich Herzberg, JZ 1988, 573 ff. (574).

425 Jakobs, Strafrecht AT, S. 269-270, Rn. 21.

426 Jakobs, Studien, S. 90.

427 Baumanns, Untersuchungen, S. 61.

nichts anderes als eine andere Umschreibung des „Handelns-trotz-Vorstellens“[428] oder „Handelns trotz Wissen“ dar.[429] Denn aus der Gestaltung des Handlungsablaufs des Täters ergibt sich kein Vermeidungswille, weil der Täter sein Verhalten für einen Außenstehenden, gesehen durch die Brille des vernünftigen Menschen, so steuert, dass er den üblen Ausgang und den sich daraus ergebenden, schädlichen Erfolg eigentlich nicht vermeiden will,[430] sondern gewollt haben sollte, indem er trotzdem weiterhandelt.[431] Aus diesem Grund können sowie dürfen die Bemühungen oder die sog. Gegensteuerungen, den Erfolg abzuwenden, den Vorsatz nicht ausschließen.[432] Im Gegensatz zu Kaufmanns Lehre, die mittels der Betätigung des Vermeidungswillens den bedingten Vorsatz von der bewussten Fahrlässigkeit abzugrenzen versucht,[433] scheint das hier genannte Kriterium eines betätigten Vermeidungswillens somit für eine Abgrenzung zwischen dem Dolus eventualis und der bewussten Fahrlässigkeit nicht geeignet.[434] Die vom Täter durchweg bewusst ins Werk gesetzte Gefahr[435] oder der wissentlich und willentlich „in Gang gesetzte risikohafte Kausalprozess“[436] bedarf keiner kunstvollen Auslegung wie des Vermeidungswillens des Täters, um es klarzustellen, ob der Täter vorsätzlich gehandelt hat oder nicht. Denn wer bis zu dem Zeitpunkt, zu dem ein rechtsverletzender Erfolgseintritt nicht mehr zu verhindern gewesen ist, bewusste Tatherrschaft über das Geschehen hat, handelt vorsätzlich hinsichtlich der sich aus diesem Geschehen ergebenden Folgen.[437]

III. Ein echtes Problem und die am falschen Ort gesuchte Lösung

Es lässt sich nicht leugnen, dass sich unser Rechtsgefühl dagegen sträubt, denjenigen als Vorsatztäter zu bestrafen, der sich dem möglichen ungünstigen Erfolg mit ganzer Kraft entgegenstemmt.[438] Mit anderen Worten, es könnte nach den Kriterien des Gemeinschaftsgefühls höchstwahrscheinlich nicht als sachgerecht und angemessen angenommen werden, denjenigen, der zwar vorsätzlich gehandelt, aber seinen Willen eifrig auf die Vermeidung eines Kausalablaufs, der den

428 Gessner, Die bewusste Fahrlässigkeit, S. 64.
429 Hierzu siehe auch Binavince, Die vier Momente, S. 184.
430 Gessner, Die bewusste Fahrlässigkeit, S. 64.
431 Zustimmend Puppe, ZIS 2019, 409 ff. (411).
432 Roxin/Greco, Strafrecht AT, § 12, S. 559, Rn. 54.
433 Ambrosius, Untersuchungen zur Vorsatzabgrenzung, S. 52.
434 Stratenwerth, ZStW 1959, 51 ff. (63).
435 Wolter, Objektive und personale Zurechnung, S. 122.
436 Wolf, AfcP 1970, 181 ff. (190).
437 Zustimmend BGH 4 StR 482/19, Rn. 12.
438 Baumanns, Untersuchungen, S. 114.

schädlichen und rechtsverletzenden Erfolg verursacht,[439]gerichtet hat, gerade wie denjenigen zu bestrafen, der den schädlichen Erfolg wissentlich und willentlich bzw. direkt herbeigeführt hat, ohne irgendeinen Gegenfaktor einzusetzen.[440] Die Lösung dürfte aber nicht so sein, die Bejahung oder Verneinung des Vorsatzes von einem Vermeidungswillen des Täters abhängig zu machen. Die Verschiedenheit zwischen den zwei oben genannten Typologien des Täters soll uns auf keinen Fall zum Schluss führen, den Vorsatz je nach dem Vermeidungswillen des Täters zu begründen oder ihn auszuschließen.[441]

Insoweit darf man weder dem bloßen noch dem konkreten Vermeidungswillen eine Unterscheidungsfunktion hinsichtlich der Fahrlässigkeit und des Vorsatzes zuschreiben, weil auch in Vorsatzfällen ein Vermeidungswille immer vorhanden sein kann.[442] Das Problem sollte im Schuldbereich gelöst werden. Hiernach sollen der Vermeidungswille oder die Bemühungen oder Strebungen des Täters zur Verhinderung des tatbestandsmäßigen Erfolges[443] im Schuldbereich hinsichtlich der Strafzumessung betrachtet werden. Hieraus dürfte sich ergeben, dass der betätigte Vermeidungswille des Täters im Gegensatz zur Ansicht des BGHs überhaupt nicht als zurechnungsrelevanter oder das Unrecht bestimmender Sachverhalt anzusehen ist, sondern als schuldrelevanter bzw. strafzumessungsrelevanter Faktor betrachtet werden soll.[444] Im Übrigen entfällt nach dieser Theorie der Vorsatz, wenn der Verwirklichungswille des Täters gerade darauf gerichtet ist, den zu erwartenden, rechtswidrigen Erfolgseintritt zu vermeiden.[445] Insoweit liegt kein Vorsatz vor,[446] wenn der Täter bei der Tathandlung gleichzeitig Gegenmaßnahmen einsetzt, mit deren Hilfe er den Ablauf so zu steuern versucht,[447] dass der herbeizuführende schädliche Erfolg und die damit als erforderlich verbundene, vorgestellte Nebenfolge nicht eintreten würden.[448]

Diese Ansicht stellt aber einen Widerspruch in sich dar. Ferner ist es sinnlos anzunehmen, dass man zum einen etwas anstreben und zum anderen das Gegenteil verwirklichen wollen kann.[449] Denn wenn jemand etwas verwirklichen will, das notwendigerweise andere Folgen mit sich bringen kann, und trotzdem

---

439 Baumanns, Untersuchungen, S. 114.
440 Zeiler, ZStW 1934, 251 ff. (254).
441 Anders Ambrosius, Untersuchungen zur Vorsatzabgrenzung, S. 52.
442 Ambrosius, Untersuchungen zur Vorsatzabgrenzung, S. 49.
443 Ambrosius, Untersuchungen zur Vorsatzabgrenzung, S. 47.
444 Hierzu siehe BGH 1 StR 873/81, Rn. 5, 7; BGH 3 StR 319/83; BGH 1 StR 327/78; näher Schroth, NStZ 1990, 324 (325).
445 Vgl. Frauendorfer, Die Willensrichtung, S. 26.
446 Hierzu siehe auch Gatzweiler, Rechtsvergleichende Untersuchung, S. 127.
447 Ähnlich Kaufmann, ZStW 1958, 64 ff. (75).
448 *Kaufmann*, ZStW 1958, 64 ff. (64, 78).
449 Philipps, ZStW 1973 27 ff. (30); Grant, Mind 1956, 400 ff. (400).

weiterhandelt, lässt sich nicht annehmen, dass er in vernünftiger Weise zugleich das Gegenteil verwirklichen will, nämlich dass er diese Folgen nicht herbeigeführt haben wollte. Denn es ist zunächst zu betonen, dass logischerweise eine Handlung nicht gleichzeitig die Herbeiführung und die Vermeidung eines und desselben Erfolges bezwecken kann,[450] weil es nicht in der Natur der Sache liegt.[451] Mit anderen Worten kann der Täter nicht einerseits den Kausalverlauf in Gang setzen, der den Erfolgseintritt erforderlich oder gewöhnlich mit sich bringt und andererseits darauf vertrauen, dass durch die Art des Tätigwerdens dieser Erfolg ausbleiben wird,[452] weil es logisch sinnwidrig und praktisch unmöglich ist.[453] Hieran anknüpfend ist es hervorzuheben, dass eine menschliche Tathandlung keinesfalls gleichzeitig auf die Herbeiführung und die Vermeidung eines und desselben Erfolges gerichtet sein kann.[454] Der Vermeidungswille soll daher im Schuldbereich hinsichtlich der Strafzumessung betrachtet werden, weil das Vertrauen und die Hoffnung, der Erfolg werde nicht eintreten oder der sog. Vermeidungswille, den als notwendig oder erforderlich herbeizuführenden Erfolg zu verhindern, doch wohl auf keinen Fall den Vorsatz ausschließen kann sowie darf.[455]

IV. Der betätigte Wille: Quasi-Rücktritt

Der betätigte Vermeidungswille, beispielsweise der Wiederbelebungsversuch[456] des Täters, weist zwar auf eine Bemühung oder Bestrebung hin, den Erfolgseintritt zu verhindern, lässt aber keinesfalls einen Rückschluss ziehen, dass der Täter den Erfolg nicht gewollt hat und deshalb der Vorsatz auszuschließen ist.[457] Mit anderen Worten, es lässt sich nichts daran ändern, dass er vorsätzlich eine gefährliche Tat begangen hat. Das ist daher *quasi ein Rücktritt*[458] im Sinne des § 24 StGB. Der Rücktritt ist gem. § 24 StGB ein persönlicher Strafaufhebungsgrund ähnlich wie die tätige Reue,[459] die im deutschen Strafrecht einen Strafaufhebungs- oder

450 Stratenwerth, ZStW 1959, 51 ff. (61); im anderen Sinne Joerden, ZStW 1983, 565 ff. (567).

451 Ähnlich Baumanns, Untersuchungen, S. 126, 127.

452 Gessner, Die bewusste Fahrlässigkeit, S. 61-62; hierzu siehe auch Kaufmann, ZStW 1958, 64 ff. (67, 73) und Ambrosius, Untersuchungen zur Vorsatzabgrenzung, S. 47.

453 Nach Kaufmann ist es aber möglich. Dazu siehe Kaufmann, ZStW 1958, 64 ff. (74).

454 Stratenwerth, ZStW 1959, 51 ff. (61); ähnlich Ambrosius, Untersuchungen zur Vorsatzabgrenzung, S. 89-90.

455 Vgl. Stratenwerth, ZStW 1959, 51 ff. (64).

456 Dazu BGH 3 StR 449/87, Rn. 7.

457 Schlehofer, Vorsatz und Tatabweichung, S. 168.

458 http://www.juraindividuell.de/artikel/der-ruecktritt-gem-24-stgb/

459 https://de.wikipedia.org/wiki/T%C3%A4tige_Reue

Strafmilderungsgrund bildet.[460] Denn jeder spätere Verhinderungswille, die Vollendung der Tatbestandsverwirklichung zu verhindern, deutet auf einen früheren Vorsatz ein.[461] Dieses Problem soll aber nicht im Unrechtsbereich hinsichtlich der Bestimmung der Unrechtsformen, sondern im Schuldbereich hinsichtlich der Strafzumessung gelöst werden, weil allgemein Schuldminderungsgründe nicht zum Vorsatz, sondern zur Schuld- und Strafzumessung gehören.[462]

Derjenige, der ernsthaft erstrebt, den Eintritt eines schädlichen Erfolges zu verhindern, soll zweifellos privilegiert werden. Denn eine Rechtsordnung, die Rechtssubjekte davon abhält, eine verbrecherische Tathandlung vorzunehmen und dadurch Rechtsgüter schützen will, soll jedes günstige Mittel verwenden, durch das der Täter ein Interesse hat, um den Eintritt des rechtsgutverletzenden Erfolgs zu vermeiden.[463] Hiernach soll derjenige, der von einer verbrecherischen Tat Abstand nimmt oder nach der Vornahme der Tathandlung ernsthafte Vermeidungsbemühungen zur Verhinderung des Erfolgseintritts versucht, auf jeden Fall von der Rechtsordnung honoriert werden.[464] Im Vergleich zum Täter, der die gefährliche Tat begeht, ohne Vermeidungsmaßnahmen zu ergreifen, soll daher der Täter, der sich tätig für die Verhinderung des schädlichen Erfolgs bemüht, privilegiert und demzufolge milder bestraft werden.[465] Nicht außer Acht zu lassen ist, dass im Gegensatz zur Ansicht *Schrotts*[466] § 24 StGB kein Vorsatzausschlusskriterium ist, das den Vorsatz und die hervorgehobene Verantwortlichkeit entfallen lassen kann. Denn ein späterer Vermeidungswille und ein früherer Vorsatz sind durchaus verschiedene Bewertungskriterien, die keineswegs in Verbindung miteinander stehen, weil sie voneinander unabhängige und gesonderte Besonderheiten aufweisen. Wie schon oben ausgeführt, wird der betätigte Vermeidungswille des Täters zur Verhinderung des Erfolges ähnlich einem Rücktritt privilegiert und dadurch honoriert. Das sollte jedoch nicht zum Schluss führen, einen freiwilligen und ernsthaften Vermeidungswillen als ein Vorsatzausschlusskriterium oder als einen Vorsatzausschlussgrund anzusehen. Vielmehr ist es erforderlich, den betätigten Vermeidungswillen als ein auf die Schuld auswirkendes Element anzuerkennen und folglich die Beurteilung nicht im Unrechts-, sondern im Schuldbereich vorzunehmen.

---

460 Finger, Das gesamte deutsche Recht, S. 538-539; dazu siehe auch Streng, JZ 1990, 212 ff. (212 ff.).

461 Schlehofer, Vorsatz und Tatabweichung, S. 168.

462 Puppe, Begriffskonzeptionen, S. 17.

463 Zustimmend Kutalia, Handlungslehre, S. 49; Döring, Feuerbachs Straftheorie, S. 14-15.

464 Schroth, NStZ 1990, 324 (325-326).

465 Frisch, Vorsatz und Risiko, S. 277.

466 Schroth, NStZ 1990, 324 (325-326).

In diesem Sinne kann sowie soll der betätigte Vermeidungswille auch in der Tat *als eine quasi spätere [tätige] Reue – post factum* – betrachtet werden, die nichts daran ändert, dass der Täter eine erheblich gefährliche Tat wissentlich und willentlich vornimmt, die den Erfolg erforderlich mit sich bringt und die Erfolgsgefahr in sich birgt. Diese Schlussfolgerung ergibt sich aus den objektiven Kriterien wie der vernünftige Mensch, die Lebenserfahrung, die Beurteilung eines objektiven Beobachters, die Typizität des Falles usw., die für die Vorsatzbestimmung genügen soll.[467] In dieser Hinsicht ist zu betonen, dass der unwahrscheinliche folgenverhütende Charakter der Vermeidungsbemühungen den Vorsatz unberührt lässt.[468] Im Übrigen ist der Vorsatz nicht „vor" oder „nach" der Tat, sondern zum Zeitpunkt der Handlung maßgeblich.[469] Deswegen stellt ein späterer Ersatz von Gegenfaktoren auf keinen Fall ein Gegenindiz zum Vorsatz dar. Insoweit können spätere Handlungen des Täters den Vorsatz nicht entfallen lassen. Stattdessen sollen sie wie der Rücktritt gemäß § 24 StGB als ein sich auf die Schuld auswirkendes und bei der Strafzumessung zu berücksichtigendes Element behandelt werden. Das ist auch dann der Fall, wenn eine äußere Betätigung des Vermeidungswillens vorliegt, falls der riskante Prozess vom Täter selbst in Gang gesetzt worden ist. Denn, wer zuvor ein Risiko auf sich nahm, d. h. ein vorsätzliches Verhalten wissentlich und willentlich vornahm, kann sich nicht darauf berufen, dass er einen Vermeidungswillen getätigt hat und somit versuchen, sich von dem Vorwurf einer vorsätzlich oder bewusst fahrlässig herbeigeführten Handlung freizusprechen. Die hier erwähnte und auch vertretene Parallelität bezüglich des Rücktritts soll keinesfalls zur Entlastung der Vorsatzstrafe führen. Die Parallelität liegt insoweit darin, dass der Täter trotz seines Vermeidungswillens bzw. der Bemühungen um die Verhinderung des Erfolges nicht auf der Vorsatzebene privilegiert werden darf.

C. Beherrschbarkeit und Kontrollierbarkeit des Kausalverlaufs

I. Die Tatherrschaft des Täters

Der Begriff „Handlung" stellt einen körperlichen Vorgang dar, vorausgesetzt, dass der Inhaber des Körpers bzw. der Täter den genannten Vorgang wissentlich und willentlich steuert.[470] Hervorzuheben ist dabei noch einmal, dass der Wille selbst eine rein formale und zugleich wesentliche Steuerungsvorkehrung ist. Hieraus folgt, dass das, was gewollt ist, notwendigerweise durch den menschlichen Willen gelenkt und gesteuert werden soll.[471] Hiernach bildet die Wissentlichkeit

---

467 Gatzweiler, Rechtsvergleichende Untersuchung, S. 21-22.

468 Frisch NStZ 1991, 23 ff. Rn. 24.

469 Schroth, NStZ 1990, 324 (325).

470 Herzberg, RECPC 2008, 1 ff. (5).

471 Gössel, Wertungsprobleme des Begriffs, S. 106.

und Willentlichkeit [das Bewusstsein] ein wesentliches Merkmal des Handlungsbegriffs.[472] Ferner soll der Handlungswille, d. h. die gewollte Tätigkeit hinsichtlich der Verwirklichung einer tatbestandsmäßigen Handlung, der steuernde und lenkende Faktor und das ausschlaggebende Element der Handlung sein, der also den Tatbestandsvorsatz bestimmt und begründet.[473] Die Wissentlichkeit und Willkürlichkeit [eine bewusste und gewollte Tätigkeit] ist somit das entscheidende und ausschlaggebende Kriterium einer strafrechtlich relevanten bzw. verbrecherischen Handlung.[474]

Der Grund, der die strafrechtliche und personale Zurechnung der äußeren menschlichen Handlungen rechtfertigt, liegt darin, dass der Täter infolge seiner individuellen körperlichen und intellektuellen Fähigkeiten die Möglichkeit hatte, diejenigen körperlichen Aktionen bewusst zu steuern.[475] Hiernach hat der Täter die Alternative, eine Handlung, die die Erheblichkeit der Gefahr und Erforderlichkeit des Erfolgseintritts, nämlich die Verletzungs- und die Rettungsmöglichkeit der geschützten Rechtsgüter des Dritten gleichzeitig in sich birgt, vorzunehmen oder von ihr abzuhalten.[476] Das weist auf die Vorhersehbarkeit zum einen und auf die Vermeidbarkeit zum anderen hin, die die unter dem Schlagwort Beherrschbarkeit zusammenzufassende Tatherrschaft, die wiederum die Kontrolle über den Kausalverlauf bildet und ebenfalls abstufbar ist, darstellt.[477] Die Beherrschbarkeit eines Geschehensablaufs bezeichnet somit die Grenze zwischen den Verantwortungsbereichen.[478] Eine willkürliche Handlung soll daher nicht auf die wirkliche Vornahme einer Willenshandlung beschränkt werden, sondern als Beherrschbarkeit körperlicher Aktivität oder Passivität durch den Willen, d. h. durch die Fähigkeit zu zweckhaftem Wollen, verstanden werden.[479]

Derjenige, der einen Kausalverlauf bewusst in Bewegung setzt, welcher nur mit übermenschlichen Kräften kontrolliert werden kann oder vom Menschen nicht

---

472 Herzberg, RECPC 2008, 1 ff. (5).

473 Welzel, NJW 1968, 425 ff. (426); zustimmend Forster/Joachim, S. 1-2. Für die Abstufbarkeit der Tatherrschaft siehe Chung, Strafzumessungsrelevanz, S. 203 ff.

474 Rudolphi, Der Zweck, S. 79; Hillenkamp, ZStW 2015, S. 10 (66); Schmidhäuser, Strafrecht AT, S. 16, Rn. 8-10, vgl. Forster/Joachim, S. 2; Freund/Rostalski, Strafrecht Allgemeiner Teil, § 7, S. 285, Rn. 56; Rudolphi, Der Zweck, S. 80.

475 Hahn-Woernle, Die Verwirklichung, S. 56. Der Begriff der Handlung besteht mithin aus der Einheit des Willens und der Tat. Die strafrechtlich relevante Handlung stellt daher die bewusst begangene Tat dar. Insoweit schließt der Mangel irgendeiner Übereinstimmung zwischen Bewusstsein und Tat jede Zurechnung aus. Köstlin, Neue Revision, § 78, S. 151; vgl. Bung, Wissen und Wollen, S. 161-162.

476 Rudolphi, Der Zweck, S. 80; Binding, Die Normen IV, S. 376; Brinkman, S. 82.

477 Chung, Strafzumessungsrelevanz, S. 203-204.

478 Renzikowski, Restriktiver Täterbegriff, S. 200.

479 Hall, Fahrlässigkeit im Vorsatz, S. 25; Brammsen, JZ 1989, 71 ff. (80).

zu beherrschen ist,[480] obwohl er weiß, dass eine andere bzw. alternative, weniger gefährliche Handlung möglich gewesen wäre, darf keineswegs die Unbeherrschbarkeit oder Unkontrollierbarkeit als Ausrede verwenden, weil dies bei der Wahl seiner Handlung hätte beachtet und so beherrscht werden müssen.[481] Insoweit soll der notwendige Kräfteeinsatz, der dem Täter hinsichtlich der bewussten Steuerung der äußeren Tat vorzuwerfen ist, nach den Kriterien der Rechtsordnung und nach der Natur des Menschen zumutbar und somit zurechenbar sein.[482] Kennt daher der Täter die Erheblichkeit der Gefahr für das geschützte Rechtsgut, so sieht er im konkreten Fall und in dem kausalen Geschehensablauf den schädlichen Erfolgseintritt, d. h. die Rechtsgutsverletzung, voraus und hat ihn gewollt,[483] soweit ein Zufall dem kausalen und den Erfolg herbeiführenden Geschehen nicht einen anderen Verlauf gibt.[484] Eine wissentliche und willentliche Realisierung dieses Risikos kann nichts anderes als ein vorsätzliches Verhalten bezeichnet werden,[485] weil sie einen bewussten Angriff auf die geschützten Rechtsgüter des Dritten darstellt.[486]

Es ist unumstritten, dass bei Vorsatzdelikten die kausalen Umstände dem Täter bewusst sind und der Kausalverlauf durch Willensteuerung bzw. durch die gewollte Tätigkeit wissentlich und willentlich in Bewegung gesetzt wurde. Hiernach sollte der den Erfolgseintritt verursachende Kausalverkauf bewusst gesteuert und gelenkt sein.[487] Aus psychodynamischer Sicht gesehen führt dies zum Schluss, dass das, was man unter dem Begriff „Wille" gewöhnlich und allgemein versteht, die Realisierung der Kontroll- und Lenkungsfunktion des „Ich" ist[488]. Hiernach „will" ein Subjekt, z. B. ein Täter, eine bestimmte Handlung oder einen schädlichen Erfolg nicht nur dann, wenn er eigene Antriebe lenkt, sondern auch wenn er sie tatsächlich bewusst steuert.[489]

II. Unbeherrschbarkeit oder Unkontrollierbarkeit als ausschlaggebendes Abgrenzungskriterium?

Bestimmte Rechtsnormen fordern von Rechtssubjekten, die Gefahr unter Kontrolle zu halten, wenn jemand eine gefährliche Handlung vornehmen will.[490] Man

---

480 Baumanns, Untersuchungen, S. 47; Jahn, JuS 2017, 700 ff. (702).
481 Jakobs, Kritik des Vorsatzbegriffs, S. 34-35.
482 Rudolphi, Der Zweck, S. 80; ähnlich Köstlin, Neue Revision, § 99, S. 236.
483 Freund/Rostalski, Strafrecht Allgemeiner Teil, § 7, S. 285, Rn. 56.
484 Ähnlich Holl, Entwicklungen der Fahrlässigkeitsdogmatik, S. 60-61.
485 Anders Brammsen, JZ 1989, 71 ff. (80).
486 Brammsen, JZ 1989, 71 ff. (80).
487 Binavince, Die vier Momente, S. 203.
488 Morselli, ZStW 1975, 324 ff. (346).
489 Morselli, ZStW 1975, 324 ff. (346-347).
490 Puppe, ZStW 1987, 595 (615).

kann diesen Normtyp als Gefahrkontrollierungsgebot bezeichnen.[491] Hält der Täter einen dieser Gefahrkontrollierungsgebote bewusst nicht ein, so soll er dann nicht wegen Fahrlässigkeit, sondern wegen Vorsatzes bestraft werden, weil er die einschlägige Norm wissentlich und willentlich verletzt. Ferner setzt die Gefahrkontrolle die Beherrschung des Kausalprozesses in einer gefahrträchtigen Sachlage voraus.[492] Hiernach soll der Täter seine gewollte Tätigkeit so lenken bzw. den Handlungsvollzug so steuern, dass er die Tatbestandsverwirklichung [den Erfolgseintritt] verhindern könnte. Andernfalls dürfte es angenommen werden, dass er vorsätzlich gehandelt und den Erfolg vorsätzlich bzw. mit dem Dolus eventualis verursacht haben sollte, ohne Rückblick auf die Unbeherrschbarkeit oder die Kontrollierbarkeit des Prozesses,[493] auch wenn es scheinbar die Domäne der Fahrlässigkeitsdelikte bilden würde.[494]

Überlässt daher der Täter den Erfolgseintritt dem Zufall, beherrscht er also bewusst die Tatbestandsverwirklichung nicht objektiv durch sein Tun, so wird der Vorsatzvorwurf auch dadurch begründet,[495] dass er einen unbeherrschbaren Prozess bewusst bzw. wissentlich und willentlich in Gang gesetzt hat.[496] Daher wird das Gericht bei der Entscheidung auf seine Kenntnis bezüglich der nicht vagen und abstrakten Gefahrsetzung, sondern der konkreten Risiken abstellen.[497] In diesem Sinne liegt Vorsatz vor, wenn der Täter weiterhandelt, obwohl er sich der konkreten Möglichkeit des Erfolgseintritts bewusst ist und damit den kausalen Ausgang, der den Erfolg herbeiführt, dem Zufall überlässt.[498] In diesem Sinne kann also der von der Kontrolle über das Tatrisiko ausgehende Dolus eventualis bestimmt und begründet werden, wie es in der spanischen Lehre der Fall ist. Hiernach liegt der unbewussten Fahrlässigkeit ein vermeidbares Nichtwissen von den tatbestandsmäßigen Umständen[499] und der Erfolgsmöglichkeit zugrunde.[500] Bei der sog. bewussten Fahrlässigkeit handelt es sich dagegen um das Wissen von der

491 Ida, Inhalt und Funktion, S. 236; vgl. Deutsch (2002), S. 903.

492 In diesem Sinne heißt es, *„der Autofahrer muss die Schnelligkeit seiner Fahrt dem Maße seiner Beherrschung der technischen Handgriffe und seiner Reaktionsbereitschaft anpassen.“* Welzel, Fahrlässigkeit und Verkehrsdelikte, S. 33.

493 Ambrosius, Untersuchungen zur Vorsatzabgrenzung, S. 119.

494 Ida, Inhalt und Funktion, S. 236.

495 Gatzweiler, Rechtsvergleichende Untersuchung, S. 89-90.

496 Vgl. Puppe, ZStW 1991, 1 ff. (20).

497 Gatzweiler, Rechtsvergleichende Untersuchung, S. 42; Frisch, Vorsatz und Risiko, S. 119.

498 Baumanns, Untersuchungen, S. 92-93.

499 Mylonopoulos, ZStW 1987, 685 ff. (695).

500 Achenbach, Historische und dogmatische Grundlagen, S. 63; Hahn-Woernle, Die Verwirklichung, S. 108; vgl. Ferneck, Die Idee der Schuld, S. 37, 86; Hahn-Woernle, Die Verwirklichung, S. 35; Bohnert, ZStW 1982, 68 ff. (72).

Möglichkeit der Tatbestandsverwirklichung. In diesem Fall irrt sich der Täter über die Vermeidungsfähigkeit des Risikos bei bestehender Kontrolle oder er schätzt die Höhe des effektiven Risikos bei nicht bestehender Kontrolle über das Risiko falsch ein. Davon ausgehend kann man die nachstehende Schlussfolgerung ziehen: Der Dolus eventualis ist anzunehmen, wenn der Täter ohne irgendwelche begründbaren und überzeugenden Anhaltspunkte auf einen guten Ausgang vertraut oder daran glaubt, dass der Erfolg ausbleiben wird, nämlich wenn keine Kontrolle über das Tatrisiko besteht oder bestehen könnte, wie es bei Autorennen auf der Straße meistens der Fall ist.[501]

In solchen und ähnlichen risikohaften und unkontrollierbaren Fallkonstellationen ist bedingter Vorsatz anzunehmen. Insoweit dient ein Geisterfahren bei regem Verkehr oder eine Wettfahrt zum Gewinn einer Wette, gerade wie dies im Berliner Raser-Fall geschieht,[502] als ein Paradebeispiel dafür, bei dem es keine vernünftige oder eine sehr geringe Möglichkeit gibt, das gesetzte Risiko zu kontrollieren und den schädlichen Erfolgseintritt zu verhindern.[503] Denn der Fahrer, der auf regennasser Straße mit hoher Geschwindigkeit fährt, kann und wird sehr wohl das Bewusstsein haben, dass er gerade in der Lage ist, den tatbestandsmäßigen Erfolg herbeizuführen.[504] In diesem Fall liegt eigentlich kein vorsatzausschließendes Vertrauen, sondern ein unbeachtliches Hoffen vor, das im Schuldbereich in Betracht gezogen werden soll.[505] Die Frage, ob der Täter persönlich gute Gründe fürs Vertrauen auf einen guten Ausgang hat oder nicht, ändert nichts daran, dass er vorsätzlich gehandelt hat, wenn objektiv, d. h. aus der Sicht eines vernünftig denkenden und einsichtigen Menschen die vom Täter wissentlich und willentlich begangene Tat so gefährlich erscheint, dass sie einen schädlichen Erfolg notwendig oder gewöhnlich herbeiführen kann. Deswegen liegt in einer solchen Fallkonstellationen nicht die bewusste Fahrlässigkeit,[506] sondern Dolus eventualis vor.[507]

III. Den Zug in Gang setzen oder auf einen fahrenden Zug freiwillig aufsteigen?

Jede riskante Tathandlung wie ein Autorennen auf der Straße, das Überfahren einer roten Ampel usw. trägt etwas Unkalkulierbares in sich.[508] Mit anderen Worten, der Eintritt eines Erfolges hängt immer von einer Anzahl unterschiedlicher Faktoren

501 Gatzweiler, Rechtsvergleichende Untersuchung, S. 79-80.
502 Hierzu siehe BGH 4 StR 482/19, Rn. 4-5.
503 Gatzweiler, Rechtsvergleichende Untersuchung, S. 62.
504 Binavince, Die vier Momente, S. 152.
505 Gatzweiler, Rechtsvergleichende Untersuchung, S. 62.
506 Anders Brammsen, JZ 1989, 71 ff. (80).
507 Hierzu siehe auch Hautamaki, DLJ 1951, 55 ff. (66).
508 Vgl. Schroth, NStZ 1990, 324 (326).

ab. Einige von diesen kann der Täter beherrschen, während einige andere für den Täter unbeherrschbare Besonderheiten aufweisen. Insoweit darf aber der unkalkulierbare oder unbeherrschbare Charakter des Erfolgseintritts auf keinen Fall ein Grund dafür sein,[509] die Zurechnung zum Vorsatz abzulehnen.[510] Ferner sollte der Vorsatz keineswegs wegen der Beherrschbarkeit oder Unbeherrschbarkeit[511] des den tatbestandsmäßigen Erfolg verursachenden kausalen Verlaufs bejaht oder verneint werden,[512] weil oder wenn dem Täter die unbeherrschbaren und unkontrollierbaren Besonderheiten dieser Fälle durchaus bewusst sind und er trotzdem fortfährt.[513] Insoweit kann ein tatbestandsmäßiger Erfolg dem Täter als sein vorsätzliches Werk nicht nur dann zugerechnet werden, wenn er zur Herbeiführung dieses Erfolges eine hundertprozentig sichere, d. h. von allen Zufälligkeiten oder unkalkulierbaren Abweichungen unabhängige Vorgehensweise anwendet,[514] sondern auch wenn der Täter wissentlich und willentlich eine gefährliche Tat begeht, die einen unbeherrschbaren und unkontrollierbaren kausalen Prozess in Gang setzt,[515] der den schädlichen Erfolg gewöhnlich verursacht. Denn der Mensch kann das Kausalgeschehen grundsätzlich nicht im vollen, sondern nur im beschränkten Umfang voraussehen und demgemäß final steuern.[516] Mit anderen Worten, ein *ex post* eintretender Erfolg kann *ex ante* keinesfalls vollständig gewusst oder gekannt, sondern nur prognostiziert werden,[517] weil die Antizipation im Hinblick auf zukünftige Kausalfolgen der von uns begangenen Handlung der Natur der Sache nach unvollständig ist[518] und weil für den Menschen eigentlich kein zukünftiger Erfolg absolut sicher sein kann.[519]

Steuert der Täter hiernach trotz einer konkreten Vorstellung bezüglich der möglichen aber unerwünschten Folge seine Tathandlung auf das erwünschte Ziel bzw.

---

509 Vgl. Hupfauer, Eventualvorsatz, S. 9.

510 Puppe, Vorsatz, S. 32. Ferner ist beispielsweise das Wissenselement des bedingten Vorsatzes rechtsfehlerfrei zu bejahen, wenn „*dem Angeklagten nach Durchfahren der Kurve das für ihn unkalkulierbare Risiko bewusst gewesen sei, dass es an der ampelgeregelten Kreuzung zu einem frontalen Aufprall seines Fahrzeuges auf ein bevorrechtigtes querendes Fahrzeug mit tödlichem Ausgang für dessen Insassen kommen konnte.*" BGH 4 StR 482/19, Rn. 26.

511 Puppe, Vorsatz, S. 49.

512 Vgl. Gatzweiler, Rechtsvergleichende Untersuchung, S. 37.

513 In diesem Sinne „ [...] *kann auch bei der Organisation des eigenen Kreises vorsätzlich gehandelt werden.*" Jakobs, Kritik des Vorsatzbegriffs, S. 18.

514 Puppe, Vorsatz, S. 32.

515 Gatzweiler, Rechtsvergleichende Untersuchung, S. 38.

516 Ambrosius, Untersuchungen zur Vorsatzabgrenzung, S. 118-119.

517 Vogel/Bülte, in: LK § 15 StGB Rn. 34.

518 Binavince, Die vier Momente, S. 180.

519 Bühring, Über die Grenze, S. 38.

auf die erstrebten Folgen hin,[520] folgt daraus, dass sich auch der unerwünschte Erfolg von Beginn an im Bereich seiner Steuerung befand und gerade deshalb im Einzelfall der Eintritt der unerwünschten Folge nicht als Ergebnis einer blinden und unbeherrschbaren Verursachung, sondern vielmehr als eigenes „Werk“ der Steuerung des Täters anzunehmen ist.[521] Unter dem Begriff „Steuerung“ versteht man normalerweise, dass ein Geschehen auf ein Ziel hin gelenkt wird. Das bedeutet aber nicht, dass der Begriff des Steuerns die Fälle des bedingten Vorsatzes nicht umfasst. Steuerbarkeit stellt auch die Rückführbarkeit eines Geschehens dar.[522] Die charakteristische Beschaffenheit der Fälle sowohl des Dolus eventualis als auch der bewussten Fahrlässigkeit liegen im Wesentlichen darin, dass in beiden Fällen der Täter im Zweifel hinsichtlich der Frage handelt, ob der schädliche Erfolg eintreten oder letztendlich ausbleiben wird. In diesem Sinne bleibt dem Täter im Bereich des Zweifels über den Kausalverlauf, falls er sich zur Durchführung seiner geplanten Tathandlung entschließt, nichts anderes übrig, als die Handlung vorzunehmen und den Eintritt des rechtsverletzenden Erfolgs als des Kausalgeschehens insoweit dem Zufall zu überlassen.[523] Schlussfolgernd hat der Täter vorsätzlich gehandelt und den schädlichen Erfolg gewollt,[524] indem er die Tat wissentlich und willentlich vornahm, nämlich indem er mit einem klaren Bewusstsein das Geschehen in Bewegung setzt und den Eintritt des Erfolges, z. B. die Verletzung oder den Tod eines Menschen, dem Zufall überlässt, sodass die von ihm begangene Tat erforderlich oder gewöhnlich den rechtswidrigen Erfolg verursacht.[525]

Gegen die Lehre, die die Beherrschbarkeit als Kriterium zur Abgrenzung von Verantwortungsbereichen und zur Bestimmung der subjektiven Tatbestandsmerkmale zugrunde legt, kann außerdem der Einwand erhoben werden,[526] dass ein jeder Täter, der eine erhebliche, gefährliche Tat bewusst begeht, die den Erfolg notwendig oder erforderlich herbeiführt, nämlich der ein rechtlich missbilligtes Risiko durch unerlaubte Gefahrsetzung schafft, ohne Zweifel die Beherrschbarkeit über seinen risikostiftenden Beitrag oder die Herrschaft über seine gewollte Tätigkeit hat, die den nicht mehr beherrschbaren Kausalablauf in Bewegung gesetzt hat. Hiernach stellt die Beherrschbarkeit auf keinen Fall ein taugliches Kriterium

---

520 Pfänder, Phänomenologie des Wollens, S. 40.

521 Ambrosius, Untersuchungen zur Vorsatzabgrenzung, S. 5.

522 Renzikowski, Restriktiver Täterbegriff, S. 204.

523 Ambrosius, Untersuchungen zur Vorsatzabgrenzung, S. 118-119.

524 Raguès Vallès, GA 2004, 257 ff. (260), Fn. 11

525 Ambrosius, Untersuchungen zur Vorsatzabgrenzung, S. 123-124; ähnlich Puppe, ZStW 1991, 1 ff. (20). Dazu siehe auch BGH 4 StR 399/17, Rn. 7.

526 Übrigens kritisieren auch andere Autoren den Begriff der Steuerbarkeit darin, dass er zu unpräzise ist, um als allgemeines Kriterium für die Vorsatzbestimmung und Zurechnung zu taugen und deshalb noch konkretisiert werden soll. Für diese Kritiken siehe Renzikowski, Restriktiver Täterbegriff, S. 200 ff.

für die Vorsatzbestimmung und seine Abgrenzung von der Fahrlässigkeit dar.[527] Ferner soll der Täter nicht nur für das Geschehen, das seiner Steuerbarkeit unterliegt, sondern auch für das Geschehen bzw. den Kausalverlauf, der zwar nicht mehr unbeherrschbar oder kontrollierbar ist, der aber vom Täter selbst wissentlich und willentlich in Gang gesetzt wurde, wegen des Vorsatzes unter Strafe gestellt werden.[528]

Derjenige, der einen riskanten, unkontrollierbaren und daher den rechtswidrigen Erfolg herbeiführenden Ablauf in Gang setzt,[529] kann sich dann nicht mehr auf das von *Kaufmann* entwickelte Kriterium des aktiven Vermeidungswillens[530] oder auf die Einschätzung des Erfolgsrisikos durch den Täter, nämlich die Ernstnahme oder Nichternstnahme des Täters, berufen. Ob oder wann der Täter den Erfolg billigt, billigend in Kauf nimmt oder ernst nimmt oder wie er das Erfolgsrisiko einschätzt[531] oder ob der vom Täter in Bewegung gesetzte Kausalverlauf nunmehr wirklich beherrschbar und kontrollierbar ist oder nicht, ist hinsichtlich der Vorsatzbestimmung belanglos. Insoweit ist der Vorsatz anzunehmen, wenn der Täter bewusst ein Risiko hervorruft, das nicht mehr zu kontrollieren ist, wie es bei dem Ku'damm Raser-Fall erfolgte.[532] Denn die Unbeherrschbarkeit oder Unkontrollierbarkeit ist nunmehr das bewusste Werk des Täters selbst, weil die Kausalfolge und die sie auslösende Willenstätigkeit untrennbar mit ihm verbunden und ihm zuzurechnen sind.[533] Wie oben ausgeführt, liegen die Willensbetätigung bzw. die gewollte Tätigkeit der Bestimmung des Vorsatzes und seiner Abgrenzung zur Fahrlässigkeit zugrunde. Ferner kann die Reihe der Kausalfolgen nicht mehr kontrolliert werden, nachdem jemand durchweg willentlich und wissentlich den Verlauf in Gang setzt.[534] In diesem Sinne „entwickelt sich der Verlauf gemäß der Notwendigkeit des Kausalgesetzes."[535]

Aus diesem Grund wird nicht mehr die Beherrschbarkeit oder das nicht mehr kontrollierbare Kausalgeschehen, sondern die gewollte Tätigkeit bezüglich des Unrechtssachverhaltes als Unrechtstatbestandsmerkmal der vorsätzlichen Delikte in Betracht gezogen.[536] Denn die Beherrschung eines Geschehens durch die

527 Vgl. Renzikowski, Restriktiver Täterbegriff, S. 203.

528 Dazu siehe auch Kaufmann, ZStW 1958, 64 ff. (79); Baumanns, Untersuchungen, S. 125.

529 Hierzu siehe Ida, Inhalt und Funktion, S. 236.

530 Baumanns, Untersuchungen, S. 125.

531 Baumanns, Untersuchungen, S. 73.

532 Gatzweiler, Rechtsvergleichende Untersuchung, S. 30.

533 Binavince, Die vier Momente, S. 183; hierzu siehe auch Bühring, Über die Grenze, S. 10.

534 Ähnlich Binavince, Die vier Momente, S. 183.

535 Binavince, Die vier Momente, S. 183; hierzu siehe auch Bühring, Über die Grenze, S. 10.

536 Vgl. Maihofer, ZStW 1958, 159 ff. (187).

Kausalität beginnt gerade in dem Stadium bzw. im Zeitpunkt der Willenstätigkeit. Nimmt der Täter einmal eine Willenstätigkeit vor, entscheidet nur das Geschehen vom Notwendigkeitsgesetz der Kausalität über die Herbeiführung schädlichen Erfolgs,[537] weil der Mensch mit seinem Wünschen und Wollen[538] oder mit einer gewollten Tätigkeit den Lauf der Dinge nicht dergestalt zu meistern[539] und zu beherrschen vermag.[540] In diesem Zusammenhang ist gerade hier klarzustellen, dass der Kausalverlauf nicht bis in jede Einzelheit gesteuert werden kann.[541]

Hieraus dürfte sich ergeben, dass der Mensch nicht nur dazu verpflichtet ist, richtig bzw. rechtstreu zu handeln, sondern auch die Bedeutung und Folgen seiner Tathandlung im Rahmen der Kausalordnung richtig zu erfassen. Man soll daher beides, die Umwelt, die Rechtsordnung und die Kausalordnung oder die Natur der Sache in Betracht ziehen. Hierbei ist zu beachten, dass das Wissen des Täters der objektiven Ordnung entspricht und er daher dementsprechend handeln soll.[542] Demzufolge handelt vorsätzlich, wer einen eindeutig riskanten und gefährlichen Prozess ganz bewusst oder zielstrebig unumkehrbar in Gang setzt, gerade wie im Berliner Raser-Fall geschehen.[543]

Schließlich kann „die gewollte Tätigkeit" in voller Kenntnis der tatbestandsspezifischen Umstände der gewollten und begangenen Tat als Kriterium zur Bestimmung und Abgrenzung der subjektiven Tatbestandsmerkmale verwendet werden. Eine Handlung ist folglich für das Strafrecht nur dann relevant, sofern sie als Ausdruck der Autonomie der Person in Erscheinung tritt, nämlich sofern sie vom Täter gesteuert oder zumindest steuerbar und daher gewollt ist.[544] Derjenige, der behauptet, dass er den rechtswidrigen Erfolgseintritt eigentlich nicht gewollt oder darauf vertraut hatte, dass der Erfolgseintritt ausbleiben wird, leugnet freilich nicht den Vorfall. Er unterschätzt dagegen die Wichtigkeit seiner diesbezüglichen Rolle und die Bedeutung seiner freiwilligen Wahl. Wer freiwillig auf einen fahrenden Zug springt,[545] und weiß, wohin der Zug fährt, kann sowie darf sich keineswegs mehr darauf berufen, dass er nicht an seinem gewünschten Zielort angelangt sei, weil das Fortfahren dieses Zugs von nun an außer seiner Beherrschbarkeit und gerade deshalb nicht mehr zu kontrollieren sei.[546] Es sollte unlogisch

537 Binavince, Die vier Momente, S. 207, 210.

538 Bung, Wissen und Wollen, S. 223; hierzu siehe auch, Binavince, Die vier Momente, S. 184.

539 Baumanns, Untersuchungen, S. 127.

540 Hupfauer, Eventualvorsatz, S. 9; ähnlich Binavince, Die vier Momente, S. 184.

541 Bloy, ZStW 1978, 609 ff. (639).

542 Binavince, Die vier Momente, S. 202.

543 Hierzu siehe BGH 4 StR 399/17, Rn. 15.

544 Freund/Rostalski, Strafrecht Allgemeiner Teil, § 7, S. 285, Rn. 56.

545 Vgl. Verges, Savunma Saldırıyor, S. 34.

546 Frank, ZStW 1890, 169 ff. (201).

und unmöglich sein, die erhöhten, objektiv unkontrollierbaren oder nicht kalkulierbaren Risiken subjektiv beherrschbar und kontrollierbar zu machen.[547]

IV. Eigenes und fremdes Risiko: Ist Selbstgefährdung ein Gegenindiz des Vorsatzes?

Der Täter kann hin und wieder bei seiner Tatausführung ein eigenes Risiko eingehen, d. h. er kann sich selbst gefährden, nur um sein Tatziel, zu dem er sich willentlich entschlossen hat, zu erreichen.[548] Die Selbstgefährdungssituation setzt die volle Kenntnis der wesentlichen tatsächlichen Umstände voraus.[549] Damit kommt man zu der Frage, ob diese Selbstgefährdung als ein Gegenindiz des Vorsatzes betrachtet werden kann oder nicht.[550] Erkennt der Täter die Gefahr für seine eigene Person, sei es – so meint der BGH – unlogisch anzunehmen, dass er sich mit dem Eintritt des Erfolges abgefunden hat.[551] Die Ansicht, die in bestimmten Fällen die Selbst- oder Eigengefährdung des Täters als ein vernünftiges Indiz für die Fahrlässigkeit und hierdurch als ein entscheidendes Gegenindiz des Vorsatzes annimmt,[552] kann materiellrechtlich nicht überzeugen und stößt zweifellos auf Ablehnung.[553]

Die Selbstgefährdung des Täters sollte dagegen ein vernünftiges Indiz für den eventuellen Vorsatz sein.[554] Anders formuliert: Die Selbstgefährdung des Täters darf kein Gegenindiz, sondern muss Indiz des Vorsatzes bilden. Demzufolge ist der Eigengefährdung des Angeklagten bei der Vorsatzprüfung kein maßgebliches Gewicht beizumessen.[555] Denn wenn jemand eine gefährliche Tat begeht, die erforderlich und gewöhnlich den Erfolg mit sich bringt, so ist der Vorsatz anzunehmen, ohne Rücksicht darauf, ob er sich dadurch selbst gefährdet hat oder nicht, ob der schädliche Erfolg neben dem fremden auch beim eigenen Rechtsgut eingetreten ist oder nicht.[556] Im Übrigen zeigt somit der Täter, dass er so stark motiviert ist, die Tat auch dann zu begehen, wenn er sich damit selbst gefährdet. Zudem zeigt

---

547 Seebaß, JRE 1994, 375 ff. (378).
548 Hierzu siehe auch Otto, JuS 1974, 702 ff. (710).
549 Christmann, JURA 2002, 679 ff. (680-681).
550 Jahn, JuS 2017, 700 ff. (702); vgl. Beck, S. 270 ff.
551 Kubiciel/Wachter, HRRS 2018, 338 ff. (334).
552 Roxin/Greco, Strafrecht AT, § 12, S. 548, Rn. 23; dazu siehe auch Gatzweiler, Rechtsvergleichende Untersuchung, S. 51.
553 In diesem Sinne siehe auch Chung, S. 209-210.
554 Murmann, Die Selbstverantwortung, S. 381, Fn. 246; anders Hantschel, Untreuevorsatz, S. 243; vgl. hierzu Zehetgruber, KriPoZ 2018, 358 ff. (360).
555 Hierzu siehe auch BGH 4 StR 482/19, Rn. 36.
556 Vgl. Gatzweiler, Rechtsvergleichende Untersuchung, S. 24.

er somit seine gesteigerte Bereitschaft, die konkrete Gefahr einzugehen und das Risiko der Tatbestandsverwirklichung auf sich zu nehmen.[557]

Es ist daher zu betonen, dass es überflüssig und fragwürdig ist, in diesen oben genannten Fällen zu prüfen, ob der Täter ein eigenes oder fremdes Risiko eingegangen ist. Die Abgrenzung, ob das eingegangene Risiko den eigenen oder fremden Rechtsgütern gilt, sollte hinsichtlich einer Feststellung, ob der Täter bewusst fahrlässig oder bedingt vorsätzlich gehandelt hatte, im Regelfall keinen Unterschied machen. Denn die Eigenheit oder Fremdheit des eingegangenen Risikos sollte nicht als Indiz zur Vorsatzbejahung oder Vorsatzverneinung bewertet werden. Nimmt daher jemand eine so gefährliche Handlung mit dem Bewusstsein bezüglich der sich daraus ergebenden schädlichen Folgen vor, die objektiv gewertet sowohl für den Dritten als auch für den Täter selbst durchaus tödlich sein können, darf man den Vorsatz nicht mit der Begründung ablehnen, dass die tödliche Situation auch für den Täter selbst gilt und dass eine Bejahung des Vorsatzes notwendigerweise in diesem Fall dazu führt, den Täter in dieser Situation als einen Selbstmordkandidaten anzusehen.[558] Ferner schließt die Selbstgefährdung die Annahme des billigenden In-Kauf-Nehmens von Unfällen mit Personen- und Sachschäden einschließlich des tätereigenen Körpers oder Sache nicht notwendigerweise aus.[559]

In diesem Sinne spielen Vermeidungshandlungen bzw. der Ersatz von Gegenfaktoren wie Wiederbelebungsversuche im Nachtatverhalten oder die Möglichkeit der Selbstverletzung oder Selbstgefährdung des Täters[560] für die Bejahung oder Verneinung des Vorsatzes in der Tat keine Rolle.[561] Im Übrigen ist die Selbstgefährdung ein weiteres Stichwort, das die widersprüchliche Besonderheit der kurzen Formel der herrschenden Lehre vorweist, die den Vorsatz als „Wissen und Wollen der Tatbestandsverwirklichung" definiert. Denn bei einer Möglichkeit der Selbstgefährdung oder Selbsttötung des Täters soll hiernach der Vorsatz auf jeden Fall wegen des Fehlens des voluntativen Elements, d. h. mangels des Wollens verneint werden, obwohl der Vorsatz unter den gegebenen Umständen eigentlich unbedingt zu bejahen ist, weil nach dieser Formel ein gesundes Subjekt auf keinen Fall seine eigene Tötung wollen sollte. Zum Beispiel derjenige, der vor einer unübersichtlichen Kurve überholt, „will" nun mal ganz sicher keinen Erfolg, weil ein solcher Frontalzusammenstoß seine eigene Tötung herbeiführen kann.[562]

---

557 Kubiciel/Wachter, HRRS 2018, 338 ff. (335); anders Walter, NJW 2017, 1350 ff. Rn. 1351.

558 Für diesbezügliches Beispiel siehe Freund/Rostalski, Strafrecht Allgemeiner Teil, § 7, S. 287, Rn. 61.

559 Zehetgruber, KriPoZ 2018, 358 ff. (360).

560 Vgl. Hantschel, Untreuevorsatz, S. 204.

561 *In diesem Sinne siehe auch Murmann,* Die Selbstverantwortung, S. *318 ff.; vgl. Herrmanns,* JA 2002, 140 ff. *(142).*

562 Scheffler, JURA 1995, 349 ff. (355); ähnlich Papageorgiou-Gonatas, ZStW 2006, 262 ff. (273).

Das führt zu einem Dilemma bzw. zu einer Sackgasse. Hiernach liegen einerseits objektiv gewertet alle erforderlichen Voraussetzungen vor, um den Vorsatz festzustellen, andererseits ist es psychologisch ganz schwierig anzunehmen, dass der Täter ins Auge gefasst haben sollte, sich selbst zu gefährden oder einen Selbstmord zu verüben bzw. um Kopf und Kragen weiter zu handeln.[563] Die Lösung ist aber nicht, diese irrigerweise als bewusste Fahrlässigkeit zur Culpa zu bewerten. Es ist klar, dass diese Handlungen milder bestraft werden sollen. Das kann aber nicht dadurch erreicht werden, dass man diese Taten in einen erfundenen Begriff wie die bewusste Fahrlässigkeit einbezieht. Die richtige Lösung könnte insoweit so formuliert werden, dass man die genannten Handlungen im Unrechtsbereich behandelt, wie es in Wirklichkeit sein sollte, und die innere Haltung des Täters im Schuldbereich hinsichtlich der Strafzumessung berücksichtigt. Dem Täter wird hiernach eine mildere Strafe auferlegt. Ein Problem dürfte keineswegs durch ein anderes Problem beseitigt werden. Denn zweimal Unrecht ergibt niemals Recht.

563 Löffler (1895), S. 8.

§2 Das Dilemma des Strafrechts

A. Freiheit und Sicherheit

I. Die moderne Zeit und Risikogesellschaft

Es lässt sich nicht leugnen, dass die Entwicklung von Technik, Industriewissenschaft und Wirtschaft die Zahl möglicher sozialer Gefährdungen und Schädigungen zuwachsen lässt.[1] In diesem Sinne ist zu beachten, dass die moderne Welt, nämlich die unter den heutigen Bedingungen vielfach vernetzte und komplex strukturierte globale Gesellschaft,[2] und die hochgradige Komplexität des modernen Lebens die Lebensmöglichkeiten nicht nur verbessert[3] oder erweitert,[4] sondern auch das Risiko von unerwünschten Geschehnissen bzw. Negativfolgen steigert und dadurch neue Typologien von Problemen verursacht,[5] die letztendlich das Leben aller mit erhöhten, zunehmend schwerer zu kalkulierenden Risiken konfrontiert.[6]

Deswegen wäre es aus soziologischer Sicht gesehen nicht falsch, die Gesellschaft des modernen bzw. des technisierten und industrialisierten Zeitalters mit dem Schlagwort „Risikogesellschaft“[7] oder „Großgefahrengesellschaft“ zu bezeichnen.[8] Es ist deshalb nicht erstaunlich, dass die objektive Zurechnung eines Erfolges in der neueren Strafrechtsdogmatik wesentlich auf die Steigerung von Risiken gestützt wird.[9] Insoweit handelt es sich um ein Strafrecht im Dilemma zwischen

---

1 Müller-Dietz, Strafe und Staat, S. 56; Köhler, Die bewusste Fahrlässigkeit, S. 31-32; Roxin/Greco, Strafrecht AT, § 24, S. 1184, Rn. 1.

2 Kubiciel/Weigend, KriPoZ 2019, 35 ff. (36).

3 Übrigens “*The era of technology cannot be understood as a world of museums of absolute security, but neither as an invitation to dangerous life.*” Barbero, RDP 1975, 533 ff. (548).

4 Seebaß, JRE 1994, 375 ff. (375).

5 Ähnlich Barbero, RDP 1975, 533 ff. (534).

6 Seebaß, JRE 1994, 375 ff. (375); Gatzweiler, Rechtsvergleichende Untersuchung, S. 10; Luhmann, Soziologie des Risikos, S. 32-34; Erenius, Criminal Negligence, S. 19; zustimmend Kubiciel/Wachter, HRRS 2018, 338 ff. (332).

7 Duttge, Zur Bestimmtheit des Handlungsunwerts, S. 1-3; Luhmann, Soziologie des Risikos, S. 37; Seebaß, JRE 1994, 375 ff. (375).

8 Luhmann, Soziologie des Risikos, S. 7; Schlüchter, Grenzen, S. 4; Schröder, ZStW 1979, 257 ff. (276-277); Kirschner, Die Fahrlässigkeit, S. 9-10; ähnlich Jasch, KJ 2007, 203 ff. (204).

9 Puppe, ZStW 1983, 287 ff. (287); Jescheck, Aufbau und Behandlung, S. 5; Duttge, Zur Bestimmtheit des Handlungsunwerts, S. 15 ff.

allgemeiner Sicherheit und individueller Freiheit.[10] Denn es ist allgemein anerkannt, dass mit Technisierung und Modernisierung die Komplexität der Lebensverhältnisse,[11] die erfahrungsgemäß vorsätzliche und fahrlässige Fallkonstellationen auslösen,[12] ins Gewicht fallen.[13] Deshalb kann die Zunahme der vorsätzlichen und insbesondere fahrlässigen Delikte[14] im modernen Leben, etwa im Kraftfahrzeug- und Flugzeugverkehr,[15] als ein Tribut angesehen werden, den der Mensch und die Gesellschaft für seine technische Entwicklung zahlen müssen.[16] Hieraus folgt, dass ein strafrechtsdogmatischer Wandel in Richtung eines Risikostrafrechts erforderlich ist, das in einer Risikogesellschaft praktisch sachgerecht sein könnte.[17] Aus diesem Grund soll ein ausgeprägter Blickwinkel „mit Hang zum Risiko und Drang zum Objektiven geschaffen werden."[18]

Der Umfang des für die Einzelperson konkret voraussehbaren Kausalgeschehens wird in einer hochindustrialisierten und hochtechnisierten Gesellschaft immer enger.[19] Hieraus dürfte sich ergeben, dass das Risiko und die Zahl schädlicher und rechtswidriger Folgen höchstwahrscheinlich in verschiedenen Richtungen anwachsen.[20] Mit dem Aufkommen der Industrialisierung hat die Technisierung in der modernen Zeit eine große Bedeutung erlangt und damit hat sich unweigerlich die Komplexität der Lebensverhältnisse[21] sowie der gesellschaftlichen Beziehungen in dem jeweiligen Lebensbereich wie beispielsweise Straßenverkehr, Betriebsanlage, Haushalt, Erzgruben usw. vermehrt.[22] Diese schnellwachsende

---

10 Hierzu siehe auch Schöch/Jehle, S. 255 ff., 327 ff.. Zum Strafrecht im Dilemma zwischen allgemeiner Sicherheit und individueller Freiheit, siehe auch Jasch, KJ 2007, 203 ff. (203 ff.); ähnlich Duttge, Zur Bestimmtheit des Handlungsunwerts, S. 1-3.

11 Kubiciel/Weigend, KriPoZ 2019, 35 ff. (37).

12 Luhmann, Soziologie des Risikos, S. 98-99; Hahn-Woernle, Die Verwirklichung, S. 40; Kargl, Der strafrechtliche Vorsatz, S. 8-9.

13 Reitmaier, Die objektive Erfolgszurechnung, S. 31-32; Kirschner, Die Fahrlässigkeit, S. 9-10; Köhler, Die bewusste Fahrlässigkeit, S. 31-32; Schlüchter, Grenzen, S. 2-3; vgl. Kubiciel, Welzel und die Anderen, S. 144.

14 Plaas, Die Rechtsprechung, S. 1; Mühlhaus, Die Fahrlässigkeit, S. 11.

15 Zustimmend Erenius, Criminal Negligence, S. 113-114; Reitmaier, Die objektive Erfolgszurechnung, S. 32.

16 Welzel, Fahrlässigkeit und Verkehrsdelikte, S. 6.

17 Vgl. Duttge, Zur Bestimmtheit des Handlungsunwerts, S. 25.

18 Duttge, Zur Bestimmtheit des Handlungsunwerts, S. 25.

19 Ida, Inhalt und Funktion, S. 231.

20 Schlüchter, Grenzen, S. 2.

21 Vgl. Baumann/Weber/Mitsch, AT, § 22, S. 547, Rn. 67.

22 Kretschmer, JURA 2000, 267 ff. (270); vgl. Reitmaier, Die objektive Erfolgszurechnung, S. 31-32 und Kaufmann, S. 5; Planas, ZIS 2010, 357 ff. (363). (Zitiert von: Engisch, Karl; Introducción al pensamiento jurídico, 2001, S. 232.) Hier geht es um das Recht mit dem Geist seiner Zeit.

Technisierung und Komplexität führt folglich zum Schluss, dass die riskanten und gefährlichen Situationen zunehmen.[23] Deswegen soll jedermann insbesondere in den oben genannten Lebensbereichen seine Handlungen in Befolgung der Verhaltens- und Rechtsnormen und unter Beachtung der notwendigen Aufmerksamkeit und Risikoabsicherung vornehmen,[24] um potenzielle Rechtsverletzungen zu verhindern oder sie immerhin minimieren zu können.[25] In diesem Zusammenhang erwartet man daher von einem rechtstreuen Rechtssubjekt bzw. Normadressaten, das mit seiner Handlung verbundene und zu einer Tatbestandsverwirklichung führende Risiko zu erkennen und davon abzuhalten.[26] Selbstverständlich müssen die Erwartungen bezüglich der Vermeidung einer Tatbestandsverwirklichung nach den subjektiven Kenntnissen und Fähigkeiten des Täters begrenzt werden.[27] Da sich alle Menschen bzw. Rechtssubjekte bewusst in Risikosphären, wie beispielsweise in der Industrie oder im Straßenverkehr, aufhalten, ist jedem Subjekt die mögliche Erfolgsverursachung bewusst, denn jeder Mensch nimmt sie in Kauf, ohne sie aber unmittelbar zu wollen.[28]

Dabei weisen bestimmte Bereiche wie Bauwesen, Industrie, Medizin, Sport von sich aus eine risikohafte Besonderheit auf, nämlich die in ihnen enthaltene erhöhte und erhebliche Unfallgefahr.[29] Unter dem hier verwendeten Begriff „Risiko“ versteht man allerdings eine kalkulierte oder kalkulierbare Gefahr, und die Gefahr stellt in diesem Sinne ein drohendes, unbestimmtes, zukünftiges Ereignis dar.[30] Die strafrechtliche Verantwortung der Unternehmer der gefährlichen Betriebe lässt sich hiernach unter Berücksichtigung der Vorsichtsmaßregeln und der dementsprechend erforderlichen Schutzmaßnahmen begrenzen. In diesem Sinne darf einem experimentierenden Chemiker oder operierenden Arzt oder den Fabrikanten von Dynamit kein Vorsatzvorwurf gemacht werden, auch wenn ihnen die abstrakte Gefährlichkeit derartiger Beschäftigungen und die Möglichkeit eines schädlichen Erfolgseintritts trotz Einhaltung aller Vorsichtsmaßregeln und Schutzmaßnahmen bekannt war, falls sie die Vorsichtsmaßregeln und Vorsichtsmaßnahmen beachten. Mit anderen Worten, diejenigen, die eine gefahrgeneigte Tätigkeit ausüben, sind unter den oben genannten Bedingung nicht für die schädlichen

---

23 Kretschmer, JURA 2000, 267 ff. (267); Märker, Vorsatz und Fahrlässigkeit, S. 95; Kindhäuser/Zimmermann, Strafrecht AT, § 33, S. 295-296, Rn. 8.

24 Frisch, Vorsatz und Risiko, S. 97-98.

25 Kindhäuser/Zimmermann, Strafrecht AT, § 33, S. 294, Rn. 3; vgl. Jasch, KJ 2007, 203 ff. (207). In einem anderen Sinne Hassemer, ZRP 1992, 378 ff. (378-379).

26 Dazu siehe auch Lampe, ZStW 1989, 3 ff. (19).

27 Wessels/Beulke/Satzger, § 18, Rn. 1107.

28 Gatzweiler, Rechtsvergleichende Untersuchung, S. 68.

29 Schröder, ZStW 1979, 257 ff. (276); vgl. Frisch, Vorsatz und Risiko, S. 127; Seebaß, JRE 1994, 375 ff. (377ff.) und Bohlander, Principles, S. 56.

30 Schlüchter, Grenzen, S. 4

Folgen verantwortlich, wenn die einschlägigen sachbezogenen Sorgfaltsregeln und die gesetzlich vorgeschriebenen Sicherheitsmaßregeln beachtet werden, weil eventuell eintretende Erfolge objektiv nicht zurechenbar sind.[31] Sie können aber wegen Dolus eventualis unter Strafe gestellt werden, falls sie erforderliche Vorsichtsmaßnahmen nicht ergreifen. Dies ist der Fall, wenn z. B. ein Angestellter die ihm obliegenden Vorsichtsmaßregeln bewusst unterlassen hat. Ist dagegen der schädliche Erfolg durch eine allgemein noch unbekannte Eigenschaft der Mittel verursacht worden und sein Eintritt nicht voraussehbar, darf von keiner strafrechtlichen Verantwortung die Rede sein, weil der Erfolgseintritt tatsächlich dem gewöhnlichen Lauf der Dinge widerspricht und keiner allgemein anerkannten, fachlichen Lebenserfahrungen entspricht.[32] Hervorzuheben ist also, dass in den technisierten Lebensbereichen und im heutigen modernen Leben menschliche Schwächen wie Bequemlichkeit, Egoismus, Selbstüberschätzung usw. eine oft fatale Wirkung entfalten können.[33] Das erklärt, warum Egoismus oder Optimismus auf keinen Fall als ein vorsatzbestimmendes[34] oder ihn ausschließendes Kriterium betrachtet und dadurch privilegiert werden dürfen.[35]

II. Die Komplexität der Lebensverhältnisse und sachgerechte Begriffsbildung

Angesichts dieser Technisierung, Industrialisierung und Komplexität der Lebensverhältnisse bleibt die Vorsatzbestimmung bzw. die Kurzformel der herrschenden Lehre und insbesondere die gängige Abgrenzung von Dolus eventualis und bewusster Fahrlässigkeit ungeeignet, das Gefühl der Unzulänglichkeit des Strafjuristen und das Gefühl der Ungerechtigkeit zu beseitigen. Dabei führt die Technisierung und zunehmende Komplexität der Lebensverhältnisse zu immer neuen „gefährlichen" Situationen,[36] die oftmals einen tatbestandsmäßigen Erfolgseintritt herbeiführen können.[37] Der Grund liegt darin, dass die Vermehrung von Risikotypologien, die mit „devianten" Verhaltensweisen verbunden sind, wie Herausforderungen zu Wettfahrten mit Kraftfahrzeugen, Wetten auf fahrerisches Verhalten,[38] wie es im Berliner Raser-Ku'damm der Fall war, oder die Ansteckung durch sexuell

31 Bühring, Über die Grenze, S. 31-32.

32 Zustimmend Holmes, The Common Law, S. 53; Bühring, Über die Grenze, S. 31-32.

33 Rott, Zur Strafbarkeit, S. 10.

34 Anders Engisch, Untersuchungen, S. 231.

35 Feuerbach, Revision der Grundsätze und Grundbegriffe I, S. 26. In diesem Sinne siehe auch Kubiciel, Absonderung des Menschen, S. 399-400 und Walter, NJW 2017, 1350 ff. Rn. 1351.

36 Duttge, Zur Bestimmtheit des Handlungsunwerts, S. 2-3.

37 Reitmaier, Die objektive Erfolgszurechnung, S. 31-32.

38 Ähnlich Walter, NJW 2017, 1350 ff. Rn. 1350.

übertragbare Krankheiten, die sowohl die Straßenverkehrsvorschriften als auch die Geschlechtsverkehrsmaßnahmen entweder schwer verletzten oder bewusst außer Acht lassen; oder die neue und typische Fallkonstellationen wie die Anwendung chemischer und medizinischer Substanzen ohne angemessene Kontrollen im Bereich der Industrieproduktion und der Gesundheitsforschung wie auch gewalttätige sportliche Tätigkeiten, die von den amtlichen Behörden noch nicht anerkannt[39] bzw. die den bisherigen Verhaltensmustern fremd sind und es erschweren oder besser gesagt ausschließen, die Fallkonstellationen in die richtigen Rechtsbegriffe einzubeziehen und theoretisch damit zu begründen, weil die herrschende Lehre weit entfernt davon ist, derartige riskante Handlungen sachgemäß einzusetzen und diese neuen und komplexen Problemkreise zutreffend zu identifizieren.[40]

Da der Mensch die technische Entwicklung nicht mehr rückgängig machen kann sowie soll, muss die Rechtswissenschaft darauf achten, die Begriffsbildung und die Anwendung dieser Begriffe unter Berücksichtigung dieser Entwicklung zu gestalten.[41] Daraus folgt, dass man die Begriffe nicht lebensfremd, sondern lebensnah formulieren soll. Denn die Lebensbereiche und die Handlungsmodalitäten oder die Verhaltensmuster der Rechtssubjekte ändern sich in Übereinstimmung mit oder aufgrund des Fortschritts von Technik und Wissenschaft und dem Wandel des gesellschaftlichen Lebens.[42] Die Funktion des Strafrechts soll unter diesem Wechsel nicht leiden.[43] Andernfalls kann die generalpräventive Wirksamkeit des Strafrechtssystems irreparabel geschädigt werden.[44] Ferner „verliert ein Strafgesetz, das nicht motivbildend und motivändernd auf den potentiellen Täter einwirken kann, [...] seinen Geltungsanspruch."[45]

Deswegen steht die Wirksamkeit rechtlicher Normen keineswegs außer Frage.[46] Denn die Antwort der folgenden Frage, ob diese rechtliche Normen genügen, um die Risiken der modernen Welt und des modernen Lebens im gewünschten oder benötigten Umfang abzubauen,[47] hängt in der Tat davon ab, wie die Wirksamkeit und der Abschreckungseffekt der rechtlichen Normen in die Diskussion eingebracht werden.[48] Das führt zum Schluss, dass das Rechtssystem im Einklang mit der fortschreitenden Technisierung und Differenzierung der Gesellschaft mit

39 Canestrari, GA 2004, 210 ff. (211).

40 Hierzu siehe auch Canestrari, GA 2004, 210 ff. (211).

41 Seebaß, JRE 1994, 375 ff. (375-376); Schmitt-Schönenberg, Der Fahrlässigkeitsbegriff, S. 182.

42 Hütte, Maßstab und Umfang, S. 25.

43 Welzel, Fahrlässigkeit und Verkehrsdelikte, S. 6.

44 Streng, ZStW 1989, 273 ff. (277); Kaminski, Der objektive Maßstab, S. 102.

45 Holl, Entwicklungen der Fahrlässigkeitsdogmatik, S. 6.

46 Anders Seebaß, JRE 1994, 375 ff. (376).

47 Seebaß, JRE 1994, 375 ff. (376).

48 Chung, Strafzumessungsrelevanz, S. 80 ff.; vgl. Seebaß, JRE 1994, 375 ff. (378).

der Komplexität des modernen Lebens seine Mittel und Begriffe richtigerweise bestimmen und darauf gefasst sein sollte, sie gegebenenfalls dementsprechend zu modifizieren.[49] Von diesem Hintergrund scheint es notwendig zu fragen, ob und inwieweit die mildere Bestrafung der Fälle sog. bewusster Fahrlässigkeit kriminalpolitisch zutreffend und sachgerecht ist. Nach Auffassung des Verfassers sind die Fälle, die man heute unzutreffend als Fahrlässigkeit bezeichnet, nichts anderes als eine Unterart des Vorsatzes. Für die körperliche Unversehrtheit oder das Lebensrecht einer Vielzahl von Menschen kann ein bewusst fahrlässig Handelnder gefährlicher sein als derjenige, der mit Dolus eventualis handelt.[50]

B. Die Privilegierung des Egoismus

I. Ausgangspunkt

Um den Rechtsfrieden sicherzustellen und das Zusammenleben aufrechtzuerhalten, sollen die Mitglieder der Gesellschaft nicht nur sich selbst, sondern auch ihre Umwelt und die Rechtsgüter anderer Mitglieder bzw. des Dritten schützen.[51] Das stellt eine unentbehrliche Einrichtung der menschlichen Ordnung dar.[52] Das bedeutet, dass gedanken- oder rücksichtslose[53] und egoistische Motive mit der Notwendigkeit eines zufriedenen Zusammenlebens im Widerspruch stehen. Daher ist es die Aufgabe des Rechts, insbesondere des Strafrechts, die widersprüchlichen Interessen, nämlich das individuelle Interesse des Täters[54] und das allgemeine Interesse der Gesellschaft, gerechterweise in Übereinstimmung zu bringen und die widerstrebenden Motive zu beseitigen.[55] Das ist also eine unausweichliche Anforderung der öffentlichen Ordnung.[56] Um diese Aufgabe richtig und gerechterweise erfüllen zu können, bedürfen die Juristen der richtigen Mittel bzw. zutreffend formulierter Begriffe.

Hierzu ist es zunächst schlagwortartig zu sagen, dass man diese widerstrebenden egoistischen Motive nicht beseitigen kann, indem man Egoismus und Optimismus privilegiert. Die Strafe ist zweifellos nicht das einzige und erste Mittel, um strafwürdige oder strafbedürftige Taten zu verhindern.[57] Die Bestrafung stellt

---

49 Kirschner, Die Fahrlässigkeit, S. 10; dazu siehe auch Schröder, JZ 1989, 776 ff. (776).

50 Vgl. Gatzweiler, Rechtsvergleichende Untersuchung, S. 10.

51 Jescheck/Weigend, Lehrbuch, § 1, S. 3. In diesem Sinne „ist das Leben in Mitten der Gesellschaft eine verantwortungsvolle Aufgabe, zu der Konzentration zu fordern ist." Binding, Die Normen IV, S. 373.

52 Hippel, ZStW 1963, 443 ff. (444); Roxin, ZStW 1962, 515 ff. (545-546).

53 Ambrosius, Untersuchungen zur Vorsatzabgrenzung, S. 93-94.

54 Baumanns, Untersuchungen, S. 119-120.

55 Zustimmend Bertelsmann, SALJ 1975, 59 ff. (75). Dazu siehe auch Blühm, Die Kriminalität, S. 103-104.

56 Zielinski (1927), S. 25; vgl. Jasch, KJ 2007, 203 ff. (211).

57 Kubiciel, Vom Dunkel, S. 9.

vielmehr den letzten Lösungsweg dar, weil im Strafrecht das Prinzip „*ultima ratio*" gilt. Gleichwohl darf man bei der Bekämpfung der Verbrechung auf keinen Fall die bedeutsame motivierende Kraft des Strafübels[58] und die Funktion einer richtigen Begriffsbildung vernachlässigen.[59] Denn es lässt sich nicht leugnen, dass es gerade die Aufgabe der dogmatischen Begriffsarbeit bzw. der Begriffsbildung ist, in den theoretisch zum Teil unklaren semantischen Strukturen und praktisch meistens unhaltbaren und ungerechten Besonderheiten der juristischen Begriffe für theoretisch klare sowie vertretbare und praktisch anwendbare und gerechte Verhältnisse zu sorgen.[60]

II. Der Begriff „Egoismus"

Unter dem Begriff „*Egoismus*" versteht man die als sittenwidrige und einigermaßen rechtswidrige Wertschätzung der eigenen Interessen im Gegensatz zu den Interessen der Rechtsordnung und der anderen Mitglieder der Gesellschaft.[61] Es ist eingangs festzustellen, dass der Täter die Tat sowohl beim Dolus eventualis als auch bei der bewussten Fahrlässigkeit wissentlich und willentlich begeht, obwohl er den Erfolgseintritt als naheliegend voraussieht. In dieser Hinsicht kann das Handeln trotz des Wissens und des Vertrauens auf Ausbleiben des Erfolges psychologisch nur dadurch erklärt werden, dass die Erfolgsverwirklichungsgefahr und die Verletzungsmöglichkeit fremder Rechtsgüter den Täter überhaupt nicht interessiert,[62] weil diese Gefahr für seine Entscheidung, weiter zu handeln, keine Rolle spielt.[63] Insoweit bildet der Egoismus die Antriebskraft der bewussten Tatausführung,[64] die eine gesteigerte Strafbarkeit benötigt.[65] Dafür reicht die Kenntnis des Täters um die erhebliche Lebensgefahr seiner Handlung in bewusster Missachtung eines Menschenlebens aus.[66]

Aus der psychisch-analytischen Perspektive her gesehen liegt der einzige Unterschied zwischen einem vorsätzlich und einem bewusst fahrlässig handelnden Täter darin, dass der letztere zu schwach ist, die ihn quälende Spannung zu ertragen und sich infolgedessen selbst belügt, da er die ihm eigentlich bekannte erhebliche

58 Zielinski (1927), S. 25 ff.; Jung, Was ist Strafe?, S. 15.
59 Schmidhäuser, Strafrecht AT, S. 17-18, Rn. 14-15; anders Stübel, System, § 190.
60 Bung, Wissen und Wollen, S. 219.
61 Hupfauer, Eventualvorsatz, S. 10; vgl. Streng, ZStW 1989, 273 ff. (304); vgl. Schroth, JuS 1992, 1 ff. (4).
62 Um ein diesbezügliches Beispiel siehe Freund/Rostalski, Strafrecht Allgemeiner Teil, § 7, S. 283, Rn. 48.
63 Puppe, Vorsatz, S. 74.
64 Für den Zusammenhang von Handlung und Interesse siehe Nastansky, Systematische Untersuchungen, S. 16 ff.; vgl. Danner, Dolus eventualis, S. 17 ff.
65 Feuerbach, Lehrbuch (1803), § 124, S. 107.
66 Ruppenthal, Der bedingte Tötungsvorsatz, S. 324.

Gefahr übersieht und sich stattdessen selbst überzeugt, dass alles gut gehen werde. Der erstere ist dagegen stark genug, diese Spannung voll und ganz zu ertragen.[67] Was aber hier durchaus gleichartig ist, ist das Bewusstsein und der Egoismus der Täter. Denn sowohl der „Starke" als auch der „Schwache" ist sich der Gefahr und des gewöhnlichen oder erforderlichen Erfolgseintritts durchaus bewusst.[68] Beide Täter stellen ihre individuellen Ziele und persönliche Interessen, die einer Ansicht nach die einzige Triebkraft der menschlichen Handlungen sind,[69] über das Rechtsgut des Dritten und über die gesellschaftlichen Interessen, sonst würden sie die Täter davon abhalten, die Tathandlung vorzunehmen.[70] Wer aus reinem Egoismus bereit ist, trotz des erforderlichen rechtsverletzenden Erfolgseintritts weiter zu handeln,[71] aus welchen Gründen auch immer, nämlich ohne Rücksicht darauf, ob er den Erfolg innerlich bzw. durch eine mentale Negation ablehnt[72] oder auf einen guten Ausgang vertraut, handelt damit vorsätzlich.[73] Der sowohl bedingt vorsätzlich als auch bewusst fahrlässig handelnde Täter lassen die erkannte Gefahr des Erfolgseintritts unberücksichtigt, weil die Vorstellung der erheblichen Gefahr für sie nicht unlustbetont oder abschreckend genug gewesen ist, sodass sie kein ausschlaggebendes Gegenmotiv gebildet haben.[74] Aus diesem Grund kann und darf derjenige, der nur zum Spaß Rennen veranstaltet und dadurch den Leib oder das Leben des Dritten gefährdet, nicht bevorzugt werden.[75]

Denn wer im Rechtsstaat eine strafbare Tat bewusst begeht und den sich daraus erforderlich ergebenden Erfolg hinnimmt, um seinen eigenen Hauptzweck erreichen zu können und um seine innerliche Befriedigung zu erlangen, ist in der Tat ein für die rechtliche Schutzordnung der Gesamtinteressen und für ein zufriedenes Zusammenleben höchst gefährliches Individuum,[76] weil er mit durchaus egoistischen Motiven, nämlich mit unberechtigten Motiven,[77] und in gewissem Sinne

---

67 Danner, Dolus eventualis, S. 23.

68 Vgl. Mayer, Die schuldhafte Handlung, S. 187.

69 Nastansky, Systematische Untersuchungen, S. 5.

70 Danner, Dolus eventualis, S. 24; Jescheck/Weigend, Lehrbuch, § 1, S. 3.

71 Stratenwerth, ZStW 1959, 51 ff. (65).

72 Herzberg, JuS 1986, 249 ff. (251-252).

73 Baumanns, Untersuchungen, S. 100-101. Ebenfalls ist das Landgericht im Berliner Raser-Fall davon ausgegangen, dass *„die Billigung der Tötung eines Zufallsopfers in einem krassen Missverhältnis zu ihrem Anlass, der von dem unbedingten Willen zum Sieg getragenen Durchführung eines illegalen Straßenrennens, stehe. Um sein Ziel zu erreichen, habe der Angeklagte sich in besonders selbstsüchtiger und rücksichtsloser Weise über das Lebensrecht anderer Verkehrsteilnehmer hinweggesetzt."* BGH 4 StR 482/19, Rn. 58.

74 Ähnlich Börchers, Schuldprinzip, S. 131.

75 Deiters, ZIS 2019, 401 ff. (404).

76 Bühring, Über die Grenze, S. 50; Jescheck/Weigend, Lehrbuch, § 1, S. 3.

77 Mayer, Die schuldhafte Handlung, S. 192.

einer ehrlosen Gesinnung handelt.[78] Dem Täter stehen die gewöhnlichen, tatsächlichen Folgen ganz klar vor Augen, deren Eintritt er nicht wünscht und deren nachteilige schädliche Wirkung ihm aber weniger wichtig als sein übergeordnetes und liebes Ziel sind.[79] Das gleiche egoistische Motiv, d. h. die selbstsüchtige Motivation, liegt auch bei der bewussten Fahrlässigkeit in einer schwächeren Form vor, die den Täter dazu verführt, die eigenen Interessen den Interessen des späteren Opfers überzuordnen.[80] Dies soll aber im Schuldbereich hinsichtlich der Strafzumessung berücksichtigt werden.[81]

Die voluntative Seite des Vorsatzes, nämlich das Wollenselement wird meistens durch das „Lieber-wollen-als" herausgearbeitet.[82] Ist der rechtswidrige und der die Interessen der Anderen verletzende Erfolg dem Täter lieber als der Verzicht auf seine persönlichen Interessen,[83] so handelt er unter dem Einfluss des Egoismus.[84] Dem Täter scheint hier die Begehung der Tat und die Herbeiführung des rechtswidrigen Erfolgs vorzugswürdiger als der Verzicht auf dieselbe Tat.[85] Der Täter handelt somit zur Durchsetzung des eigenen Entfaltungsinteresses und zur Erreichung seiner persönlichen Befriedigung auf Kosten des gesetzlich normierten gesellschaftlichen Gütererhaltungsinteresses,[86] weil er *ceteris paribus* ebenso gehandelt hätte, um den eigenen Hauptzweck zu erreichen.[87]

III. Darf Egoismus privilegiert oder prämiert werden?

Es ist klar, dass derjenige, der bei einer solchen wissentlichen Nichtachtung der allgemeinen Interessen des Staates und der persönlichen Rechtsgüter der Mitmenschen handelt, schwerer bestraft werden muss.[88] Insoweit darf und soll daher der Egoismus nicht privilegiert, sondern härter bestraft werden. Zudem soll die Geringschätzung der fremden Rechtsgüter den vorsätzlichen Schuldvorwurf begründen,[89] weil dem Täter der Eintritt des erstrebten Erfolges einschließlich der anderen als möglich vorgestellten rechtswidrigen Folgen lieber[90] ist als der Verzicht auf seine

78 Mayer, Die schuldhafte Handlung, S. 195.
79 Baumanns, Untersuchungen, S. 134.
80 Gessner, Die bewusste Fahrlässigkeit, S. 73-74.
81 Webel, Strafbarkeit leicht fahrlässigen Verhaltens?, S. 221.
82 Müller, Der dolus eventualis, S. 33.
83 Zoller, Die Abgrenzung, S. 7; Danner, Dolus eventualis, S. 37.
84 Gottwald, Grenze zwischen Vorsatz und Fahrlässigkeit, S. 28; Exner, Das Wesen der Fahrlässigkeit, S. 174.
85 Kaufmann, Der dolus eventualis, S. 62; Zoller, Die Abgrenzung, S. 2.
86 Hantschel, Untreuevorsatz, S. 187-188.
87 Müller, Der dolus eventualis, S. 33.
88 Bühring, Über die Grenze, S. 50; hierzu siehe auch Henkel, Einführung, S. 232-233.
89 Puppe, ZStW 1991, 1 ff. (29).
90 Gessner, Die bewusste Fahrlässigkeit, S. 37.

Tat.[91] Aus diesem Grund kann der Egoismus als ein entscheidendes Merkmal und ein ausschlaggebendes Kriterium für die Bestimmung des Dolus eventualis[92] einschließlich der bewussten Fahrlässigkeit in Betracht gezogen werden. Hiernach stellt der Täter sein eigenes Interesse höher als den Schutz der Rechtsgüter,[93] nämlich als er die Abwägung zwischen Eigeninteresse und Rechtsgüter des Dritten vornimmt,[94] weil er mit Geringwertung[95] der geschützten Rechtsgüter des Dritten handelt.[96] Wer eine andere Person bedingt vorsätzlich oder bewusst fahrlässig tötet oder verletzt, manifestiert dadurch[97], dass ihm der schädliche Erfolg auf jeden Fall lieber ist als die Konsequenz eines Abstandnehmens von der Planverwirklichung,[98] d. h. als die Ergebnisse eines Abhaltens von der Begehung der Tat[99]. So macht der Täter somit offensichtlich, dass er um den Preis des „negativ-wertigen" Erfolges handelt.[100]

Insoweit könnte der Einwand erhoben werden,[101] dass den mit Dolus eventualis Handelnden der Vorwurf des Egoismus und den, der bewusst fahrlässig handelt, der Vorwurf des Leichtsinns treffen sollte.[102] Gegen diesen Einwand ist zu betonen, dass eine Unterscheidung von Egoismus und Leichtsinn, auch wenn sie richtig wäre, nichts daran ändert, dass der Täter beide Male vorsätzlich handelt. Mit anderen Worten wandelt diese Unterscheidung des bedingt vorsätzlichen Charakters die Tat nicht in eine bewusst fahrlässige um. Der hier vertretenen Ansicht nach wird dieser Unterschied jedoch nicht völlig außer Acht gelassen, sondern die Unterscheidung von Egoismus und Leichtsinn wird im Schuldbereich für die Festsetzung des Strafmaßes berücksichtigt. Derjenige, der mit kühlem Verstand fremde Interessen den eigenen Wünschen unterordnet bzw. fremde Rechtsgüter aufs Spiel setzt und die Sicherheit und Rechtsgüter des Dritten dem Zufall überlässt sowie dadurch das Leben des Dritten mit Wissen und Willen bzw. völlig bewusst gefährdet,[103] wie es sowohl beim Dolus eventualis als auch bei der bewussten Fahrlässigkeit der Fall

91 Hippel, ZStW 1931, 153 ff. (155), Fn. 10.
92 Zoller, Die Abgrenzung, S. 12.
93 Zum Begriff „Interesse" siehe Nastansky, Systematische Untersuchungen, S. 4 ff.
94 Frisch, Vorsatz und Risiko, S. 98; Schmidhäuser, Vom Sinn der Strafe, S. 97-98.
95 Hierzu siehe Danner, Dolus eventualis, S. 21.
96 Bremer, Grenze, S. 18; Nowakowski, ZStW 1953, 379 ff. 380; vgl. Nastansky, Systematische Untersuchungen, S. 56 ff.
97 Karg (1993), S. 33.
98 Zoller, Die Abgrenzung, S. 4-5.
99 Ähnlich Schroth, JuS 1992, 1 ff. (6-7) und Bung, Wissen und Wollen, S. 219.
100 Baumanns, Untersuchungen, S. 100-101, 106-107; hierzu siehe auch Puppe, ZStW 1991, 1 ff. (13) und Gottwald, Grenze zwischen Vorsatz und Fahrlässigkeit, S. 45.
101 Anders Hippel, Die Grenze, S. 142.
102 Bremer, Grenze, S. 25.
103 Zoller, Die Abgrenzung, S. 2; ähnlich Arzt, ZStW 1979, 857 ff. (874).

ist, manifestiert somit seine verbrecherische Tatgeneigtheit[104] und diese Manifestation erweist hierdurch den Täter als einen gefährlichen und skrupellosen Egoisten[105] mit erheblicher verbrecherischer Energie, der ohne Zweifel als Vorsatztäter bestraft werden sollte.[106]

C. Die Privilegierung des Optimismus

I. Weder dies noch das

Weder die heute gängige Theorie, nämlich Willenstheorie bzw. Billigungs- oder Einwilligungstheorie noch die Vorstellungstheorie, Möglichkeits- oder Wahrscheinlichkeitstheorie sind dazu fähig, den präventiven Aufgaben des Strafrechts gerecht zu werden und dadurch Gerechtigkeit zu schaffen. Denn nach der herrschenden Lehre, die die innere Einstellung oder emotionale Einhaltung und psychische Beziehung des Täters zum Erfolg in den Vordergrund stellt,[107] wird jemand je nach seinen durchaus subjektiven und daher manipulierbaren Aussagen unrichtigerweise wegen bewusster Fahrlässigkeit bestraft. Im Endeffekt wird derjenige als Fahrlässigkeitstäter bestraft, der eigentlich als Vorsatztäter bestraft werden sollte, weil er die Tatbestandsverwirklichung konkret für möglich gehalten hat oder unter den gegebenen Umständen als vernünftiger Mensch gehalten haben sollte und trotzdem aus Gleichgültigkeit oder Gedankenlosigkeit weiterhandelt und den Erfolg verursacht.[108]

Bei der Vorstellungstheorie liegt das wesentliche Problem darin, dass der Vollzug einer Handlung, bei der sich der Täter den Eintritt eines rechtsverletzenden Erfolges als möglich oder wahrscheinlich vorstellt, als Vorsatz bzw. Dolus eventualis zugerechnet werden sollte.[109] Das führt somit zu einem unrichtigen Schluss bzw. einer Paradoxie.[110] Denn wenn man die bloße Vorstellung eines möglichen oder wahrscheinlich Erfolges für den Vorsatz für ausreichend hält, kann ein gedankenloser Täter privilegiert und ein vorsichtig bzw. vernünftig Handelnde dagegen diskriminiert werden.[111]

104 Exner, Das Wesen der Fahrlässigkeit, S. 9.
105 Baumanns, Untersuchungen, S. 111.
106 Baumanns, Untersuchungen, S. 112; zustimmend Hantschel, Untreuevorsatz, S. 187.
107 Vgl. Fuchs, Die Wahlstellung, S. 21.
108 Hantschel, Untreuevorsatz, S. 193-194.
109 Schröder, Aufbau und Grenzen, S. 225-226.
110 Koriath, Grundlagen, S. 616.
111 Koriath, Grundlagen, S. 616.

II. Das umsichtige Rechtssubjekt oder der gedankenlose Bummler?

Wenn sich der Täter den Erfolg zwar nicht als möglich, wahrscheinlich oder notwendig vorgestellt hat,[112] obwohl dieser Erfolg aus der Sicht eines vernünftig denkenden Menschen bzw. nach dem konkreten Verlauf der Dinge[113] als notwendig oder wahrscheinlich vorzustellen ist, so darf er überhaupt nicht privilegiert werden, weil er unüberlegt und blauäugig handelt.[114] Handelt insoweit ein Täter, obwohl er sich den Eintritt eines Erfolges als notwendig, gewöhnlich oder erforderlich vorstellt oder als ein vernünftiger Mensch vorgestellt haben sollte, dann ist die von ihm bewusst begangene Tat als eine vorsätzliche zu qualifizieren und zu bestrafen.[115] Die Vorstellungstheorie bestraft aber für das Vorhandensein einer bloßen tatbestandlichen Vorstellung. Das bedeutet, dass derjenige, der unüberlegt und blauäugig handelt oder blind optimistisch und gerade deshalb an die Folgen seiner Tat nicht denkt, unverständlicherweise und ungerechterweise privilegiert wird.[116] Unser Rechtsgefühl sträubt sich dagegen, hier jemanden nur wegen bewusster Fahrlässigkeit zu bestrafen, der normalerweise als Vorsatztäter bestraft werden sollte.[117] Denn ein vorsichtiger Täter, der alle Risiken und Folgen seiner Handlung abwägt und die sich daraus ergebenden gewöhnlichen und erforderlichen Folgen voraussieht, wie es sein sollte, würde wegen Dolus eventualis, ein gedankenloser Bummler dagegen wegen Fahrlässigkeit bestraft werden.[118]

Es ist daher offensichtlich, dass die Kurzformel der herrschenden Lehre, die die innere Einstellung des Täters zugrunde legt, die Wirklichkeitsverweigerer, die die sonnenklare Gefahr einschließlich der schädlichen Folgen nicht ernst nehmen wollen, begünstigt.[119] Durch diese irreführende Denkweise wird ein bedachtsam Handelnder gegenüber dem dickfelligen benachteiligt.[120] Demnach ist derjenige, der den Erfolgseintritt zumindest noch reflektiert und daran denkt, gegenüber demjenigen, der sorglos und gedankenlos handelt, im Nachteil.[121] Aus diesem

112 Anders Müller, Der dolus eventualis, S. 49.

113 Runck, Dolus eventualis, S. 24.

114 Hierzu siehe Jakobs, ZStW 1995, 843 ff. (862); anders Runck, Dolus eventualis, S. 24.

115 Koriath, Grundlagen, S. 616.

116 Gatzweiler, Rechtsvergleichende Untersuchung, S. 83, 90-91.

117 Koriath, Grundlagen, S. 616. Hierzu siehe auch Herzberg, JuS 1986, 249 ff. (250).

118 Radbruch, Der Handlungsbegriff, S. 18, Fn. 18; ähnlich Walter, NJW 2017, 1350 ff. Rn. 1351; hierzu siehe auch Rott, Zur Strafbarkeit, S. 46 und Silving, JCLC 1960, V.51, 19 ff. (27-28).

119 Kubiciel/Wachter, HRRS 2018, 338 ff. (333).

120 Runck, Dolus eventualis, S. 21-22; Ruppenthal, Der bedingte Tötungsvorsatz, S. 17; Rott, Zur Strafbarkeit, S. 46; näher Frauendorfer, Die Willensrichtung, S. 67-68.

121 Herrmanns, JA 2002, 140 ff. (141).

Grund ist ohne Zweifel festzulegen, dass es nichts anderes als Bevorzugung und Privilegierung eines gedankenlosen Bummlers gegenüber einem umsichtigen und vernünftig handelnden Rechtssubjekt ist.[122] Vielmehr ist es unumstritten, dass der umsichtige Täter, der die Folgen seiner Handlung bedenkt und sie sich als ein besonnenes Wesen vorstellt, nicht strafbarer ist als der gedankenlose Bummler, der überhaupt nicht daran denkt,[123] dass seiner Tat ein unheilvoller Erfolg entwachsen könnte.[124] Der umsichtige Täter darf eben nicht schlechter behandelt werden als der gedankenlose Bummler, weil er Folgen gewissenhaft erwägt.[125] Aus diesem Grund darf und soll ein besonnener Täter oder ein vernünftig Handelnder nicht schärfer als ein gedanken- und rücksichtloser Bummler bestraft werden.[126]

III. Weder theoretisch logisch noch praktisch gerecht

Bemerkenswert ist es, dass sich bei der Begriffsbildung der subjektiven Merkmale [Vorsatz und Fahrlässigkeit] menschliche Irrationalität überwiegend als Tatsachenblindheit oder tatsachengelöster Optimismus zeigt.[127] Kriminalpolitisch bleibt aber die Frage offen, warum Optimismus gegenüber Gedankenlosigkeit bzw. Irrationalität gegenüber Rationalität privilegieren soll, obwohl unser Straftatsystem auf dem rationalen Menschenbild des Strafrechts fußt.[128] Auch straftheoretisch wäre es unverständlich, die Gedanken- oder Gewissenlosigkeit, Leichtsinnigkeit[129] und Optimismus in den Vordergrund zu stellen[130], solange das Strafrecht auch die Aufgabe der Erziehung hat, d. h. die Rechtssubjekte zu gewissenhaften, bedachtsamen und gedankenvollen Handlungsmaximen zu verführen. Insoweit „soll der Täter vom Recht lernen und nicht das Recht von ihm."[131] Demgegenüber prämiiert die h. M. den Leichtsinnigen[132] und den Gedanken- oder Gewissenlosen, der auf ein Wunder hofft[133] und sich in seinem unbegründeten Vertrauen auf sein Glück selbst belügt.[134]

---

122 Rott, Zur Strafbarkeit, S. 46.

123 Jakobs, ZStW 1989, 516 ff. (529); dazu siehe auch Puppe, ZStW 1991, 1 ff. (38).

124 Mayer, Die schuldhafte Handlung, S. 179-180; ähnlich Danner, Dolus eventualis, S. 74. Hierzu siehe auch Almendigen, Untersuchungen, S. 48-49; Feuerbach, Lehrbuch (1803), § 56, S. 51 und Almendigen/Feuerbach/Grolman, Bibliothek, S. 227.

125 Danner, Dolus eventualis, S. 74.

126 Engisch, Untersuchungen, S. 390.

127 Ruppenthal, Der bedingte Tötungsvorsatz, S. 131.

128 Prittwitz, GA 1994, 454 ff. (462); dazu siehe auch Höffler, ZStW 2019, 1036 ff. (1059).

129 Birnbaum, Die Leichtfertigkeit, S. 97.

130 Danner, Dolus eventualis, S. 74; zustimmend Kubiciel/Wachter, HRRS 2018, 338 ff. (333-334); Frank, ZStW 1890, 169 ff. (210).

131 Kubiciel/Wachter, HRRS 2018, 338 ff. (334).

132 Baumanns, Untersuchungen, S. 111-112.

133 Runck, Dolus eventualis, S. 18.

134 Danner, Dolus eventualis, S. 24; Bremer, Grenze, S. 35.

Insoweit kann sowie soll gegen die Billigungs- oder Einwilligungstheorie der strafrechtstheoretisch bzw. kriminalpolitisch begründete Einwand erhoben werden, da es unrichtig ist, einen freventlichen Leichtsinn nur mit der milderen Strafe der Fahrlässigkeit, statt mit der schweren des Vorsatzes zu belegen.[135] Gerade in spezialpräventiver Hinsicht wäre dies kontraproduktiv.[136] Auf diese Weise wird der vorsichtige und überlegene Täter ungerecht belastet,[137] weil der vorsichtige Mensch, der der Urheber einer äußerlichen Erscheinung ist,[138] häufig mit der Vorstellung der gewöhnlichen und erforderlichen Folgen in den konkreten Fällen handelt.[139] Schließlich dürfe beispielsweise ein vorsichtiger Pkw-Fahrer, dem das erhöhte Risiko im Straßenverkehr richtigerweise bewusst ist, wegen dem Dolus eventualis bestraft werden, während ein anderer gedankenloser Pkw-Fahrer dagegen wegen der bewussten Fahrlässigkeit, weil er unvorsichtig oder blauäugig handelt, nämlich weil er ausgehend von einer optimistischen Einschätzung des kausalen Verlaufs die Tat leichtsinnig begeht.[140]

Im Gegensatz dazu würde ein Skeptiker vermutlich die Gefahr zumindest für möglich halten.[141] Ein Arzt,[142] der als ein weiser bzw. begabter Skeptiker eine Operation mit dem Bewusstsein des Todes des Patienten vornimmt und daher diesen für möglich hält, wird ebenso vorsätzlich gehandelt haben.[143] Denn der Arzt hält den Tod für möglich, weil es ihm klar ist, dass der Unerfahrene sicher und davon überzeugt ist, dass kein rechtswidriger Erfolg durch seine Tat herbeizuführen ist, während der Erfahrene dagegen bei einer risikohaften Handlung den schädlichen Erfolgseintritt immer für möglich hält[144] und darüber zweifelt, ob der rechtsverletzende Ausgang bzw. der rechtswidrige Erfolg nahe- oder fernliegend ist.[145]

Unverständlicherweise ermutigt sowohl die heute herrschende Lehre bzw. die Billigungs- oder Einwilligungstheorie als auch die Vorstellungstheorie die Rechtssubjekte nicht bedachtsam oder gewissenhaft, sondern gedankenlos und blauäugig zu handeln. Dies ist spezialpräventiv kontraproduktiv und kriminalpolitisch

---

135 Ähnlich Ambrosius, Untersuchungen zur Vorsatzabgrenzung, S. 74-75.

136 Kubiciel/Wachter, HRRS 2018, 338 ff. (334).

137 Gessner, Die bewusste Fahrlässigkeit, S. 97; hierzu siehe auch Schröder, Aufbau und Grenzen, S. 239, 241.

138 Frank, ZStW 1890, 169 ff. (178).

139 Hippel, ZStW 1911, 562 ff. (584).

140 Köhler, GA 1981, 285 ff. (287); Baumanns, Untersuchungen, S. 150; vgl. Danner, Dolus eventualis, S. 74.

141 Hantschel, Untreuevorsatz, S. 243.

142 Dazu Schröder, Aufbau und Grenzen, S. 243.

143 Bremer, Grenze, S. 14; vgl. Roxin, ZStW 1962, 411 ff. (435).

144 Schröder, Aufbau und Grenzen, S. 242-243; hierzu siehe auch Hupfauer, Eventualvorsatz, S. 15.

145 Frank, ZStW 1890, 169 ff. (210).

verfallen. Hiernach stellt der nachfolgende Fall der gängigen Lehre zufolge die typische Situation der bewussten Fahrlässigkeit dar. Danach wirft A im Walde eine brennende Zigarette in Kenntnis der Möglichkeit eines Waldbrandes fort.[146] Nun existieren drei Möglichkeiten. Nach der ersten Möglichkeit wird der Täter den Gedanken an einen ungünstigen Ausgang bzw. an einen schädlichen Erfolgseintritt aus seinem Bewusstsein ausschalten, obwohl die Möglichkeit eines schädlichen Ausgangs klar war. In diesem Fall entfällt der Vorsatz und man könnte ihm keine vorsätzlichen, sondern nur fahrlässige schädliche Folgen vorwerfen. In der zweiten Möglichkeit sieht der Täter dagegen bei der Tat voraus, dass er sich bei der Begehung dieser Tat den eventuell eintretenden rechtswidrigen Erfolg unter den gegebenen Umständen auf sein Glück verlässt, er lehnt daher den Erfolg innerlich ab oder vertraut auf einen guten Ausgang.[147] Nach der heute gängigen Lehre wird der Täter bei dieser Möglichkeit wegen bewusster Fahrlässigkeit bestraft. Auch bei der dritten Möglichkeit ist der Erfolgseintritt dem Täter klar. Der Täter geht hier aber weiter, indem er den Erfolgseintritt innerlich nicht ablehnt oder auf das Ausbleiben des Erfolges vertraut. In diesem Fall soll nicht mehr bewusste Fahrlässigkeit, sondern Dolus eventualis gegeben sein.[148]

Solange das Recht Rechtssubjekte dazu ermutigt, mit überhöhter Fahrgeschwindigkeit auf der Straße fast ein Dutzend roter Ampeln zu überqueren und immer noch auf einen guten Ausgang, d. h. auf Ausbleiben des schädlichen Erfolges zu vertrauen,[149] wie im Ku'damm-Raser-Fall geschehen, wäre es nicht schwierig zu prognostizieren, dass diese Denkweise die Rechtssubjekte dazu verführen wird, in solchen Fällen gedankenlos zu bleiben oder blauäugig auf Glück zu vertrauen.[150] Dieser Ansatz erschüttert aber das Vertrauen in die Geltung der Rechtsordnung.[151] Denn die Feststellung, ob der Täter mit Vorsatz oder Fahrlässigkeit handelt, hängt meistens unrichtigerweise vom Temperament oder von der subjektiven manipulierbaren Aussage bzw. der Schutzbehauptung des Täters ab.[152] In einem auf einem rationalen Menschenbild aufgebauten Strafrechtsystem ist eine solche irrationale und ungesunde Sichtweise kaum akzeptabel.[153] Auf diese Weise geht nicht nur die Gerechtigkeit verloren,[154] es kommt auch zu schwer vorhersehbaren gerichtlichen Entscheidungen.[155]

---

146 Stratenwerth, ZStW 1959, 51 ff. (54-55).
147 Näher und ähnlich dazu siehe Schröder, Aufbau und Grenzen, S. 237 ff.
148 Stratenwerth, ZStW 1959, 51 ff. (54-55).
149 Kubiciel/Wachter, HRRS 2018, 338 ff. (334).
150 Hierzu siehe auch Jakobs, Kritik des Vorsatzbegriffs, S. 46-47.
151 Frisch, Vorsatz und Risiko, S. 100; ähnlich Frisch, Vorsatz und Risiko, S. 100-101.
152 Bremer, Grenze, S. 14.
153 Popper, Logik der Forschung, S. 26.
154 Hierzu siehe auch Stratenwerth, ZStW 1959, 51 ff. (56-57).
155 Gatzweiler, Rechtsvergleichende Untersuchung, S. 83.

Daraus darf die folgende Schlussfolgerung gezogen werden, dass weder die Anwendung der Willenstheorien noch die Ausführung der Vorstellungstheorien auf diese Weise mit einem angemessenen Rechtsgüterschutz und mit der Aufgabe oder Funktion des Strafrechts zu vereinbaren sind.[156] Um dies zu verhindern, soll man eine neue Perspektive entwickeln,[157] die durch das Hinzufügung von weiteren objektiven Kriterien [wie der rational person, Lebenswirklichkeit, Lebenserfahrung, Regeln der Logik usw.] diese Schwierigkeiten beseitigen und Gerechtigkeit schaffen kann. Ferner hängt die Überzeugungskraft einer Theorie von der Rationalität ihrer Begründung ab: Je genauer und umfassender die Begründung, umso akzeptabler das Ergebnis. Eine derartige Begründung darf dabei nicht jene Besonderheiten ausblenden, die die Regeln der Logik und der Lebenswirklichkeit betreffen.[158]

IV. Weder optimistisches noch pessimistisches, sondern rationales Menschenbild

Das Strafrechtsystem baut weder auf einem optimistischen noch pessimistischen, sondern auf einem durchschnittlichen Menschenbild auf. Die Kriterien der Vernunft sollen dafür verwendet werden, um das in der kognitiven Seite des Vorsatzes schon implizierte voluntative Element herauszuarbeiten.[159] Aus diesem Grund muss man unter dem Ausdruck „der Täter sollte schon gewusst oder sich bereits vorgestellt und daher gewollt haben“ die nachstehende Ansicht verstehen: Wenn ein Nichtwissen oder Nichtvoraussehen des Täters unter den gegebenen Umständen und nach dem Kriterium eines vernünftigen Menschen und der allgemeinen Lebenserfahrung unverständlich ist, soll die kognitive Seite des Vorsatzes unter Zuhilfenahme von objektiven Kriterien normativ festgelegt werden.[160] Hiernach ist der Vorsatz in diesem Fall anzuerkennen,[161] ohne Rücksicht darauf, ob der Täter die Tatverwirklichung in Form der gesetzlichen Tatumstände bedacht hat,[162] falls der Richter oder das Gericht davon überzeugt ist, dass der Täter in der konkreten Situation sie normalerweise schon so bedacht haben sollte.[163] Der Vorsatzbegriff ist folglich auch vor allem normativ zu erfassen. Denn ein voluntatives Element wie die innere Einstellung und psychologische Beziehung soll auch objektiv und

---

156 Ähnlich Exner, Das Wesen der Fahrlässigkeit, S. 198; Jescheck/Weigend, Lehrbuch, § 1, S. 7-8.

157 Dazu siehe auch Frauendorfer, Die Willensrichtung, S. 68.

158 Ähnlich Kubiciel/Weigend, KriPoZ 2019, 35 ff. (38).

159 Wallau, Der finale Handlungsbegriff, S. 49.

160 Gatzweiler, Rechtsvergleichende Untersuchung, S. 81.

161 Dazu siehe auch Jakobs, ZStW 1995, 843 ff. (861 ff.)

162 Gaede, ZStW 2009, 239 ff. (247).

163 Gatzweiler, Rechtsvergleichende Untersuchung, S. 81.

normativ berücksichtigt werden, um eine rationale Erklärung der Handlung und eine theoretisch vertretbare und praktisch durchführbare Begriffsbildung des Vorsatzes erreichen zu können.[164]

Die hier erwähnte normative Bestimmung des Vorsatzes soll zweierlei bewirken: Weder soll ein blinder Optimist privilegiert noch ein überdurchschnittlicher oder überängstlicher Pessimist benachteiligt werden.[165] Aus diesem Grund darf man für die Bejahung oder Verneinung des Vorsatzes niemals subjektive Kriterien wie die innere Haltung oder psychische emotionale und daher manipulierbare Einstellung des Täters, sondern objektive und vernünftige Kriterien[166] wie die des vernünftigen Menschen, der Beurteilung eines objektiven gewissenhaften Beobachters, der Typizität des Falls, des gewöhnlichen Verlaufs der Dinge, der allgemeinen gesellschaftlichen Lebenserfahrung usw. ins Zentrum der Begriffsbildung und Beweisführung hinlegen,[167] sodass weder der Optimist privilegiert noch der Pessimist benachteiligt wird. Dementsprechend muss man nach vernünftigen, sachgerechten, legitimierbaren und praktisch durchführbaren Strukturen suchen.[168] Anders gesagt: Die Beurteilung eines objektiven und vernünftigen Beobachters soll grundsätzlich von allen Menschen erwartet werden,[169] die die Möglichkeit der Voraussehbarkeit eines einsichtigen und besonnenen Rechtssubjekts haben.[170] In diesem Sinne lässt sich beispielsweise die gesellschaftliche Lebenserfahrung ausschlaggebend betrachten, um bspw. die Schlussfolgerung ziehen zu können, dass derjenige, der einer anderen Person mehr als fünfzigmal mit einem Bügeleisen auf den Kopf schlägt, sich dessen bewusst ist, dass diese Schläge gewöhnlich zum Tod der Person führen können,[171] weil der tödliche Erfolg nicht außerhalb der allgemeinen Lebenserfahrung liegt.[172] Hieraus dürfte sich nicht ergeben, dass die persönliche Lage des konkret Angeklagten bei der Untersuchung der Schuldfrage völlig außer Acht gestellt wird. Der individuelle Zustand des Täters soll aber nicht vor, sondern nach der Bestimmung der subjektiven Tatbestandsmerkmale, d. h. im Schuldbereich, relevant werden.[173]

---

164 Vgl. Martins, Versuch, S. 94.

165 Gatzweiler, Rechtsvergleichende Untersuchung, S. 163.

166 Zustimmend Hegel, Grundlinien - Vorrede, S. 14; dazu Kubiciel/Weigend, KriPoZ 2019, 35 ff. (38), Fn. 34.

167 Gatzweiler, Rechtsvergleichende Untersuchung, S. 103.

168 Kubiciel/Weigend, KriPoZ 2019, 35 ff. (38).

169 Hütte, Maßstab und Umfang, S. 73; Köhler, GA 1981, 285 ff. (286).

170 Hütte, Maßstab und Umfang, S. 69; dazu siehe auch Jescheck/Weigend, Lehrbuch, § 37, S. 412; Kaufmann, Das fahrlässige Delikt, S. 145.

171 Ragués Vallès, GA 2004, 257 ff. (266-267).

172 Herzberg, GA 2001, 568 ff. (570); Sauer, Die Fahrlässigkeitsdogmatik, S. 218.

173 Ragués Vallès, GA 2004, 257 ff. (266-267).

Ferner ist eine einheitliche Doluslehre notwendig, die nach der Struktur und den Kriterien des Vorsatzes auch dessen Grund- und Erscheinungsformen und dessen Grenzen zur Fahrlässigkeit bestimmt.[174] Insoweit sollen die Lehre und Rechtsprechung objektive, vernünftige und einheitliche Kriterien finden, die nicht mehr den Eindruck entstehen lassen, dass die Lösungen oder die Entscheidungen von einem rein emotionalen Handeln des Richters oder von der durchaus subjektiven und manipulierbaren Aussage des Täters abhängen. Die Kriterien sollen vielmehr so bestimmt und formuliert werden, dass sie weder zur Willkür des Täters noch des Richters verführen.[175] Im Übrigen soll bei dieser Formulierung weder Optimismus noch Egoismus privilegiert oder prämiiert werden. Zu diesem Zweck muss man den Schwerpunkt auf den Maßstab des einsichtigen Bürgers[176] bzw. des vernünftigen und gewissenhaften Menschen legen,[177] der durch eine konkrete Möglichkeit bzw. eine Gewöhnlichkeit oder Erforderlichkeit des Erfolgseintritts zur Unterlassung der Handlung und hiermit zur Verhütung des Risikos motiviert werden kann.[178]

D. Rūmīs Elefant und Petitio Principii

I. Ausgangspunkt

Wie beschreibt man einen Elefanten, der sich an einem dunklen Ort befindet? In seinem Werk „Masnawi" berichtet der Sufī Gelehrte al-Rūmī, wie eine Gruppe von Männern in völliger Dunkelheit einen Elefanten untersucht, um zu begreifen, worum es sich bei diesem Tier handelt. Dabei untersuchte ein jeder von den Männern ein anderes Körperteil und gelangt folglich zu einer völlig unterschiedlichen Schlussfolgerung. Keine von ihnen stellt aber den Elefanten dar.[179] Denn eine Sache bzw. ein Begriff kann nicht aus seinen Folgen her, sondern nur von sich selbst bzw. aus den ausschlaggebenden Wesenszügen her bestimmt und begründet werden.

II. Ein methodisches Paradox

Gegen die Ansichten, die den Vorsatz durch das Wissen definieren, d. h. die für die Bejahung oder Verneinung des Dolus eventualis allein das Bewusstsein der

174 Kaufmann, Der dolus eventualis, S. 65-66.

175 Ragués Vallès, GA 2004, 257 ff. (268); vgl. Schröder, Aufbau und Grenzen, S. 230.

176 Jakobs, Der strafrechtliche Handlungsbegriff, S. 39.

177 Schweling, ZStW 1960, 464 ff. (475).

178 Puppe, Vorsatz, S. 41; Binavince, Die vier Momente, S. 155; Reitmaier, Die objektive Erfolgszurechnung, S. 45.

179 Hierzu siehe Gölpınarlı, Mesnevi, S. 99, Rn. 1260; Kırlangıç, Mesnevi'den Öyküler, S. 49-50.

konkreten, erforderlichen, gewöhnlichen oder bloß möglichen Gefahr voraussetzen,[180] wird oft der Einwand erhoben wird, dass eine solche Vorsatzbestimmung zu unerträglichen und ungerechten Ergebnissen oder Entscheidungen führen kann.[181] Daraus wird ersichtlich, dass der weit verbreitete Haupteinwand gegen die Objektivierung des Vorsatzbegriffes wesentlich mit der Ausdehnung bzw. Erweiterung des Vorsatzbereiches[182] bzw. mit der unerträglichen Ausweitung der Vorsatzstrafbarkeit[183] und davon ausgehend mit der unverhältnismäßigen Verschärfung der Strafe zu begründen ist.[184] Insoweit wird vornehmlich eingewendet, dass sie die Grenze des Vorsatzes zu weit in den Bereich der angeblichen bewussten Fahrlässigkeit ausdehne.[185]

In diesem Sinne ist zu betonen, dass auch der Verfasser dieser Arbeit die Meinung vertritt, dass der hier vertretenen Ansicht nach nicht jeder vorausgesehene Erfolg als gewollt und vorsätzlich herbeigeführt angenommen werden darf. Vielmehr muss die Tathandlung die oben ausführlich angeführten Kriterien erfüllen, um den Dolus eventualis begründen zu können. Hiernach ist nicht jede Voraussicht ausschlaggebend, sondern nur diejenige, die den Täter je nach Lage der Umstände oder nach der Lebensplanung des vernünftigen Menschen und der Beurteilung des objektiven Beobachters von der Handlung hätte abhalten sollen.[186] Hervorzuheben ist dabei, dass die oben genannte Begründung selbst nach den Gesetzen der Logik und Vernunft unrichtig sowie unschlüssig ist.[187] Denn wie schon beschrieben, geht auch der Verfasser in diesem Sinne von dem gleichen Grundgedanken aus, dass für den Vorsatz eine bloße Vorstellung bzw. ein vages Für-Möglich-Halten auf keinen Fall genügend sein sollte. Der Grund dafür liegt aber nicht darin, dass eine solche Ansicht zur Ausdehnung des Vorsatzbereiches und Verschärfung der Strafe führt oder führen könnte, sondern weil eine solche Formulierung weder begrifflich noch materiellrechtlich zutreffend und vertretbar ist. Mit anderen Worten, es wird die Ansicht vertreten, dass ein bloß als möglich vorgestellter Erfolg den Vorsatz überhaupt nicht begründen kann, ohne Rücksicht auf die Folgen bzw. auf irgendeine Ausdehnung des Vorsatzes oder Verschärfung der Strafe.[188]

Demzufolge sollten sowohl die Theoretiker bei der Begriffsbestimmung als auch die Praxis bei der Beweiswürdigung darauf achten, nicht gegen Denkgesetze und Erfahrungssätze zu verstoßen. Hiernach sind auch Autoren dazu verpflichtet, die

---

180 Hierzu siehe auch Ambrosius, Untersuchungen zur Vorsatzabgrenzung, S. 61.
181 Dazu siehe Baumanns, Untersuchungen, S. 19-20.
182 Ambrosius, Untersuchungen zur Vorsatzabgrenzung, S. 61.
183 Schmidhäuser, JuS 1980, 241 ff. (241); Köhler, GA 1981, 285 ff. (285).
184 Walter, NJW 2017, 1350 ff. Rn. 1352; Vgl. Schröder, Aufbau und Grenzen, S. 236.
185 Wessels/Beulke/Satzger, Strafrecht AT, § 7, Rn. 334; Zoller, Die Abgrenzung, S. 25.
186 Bekker, Theorie, S. 272; dazu siehe auch Hippel, Die Vorstellungstheorie, S. 404.
187 Vgl. Gatzweiler, Rechtsvergleichende Untersuchung, S. 60.
188 Ähnlich, Wessels/Beulke/Satzger, Strafrecht AT, § 7, Rn. 315, 334.

Regeln der Logik zu beachten und die Begriffe in Übereinstimmung dieser Regel der Logik bzw. widerspruchsfrei zu bezeichnen und zu begründen.[189] Denn jeder Verstoß gegen die Denkgesetze oder die Regeln der Logik bringt einen Zirkelschluss mit sich, der uns zum *petitio principii* führt.[190] Gewiss ist allerdings, dass jeder, der bei der Bestimmung oder Begründung eines Begriffes die Ausdehnung des Vorsatzbereiches oder die Verschärfung der Strafe zugrunde legt, dem gleichen Denkfehler bzw. einem *petitio principii* unterliegt.[191] Ähnlicherweise scheint sich in die Sichtweise, die im Zivilprozessrecht bezüglich des rechtlichen Wesens der Schiedsvereinbarung vorgetragen wird, ein *petitio principii* eingeschlichen zu haben, weil sie an und für sich irreführend die Auswirkung des Schiedsspruchs in Betracht ziehen, um das Wesen des Schiedsvertrags klarzustellen.[192]

Für die Begriffsbestimmung oder Begriffsbildung der oben zitierten Autoren kommt es in diesem Rahmen darauf an, ob eine solche Begriffsbestimmung den Vorsatzbereich ausdehnt oder ob die Strafe verschärft wird oder nicht, d. h. auf die Folgen. Ein Begriff darf aber nicht ausgehend von den Folgen bestimmt werden. Kurz gesagt: Das soll nicht von den Ergebnissen her, sondern nach den ausschlaggebenden Wesenszügen bestimmt und begründet werden. Daher darf nicht die Ausdehnung des Vorsatzbereichs oder die Verschärfung der Strafe,[193] sondern eine richtige bzw. davon abhängige Bestimmung und Begründung des Wesens des Begriffs ausschlaggebend sein. Andernfalls führt das zu jenem logischen Fehler, der „*petitio principii*" heißt.[194]

III. Ein Denkfehler: Petitio Principii

Dem bisher Gesagten zufolge stellt die „*Folgenorientierung*" irrigerweise das ausschlaggebende Prinzip der Begründung der heutigen herrschenden juristischen Regel- und Begriffsbildung dar.[195] Unter dem Denkfehler *petitio principii* verstehet man die „Verwendung eines unbewiesenen, erst noch zu beweisenden Satzes als Beweisgrund für einen anderen Satz."[196] Der am meisten gegen die Objektivierung

---

189 Schmidhäuser, Strafrecht AT, S. 3, Rn. 10.

190 Hantschel, Untreuevorsatz, S. 229.

191 Ein ähnlicher Denkfehler ist in den Sätzen von Zehetgruber zu sehen. Dazu Zehetgruber, KriPoZ 2018, 358 ff. (359).

192 Hierzu siehe Erdoğan, Hakem Kararlarının Kesin Hüküm Etkisi, S. 39.

193 Die Sätze von Zoller bilden auch ein gutes Beispiel für die folgenorientierte Begriffsbildung. Dazu Zoller, Die Abgrenzung, S. 25.

194 In diesem Sinne siehe auch Herzberg, JuS 1986, 249 ff. (252-253) und Engisch, Untersuchungen, S. 222.

195 Kargl, Der strafrechtliche Vorsatz, S. 7; hierzu siehe Gatzweiler, Rechtsvergleichende Untersuchung, S. 89.

196 https://www.duden.de/rechtschreibung/Petitio_Principii; dazu siehe auch Cummings, Informal Log. 2000, 1 ff. (2 ff.).

der Vorsatzbestimmung erhobene Einwand scheint die Verschärfung der Strafe und Ausdehnung des Vorsatzbereiches zu sein.[197] Hier sollte aber das Problem kriminalpolitisch nicht auf einer täterfreundlichen oder täterfeindlichen Linie liegen.[198] Denn das Rechtsystem und die Doktrin oder die Praxis ist weder Feind noch Freund des Täters,[199] sondern der beherzte bzw. furchtlose Vertreter der Gerechtigkeit sowie der Wahrheit. Ungeachtet irgendeiner Feindselig- oder Freundschaftlichkeit gegenüber dem Täter setzt sich das Recht allein dafür ein, eine rechtlich sowie sachlich richtige Begriffsbildung und dadurch eine gerechte Behandlung des konkreten Falls und eine zutreffende Beschreibung der Begriffe zu schaffen. Aus diesem Grund widerspricht der oben genannte und weit verbreitete Einwand der Struktur und der Natur der Sache sowie den Regeln der Logik. Verfolgt man die Regeln der Logik und denkt entsprechend der Natur der Sache, wird die Begriffsbestimmung des Vorsatzes oder der Fahrlässigkeit und ihre Abgrenzung nicht mehr je nach der Verengung[200] oder Ausdehnung des Vorsatzgebiets behandelt.[201]

Dementsprechend soll die Einordnung oder Einbeziehung der einschlägigen Fallkonstellationen zum Vorsatz bzw. dem Dolus eventualis oder zur bewussten Fahrlässigkeit nicht mehr von strafrelevanten Erwägungen, nämlich von der unerträglichen Ausweitung der Vorsatzstrafbarkeit oder von der Verschärfung des Strafe abhängig gemacht werden. Im Gegensatz dazu sollte man in erster Linie insbesondere die vorsätzlichen und fahrlässigen Taten auf den richtigen Begriff bringen und die Begriffe in Übereinstimmung mit der Sacherkenntnis sowie der Begriffsbildung bestimmen und begründen, ohne irgendeinen Hinweis auf die Strafrechtspolitik und Feindselig- oder Freundschaftlichkeit. Denn es geht hier nicht um Kriminalpolitik, sondern um die Aufgabe der Strafrechtswissenschaft, eine sachgerechte und in Praxis durchführbare Begriffsbildung zu schaffen.[202] Es lässt sich zwar nicht leugnen, dass die Frage, ob in einem konkreten Fall Dolus eventualis oder bewusste Fahrlässigkeit gegeben ist, nicht nur ein Glasperlenspiel darstellt, sondern für den betroffenen Angeklagten Folgen mit sich bringt.[203] Jede Verschiebung der Grenze zwischen dem bedingten Vorsatz und der bewussten

197 Ambrosius, Untersuchungen zur Vorsatzabgrenzung, S. 61.

198 Dazu siehe Gaede, ZStW 2009, 239 ff. (245-246).

199 Gatzweiler, Rechtsvergleichende Untersuchung, S. 23.

200 Wie in den folgenden Sätzen von Roxin der Fall ist: „ ... *engt die Lehre von der Vorsatzgefahr auf der anderen Seite die Vorsatzstrafe aber auch wieder zu sehr ein.*" Roxin/Greco, Strafrecht AT, § 12, S. 559, Rn. 51.

201 Ruppenthal, Der bedingte Tötungsvorsatz, S. 274; dazu siehe auch Frisch, Vorsatz und Risiko, S. 102 ff. und Deckers, Unrechtsbewusstsein, S. 58; dazu siehe auch Engisch, Untersuchungen, S. 56.

202 Schmidhäuser, JuS 1980, 241 ff. (241).

203 Geppert, JURA 1986, 610 ff. (610).

Fahrlässigkeit nach der einen oder anderen Seite spielt für das Schicksal des Täters eine große Rolle.[204]

Die hier erwähnte praktische Relevanz der Abgrenzung von Dolus eventualis und bewusster Fahrlässigkeit dürfte aber auf keinen Fall dazu verführen, die Begriffsbildung oder Begriffsbestimmung je nach der Ausdehnung des Vorsatzbereiches oder Ausweitung der Vorsatzstrafbarkeit zu formulieren.[205] Daher darf die Antwort auf die Frage, ob eine Kategorie wie die bewusste Fahrlässigkeit vorliegt oder vorliegen soll, nicht lauten: Wenn man die Kategorie der bewussten Fahrlässigkeit ablehnt und die Fälle dieser Kategorie dem Dolus eventualis zuordnet, führt dies zu einer Ausdehnung des Vorsatzes in den Bereich der bewussten Fahrlässigkeit.[206] Diesem Argument kann man mit Recht entgegenhalten, dass es eine *petitio principii* enthält.[207]

---

204 Baumanns, Untersuchungen, S. 1.

205 Zoller, Die Abgrenzung, S. 73.

206 *Jescheck/Weigend, Lehrbuch, 5. Auflage, S. 302;* Wessels/Beulke/Satzger, Strafrecht AT, § 7, Rn. 334, 315; dazu siehe Baumanns, Untersuchungen, S. 108-109.

207 Die genannte Denkfehler lässt sich auch bei den folgenden Zitaten belegen: dazu siehe Bühring, Über die Grenze, S. 57; Baumanns, Untersuchungen, S. 76; Danner, Dolus eventualis, S. 69; Geppert, JURA 2001, 55 ff. (56); Frisch, Vorsatz und Risiko, S. 183; Geppert, JURA 1986, 610 ff. (611); Birnbaum, Die Leichtfertigkeit, S. 216; Zimmermann, S. 38; Küpper, ZStW 1988, 758 ff. (758); Schmidhäuser, JuS 1980, 241 ff. (244); Prömper, Hemmschwellentheorie, S. 18; Gatzweiler, Rechtsvergleichende Untersuchung, S. 68; Röhl, JZ 1974, 521 ff. (527), Fn. 47. Hierzu siehe auch Danner, Dolus eventualis, S. 71; Geppert, JURA 2001, 55 ff. (56) und Geppert, JURA 1986, 610 ff. (611); Frisch, Vorsatz und Risiko, S. 339.

Schlussbetrachtungen

Die Bedeutung, die Ziffern und Zeichen [Symbolen] in der Mathematik zukommt, gilt in den Rechtswissenschaften für Begriffe und Institutionen. Genauso wie man in der Mathematik mit falschen Ziffern oder Zeichen keineswegs zu einem richtigen Ergebnis kommen kann, können auch in der Rechtswissenschaft mit falschen oder irreführenden bzw. erfundenen oder denaturierten Begriffen und gekünstelten Institutionen [wie z. B. der bewussten Fahrlässigkeit] auf keinen Fall richtige und sachgerechte Schlussfolgerungen gezogen werden.

Ferner bilden die Ziffern und Zeichen [Symbole] im mathematischen und die Begriffe im juristischen Sinne den ersten Knopf, nämlich den Anfang. Jeder Anfang ist bekanntlich schwer [*omne initium difficile est*]. Das ist zudem der Grund, warum der Anfang bzw. der erste Knopf von großer Bedeutung und Wichtigkeit ist. Denn es ist sonnenklar, dass, wenn man das Hemd mit der falschen Öse zuzuknöpfen beginnt, notwendigerweise jeder anschließende Knopf falsch angeknöpft und dadurch am Schluss ein groteskes Bild entsteht, gerade wie es heute sowohl im Schrifttum als auch in der Rechtsprechung der Fall ist. Demnach bildet die Kurzformel [Wissen und Wollen der Tatbestandsverwirklichung] der herrschenden Lehre bezüglich des Wesens des Vorsatzbegriffes den ersten falsch geknöpften Knopf, während die sog. Kategorie oder Begriffserfindung „bewusste Fahrlässigkeit" dem oben erwähnten grotesken Bild entspricht. Die anschließenden falsch geknöpften Knöpfe stellen die Abgrenzungsprobleme zwischen Dolus eventualis und der sog. bewussten Fahrlässigkeit und anderen juristisch- und strafrechtsdogmatischen Auseinandersetzungen oder Schwierigkeiten bezüglich des Wesens und der Formen der Vorsatz- und Fahrlässigkeitsbegriffe dar.

Es ist unumstritten, dass man immer noch nicht von einem übereinstimmenden Grundverständnis bezüglich der Vorsatz- und Fahrlässigkeitsbegriffe in der Strafrechtslehre reden kann. Im Gegensatz dazu gelten in der Rechtsmaterie des Strafrechts die Streitfragen meist den Grundbegriffen und Grundstrukturen. Ferner stellen die Begriffsbildung und Abgrenzung von Vorsatz und Fahrlässigkeit die schwierigsten und umstrittensten Fragen der Strafrechtslehre dar. Deswegen sind Auseinandersetzungen und Unsicherheiten in der Strafrechtsdogmatik schmerzlich und problematisch. Aus diesem Grund bleibt nicht nur den Studenten, wie *Schmidhäuser* [JuS 1987, 380] schon damals sagte, sondern auch vielen Theoretikern sowie Praktikern oft nichts anderes übrig, als sich einer im Schrifttum vertretenen [meistens der herrschenden] Meinung anzupassen und unverstandene Begriffe sowie Strukturen wie Vokabeln auswendig zu lernen.

Freilich ist jeder Jurist völlig frei, irgendeine Theorie aus welchen Gründen auch immer zu vertreten. Ein Jurist soll aber aus verschiedenen Kriterien, Indizien oder Indikatoren nur bestimmte, nämlich theoretisch vertretbare und praktisch durchführbare Formen auswählen und daran seinen Handlungsbegriff anschließen. Mit anderen Worten, ein Jurist darf bei seiner Auswahl in keinem Fall die wesentlichen, d. h. das menschliche Verhalten konstituierenden Merkmale außer Acht lassen. Ferner darf er keineswegs etwa die Natur der Sache oder des Seins, die allgemeine Lebenserfahrung, die Realität des täglichen Lebens und die Regeln der Logik aus den Augen verlieren. Andernfalls verliert jede Theorie sowohl ihre theoretische Richtigkeit als auch ihre praktische Durchführbarkeit bzw. ihre Praktikabilität. Dementsprechend besteht m. E. die wichtigste Rolle der wissenschaftlichen Forschung darin, den Gerichten theoretisch vertretbare und praktisch durchführbare Maßstäbe zur Grenzziehung, nämlich zur Lösung der Abgrenzungsschwierigkeiten zu liefern.

In diesem Zusammenhang sollen die juristisch-technischen Begriffe der Realität bzw. der Lebenswirklichkeit entsprechen. Denn wie *Hegel* [Grundlinien, S. 292] zutreffend gesagt hat: „Ein Leib ist z. B. die Realität, die Seele der Begriff; Seele und Leib sollen sich aber angemessen sein. Ein toter Mensch ist daher noch eine Existenz, aber keine wahrhafte mehr, ein begriffsloses Dasein; deswegen verfault der tote Körper." Auf die gleiche Weise sind lebensfremde bzw. denaturierte Begriffe in der Tat nichts anderes als ein toter Körper oder ein begriffsloses Dasein. Um die lebensfremde, denaturierte und gekünstelte Vorgehensweise vorbeugen zu können, sollen das Schrifttum bzw. die Strafrechtstheoretiker einerseits auf die Lebenswirklichkeit rekurrieren und andererseits sich an anderes Fachwissen, wie Psychologie, Soziologie, Fachsprache oder an Alltagswissen und Alltagssprache, nämlich an den etymologischen Hintergründen der Begriffe, orientieren. Mit anderen Worten könnte und sollte gerade auch die Rechtswissenschaft die Erkenntnisse der modernen Psychologie so weit wie möglich berücksichtigen und auf lebensfremde Begriffsbildungen verzichten. In diesem Sinne liegt ein wesentlicher Zusammenhang bzw. Berührungspunkt von Strafrecht und Psychologie vor.

Es bedarf einer neuen Perspektive und der damit zusammenhängenden Entwicklung einer Theorie, die durch Hinzufügung der weiteren vernünftigen und objektiven Kriterien [wie die vernünftige Person, Lebenswirklichkeit, Lebenserfahrung, Regeln der Logik usw.] diese Schwierigkeiten beseitigen und die Rationalität geltend machen sowie Gerechtigkeit schaffen kann. Auf diese Weise lassen sich unerträgliche Ergebnisse vermeiden. Ferner hängt die Überzeugungskraft einer Theorie von der Rationalität ihrer Begründung ab: Je genauer und umfassender die Begründung, umso akzeptabler das Ergebnis. Eine derartige Begründung darf dabei nicht jene Besonderheiten ausblenden, die die Regeln der Logik und der Lebenswirklichkeit betreffen.

Die oben bereits erwähnte Kurzformel bezeichnet den Vorsatz als „Wissen und Wollen der Tatbestandsverwirklichung." Insoweit ist die Lehre und Rechtsprechung darüber einig, dass der Täter sich zum Zeitpunkt der Tathandlung der möglichen Tatbestandsverwirklichung, d. h. dem aus seiner Tathandlung ergebenden rechtswidrigen Erfolg bewusst gewesen sein sollte. Das stellt die Mindestvoraussetzung zur Annahme des Vorsatzes dar. Das zweite bzw. voluntative Element des Vorsatzes ist dagegen umstritten. In der Literatur liegen zwei theoretische Ansätze vor. Die Willenstheorien setzt neben dem kognitiven Element ein gesondertes bzw. getrenntes voluntatives Element voraus, während nach den kognitiven Theorien der bedingte Vorsatz kein voluntatives, sondern lediglich ein intellektuelles – kognitives Element verlangt sowie umfasst.

Die heute gängige Vorsatzlehre ist aber eine der umstrittensten Materien der deutschen strafrechtlichen Literatur, die auch das zentrale Problem der juristischen Ausbildung darstellt. Denn wie schon mehrmals gezeigt, bietet der von der herrschenden Lehre vorgezeichnete Weg, keine wirkliche Lösung der Schwierigkeiten, insbesondere bezüglich der Abgrenzung zwischen Dolus eventualis und bewusster Fahrlässigkeit. Aus diesem Grund war der Hauptzweck dieser Arbeit, eine originelle, alternative und zutreffende Begriffsbestimmung sowohl des Vorsatz- als auch des Fahrlässigkeitsbegriffs herauszuarbeiten und darauf aufbauend einen Beitrag zur Vorsatz- und Fahrlässigkeitsdogmatik zu leisten, der in Einklang mit den Regeln der Logik, den Vorgaben der Psychologie, der Natur der Sache, der Lebenswirklichkeit und dem gewöhnlichen Lauf der Dinge steht. Dieser neue Beitrag hat klargestellt, dass die Kategorie„ bewusste Fahrlässigkeit", die eine „contradictio in adjecto" bildet, in der Tat nichts anderes als einen erfundenen und widersprüchlichen Begriff darstellt.

Die Suche nach dem Wesen der Fahrlässigkeit, insb. der bewussten Fahrlässigkeit, konfrontiert aber erst mit einer weiteren Fragwürdigkeit der traditionellen Doluslehre [der erste Knopf]. Das zwingt uns zu einem Umdenken der gesamten Vorsatzlehre und einer Umschreibung sowohl des Vorsatzbegriffes als auch der Ansicht zu Vorsatzformen [Grund- und Erscheinungsformen]. Um zu existenziellen Problemen hinsichtlich der sog. bewussten Fahrlässigkeit eine durchführbare und dem Rechtsgefühl nicht widerstrebende Lösung bieten und den Schwierigkeiten bezüglich seiner Abgrenzung vom Dolus eventualis beseitigen zu können, bedarf die heute gängige Lehre dringend einer Revision der Straftatsystematik, einer Umschreibung des Wesens des Vorsatzbegriffes und Neuorientierung in Hinsicht auf die Vorsatzformen. Mit anderen Worten bedürfen die Aussagen der herrschenden Lehre bezüglich der Begriffselemente des Vorsatzes – wie in dieser Forschung schon gezeigt – einer Revision und der Vorsatzbegriff einer Umwandlung, woraus die Aufgabe (Verzicht) des selbstständigen [vom Wissen getrennten] voluntativen Merkmales des Dolus eventualis und die Ablehnung eines emotionalen Moments des strafrechtlichen Vorsatzbegriffs erfolgen soll.

Insoweit ist die Untersuchung zum Ergebnis gelangt, dass die bisherigen dogmatischen Konstruktionen der herrschenden Lehre zur Lösung kaum oder nur wenig beitragen können. Im Gegensatz dazu ist die herrschende Lehre dazu geeignet, das Problem noch weiter zu verkomplizieren. Demnach weist die kurze Formel der herrschenden Lehre, die den Vorsatz als „Wissen und Wollen der Tatbestandsverwirklichung" bezeichnet, daher nicht großartige Vereinfachung, sondern eine Erschwerung, die sozusagen zugunsten der angeblichen Einfachheit schon die Feinheit verloren hat. Der Verfasser dieser Arbeit, der die herrschende Lehre und ihre Argumentation bezüglich der Begriffsbestimmung des Vorsatzes sowie der Fahrlässigkeit und der Abgrenzung zwischen dem Dolus eventualis und der bewussten Fahrlässigkeit in einer Sackgasse und in einer Krise sieht, setzt daher als neue alternative Lösung am Vorsatzgegenstand an und geht dort anstelle der inneren subjektiven Einstellung bzw. psychischen Befindlichkeit des Täters von den objektiven Kriterien, wie dies die gewollte Tätigkeit, die tatbestandliche Gefahr, die Beurteilung eines vernünftigen Menschen oder Beobachters sind, aus. Hiernach soll der Täter die Handlung gewollt und den Erfolg vorher gewusst haben oder als ein gesundes und vernünftig denkendes Wesen gewusst haben müssen.

In diesem Zusammenhang besteht der hier vertretenen Ansicht zufolge ein strafbares Verhalten aus zwei Komponenten. Die erste von diesen ist der objektive Teil, die äußerlich erkennbare Handlung oder Unterlassung, die überhaupt als *„gewollte Tätigkeit“* bzw. „actus reus“ bezeichnet wird. Die zweite Komponente ist die durch die gewollte Tätigkeit ausgedrückte subjektive und innere Einstellung, psychische Haltung und der seelische Zustand des Täters zu seiner Tat und zum Erfolgseintritt, nämlich die schuldhafte Sinnesrichtung und die durch die bewusst vorgenommene Tat geäußerte *„tadelnswerte Gesinnung“* des Täters, die in der Tat mit dem *„mens rea“* gleichzusetzen ist. Hiernach setzt eine strafbare Tathandlung bzw. ein Verbrechen erstens eine emotional eingefärbte und verwerfliche Einstellung fest, zweitens eine rechtsverletzende Handlung oder Unterlassung bzw. eine „gewollte Tätigkeit“, die auf dieser tadelnswerten psychischen Einhaltung oder auf diesem verwerflichen seelischen Zustand des Täters beruht.

Das Wesen des Vorsatzes liegt der vorliegenden neuen Lehre nach in der Entscheidung für die Handlung, nämlich in einer gewollten Tätigkeit. Sofern sich aus dieser Entscheidung oder der gewollten Tätigkeit im Bewusstsein der erstrebten [Absicht], der sicheren [Dolus directus] oder der erforderlichen bzw. gewöhnlichen [Dolus eventualis einschließlich der sog. bewussten Fahrlässigkeit] Tatbestandsverwirklichung ergibt, liegt somit auch das Wollen der Tatbestandsverwirklichung vor. Dies führt zum Schluss: Diese Entscheidung oder gewollte Tätigkeit begründet nicht nur das Wesen des Vorsatzes, sondern weist auch auf volitive Merkmale bzw. auf eine [zwar nicht selbstständige aber] in der kognitiven Komponente schon implizierte voluntative Seite des Vorsatzes hin. Es lässt sich aber nicht vergessen, dass die Anerkennung der Notwendigkeit eines zwar nicht gesonderten, aber im kognitiven Element bzw. im Wissen implizierten volitiven Elements, auf keinen Fall darauf hindeutet, dass die voluntative Seite des Vorsatzes, die gewissermaßen die Gefühlseinstellung umfasst, für den Vorsatz, nämlich für die Grundform des Vorsatzes bzw. den Dolus eventualis mitbestimmend oder ausschlaggebend ist oder sein sollte. Hiernach weist der Vorsatzbegriff ein Wissenselement und ein voluntatives Element auf. Die Grundform des Vorsatzes bzw. Dolus eventualis setzt im konkreten Fall nur das Wissenselement voraus. In den Erscheinungsformen desselben bzw. in der Absicht und im Dolus directus muss aber zusätzlich ein voluntatives Element bzw. das Wollenselement vorliegen.

Die vom Verfasser der Arbeit verfolgte Ansicht ist die Lehre, die für den Vorsatz das Bewusstsein bezüglich einer erheblichen Gefahr und Erforderlichkeit [oder Gewöhnlichkeit] des Erfolgseintritts fordert. Der Kern dieser Lehre liegt hiermit in der gewollten Tätigkeit. In diesem Sinne wird vorsätzliches Handeln ohne Umschweife bejaht, wenn der Täter trotz der erheblichen Gefahr und gewöhnlichen Tatbestandsverwirklichung weitergeht. Damit kommt man zusammenfassend zum Schluss, dass die hier vertretene Lehre das Vorliegen der Erheblichkeit der Gefahr und Erforderlichkeit oder Gewöhnlichkeit des Erfolgseintritts anhand der Tathandlung des Täters im Bewusstsein der konkreten und erheblichen Gefahr der Vorsatzbestimmung zugrunde legt. So bleibt als Weiteres noch zu klären, worauf sich der Vorsatz zu beziehen hat. Was bildet den Bezugspunkt dieser Ansicht? Welche Faktoren oder Elemente müssen sich im Bewusstsein des Täters widerspiegeln, womit ihm sein Verhalten als vorsätzliche Rechtsgutsverletzung vorgeworfen werden kann? Die Antwort lautet wie folgt: Wer sich im Bewusstsein einer konkreten und erheblichen Gefahr, die einen rechtsverletzenden Erfolg erforderlich mit sich bringt; und in dem Willen, die hier erwähnte erhebliche Gefahr zu realisieren bzw. den gefährlichen Prozess in Gang zu setzen, befindet, zeigt, dass er ohne Zweifel vorsätzlich handelt. Dieses Bewusstsein bietet den gemeinsamen und ausschlaggebenden Bezugspunkt zur Bestimmung und Begründung der subjektiven Tatbestandsmerkmale, insbesondere des Dolus eventualis.

Die Untergrenze der Erforderlichkeit bestimmt der Verfasser somit durch die Erheblichkeit des erkannten Risikos bzw. der realisierten Gefahr, wobei diese wiederum von der Typizität des Falles, von der Gewöhnlichkeit des Erfolgseintritts und vom Gewicht und der Dichte des Risikos abhängen soll. Das Kriterium der Risiko- oder Gefahrdichte scheint der hier vertretenen Ansicht zufolge im Sinne der Anschaulichkeit oder Gewöhnlichkeit des tatbestandsmäßigen Verletzungsprozesses zu verstehen zu sein. Dabei soll zweifellos nicht die subjektive und manipulierbare Einschätzung des Täters, sondern die rechtliche bzw. objektive Beurteilung eines vernünftig denkenden Beobachters maßgeblich sein. Wenn hiernach ein – objektiv gewertet – erkanntes Risiko für einen Täter nicht erfolgseintrittserheblich ist, weil der Täter aus persönlicher Einschätzung die Gefahr zu gering bewertet, obwohl es aber der Lebenserfahrung nach erfolgseintrittserheblich oder erfolgseintrittserforderlich sein sollte, schließt das den Vorsatz nicht aus, falls sich bei einer rechtlichen und objektiven Beurteilung und Gewichtung ein erfolgseintrittserhebliches Maß ergibt.

Damit wird der objektiv geprägte Begriff der Gefahrerheblichkeit oder Erfolgseintrittserforderlichkeit durch das Abstellen auf das Gewicht der betroffenen Gefahr und des Risikos nach rechtlichen und vernünftigen Maßstäben eine Objektivierung und Normativierung erfahren. Hiernach wird das quantitative Kriterium der Erforderlichkeit durch qualitative Kriterien ersetzt. Laut der Ansicht des Verfassers ist die Vorsatzbestimmung und ihre Abgrenzung von der Fahrlässigkeit über objektive Kriterien bzw. den Gefahr- und Risikobegriff zu begrüßen. Zweifellos bedürfen diese objektiven Kriterien der Gefahrgewichtung und des Risikos einer weiteren sachlichen Bestimmung und sinngemäßen Konkretisierung. Dabei stellt die Anschaulichkeit des Verletzungsprozesses, die Typizität des konkreten Falls, die allgemeine Lebenserfahrung, der gewöhnliche Verlauf der Dinge, die zwar unterschiedlichen aber miteinander verbundenen und einander stärkenden geeigneten Ausgangspunkte dar. Insoweit wird nicht nur der Täter, sondern auch der vernünftig denkende einsichtige Mensch und der gute und getreue Staatsbürger bzw. das im konkreten Fall personifizierte Recht entscheiden, ob eine Gefahr ernst zu nehmen, nämlich ob die Gefahr erheblich und der Erfolgseintritt erforderlich ist oder nicht.

Zusammenfassend setzt die Bejahung des Vorsatzes das Schaffen einer qualifizierten bzw. erheblichen Gefahr voraus, wobei man nicht nach dem Willen oder der subjektiven inneren Haltung des Täters, sondern nach den objektiven Kriterien, nämlich der Beurteilung eines vernünftigen Beobachters fragt, indem die vom Täter bewusst vorgenommene Tathandlung als Ausdruck seiner inneren und psychischen Einstellung nach Maßstäben rationalen Handelns interpretiert wird. In diesem Sinne kommt es nicht darauf an, was der Täter gefühlt oder gehofft hat, sondern darauf, dass der Täter einen Dritten einer großen, erheblichen, unvermittelten und anschaulichen Gefahr wissentlich und willentlich ausgesetzt hat. In der Tat liegen bestimmte Fälle, bei denen ein rational Handelnder nur dann weitergehen würde, wenn er mit der Realisierung der erheblichen Gefahr und Tatbestandsverwirklichung einverstanden ist oder logisch einverstanden sein sollte. Das Recht verlangt Kenntnis bezüglich der Risikofaktoren, nämlich Kenntnis der Erheblichkeit der Gefahr und der Erforderlichkeit des schädlichen Erfolges, die eine Vorsatzgefahr begründen. Zudem ist festzustellen, dass der Täter das Risiko richtig eingeschätzt hat oder als ein geistig gesundes Wesen die den tatbestandsmäßigen Erfolgseintritt herbeizuführende Gefahr richtig eingeschätzt haben sollte.

Im Übrigen lässt sich damit festhalten, dass der Maßstab des „vernünftigen Menschen" und die ihn definierenden Kriterien wie die Erheblichkeit der Gefahr, die Erforderlichkeit des Erfolgseintritts, die Anschaulichkeit des Erfolges und die Typizität des Verletzungsprozesses, die Lebenserfahrung, die Natur der Sache und der gewöhnliche Verlauf der Dinge ein bestimmtes oder mindestens bestimmbares Wesen aufweisen. Der im Rahmen der Arbeit ausgeführte Standpunkt stellt damit klar, dass wenn der Täter die Tatsachen bzw. die konkreten Umstände kennt, die seine Handlung zu einer tauglichen Erfolgsherbeiführungsstrategie machen, nämlich den rechtswidrigen Erfolgseintritt erforderlich herbeiführen und trotz alledem er dieses Risiko immer noch eingeht, begründet dies dann die askriptive Feststellung, dass er nach den Regeln der Logik und den rationalen Maßstäben den Eintritt des Erfolges gewollt hat oder logisch schon gewollt haben sollte. Dementsprechend drückt er damit seine Billigung oder sein billigendes Inkaufnehmen aus. Denn die Handlung des Täters und die Tatsachen sprechen lauter als seine Wörter oder als seine innerliche Einstellung. Demzufolge ist die Handlung der Mund, der die Worte des Täters ausspricht. Überflüssig ist es daher, andere volitive oder emotionale Zusatzerfordernisse neben dem den Vorsatz begründenden Wissen um die tatbestandsrelevanten Umstände bzw. um die rechtsverletzende Dimension der Tathandlung zu prüfen, um den Vorsatz festzulegen.

Hervorzuheben ist daher, dass die oben genannte Sichtweise, die den Vorsatz als Wissen bezeichnet, weil Wollen schon im Wissen impliziert sein sollte, als sowohl die herrschende Ansicht [= die Willenstheorie], die den Vorsatz als Wissen und Wollen der Tatbestandsverwirklichung definiert, als auch die anderen bzw. gegenteiligen Theorien, die als Vorstellungstheorien zu nennen sind und die nur auf die Wissensseite des Vorsatzes bzw. auf die Vorstellung abstellen, ohne auf die Willensseite desselben Begriffes hinzuweisen, viel besser vertretbar und durchführbar ist.

Es ist doch klar, dass sich der hier vom Verfasser entwickelte Ansatz von der heute herrschenden Lehre und von den meisten anderen traditionellen Umschreibungen des Dolus eventualis sehr stark unterscheidet, indem er einerseits den Dolus eventualis als Grundform des Vorsatzes bzw. Dolo basico bezeichnet und andererseits den Vorsatzgegenstand nicht in subjektive, manipulierbare Kriterien, nämlich nicht in der inneren Einstellung oder im seelischen Zustand des Täters zur Tat oder zum schädlichen Ergebnis, sondern in der „*gewollten Tätigkeit*" und in den objektiven Kriterien sieht und ihn dort sucht. Vom Vorsatz kann nach den bisherigen Ausführungen nur dann die Rede sein, wenn die objektive Beurteilung des vernünftigen Beobachters bezüglich der Tathandlung auf der Basis der *ex ante* bereits erkennbaren Umstände ergibt, dass die vom Täter bewusst vorgenommene Tathandlung sich für ein konkretes Risiko bzw. für eine erhebliche Gefahr des tatbestandsmäßigen Erfolgseintrittes oder die gewollte tatbestandsrelevante Tätigkeit eignet.

Im Übrigen liegt ein anderer Unterschied vor, der die Ansicht des Verfassers von der hier genannten Theorie unterscheidet, also darin, dass der Verfasser nicht behauptet, dass der Dolus eventualis eigentlich kein voluntatives Element bzw. das Wollenselement umfasst, sondern besagt, dass es überflüssig und sinnlos ist, *ein gesondertes Wollenselement zu prüfen*, weil diese beiden volitiven und kognitiven Elemente untrennbar sind und weil das Wollen schon im Wissen impliziert ist. Hiernach weicht die hier vertretene Ansicht von den volitiven Theorien ab, indem sie ein eigenständiges Wollenselement verneint und den Vorsatz als Wissen der Tatbestandsverwirklichung definiert. Andererseits unterscheidet sie sich auch von der kognitiven Theorie, indem sie das voluntative Element bzw. das Wollen als schon im kognitiven Element bzw. im Wissen impliziert annimmt.

Der wesentliche Unterschied zwischen den anderen neuen Umschreibungen des Vorsatzes und der vom Verfasser vertretenen Ansicht zeigt sich daher darin: Die anderen gegen die herrschende Meinung ausgeführten Lehren versuchen, ausgehend vom Maßstab des „vernünftigen Menschen" bzw. von der Typizität des Falles und der Anschaulichkeit des Gefahrbildes [Puppe] oder mittels der Abgeschirmtheit und Unabgeschirmtheit der Gefahr [Herzberg] oder anhand von den normativ nicht mehr tolerierten Risiken [Frisch] den Dolus eventualis und die bewusste Fahrlässigkeit voneinander abzugrenzen. Im Gegensatz zu den hier erwähnten Umschreibungen lehnt aber die eigene Ansicht des Verfassers eine Kategorie wie die bewusste Fahrlässigkeit ab. Hiernach ist die bewusste Fahrlässigkeit eine erfundene und gekünstelte Kategorie, die eine *contradictio in adjecto* bildet. Sodann trägt der Begriff „bewusste Fahrlässigkeit" auch unbedingt einen Widerspruch in sich selbst. Ein solcher Widerspruch [= Oxymoron] liegt bereits deswegen vor, weil man nicht gleichzeitig „bewusst" und „fahrlässig" handeln kann. Aus diesem Grund ist klarzustellen, dass die bewusste Fahrlässigkeit in der Tat nichts anderes als ein sinnloses Wortspiel ist. Es soll daher klar sein, dass die ganze Figur der bewussten Fahrlässigkeit eine Fehlentwicklung bildet, die in den bisher skizzierten Ungereimtheiten und Schwierigkeiten sinnfällig manifestiert ist.

Aus diesem Grund ist diese eigene Ansicht weder eine Art der Vorstellungs- noch eine neue Form der Willenstheorie. Die hier vertretene Ansicht bildet keine Unterart der Willenstheorie, weil sie im Gegensatz zur herrschenden Lehre die voluntative Seite des Vorsatzes, nämlich ein selbstständiges bzw. vom Wissen getrenntes Wollenselement für fragwürdig, sinnlos und überflüssig hält. Hiernach definiert sie den Vorsatz im Gegensatz zur Willenstheorie nicht als „Wissen und Wollen", sondern als „Wissen" der Tatbestandsverwirklichung [= gewollte Tätigkeit bzw. das Weiterhandeln trotz Kenntnis], weil dieser Ansicht nach das Wollen schon im Wissen impliziert ist und gerade deshalb soll sowie darf es nicht neben dem Wissenselement als ein gesondertes Merkmal geprüft werden. Insoweit ist der Wissenskomponente ein eigener und konstitutiver Status im Vorsatzbegriff zuzuschreiben. Auf der anderen Seite darf diese neue Sichtweise keineswegs als eine neue Form der Vorstellungstheorie bezeichnet werden, weil sie über den Vorsatz nicht lediglich die Vorstellung oder deren Bestimmtheit, sondern andere hinzutretende Momente, wie die Modellmenschformel bzw. das Kriterium „des rationalen, guten und getreuen Staatsbürgers", die Lebensplanung des vernünftig denkenden Menschen, die Beurteilung des objektiven Beobachters, die Natur der Sache, die Typizität des konkreten Falls, den gewöhnlichen Verlauf der Dinge, die allgemeine Lebenserfahrung usw. entscheiden lässt. Die sog. Sichtweise ist daher nicht eine Art der Vorstellungstheorie, weil sie die abstrakte Vorstellung bezüglich des tatbestandsmäßigen Erfolgseintritts zur Vorsatzannahme für nichtig erklärt. Dafür soll im konkreten Fall ausgehend von den hier genannten objektiven Kriterien die Gefahr als erheblich und der sich daraus ergebende Erfolgseintritt als erforderlich erscheinen.

Hervorzuheben ist also, dass dieser Ansatz eigentlich ein dritter Weg bzw. ein Mittelweg ist. Hiernach wäre es besser und zutreffender einen Mittelweg zu gehen, indem man einerseits die Fälle in der Regel anhand von objektiven Kriterien, d. h. durch die Brille eines vernünftig denkenden, guten und getreuen Staatsbürgers, nämlich aus der Perspektive des einsichtigen und rationalen Beobachters entscheidet. Anderseits sind die Fälle, bei denen nur eine ganz entfernte bzw. bloße Möglichkeit des Erfolgseintritts besteht, nach der Einwilligungstheorie bzw. dem Willen des Täters zu beurteilen. Eine kennzeichnende Besonderheit der hier vertretenen Ansicht besteht somit darin, dass sie sowohl das kognitive als auch das voluntative Vorsatzelement in Betracht zieht: Bei der Grundform des Vorsatzes bzw. beim Dolus eventualis soll das Erstere im Unrechtsbereich, das Letztere dagegen im Schuldbereich hinsichtlich der Strafzumessung betrachtet werden. Bei den Vorsatzformen [Absicht und Dolus directus] ist aber sowohl das Erstere als auch das Letztere im Unrechtsbereich zu berücksichtigen. Hier ist also der Gewinn an Rechtssicherheit sowie Gerechtigkeit, den die Begriffsbildung anhand von objektiven Kriterien liefert, hervorzuheben. Denn im Vergleich zu dem voluntativen Merkmal bringt das kognitive einen deutlichen Gewinn an Trennschärfe, weil es hierzu eine rechtssichere Abgrenzung leisten könnte.

Die innere Haltung oder emotionale Beziehung des Täters bzw. die bewusste Zustimmung zu den eigenen antisozialen psychischen Mechanismen bildet nach der herrschenden Lehre das entscheidende Kriterium und den auschlaggebenden Maßstab für die Bejahung oder Verneinung des Vorsatzes. Der Verfasser ist aber mit dieser Untersuchung zum Ergebnis gelangt, dass man heute den Vorsatz nicht mehr ausgehend von den inneren, subjektiven und gerade deshalb manipulierbaren Kriterien wie innere Haltung und emotionale Beziehung des Täters oder die psychische Befindlichkeit des Täters zur Tat und zum Erfolg definieren und damit begründen soll, sondern vielmehr die Tat oder die gewollte Tätigkeit, nämlich die durch seine Handlung nach außen hin gezeigte bzw. geäußerte, in seiner Tat verkörperte bzw. in der Gestalt des Tätigwerdens entäußerte, innere, rechtsverletzende Einstellung, nämlich seine gewusste und gewollte [bewusste] psychische und physische Tätigkeit als Schwerpunkt der Vorsatzlehre zugrunde legen muss.

In diesem Sinne beschreibt und begründet die Entscheidung des Täters zur Ausführung der Tathandlung mit Kenntnis bzw. trotz der Tatumstände und des geschaffenen Risikos [der erheblichen Gefahr] die Grundform des Vorsatzes bzw. den Dolus eventualis. Im Zentrum der neuen Ansicht steht daher der Begriff „gewollte Tätigkeit" und die daraus folgende erhebliche Gefahr. Hiernach ist für das vorsätzliche Handeln das Wissen um eine nach objektiven Kriterien zu bestimmende qualifizierte Gefahr und der gewöhnliche Erfolgseintritt ausschlaggebend. Nach dieser Ansicht, die die Unterscheidung zwischen Vorsatz und Fahrlässigkeit mit der Ablehnung der gekünstelten Kategorie „bewusste Fahrlässigkeit" auf kognitiver Basis, die bei der voluntativen Seite schon impliziert ist, treffen will, soll die Unterscheidung sinnvoll anhand der Qualität der nach objektiven Kriterien zu bestimmenden Gefahr getroffen werden. Schafft hiernach der Täter bewusst eine erhebliche Gefahr, die ihrer Qualität nach den Vorsatz bzw. den Dolus eventualis einschließlich der Fälle der heute als bewusste Fahrlässigkeit genannten angeblichen Kategorie begründet, handelt er bedingt vorsätzlich. Schafft hiermit der Täter bewusst eine Gefahr, die ihrer Qualität nach und dem gewöhnlichen Verlauf der Dinge zufolge den schädlichen Erfolgseintritt herbeiführen kann sowie soll, handelt er dann vorsätzlich. Die Ansicht des Verfassers wird daher der Forderung gerecht, Vorsatz und Fahrlässigkeit nicht als homogene, sondern als eigenständige bzw. heterogene Begriffe aufzufassen. Diese Theorie ordnet indessen die innere Einstellung, emotionelle Beziehung oder psychische bzw. seelische Haltung des Täters zur Tat oder zum Erfolgseintritt, die der heute gängigen Lehre nach als ein Abgrenzungsmerkmal funktioniert und dementsprechend normalerweise zum Unrechtbereich einzuordnen ist, der Schuld zu und setzt sich über allen Schwierigkeiten hinweg, die sich aus der Kurzformel der gängigen Ansicht in Hinsicht auf die Begriffsbestimmung des Vorsatzes und der Fahrlässigkeit sowie des Abgrenzungsproblems zwischen bedingtem Vorsatz und der sog. bewussten Fahrlässigkeit ergeben.

Hieraus ergibt sich, dass die genannte Theorie für die Frage der Vorsatzbestimmung und für die Abgrenzung zwischen der Grundform des Vorsatzes bzw. des Dolus eventualis und der [groben] Fahrlässigkeit die vom Täter geschaffene erhebliche Gefahr und die daraus folgenden Erforderlich- oder Gewöhnlichkeit des Erfolges als Kriterium zugrunde legt. Die Vorsatzfrage soll daher, wie es bei der Annahme eines Vermeidungswillens der Fall ist, nicht von der Gesinnung, inneren Haltung oder psychischen Beziehungen des Täters zum Erfolg oder zur tatbestandsmäßigen Verwirklichung, sondern von den objektiven Kriterien abhängen. Aus diesem Grund weist das bisherige Gesagte zweifellos darauf hin, dass logischer- und gerechterweise die Vorsatzbestimmung oder die Abgrenzung zwischen Vorsatz und Fahrlässigkeit, insbesondere zwischen bedingtem Vorsatz und bewusster Fahrlässigkeit, nicht von der „Gesinnung", „Einstellung" und nicht einmal von der psychischen Befindlichkeit des Täters abhängig gemacht werden sollte sowie dürfte.

Es wird nämlich hinsichtlich der Bejahung oder Ablehnung des Vorsatzes nicht berücksichtigt, ob der Täter im Einzelfall auf einen guten Ausgang ernsthaft vertraut hat oder nicht, sondern ob er als ein vernünftiger Mensch angesichts der Umstände des konkreten Falls auf einen solchen guten Ausgang bzw. auf das Ausbleiben des Erfolges vertrauen durfte oder nicht. Der Vorsatz ließe sich vielmehr anhand kognitiver Kriterien und objektiver Maßstäbe bestimmen. In dieser Hinsicht sollte daher weder einerseits eine bloße Voraussicht oder Vorstellung bezüglich des rechtswidrigen Erfolgseintritts zur Vorsatzbejahung noch andererseits ein vehementer Wunsch oder eine unfundierte Hoffnung auf einen guten Ausgang zur Vorsatzverneinung genügen.

Aus diesem Grund ist zunächst zu betonen, dass keineswegs einfach auf die innere Einstellung oder die psychische Beziehung des Täters zur Tat oder zum Erfolg abgestellt werden darf. Das verbietet sich schon wegen der praktischen Ergebnisse, weil die innere subjektive Einstellung des Täters erfahrungsgemäß zur Subjektivität und daher zur Unbestimmtheit, Unsicherheit und Ungerechtigkeit tendiert und in vielen Fällen sogar ausgesprochen bedenklich sein kann. Gerade deshalb darf der hier vertretenen Ansicht zufolge kein theoretischer Vorteil der allgemeinen Maßstäbe mit den praktischen Nachteilen erkauft werden. In diesem Sinne ermöglicht sie außerdem eine Abgrenzung zwischen Vorsatz und Fahrlässigkeit, ohne auf die psychische Haltung und innere Einstellung des seelischen Zustands des Täters zurückgreifen zu müssen. Damit soll ein wichtiger Beitrag geleistet werden, weil diese Ansicht das sehr umstrittene Abgrenzungsproblem zwischen dem Dolus eventualis und der sog. bewussten Fahrlässigkeit – wie es schon sein sollte – aus dem Unrechtsbereich herausnimmt und in den Schuldbereich als einen Unterfall der Schuld in Bezug auf die Strafzumessung einordnet.

In diesem Zusammenhang und übereinstimmend mit diesem neuen Ansatzpunkt wurde das Wesen des Vorsatzes und ganz besonders aber das Wesen der bewussten Fahrlässigkeit zur Diskussion gebracht und die neue These aufgestellt, die letztendlich zum Schluss gelangt, dass die angeblich „bewusste Fahrlässigkeit" eigentlich nichts anderes als eine andere Form des Dolus eventualis ist. Diese beiden Kategorien stehen zwar im Unrechtsbereich im Einklang, unterscheiden sich aber im Schuldbereich hinsichtlich der Strafzumessung. In diesem Sinne bezeichnet die sog. bewusste Fahrlässigkeit die schwache Unterform, nämlich die

Subkategorie des Vorsatzes bzw. die zweite Gattung des Dolus eventualis. In dieser Hinsicht liegt eigentlich kein wesentlicher Unterschied zwischen dem bedingten Vorsatz und der bewussten Fahrlässigkeit vor, weil die sogenannte fiktive und hypothetische bewusste Fahrlässigkeit an und für sich nichts anderes ist als eine andere Erscheinungsform des bedingten Vorsatzes. Hiernach ist die gekünstelte Kategorie der sog. „bewussten Fahrlässigkeit“ nichts anderes als eine Unterart des Dolus eventualis bzw. als gewisser Fall des leichten Dolus eventualis, was für sich genommen einen Irrtum darstellt. Der bei der bewussten Fahrlässigkeit eingetroffene Irrtum kann hier in der falschen Einschätzung bezüglich der Kausalität und im gewöhnlichen kausalen Lauf der Dinge gefunden werden, der nicht ein vorsatzausschließender, sondern ein sich auf die Schuld auswirkender Irrtum ist. Dieser Irrtum soll nicht im Unrechtstatbestand für die Vorsatzbestimmung, sondern im Schuldtatbestand hinsichtlich der Festsetzung des Strafmaßes in Betracht gezogen werden. Denn es ist der angeblichen bewussten Fahrlässigkeit und dem Dolus eventualis gemeinsam, dass der Täter sich die Tatbestandsverwirklichung vorstellt und genau weiß, dass der schädliche Erfolg eintreten wird. Der Täter schätzt dies aber in seiner kausalen Beziehung schließlich falsch ein.

Der bedingte Vorsatz und die bewusste Fahrlässigkeit, die sich der heute gängigen Lehre nach im Unrechtsbereich als zwei verschiedene Unrechtskategorien unterscheiden und voneinander abgegrenzt werden sollen, divergieren nach der eigenen Ansicht des Verfassers im Unrechtsbereich aber eigentlich nicht, weil das Wissensmoment sowohl beim Dolus eventualis als auch bei der bewussten Fahrlässigkeit vorhanden ist. Hier wie dort weiß der Täter, dass mit der von ihm bewusst vorgenommenen Tat bzw. mit seiner gewollten Tätigkeit ein schädlicher, rechtsverletzender Erfolg erforderlich eintritt. Er handelt sowohl beim Dolus eventualis als auch bei der bewussten Fahrlässigkeit durchwegs im Bewusstsein dieser klaren Möglichkeit. Die gewollte Tätigkeit, d. h. die bewusste Lenkung des Handlungsablaufs durch den Willen ist in beiden Fällen identisch. Ferner setzt der Täter in beiden Fällen den Kausalverlauf durch die gewollte Tätigkeit, d. h. wissentlich und willentlich in Bewegung. Verschieden ist nur die diese „gewollte Tätigkeit“ begründende sowie tragende Gesinnung und die durch die bewusst begangene Tat geäußerte, tadelnswerte innere Einstellung.

Die hier genannte verwerfliche psychische Haltung oder innerliche Einstellung zum Erfolgseintritt muss nicht im Unrechtsbereich hinsichtlich der Abgrenzung von Vorsatz und Fahrlässigkeit, sondern erst im Schuldbereich in Hinsicht auf die Strafzumessung in Betracht gezogen werden. Denn beim Dolus eventualis ist es dem Täter gleichgültig, ob der schädliche Erfolg eintritt oder nicht, während er bei der bewussten Fahrlässigkeit auf einen glücklichen Ausgang hofft bzw. auf das Ausbleiben des Erfolgseintritts vertraut. Unabhängig von der inneren Einstellung des Täters zum schädlichen Erfolg, ob er ihn billigt, billigend in Kauf nimmt oder auf einen guten Ausgang vertraut, setzt er den üblichen Kausalverlauf in Gang und steuert sein Verhalten genau gleich. Mit anderen Worten nimmt der Handelnde die Tat in beiden Fällen trotz seines Wissens, nämlich im Bewusstsein der den tatbestandsmäßigen Erfolg herbeizuführende Umstände vor. Hieraus dürfte sich ergeben, dass das beim Vorsatz [Dolus eventualis] einschließlich der heute in die bewusste Fahrlässigkeit einzuordnenden Fälle vorhandene, bei der [unbewussten] Fahrlässigkeit dagegen erreichbare Wissen einem einsichtigen und rechtsgetreuen Rechtssubjekt Anlass geben muss, das den Vorsatz oder die Fahrlässigkeit begründende Verbotensein seiner Handlung zu bedenken und gerade deshalb davon abzulassen, die Handlung vorzunehmen oder etwas zu unterlassen. Ferner ist „Handeln trotz Wissen" oder „Wissen bzw. Bewusstsein um den tatbestandsmäßigen schädlichen Erfolgseintritt und ihn gleichzeitig nicht wollen" ein psycho-pathologisches Phänomen, das nicht die Bestimmung und Qualifizierung der subjektiven Tatseite, nämlich nicht den Unrechtsbereich, sondern die verwerfliche Sinnesrichtung und die von der Rechtsordnung missbilligte Gesinnung bzw. den Schuldbereich betrifft.

Der den Verlauf in Gang setzende Täter, der die mögliche Rechtsverletzung riskiert und den schädlichen Erfolgseintritt herbeiführt, ist nicht der gleiche Verbrecher wie der in Gewissheit des tatbestandsmäßigen Ergebnisses Handelnde oder der Täter, der die Tat mit der Verletzungsabsicht begeht. Der hier in der verwerflichen Gesinnung des Täters liegende Unterschied darf aber auf keinen Fall, wie es *de lege lata* geschieht und wie es in der heute herrschenden Lehre der Fall ist, zu einem Vorsatzausschluss bzw. zu einer Zerreißung des Dolus eventualis und zur Erfindung einer Kategorie wie der sog. bewussten Fahrlässigkeit führen. Die hier genannte unterschiedliche tadelnswerte Sinnesrichtung des Täters könnte sowie sollte im Schuldbereich hinsichtlich der Strafzumessung in Betracht gezogen werden. Es wäre vielmehr logischer und sachgerechter *de lege ferenda* zu fordern, für alle Fälle, die heute irreführend in die Kategorie der bewussten Fahrlässigkeit einzuordnen sind, im Vergleich zu den Fällen des Dolus eventualis eine betreffende Strafmilderung vorzusehen, die entweder fakultativ zu gestalten wäre oder besser noch, sie grundsätzlich darzulegen.

Der hier erwähnte Umstieg auf den Vorsatzgegenstand verlangt zweifellos Eingriffe in die sowohl literarische Darstellung als auch *de lege lata* bzw. in die gesetzliche Regelung der Vorsatzlehre. Daraufhin hat dieser Umstieg deliktssystematisch- und kriminalpolitische Konsequenzen. Mit anderen Worten, die vorliegende Arbeit und der Verfasser können sich bei dieser Sachlage nicht allein mit dem Aufruf begnügen, ein Umdenken bezüglich der Lehre vom Vorsatz bzw. Dolus eventualis einzufordern und die fiktive und erfundene Kategorie der „bewussten Fahrlässigkeit" als überflüssig, gekünstelt und daher inadäquat zu kategorisieren und aufzugeben. Ferner ist auch eine Revision der Straftatsystematik zu fordern. Diese Revision sieht die Unterscheidung zwischen bedingtem Vorsatz und bewusster Fahrlässigkeit in der den Strafbarkeitsunterschied rechtfertigenden Schulddifferenz, die sich daher für eine [etwaige] gesetzliche Neuregelung zu Lasten [Ablehnung] der bewussten Fahrlässigkeit ausspricht.

Im Vergleich zur Fahrlässigkeit liegt daher die auschlaggebende und konstituierende Besonderheit darin, dass der vorsätzlich handelnde Täter ein Wahlrecht zwischen Recht und Unrecht hat und sich aber für das Unrecht entscheidet. Gerade deshalb darf sich derjenige, der trotz der Erforderlichkeit des Unrechts [Erfolgseintritts], nämlich erst wenn er in seiner Antizipation die erhebliche Gefahr bezüglich der Tatbestandsverwirklichung aus seiner Handlung als erforderlich abgeleitet hat und sich ganz bewusst bei der Wahl zwischen Recht und Unrecht für das Unrecht entscheidet, überhaupt nicht hinter dieser Behauptung verstecken, dass er auf das Ausbleiben des Unrechts bzw. des Erfolgseintritts vertraut, sodass er schärfer bestraft werden muss.

In diesem Sinne soll der Täter normalerweise die Unterlassung eines Verbrechens für klüger als ihre Ausführung halten. Hieraus folgt, dass die Gebote des Rechts ihn zwar erreicht, aber nicht ausreichend motiviert haben, davon abzuhalten, die verbrecherische Tat vorzunehmen. Mit anderen Worten, der Täter könnte im konkreten Fall auf das Tatgeschehen bzw. auf den die Tatbestandsverwirklichung herbeiführenden Verlauf in Richtung der Vermeidung des schädlichen Erfolgseintritts einwirken, indem er ihn von der Ausführung der Tat abhält, es aber nicht tut, so handelt er dann mit bedingtem Vorsatz. Es ist offensichtlich, dass die Vorgehenswiese der heute herrschenden Lehre die Rechtssubjekte gerade dazu verführt, immer gedankenlos zu bleiben, gewissenlos zu sein und blauäugig zu handeln. Hiernach scheint es in vielen Fällen klüger, sich gerade wie ein Bummler zu verhalten oder die eigenen Interessen denen des Dritten bzw. des Opfers überzuordnen und die Ziele über die Verletzung der Rechtsordnung zu stellen. Denn der umsichtige Täter, der nicht mit egoistischen Motiven oder nicht blauäugig bzw. blind optimistisch handelt, wird überwiegend schlechter als ein gedankenloser Bummler behandelt werden, nur weil er zuvor die entferntesten Folgen vorsichtig, ängstlich oder gewissenhaft erwägt.

Das Wesen der heute gängigen Theorie scheint somit in der Tat wie ein Gebäude, das nicht aus Vernunft oder Rationalität, sondern aus dem Material der Klugheit, nämlich aus dem Egoismus und dem Optimismus, errichtet ist. Das führt notwendigerweise zum folgenden ungerechten Schluss: Der Täter ersetzt das rechtmäßige und gewissenhafte Urteil, das persönlich vermutlich als eine unkluge Wahl erscheinen könnte, durch ein klug gewonnenes, wodurch er das Ziel seiner Tathandlung erreichen kann. In diesem oder einem ähnlichen Fall macht vielleicht der oben genannte und heute verbreitete Ansatz den einschlägigen Täter klüger, keineswegs aber gerechter.

Letzten Endes soll aber die Botschaft, die an die Rechtssubjekte zu richten ist, sie nicht zu motivieren, klug, egoistisch oder optimistisch zu sein, sondern immer vernünftig, umsichtig und vor allem gerecht, um eine gesunde Gesellschaft und ein sachgerechtes Rechtssystem aufbauen zu können.

Literaturverzeichnis

Abegg, Julius Friedrich Heinrich, **Lehrbuch der Strafrechts-Wissenschaft**, Neustadt a. d. Orla 1836 (Zitiert: Lehrbuch).

Achenbach, Hans, **Historische und dogmatische Grundlagen der strafrechtssystematischen Schuldlehre**, Berlin 1974 (Zitiert: Historische und dogmatische Grundlagen).

Ackeren, Marcel V., **Das Wissen von Guten - Bedeutung und Kontinuität des Tugendwissen in den Dialogen Platons -**, Amsterdam/Philadelphia 2003 (Zitiert: Das Wissen von Guten).

Albert, Ingo, **Elemente des Eventualvorsatzes der Steuerhinterziehung**, Freiburg 2017 (Zitiert: Elemente des Eventualvorsatzes).

Almendigen, Ludwig Harscher v./Feuerbach, Paul Johann Anselm/Grolman, Karl Ludwig Wilhelm v., **Bibliothek für die peinliche Rechtswissenschaft und Gesetzkunde**, Giessen 1804 (Zitiert: Bibliothek).

Almendigen, Ludwig Harscher v. **Untersuchungen über das kulpose Verbrechen**, Giessen 1804 (Zitiert: Untersuchungen).

Ambrosius, Jürgen, **Untersuchungen zur Vorsatzabgrenzung - Zugleich ein Beitrag zur dogmatischen Einordnung des bedingten Vorsatzes in dem Verbrechensaufbau-**, Freiburg 1964 (Zitiert: Untersuchungen zur Vorsatzabgrenzung).

Ambos, Kai, **General Principles of Criminal Law in the Rome Statute**, Criminal Law Forum 1999, S. 1–32.

Amschl, Alfred, **Die Bestrafung der Motive und die Motive der Bestrafung**, AfRW 1911, S. 255- 262.

Amschl, Alfred, **Psychologie und Verbrechensbekämpfung, Archiv für Rechts- und Wirtschaftsphilosophie**, Vol. 9, No. 1 (Oktober 1915), S. 117-123.

Aristoteles, **Die Nikomachische Ethik**, Griechisch-Deutsch, Übersetzt von Olof Gigon, neu herausgegeben von Rainer Nickel 2007 (Zitiert: Die Nikomachische Ethik (2007)).

Aristoteles, **Die Nikomachische Ethik**, in: Aristoteles Werke in deutscher Übersetzung, Band 6, Hrsg. von Christof Rapp, Berlin 2020 (Zitiert: Die Nikomachische Ethik (2020)).

Arnim, Achim v., **Die Grenzlinie zwischen Vorsatz und Fahrlässigkeit**, Breslau 1921 (Zitiert: Die Grenzlinie).

Arzt, Günther, **Zum Verbotsirrtum beim Fahrlässigkeitsdelikt**, ZStW 1979, S. 857-887.

Bar, Ludwig v., **Dolus eventualis?**, ZStW 1898, S. 534-559.

Bar, L. v., **Gesetz und Schuld im Strafrecht**, Band II: Die Schuld nach dem Strafgesetze, Berlin 1907 (Zitiert: Gesetz und Schuld).

Barbero, Ruperto Nunez, **Juridical Structure of Criminal Negligence in Modern Doctrine**, RDP 1975, S. 533-562.

Barwitz, Werner, **Verschulden im Steuerrecht** -Eine Untersuchung zu Vorsatz und Fahrlässigkeit im formellen und materiellen Steuerrecht, exemplarisch vertieft anhand des Einkommensteuergesetzes-, Berlin 1986 (Zitiert: Verschulden im Steuerrecht).

Bauer, Wolfram; **Die Abgrenzung des dolus eventualis - ein Problem der Versuchsdogmatik**, NStZ 2015, 241 ff.

Baumanns, Rudolf, **Untersuchungen zur Grenze zwischen Vorsatz und Fahrlässigkeit**, Hamburg 1969 (Zitiert: Untersuchungen).

Beck, Susanne; **Fahrlässiger Umgang mit der Fahrlässigkeit! – Teil 2**, JA 2009, S. 268-271.

Becker, Theodor, **Das Bewusstsein der Rechtswidrigkeit im Strafrecht unter Berücksichtigung der "Leitsätze für ein neues deutsches Strafrecht"**, Erlangen 1935 (Zitiert: Das Bewusstsein der Rechtswidrigkeit).

Bekker, Theorie, Ernst Immanuel; **Theorie des heutigen Deutschen Strafrechts**, Erster Band, Leipzig 1859 (Zitiert: Theorie).

Berner, Albert Friedrich, **Grundlinien der criminalistischen Imputationslehre**, Berlin 1843 (Zitiert: Grundlinien).

Bertelsmann, W., **What happened to luxuria?** Some observervations on criminal negligence, recklessness and dolus eventualis, SALJ 1975, S. 59-77.

Beschütz, Julius; **Die Fahrlässigkeit innerhalb der geschichtlichen Entwicklung der Schuldlehre, Teil I - Vom primitiven Strafrecht bis zur peinlichen Gerichtsordnung Karls V.**, Breslau 1907 (Zitiert: Die Fahrlässigkeit).

Binavince, Emilio S., **Die vier Momente der Fahrlässigkeitsdelikte**, Bielefeld 1969 (Zitiert: Die vier Momente).

Binding, Karl, **Die Normen und ihre Übertretung – Eine Untersuchung über die rechtmäßige Handlung und die Arten des Delikts**, Erster Band, Normen und Strafgesetze, Leipzig 1872 (Zitiert: Die Normen I).

Binding, Karl, **Die Normen und ihre Übertretung (Zweiter Band Erste Hälfte Schuld, Vorsatz, Irrtum)**, Band: II, 2. Auflage, Leipzig 1914 (Zitiert: Die Normen II).

Binding, Karl; **Die Normen und Ihre Übertretung – Eine Untersuchung über die rechtmäßige Handlung und die Arten des Delikts**, Zweiter Band, Schuld und Vorsatz, Leipzig 1877 (Zitiert: Die Normen II).

Binding, Karl, **Die Normen und Ihre Übertretung (Die Fahrlässigkeit)**, Band: IV, Leipzig 1919 (Zitiert: Die Normen IV).

Binding, Karl, **Die Schuld im deutschen Strafrecht: Vorsatz-Irrtum-Fahrlässigkeit,** Leipzig 1919 (Zitiert: Die Schuld).

Birnbaum, Christian; **Die Leichtfertigkeit - zwischen Fahrlässigkeit und Vorsatz**, Berlin 2000 (Zitiert: Die Leichtfertigkeit).

Blackstone, William, **Commentaries on the laws of England**, Boston 1818 (Zitiert: Commentaries).

Bloy, Rene; **Finaler und sozialer Handlungsbegriff**, ZStW 1978, S. 609-657.

Bloy, Rene; **Die Berücksichtigungsfähigkeit außertatbestandlicher Auswirkungen der Tat bei der Strafzumessung**, ZStW (1995), V:107, Iss:3, S. 576-596.

Blühm, Herbert; **Die Kriminalität der vorsätzlichen Tötungen**, Bonn 1958 (Zitiert: Die Kriminalität).

Bohlander, Michael; **Principles of German Criminal Law**, Oxford – Oregon 2009 (Zitiert: Principles).

Bohnert, Joachim; **Das Bestimmtheitserfordernis im Fahrlässigkeitstatbestand,** ZStW 1982, S. 68- 83.

Boldt, Gottfried; **Zur Struktur der Fahrlässigkeits-Tat**, ZStW 1956, S. 335-373.

Börchers, Katrin; **Schuldprinzip und Fahrlässigkeit,** Saarland 2010 (Zitiert: Schuldprinzip).

Brammsen, Joerg; **Inhalt und Elemente des Eventualvorsatzes — Neue Wege in der Vorsatzdogmatik?**, JZ 1989, S. 71-82.

Bremer, Ingeborg, **Grenze zwischen Vorsatz und Fahrlässigkeit**, Düsseldorf 1935 (Zitiert: Grenze).

Brinkmann, Bernhard, **Der Vertrauensgrundsatz als eine Regel der Erfahrung** - Eine Untersuchung am Beispiel des Lebensmittelstrafrechts, Berlin 1996 (Zitiert: Der Vertrauensgrundsatz).

Bruck, Felix Fr.; **Zur Lehre von der Fahrlässigkeit im heutigen deutschen Strafrecht**, Breslau 1885 (Zitiert: Zur Lehre von der Fahrlässigkeit).

Bubnoff, Eckhart v., **Die Entwicklung des strafrechtlichen Handlungsbegriffes von Feuerbach bis Liszt unter besonderer Berücksichtigung der Hegelschule**, Heidelberg 1966 (Zitiert: Die Entwicklung).

Bung, Jochen; **Wissen und Wollen im Strafrecht** -Zur Theorie und Dogmatik des subjektiven Tatbestands-, Frankfurt a. M. 2009 (Zitiert: Wissen und Wollen).

Burch, Matthew; **Making sense of akrasia**, Phenom Cogn Sci 2018, S. 939-971.

Burgstaller, Manfred; **Das Fahrlässigkeitsdelikt im Strafrecht - Unter besonderer Berücksichtigung der Praxis in Verkehrssachen**-, Wien 1974 (Zitiert: Das Fahrlässigkeitsdelikt).

Bühring, Gustav; **Über die Grenze zwischen eventuellem Vorsatz und sog. bewusster Fahrlässigkeit**, Leipzig 1899 (Zitiert: Über die Grenze).

Canestrari, Stefano; **Die Struktur des dolus eventualis: Die Unterscheidung zwischen bedingtem Vorsatz und bewusster Fahrlässigkeit und die neuen Risikophänomenologien**, GA 2004, S. 210-227.

Carroll, Lewis; **Alice's Adventures in Wonderland**, New York, D. Appleton and Co., 445, Broadway 1866 (Zitiert: Alice's Adventures).

Caspari, Jürgen Thomas, **Formen und Grenzen strafbarer Fahrlässigkeit im amerikanischen Recht**, Reichenberg 1972 (Zitiert: Formen und Grenzen).

Castaldo, Andrea R., **Offene und verschleierte Individualisierung im Rahmen des Fahrlässigkeitsdelikts,** GA 1993, S. 495-510.

Chemnitz, Jürgen; **Über die Stellung von Vorsatz und Fahrlässigkeit im systematischen Aufbau der Delikte**, Kiel 1953 (Zitiert: Über die Stellung von Vorsatz und Fahrlässigkeit).

Christmann, Hagen; **Eigenverantwortliche Selbstgefährdung und Selbstschädigung**, JURA 2002, S. 679-682.

Chung, Hung-Ping; **Strafzumessungsrelevanz der Vorsatzformen**, Berlin 2020 (Zitiert: Strafzumessungsrelevanz).

Ciacchi, Fahrlässigkeit und Tatbestandsbestimmtheit, Aurelia Colombi; **Fahrlässigkeit und Tatbestandsbestimmtheit -Deutschland und Italien im Vergleich-**, Berlin-Köln 2005 (Zitiert: Fahrlässigkeit und Tatbestandsbestimmtheit).

Cirener, Gabriele/Radtke, Henning/Rönnau, Thomas/Saan, Ruth Rissing-van/ Schluckebier, Wilhelm (Hrsg.) **Leipziger Kommentar zum Strafgesetzbuch**, Band 1, 13. neu bearbeitete Auflage, Berlin - Boston 2020 (Zitiert: LK StGB).

Cummings, Louise; **Petitio Principii: The Case for Non-Fallaciousness**, Informal Log. 2000, S. 1-18.

Danner, Walter, **Dolus Eventualis**, Würzburg 1935 (Zitiert: Dolus eventualis).

Deckers, Rudiger; **Unrechtsbewusstsein**, in: Unrechtsbewusstsein, Aus der Sicht des Täters - Aus der Sicht des Richters, Hrsg. von Professor Dr. rer. pol. K. H. Bönner, Marburg, und Professor Dr. med. W. de Boor, München 1982 (Zitiert: Unrechtsbewusstsein).

Dehne- Niemann, Jan**, Sorgfaltswidrigkeit und Risikoerhöhung: Zur normtheoretischen Reformulierung der Risikoerhöhungstheorie,** GA 2012, S. 89-107.

Deiters, Mark; **Bedingter Vorsatz als Beweisthema im Strafprozess**, ZIS 2019, S. 401-406.

Destrée, Pierre; **Aristotle on The Causes of Akrasia**, in: Akrasia in Greek Philosophy: From Socrates to Plotinus, Edited by: K.A. Algra, F.A.J. de Haas, J. Mansfeld, D.T. Runia, Leiden 2007 (Zitiert: Aristotle).

Deutsch, Erwin, **Die Fahrlässigkeit im neuen Schuldrecht**, AcP 2002, S. 889-911.

Deutsch, Erwin, **Die Fahrlässigkeit als Ausserachtlassung der äußeren und der inneren Sorgfalt**, JZ 1988, S. 993-996.

Dohna, Alexander Graf, **Die Elemente des Schuldbegriffs**, Stuttgart 1905 (Zitiert: Die Elemente).

Dohna, Alexander Graf zu; **Ein neuer Grundriß des Strafrechts,** ZStW 1941, S. 287-333.

Döring, Oskar; **Feuerbachs Straftheorie und ihr Verhältnis zur Kantischen Philosophie**, Berlin 1907 (Zitiert: Feuerbachs Straftheorie).

Duttge, Gunnar, **Ein neuer Begriff der strafrechtlichen Fahrlässigkeit Erwiderung auf Rolf D. Herzberg GA 2001, 568 ff.**, GA 2003, S. 451-468.

Duttge, Gunnar; **Zum typologischen Denken im Strafrecht: Ein Beitrag zur „Wiederbelebung" der juristischen Methodenlehre**, JRE 2003, S. 103-126.

Duttge, Gunnar; **Zur Bestimmtheit des Handlungsunwerts von Fahrlässigkeitsdelikten**, Tübingen 2001 (Zitiert: Zur Bestimmtheit des Handlungsunwerts).

Eckermann, Johann Peter; **Gespräche mit Goethe in den letzten Jahren seines Lebens 1823 - 1832,** Frankfurt am Main 1999 (Zitiert: Gespräche mit Goethe).

Eichmann, Fritz; **Der Vorsatz bei normativen Tatbestandselementen,** Breslau 1929 (Zitiert: Der Vorsatz).

Engisch, Karl, **Untersuchungen über Vorsatz und Fahrlässigkeit im Strafrecht**, Berlin 1930 (Zitiert: Untersuchungen).

Engisch, Karl, **„Der finale Handlungsbegriff"** in: Probleme der Strafrechtserneuerung, Festschrift für Kohlrausch, Berlin 1944 (Zitiert: Der finale Handlungsbegriff).

Erdoğan, Ersin, **Hakem Kararlarının Kesin Hüküm Etkisi**, 2. Baskı, Ankara 2020 (Zitiert: Hakem Kararlarının Kesin Hüküm Etkisi).

Erenius, Gillis, **Criminal Negligence and Individuality**, Stockholm 1976 (Zitiert: Criminal Negligence).

Eser, Albin; **Strafrecht II** -Schwerpunkte: Fahrlässigkeit, Unterlassung, Versuch, Teilnahme-, 2. Auflage, 1976 (Zitiert: Strafrecht).

Exner, Franz; **Das Wesen der Fahrlässigkeit**, Leipzig und Wien 1910 (Zitiert: Das Wesen der Fahrlässigkeit).

Ferneck, Alexander Freiherrn Hold v.; **Die Idee der Schuld,** Leipzig 1911 (Zitiert: Die Idee der Schuld).

Feuerbach, Paul Johann Anselm, **Revision der Grundsätze und Grundbegriffe des Positiven Peinlichen Rechts I,** Erster Teil, Erfurt 1799 (Zitiert: Revision der Grundsätze und Grundbegriffe I).

Feuerbach, Paul Johann Anselm, **Revision der Grundsätze und Grundbegriffe des Positiven Peinlichen Rechts II,** Zweiter Teil, Chemnitz (Erfurt), 1800 (Zitiert: Revision der Grundsätze und Grundbegriffe I).

Feuerbach, Paul Johann Anselm; **Lehrbuch des gemeinen in Deutschland gültigen Peinlichen Rechts**, Zweite verbesserte Auflage, Giessen 1803 (Zitiert: Lehrbuch (1803)).

Feuerbach, Paul Johann Anselm Ritter; **Lehrbuch des gemeinen in Deutschland gültigen peinlichen Rechts,** Giessen 1832 (Zitiert: Lehrbuch (1832)).

Feuerbach, Paul Johann Anselm; **Lehrbuch des gemeinen in Deutschland gültigen peinlichen Rechts**, Vierzehnte sehr vermehrte und völlig umgearbeitete Originalausgabe, Giessen 1847 (Zitiert: Lehrbuch (1847)).

Fieseler, Gerhard, **Direkter und bedingter Rechtswidrigkeitsvorsatz -Ein Beitrag zur Sach- und Rechtsanalyse des aktuellen Unrechtsbewusstseins**, Offenbach a. M. 1970 (Zitiert: Direkter und bedingter Rechtswidrigkeitsvorsatz).

Finger, August, **Das gesamte deutsche Recht in systematischer Darstellung – Strafrecht**, 1932 (Zitiert: Das gesamte deutsche Recht).

Fischer, Sigrid; **Das Vergessen als Fahrlässigkeit**, Verlag der Schletter'schen Buchhandlung, Breslau-Neukirch, 1934.

Fletcher, George P., **The theory of criminal negligence: a comparative analysis,** Univ PA Law Rev 1971, S. 401-438.

Forster, Balduin/Joachim, Hans; **Alkohol und Schuldfähigkeit** - Eine Orientierungshilfe für Mediziner und Juristen-, München 1997 (Zitiert: Alkohol und Schuldfähigkeit).

Frank, Reinhard, **Vorstellung und Wille in der modernen Doluslehre**, ZStW 1890, S. 169-228.

Frauendorfer, Max; **Die Willensrichtung beim Dolus Eventualis**, Dießen, 1907 (Zitiert: Die Willensrichtung).

Freudenthal, Berthold; **Schuld und Vorwurf im geltenden Strafrecht** - Zugleich ein Beitrag zur Kritik des Entwurfes zu einem Deutschen Strafgesetzbuch von 1919-, Tübingen 1922 (Zitiert: Schuld und Vorwurf).

Freund, George/Rostalski, Frauke; **Strafrecht Allgemeiner Teil - Personale Straftatlehre**, 3. Auflage, Berlin 2019 (Zitiert: Strafrecht Allgemeiner Teil).

Friedrich, J., **Kritische Beiträge zur Lehre von der Strafrechtsschuld**, ARWP 1910, S. 49-55.

Frisch, Wolfgang, **Vorsatz und Risiko** -Grundfragen des tatbestandsmäßigen Verhaltens und des Vorsatzes. Zugleich ein Beitrag zur Behandlung aussertatbestandlicher Möglichkeitsvorstellungen, Köln/Berlin/Bon/München, 1983 (Zitiert: Vorsatz und Risiko).

Frisch, Wolfgang; **Offene Fragen des dolus eventualis**, NStZ 1991, Rn. 23 ff.

Fuchs, Jürgen; **Die Wahlstellung zwischen Vorsatz und Fahrlässigkeit im Strafrecht**, GA 1964, S. 65-75.

Fuchs, Jürgen; **Die Wahlstellung zwischen Vorsatz und Fahrlässigkeit im Strafrecht**, Stuttgart 1962 (Zitiert: Die Wahlstellung).

Gaede, Karsten; **Auf dem Weg zum potenziellen Vorsatz? - Problematik und Berechtigung der zunehmenden Tendenzen zur normativen Relativierung des Vorsatzerfordernisses**, ZStW 2009, S. 239-280.

Gallas, Wilhelm; **Zum gegenwärtigen Stand der Lehre vom Verbrechen**, ZStW 1955, S. 1-47.

Gatzweiler, Cliff; **Rechtsvergleichende Untersuchung zur Unterscheidung von Vorsatz und Fahrlässigkeit in Spanien, Mexiko, Argentinien, Kolumbien und Deutschland**, Aachen 2008 (Zitiert: Rechtsvergleichende Untersuchung).

Gazali, Imam, **El- Mustasfâ – İslam Hukukunda Deliller ve Yorum Metodolojisi**, Cilt I, Çeviren: Yunus APAYDIN, Kayseri 1994 (Zitiert: El- Mustasfâ I).

Geppert, Klaus; **Zur Abgrenzung von Vorsatz und Fahrlässigkeit, insbesondere bei Tötungsdelikten**, JURA 2001, S. 55-59.

Geppert, Klaus; **Zur Abgrenzung von bedingtem Vorsatz und bewusster Fahrlässigkeit**, JURA 1986, S. 610-613.

Gessner, Carlo; **Die bewusste Fahrlässigkeit**, Saarbrücken 1959 (Zitiert: Die bewusste Fahrlässigkeit).

Gibney, Paul; **The Double Bind Theory: Still Crazy-Making After All These Years,** PA 2006, S. 48-55.

Goethe, Johann Wolfgang; **Goethe: Maximen und Reflexionen**, hrsg. von Max Hecker (nach den Handschriften des Goethe- und Schiller-Archivs, mit einem Facsimile), Band:21, Weimar 1907 (Zitiert: Maximen und Reflexionen).

Goethe, Johann Wolfgang v., **„Willkommen und Abschied"** in: http://www.teachsam.de/pdf_aut/goe_willkommen_u_abschied.pdf oder https://www.deutschelyrik.de/willkommen-und-abschied.540.html Abruf: 15.02.2020 (Zitiert: teachsam.de und deutschelyrik.de)

Gottwald, Alfons; **Grenze zwischen Vorsatz und Fahrlässigkeit: Kombination des Wahrscheinlichkeits- und des Hoffnungsgedankens**, Marburg 1929 (Zitiert: Grenze zwischen Vorsatz und Fahrlässigkeit).

Gottwald, Christian; **Bewusstseinsprozesse und Körper in der Psychotherapie – neurobiologische Aspekte**, PM 2015, S. 16-35.

Gölpınarlı, Abdulbaki; **Mesnevi Tercemesi ve Şerhi**, Cilt:3, III. Basım, İstanbul 1983 (Zitiert: Mesnevi).

Gössel, Karl Heinz**; Wertungsprobleme des Begriffs der finalen Handlung - unter besonderer Berücksichtigung der Struktur des menschlichen Verhaltens-**, Berlin 1966 (Zitiert: Wertungsprobleme des Begriffs).

Graf, Ludwig; **Die Bestrafung der Fahrlässigkeit (nach dem Entwurf eines Allgemeinen Deutschen Strafgesetzbuchs von 1927)**, München 1931 (Zitiert: Die Bestrafung der Fahrlässigkeit).

Grant, C.K.; **Akrasia and The Criteria of Assent to Practical Principles**, Mind, S. 400–407.

Greco, Luís; **Das Subjektive an der objektiven Zurechnung: Zum „Problem" des Sonderwissens,** ZStW (2005), V:117, Iss:3, S. 519-554.

Grimm, Jacob/Grimm Wilhelm; **Deutsches Wörterbuch**, 5. Band, Stuttgart 2012 (Zitiert: Deutsches Wörterbuch 5).

Grimm, Jacob/Grimm Wilhelm; **Deutsches Wörterbuch**, 9. Band, Stuttgart 2006 (Zitiert: Deutsches Wörterbuch 9).

Gropp, Walter; **Strafrecht Allgemeiner Teil**, 4. Auflage, Berlin – Heidelberg 2015 (Zitiert: Strafrecht).

Gropp, Walter; **Subjektiver Tatbestand, Schuld und Subjektive Grundlagen der Verantwortlichkeit**, 8 Juridica Int'l 16 – Juridica International VIII 2003, S. 16-23 (Zitiert: Subjektiver Tatbestand).

Großmann, Hans; **Die Grenze von Vorsatz und Fahrlässigkeit** -Ein neuer Beitrag zu einer alten Frage, Hamburg 1924 (Zitiert: Die Grenze).

Grote, Stefan; **Auf der Suche nach einem „dritten Weg"**, Die Rechtsphilosophie Arthur Kaufmanns, Studien zur Rechtsphilosophie und Rechtstheorie, Band: 45, Baden-Baden 2006 (Zitiert: Auf der Suche).

Haab, Robert; **Aus der Rechtsprechung des Schweizerischen Bundesgerichtes**, RabelsZ 1928, S. 573-579.

Haft, Fritjof; **Die Lehre vom bedingten Vorsatz - Unter besonderer Berücksichtigung des wirtschaftlichen Betrugs**, ZStW 1976, S. 365-392.

Hahn- Woernle, Ulrich; **Die Verwirklichung eines konkreten Erfolgstatbestandes während eines andauernden pflichtwidrigen Verhaltens des Täters gezeigt am Beispiel des alkoholbedingt fahruntauglichen Kraftfahrzeugführers**, Essingen 1978 (Zitiert: Die Verwirklichung).

Hall, Karl Alfred; **Fahrlässigkeit im Vorsatz**, Marburg 1959 (Zitiert: Fahrlässigkeit im Vorsatz).

Hantschel, Ulrike; **Untreuevorsatz - Eine Untersuchung zu Begriff und Beweis des Vorsatzes bei § 266 StGB,** Berlin 2010 (Zitiert: Untreuevorsatz).

Hardtung, Bernhard; **Versuch und Rücktritt bei den Teilvorsatzdelikten des 2 § 11 Abs. 2 StGB**, Bochum 2001 (Zitiert: Versuch und Rücktritt).

Hardwig, Werner; **Pflichtirrtum, Vorsatz und Fahrlässigkeit**, ZStW 1966, S. 1-29.

Hardwig, Werner; **Vorsatz bei Unterlassungsdelikten**, ZStW 1962, S. 27-47.

Hassemer, Winfried; **Kennzeichen und Krisen des modernen Strafrechts**, ZRP 1992, S. 378-383.

Hautamaki, Edward W.; **The Element of Mens Rea in Recklessness and "Criminal Negligence"**, DLJ 1951, S. 55-69.

Heide, Isabella Maria von; **Tatbestands- und Vorsatzprobleme bei der Steuerhinterziehung nach § 370AO** - zugleich ein Beitrag zur Abgrenzung der Blankettstrafgesetze von Strafgesetzen mit normativen Tatbestandsmerkmalen, Bochum 1986 (Zitiert: Tatbestands- und Vorsatzprobleme).

Heinrich, Alfred von; **Die Grenze von Vorsatz und Fahrlässigkeit**, ZStW 1906, S. 172-179.

Heinrich, Bernd; **Strafrecht – Allgemeiner Teil**, 5. aktualisierte Auflage, Stuttgart 2016 (Zitiert: Strafrecht AT).

Hegel, Georg Wilhelm Friedrich, **Grundlinien der Philosophie des Rechts**, (Neue Ausgabe von Georg Lasson, Leipzig, 1911), Berlin 1821 (Zitiert: Grundlinien).

Hemmen, Heinrich; **Über den Begriff, die Arten und den Beweis des Dolus** -Nach der strafrechtlichen Literatur von Feuerbach bis zum Reichstrafgesetzbuch-, Breslau 1909 (Zitiert: Über den Begriff).

Hempel, Richard; **Der Schuldgehalt der unbewussten Fahrlässigkeit,** Würzburg 1933 (Zitiert: Der Schuldgehalt).

Hengesch, Georges; **Das Dilemma der Glaubwürdigkeitsbeurteilung**, ZStW 1989, S. 611-626.

Hengstenberg, Nike; **Die hypothetische Einwilligung im Strafrecht**: Zu den „Risiken und Nebenwirkungen" eines Transfers der Rechtsfigur aus dem Zivil- in das Strafrecht, Springer, Berlin-Heidelberg 2013 (Zitiert: Die hypothetische Einwilligung).

Henkel, Heinrich; **Einführung in die Rechtsphilosophie – Grundlagen des Rechts**, München und Berlin 1964 (Zitiert: Einführung).

Herold, Klaus R.; **Unrechtsbewusstsein in der Diskussion: Öffnung der Schuldrechtsdogmatik für einen Dialog mit den Wissenschaften vom Menschen und seinem Bewusstsein**, in: Bönner, K. H. (Hrsg.), Unrechtsbewusstsein, Aus der Sicht des Täters - Aus der Sicht des Richters, München 1982 (Zitiert: Unrechtsbewusstsein).

Herrmanns, Caspar David; **Die Feststellung des Vorsatzes bei Tötungsdelikten**, JA 2002, S. 140-145.

Herzberg, Rolf Dietrich; **Ein neuer Begriff strafrechtlichen Fahrlässigkeit**, GA 2001, S. 568-582.

Herzberg, Rolf Dietrich.; **Setzt strafrechtliche Schuld ein Vermeidenkönnen voraus?**, ZStW 2012, S. 12-63.

Herzberg, Rolf Dietrich; **Das Wollen beim Vorsatzdelikt und dessen Unterscheidung vom bewusst fahrlässigen Verhalten — Teil 1: Erster Teil: Das**

Wollen beim Vorsatzdelikt und das Problem eines einheitlichen Handlungsbegriffs, JZ 1988, S. 573-579.

Herzberg, Rolf Dietrich; **Das Wollen beim Vorsatzdelikt und dessen Unterscheidung vom bewusst fahrlässigen Verhalten – Teil 2**, JZ 1988, S. 635-643.

Herzberg, Rolf Dietrich; **Die Abgrenzung von Vorsatz und bewusster Fahrlässigkeit- Ein Problem des objektiven Tatbestandes**, JuS 1986, S. 249-262.

Herzberg, Rolf Dietrich; **Gedanken zur finalen Handlungslehre**, RECPC 2008, S. 1-31.

Herzberg, Rolf Dietrich; **Die Unterlassung im Strafrecht und das Garantenprinzip**, Berlin 1972 (Zitiert: Die Unterlassung).

Hillenkamp, Thomas; **Hirnforschung, Willensfreiheit und Strafrecht – Versuch einer Zwischenbilanz**, ZStW 2015, S. 10-96.

Hillenkamp, Thomas; **Strafrecht ohne Willensfreiheit? Eine Antwort auf die Hirnforschung**, JZ 2005, S. 313-320.

Hippel, Reinhard v.; **Vorsatzprobleme der Straßenverkehrsgefährdung de lege ferenda,** ZStW 1963, S. 443-459.

Hippel, Robert v., **Die Vorstellungstheorie -Ein kritischer Beitrag zur Vorsatzlehre,** Göttinger Festschrift 23, Göttingen 1951 (Zitiert: Die Vorstellungstheorie).

Hippel, Robert v.; **Die Grenze von Vorsatz und Fahrlässigkeit** -Eine dogmatische Studie- Leipzig 1903 (Zitiert: Die Grenze).

Hippel, Robert v.; **Vorstellungstheorie - Ein Kritischer Beitrag Zur Vorsatzlehre**, 1901 (Zitiert: Die Vorstellungstheorie).

Hippel, Robert v.; **Vorsatz und Fahrlässigkeit in den Entwürfen**, ZStW 1911, S. 562-596.

Hippel, Robert v.; **Vorsatz und Bewusstsein der Rechtswidrigkeit**, ZStW 1931, S. 153-164.

Hirsch, Hans Joachim; **Der Streit um Handlungs- und Unrechtslehre, insbesondere im Spiegel der Zeitschrift für die gesamte Strafrechtswissenschaft (Teil I),** ZStW 1981, S. 831-863

Hirsch, Hans Joachim; **Der Streit um Handlungs- und Unrechtslehre, insbesondere im Spiegel der Zeitschrift für die gesamte Strafrechtswissenschaft (Teil II),** ZStW 1982, S. 239-278.

Hofacker, Wilhelm, **Keplers Betrachtungen über das Rechtswesen**, ARSP 1940/41, S. 137-148.

Hoffmann, Hans-Joachim; **Die Abstufung der Fahrlässigkeit in der Rechtsgeschichte** - Unter besonderer Berücksichtigung der culpa levissima, 1968 (Zitiert: Die Abstufung der Fahrlässigkeit).

Holl, Thomas; **Entwicklungen der Fahrlässigkeitsdogmatik im Strafrecht von Feuerbach bis Welzel**, Bonn 1992 (Zitiert: Entwicklungen der Fahrlässigkeitsdogmatik).

Holmes, Oliver Wendell, **The Common Law**, edited by: Edited by Paulo J., Toronto 2011 (Zitiert: The Common Law).

Höffler, Katrin; **Zur Dichotomie von Unglück und Unrecht**, ZStW 2019, S. 1036-1068.

Hubbertz, Karl-Peter, **Schuld und Verantwortung** - Eine Grenzbeschreitung zwischen Tiefenpsychologie, Ethik und Existenzphilosophie, Psychologie, Bd. 18, Münster- Hamburg 1992 (Zitiert: Schuld und Verantwortung).

Hupfauer, Franz, **Eventualvorsatz und bewusste Fahrlässigkeit**, Würzburg 1935 (Zitiert: Eventualvorsatz).

Hübner, Christoph, **Die Entwicklung der objektiven Zurechnung**, Berlin 2004 (Zitiert: Die Entwicklung).

Hünerfeld, Peter; **Zum Stand der deutschen Verbrechenslehre aus der Sicht einer gemeinrechtlichen Tradition in Europa,** ZStW 1981, S. 979-1005.

Hütte, Hans; **Maßstab und Umfang Der Voraussehbarkeit des Kausal Verlaufs bei der Fahrlässigkeit**, Bremen-Göttingen 1970 (Zitiert: Maßstab und Umfang).

Ida, Makoto; „**Inhalt und Funktion der Norm beim fahrlässigen Erfolgsdelikt**" in: Festschrift für Hans Joachim Hirsch, Berlin-New York 1999 (Zitiert: Inhalt und Funktion).

Jasch, Michael; **Strafrecht im Dilemma zwischen Sicherheit und Freiheit**, Kriminologisches Journal, Heft: 3, 2007, S. 203-213.

Jahn, Matthias; **Strafrecht: Folgenhaftes illegales Autorennen als Mord – Kurfürstendamm - Tötungsvorsatz und Mordmerkmale bei Beteiligung an einem folgenschweren spontanen Autorennen im Innenstadtbereich** - LG Berlin, Urt. v. 27.2.2017 – (535 Ks) 251 Js 52/16 (8/16), BeckRS 2017, 102417, JuS 2017, 700.

Jakobs, Günther; **Kritik des Vorsatzbegriffs**, Tübingen 2020 (Zitiert: Kritik des Vorsatzbegriffs).

Jakobs, Günther; **Gleichgültigkeit als dolus indirectus**, ZStW 2002, S. 584-599.

Jakobs, Günther; **Strafrecht Allgemeiner Teil – Die Grundlagen und die Zurechnungslehre** -, Walter de Gruyter, 2. neubearbeitete und erweiterte Auflage, Berlin/New York 1991 (Zitiert: Strafrecht AT).

Jakobs, Günther; **Studien zum fahrlässigen Erfolgsdelikt**, Berlin-New York 1972 (Zitiert: Studien).

Jakobs, Günther; **Der strafrechtliche Handlungsbegriff**, München 1992 (Zitiert: Der strafrechtliche Handlungsbegriff).

Jakobs, Günther; **Über die Behandlung von Wollensfehlern und von Wissensfehlern,** ZStW 1989, S. 516-537.

Jakobs, Günther; **Das Strafrecht zwischen Funktionalismus und „alteuropäischem" Prinzipiendenken, Oder: Verabschiedung des „alteuropäischen" Strafrechts**?, ZStW 1995, S. 843-876.

Jakulin, Vid; **Irrtum über Tatumstände**, SLR 2006.

Jakulin, Vid; **Analyse der Straftat Verursachung eines Verkehrsunfalls aus Fahrlässigkeit**, SLR 2007, S. 107-117.

Janzarik, Werner; **Vorrechtliche Aspekte des Vorsatzes,** ZStW 1992, S. 65-81.

Jäger, Christian; **Willensfreiheit, Kausalität und Determination: Stirbt das moderne Schuldstrafrecht durch die moderne Gehirnforschung?,** Rechtsbrücke 2015, S. 41-55.

Jerusalem, Franz W.; **Das Problem des Strafrechts**, ZStW 1968, S. 875-914.

Jescheck, Hans Heinrich; **Aufbau und Behandlung der Fahrlässigkeit im modernen Strafrecht**, Freiburg 1965 (Zitiert: Aufbau und Behandlung).

Jescheck, Hans-Heinrich/Weigend, Thomas; **Lehrbuch des Strafrechts - Allgemeiner Teil**, 5. Auflage, Berlin 1996 (Zitiert: Lehrbuch).

Jescheck, Hans-Heinrich; **Neue Strafrechtsdogmatik und Kriminalpolitik in rechtsvergleichender Sicht**, ZStW 1986, S. 1-27.

Joerden, Jan C., **Dyadische Fallsysteme im Strafrecht,** Berlin 1986 (Zitiert: Dyadische Fallsysteme).

Joerden, Jan C.; **Der auf die Verwirklichung von zwei Tatbeständen gerichtete Vorsatz Zugleich eine Grundlegung zum Problem des dolus alternativus**, ZStW 1983, S. 565- 605.

Joerden, Jan C.; **BGH, 14. 12. 2000 — 4 StR 327/00. Direkter Tötungsvorsatz und „wissentliche" schwere Körperverletzung**, JZ 2002, S. 413-416.

Jung, Heike; **Was ist Strafe?,** Nomos Verlagsgesellschaft, Baden-Baden 2002 (Zitiert: Was ist Strafe?).

Kadecka, Ferdinand; **Die Schuldlehre nach dem Strafgesetzentwurf,** ZStW 1928, S. 605-630.

Kaminski, Ralf; **Der objektive Maßstab im Tatbestand des Fahrlässigkeitsdelikts - Struktur und Inhalt**, Berlin 1972 (Zitiert: Der objektive Maßstab).

Kamm, Simone; **Die fahrlässige Mittäterschaft**, Berlin 1999 (Zitiert: Die fahrlässige Mittäterschaft).

Kantorowicz, Hermann; **Der Begriff des Rechts**, Göttingen 1963 (Zitiert: Der Begriff des Rechts).

Kargl, Walter, **Der strafrechtliche Vorsatz auf der Basis der kognitiven Handlungslehre**, Frankfurt 1993 (Zitiert: Der strafrechtliche Vorsatz).

Kargl, Walter, **Handlung und Ordnung im Strafrecht Grundlagen einer kognitiven Handlungs- und Straftheorie**, Berlin 1991 (Zitiert: Handlung und Ordnung).

Kaspar, Johannes, **Grundprobleme der Fahrlässigkeitsdelikte (I),** JuS 2012, S. 16-20.

Kaspar, Johannes; **Grundprobleme der Fahrlässigkeitsdelikte (II),** JuS 2012, S. 112-117.

Kaufmann, Armin; **Strafrechtsdogmatik zwischen Sein und Wert -Gesammelte Aufsätze und Vorträge-,** Gerhard Domseifer, Eckhard Horn, Georg Schilling, Wolfgang Schöne, Eberhard Struensee, Diethart Zielinski (Hrsg.), Köln/Berlin/Bonn/München 1982 (Zitiert: Strafrechtsdogmatik).

Kaufmann, Armin; **Unterlassung und Vorsatz**, in: Strafrechtsdogmatik zwischen Sein und Wert - Gesammelte Aufsätze und Vorträge-, herausgegeben von Gerhard Domseifer, Eckhard Horn, Georg Schilling, Wolfgang Schöne, Eberhard Struensee, Diethart Zielinski, KG/Köln/Berlin/ Bonn/München 1982, S. 107-131 (Zitiert: Unterlassung und Vorsatz).

Kaufmann, Armin; **Probleme rechtswissenschaftlichen Erkennens am Beispiel des Strafrechts**, in: Strafrechtsdogmatik zwischen Sein und Wert - Gesammelte Aufsätze und Vorträge-, herausgegeben von Gerhard Domseifer, Eckhard Horn, Georg Schilling, Wolfgang Schöne, Eberhard Struensee, Diethart Zielinski, Carl Heymanns Verlag, KG/Köln/Berlin/ Bonn/München 1982, S. 7-19 (Zitiert: Probleme rechtswissenschaftlichen Erkennens).

Kaufmann, Arthur; **Analogie und „Natur der Sache“**, Zugleich ein Beitrag zur Lehre vom Typus, 2. verbesserte und durch ein Nachwort ergänzte Auflage, Heidelberg 1982 (Zitiert: Analogie).

Kaufmann, Armin; **Die Funktion des Handlungsbegriffs im Strafrecht**, in: Strafrechtsdogmatik zwischen Sein und Wert -Gesammelte Aufsätze und Vorträge-, herausgegeben von Gerhard Domseifer, Eckhard Horn, Georg Schilling, Wolfgang Schöne, Eberhard Struensee, Diethart Zielinski, KG/Köln/Berlin/ Bonn/München 1982, S. 21-33 (Zitiert: Die Funktion).

Kaufmann, Armin; **Der dolus eventualis im Deliktsaufbau - Die Auswirkungen der Handlungs- und der Schuldlehre auf die Vorsatzgrenze**, ZStW 1958, S. 64-86.

Kaufmann, Armin; **Der dolus eventualis im Deliktsaufbau**, in: Strafrechtsdogmatik zwischen Sein und Wert -Gesammelte Aufsätze und Vorträge-, herausgegeben von Gerhard Domseifer, Eckhard Horn, Georg Schilling, Wolfgang Schöne, Eberhard Struensee, Diethart Zielinski, KG/Köln/Berlin/Bonn/München 1982, S. 59-80 (Zitiert: Der dolus eventualis).

Kaufmann, Arthur/Hassemer, Winfried; **Einführung in Rechtsphilosophie und Rechtstheorie der Gegenwart**, 5 .neubearbeitete und erweiterte Auflage, C.F. Müller Juristischer Verlag, Heidelberg, 1989.

Kaufmann, Armin; **Das fahrlässige Delikt**, in: Strafrechtsdogmatik zwischen Sein und Wert - Gesammelte Aufsätze und Vorträge-, herausgegeben von Gerhard Domseifer, Eckhard Horn, Georg Schilling, Wolfgang Schöne, Eberhard Struensee, Diethart Zielinski, Carl Heymanns Verlag, KG/Köln/Berlin/Bonn/München, 1982, S. 133-149 (Zitiert: Das fahrlässige Delikt).

Kaufmann, Arthur; **Die finale Handlungslehre und die Fahrlässigkeit,** Jus 1967, S. 145-152.

Kaufmann, Armin; **Die Aufgabe des Strafrechts**, in: Strafrechtsdogmatik zwischen Sein und Wert - Gesammelte Aufsätze und Vorträge-, herausgegeben von Gerhard Domseifer, Eckhard Horn, Georg Schilling, Wolfgang Schöne, Eberhard Struensee, Diethart Zielinski, Carl Heymanns Verlag, KG/Köln/Berlin/ Bonn/München 1982, S. 263-278 (Zitiert: Die Aufgabe).

Kaufmann, Arthur; **Rechtsphilosophie im Wandel**, Frankfurt am Main 1972 (Zitiert: Rechtsphilosophie).

Kaufmann, Armin; **Hans Welzel zum Gedenken**, in: Strafrechtsdogmatik zwischen Sein und Wert - Gesammelte Aufsätze und Vorträge-, herausgegeben von Gerhard Domseifer, Eckhard Horn, Georg Schilling, Wolfgang Schöne, Eberhard Struensee, Diethart Zielinski, KG/Köln/ Berlin/Bonn/München 1982, S. 279-293.

Kırlangıç, Hicabi, **Mesnevi'den Öyküler**, 2. Baskı, Ankara 2017 (Zitiert: Mesnevi'den Öyküler).

Kienapfel, Diethelm; **Das erlaubte Risiko im Strafrecht** - Zur Lehre vom sozialen Handlungsbegriff, Frankfurt am Main 1966 (Zitiert: Das erlaubte Risiko).

Kindhäuser, Urs/Zimmermann, Till; **Strafrecht Allgemeiner Teil**, 9. Auflage, Baden-Baden 2020 (Zitiert: Strafrecht AT).

Kindhäuser, Urs Konrad, **Der Vorsatz als Zurechnungskriterium**, ZStW 1984, S. 1-35.

Kindhäuser, Urs/Neumann, Ulfrid/Paeffgen, Hans-Ullrich, **Die Unterscheidung von Vorsatz und Fahrlässigkeit nach der Qualität der bewusst gesetzten Gefahr**, in: Strafgesetzbuch | § 15 StGB Rn. 64-83, 5. Auflage, 2017 (Zitiert: Die Unterscheidung von Vorsatz und Fahrlässigkeit).

Kindhäuser, Urs, **Risikoerhöhung und Risikoverringerung**, ZStW 2008, S. 481-503.

Kirschner, Richard; **Die Fahrlässigkeit des Kraftfahrers während der Fahrt**, Köln 1931 (Zitiert: Die Fahrlässigkeit).

Koch, Arnd; **Die Entkriminalisierung im Bereich der fahrlässigen Körperverletzung und Tötung**, Berlin 1996 (Zitiert: Die Entkriminalisierung).

Koch, Arnd; **Zur Strafbarkeit unbewusster Fahrlässigkeit - Ein Streifzug durch zwei Jahrhunderte deutscher Strafrechtsdogmatik**, ZIS 2010, S. 175-182.

Koriath, Heinz; **Grundlagen strafrechtlicher Zurechnung**, Berlin 1994 (Zitiert: Grundlagen).

Köhler, August, **Probleme der Fahrlässigkeit im Strafrecht**, München 1912 (Zitiert: Probleme der Fahrlässigkeit).

Köhler, Michael; **Die bewusste Fahrlässigkeit** - Eine strafrechtlich-rechtsphilosophische Untersuchung, Heidelberg 1982 (Zitiert: Die bewusste Fahrlässigkeit).

Köhler, Michael; **Vorsatzbegriff und Bewusstseinsform des Vorsatzes**, GA 1981, S. 285-300.

Kölz-Ott, Monika; **Eventualvorsatz und Versuch**, Zürich 1974 (Zitiert: Eventualvorsatz).

Köstlin, Christian Reinhold, **Neue Revision der Grundbegriffe des Criminalrechts,** Tübingen 1845 (Zitiert: Neue Revision).

Krauß, Detlef; **Das Unrechtsbewusstsein** - Studie an zwei Gerichtsurteilen, in: Unrechtsbewusstsein, Aus der Sicht des Täters - Aus der Sicht des Richters, Hrsg. von Professor Dr. rer. pol. K. H. Bönner, Marburg, und Professor Dr. med. W. de Boor; Basel/ München/Paris/London/New York/Sydney, 1982

Kretschmer, Joachim; **Das Fahrlässigkeitsdelikt**, JURA 2000, S. 267-276.

Krey, Volker/Esser, Robert; **Deutsches Strafrecht Allgemeiner Teil**, 6. überarbeitete Auflage, 2016 (Zitiert: Deutsches Strafrecht).

Kröger, Thomas, **Der Aufbau der Fahrlässigkeitstraftat** – Unrecht, Schuld, Strafwürdigkeit und deren Bezüge zur Normentheorie, Berlin 2016 (Zitiert: Der Aufbau).

Krümpelmann, Justus; **Vorsatz und Motivation**, ZStW 1975, S. 888-901.

Krüger, Hilmar; **Zum Zeitlich-Räumlichen Geltungsbereich der Osmanischen Mecelle**, Annales XL 2008, S. 321-344.

Kubiciel, Michael; **„Welzel und die Anderen“ Positionen und Positionierungen Welzels vor 1945,** in: Frisch, Wolfgang/Jakob, Günther/Kubiciel, Michael/ Pawlik, Michael (Hrsg.), **Lebendiges und Totes in der Verbrechenslehre Hans Welzels**, Tübingen 2015 (Zitiert: Welzel und die Anderen).

Kubiciel, Michael; **„Absonderung des Menschen vom Menschen“? Feuerbachs Freiheitsverständnis im Lichte der Religions- und Sittlichkeitsdelikte**, in: Koch, Arnd/ Kubiciel, Michael/Löhnig, Martin/Pawlik, Michael, Feuerbachs Bayerisches Strafgesetzbuch - Die Geburt liberalen, modernen und rationalen Strafrechts Tübingen 2014 (Zitiert: Absonderung des Menschen).

Kubiciel, Michael; **Vom Dunkel ins Licht? Die bayerische Strafrechtsreform und Feuerbachs Strafgesetzbuch**, in: Koch, Arnd/Kubiciel, Michael/Löhnig, Martin/Pawlik, Michael (Hrsg.), Feuerbachs Bayerisches Strafgesetzbuch - Die Geburt liberalen, modernen und rationalen Strafrechts, Tübingen 2014 (Zitiert: Vom Dunkel).

Kubiciel, Michael, **Integrität des Sports – Konkretisierung eines Begriffs**, KriPoZ 2018, S. 29-31.

Kubiciel, Michael/Wachter, Matthias; **Der Berliner Raser-Fall als Prüfstein für das voluntative Vorsatzelement**, HRRS 2018, S. 338-341.

Kubiciel, Michael/Weigend, Thomas; **Maßstäbe wissenschaftlicher Strafgesetzgebungskritik**, KriPoZ 2019, S. 35-40.

Kutalia, Lasha-Giorgi; **Handlungslehre strafrechtliche Konzeption**, Göttingen 2011 (Zitiert: Handlungslehre).

Kutalia, Lasha-Giorgi, **Die Schuld im Strafrecht**, Vienna 2018 (Zitiert: Die Schuld).

Kühne, Hans-Reiner, **Vom Strafrecht, von der Kriminologie und vom Mythos der Rationalität**, GA 1994, S. 503-513.

Küper, Wilfried, **Überlegungen zum sog. Pflichtwidrigkeitszusammenhang beim Fahrlässigkeitsdelikt**, in: Festschrift für Karl Lackner zum 70. Geburtstag am 18. Februar 1987, Berlin/New York 1987 (Zitiert: Überlegungen).

Küpper, Georg; **Zum Verhältnis von dolus eventualis, Gefährdungsvorsatz und bewusster Fahrlässigkeit**, ZStW 1988, S. 758-785.

Küpper, George; **Grenzen der normativierenden Strafrechtsdogmatik**, Berlin 1990 (Zitiert: Grenzen).

Lampe, Ernst-Joachim, **Tat und Unrecht der Fahrlässigkeitsdelikte,** ZStW 1989, S. 3-51.

Lampe, Ernst-Joachim; **Willensfreiheit und strafrechtliche Unrechtslehre,** ZStW 2006, S. 1-43.

Lang, Dietrich; **Zur Frage des Unrechtsbewusstseins**, ZStW 1951, S. 332-349.

Lang- Hinrichsen, Dietrich**; Zur Krise des Schuldgedankens im Strafrecht,** ZStW 1961, S. 210- 236.

Lasson, Maximilian; **Eigenverantwortliche Selbstgefährdung und einverständliche Fremdgefährdung Überblick über einen nach wie vor aktuellen Streit in der Strafrechtsdogmatik**, ZJS 2009, S. 359-368.

Lekschas, John; **Über die Strafwürdigkeit von Fahrlässigkeitsverbrechens**, 1958 (Zitiert: Über die Strafwürdigkeit).

Liszt, Franz v., **Lehrbuch des Deutschen Strafrechts**, 21. und 22. völlig durchgearbeitete Auflage, Berlin und Leipzig 1919 (Zitiert: Lehrbuch).

Löffler, Alexander; **Die Schuldformen des Strafrechts- In vergleichend historischer und dogmatischer Darstellung**, Band 1. Die Entwicklung des Geltenden Rechts, Abteilung 1. Deutschland und Österreich, Leipzig 1895 (Zitiert: Die Schuldformen).

Luhmann, Niklas; **Soziologie des Risikos**, Berlin 1991 (Zitiert: Soziologie des Risikos).

Macior, Wladyslaw; **Das Verbrechen als verbotene Handlung oder als Mangel der gebotenen Handlung-,** ZStW 1981, S. 1053-1071.

Maier, Thomas; **Die Objektivierung des Versuchsunrechts** -Eine strafrechtliche Analyse de lege lata-, Berlin 2005 (Zitiert: Die Objektivierung).

Maihofer, Werner; **Zur Systematik der Fahrlässigkeit - Die sog. vier Maßstäbe der Fahrlässigkeit als Grundelemente einer personalen Zurechnungslehre**, ZStW 1958, S.159-195.

Maihofer, Werner; **Der Handlungsbegriff im Verbrechenssystem**, Tübingen 1953 (Zitiert: Der Handlungsbegriff).

Maiwald, Manfred; **Einführung in das italienische Strafrecht und Strafprozessrecht**, Frankfurt am Main 2009 (Zitiert: Einführung).

Maiwald, Manfred; **Abschied vom strafrechtlichen Handlungsbegriff?**, ZStW 1974, S. 626-655.

Maiwald, Manfred; **Der „dolus generalis" Ein Beitrag zur Lehre von der Zurechnung,** ZStW 1966, S. 30-58.

Martins, Antonio; **Versuch über die Vorsatzzurechnung am Beispiel der aberratio ictus**, Frankfurt am Main 2008 (Zitiert: Versuch).

Märker, Klaus; **Vorsatz und Fahrlässigkeit bei jugendlichen Straftätern**, Freiburg, 1994 (Zitiert: Vorsatz und Fahrlässigkeit).

Maurach, Reinhart; **Schuld und Verantwortung im Strafrecht**, 1948 (Zitiert: Schuld).

Maurach, Reinhart; **Grundriß des Strafrechts Allgemeiner Teil**, Hannover 1948 (Zitiert: Grundriß).

Maurer, Ruth; **Das voluntative Element des Vorsatzes als Beweisthema vor Gericht**, Saarbrücken 2007 (Zitiert: Das voluntative Element).

Mayer, Max Ernst; **Die schuldhafte Handlung und ihre Arten im Strafrecht**, Leipzig 1901 (Zitiert: Die schuldhafte Handlung).

Mele, Alfred, **Weakness of will and akrasia**, Philos Stud 2010, S. 391-404.

Meyer, Anneliese, **Die Gleichstellung von Vorsatz und grober Fahrlässigkeit im französischen und deutschen Vertragsrecht**, Köln 1965 (Zitiert: Die Gleichstellung).

Merkel, Adolf; **Lehrbuch des deutschen Strafrechts**, Stuttgart 1889 (Zitiert: Lehrbuch).

Mezger, Edmund; **Strafrecht – Ein Lehrbuch**, Dritte unveränderte Auflage, Berlin und München 1949 (Zitiert: Strafrecht).

Mir, Jose Cerezo, **Zur Doppelstellung des Vorsatzes aus der Sicht der spanischen Strafrechtswissenschaft**, ZStW 1981, S. 1017-1022.

Miricka, August; **Die Formen der Strafschuld und ihre gesetzliche Regelung**, Tübingen 1907 (Zitiert: Die Formen).

Mitsch, Wolfgang; **Fahrlässigkeit und Straftatsystem,** JuS 2001, S. 105-112.

Mohrmann, Gottlieb, **Die neueren Ansichten über das Wesen der Fahrlässigkeit im Strafrecht**, Breslau 1929 (Zitiert: Die neueren Ansichten).

Morselli, Elio; **Die subjektiven Elemente der Straftat aus kriminologischer Sicht**, ZStW 1975, S. 324-360.

Morkel, Dan W.; **Abgrenzung zwischen vorsätzlicher und fahrlässiger Straftat**, NStZ 1981, Rn. 176-179.

Morkel, Dan W.; **On the Distinction between Recklessness and Conscious Negligence**, AJCL 1982, S. 325-333.

Murmann, Uwe; **Die Selbstverantwortung des Opfers im Strafrecht**, Berlin-Heidelberg 2005 (Zitiert: Die Selbstverantwortung).

Mühlhaus, Hermann; **Die Fahrlässigkeit in Rechtsprechung und Rechtslehre -Unter besonderer Berücksichtigung des Straßenverkehrsrechts-**, Berlin 1967 (Zitiert: Die Fahrlässigkeit).

Müller, Hans; **Der dolus eventualis im geltenden und zukünftigen Strafrecht**, Köln 1931 (Zitiert: Der dolus eventualis).

Müller- Dietz, Heinz, **Strafe und Staat,** Frankfurt am Main 1973 (Zitiert: Strafe und Staat).

Mylonopoulos, Christos; **Das Verhältnis von Vorsatz und Fahrlässigkeit und der Grundsatz in dubio pro reo - Eine strafrechtlich-rechtstheoretische Untersuchung**, ZStW 1987, S. 685-722.

Namias, Owadias; **Die Zurechnung von Folgeschäden im Strafrecht**, Frankfurt am Main 1993 (Zitiert: Die Zurechnung).

Nastansky, Heinz-Ludwig; **Systematische Untersuchungen zum Interesse-Begriff in Abhängigkeit von einem außermoralischen Handlungsbegriff**, 1975 (Zitiert: Systematische Untersuchungen).

Nau, Heinz; **Die Bewusstseinsform bei normal psychologischen Affekttaten: Ein Vorsatzproblem?,** Frankfurt a. M. 2001 (Zitiert: Die Bewusstseinsform).

Neumann, Ulfrid, **Die Stellung des Opfers im Strafrecht**, in: Strafrechtspolitik – Bedingungen der Strafrechtsreform, Bern 1987 (Zitiert: Die Stellung des Opfers).

Niese, Werner; **Finalität, Vorsatz und Fahrlässigkeit**, Tübingen 1951 (Zitiert: Finalität).

Nowakowski, Friedrich; **Zu Welzels Lehre von der Fahrlässigkeit: Eine Besprechungsabhandlung**, JZ 1958, S. 335-341.

Nowakowski, Friedrich; **Rechtsfeindlichkeit, Schuld, Vorsatz**, ZStW 1953, S. 379-402.

Oehler, Dietrich; **Das objektive Zweckmoment in der rechtswidrigen Handlung**, Berlin 1959 (Zitiert: Das objektive Zweckmoment).

Oehler, Dietrich; **Neue strafrechtliche Probleme des Absichtsbegriffes**, NJW 1966, S. 1633- 1639.

Otter, Klaus; **Funktionen des Handlungsbegriffs im Verbrechensaufbau?**, Bonn 1973 (Zitiert: Funktionen des Handlungsbegriffs).

Otto, Harro; **Personales Unrecht, Schuld und Strafe**, ZStW 1975, S. 539-597.

Otto, Harro; **Grenzen der Fahrlässigkeitshaftung im Strafrecht - OLG Hamm, NJW 1973, 1422**, JuS 1974, S. 702-710.

Pahlke, Bernd; **Rücktritt bei dolus eventualis**, Berlin 1993 (Zitiert: Rücktritt).

Papageorgiou -Gonatas, Stylianos; **Dolus eventualis und die dritte Schuldform**, ZStW 2006, S. 262-273.

Pikamäe, Prit; **Der Begriff des Vorsatzes im Strafrecht und die psychologische Behandlung des Willens**, Juridica Int'l 2003, S. 80-88.

Pfänder, Alexander; **Phänomenologie des Wollens -Eine psychologische Analyse-**, Leipzig 1900 (Zitiert: Phänomenologie des Wollens).

Pfefferkorn, Fabian; **Grenzen strafbarer Fahrlässigkeit im französischen und deutschen Recht,** Berlin 2006 (Zitiert: Grenzen strafbarer Fahrlässigkeit).

Pfeiffer, Stefan; **Notwendigkeit und Legitimität der fahrlässigen Mittäterschaft**, JURA 2004, S. 519-526.

Philipps, Lothar; **Dolus eventualis als Problem der Entscheidung unter Risiko**, ZStW 1973, S. 27- 44.

Plaas, Karl-Heinz; **Die Rechtsprechung des Reichsgerichts zur qualifizierten Fahrlässigkeit**, Breslau-Neukirch 1932 (Zitiert: Die Rechtsprechung).

Planas, Ricardo Robles; **Das Wesen der Strafrechtsdogmatik**, ZIS 2010, S. 357-365.

Platzgummer, Winfried; **Die Bewusstseinsform des Vorsatzes** - Eine strafrechtsdogmatische Untersuchung auf psychologischer Grundlage-, Wien 1964 (Zitiert: Die Bewusstseinsform des Vorsatzes).

Pohlmann, Stefan; **Gut beraten: Forschungsbeiträge für eine alternde Gesellschaft**, Wiesbaden 2013 (Zitiert: Gut beraten).

Popper, Karl, **Logik der Forschung - Zur Erkenntnistheorie der modernen Naturwissenschaft**, Wien 1935 (Zitiert: Logik der Forschung).

Prittwitz, Cornelius; **Dolus eventualis und Affekt - Ein Beitrag zur Kriminologie des Allgemeinen Teils des StGB**, GA 1994, S. 454-471.

Prömper, Juliane; **Hemmschwellentheorie und Einzelfallgerechtigkeit**, Berlin 2017 (Zitiert: Hemmschwellentheorie).

Puig, Santiago Mir; **Objektive Rechtswidrigkeit und Normwidrigkeit im Strafrecht,** ZStW 1996, S. 759-784.

Puppe, Ingeborg; **Der dolus eventualis und sein Beweis**, ZIS 2019, S. 409-411.

Puppe, Ingeborg; **Strafrecht Allgemeiner Teil -in Spiegel der Rechtsprechung-**, 4. Auflage, Baden-Baden 2019 (Zitiert: Strafrecht AT).

Puppe, Ingeborg; **Die Logik der Hemmschwellentheorie des BGH** - Zugleich eine Besprechung von BGH, Urteil vom 7. 11. 1991 - 4 StR 451/91 (LG Passau), NStZ 1992, Rn. 576-577.

Puppe, Ingeborg; **Vorsatz und Zurechnung**, Heidelberg 1992 (Zitiert: Vorsatz).

Puppe, Ingeborg; **Begriffskonzeptionen des dolus eventualis**, Vorabdruck des Beitrags zur Festschrift Manoledakis, 2006 (Zitiert: Begriffskonzeptionen).

Puppe, Ingeborg; **Der Vorstellungsinhalt des dolos eventualis**, ZStW 1991, S. 1-42.

Puppe, Ingeborg; **Die Zurechnung des Erfolges zum Vorsatz**, ZStW 2017, S. 1-19.

Puppe, Ingeborg; **Zurechnung und Wahrscheinlichkeit - Zur Analyse des Risikoerhöhungsprinzips**, ZStW 1983, S. 287-315.

Radbruch, Gustav; **Der Handlungsbegriff in seiner Bedeutung für das Strafrechtssystem** - Zugleich ein Beitrag zur Lehre von der rechtswissenschaftlichen Systematik-, Berlin 1903 (Zitiert: Der Handlungsbegriff).

Rath, Jürgen; **Das subjektive Rechtsfertigungselement** - Zur kriminalrechtlichen Relevanz eines subjektiven Elements in der Ebene des Unrechtsausschlusses - auf der Grundlage einer Rechtsphilosophie im normativen Horizont des Seins. Eine rechtsphilosophisch- kriminalrechtliche Untersuchung, Berlin-Heidelberg 2002 (Zitiert: Das subjektive Rechtsfertigungselement).

Raguès Vallès, Ramon; **Überlegungen zum Vorsatzbeweis**, GA 2004, S. 257-271.

Reitmaier, Andrea; **Die objektive Erfolgszurechnung im österreichischen Strafrecht -unter besonderer Berücksichtigung des fahrlässigen Erfolgsdeliktes,** Berlin 1998 (Zitiert: Die objektive Erfolgszurechnung).

Rengier, Rudolf; **Die Unterscheidung von Zwischenzielen und unvermeidlichen Nebenfolgen bei der Betrugsabsicht**, JZ 1990, S. 321-326.

Renzikowski, Joachim; **Restriktiver Täterbegriff und fahrlässige Beteiligung**, Tübingen 1997 (Zitiert: Restriktiver Täterbegriff).

Ross, Alf; **Über den Vorsatz**, Studien zur dänischen, englischen, deutschen und schwedischen Lehre und Rechtsprechung, 1. Auflage, Baden-Baden 1979 (Zitiert: Über den Vorsatz).

Rott, Frank; **Zur Strafbarkeit leicht fahrlässigen Verhaltens**, Berlin 1996 (Zitiert: Zur Strafbarkeit).

Roxin, Claus/Greco, Luís; **Strafrecht Allgemeiner Teil** – Grundlagen, Der Aufbau der Verbrechenslehre, Band I, 5. vollständig neu bearbeitete Auflage, München 2020 (Zitiert: Strafrecht AT).

Roxin, Claus; **Zur Problematik des Schuldstrafrechts**, ZStW 1984, S. 641-660.

Roxin, Claus; **Pflichtwidrigkeit und Erfolg bei fahrlässigen Delikten,** ZStW 1962, S. 411-444.

Roxin, Claus; **Zur Kritik der finalen Handlungslehre,** ZStW 1962, S. 515-561.

Roxin, Claus; **Zur Abgrenzung von bedingtem Vorsatz und bewusster Fahrlässigkeit - BGHSt 7, 363**, JuS 1964, S. 53-61.

Röhl, Klaus F.; **Zur Abgrenzung der groben von der einfachen Fahrlässigkeit**, JZ 1974, S. 521-528.

Rudolphi, Hans-Joachim, **Der Zweck staatlichen Strafrechts und die strafrechtlichen Zurechnungsformen**, in: Grundfragen des modernen Strafrechtssystems, Berlin-New York 1984 (Zitiert: Der Zweck).

Runck, Helmuth; **Dolus eventualis -Ein Beitrag zur Schuldformenlehre-**, Ludwigshafen 1929 (Zitiert: Dolus eventualis).

Ruppenthal, Miriam, **Der bedingte Tötungsvorsatz -Eine rechtsvergleichende Studie-**, Berlin 2017 (Zitiert: Der bedingte Tötungsvorsatz).

Ryle, Gilbert; **The Concept of Mind**, 1949 (Zitiert: The Concept of Mind).

Ryu, Paul k./Silving, Helen/Piedras, Rio/Rico, Puerto; **Was bedeutet die sogenannte „Relativität der Rechtsbegriffe"?**, ARSP 1973, S. 57-86.

Sauer, Dirk; **Die Fahrlässigkeitsdogmatik der Strafrechtslehre und der Strafrechtsprechung**, Hamburg 2003 (Zitiert: Die Fahrlässigkeitsdogmatik).

Sauer, Wilhelm; **Vorsatz, Irrtum, Rechtswidrigkeit - Unzulängliches in Lehre, Praxis und Reform,** ZStW 1931, S. 164-183.

Seebaß, Gottfried; **Handlungstheoretische Aspekte der Fahrlässigkeit, Handlungstheoretische Aspekte der Fahrlässigkeit**, JRE 1994, S. 375-411.

Scheffler, Uwe; **J.S.F. von Böhmer (1704-1772) und der dolos eventualis. - Kann der große Professor der alten Viadrina dem heutigen Strafrecht noch etwas geben?**, JURA 1995, S. 349-356.

Schewe, Günther; **Bewusstsein und Vorsatz**, Berlin 1967 (Zitiert: Bewusstsein und Vorsatz).

Schlehofer, Horst; **Vorsatz und Tatabweichung - Zur Auslegung der §§ 16 Abs. 1 Satz 1, 22 StGB-,** Köln/Berlin/Bonn/München 1996 (Zitiert: Vorsatz und Tatabweichung).

Schlüchter, Ellen; **Irrtum über normative Tatbestandsmerkmale im Strafrecht**, Tübingen 1983 (Zitiert: Irrtum).

Schlüchter, Ellen; **Grenzen strafbarer Fahrlässigkeit -Aspekte zu einem Strafrecht in Europa-**, Thüngersheim/Nürnberg 1996 (Zitiert: Grenzen).

Schmidhäuser, Eberhard; **Vorsatzbegriff und Begriffsjurisprudenz im Strafrecht**, in: Recht und Staat in Geschichte und Gegenwart eine Sammlung von Vortragen und Schriften aus dem Gebiet der Gesamten Staatswissenschaften, Tübingen 1968 (Zitiert: Vorsatzbegriff).

Schmidhäuser, Eberhard; **Vom Sinn der Strafe**, 2. neu bearbeitete und erweiterte Auflage, Göttingen 1971 (Zitiert: Vom Sinn der Strafe).

Schmidhäuser, Eberhard; **Strafrecht Allgemeiner Teil**, Studienbuch, Zweite neubearbeitete Auflage, Tübingen 1984 (Zitiert: Strafrecht AT).

Schmidhäuser, Eberhard; **Über einige Begriffe der teleologischen Straftatlehre**, Juristische Schulung, 27.Jahrgang 1987, S. 374-380.

Schmidhäuser, Eberhard; **Fahrlässige Straftat ohne Sorgfaltspflichtverletzung**, in: Festschrift für Friedrich Schaffstein, Göttingen 1975 (Zitiert: Fahrlässige Straftat).

Schmidhäuser, Eberhard**; Zum Begriff der bewussten Fahrlässigkeit**, Goltdammer's Archiv für Strafrecht, 1957, S. 305-314.

Schmidhäuser, Eberhard; **Die Grenze zwischen vorsätzlicher und fahrlässiger Straftat („dolus eventualis" und „bewusste Fahrlässigkeit**, JuS 1980, S. 241-252.

Schmitt, Rudolf; **Vorsätzliche Tötung und vorsätzliche Körperverletzung: Eine systematische Untersuchung im Anschluss an BGHSt 16, 122,** JZ 1962, S. 389-394.

Schmitt -Schönenberg, Birgitta; **Der Fahrlässigkeitsbegriff bei den Umweltdelikten vor dem Hintergrund des Technikrechts - dargestellt an den Straftatbeständen der Gewässerverunreinigung und des unerlaubten Umgangs mit gefährlichen Abfällen gemäß §§ 324, 326 StGB**, Köln 2000 (Zitiert: Der Fahrlässigkeitsbegriff).

Schneider, Hendrik; **Neutrale Handlungen: Ein Oxymoron im Strafrecht? - Zu den Grenzlinien der Beihilfe** -, NStZ 2004, Rn. 312 ff.

Schopenhauer, Arthur; **„Die Welt als Wille und Vorstellung" in: https://www.pravda-tv.com/wp- content/uploads/2013/06/schopenhauer-die-welt-als-wille-und-vorstellung.pdf** Abruf: 08.04.2020 (Zitiert: www.pravda-tv.com)

Schöch, Heinz/Jehle, Jörg-Martin (Hrsg.), **Angewandte Kriminologie zwischen Freiheit und Sicherheit**, Mönchengladbach 2004 (Zitiert: Angewandte Kriminologie).

Schroth, Ulrich; **Die Rechtsprechung des BGH zum Tötungsvorsatz in der Form des "dolus eventualis"**, NStZ 1990, Rn. 324-326.

Schroth, Ulrich; **Die Differenz von dolus eventualis und bewusster Fahrlässigkeit**, JuS 1992, S. 1- 8.

Schröder, Friedrich-Christian; **Die Fahrlässigkeit als Erkennbarkeit der Tatbestandsverwirklichung,** JZ 1989, S. 776-780.

Schröder, Friedrich-Christian; **Die Fahrlässigkeitsdelikte - Vorbeugung und Behandlung der Täter**, ZStW 1979, S. 257-278.

Schröder, Horst; **Die Irrtumsrechtsprechung des BGH,** ZStW 1953, S. 178-209.

Schröder, Horst; **Aufbau und Grenzen des Vorsatzbegriffs**, in: Festschrift für Wilhelm Sauer zu seinem 70. Geburtstag, 1949, S. 207-249 (Zitiert: Aufbau und Grenzen).

Schubert, Werner/Regge Jürgen (Edit.); **Quellen zur Reform des Straf- und Strafprozessrechts, Band: 1 Entwürfe zu einem Strafgesetzbuch: (1919, 1922, 1924/25 und 1927),** Berlin – New York, 1995 (Zitiert: Quellen zur Reform).

Schumann, Heribert; **Zur Wiederbelebung des „voluntativen" Vorsatzelements durch den BGH - Zugleich Anmerkung zu dem Urteil des BGH vom 15. 11. 1987, 3 StR 449/87**, JZ 1989, S. 427-434.

Schünemann, Bernd, **Die Funktion des Schuldprinzips im Präventionsstrafrecht**, in: Grundfragen des modernen Strafrechtssystems, Berlin - New York 1984 (Zitiert: Die Funktion).

Schünemann, Bernd, Ein neues Bild des Strafrechtssystems?, ZStW 2014, S. 1-26.

Schürer- Mohr, Wiebke; **Erlaubte Risiken Grundfragen des „erlaubten Risikos" im Bereich der Fahrlässigkeitsdogmatik**, Frankfurt am Main 1998 (Zitiert: Erlaubte Risiken).

Schweling, Otto; **Der Begriff „rücksichtslos" im Verkehrsrecht**, ZStW 1960, S. 464-533.

Sezgin, Fuat; **Bilim Tarihi Sohbetleri (Gespräche bezüglich der Wissenschaftsgeschichte)**, Söyleşi (Gespräch): Sefer Turan, 13. Baskı (Auflage), İstanbul 2018 (Zitiert: Bilim Tarihi).

Siesel, Martin; **Das Strafrecht, die Neurophysiologie und die Willensfreiheit - Unrecht, Schuld und Vorsatz im Lichte neuerer Erkenntnisse der Hirnforschung-**, Ein interdisziplinärer Forschungsbeitrag und zugleich ein erkenntnistheoretischer Beitrag über interdisziplinäres Forschen-, Hamburg 2009 (Zitiert: Das Strafrecht, die Neurophysiologie und die Willensfreiheit).

Silva- Sanchez, Jesus-Maria; **Aberratio ictus und objektive Zurechnung**, ZStW 1989, S. 352- 380.

Silving, Helen; **Psychoanalysis and the Criminal Law**, JCLC 1960, S. 19-33.

Singer, Michail; **Über den Einfluss des Rechtsirrtums auf den Vorsatz im Deutschen Strafrecht**, Freiburg 1909 (Zitiert: Über den Einfluss).

Snider, Todd; **Using Tautologies and Contradictions**, in: Proceedings of Sinn und Bedeutung 19, ed: Eva Csipak/Hedde Zeijlstra 2015 (Zitiert: Using Tautologies).

Sootak, Jaan; **Fahrlässigkeit im estnischen Strafrecht - Eine Dogmatische Figur in der Erneuerung**, Juridica Int'l 2003, S. 73-79.

Sözüer, Adem; **Die Reform des türkischen Strafrechts**, ZStW 2007, S. 718-749.

Spendel, Günter, **Zur Notwendigkeit des Objektivismus im Strafrecht**, ZStW 1953, S. 519-538.

Spiegel, Adolf; **Kritische Besprechung des Tatbestandes der Hehlerei nach den neuesten Entwürfen eines Allgemeinen Deutschen Strafgesetzbuches**, Forchheim 1931 (Zitiert: Kritische Besprechung).

Stratenwerth, Günter/Kuhlen, Lothar; **Strafrecht Allgemeiner Teil (Die Straftat)**, 6. überarbeitete Auflage, München 2011 (Zitiert: Strafrecht AT).

Stratenwerth, Günter; **Dolus eventualis und bewusste Fahrlässigkeit**, ZStW 1959, S. 51-71.

Steinberg, Georg; **Indizwert einer höchst lebensgefährlichen Tathandlung für den Tötungsvorsatz**, JZ 2010, S. 712-718.

Stoll, Willy; **Die Veräußerbarkeit bei fahrlässiger Tötung und fahrlässiger Körperverletzung durch den Kraftfahrer im Lichte der obersten Rechtsprechung**, 1933 (Zitiert: Die Veräußerbarkeit).

Streng, Franz; **Rücktritt und dolus eventualis – Freiwillige Aufgabe der Tat trotz entfallenen Tatinteresses?**, JZ 1990, S. 212-220.

Streng, Franz; **Schuld ohne Freiheit? Der funktionale Schuldbegriff auf dem Prüfstand,** ZStW 1989, S. 273-334.

Stübel, Christoph Carl; **System des allgemeinen peinlichen Rechts**, Zweiter Band, Leipzig, 1795 (Zitiert: System).

Struensee, Eberhard; **Der subjektive Tatbestand des fahrlässigen Delikts**, JZ 1987, S. 53-63.

Struensee, Eberhard; **Objektives Risiko und subjektiver Tatbestand: – Eine Entgegnung zu dem vorstehenden Aufsatz von Herzberg JZ 1987, 536 ff.**, JZ 1987, S. 541-543.

Sturm, Friedrich; **Der begriffliche Unterschied der Schuldarten**, ZStW 1931, S. 29-33.

Suter, Bruno; **Fahrlässige Verletzung und Gefährdung im Verkehrsstrafrecht**, Zürich 1976 (Zitiert: Fahrlässige Verletzung).

Taylor, Greg; **Concepts of Intention in German Criminal Law**, Oxf. J. Leg. Stud. 2004, S. 99 – 127.

Tenckhoff, Jörg, **Die leichtfertige Herbeiführung qualifizierter Tatfolgen**, ZStW 1976, S. 897-922.

Tompert, Roland, **Wahrscheinlichkeitsurteil und Handlungsunwert**, - Ein Beitrag zur Frage der Abgrenzung von Vorsatz und Fahrlässigkeit im Strafrecht-, Tübingen 1961 (Zitiert: Wahrscheinlichkeitsurteil).

Treptov, Walter, **Der Begriff „Absicht" im Strafgesetzbuch**, Königsberg 1963 (Zitiert: Der Begriff Absicht).

Trück, Thomas, **Die Problematik der Rechtsprechung des BGH zum bedingten Tötungsvorsatz**, NStZ 2005, S. 233 ff.

Verges, Jacques, **Savunma Saldırıyor (De La Stratégie Judiciaire)**, Übersetzer: Vivet Kanetti, Metis, Istanbul 2018 (Zitiert: Savunma Saldırıyor).

Verrel, Torsten, **(Noch kein) Ende der Hemmschwellentheorie?,** NStZ 2004, Rn. 309-312.

Vocke, G., **Vorsatz und Fahrlässigkeit vom psychologischen Gesichtspunkt**, ZStW 1928, S. 269-290.

Wacke, Andreas; **Fahrlässige Vergehen im römischen Strafrecht,** RIDA 1979, S. 505-566.

Wallau, Horst Günther, **Der Finale Handlungsbegriff bei John Dewey**, Mainz 1961 (Zitiert: Der Finale Handlungsbegriff).

Walter, Tonio, **Der vermeintliche Tötungsvorsatz von „Rasern"**, NJW 2017, S. 1350-1353.

Watzlawick, Paul; **A Review of the Double Bind Theory**, Fam Proc 1963, S. 1-11.

Weakland, John H., **The Double-Bind Theory**, JAACAP 1979, S. 54-66.

Webel, Karsten, **Strafbarkeit leicht fahrlässigen Verhaltens? -Zugleich ein Beitrag zur Strafbarkeit von corporate agents nach dem Strafrecht der USA-**, Baden-Baden 1999 (Zitiert: Strafbarkeit leicht fahrlässigen Verhaltens?).

Weezel, Alex van; **Beteiligung bei Fahrlässigkeit - Ein Beitrag zur Verhaltenszurechnung bei gemeinsamem Handeln**, Berlin, 2006 (Zitiert: Beteiligung bei Fahrlässigkeit).

Wegscheider, Herbert; **Zum Begriff der Leichtfertigkeit**, ZStW 1986, S. 624-657.

Weidemann, Jürgen; **Die finale Handlungslehre und das fahrlässige Delikt**, GA 1984, S. 408-426.

Weigend, Thomas; **Zwischen Vorsatz und Fahrlässigkeit**, ZStW 1983, S. 657-700.

Weigend, Thomas, **"Subjective Elements of Criminal Liability"** in: The Oxford Handbook of Criminal Law, Edited by Markus D. Dubber and Tatjana Hörnle, 2014, S. 490-511 (Zitiert: Subjective Elements).

Welzel, Hans; **Die Regelung von Vorsatz und Irrtum im Strafrecht als legislatorisches Problem,** ZStW 1955, S. 196-228.

Welzel, Hans; **Fahrlässigkeit und Verkehrsdelikte - Zur Dogmatik der fahrlässigen Delikte-**, Karlsruhe 1960 (Zitiert: Fahrlässigkeit und Verkehrsdelikte).

Welzel, Hans, **Ein unausrottbares Missverständnis? Zur Interpretation der finalen Handlungslehre**, NJW 1968, S. 425-429.

Welzel, Hans; **Das Deutsche Strafrecht**, -Eine systematische Darstellung- Elfte neubearbeitete und erweiterte Auflage, Berlin 1969, (Zitiert: Das Deutsche Strafrecht).

Wessels, Johannes/Beulke, Werner/Satzger, Helmut, **Strafrecht Allgemeiner Teil -Die Straftat und ihr Aufbau-**, Heidelberg 2020 (Zitiert: Strafrecht AT).

Wesselski, Albert, **Der Hodscha Nasreddin**, Türkische, arabische, berberische, maltesische, sizilianische, kalabrische, kroatische, serbische und griechische Märlein und Schwänke, I. Band, Weimar 1911 (Zitiert: Der Hodscha Nasreddin).

Wolf, Ernst; **Die Lehre von der Handlung**, AfcP 1970, S. 181-229.

Wolff, Ernst Amadeus, **Der Handlungsbegriff in der Lehre vom Verbrechen**, Heidelberg 1964 (Zitiert: Der Handlungsbegriff).

Wolff- Reske, Monika; **Berufsbedingtes Verhalten als Problem mittelbarer Erfolgsverursachung**, Baden-Baden 1995 (Zitiert: Berufsbedingtes Verhalten).

Wolter, Jürgen, **Objektive und personale Zurechnung zum Unrecht Zugleich ein Beitrag zur aberratio ictus**, in: Grundfragen des modernen Strafrechtssystems, Berlin 1984, S. 103-134 (Zitiert: Objektive und personale Zurechnung).

Wolter, Jürgen, **Alternative und eindeutige Verurteilung auf mehrdeutiger Tatsachengrundlage im Strafrecht** - Zugleich ein Beitrag zur Abgrenzung von Vorsatz und Fahrlässigkeit, Berlin 1972 (Zitiert: Alternative und eindeutige Verurteilung).

Zehetgruber, Christoph; **Bedingter Vorsatz und bewusste Fahrlässigkeit bei sog. „Renn-“ bzw. „Raserfällen“**, KriPoZ 2018, S. 358-361.

Zeiler, A., **Verurteilung wegen fahrlässiger Tat trotz eines schweren Verdachtes auf Vorsatz?**, ZStW 1934, S. 251-256.

Zielinski, Wilhelm, **Die fahrlässige Verbrechensbegehung im In- und Auslande**, Düren 1927 (Zitiert: Die fahrlässige Verbrechensbegehung).

Zila, Josef, **Strafrechtlicher Vorsatz: Die Neuesten Entwicklungen in der schwedischen Wissenschaft und Praxis**, 8 Juridica Int'l 55 2003, S. 55-61.

Zimmerman, Abraham, **Dolus Eventualis**, Borna – Leipzig 1913 (Zitiert: Dolus Eventualis).

Zipf, Heinz, **Kriminalpolitik – Eine Einführung in die Grundlagen**, Karlsruhe 1973 (Zitiert: Kriminalpolitik).

Zippelius, Reinhold; **Rechtsphilosophie,** München 1989 (Zitiert: Rechtsphilosophie).

Zippelius, Reinhold; **Das Wesen des Rechts - Eine Einführung in die Rechtsphilosophie**, München 1978 (Zitiert: Das Wesen des Rechts).

Zitelmann, Ernst, **Irrtum und Rechtsgeschäft: Eine psychologischjuristische Untersuchung**, 1879 (Zitiert: Irrtum und Rechtsgeschäft).

Zoller, Albert, **Die Abgrenzung des dolus eventualis von der bewussten Fahrlässigkeit in der Praxis,** Freiburg 1946 (Zitiert: Die Abgrenzung).

www.ingramcontent.com/pod-product-compliance
Ingram Content Group UK Ltd.
Pitfield, Milton Keynes, MK11 3LW, UK
UKHW020714041026
15590UKWH00002B/667

9 783631 890813